南炳文 吴彦玲 辑校

辑校万历起居注

叁

天津古籍出版社

萬曆
二十三年

萬曆二十三年正月甲戌，朔，大學士趙志皋、張位、陳于陛、沈一貫題"恭遇元旦令節，禮當慶賀，奉旨傳免。竊念臣等備員輔弼，受恩深厚，與在廷諸臣不同，犬馬私衷不能自已。臣等謹於本日恭詣會極門，行五拜三叩頭禮，稱祝聖壽，以少伸臣子慶忭之誠。謹具題以聞。"

是日，以正旦令節，頒賜四輔臣上尊珍饌。

三日丙子，敕吏部、都察院："今朝覲考察之期，爾部院表率百僚，甄別賢否，明示黜陟，此我祖宗法古圖治之盛典也，遵行已久。比年以來，考察之後，羣言籍籍①。有廉直自持、任怨任勞者，或被抑屈，貪黷無恥，浮躁飾非者，附和結納，以致是非淆亂，人無勸懲，於是紀綱日頹，士風日壞。近來有等不守循良浮躁的，專挾制人之術，風尚屬託，假公營私，凡事附和，甚無公直。爾部院再行申飭，如有此等，及卑鄙庸劣之徒昏夜乞哀，及有②許茂櫟之肆行餽儀的，爾部院體訪得實，即時指名奏來，重加治罪不饒。欽哉，故諭。"

十七日庚寅，大學士趙志皋、張位、陳于陛、沈一貫題："今早文書官徐守福傳出聖諭，諭內閣：'朕思昨者倭使小西飛等奉表入京，今已③許久，若該部從厚禮待，以體懷來遠人之意，不得從常忽略。卿等可傳示知悉。諭卿等知。欽此。'臣等恭捧莊誦，仰見皇上仁覆萬邦，恩沾夷使，真古帝王不遺遠人之至意也。臣等當即謄寫，傳示禮、兵二部遵行。發下聖諭，尊藏閣中。謹具題以聞。"

二十日癸己④，太子太保禮部尚書文淵閣大學士趙志皋等題："昨該臣等看閱章奏，內刑部等衙門一本為糾劾事，擬於二十三日，請皇上御朝，舉大班糾劾之典。臣等竊惟，朝覲考察之典，在吏部固奉此以揚明命，討官邪而肅吏治，在來朝官員亦藉此以瞻闕庭，稟德意而致之於民者。今考察既畢，去留已奉明旨，但其間去者固有所懲，而留者猶皆待罪。所司面加糾

萬曆二十三年

一二九三

① 籍籍　明抄本作"藉藉"，是。

② 有　明抄本"有"字下有"如"字，是。

③ 已　明抄本作"以"，通行本作"已"，是也。

④ 己　"己"當作"巳"。

① 情 明抄本作"請"。通行本改作"情"，是也。

劼，而皇上因大霈德音以訓誨之，則情①意流通，恩威昭著，而來朝官員亦有所躬承親受，以布告其吏民，是皇上一臨御之項，所關係甚大也。若三年一舉，萬里遠來，而不獲一快睹天顏以去，則羣心之願望無得而慰，四海之精神無由而通，皇上夙宵圖治、惓惓爲民之心，亦無由而達於天下矣。臣等伏望皇上俯從下請，率由舊章，至日特御大朝，暫時延見，或照近日諭旨，令鴻臚寺簡省起數，不至久勞聖躬，庶天光臨照，百司洗濯以承風，天語播宣，九有歡騰而被澤矣。臣等不勝祈願懇切之至。謹具題以聞。"

二十二日乙未，諭內閣："朕覽卿等奏，請朕御門。朕知道了。且朕意欲以糾劾朝覲諸司之日御門。但朕近來動火，兩耳重聽，頭眩不奈久勞。既卿等懇請，朕於是日力疾御門。卿等可傳示鴻臚寺，起數照昨者減省，諭卿等知。"

二十三日丙申，上視朝。三法司、科道糾劾朝覲官員。上曰："你每說的是，且都饒這遭。着回去用心供職。未來的行文與他每知道。"

二十四日丁酉，太子太保禮部尚書兼文淵閣大學士趙志皋等題："詹事府缺官掌印，推得吏部左侍郎兼翰林院侍讀學士劉元震相應管理，乞敕下吏部，將劉元震以原官如舊，令其不妨經筵、日講，並正史副總裁原務，掌管該府印信。"二十五日奉旨："是。吏部知道。"

二十八日辛丑，太子太保禮部尚書兼文淵閣大學士趙志皋等題："該吏部手本，開送庶吉士鄒廷彥，係萬曆二十年進士，改庶吉士，於翰林院讀書，二十一年十二月養病回籍，二十三年正月病痊到部，行移到院。臣等查得同科庶吉士王象節等，俱已奏除翰林科道官，彼時廷彥未蒙除授。今臣等覆考得本官才識疏通，堪任諫職。乞敕下吏部，查有六科給事中員缺，將鄒廷彥除補供職。"奉旨："是。吏部知道。"

二十九日壬寅，大學士趙志皋、張位、陳于陛、沈一貫題："今日恭遇聖母仁聖懿安康靜皇太后萬壽聖節，奉旨免朝。臣等備員輔弼，受恩深重，與外廷諸臣不同，犬馬之忱不能自已。謹赴會極門，行五拜三叩頭禮，以少伸祝願之誠。謹具題知。"

是日，以聖母仁聖懿安康靜皇太后萬壽聖節，頒賜四輔臣上尊珍饌。

萬曆二十三年二月甲辰，朔，以祭三皇子景惠殿，收回祭設頒賜四輔臣三卓。

二日乙己①，禮部尚書兼東閣大學士陳于陛②："爲恭效愚忠披陳時政之要懇乞聖明採納以光治理事。臣一介謏陋，誤蒙殊眷，拔之稠衆之中，寘諸輔弼之列。仰惟聖神在上，耆碩在前，日兢兢焉祗承休德，勉奉規隨，自可因事納忠，豈必露章言事。但伏念我皇上躬親政務，總攬乾綱，一時衆正登庸，天工無曠，斯亦千載盛際已。而中外人心猶未翕然稱愜，以爲至尊洪拱晉書有日隔之疏，忠直沉淹泰茅無彙拔之望。頃雖冬春之內兩遇臨朝，銓曹之請已荷批答，而海寓之拭目延首方甚切也。又近年來吏治壇窳，國用匱詘，邊陲多警，武備未修，政事之體似尚有一、二當亟爲釐飭者。臣誠黯劣，不敢自謂識達時宜，可以救弊補化，而叨備腹心，荷恩深重，一念耿耿，樸忠懷之頗久，輒敢不自揣量，條爲六事進獻，儻蒙留神聽納，仍敕所司斟酌議行，即萬分有一，足以增光日月之明，裨益太平之治，亦臣所以報國恩，而酬主知之職分也。臣無任悃懇悚惕之至。

　　計　開
一、接見大臣。竊惟我皇上，以神明剛斷臨照臣工，世務洞知，主威獨運。而年來疑議橫生、綱紀未振者，祇緣九重之靜攝既久，大廷之警蹕稀傳。是以宮府內外，意氣阻於泰交，百司庶寀，玩愒成於積習耳。臣自蒙恩擢在秘閣，每聞穆清之上，章奏不輟覽，宴謁不恒御，時需諭旨，諮問政機，藻翰之批決如神，情隱之照燭如火，仰見宸慮憂勞，未嘗頃刻暫弛。昨冬恭遇臨朝受賀，召見臣等，俯垂清問，廷臣莫不相顧色喜。日者四方計吏雲集闕下，復俞臣等之請，御門引見，親渙玉音，交戟之內，歡聲雷動。以聖心之兢業，臣等既得於親承，聖躬之疆固，廷臣又得以快睹，則朝講秩節似宜次第修舉矣，乃皇上猶若未肯致行之者。意者加意頤神，以深居簡出爲攝衛之常乎？臣覽《書·無逸》篇，首述殷三宗周文王之壽考，皆以憂

① 己　"己"當作"巳"。
② 陛　"陛"下應有一"奏"字。

勤惕厲得之。蓋人久靜而時動，則血脈流暢，暫逸而常勞，則肌膚堅實。語云'戶樞不蠹，流水不腐'，斯葆生之善喻也。假令久習安處，始雖暫適，而更致血氣結轖，喜怒失平，迓續休和之道，似不在是。儻謂國家法嚴令具，夫既或治之有道①，不妨垂拱責成者。此又不然。天下雖大，譬則一身，君者中心，臣者四體。人必心之精神融貫於肢體百骸間，而後身乃無奈②患，若精神有一處之不到，則手足雖持行不能矯健，耳目雖視聽不能聰明。今時之勢，天下雖文貌備存，而寔多頹靡不振之處，其病正類於此。自非明主勵精率先於上，曷以興明作之治哉。又或謂本朝履祚享年之永，無若肅皇帝，自十七八年後齋居決事，稀御大廷此無爲致理之明徵，可仰法也。此亦不然。皇祖雖久處邃嚴。而宵旰靡暇，太阿獨操。每有大政令，必密劄輔臣商確再四。或遇虜警軍機中夜傳奏，立賜批答。用是人心悚懾，莫敢玩視。然至末年，尚未免柄臣用事，貪黷成風，夷虜深侵，邊務壞弛。則亦以倦勤之故美業稍遜耳。況今事勢劻勷，物力凋耗，十倍當時，而又可以宴然自逸耶？夫主上深拱不出，則人臣雖抱忠獻石畫，不獲伸造膝之談，政事雖奉獨斷親裁，莫能杜盈庭之口，欲以集衆思而釋羣疑，其道無繇。今亦未敢過煩聖體、如昔年臨御之頻數，但乞每月一再臨朝堂，及今春和開講之期，間一御講讀，四時大祭躬一舉行，其有軍國大政，特召臣等及部院大臣，於便殿從容訪接，商決行止，俾得時奉天顏，躬稟宸斷。此不過分宮庭之片晷，移鑾輅之須臾，於事非有過勞，而足以振權綱、決壅蔽，譬之大明一出，陰曀潛消，天下事指撝則定矣。臣猶憶我皇上初年勵精之治，視朝則戴星而出，庭燎煌煌，既畢事乃稍辨色，而不以爲早。文華聽講則每月六七御，雖祁寒暑雨未嘗傳輟，而不以爲苦。因旱而親叩南郊，則布袍徒步往返二、三十里，爲萬姓請命於天，而不以爲倦。吏兵銓選則御門臨決。賢能獎賞則延見面諭。此皆典制所曠見，祖宗所罕舉，而皇上猶且毅然力行之，今又何難於暫出也。昔敬皇帝嘗問先臣劉大夏，曰："天下何時當太平？"大夏對曰："凡用人行政有疑者，即召內閣併執政大臣面

①道　明抄本無此"道"字。通行本加之，是。

②奈　"奈"字似爲衍文。

萬曆起居注

議停當，行之自然順理，便是太平。"臣以爲今日挽回世道、興建太平，其機括無大於此，惟在上心一奮勵間耳，伏乞聖裁。

一、錄用人材。臣聞天之生材良亦不易，其①以生之，必有以用之。連抱之木委於污瀆，則匠石望而垂涕。騏驥之足伏於皂櫪，則良樂顧而嗟咨。今世所稱正人君人沉抑下僚、擯處巖壑者，無慮數十人矣。此皆祖宗所培植，皇上所拔舉，業已服在周行、蚤擅民譽，祇因言事過激，任事過銳，其詞氣戇拙，識慮迂疎，自干威怒，誠亦不能無罪。顧譴罰既久，困衡日深，報效徒殷，攴拭無自。天道霜雪之後必繼以陽春，未有聖仁在上，容覆萬彙，乃重錮二三無知之小臣，不垂曲貸者。且今方隅②多故，任使乏人，秉銓之臣掺羅採掇，日恐不給。而此諸臣中，多抱幹時之具，負骨髓之節，藉令蚤蒙甄敍，必有建樹足觀。乃以有用之才，實間佚之地，徒使少者壯，壯者老，而緩急曾不得其一臂之力。在諸臣自爲名則得矣，如國家坐失善人之利何！臣居恒思之，日者科道奏錄謫廢諸臣，及吏部疏擬擢用，每蒙旨詰責，不以爲沽名植黨，則以爲市恩鬻權。夫霜露風霆，皆大造之恩，進退予奪，皆至尊之權。況容賢舉直，顯名必歸之上，而黨之一字，尤非盛世所宜言者，臣等固深諒廷臣之必無是心也。乃聖心固已疑之。誠使繼今言之③必效，或更重言者之罪，舉之不必用，或更絕其響④用之塗，去者既未能即收，在者復輕令其去，或一事而波及於衆，或微罪而錮之終身，此豈治朝之景象！又使廷臣各懷畏避，目擊善類凋落、終老庸下，一切循默自容，而不爲我皇上力言伸雪之，亦豈國家之福！故今日言之則懼觸宸嚴，而不言則下拂衆望，用之則不能取必於皇上，而不用則無以自解於士大夫之口，無一可者。臣竊有説而處此。查得嘉靖年間，言事之臣偶被嚴譴，多蒙賜環，其已斥謫者，或一歲再歲，銓曹必將屢輕薦舉人數開列上聞，皇祖隨意批用，或起之謫籍⑤，或召自田間，往往洊登膴仕。故當其時，恩威互用，舉措稱平，下有被濯自效之期，上無迸遠終棄之意。官使不匱，幹濟得人。其在於今，固不敢令當事者濫舉泛用、以取朋護之疑，亦不敢望皇上一概收召、以

① 其 明抄本"其"下有"有"字，是。通行本無，誤。

② 隅 明抄本作"偶"，誤。通行本改作"隅"，是。

③ 之 明抄本"之"下有"不"字，是。

④ 響 明抄本作"嚮"，是。通行本改作"響"，誤。

⑤ 籍 明抄本作"藉"。通行本改作"籍"，是也。

徇羣下之願。但乞敕下該部，備查先後擯落諸臣屢經科道舉薦聲寔相副者，每歲分爲數次，別白才品，開具上請。臣等亦不敢纖毫干預，但恭聽聖明親裁，察其懲創日久、及事關職掌、情非飾託者，欽點數人，下部銓擬職任。亦不必拘定原銜，凡内外相應員缺，皆可隨材器使。若試用有效，量酌年資①，隨衆陞遷，即有虛名鮮實者，不妨與衆共斥，俾賢者得以表見其長，不賢者不得覆匿其短。如此，則在科道徒有薦揚之責，而用捨非其所關，何名之可沽？何黨之可植？銓曹雖司舉用之柄，而裁斷壹禀於上，何恩之可市？何權之可鬻？將見諸臣幸蒙敍錄者，莫不欣戴鴻恩，争樹尺寸，以圖報稱，即林樾旁摻偶未盡及，亦知登攬有日，砥濯待用，數年之間可使正直氣伸，賢能布列。當此多事需材之秋，得一人之用即有一事之益，而臣等叨備政府，爲國家護惜人才，收拾士心，亦獲藉塞責，關議者之口，榮幸大矣。不然，諸臣沉淪既久，而日月之光未廻，摧折太多，而弓旌之招不及，羣心鬱塞，士氣銷軟，無論臺省銓曹共以失職爲憂，即臣等亦安所容其不肖之身、爲聖朝勉據忠藎於萬一哉！臣愚不勝惓惓，伏乞聖裁。

一、勸獎外吏。臣竊觀我皇上御極以來，憂勞寰寓，德意甚盛。然而薄海窮簷未盡樂業，天室萬里，帝居九重，安能一一照燭之？所賴以拊綏元元者，惟是諸郡縣牧民之官。而海内千五百吏，安能一一任職？所惟②察羣吏使毋虐民者，又監司與撫按之責也。故當今要務，非重外吏則治平之象不睹，而非專責撫按則廉循之效不興，外吏終爲未重也。考之漢世，良吏有治理效，輒以璽書襃勵，增秩賜金，或爵至關内侯，公卿缺則選諸所表以次用之。唐制，不歷刺③史不得任侍郎、列卿，不歷縣令，不得任臺郎、給舍。又詔選京官有才望者除刺④史，刺⑤史有政迹者除京官，使出入常均，永爲恒式。宋宰相罷政猶令⑥方州。其寵重外吏如此。當其時，尚有鄙州郡爲徒勞、羨内召如登仙者。蓋人情於利之中争取大焉，於害之中争取小焉，計遷擢則内捷而外多滯。筭憂責則外劇而内常寬，故慕此而厭彼，亦勢所必至耳。我聖祖開基，所爲大破攣拘、獎進下

萬曆二十三年

一二九九

① 資　明抄本"資"下有"課"字。通行本刪之，是。

② 惟　明抄本作"謂"。通行本改作"惟"。

③ 刺　"刺"字應作"刺"字。

④ 刺　"刺"字應作"刺"字。

⑤ 刺　"刺"字應作"刺"字。

⑥ 令　明抄本作"領"，是。通行本作"令"，誤。

吏者，未易殫述。其後尚多超格之舉，以防內重之弊。如陸瑜、蕭暄以布政徑陞尚書，何文淵以知府徑陞侍郎，王恕、彭誼以知府徑陞布政。至嘉靖間，王德明以懷慶知府陞太常少卿，猶足風示激勸。乃今則稍稍異矣。國初進士授官倅貳，今甫釋韋褐即儼然州縣之長，且趑趄不樂就。此或以不習為吏，猶有說也。知府荷千里專城之責，體貌優崇，今臺省以為劣轉而科且不陞矣。至各部郎，雍容積資，亦或越知府而徑陞藩臬。何也？參政，三品鉅僚，封章於再世，都諫以七品官驟得之而不悅，甚或有所避就其間。又何也？布政為一方師帥，軍民安危所係，今或淹久不調，問之則曰：此不堪節鉞者。寧有不堪節鉞而又可堪方嶽者耶？此等積習，相沿頗久，欲振起其弊，須加意於內外陞轉間。然亦不必大事更張，在就今所見行者調停適中，以求無失。祖宗初意而已。蓋用人無畫一之法，則趨嚮不定，無超異之舉，則勸勵不昭。今臺省華要之秩，僅以待郡理縣令之異能者，知州等為牧民之官，而懲①取不與焉，非所以為平也。藩臬自僉事而上，常洊擢卿寺開府，知府二千石同稱方面，而絕迹卿棘②之轉，是古之人補公卿者而今為循資恒調之官矣，非所以為稱也。隆慶中，部覆科臣議謂，撫臣宜擇兩京三品正卿及各省按察使以上資望深重者，其餘年淺卿寺副使等官，不宜輕授，而今或不盡然，非所以為慎也。誠為之令曰，凡行選③科道官，為推官、知縣者十居六七，而知州必預焉，為進士者十居六七，而舉貢必預焉，即以知州品級非宜，亦可行取，而考其優異者特授吏兵等部清要之職以寵之，則州縣之職重矣。又為令曰，凡知府聲績卓異者，六年以上得徑陞京堂，才地相宜者，四年以上得加銜久任，部屬不得越此而陞兩司，臺省不妨間出以補大郡，則太守之職重矣。又為之令曰，凡推用巡撫，必內外間陞，聲寔兼論，使練閱深者得以展布其能，名位淺者得以蓄養其望，則藩臬之職亦與京堂並重矣。此皆於見行事例無大窒礙，而一調劑轉移間，自可使耳目更新，精采振迅。宋臣蘇軾云：王者用人，有如江河，江河所趨，百川赴焉。人情既不輕外吏，而外吏有不務④奮自重者，臣弗信也。至於撫按

①懲 "懲"似應做"徵"。
②棘 "棘"似當作"棘"。
③選 明抄本"選"下有"授"字。
④務 明抄本作"矜"，是。

二官，關係尤重，又必久巡撫之任、重巡按之權，而後可責其盡職。蓋撫按職事不同，按臣如飛霜迅霆，震肅一時，可暫而不可恒，故巡歷周歲，便須與代。撫臣如和風膏雨，披拂浸溉，必久而後入，在昔如周忱撫蘇松二十二年，王翱撫遼東十一年，于謙撫河南、山西十八年。今即未能如此之久，亦必待三年以上，便周知一方利弊，乃可望其成效。其有功績卓著①，又當特為留任六年、九年，漸次加以侍郎、右都、尚書、宮保等銜，勿令輕代。使官知所居長久，其計慮必遠，不苟圖一朝之便，而人知官不輒徙，其奉行必謹，不敢萌狎玩之心，較之屢遷數易者，功效不同年而語矣。巡按御史職司一方風紀，稱為代天子巡察，每差用時必於大廷奏遣，誠慎重之。近或但知抗示威稜，爭競禮節以為得體。渾厚者矯之，則又徒事安靜，婥婀狥法，六條之察溺其職矣。請自今題差巡按，必精簡御史中年深望著者，若能為地方任怨釐蠹，仍須加意養其風采，即有舉動不宜者，俟回道議處，其職事修舉者，照屠滽、王忬、胡宗憲例，間陞一二以示獎勸。誠得此兩臣者左提右挈，視國如家，綜察必嚴，舉刺必當，若是而外吏有不競舉其職者，臣又弗信也。請特敕部院，採臣愚議，更加審酌力行。大要使外吏勸勉，則民蒙福，而使撫按稱任，則吏奉法。當今礪世摩鈍、保固邦本之道，似無亟於此。伏乞聖裁。

一、清查邊餉。今之譚財計者至析秋毫矣，而軍國之費浩穰浮溢無若邊餉者。蓋四方財賦歲入太倉銀庫，不過二百五十餘萬，而各邊主客年例兵餉乃至三百餘萬，此真天下漏巵也。夫以神京肩臂，逼近旄裘。控帶三方，總屬要害，一議節縮，類云齟齬難行。但事起近歲，原不盡為經制之舊，而費出無藝，亦不盡充士馬之需。乃人情狃翫，習寔成常，以請討為長算。視內帑如索寄。年復一年，有增無減。若不長慮顧後，大為撙節，其將何所底止乎？考之國初，各邊軍糧但取諸撥屯自贍，聖祖所云養兵百萬不費百姓粒米者是也。其後邊屯漸荒，屯軍掣回城守，而後取給於民運，借資於榷鹽，初未有請討由帑名色。自正統己巳後，邊庭多事，召軍買馬，警備日亟，遂止以

① 著 明抄本"著"下有"者"，是。

民運給主兵，而客兵饋餉暫請帑銀，以爲權宜接濟之計，亦未有戶部每年解送邊銀例也。有之，自成化二年始。然在弘、正間，各鎮餉銀通共止四十餘萬。至嘉靖初，猶止五十九萬。十八年後奏討加添，亦尚不滿百萬。至二十八年，忽加至二百二十萬，三十八年加至二百四十餘萬，四十三年加至二百五十萬，隆慶初年加至二百八十餘萬，極矣。計嘉靖中葉距隆慶初年，不過三十年間，乃餉銀之數。自五十九萬驟增而爲二百八十餘萬，相去懸絕數倍。臣嘗深究其故，有二焉。蓋嘉靖庚戌前後，吉囊、俺答勢甚驕獷，而邊臣亦控馭失宜，釁隙屢開，虜馬蹂於內地，烽火達於都城。肅皇帝督責將吏，嚴於束濕，今日逮一鎮臣，明日逮一督臣，而筦兵司計者悉無所逃其誅遣。於是邊帥、本兵計無復之，但張皇虜勢，苟且爲增兵召募調發各鎮之筴，以炫耳目避重誅。支費驟增，不得不取盈於司者。計臣亦畏罪株及，不敢議減，依違曲徇，以至於此。此其故一也。又當是時，柄臣貪墨，債帥交關，表裏爲奸，氣焰熏灼，故帑藏解發，或未出都而瓜分，或以抵境而輦還，與前史所云旋車完封寫之權門者，如出一轍。至於各邊倣傚，饕竊成風，私囊侵沒，數又不貲。是年例之額數雖多，而寔用於邊塞者尚未及半。此其故二也。自嘉靖末墨風既戢，朝政漸清，內外在事諸臣，多能澡雪自愛，非往時關通之舊矣。至隆慶五年，北虜款附，各邊雖警備未撤，而凡征調行擺邊按伏之類，已爲漸減，比之往時羽檄紛午、饋運趣迫，則又大有間矣。餉銀浮額，屢經庭①臣建議清查，詔旨申飭不啻三、五，然今之年例尚多至三百三四十萬，比隆慶間反增數十萬，此其故良有不可究詰者。說者謂承平日久，虜幕日逼，邊兵則從事鋒鏑而膏腴莫耕，民運則借口災傷而逋負愈積。又初止宣、大、遼、延、甘、寧六鎮，後增薊、固、山西爲九，今則密、昌、永、易、洮河，闐戍森羅，稱十四鎮矣。初止各鎮主客兵，今則增調班軍，添募標兵、家丁之類，名色紛沓矣。初止防秋戍守，今則當春盛夏虜騎充斥矣。又歲歲有撫賞之用，年年有修築之工，其供饋浮濫，勢不得不然。顧誠都內所輸金錢，銖兩必爲邊用，糧蒭粒

① 庭　明抄本作"廷"。

束，盡充軍寔，則縣官亦何慳於此。然聞之所司，或扣減而他用，或掊尅以自封，疆埸之吏垂橐而往、擄載而歸者，比比有之。甚乃賓僚遊士①，出一言而曳綺履珠，星鑒卜技，挾一刺而贏金②傳食。此等濫費，非從天降，非自神輸，不過朘之公物，糜之私寶。而行伍則日消弱矣，馬匹則日倒死矣，城堡則日頹塌矣。軍容士氣之盛，曾不及祖宗時萬一，而供輸不啻十數倍焉。且以國家經費無窮，百姓膏血日竭，大司農蚤夜蒿目怵③心，爲一切權宜以佐國，取之盡涓滴，而洩之若尾閭。天幸黠虜款塞，華夷安堵，尚且捉衿露肘，枝梧不給，有如一旦渝盟潰防，徵調繹騷，又將何以加之？此安可恬然坐視而不爲之計畫也！臣考皇祖嘗諭④户部曰：‘諸邊疏請内帑，想初因急需，後遂援爲口寔。豈無侵冒自私之弊？今後必慎度以給。’又諭曰：‘邊事料理糧草第一，管郎當嚴稽，巡按官亦須覈勘之。’遂詔：‘自今邊餉，行巡按御史每歲會同管糧郎中，互相稽查，着爲令。欽此。’昨歲皇上採總儲大臣之議，行九邊清查餉銀原額新增之數，又嘉督臣節縮軍餉數多，特賜寵賚，以風示諸鎮。其軫念邊費、加意挖剔弊源，真足以同符祖烈矣。臣愚竊思，邊方督餉部臣，權任未重，振刷爲難，卽有砥名自好者，不過委事府倅等官，表其出納之無染指而已，欲望究心節縮，以裕國計，恐未能辦。其在各邊憲臣，雖有京盤、歲盤、關盤等項名色，又以事非專責，未必周知。臣居嘗熟籌之，竊謂差用餉臣，宜於諸司中博簡才望，量兼憲秩以往，或卽於本部中、精擇廉潔著聞、寔心任事者，敕書内添載清理軍馬寔數、稽覈糧料虚冒、務求漸次減省浮額一節，仍令會同巡按御史勘驗出納。其諸屯地抛占作何稽墾，民運逋負作何查催，鹽糧報納作何疏通，以至趁時糴買本色、按月支放官軍，毋縱奸商營求截攬，毋容將領侵欺減扣，各項事務聽其悉心經理，從寔奏報。事竣之日，吏、户二部公同考察，有能殫力籌邊、儲待有餘者，卽超擢卿寺職銜，以示酬獎。如或物議彰聞，照嘉靖三十八年例，降斥不宥。其各督撫巡按，亦宜同心講究。併將總儲大臣近題，亟議區處，固不可驟爲挹損以銷軍寔，亦不得仍襲虚糜以耗國

①士 明抄本作"士"，是。

②金 明抄本作"今"。通行本改作"金"，是也。

③怵 明抄本作"鈢"。通行本改作"怵"，是也。

④諭 明抄本無"諭"字。通行本補之，是也。

用。大都各邊餉銀，惟薊鎮畫地分區，增兵添調，所費居他鎮之十七。次則宣大最鉅。又次則遼左山西。而陝西四鎮浮額尚不多。該部又當斟酌緩急，次第節省，期以每歲逐漸減去年例請討之數。即不敢望如先朝舊額，亦當照嘉靖十八年等近規，定爲中制而止，永久遵守。當今軍國支費無鉅於此者，此事一清覈，而後司計諸臣得以緩帶握算，徐效其籌畫矣。伏乞聖裁。

一、儲養將材。臣惟國家用人，文武並重，然文銓之法夙稱詳密，居官有考課，鄉里有題品，在廷諸臣即不盡接見其人，亦或耳其行事，稍加詢訪，賢不肖尚可什得六七。惟是武弁之流，法制闊疏，蹤迹汗漫。五等世爵既以紈袴而見輕，六年軍政亦復殽襍而無紀，歲糜餼祿，坐享腴屯。平居按藉①，則積黃充棟而莫稽，有事推鋒，若按沙揀金之難得、每遇將領員缺，率取諸邊腹奏薦以充。乃其才勇卓邁者，或恥自銜鬻，而上官所舉，多係委用親信頓熟儇巧之徒，以此濫畀符組，往往僨事不少。且此輩散在邊陲省直，本兵推用不過據紙上稱揚、目前諮訪，安能一一親見而試其短長？又所云將材簿、武職揭帖之類，惟該部科有之，各部大臣、科道官於其履歷姓名多未入目經心，每見部推，茫然不識爲誰何，求如文臣舉用一不當、尚能約略知其梗概、得以指議而糾摘之，固已難矣。至武科一塗，屢朝舉行，既得登進者，率多棄擲不敘，能以功名表見什無二、三。蓋蹴張控縱，猶是武夫本技，若乃三場論策，多出帖括記誦。我朝用經術文辭舉彙校之士人，尚以爲虛華無寔，焉有材官武騎、將用執殳荷戈效死疆場者、亦藉區區章句爲之羔鷹！猶之鸞刀解牛非適用矣。昔人歎武舉制度齟齬，不能致特起之士，以人之有智略者或不閑弓馬，有幹局者或心解而口不能言，口言而手不能書，非科試之法所能收拾也。臣愚以爲一時勳爵、珥貂錫券、誓重山河，及内外衛所官丁世纂虩裘、登載尺藉②者，武職以十萬計，旗軍以百萬計，豈其無鷹揚虎視、足任干城者！又四方拳力偉幹智略之士，在在而有，祇緣薪樵未知，網羅尚闊，以致倉猝求材，每苦匱乏，嘗試漫用，幾幸一中。甚有夕罣吏議，朝登壇坫，自比於金錫罍瓶，跌扑不損，雖使

① 藉 似"藉"應作"籍"。

② 藉 "藉"當作"籍"。

過之仁從古不廢，然而賞罰貿亂、用捨太輕、殆非所以明朝廷也。夫將者，三軍司命，關國安危，即在平居無事，尚當加意簡求，以壯虎豹在山之勢。矧今方隅①多故，羽檄交馳，所需將才有如中流之楫，安可不設法儲養而慎用之！謂宜敕下兵部，詳議將②畫一條法，除兩京勳胄子弟照舊隨營教練，量才敍用，及軍職襲替、比試等項悉遵成規舉行外，仍行各邊腹總督撫按論薦將材，務要博訪精覈，非有敢戰知兵實績不列剡奏，無徇私市恩。但舉中軍標下委用人數，亦無拘衛所官丁行伍草澤，止憑技藝勇略爲殿最。疏下本兵，即將所薦諸人履歷考語，備細開送九卿科道衙門，便於平時稽訪。遇有推用，各舉所知，以備本兵採擇。其有異能奇略卓出流輩者，許各邊鎮特薦三四人，腹裏省分一、二人，給與行資文劄，俱送京營習練管事。本兵、總協、巡視諸臣，常時面加試閱，拔舉其尤，以備邊關參副大將之選。既錄用後，果能在處建功，本部仍查先曾推薦之人，請旨優敍。將見四方材武，莫不有階梯以自達，挾技能以自見，在樞府大臣，既得提衡鑒以坐照之，而廷臣咸得講求習熟其流品，庶幾將材易得，即有名實不相應者，亦易知也。其武舉科試，似當別立爲法。先儘九邊，以山西、宣大、陝西四鎮、遼左爲首，北直、山東、河南次之，以及各省，照今分取邊腹南方事例，酌定人數多寡。遇鄉試年分，以步騎論策取中者，姑足往年半額。此外有能搴旗扛鼎、膂力絕人者，有體貌威雄、膽略出衆者，有熟知虜情、可任間諜者，有諳曉天文風角、善製火器軍械、及慣舟師習海道者，即弓馬非其所長，書史或有不解，另列一項，與同武舉一體齋發赴部。會試之前，兵部倣會舉，同五府科道，將前項人員面爲較閱。此等材器伎倆，皆可對衆呈試不容假飾者。即取定名數，具疏題知。不願會試者仍③令入三場。箭不合式，不必揀退。終場之日，考試官將取中弓馬、文字之人，亦比舊額酌減其半，遇有前項人員，列名在內。即係全材，可當重用。如不在所取數內，仍將姓名列於中式人後。其在外取定不入試者，亦一併錄名進④兼敍用。或令効力邊陲，或令教藝戎伍，以待其有功陞擢。如此則武科

①隅　明抄本作"偶"。通行本改作"隅"，是也。

②將　明抄本"將"上有"選"字，是。

③仍　"仍"下應有"聽，有願試者"幾字。

④進　明抄本"進"下有"呈"字。

之設，不徒以片長一技限人，將來必有熊羆不二之士、雄略千人之敵，出於此塗，與文科並盛。而國家授鉞登塲，隨地取足，雖以折衝萬里、鞭苔四夷可也。伏乞聖裁。

一、擇用邊吏。臣惟九邊東起遼海，西盡甘涼，綿亘萬里，皆有虜隣。頃在遼左，則外罣島夷，內苦虜患，而疲鎮之傷痍已極。在關陝，則奮虜逞忿，火酋肆猘，而事勢之潰裂難支。在薊鎮，則供餽百萬，坐食十萬，而不能制一昂酋之要領。此猶顯然易見者。若宣大，雖款虜馴服，稍得息肩，頗聞旃幕逼近，虜人出入內地貨利交通，略無禁限。邊將苟幸旦夕，悉置不問，猶之抱虎熟寢，爲憂方大。目前諸邊豈敢謂晏然無事！然自古邊陲無無事之日，而要在得任事之人。今鎮戍環列，烽火相望，材官猛士棋布雲屯，而調度以司道，節制以巡撫，總統以督臣，駕馭之術既周，拍臂之勢甚便，不可謂無其人矣。獨邊方羣①縣之吏常有當亟議者。聞之遊歷塞垣者多云：各邊將領有司戰守功罪分數不明，往往致誤邊事。蓋將領職在戰鬭，或奉調遣而應援，或分兵衆而堵截，此文吏之力所不能强者也。有司職在封守，虜未至而城堡之繕治，虜既至而人民之收保，此又武將之令所不能行者也。年來將領狡猾，沿襲敝套，操守守備有城堡之責，既稱統兵不多，推奸諉罪，總副參遊擁有重兵，又皆徊翔觀望，每虜來東西閃避，以求免損軍之罰，至於內地殘掠，則曰此有司責也。而有司復袖手旁觀，曰吾職在牧民，不任兵事。彼此支調，竟使虜得飽欲肆志而去，邊事日壞，率繇於此。臣觀前史，若李廣之上谷，郅都之鴈門，祭彤、兼範之破烏桓、禦匈奴，李勣、董遵誨之治并州，領環慶，不過一邊方郡守之職，乃能力抗驕虜，比重長城。雖委任權力今昔不同，而邊吏得人之明效亦自可見。臣故以爲欲求安邊之策，必當特重邊吏之選。然吏事本難，而邊吏則尤難，吏材不易，而邊材尤不易，自非廣爲招延，極意諮訪，莫能得其人，又非破格鼓舞，久任練習，莫能得其力。宋臣嘗建議，欲慎選仁勇之士守②邊郡，兵民措置悉以委之，不使輕去其郡。安危利害不離其身，勢不得不盡心力以防患。雖世官之制未易舉於今，

① 羣　"羣"應作"郡"。

② 守　明抄本"守"字上有"世"字，是。通行本漏此字。

而師其意以久任邊吏，則尚可行也。今令甲念邊臣之勞苦，督撫司道蔭敘陞遷，皆必優於内地，法意甚善，而守令則未之及。嘉靖三十一年，令邊方知府比腹裏減年陞級，不易其地，其餘有司於北舉貢監生内減年超選。隆慶元年，大學士徐階等請將沿邊府州縣掌印官，悉擇才勝邊任者補之，責以繕治城堡，圍練民兵，有勞績者行取陞遷特加優異。三年，吏部又議將薊遼山陝沿邊州縣共六十一處有司官開列地方，特請擇才任使。而選用優擢之法，至今尚未見備飭。今之爲邊吏者，銓授既多猥冗，人情亦不樂赴，蓋非生長邊方之人，柔脆文弱，不能耐受苦寒、曉邕兵事，彼且瞰舉烽而股栗，聞鳴鏑而心驚，又安望其鼓銳攖鋒、爲國捍圉哉。昔人謂，以戎馬之任，同諸俗吏之選，欲求濟於事，誠難矣。臣以爲凡此邊地府州縣正官、及監收府倅官，該部於銓選時，宜另作一法，訪羅補授。無論進士舉貢流品，亦無拘文藝年資，但取精力強幹、膽略出羣者，即可破格授任。仍須體恤其勞勳，寬假其文法。如能折衝保障、功績茂著者，增職久任。一再考之後，府倅州縣官即可遞陞邊方太守，太守即可遞陞邊方司道，以至開府總鉞，俱不爲限制。若此，則人知功名可以自見，將競效其奇。又知利害切於一身，不敢不殫竭其力。且久歷行間，熟知虜事，百凡措置，必中機宜。可以斥遠烽候，亦可以保境安民，可以乘障自守，亦可與將帥互爲犄角。使虜望我内地，如鳥之窺淵、獸之窺藩，雖有攫拏之心，不敢狂騁，庶幾邊民獲登於衽蓆矣。然恐一時待次銓曹者，未必遽堪是任，又須預行各省直撫按，於所屬有司察其才器堪充邊任者，另疏舉薦，以備陞改。至於北方省直督學官，仍將每年應貢諸生中，遴選練熟弓馬、勇略過人者，另文起送。每處限以五六人，到京之日，禮兵二部查照先朝選取身材、不限文字事例，公同考驗，移咨吏部，量寬歷事，揀選超授邊方郡縣。查得嘉隆間如任環、董邦政之起家科甲，王邦直、李春艷輩之奮迹諸生。即近日搢紳縫掖中以武事擅長者，亦多有之，特患朝廷摻羅尚隘，推擇未當耳。假令在事者肯爲國悉心簡求、分布徼塞，使械樸之彦咸可以佐六師，符竹之良皆可

① 奏　明抄本"奏"字上有"卿"字，是。

以當一面，所裨益於邊務者豈淺鮮哉！伏乞聖裁。"奉旨："覽奏①具見愛君忠藎，謀國遠慮。關朕躬及錄用人材的，朕已知道了。其餘著該部看議來説。"

是日，大學士趙志皋、張位、陳于陛、沈一貫題："爲日講事。先該臣等題，每年開講日期俱於正月上旬，今歲於祭祀之期有礙，節假以後即係下旬，容臣等於二月上旬另擇日恭請皇上開講，以後接續日講。奉聖旨：'是。欽此。'今將屆期，臣等看得本月上旬於祭祀有妨，謹擇本月十六日吉，恭請皇上臨御講筵，照常日講。伏乞聖裁。謹具題知。"奉旨："是。"

三日丙午，皇帝敕諭神機三營添註遊擊將軍署都指揮僉事沈惟敬："今特命爾量帶隨行官兵，齎敕前往釜山，宣諭倭將豐臣行長等。彼國初欲求封天朝，因朝鮮不爲代請，以致二國搆兵。及天使往諭，即能率衆退避，竟全屬國。今平秀吉表乞內附，朝鮮爲請封，朝廷察其恭順無他，特採廷議，已遣正副使二員，齎詔往封平秀吉爲日本國王，令其暫駐遼左，待報方行。爾可諭行長等，速將冊使舟楫等項整飭完備，仍令釜山倭衆盡數歸國，撤燬柵房，不得以倭户爲辭遺種滋患。一面傳諭朝鮮國王，待釜倭一退，即從寔奏請冊使啟行，毋得生事啟釁，以誤重典。爾仍同到日本宣諭，一應冊封禮儀，悉照朝鮮事例，預先申明要約。及諭平秀吉及合國人等，錫封之後，皆我臣屬，務要永遵臣節，不得別求貢市。慎修隣睦，不得再犯朝鮮。六十六島之衆，悉歸農業，不得窺掠邊海。諸凡約束三事、調戢兩國，俱屬爾專責，應行事務聽爾便宜處置，朝鮮、日本諸色人等，不得阻撓。要在上尊國體，下定夷情。事畢還日，將爾前後功次一併敍錄。如或貪黷債事，輕率損威，法不輕貸，爾宜慎之。故諭。"

四日丁未，太子太保禮部尚書文淵閣大學士臣趙志皋等題："爲印信事。照得左春坊左庶子兼翰林院侍讀蕭良有，近蒙欽依，陞國子監祭酒去訖，所有本坊印信缺官管理。臣等推得右春坊右諭德兼翰林院侍講李廷機資序相應，合無將本官量陞左春坊左庶子兼翰林院侍讀，掌管前項印信。再照翰林院編修鄒德溥資俸已深，合無將本官量陞右春坊右中允兼翰林院編修。伏乞敕下吏部，查照施行。臣等未便擅便，謹題請旨。"奉旨："是。吏部知道。"

五日戊申，太子太保禮部尚書兼文淵閣大學士趙志皋等題："爲科舉事。准禮部手本：該本部題，萬曆二十三年會試舉人，合用考試官二員，照例行翰林院擬請簡命。奉聖旨：'是。欽此。' 欽遵備行到院。臣等推得禮部尚書兼文淵閣大學士張位、吏部左侍郎兼翰林院侍讀學士掌詹事府事劉元震，堪充考試官，合候命下，令其入場供事。臣等未敢擅便，謹題請旨。"奉旨："是。"

是日，皇第六子命名告奉先殿，收回脯醢果酒頒賜四輔臣二卓。

八日辛亥，大學士趙志皋、張位、陳于陛、沈一貫題："臣等先蒙發下織染局僉書御用監太監柳用等一本，欽奉聖諭行陝西織造羊絨，奉聖旨：'是。工部知道。' 後又蒙發下工部一本爲織造事，令臣等擬票。竊思織造羊絨袍服，先朝已行，皇上臨御二十餘年乃始傳諭織造，此臣子所當奉行之不暇者。而工部乃有此請，蓋因工部左侍郎沈思孝二年前巡撫陝西，親見陝西地方火酋①猖獗於甘涼，孛反賊叛於寧夏，地方極其殘破，錢糧耗於轉輸，庫藏已稱匱竭矣。加以災沴洊臻，荒蕪益甚，民不聊生，是官民俱困之時也。若一旦加之以一百六十萬之織造，豈惟民力有所不堪，而官帑亦不能給。雖有該部料價等銀，歲不過二萬餘兩，以有限之數而供莫大之工，其何能濟！臣等見其言之懇切，而其疏又從中發，臣等仰窺皇上之心，必俯從其請，敢②擬以減半織造，陸續解進。又查得萬曆四年，織造局傳造袍服段疋，因科臣具③奏，遂減三分之一。七年，承運庫傳造袍服段疋，又因科臣具奏，准減半織造。此皆皇上推心

① 酋　明抄本作"酋"，是。通行本作"酉"，誤。
② 敢　明抄本"敢"字上有"輒"字，是。
③ 具　明抄本作"且"，誤。通行本改作"具"，是也。

以愛民，約己以裕下，至今傳誦不替，豈於今日而靳其施哉？此臣等所以輒敢擬票而請自上裁也。臣等竊念，袍服係關上用，既不容①已，而陝西民窮財困，又不能支，伏願皇上俯從部臣之請，將工部原疏發下，量從減省，行令議處一歲可得銀幾萬兩，並發本部料銀以濟之，先將上用之要緊者，酌量一歲可織多少，分爲幾運，至於次年又該計省銀數並料價銀可織多少，分爲幾運，限於幾年方完，庶民力易辦而上用不缺矣。臣等豈敢故違上意、而干譽小民哉？蓋誠知其地方兵荒困苦、而不得不爲君父陳之耳。伏惟皇上賜察。臣等無任仰祈之至。謹具題以聞。"奉旨："覽卿等所奏，朕已知道了。此織造乃不得已，原數朕已裁了，諭卿等知。"

是日，大學士趙志皋、陳于陛、沈一貫題："爲日講事。近該臣等具題，開講日期擇於本月十六日吉，恭請皇上臨御講筵。奉聖旨：'是。欽此。'又該禮部題，宣奏遼東捷音亦於本月十六日。查得視朝之日例不御講，合將開講吉期②於十七日，伏乞聖裁。再照每年初開日講，該進《孟子》、《書經》、《禮記》講章三條，已經進過數次。竊思聖明覽玩已熟，今歲再進，似覺重復。臣等欲擬於前項書內另擇三條進呈。未敢擅便，謹題請旨。"

九日壬子，詔封日本國王平秀吉，皇帝詔曰："朕受天明命，覆幬無私，仁育遐荒，有同宇下。惟爾日本，遠隔鯨濤，昔嘗受爵於先朝，中乃自擯於聲教。爾平秀吉，能統其衆，慕義承風，始假道於朝鮮，未能具達，繼歸命於闕下，備見真誠，馳信使以上表章，干屬藩爲之代請。恭順如此，朕心嘉之。茲特遣後軍都督府僉書署都督僉事李宗城充正使，五軍營右副將署都督僉事楊方亨充副使，持節封爾爲日本國王，錫以冠服、金印、誥命。凡爾國大小臣民，悉聽教令，共圖輯寧，長爲中國之藩維，永奠海邦之黎庶，恪遵朕命，克祚天休。故茲詔示，俾咸知悉。"

敕諭日本國平秀吉："朕恭承天命，君臨萬邦，豈獨乂安中

① 容　明抄本作"可"。

② 期　明抄本"期"下有"移"字，是。

華，將使薄海內外、日月照臨之地，罔不樂生，而後心始慊也。爾日本平秀吉，比稱兵於朝鮮。夫朝鮮，我天朝二百年恪守職貢之國也。告急於朕，朕是以赫然震怒，出偏師以救之，殺伐用張，原非朕意。乃爾將豐臣行長遣使藤原如安來，具陳稱兵之由，本爲乞封天朝，求朝鮮轉達，而朝鮮隔越聲教，不肯爲通，輒爾觸冒，以煩天兵。既悔禍矣，今退還朝鮮王京，送回朝鮮王子、陪臣，恭具表文，仍申前請。經略諸臣前後爲爾轉奏，而爾①衆復犯朝鮮之晉州，情屬反覆，朕遂報罷。邇者朝鮮國王李昖爲爾代請，又奏釜山倭衆經年無譁，專俟封使，具見恭謹。朕故特取藤原如安來京，令文武羣臣會集闕廷，譯審始末，並訂原約三事：自今釜山倭衆盡數退回，不敢復留一人，既封之後，不敢別求貢市，以啓事端，不敢再犯朝鮮，以失鄰好。披露情寔，果爾恭誠。朕是以推心不疑，嘉與爲善。因敕原差遊擊沈惟敬前去釜②，宣諭爾衆盡數歸國。特遣後軍都督府僉書署都督僉事李宗城爲正使，五軍營右副將左軍都督府署都督僉事楊方亨爲副使，持節齎誥，封爾平秀吉爲日本國王，錫以金印，加以冠服，陪臣以下亦各量授官職，用溥恩賚。仍詔告爾國人，俾奉爾號令，毋得違越，世居爾土，世統爾民。蓋自我成祖文皇帝錫封爾國，迄今再封，可謂曠世之盛典矣。自封以後，爾其恪奉三約，永肩一心，以忠誠報天朝，以信義睦諸國。附近夷衆，務加禁戢，毋令生事於沿海。六十六島之民，久事徵調，離棄本業，當加意撫綏，使其父母妻子得相完聚。是爾之所以仰體朕意、而上答天心者也。致於貢獻，固爾恭誠，但我邊海吏惟知戰守，風濤出入玉石難分，效順既堅，朕豈責報。一切免行，俾絕後釁。遵守朕命，勿得有違。天鑒孔嚴，王章有赫。欽哉。故諭。"

　　頒賜國王：紗帽一頂（展角全）、金箱犀帶一條、常服羅一套、大紅織金胷背麒麟圓領一件、青褡襖一件、綠貼裏一件、皮弁冠一副、七旒皁縐紗皮弁冠一頂（旒珠金事件全）、玉圭一支（袋全）、五章絹地紗皮弁服一套、大紅素皮弁服一件、素白中單一件、纁色素前後裳一件、纁色素蔽膝一件（玉鉤全）、纁

① 而爾　明抄本原作"爾而"，誤。通行本改作"而爾"，是也。

② 釜　明抄本"釜"下有"山"字，是。

色粧花錦綬一件（金鈎玉玎瑺全）、紅白素大帶一條、大紅素紵絲舄一雙（襪全）、丹礬紅平羅銷金夾包袱四條、紵絲二疋、黑綠花一疋、深①素一疋、羅二疋、黑綠一疋、青素一疋、白氎絲布十疋。

封日本國王平秀吉誥文："皇帝制曰：聖仁廣運，凡天覆地載，莫不尊親。帝命溥將，暨海隅日出，罔不率俾。昔我皇祖，誕育多方，龜紐龍章遠錫扶桑之域，貞珉大篆榮施鎮國之山。嗣以海波之揚，禺②致風占之隔，當茲盛際，宜纘彝章。咨爾豐臣平秀吉，崛起海邦，知尊中國，西馳一介之使，欣慕來同，北部③叩萬里之關，懇求內附。情既堅於恭順，恩可靳於柔懷。茲特封爾爲日本國王，錫之誥命。於戲，寵賁芝函，襲冠裳於海表，風行卉服，固藩衛於天朝。爾其念臣職之當修，恪循要束，感皇恩之已渥，無替款誠，祗服綸言，永遵聲教。欽哉。"

敕諭都督僉事李宗城、楊方亨："皇帝敕諭署都督僉事李宗城、楊方亨：我國家於四夷臣服者，皆賜其長以封號，遣使冊命，用彰無外之治。今日本平秀吉，畏威歸順，上表乞封，自稱國久無主，爲倭衆推服，願得列於外藩，同諸夷稱臣稽首。而朝鮮國王李昖復爲代請。朝廷俯順夷情，博採廷議，特恩賜平秀吉爲日本國王，錫之冠服，將俾簿④海內外，咸被天朝聲教。今特命爾後軍都督府添註僉書、署都督僉事李宗城充正使，以五軍營右副將、左軍都督府署都督僉事楊方亨副之，齎領符驗旗牌，量帶官兵，同護詔誥敕諭往封，暫駐遼左，以待彼館舍舟楫等項完備。其釜山倭衆向以迎候冊使爲辭，聽遊擊沈惟敬諭令盡歸本國，撤燬柵房，候朝鮮國王奏報至日，爾等乃渡江由朝鮮前去，一應冊封禮儀悉照朝鮮成例。爾等宜宣布朝廷威德，懷柔遠夷。諭平秀吉既封之後，務恪守恭順，不許別有請乞，修睦鄰國，不許復有侵犯，凡各島嶼衆⑤，務嚴加禁戢，不許爲患邊海，遵奉天朝約束，永稱外臣。爾爲使，一切製馭機宜、應行事務，宜同心計議，無得偏執自用，事關軍機，密切奏報，無得疎虞。爾等尤宜潔己奉公，嚴禁隨帶員役，所過地方秋毫勿擾，上彰天朝威德，下肅遠夷觀德，無孤委任。事

①深　明抄本"深"字下有"青"字。

②禺　明抄本作"偶"。

③部　明抄本無"部"字。

④簿　明抄本作"薄"，是。通行本作"簿"，誤。

⑤衆　明抄本"衆"上有"倭"字，是也。通行本漏"倭"字，誤。

竣早還，當從優賚，如或輕率貪黷，償事損威，國憲具存，決不輕貸。欽哉。故諭。"

十日癸丑，大學士趙志皋、陳于陛、沈一貫題："今日文書官發下兵部一本，係尚書石星議覆薊遼總督孫鑛等所奏封倭事宜，令臣等擬票。臣等竊思，東封一事遲疑已經二年，朝中議論異同非始今日，自聖諭一頒而羣議遂息，兵部乃敢奉行，定以許封，薊遼督撫向亦未有異議，近因葉靖國宣諭回鎮，致有此奏。夫督撫有封疆之寄，臨事慎防誠為至慮及閱兵部覆本，歷敘倭情懇封之始末，極為詳盡，抑且身任其事，保無他慮，若非灼見機宜，豈肯毅然擔當如此？似有不必過疑者。且今詔敕已頒，封使將行，若復有遲留，何以彰天朝命令之信、慰遠夷瞻望之心？伏乞皇上俯允兵部之請，嚴諭李宗城作速前去，沈惟敬為首議之人，亦令亟與同往，以完此事，既不失信於外夷，且可以保守朝鮮為我國家之藩籬，寔乃安邊固圉萬全之策也。臣等竊有所見，輒敢擅擬票旨，以候上裁。無任悚息待命之至。謹具題以聞。"

十六日己未，遼東奏捷祭告郊廟，收回脯醢果酒，頒賜四輔臣三卓。

十七日庚申，大學士趙志皋、陳于陛、沈一貫題："今日該文書官發下票本，內有兵部敘遼東鎮武堡等處斬獲功次一本。據本開載，總兵官董一元既樹非常之功，當加非常之典，擬照先朝曾義、焦禮、施聚三臣俱沐封拜之典例，擬董一元封伯爵，不世襲。此兵部鼓舞邊將、作其忠勇、封一人而可以興起各邊將臣也。臣等竊思，封拜大典，朝廷殊恩，三臣舊例未及遠考，近年以總兵封伯爵者惟李成梁一人。然查其封伯緣由，皆有歷年功次，非止一朝，積累有漸。於萬曆二年有東州之捷，題奉欽依陞右都督，三年有瀋陽之捷，題奉欽依加太子太保，六年有遼河之捷，題奉欽依加太保，七年有海州之捷，題奉欽依加封伯爵，八年有鴨兒匯之捷，題奉欽依加世襲伯爵。董一元初鎮遼東，遂奏奇捷，平定邊隅，委當重酬。然歲非屢積，功有可待，遽加封典似覺稍驟。臣等欲遽依兵部所擬，恐非朝廷慎重封典之心，欲不依其所擬，恐失兵部激勵將臣之意。昨日兵部到臣朝房商確，原有兩擬，一照李成梁東州敍功，陞左都督加太子太保，一照李成梁海州敍功，封伯爵。臣等竊思，封爵大典，原係特恩，非臣等所敢輕擬。謹具二擬，並原本封進，請自上裁。伏惟皇上裁①定。臣等無任悚息待命之至。"

　　二十三日丙寅，大學士趙志皋、陳于②陛、沈一貫謹題："先該吏部一本，爲推陞官員事，連日未奉旨，臣等上揭催請，伏蒙發下原本，奉御批：'這本內蘇應旻、曹珩都是見提問的官，如何擅擬陞轉？該司官朦朧市恩，好生可惡。堂上官姑且不究，該司官着降極邊雜職用，不許朦朧推用。此缺另擬來用。欽此。'該文書官潘朝用恭捧到閣。臣等仰見，皇上綜察之明，獨斷之威，外廷臣工見之當無不悚服者。但臣等細詳吏部司官之推用蘇應旻、曹珩，寔欠小心詳慎，豈得無罪？若以擅擬朦朧市恩罪之，則該司原無此心，有不敢不爲皇上明言者。蓋吏部相沿舊規，凡不才官員無憑罷黜者，必王③府官處之，因王府官有名無實，雖曰陞之，實乃黜之。今該司陞蘇應旻以王府，實罷黜其人，而非以之市恩也。此其意有可原矣。至於曹衍④，舊年戶部覆本在御前未發，戶部無所據以咨，吏部無從知之，是以有此誤陞。坐以朦朧市恩，似亦不類。若論該司陞用官員，自合細查履歷，博加詢訪，待此二官罪狀既明，而後處之，亦未爲晚，何必以急於出缺之故而遽爲陞轉！委屬舉動垂謬，所當罰治。所⑤違犯者止於公事失錯，而原非有意抵忤宸嚴。且司官沈昌期等任事以來，懲戒前輒，甚知敬畏。今赫威震怒，與真擅擬、真朦朧、真市恩者一概降處，則不惟無以服該司之心，而亦且阻其近來安靜奉法之心，臣等竊有所不安，不敢不明言之也。伏望皇上念推陞之誤一⑥時偶失，察該司之心尚有可原恕，姑免其降處，將郎中重加罰俸，其餘量加罰俸，以爲人臣不慎重者之戒，則用法平而人心服，將①益淬勵以承休德矣。臣等不勝懇望之至。"

二十四日丁卯，大學士趙志皋、陳于陛、沈一貫題："適蒙發下吏部一本爲大選官員日期事，蒙今臣等擬票。臣等難於定日，謹將原本封上，恭候聖明親裁。臣等昨日因奉旨謫降吏部司官，已冒昧具揭奏解，儻蒙皇上俯察臣言，少寬震怒，則諸臣之罪亦自有可原者，臣等何敢復瀆。祇因大選之期欽定在於明日，三臣爲吏部侍郎時，見每次大選，一司之官俱在供事，而郎中一官尤繁專職，今諸臣受命謫降，一司盡空，誰任其事者？臣等又竊思，二年之間，選司諸臣奉旨降斥已經五次，至此則爲六矣。揆之國體，殊爲有損。且前此所犯者，多因抵觸之罪，情似爲重，今日所犯者，祇因詿誤之失，情實不同。又尚書孫丕揚任事以來，秉公持法，人情漸以反正，皇上必欲罪其司官，恐非所以全其體而安其心也。而臣等不能匡救，其如輔弼之義何？是亦不能無罪矣。伏望皇上俯察臣愚非有他意，特俞臣等前請，將司官重加罰治，令其即出以完明日大選，則該部所請日期似亦不必更改，此又皇上浩蕩之恩，諸臣望外之幸也。臣等無任激切瞻跂之至。謹具題以聞。"奉旨："雖此輩屢經黜降，前者還將另擬武尚耕，朦朧降作兵備，其心不悛改而慎畏可知矣，故朕怒之。昨卿等伸奏，朕已知道了。今卿等因該部請改選期，又來具揭奏解，欲安堂官之心，言甚懇至。該司官爲首的遵旨②，其餘的姑且罰俸一年。吏部知道。"

是日，大學士趙志皋、陳于陛、沈一貫謹題："昨日文書官發下吏部尚書孫丕揚一本爲堂官推陞未當感恩陳罪乞賜罷斥以寬司屬司事，臣等當即擬票進覽。因前次具揭申救，蒙皇上特恩，將員外、主事曲從寬宥，已不勝感激，何敢再瀆？然臣等反覆思之，文選郎中沈昌期職司銓選，誤推安得無罪？但今之選郎實與以前不同，蓋因尚書孫丕揚履任之後，因前任司官專擅，特將銓選之事加意整飭，司屬奉行惟謹，不敢恣肆，與前日被黜諸臣大不相同。昨臣等出閣至朝房，凡來見者共爲稱屈，臣等亦爲惻然憐惜。因此不懼唐突，輒復冒昧再請。伏望皇上

① 將 明抄本"將"字上有"諸臣"二字，是也。通行本漏之，誤。

② 旨 明抄本"旨"下有"行"字，是。通行本漏此字，誤。

少察臣言，大廓聖度，俯從臣前日所請，將沈昌期或重加罰治，或重降俸級，仍令照舊管事，則昌期益勵盡職，而孫丕揚亦皆安心供事、戴天恩於無極矣。臣等不勝感激仰望之至。"

萬曆二十三年三月甲戌，朔。

　　二日乙亥，太子太保禮部尚書兼文淵閣大學士趙志皋奉①："為輔導招尤義難就列懇乞聖明特賜罷斥並乞俯宥諫臣以闢言路事。臣前日在閣辦事，接得戶科都給事中楊恂揭帖為時事觸衷不忍隱默等事，論臣與臣張位四事。臣即出閣待罪，方擬具疏乞休，隨蒙發下科臣楊恂本，奉聖旨：'黜用降黜官員，皆出自朕心獨斷。許茂橓已有旨處了。且楊應龍餽送原無指寔。楊恂這廝心懷別意，故妄言誣詆輔臣，好生可惡。本當重處，姑且從輕，降一級調外任用，不許朦朧推陞。吏部知道。欽此。'臣不勝感激，不勝惶懼。日月之明既以察臣，雷霆之怒又以及恂，臣何敢喋喋置辯、悻悻②求去也？顧臣此心能自信而不能取信於人，能見知於君父而不能見理於外廷之口，於此不為剖雪，不求退避，則耳視者愈以見疑，含沙者益將暗射，而臣之罪益無所辭矣。臣請因其所指四事而略陳之。許茂橓之家人被獲，執有書儀餽送當道，臣恐其恣意夤緣，玷人名節③，當即具揭，請敕法司究問，皇上已正茂橓罪矣。乃恂謂皇上已知其人，且因苞苴之入，必其人之易與，是直以茂橓之賄臣耳。然臣能必己之不受，不能必人之不餽。漢之楊震所以有暮夜之卻也。況當道頗多，恂何所見而獨罪於臣也？楊應龍以土負固，議勦議撫，惟聽總督會同撫按相機處分，而徐宗達之被獲，事在彼中，乃恂為細審播人欲求票擬。夫播人在京，徐宗達在蜀，被執者尚無他詞，訛言④信以為寔。試拘此播人送衛拷訊，始見情寔，恂何所據⑤而獨加於臣也？推陞係吏部之職，黜用乃天子之權。近因聖心獨斷，間黜陪推，而外廷諸臣闃然疑起，以為宮中府中事既隔閡，屢與之辯，又未之信，今恂且指為專擅，又以為奪吏部之權。嗟夫，毀人損真顧至於此，夫黜用陪推，聖心自有明察，臣無容辯。若銓選關係匪輕，皇上試召吏部而問之，果有一事侵其權否耶？此則舉朝所知，而恂之言臣之未解也。至於言官言事，乃其職掌，或當聖心，或觸聖怒，處分斷自宸衷，臣等每為疏揭奏解，而惟以不能挽回聖意為愧，曾何進有

①奉　明抄本、通行本皆作"奉"，誤。當作"奏"。

②悻悻　明抄本作"悻悻"，通行本作"悻悻"，皆有誤，應作"悻悻"。

③節　明抄本作"節"，是也。通行本作"莭"，誤。

④言　明抄本"言"下有"者"字，是。通行本漏此字，誤。

⑤據　明抄本作"拘"。通行本改為"據"，是也。

朋黨之説？且萬幾既決於聖明，輿情復備於臣等，處此兩難，方欲具疏調停，如原任輔臣泰交之意，以共佐綦隆之盛，又何敢有顯斥陰中之事？此則皇上所深知，而他人所未諒也。夫此四事，黑白了然，固非曖昧，而恂執此責臣，無亦過聽人言，或乃有爲而發，臣不能知。今奉旨降級，臣又何敢市恩申救？第其疏中尚以臣阻塞言路，復去其官是益重臣之罪，亦無以自白矣。惟願我皇上開霽天威，仍復恂官，令其照舊供職，或少加薄罰以示創懲。至於臣南北浮沉二十餘載，宦情世況涉歷坎坷，今老矣，年邁氣昏，前諾已迫，豈無止足而猶依依在職者？祇以聖恩眷注之隆未能圖報，屢疏陳情未蒙俞允，正思決意乞歸，茲復遭此誣訛，揣分萬不可留。伏望皇上俯賜慈察，即放臣回籍①，俾臣上無誤國之愆，下免失身之罪，臣有餘榮多矣。臣無任懇切惶悚待命之至。爲此謹具本奏聞，伏候敕旨。"奉旨："卿爲國首輔忠慎廉潔，倚毗方殷。妄言的本當重處，因欲安卿之心，已從輕姑免降級了。卿宜仰體眷懷，遵旨②即出入閣任事。吏部知道。"

是日，禮部尚書兼文淵閣大學士張位奏："爲聞言待罪伏蒙聖心垂諒不勝感激茲引分自陳更祈俯宥言官以彰虛受事。臣自會試塲出見朝謝恩後，於二月三十日進閣辦事，接到户科都給事中楊恂揭帖爲時事觸衷不忍隱然謹昧死陳言仰冀聖明垂鑒亟賜省納以清政本以圖挽回治道萬一事。臣見其疏語侵臣，比即出閣杜門待罪，方擬具疏乞休，於三月初一日奉聖旨：'點用降黜官員，皆出自朕心獨斷。許茂橓已有旨處了。且楊應龍餽送原無指實。楊恂這廝心懷別意，故妄言誣詆輔臣，好生可惡。本當重處，姑且從輕，降一級調外任用，不許朦朧推陞。吏部知道。欽此。'臣不勝感激，不勝涕泗。臣佐理無功，有負聖主知遇，更荷恩諒，昭示獨斷，降處言官。君恩如此，惟誓捐糜圖報，何敢復言？竊念臣初見楊恂之疏所陳四事，實抱慚愧。非愧於恂之言，乃自愧耳。臣聞正士在朝，賄賂弊絶，故楊綰爲相，勳貴斂奢。今茂橓以罷閑衛官，輒遣人來京行賄，據恂疏雖曰不知餽送何人，營求何事，然必須輦轂之下無一敢萌行

① 籍　明抄本作"藉"。通行本改作"籍"，是也。
② 旨　明抄本作"諭旨"，通行本作"旨"。

賄之念，方稱肅清，而臣無以感動之，此則臣之抱愧者一也。又聞直臣當事，外夷畏服，故汲黯在漢，淮南寢謀。今楊應龍一逆酋耳，乃欲具貨免罪，據恂疏雖曰不知投何處衙門，作何餽送，然必須遠近之人無一敢萌脫罪之情，方稱畏服，而臣無以感動之，此則①臣之抱愧者二也。從來吏部推陞，一正一陪，取自上裁，此定規也。近有間點陪推者，出自聖心獨斷，閣臣何毫髮敢預？其有無以私意阻泥致誤主聽，上心自明也。爲臣子者敢有暗行阻格，復避迹掩衆，背面兩端，不忠一至此乎？但於此不能多方挽回，以慰諸臣嚮用志而見信於人，此則臣之抱愧者三也。近日抗疏諸臣，多被譴斥，臣等屢嘗懇救，未蒙允從，乃今指爲搆害，斯則誣矣。但臣忝居密勿，不能胥匡保全，開言路以伸直氣，此則臣之抱愧者四也。念臣樸愚自守，行藏聽天，孤介寡交，寂然獨處，但以報主一念未酬，不能高飛遠舉，若謂設機械、植黨與，則平生最恥之事，死不肯爲，天下自有公論，亦無待曉曉自白爲也。臣與志臯共事三年餘矣，見其老成持重，且素以道義砥礪，臣所欽服，若謂志臯不稱，臣豈復有加於志臯②？尚且見攻，則臣之不堪也明矣。揆諸人③，萬萬宜退。伏望皇上俯從科臣所請，容臣早自引去，獲全晚節，斯則臣之幸也。至於心懷別意而託於建言，此雖仕路常態，料恂未必至此。更祈皇上特宥楊恂，免其降調，以彰天地寬容之量，且毋令人謂因攻閣臣，致言官不安其職，則臣感激皇上，曲體深恩又同父母，而朝廷之上亦籍④安靜之福矣。臣不勝惶恐悚俟之至。爲此謹具本奏聞，伏候敕旨。"奉⑤旨："卿久贊政機，公清體國，朕所鑒知。妄言的本當重處，因欲安⑥卿之心，已從輕姑免降級了。卿宜仰體眷懷，遵旨⑦即出入閣辦事。吏部知道。"

是日，大學士陳于陛、沈一貫題："前月三十日，臣等在閣辦事，接得戶科都給事中楊恂揭帖爲時事觸衷不忍隱默謹昧死陳言仰冀聖明垂鑒亟賜省納以清政本以圖挽回治道萬一事。臣志臯、臣位因見疏中辭語指及，昨日不曾進閣，獨臣于陛、臣一貫在閣恭候宸斷，亦不敢輕率瀆奏。昨晚伏奉聖旨：'點用降

萬曆二十三年

一三一九

①此則 明抄本作"則此"。通行本改作"此則"，是也。

②臯 明抄本"臯"字下有"乎？今志臯"四字，是也。通行本漏此四字。

③人 明抄本"人"字下有"情"字，是。通行本漏此字，誤。

④籍 明抄本作"藉"，是。通行本作"籍"，誤。

⑤奉 明抄本作"奏"，誤。通行本改作"奉"，是也。

⑥安 明抄本無"安"字。通行本加此字，是也。

⑦旨 明抄本作"諭旨"，通行本作"旨"。

黜官員，皆出自朕心獨斷。許茂櫟已有旨處了。楊①應龍餽送原無指實。楊恂這廝心懷別意，故妄言誣詆輔臣，好生可惡。本當重治②，姑且從輕，降一級調外任用，不許朦朧推陞。吏部知道。欽此。'仰惟皇上明同日月，誼切股肱，在言者之詆誣既垂照察，於輔臣之搖撼更賜保全，臣等祗誦綸音，豈勝悚服！豈勝感戴！竊詳楊恂疏中所言四事，如許茂櫟、楊應龍之行賄，恂不能誣臣等以接受，此既公論所共明，其點用陪推及降斥各官，恂雖疑臣等干預，此又聖心所獨鑒，不必臣等再為置辯。至於臣志皋之素行忠謹，臣位之夙負重望，皆特簡帝心，並隆眷注，亦不俟臣等為之暴白者。但念內閣為政本之地，臣等並以駑劣充任，稱塞實難，而外廷因其身依密勿，責備太甚。今科臣之疏辭雖指及二臣，寔侵訐內閣。臣等參預僚寀，事同一體，茲幸蒙皇上優崇輔弼，親賜處斷，不但二臣仰戴天恩，而臣等亦皆徼藉光寵，惟當同心協力，砥淬精白，勉圖報稱於萬一而已。再惟年來言事諸臣罪廢太多，臣等追隨二臣之後，每欲力請錄用一二，以釋羣疑。今楊恂方以譴斥言官之事責閣臣，而恂自言事又復被謫，恐二臣之心亦微有不安者。伏乞皇上俯念閣臣當事之艱，曲宥言官冒觸之罪，諭令二臣速出辦理閣務，俾令③殫竭忠猷，光輔盛治。仍將楊恂免其降謫，以安二臣之心。不獨臣等共事之幸，亦中外臣工所共仰望也。臣等無任感謝懇祈之至。"奉御扎："覽卿等所奏，元輔等素負忠謹重望，與卿等同寅協理，朕已鑒知。奈狂妄小臣將朕獨斷之事，故猜疑，捏詞探聽，本欲重處，又恐元輔等之心不安，故薄罰了。既卿等為安二輔之心，又具揭申救，楊恂姑免降級，着照原品級調外任用，不許朦朧推用。卿等傳與吏部知道。故諭。"

五日戊寅，大學士趙志皋、張位、陳于陛、沈一貫題："為纂修本朝正史事。先該臣等於去歲十二月十八日題前事，查有病痊翰林院編修陶望齡，堪充正史館纂修官，起復制敕房辦事中書舍人李尚珍，堪充謄錄官，恭候命下，令各欽遵赴館供事。臣等已經具題，未蒙批發，前項官員未奉欽依，不敢趨事。伏

① 楊　據上文"楊"上應有"且"字。

② 治　據上文"治"當作"處"。

③ 令　明抄本作"之"。通行本改作"令"。

望俯賜批發，以便赴館供職。臣等未敢擅便，謹具題請旨。"奉旨："是。"

八日辛巳，大學士趙志皋、張位、陳于陛、沈一貫題："今日發下吏部一本，將兵科都給事中吳文梓推陞太常寺少卿，以工科都給事中吳應明陪推，伏蒙皇上點用吳應明。臣等竊詳該部疏中開稱，科道陞轉與他官不同，他官一正一陪資俸尚爲相等，惟科道官必以資俸最深者爲正推，雖有陪推，不過挨次輪及而已。今查吳文梓係萬曆五年進士，在科歷俸最深，吳應明係萬曆十四年進士，選科未及三年，二人資俸實相懸遠。今蒙點用應明，恐其心亦不安，且陞用太驟似非政體。惟復聖明俯從該部所擬，仍將文梓點用。以後凡遇科道推陞，俱乞俯從部擬，庶事體爲便。臣等不勝冒昧仰瀆之至。謹具題隨本上進以聞。"奉旨："覽奏，朕知道了。已有旨了。"

是日，題①："爲檢舉事。據制敕房辦事鴻臚寺署丞范可慢呈，先該兵部手本，請敕分守薊鎮燕河路參將署都指揮僉事劉繼本，輪該本職謄寫，一時昏昧，誤照舊稿錯寫遊擊管參將事，茲覺有前項失錯，理合呈乞題請改正等因。據此參照本官職專書寫，偶失檢點以致錯誤，法當究治。臣等伏睹《大明律》內一款：凡公事失錯，自覺舉者免罪。欽此。今本官既經檢舉，伏望聖慈俯賜寬宥，所有前項敕書，恭候命下另行寫換，惟復仍加罰治以儆將來。臣等未敢擅便，謹題請旨。"奉旨："既檢舉，依律免究。敕書着改正行。"

九日壬午，大學士趙志皋、張位、陳于陛、沈一貫題："爲日講事。看得《易經》講章，進至繫辭序卦傳，見今將及進完。臣等竊惟，五經《書》、《易》、《禮記》俱已講過，《詩經》見在進講，惟《春秋》係聖人筆削之書，可裨補聖學，尚未進講。伏望皇上俯容臣等轉諭諸臣，令將《春秋》一書預撰講章，待《易經》完日接續進呈。臣等未敢擅便，謹題請旨。"

① 題 "題"字前有漏字。

十日癸未，大學士趙志皋、張位、陳于陛、沈一貫題："照得本月十五日，當殿試禮部中式舉人。所有策題，先年或出御製，或命閣臣擬撰。今殿試期近，伏望皇上親賜策問，或命臣擬撰進呈，恭請聖裁。臣等未敢擅便，謹題請旨。"奉旨："卿等撰擬來。"

十三日丙戌，原任太子太保禮部尚書兼武英殿大學士改吏部尚書建極殿大學士回籍①今丁憂王錫爵奏："爲母乞恩查例給與應得卹典以光泉壤事。伏念臣母累封一品夫人吳氏，先於萬曆十八年偶感風痰寒吃之疾，一向調治未痊，臣之連年累疏陳情，觸藩狼狽至於成疾，其實皆爲臣母也。上賴聖仁洞察，特准臣扶母還鄉，臣竊自幸受恩受芘如此，身病雖已瘤，而母疾尚可支持，途次雖不安，而到家或稍便調理，以此更起無涯徼福之想，即羣醫診視，亦有謂脾脉尚强，任其無咎者。不意延至萬曆二十二年，臣母竟以前疾轉篤，於十二月十五日子時身故。臣伏自痛恨，兩目既盲又不即死，以餘殃及親，即今一身俯仰無復自容，劈面剮腸尚有餘負，而敢再於天地之恩增其罪業哉？但念國朝令典，大臣父母②身故，例有卹恩，而例又當子孫自行陳乞，臣之不肖，儻亦有可所僭援斯例，少光泉壤，此非人子所宜避也。且臣母昔配先臣夢祥，所生二子，長即臣錫爵，次爲已故提學副使臣鼎爵，其早年③拮据教訓之勞，與晚歲死喪疾苦之狀，已略具陳累疏中，皇上亦已屢形之諭札矣。及今雖幸八十考終，免於客死，然三年之間，輿疾從臣再涉萬里，屏居寓舍舉目無親，實臣以一官累之。今觴舞既已成空，攀號又復不及，惟是春秋窀穸之事，又不及臣之未死、徼藉寵靈、表章潛德，如罔極之報何哉？蓋先是臣父夢祥没時，臣亦嘗援④乞恩，得賜三品卹典，今臣母當合葬，不敢擅自開壙⑤，應得諭祭又當從一品官階，則臣父未霑之恩，或亦當並及者。伏乞敕下該部，量查故事，准令一體頒給，庶夜臺寒谷，重噓春日之光，哀烏啼猿，稍慰終天之慕，臣盲憒即死，亦可見先臣父母於地下矣。臣不勝泣血懇祈鵷悚待命之至。爲此謹具本專差義男王勉，齎捧奉聞。伏候敕旨。"奉旨："朕覽所奏，知卿母仙逝，朕甚憫焉。但卿素秉清弱，慎勿哀感過傷，有負朕望。卿宜從容治理。着該部便從厚查例來看。"

是日，禮部接出聖諭："朕覽卿所奏，知卿母壽登耋耄，正宜安享，豈期仙逝，朕甚憫焉。特令該部從厚查例，卿宜安心治理，慎勿過傷。特賜卿賻儀銀一百兩、紵絲四表裏、白布二百疋、苧布二百疋、新鈔三萬貫。着元①輔至意。欽哉，故諭。"

是日，內閣題："昨該臣等以殿試策題上請御製，伏奉聖旨：'卿等撰擬來，欽此。'茲臣等欽遵恭擬，臣等仍親書上進，伏乞聖明裁定，仍乞密封發下臣等，令中書官謄寫進呈。謹具題以聞。"

皇帝制曰："朕惟文武並用，長久之術，每慎操二柄以馭寰宇，庶幾內順外威、臻至治焉。然觀昔之開基英主，以投戈講藝、選士弘文為美譚，而周公訓克詰、召公誡張皇，顧諄切於成康郅隆之際。豈世亂則寧濟以文，時平則戒備以武，道又各有攸重歟？洪惟我太祖高皇帝混一函夏，成祖文皇帝驅蕩胡氛，於鑠哉！既以神武之略為萬民請命，乃禮賢置館，即當締造之初延儒直閣，亦在臨御之始，以武戡定，用文持之，蓋規摹宏遠矣。列聖祗紹，謨烈顯承，迨於朕躬嗣膺丕緒、光撫太平之業，且二百三十禩，餘威憺乎四裔，方內安於②覆盂。而譚者乃謂，今文具太盛，武備寖弛。試舉其概，如京師禁旅，春秋教練嚴矣，而冒蠹猶未清，何以壯居重之勢？諸邊戍卒，主客供億煩矣，而行伍猶未實，何以張撻伐之威？至於中外府衛，綱維秩然，綰符襲組材官非乏也，而閫鉞偶虛，動稱無將，列屯坐食尺籍具存也，而萑符竊發，輒苦無兵，其弊安在？意者人情狃於宴安，而法制隳於積習，非大為振飭不可歟？考之前史，有上言兵之要四、中國之長技五者，有因府兵之壞、作原十六衛者，有請與大臣論武於朝、舉忠謀之士委之邊任者，有以選勇果習戰鬥為治兵之實者。此皆承熙洽之後，鰓鰓於經武保邦，籌慮甚遠。又或謂安邊捍盜之先治內、謂無兵無將繇朝

① 元　明抄本"元"字上有"禮部差官齎捧馳驛前去，以示朕優眷"十五字，通行本漏此十五字。

② 於　明抄本無"於"字，通行本補此字。

① 不　明抄本作"無"，通行本作"不"。

三弊者，豈根極之務更有在歟？抑謀之廟廊、修之紀綱、自可以精神折衝、而不①煩師旅歟？今天下雖稱泰寧，而方隅多警，斯亦居安慮危之時也。朕既未能舞干而來、櫜弓而理，將欲經文緯武，圖修攘之實政，以爲長治久安計，則何施而可？爾諸士其悉忠攄畫，明著於篇，毋有所隱。朕且採擇而行焉。"

十四日丁亥，大學士趙志皋、張位、陳于陛、沈一貫題："伏蒙發下殿試策題，臣等謹看中書官李尚珍寫黃畢。謹用封進，伏乞聖覽，發司禮監刊刻刷印，十五日早頒給諸貢士恭封。謹具題以聞。"

十七日庚寅，大學士趙志皋、張位、陳于陛、沈一貫題："爲讀卷事。照得本月十五日策試貢士三百四名，例該臣等看擬上卷，於十七日早恭詣文華殿讀卷。該文書官潘朝用奉上傳免。臣等謹將所擬上卷十六卷，封進御覽。伏乞欽定，御批一甲三名，發下照例填榜、傳臚。謹具題以聞。"

萬曆二十三年四月癸卯，朔，太子太保禮部尚書兼文淵閣大學士趙志皋奏："爲齒甲歲增衰殘日甚懇乞天恩早賜放歸以全晚節以保餘生事。臣賦命迍邅，生平蹇阨，乃於暮年始得際遇明時，遭逢聖主，授以股肱，寄之輔弼。駑駘報主，敢不竭以驅馳！衰①朽殘年，終難殫其心力。先於二十一、二十二兩年以來引例乞休，凡幾上疏，伏蒙天眷慰留，溫綸懇惻。加以人言屢詆、而推誠勿疑，復②以時事多艱、而信任益篤。此臣之所日夜感激、而圖報未能者也。臣又竊思，皇上總攬乾綱，勵精求治，深居禁密而常存拊髀之思，垂拱太平而恒切恫瘝之念，此正聖天子大有爲之時，爲人臣竭匪躬之日也。臣何敢復言去？第思人臣之居於位也，必淬勵其精神，鼓舞其意氣，而後可勉修職業，輔佐皇猷。今臣年踰七旬，精神已耗，血氣盡衰，古人所云鍾鳴漏盡之時，雖職司一事，猶愧不勝，矧日佐萬幾，豈易克稱？前此因首臣錫爵以母老亟欲求歸，而臣與位兢兢相依協理，故未敢以言去。今海內漸以安堵，邊警漸以寧謐，況同官三臣，鼎立於朝，巍然皆中興之佐，足贊皇上唐虞譽周之業，斯臣可以安意而去，得遂其明農之志矣。伏望皇上俯鑒③臣愚非有矯飾，憫臣衰老，蚤放歸田，豈惟晚節藉以克終，而餘生亦可以自保，則他日之護首丘，皆皇上之賜也。感激當何如哉！臣無任懇切仰祈之至。爲此謹具本奏聞。伏候敕旨。"奉旨："朕方倚任老成，表率朝著。卿公忠爲國，且精力未衰，豈可引退、自求便逸？宜即出辦事，以慰眷懷。不允所辭。吏部知道。"

三日乙巳，户部覆大學士陳于陛條議換給各邊管糧郎中敕。敕户部署郎中事員外郎戴紹科："今特命爾總理宣府等處糧草，兼理屯種，嚴督各該管糧官員，凡收支之際，務要出納明白，關防嚴密，禁約官吏軍民人等，不許包攬侵盜。其屯田，照例清查，撥軍屯種，不許私役占用軍丁，違者悉聽爾究治。干礙六品以下官員，就便拏④送所在官司問理。應奏請者參奏處治。每歲或開中引鹽，並銀糴買糧料，須酌斟價值貴賤，歲

① 衰　明抄本"衰"上有"而"字，是。通行本漏此字。
② 復　明抄本作"即"，通行本改作"復"。

③ 鑒　明抄本無"鑒"字。通行本補此字，是也。

④ 等　明抄本作"拏"，是。通行本作"等"，誤。

用多寡，及地方緩急，從公坐撥分派。其糧料務要乾圓潔淨，不許插和糠粃沙土。仍取勘各衛倉敖數目，各項糧料須要坐定厰口，隨收隨盤，以革奸弊。若有勢豪奸詐之徒，通同兜攬侵欺等項情弊，照依部題事理究治參奏。凡一應合行事宜，及遇有警、儲用不敷、應合區畫措署糧草等項，爾即與巡撫官公同計議停當而行，不許偏執自專，乖方誤事。其腹裏地方，如遇災傷，糧草少收，送至銀兩糴糧，尤要公同巡按御史糴買，革去奸弊。爾仍遵照近日部覆清查邊費責成餉司事理，務要清理軍馬寔數，稽覈糧料虛冒，使屯政修舉，鹽法疎通，民運無拖逋之虞，奸蠹壟截攬之弊，趂時糴買本色，按月支給官軍，勘驗出納，無容隱占。中間有軍伍逃故、未曾開除，及按伏出邊、詭名冒給，將領藉以侵匿，權豪因而擅利者，即據寔參奏，以肅法紀。必須漸次減省浮額，以裕國計。每年終將所轄寨路口堡管餉府州縣佐貳及參遊守備提調等官，從公考覈，有協心邊計、刻意省費者，疏名薦揚，縱恣不檢、冒剋軍儲者，聽爾指寔參究。三年滿日，差官更替。爾受兹重寄，須廉潔奉公，砥礪修職。果能殫力籌邊，節省浮費，儲待有餘，即行超擢，以示酬獎。如或怠玩失職，及畏勢聽囑，容情作弊，虧損錢糧，致招物議，必罪不宥。爾其勉之、慎之。故敕。"

敕吏部署郎中事主事李徽猷。

敕户部主事李修吉。

敕户部署郎中事員外郎鄭璧。

敕户部署郎中事①顏宇坪。

敕户部署郎中事主事董國光。

敕户部署郎中事主事李開芳。

敕户部署郎中事主事梁祖齡。

敕户部署郎中事主事韓子廉。

敕户部署郎中事主事王紹先。

敕户部主事李士登。

五日丁未，皇上頒賜首輔臣銀彩扇六把、銀釘鉸扇十把、

① 事　明抄本"事"下有"主事"二字，是。通行本漏此二字。

硃硾扇二十把，三輔臣銀彩扇五把、銀釘鉸扇十把、硃硾扇二十把，及講官劉元震等四員各照例有差。

八日庚戌，大學士趙志皋、張位、陳于陛、沈一貫題："爲日講事。先該臣等具題，《易經》講章將及進完，乞將《春秋》一書接續進講。於三月初九日已經具題，未蒙批發。《易經》講章今日俱已進完，伏望皇上俯照臣等前題，准將《春秋》接續撰進講章。如聖上欲另講別書，臣等查得《大學衍義》一書亦係先朝常講者，伏乞聖裁發示，以便欽遵。臣等未敢擅便，謹題請旨。"奉旨："着進講《大學衍義》。"

九日辛亥，皇上頒賜四輔臣鮮藕各三枝。

十日壬子，太子太保禮部尚書兼文淵閣大學士趙志皋奏："爲再懇天恩俯容休致以①安止足以免恥辱事。臣自念衰老，分當止足，於本月初一日疏請乞休，奉聖旨：'朕方倚任老成，表率朝著。卿公忠爲國，且精力未衰，豈可引退、自求便逸？宜即出辦事，以慰眷懷。不允所辭。吏部知道。欽此。'臣捧誦溫綸，敢不俯竭愚忠，仰答眷懷，以竭臣子事君父之意！但臣反覆思惟，起家一介，致位三公，位已極於人臣，報未効夫尺寸，皇上不責臣以曠瘝之罪，且慰任以老成之褒②，天高地厚之恩，臣雖百身、未足以報皇上於萬一。言念臣之休致，雖若一人之私情，而論臣進退，實關臣之大節。蓋皇上之所以優禮臣者，謂其爲大臣，而大臣之所以能表正朝寧者，謂其爲明哲足以保身，廉節足以風世，進退存忘不失其正也。今臣年踰懸車，忽又二載，使臣精力未衰，猶宜引去以明晚節，況恩深責重，才弱力綿，犬馬之齒已衰，桑榆之景日迫，而可復貪慕以終身淹耶？昔漢疏廣、疏受皆大臣也，嘗言知足不辱，知止不殆，年當七十致仕而去，至今以爲美譚。臣每誦斯言，展轉惶懼。欲勉留以報皇上之恩，則恐衰邁之不稱，欲强顏以廁冠裳之列，則懼駑劣之不前。豈唯仰愧於古人，竊恐貽譏於清議。臣又恐

① 以　明抄本無"以"字。通行本補此字，是也。

② 褒　明抄本作"人"，通行本改爲"褒"。

① 忌 明抄本作"忘",是。通行本作"忌",誤。

去之不蚤,則愈勞愈衰,日甚一日,慮秉燭之餘光易殘永夜,懼來日之苦短難策長途,上既無補於聖朝,下復有慚於臣節。而一旦先朝露以填溝壑,皇上雖憐臣,不忌①簪履而施以帷蓋,亦無及矣。故特冒昧再請,伏望皇上俯容致仕,早歸骸骨,不惟臣進退有據,而皇上之所以優禮臣者,益保全其始終矣。臣無任感激仰籲之至。爲此謹具本奏聞,伏候敕旨。"奉旨:"覽奏所言進退之節,止爲一身,卿爲首臣,任國家重寄,豈宜自便?況時事多艱,必賴竭忠報國。卿當遵前旨即出辦事,以慰朕懷。毋得再辭。吏部知道。"

是日,太子太保禮部尚書兼文淵閣大學士趙志皋等題:"爲印信事。照得翰林院掌院事詹事府少詹事兼翰林院侍讀學士馮琦,近奉欽依陞任禮部右侍郎去訖,所有前項印信缺官管理。臣等推得詹事府少詹事兼翰林院侍讀學士余繼登,資序相應,合無敕下吏部,將本官量陞詹事府詹事,令其掌管前項印信,其兼官、日講、正史副總裁俱照舊。臣等未敢擅便,謹題請旨。"奉旨:"是。吏部知道。"

② 弟 "弟"字當作"第"。

十三日乙卯,皇上以命皇弟②六子名,頒賜首輔臣各銀十五兩、紵絲一表裏,三輔臣各銀十兩、紵絲一表裏,及中書官馬繼文等五員各有差。

③ 壬 "壬"當作"戊"。

十六日壬③午,大學士趙志皋、張位、陳于陛、沈一貫題:"爲科舉事。據禮部手本開稱:萬曆二十三年進士,例該國子監立石題名等因,題奉聖旨:'是。欽此。'開送到閣。臣等查得萬曆二十年進士題名記文亦未撰述,相應一併題請。合無將二十年、二十三年二科題名記文,恭竢命官各撰述進呈?伏乞欽定。臣等未敢擅便,謹題請旨。"奉旨:"命卿位、于陛各撰。"

④ 巳 "巳"當作"己"。

十七日巳④未,皇上以聖母慈聖宣文明肅皇太后萬壽聖節,頒賜首輔臣銀五十兩、紵絲三表裏,二輔臣各銀四十兩、紵絲三表裏,及講官劉元震等四員俱各有差。

十八日庚申，太子太保禮部尚書兼文淵閣大學士趙志皋等題："該禮部開送願就教職舉人三百名，欽准廷試，除臨期不到一名外，臣等謹欽遵從公出題彌封，嚴加考試，取中文理平通上卷五卷、文理亦通中卷二百九十四卷，俱堪授教職。臣等謹將試卷封進，伏乞聖裁、發下、開送該部查照先次題准事理施行。謹題請旨。"奉旨："是。該部①知道。"

　　十七②日辛酉，太子太保禮部尚書兼文淵閣大學士趙志皋奏："爲兩疏乞休未蒙俞允致被人言三懇天恩俯容臣請以保臣節以全國體事。臣因上第二疏乞休，荷蒙明旨慰留，戒臣一身自便之私，勉臣以竭忠報國之義。臣雖至愚，敢不思奮？但臣年實衰邁，去意久決，故不入閣辦事，復具第三疏草，擬於二十日上進，懇乞聖明以求早放。忽於十八日接得廣東道御史況上進送閣中揭帖，爲元輔引年當聽其歸。内謂政本首揆，非衰庸養老之位，放臣生還，以存優禮大臣之體。觀其疏詞，無非欲臣之早去，又恐臣之再出。在皇上必能洞察其情，在臣亦不必備述其言矣。但大臣受恩深重，體貌既崇，進退有禮，意雖永決，去貴從容，古之聖賢亦常以倖倖爲戒。前此二年曾具四疏以請，所以不能必去者，亦以東西邊警尚未悉寧，閣臣雖有三人，而首臣錫爵日以親老求去，臣以此不敢再疏乞休，非如上進所謂套請也。今年兩疏兩奉溫旨，臣思邊警既寧，閣臣又集，臣年獨衰，勢無復留之理，然所以不亟上第三疏者，蓋不敢急迫以違聖心，實欲紓徐以回天聽。果如上進所言，則臣爲固寵貪榮，靦顏辱國。不知臣功名至此，分願已極，何所顧戀？臣常念老年衰殘之人，則必不理於少年英俊之口。新春在閣中，常語三臣以求去之意，只因會試廷試大典在邇，臣以首臣不得引避。延至三月二十七日，註籍不出，於本月初一日上疏乞休。則臣求去之心已非一日矣。屢叨溫旨，逡巡不出，寔欲懇疏乞哀於皇上。縱皇上念閣臣之體，尚欲留臣，在臣自有見幾之明。保全晚節，臣之自惜餘生，甚於上進之惜臣，即無其言，臣亦當以決去，而必假手於人？況臣方欲上第三疏，乃上進之言適

萬曆二十三年

一三二九

①部　明抄本無"部"字。通行本補此字，是也。

②七　明抄本作"九"，是。通行本誤抄爲"七"。

至,此未必非臣之忠告,臣亦不敢以其言爲非也。伏望皇上俞上進之言,並從臣屢疏之請,容臣休致,早歸田里,免招恥辱,俾臣出處有據,則生有餘榮,沒無遺恨矣。臣意已迫,臣辭已窮,更乞垂憐,早放臣去。無任籲天懇祈之至。爲此謹具本奏聞,伏候敕旨。"奉旨:"朕屢旨勉留,日望卿出,如何又有此奏?今邊疆多事,正賴老成運籌。且輔弼首臣,從來倚任耆舊,何得以引年爲辭?朕必不因小臣妄言,遂卿去志。宜即出安心辦事,方見報國之忠。吏部知道。"

二十二日甲子,太子太保禮部尚書兼文淵閣大學士趙志皋奏:"爲君恩未報臣力已衰兼聞人言尤宜自省四懇天恩蚤賜放歸以安愚分以終臣節事。臣昨因廣東道御史況上進論臣,臣因具疏上請,奉聖旨:'朕屢旨勉留,日望卿出,如何又有此奏?今邊疆多事,正賴卿老成運籌,且輔弼首臣,從來倚任耆舊,何得以引年爲辭?朕必不因小臣妄言,遂卿去志。宜即出安心辦事,方見報國之忠。吏部知道。欽此。'臣捧誦再三,流涕交下。以臣衰庸老臣,又被論列,乃廑聖諭懇惻慰留如此也!臣又於邸報中,見發下廣東道御史況上進一本,奉旨深罪重罰,臣益不勝驚懼。臣衰年昧於止足,理合譏彈。臺臣風紀攸司,言爲職掌,皇上因而罰之,是益重臣之過矣。臣請皇上寬上進之罰。而臣之當去,不啻上進言之,而在臣亦籌之熟矣,臣請爲皇上陳之。臣自筮仕以迄於今,蓋二十有八年。其間偃蹇坎坷殆居其半,或投嶺海,或歸山林,或置閒曹,或居遠地。蓋自以爲終身不遇矣。不意摧折之後,幸際明時,孤逖之蹤,受知聖主,置之左右,託以股肱。才乏他長,惟樸忠之自守,官無寸補,將雅尚之益敦,自以爲可幸無過。不意迂僻之性,鮮克依違,疎直之衷,難以瓦合,以致議論之際,多所招尤,詞色之間,尤易取忤。立朝不論①五載,無歲不有彈章,若非天日之照臨,則臣久當負罪而去,不得以一日居於位矣。然臣細觀往日諸臣之疏,其所論者,或掇拾浮言,或指摘時事,皆不足以服臣之心,臣因不敢悻悻求去,以負皇上之眷留。今觀上

① 論 明抄本作"滿",是。通行本作"論",誤。

進之所論，實係臣進退之大節，止足之大分，望臣以古人以禮致仕之意。臣若再如前日之淹留，則臣之自愛反不如人之愛臣，不爲有愧於古人、而求以表率夫百僚亦難矣。又聞人臣立朝，以忠貞爲大義，以廉恥爲美節，持廉者斯能效忠以事君，鮮恥者必不能守正以事上。今臣年踰七旬，既不能見機早退，及聞人言，又復強顏在位，是臣之廉節已廢矣。廉節一廢，則凡先意承志、自固寵榮者，靡所不爲，豈復能以忠義事上？皇上亦何取於臣而留之耶？而臣懼兹甚矣。伏望皇上念臣至情，放臣歸里，則皇上之於臣，始而錄用其身，終而保全其名，不致貽萬世之羞者，夫孰非浩蕩之恩哉！臣無任仰天懇恩之至。爲此謹具本奏聞，伏候敕旨。"奉旨："昨再旨留卿，其妄言的薄處，正以安卿之心，望卿速出，何乃又欲請去？卿平生清節，爲國忠勞，皆朕心洞知。宜殫竭謀猷，勉思圖報①，務求不負股肱重託。毋得固辭。還着鴻臚寺官宣諭即進閣辦事。吏部知道。"

二十三日乙丑，太子太保禮部尚書兼文淵閣大學士趙志皋奏："爲恭謝大恩②事。臣以年老乞休，三具疏上請，俱奉聖旨慰留，臣因上第四疏，伏蒙皇上遣鴻臚③寺堂上官到臣寓所宣讀④聖旨：'昨再旨留卿，其妄言的薄處，正以安卿之心，望卿速出，何乃又欲請去？卿平生清節，爲國忠勞，皆朕心洞知。宜殫竭謀猷，勉思圖報，務求不負股肱重託。毋得固辭。還着鴻臚寺官宣諭即進閣辦事。吏部知道。欽此。'臣焚香叩頭訖。念臣以草茅寒士，遭際明時，分當捐軀以報恩，豈敢潔身以求退？祇因衰老之年，不堪股肱之寄，屢疏陳情，未奉俞旨。兹復遣官宣諭，令臣進閣辦事，臣摧朽之質，驚命自天，踽踽之躬，感恩無地。臣無任惶懼悚息之至。爲此謹具本奏謝以聞。"奉旨："覽卿奏謝，朕知道了。卿宜即出辦事，以慰眷懷。吏部知道。"

二十九日辛未，大學士趙志皋、張位、陳于陛、沈一貫題："臣等昨日接到工科都給事中陳世恩等揭帖爲財詘民窮織造當節

① 報　明抄本無"報"字。通行本補此字，是也。
② 恭謝大恩　明抄本作"宣諭謝恩"，是。通行本改作"恭謝大恩"，誤。
③ 臚　明抄本無"臚"字。通行本補此字，是也。
④ 讀　明抄本作"諭"。通行本改作"讀"。

懇乞聖慈酌賜停減以裕國計以紓民困事。大約謂承運庫所奏織造段疋，計工價所需銀①當踰鉅萬，往歲例外織造，不過三萬、五萬，未有如此之多者，欲乞皇上俯念財力已詘，盡數停免，如用不可缺，乞減省緩解，其工費一節，令工部議處，或發內帑濟用等因。臣等竊詳，近日江南連遭荒歉，又增備倭養兵之費，民力貧竭，委實難支。即當②年額辦織造錢糧，有司尚苦追求，百姓尚多拖負，工匠報役亦多逃竄，百方拮据，動稱無措，況當此財③詘之際，復增例外之工，不但民力難堪，或恐更生他變。伏望皇上軫念困窮，俯允科臣所請，大賜減免，仍下工部議處工價協濟，免行加派貧民，庶東南重地生靈，仰戴聖恩於無窮矣。臣等憂切時艱，不敢緘默，冒昧瀆請，懇祈聖明早賜裁定施行。臣等無任仰望之至。謹題請旨。"

① 銀　據下文，"銀"字上當有"用"字。

② 當　明抄本作"常"。通行本作"當"，誤。

③ 財　明抄本作"時"。通行本改作"財"，誤也。

萬曆二十三年五月癸酉，朔。

二日甲戌，太子太保禮部尚書兼文淵閣大學士趙志皋奏："爲感恩思報揣分難留五懇天恩早賜生還以彰聖明優恤老臣事。臣引年乞休四懇天恩，具奉旨勉留，又蒙欽遣鴻臚寺官到臣寓所宣諭，臣具本奏謝，奉聖旨：'覽卿奏謝，朕知道了。卿宜即出辦事，以慰眷懷。吏部知道。欽此。'臣自念劣庸殘生，屢承天寵，雖以愚昧之人處疎遠之地，亦知感激思奮，況臣幼受師父之訓，素明忠孝之義，通籍以來，此身已分許國，鞠躬盡瘁，矢死靡他。今皇上又不以臣爲不肖，置之輔弼，推誠倚任，言聽諫行，此誠交泰之會，千載一時也。若使臣年足以勝其任，力足以效其忠，豈敢潔身求去、以負明時，懇疏陳情、以違聖意？念人臣事君，以不欺爲主。未老而矯飾以求去，與既老而逡巡不去，皆欺也。臣自二年以來，昏憒之狀，潦倒之態，惟臣自知，一毫不敢矯飾於君父之前，以自取欺罔之咎。蓋緣生禀孱弱，早年多病，繼當強仕，猶勉支持。及左遷嶺南三年，瘴氣久侵，舊病時發，安靜則體覺和平，憂思則神輒眩暈，朝華晞露，蒲柳望秋，臣之不堪勞瘁，不意延有今日矣。然此自臣一身而言，非臣之所深慮也。國家事有萬幾，旦夕丞弼，非有精神之識、強健之身，不足以審幾而致決。而臣以殘年闇識，首當其任，內有攻心之疾，則外益見從事之難，前有嶔嵫之迫，則後益懷覆餗之慮。此以臣之一身而妨國家之事，實臣之所滋懼也。皇上英明神斷，大法小廉，閣臣三人同心輔政，如臣去留全無係於國之輕重。不若免①臣於既衰之日，而早用三臣於方盛之年，則臣既得以保其終，三臣又得以展其素，而國家之事日以振舉，尤爲臣之所大幸也。此皆臣區區微忱，發爲家人父子之言，而無一不可與天知者。伏望皇上垂憐，早放臣去，則臣既以禮退，又荷生還，不特臣與有保身之哲，而皇上之所優禮老臣者，更將傳頌萬世無窮矣。臣不勝懇祈候命之至。爲此，謹具本奏聞，伏候敕旨。"奉旨："昨遣官宣諭，日望卿速出主張國事。如何又來控辭？卿平生忠義自許，正宜鞠躬盡力，

① 免　明抄本作"勉"。通行本改作"免"，是也。

安得更以潔身爲高？朕前見卿精力尚健，方以①三輔同心佐政，何忍遽去？宜體朕意，即出辦事，勿得再辭。吏部知道。"

七日己卯，大學士趙志皋、張位、陳于陛、沈一貫題："臣等竊見近日吏部推陞官員，如朱鴻謨之會推户部左侍郎，高桂之推補兵部郎中，邵庶之推補吏科都給事中，俱留中未下。在廷諸臣莫測聖意，每至朝房相見，必舉此爲問，或責臣等不能竭納牖之誠，以回聖明轉圜之聽，臣等亦無詞以應之。竊謂用人係朝廷大事，一官不補則一職曠廢，一人未用則衆心成疑。且朱鴻謨以刑部而改户部，高桂以丁憂復除，邵庶以給假補任，皆是常規，原非優處，今皆推而不用，將使未來者趑趄而不敢來，已至者跼蹐而不能安。不但諸臣出處無據，且户、刑二部卿佐，及兵曹、禮科，各有職任，安可久缺不補？此事理之必宜早決者也。竊見吏部尚書孫丕揚，公忠任事，詳審擇官，凡所推陞無不停當。皇上既信任其人，自當聽從其言，乞將前所推用各本，盡賜允行。以後仍望推誠信用，不致再留，庶官無曠職，而銓臣之秉公盡心者，亦得以安其位而行其志矣。此政體所關，臣等不敢不言者也。臣等朝夕辦理閣務外，其選用人才，悉聽吏部，並未嘗以己見薦沮其間，至於用捨予奪，悉候上裁，並不敢以己意可否其際。但爲近日會推者間有不用，正推者多有不點，羣心多疑，嘖言易起，臣等内省尚不自安，又何怪於人之見責乎？更祈皇上俯憐臣等當事之難，以後凡遇推陞，亟示裁斷，以釋羣疑，則衆賢和朝而太平之治可望矣。臣等無任懇籲仰切之至。爲此謹具題以聞，伏候敕旨。"

九日辛巳，大學士趙志皋奏："爲揣分已滿揆時宜休六懇天恩早賜放歸以安分義事。臣五上疏乞休，奉聖旨：'昨遣官宣諭，日望卿速出主張國事。如何又來控辭？卿平生忠義自許，正宜鞠躬盡力，安得更以潔身爲高？朕前見卿精力尚健，方與三輔同心佐政，何忍遽去？宜體朕意，即出辦事，勿得再辭。吏部知道。欽此。'夫臣之控訴，詞情已窮，奉旨慰留，温綸益

① 以　明抄本、通行本皆作"以"，誤，應作"與"。參見下文。

篤，此家人父子之情溢於堂陛森嚴之外，臣雖捐軀不足以報，敢復辭老以瀆宸聰？臣伏思之，天道有自然之序，而暑往寒來，時之不可易者也，人臣有知止之分，而名成身退、幾之所當審者也。臣觀古人之臣，四十仕進，七十懸車，壯即驅馳，老即引避，此豈故爲是以退讓哉？亦見天道之人事當如是耳。臣衰年既踰七旬，簡任亦幾五載，視古人致政之年殆爲過之，而不敢久侍於皇上者，實天限之也。使臣精力如果未衰，猶能勉强支持，足以當事，則臣又何敢自愛其身惜其力、而不以報國哉？然臣自觀，今歲之衰比之往年較甚，勳力已倦，趨走不前，耳目漸昏，而聽覺不便，心思尤易健忘，智識尤多昏瞶。然使臣當無事之時，猶可因循塞責，乃今正當多事之際，國家帑藏空虛，四方民力已竭，各邊虜騎憑凌，河流漲塞爲害，此皆臣之所任以爲責者，而愧何力以勝之？上既罔代於天上，下又靡救於時事，其無贊襄之寔效蓋可知矣，臣又何所爲而不自省以求去哉？臣見人臣求去，不得則稱病不出，引疾乞休，然臣平生不敢欺天，不敢欺人，臣年既已當去，不欲託疾以欺君，而祈以誠意感動聖心耳。伏望皇上察其至情，蚤賜骸骨，得榮首丘，臣之萬幸也。情迫詞煩，仰祈天聽。無任迫切哀籲之至。爲此謹具本奏聞，伏候敕旨。"奉旨："卿六疏求歸，不戀寵祿，朕惓惓勉留，特爲國事。且邊情孔亟，時事多艱，賴卿運籌主持，何忍言去？卿素懷不欺，今精力尚健，豈可固稱衰老以圖自便？朕必不聽卿去。毋得再辭。吏部知道。"

是日①，大學士趙志皋、張位、陳于陛、沈一貫題："臣等昨日接到工科都給事中陳世恩等揭帖爲財詘民窮織造當節懇乞聖慈酌賜停減以裕國計以紓民困事。大約謂承運庫所奏織造段疋，計工價所需用銀當踰鉅萬，往歲例外織造不過三萬、五萬，未有如此之多者，欲乞皇上俯念財力已詘，盡數停免，如用不可缺，乞減省緩解。其工費一節，令工部議處，或發內帑濟用等因。臣等竊詳，近日江南連遭荒歉，又增備倭養兵之費，民力貧竭，委實難支。即常年額辦織造錢糧，有司尚苦追求，百姓尚多拖負，上匠報役亦多逃竄，百方拮据，動稱無措，況當

①是日　此條所載題本，亦載於萬曆二十三年四月二十九日辛未條記事。此當由於萬曆二十三年四月二十九日辛未爲此題本呈上之日，而萬曆二十三年五月九日辛巳爲其獲得明神宗批示之日。

① 財 明抄本作"時"。通行本改作"財",誤也。

② 大 明抄本無"大"字。通行本補此字,是也。

③ 有 明抄本無"有"字,通行本補此字,是也。

此財①詘之際,復增例外之工,不但民力難堪,或恐更生他變。伏望皇上軫念困窮,俯允科臣所請,大賜減免,仍下工部議處工價協濟,免行加派貧民,庶東南重地生靈,仰戴聖恩於無窮矣。臣等憂切時艱,不敢緘默,冒昧瀆請,懇祈聖明早賜裁定施行。臣等無任仰望之至。"奉旨:"朕昨細閱該庫所奏,且其花樣不一,色數不同,皆實所缺少者,原非得已,難以刪減。卿等所奏,朕已知道了。"

十日壬午,大學士張位、陳于陛、沈一貫題:"近該首輔趙志皋屢疏乞歸,荷蒙聖明眷留,溫旨諄切,遣鴻臚寺官宣諭,恩禮優隆,在志皋固感激無地,在臣等亦有光榮矣。今又數日尚未出視事。臣等竊念,首輔關係甚重,軍國大事待其主張,朝著羣僚賴其表率。志皋為人懷忠守正,潔己奉公,簡在宸衷,已蒙素知而深信之,其心術光大②,識見練達,亦在廷之所共敬而交稱者也。自志皋當事以來,值寧夏之跳梁,東倭之犯順,虜患夷情羽檄狚偬,咸賴贊決廟謨,漸次平定,中外倚藉,未可言去。前者皇上煖閣召見,志皋自敘年邁求歸,仰荷玉音親宣,有正用老成之論。志皋年雖逾七旬,而善自調養,每日入朝進閣步履輕便,暑雨寒風寧耐自若,精神之健旺如此,雖少年不能過也,又何可以請老去乎?且志皋謙虛詳審,凡閣中之事必與臣等計議後行,同寅和衷,略無間隔,臣等方喜有所承事,而志皋亦恒以主恩未報為念。祇因一二好事之臣,無影誣衊,致其內不自安,思欲保全晚節,而屢以年老為請矣。臣等義切同心,事關報主。伏望皇上念志皋之忠誠無二,察志皋之精力未衰,愈加眷留,親灑宸翰,特遣中官宣諭,令其蚤出安心辦事,庶國事有託,而臣等亦有③所承依,以竊效於萬一矣。臣等不勝悃切仰望之至。謹具題以聞,伏候敕旨。"

十一日癸未,上遣中官捧御札諭元輔:"卿屢疏乞歸,朕再三勉留,望卿即進閣辦事,如何日久未出?朕念首輔關係甚重,軍國大事全賴贊襄主張,卿不可以年老為辭。從來輔臣專任者舊，朕前見卿精力强健，自卿輔政以來，西討東征，邊疆①定平，勳勞茂著，未及酬卿，豈忍言去？朕即信任老誠，決無疑貳，此後若再有妄言誣詆的，朕定從重究處，卿不可預自疑阻。特此專遣宣諭，卿宜仰體朕懷，速出以慰惓惓之意。欽哉。故諭。"

諭次輔等："元輔引年具辭，朕屢旨慰留，久不見進閣。朕正欲諭卿等催促元輔入閣，今覽卿等所奏，甚合朕意，悉見爲固忠藎。且元輔精力健旺，潔己奉公，朕素覽知。况與卿等同寅和衷，朕心嘉悦。見今倭事雖則稍寧，尚未還報，西虜播酋正在跳梁，皆賴卿等贊理。卿等可親到元輔寓所，傳示朕眷留至意。故諭。"

是日，次輔等題："臣等昨因首輔屢疏求歸，日久未出，冒昧具揭恭請諭留。今日文書官劉宣捧齎聖諭到閣，諭次輔等云云。欽此。恭惟皇上倚任輔弼，眷用老成，臣等昨日所奏原爲仰體聖心，輒披②誠懇。伏蒙天語之傳宣，竊慶宸衷之契合，不勝感戴欣幸之至。臣等欽遵綸命，待午後出閣，同詣首輔寓所，祗傳諭旨，令其速出辦事。先具題回奏，並陳感謝之悃以聞。"

是日，大學士趙志皋奏："爲屢蒙聖諭恭謝天恩事。臣以衰庸年老六疏乞休，俱蒙溫旨慰留，前蒙欽遣鴻臚寺堂上官宣諭，今又欽遣文書官劉宣到臣寓所，宣聖諭云云。欽此。臣焚香叩頭，禮畢捧誦再三，涕淚交下。又蒙聖諭三臣，到臣寓所傳示眷留至意。臣何似而蒙皇上恩寵至此極也！犬馬尚知報主，人臣豈敢負君？况臣受非常之恩眷，當竭報效之私。誠念臣年遇致政之期，才匪匡③輔弼之器，望既不厭於衆，力實不遠於身，引年固其時也。但數年以來，身當國事，邊境未寧，兹奉明旨，猶以邊情孔亟、時事多艱、倭情、西虜、播酋爲念，而猶欲責望於臣，臣雖至愚，敢不勉力驅馳、同心協贊、以副皇上至意！少俟邊稍寧、國事已定、聖懷少舒，容臣再疏乞休，皇上以禮遣臣，而臣得以禮求退，此臣之所萬幸也。臣無任感激仰望之至。所有原奉聖諭，謹尊藏臣寓所，以爲子孫傳家之寶。除赴

① 疆　明抄本作"疆"，是。通行本作"彊"，誤。

② 輒披　明抄本作"披輒"。通行本改作"輒披"，是。

③ 匡　明抄本删去"匡"字，是。

鴻臚寺報名廷謝外，爲此謹具本奏謝以聞。

是日，太子太保禮部尚書兼文淵閣大學士趙志皋等題："先該禮部題准，河間等府、江西等布政司起送到萬曆二十一等年選貢生員共二十九名，開送翰林院考試。臣等會同詹事府詹事兼翰林院侍讀學士掌院事余繼登，出題彌封，嚴加考試，取中文理平通上卷二卷、文理亦通中卷二十七卷，俱應准貢。謹將各試卷進呈御覽，伏乞聖裁，發下臣等欽遵施行。謹題請旨。"奉旨："是。該部知道。"

是日，題①："先該禮部題准，萬曆二十三年各處歲貢生員共三百零七名，開送翰林院考試。臣等會同詹事府詹事兼翰林院侍讀學士掌院事余繼登，出題彌封，嚴加考試，取中文理平通上卷五卷、文理亦通中卷三百零二卷，俱應准貢。謹將各試卷進呈御覽，伏乞聖裁，發下臣等欽遵施行。謹具題請旨。"奉旨："是。該部知道。"

十二日甲申，大學士趙志皋題："臣蒙欽遣文書官宣諭，三臣隨於出閣之時同到臣寓所，傳示聖諭，臣即於鴻臚寺報名，今蚤於午門前謝恩，行五拜三叩頭禮畢，入閣辦事。謹具題知。"

十六日戊子，太子太保禮部尚書兼文淵閣大學士趙志皋等題："爲作養人才事。照得儲才待用，乃國家首務，而庶吉士之選尤儲才之最重者。查得萬曆十四年該吏部議覆科臣王三餘條議，凡遇開科年分考選庶吉士，儲養成材，留授翰林院官無過七、八人，其餘酌量才品，分授科道部屬，著爲定例，永遠遵守等因。奉聖旨：'是。欽此。'又查得萬曆二十年吏部議覆科臣李周策題稱，遴才貴精，數額不必拘。隨該臣等考選得正卷十八卷，題改庶吉士作養，遵例散館授官訖。今科進士相應考選作養，以備皇上他日任使。合無准照節年舊規，限年四十以下，各部院等衙門從公諮訪器識端雅、文學優長者，開吏部，吏部查照題准事理，按名閱審，果無違礙，疏名奏聞，恭候命

① 題 "題"字前應有"太子太保禮部尚書兼文淵閣大學士趙志皋等"十九字。

下，臣等題請欽定考試日期，遵照先年題奉欽定條件施行。臣等未敢擅便，謹題請旨。"奉旨："是。吏部知道。"

十九日辛卯，上以遼東奏捷祭告郊廟，收回脯醢果酒頒賜四輔臣三卓。

二十日壬辰，大學士趙志皋、張位、陳于陛、沈一貫題："昨日臣等出閣至晚，見發下戶科給事中鄒廷彥一本，奉聖旨：'點用官員，皆出自上心簡任，非有別故。且祖宗朝遷陞擢用，亦不論品秩卑崇、資俸深淺，每每量才擇任的。如何近來奉旨點用一二員官，這廝每欲擅威福，竊弄權柄，輒生疑議，搜求捏詞，朋謀阻撓，好生無君可惡。這畜所奏乃楊東明主使教唆之詞，鄒廷彥姑且罰俸一年，楊東明姑着降三級調極邊方用，不許矇朧推陞。吏部知道。欽此。'臣等捧誦再三，不勝悚惕。夫國家選用大小臣工，全賴皇上秉公明於上，獨操予奪之權，斯無下移旁落之漸，臣等幸爲左右親近之臣，亦惟敬畏奉行，雖其間有不得已陳請者，可否亦聽聖裁，但知尊主威、盡臣職而已。近因皇上勵精圖治，加意用人，或捨正而點陪，或正陪俱不點用，緣此外廷頗生猜疑，漸興議論。沈思孝以陪推京營點用，疑議益起。楊東明爲科臣之長，自當詢訪的實，乃輕信人言，遂形章奏，誠爲有罪，然亦未嘗敢以皇上特簡爲非。皇上罪以欲擅威福、竊弄權柄，有主使教唆之情，則非東明之所敢當矣。且臣等素知東明爲人，抱負耿直，氣局雅重，上年河南救荒一事，懇懇盡圖陳說，深有古人爲國爲民之心。伏望皇上俯察其職係言官，情非有他，免其謫降，容令復職管事，則東明必知感激報效。今一時科臣濟濟，俱屬新進，必得一老成者以主張於其間，庶於政體爲便耳。且皇上用思孝協理京營，而今爲之去一科臣，恐亦不敢一日居其位也。又御史謝廷策、周希聖，近俱以言被譴，此皆新進之臣，不知事體，唐突冒犯至尊，情有可原，更望皇上一視同仁，俯垂茲宥。無任激切懇祈之至。"奉旨："覽卿等所奏，朕已知道了。朕怒此輩狂肆無君，逞臆擾亂，且此降調乃鄒廷彥之潰激，已有旨了，卿等不必煩激。"

萬曆二十三年六月壬寅，朔。

四日乙巳①，大學士趙志皋等題："臣等查得禮部原題皇長子講讀日期，擬於盛夏輟免。自五月以來，時屬夏令，臣等竊恐曠學太久，未敢瀆請輟免。今三伏太暑將臨，天道炎熱，氣候鬱蒸，閭巷小學亦皆歇涼。臣等擬於本月初九日至七月初九日暫時輟免，待秋氣清爽，照舊講讀，庶為便益。臣等冒昧輒敢具請，伏乞聖裁，傳示施行。謹題請旨。"奉旨："昨歲有旨，工夫豈可間斷，難以輟免。所奏知道了。"

十二日癸丑，太子太保禮部尚書兼文淵閣大學士趙志皋等題："為作養人才事。臣等於本月十一日遵奉欽定日期，會同吏部尚書孫丕揚、右侍郎兼翰林院侍讀學士孫繼皋、禮部尚書兼翰林院學士范謙，將吏部開送進士賴克俊等一百七十名，遵奉聖旨考選，得文理平通堪充正卷一十八卷、文理亦通堪充副卷六卷，各擬名次封進御覽。伏乞聖明裁定、發下，臣等仍會同該部折②卷填名具奏。謹具題請旨。"奉旨："是。正卷准改庶吉士作養。"

十三日甲寅，太子太保禮部尚書兼文淵閣大學士趙志皋等題："為作養人才事。本月十一日，該臣等會同吏部尚書孫丕揚、右侍郎兼翰林院③侍讀學士孫繼皋、禮部尚書兼翰林院學士范謙，將吏部開送進士賴克俊等一百七十名，遵奉聖旨考選，得文理平通堪充正卷一十八卷、文理亦通堪充副卷六卷，各擬名次封進御覽，伏乞聖明裁定、發下，臣等仍會同各官拆卷填名具奏等因。十二日欽蒙發下正副卷到閣，臣等謹欽遵會同吏禮二部堂上官，將正卷一十八卷照依名次開拆填寫名籍，上進御覽。伏乞敕下吏部，遵照欽依內事理，將高承祚等准改授庶吉士，與同一甲進士朱之蕃、湯賓尹、孫慎行，俱送翰林院讀書進學。臣仍照例行工部，將本院房屋量行修理，並各該衙門將合用卓凳、筆硯、紙墨、酒飯、皂隸等項，各照例辦送應用。

① 巳 "已"當作"巳"。

② 折 "折"字當作"拆"。

③ 院 明抄本無"院"字，通行本補此字。

其教書官，容臣等另行推舉上請。緣係作養人才事理，臣等未敢擅便，謹題請旨。"奉旨："是。吏部知道。"

  計　開

高承祚　直隸華亭縣人
何宗彥　湖廣隨州人
顧秉謙　直隸崑山縣人
黃志清　福建晉江縣人
林秉漢　福建長泰縣人
白　瑜　直隸東勝左衛人
郭　浧　河南新鄉縣人
孫如游　浙江餘姚縣人
朱延禧　山東聊城縣人
趙用光　山西河津縣人
鄧士龍　江西南昌縣人
梁有年　廣東順德縣人
南師仲　陝西渭南縣人
陳之龍　浙江鄞縣人
劉一燝　江西南昌縣人
劉　綱　四川邛州人
劉餘澤　武驤左衛人
侲　祺　雲南臨安衛人

十四日乙卯，皇上頒賜四輔臣每員罋筍二十根。

二十三日甲子，大學士趙志皋、張位、陳于陛、沈一貫題："爲纂修正史事。照得禮部左侍郎兼翰林院侍讀學士劉楚先、翰林院修撰朱國祚、編修顧天埈，先後到任，例應供事史館，未經題請。合候命下，以劉楚先充副總裁，朱國祚、顧天埈充纂修官，令各欽遵赴館供事。臣等未敢擅便，謹題請旨。"奉旨："是。"

是日，上賜四輔臣每員拖滷鱘魚二尾。

二十四日乙丑，太子太保禮部尚書文淵閣大學士趙志皋等題："爲缺官事。先該吏部題稱，南京翰林院印信缺官掌管，照例行翰林院推選相應官一員前去掌管等因。奉聖旨：'是。欽此。'備行到院。臣等推得右春坊右中允兼翰林院編修周應賓，資序相應，堪補前缺。合無敕下吏部，將本官量陞右春坊右諭德，掌管本院印信？臣等未敢擅便，謹題請旨。"奉旨："是。吏部知道。"

二十五日丙寅，上賜四輔臣每員鰣魚五尾，及講官劉元震等四員各照數有差。

萬曆二十三年七月壬申，朔。

二日癸酉，太子太保禮部尚書兼文淵閣大學士趙志皋等題："爲作養人才事。先該六月十一日，臣等會同禮吏二部堂上官，將原蒙發下考選過各部進士正卷十八卷，照依名次開拆填寫名籍，上進聖覽，伏乞敕下吏部，遵照欽依內事理，將高承祚等改授庶吉士，與同一甲進士朱之蕃等，俱送翰林院讀書進學，其教書官臣等另行推舉上請等因，奉聖旨：'是。吏部知道。欽此。'查得節年事例，教書官合用二員。臣等推舉得原任禮部尚書兼翰林院學士朱賡、見任詹事府詹事吏部左侍郎兼翰林院侍讀學士劉元震，俱堪任教習。伏乞敕下吏部，將朱賡行取馳驛前來，與同劉元震專管教習庶吉士。每月終，教書官將批改各文課原本，移①送內閣看驗。臣等仍照例每月二次出課考試，以觀進益。其有怠肆不率教者，亦聽教書官呈送臣等，以憑參奏，請旨處治。緣係作養人才事理，臣等未敢擅便，謹題請旨。"奉旨："是。不必行取，着再推見任的一員與同劉元震教習。"

四日乙亥，太子太保禮部尚書兼文淵閣大學士趙志皋等題："臣等昨爲教習庶吉士，推舉原任禮部尚書兼學士朱賡、見任掌詹事府詹事吏部左侍郎兼侍讀學士劉元震二員堪任。奉聖旨：'是。不必行取，着再推見任的一員與同劉元震教習。欽此。'臣等謹遵旨復推得見任禮部左侍郎兼翰林院侍讀學士劉楚先，資望相應，合候命下，令本官不妨部務，與同劉元震專管教習。臣等未敢擅便，伏乞聖裁。再照舊例，教習之推，必取老成翰林官資俸俱深者充用，近日見任翰林官老成資深者甚少，故臣等舉原任尚書朱賡，以其文學行誼久著詞林，且嘗侍日講，素蒙眷知，況守制服滿，別無他故在家歲久，相應起用，亦公論也。今見任部堂翰林官，年深者既乏其人，年淺者又難驟進，而里居諸臣人望攸歸、有當起用者，又不但朱賡一人，若終棄置，不無可惜。伏望皇上察老成之起②用，念詞林之缺人，今

①移 明抄本作"類"。通行本改作"移"。

②起 明抄本無"起"字，通行本補此字。

萬曆起居注

① 驟 "驟"字之前當有漏文。

② 乙 "乙"當作"己"。

③ 本 明抄本無"本"字，通行本補此字。

後遇有相應員缺，容臣等將在籍諸臣，酌量相兼推舉起用，庶野無遺賢，朝無曠職，文學侍從之臣免於沉淹之歎，驟①躓之嫌矣。臣等不勝悚息仰望之至。"奉旨："是。劉楚先着與同劉元震教習。餘知道了。"

八日乙②卯，上諭內閣："朕屢旨懲貪戒污，未見改圖。御史論蔣時馨，謂官受賄不啻數千金，朕又覽丕揚本全無指實。雖然司官吏弊廉潔者固有，貪婪者不無。諭卿等知之。傳示該部，今後務各精白乃心。故諭。"

是日，大學士趙志皋等題："今日文書官齎聖諭到閣，諭內閣云云。欽此。仰惟皇上留神吏治，痛警官邪，欲力倡精白之休風，以挽回貪汙之弊習，德意甚盛。臣等恭誦綸音，不勝欣服。看得御史趙文炳所論郎中蔣時馨，受賄至於數千金，而尚書孫丕揚則言部中面試抽籤，立法甚嚴，似無前項情弊。臣等竊思丕揚素志澄清，正己率屬，一時人心翕然歸服。若司官有此不肖之事，豈肯姑息縱容？但事出風聞，議難懸斷，若不下廷臣從公評論，無以明銓臣之誣，服言官之心。茲蒙發下尚書孫丕揚本，謹僭擬票，上進御覽，伏乞即賜批發施行。其諭旨臣等即當傳示該部，令其嚴飭僚屬，務要洗心滌慮，益加砥礪，以仰副聖明惓惓圖治之意。臣等謹具本③回奏以聞。"

九日庚辰，大學士趙志皋、張位、陳于陛、沈一貫題："臣等查得近日各衙門章疏，間有留中不發者。竊惟聖明垂精政務，凡要緊章疏，必經宸覽，或炎暑中一時覽閱未徧，暫留御前，從容發行。臣等未敢一一瀆請外，獨有吏、禮二科都給事中推補日久，尚未奉旨，此事關係政體頗重，臣等有難緘默不言者。蓋吏科都給事中乃六科之長，為諸給事中之領袖，以察吏弊、糾官邪為職掌。近日該部循資推舉，未蒙欽點。竊思此官職任與尋常散秩不同，似宜亟為批發，以重省闥者也。又原任工科都給事中邵庶，因請告假滿，不敢偃臥於家，疾趨赴闕，亦臣子急公務之義，該部題補禮科，係是舊規恒調。今久未奉俞旨，使邵庶就列則不可，乞歸則不敢，趑趄國門，進退惟谷，似宜俯從部請以示體恤者也。臣等忝備密勿，遇事所當言者，誼當從中申請，輒敢不避煩瑣，仰干聖聽。伏望皇上特查該部二疏，亟賜批發，或將臣等揭帖批下吏部，令其補本上請，恭候聖明裁奪施行。臣等不勝懇切祈望之至。"

是日，題①賜："爲印信事。照得右春坊右中允兼翰林院編修周應賓，近奉欽依陞右春坊右諭德、掌管南京翰林院印信去訖，遺下印信，合照資次遞遷。臣得②推得司經局洗馬兼翰林院修撰劉應秋，資序相應，合無將本官量陞右春坊右諭德，兼翰林院侍講，經筵、日講俱照舊，遺下員缺，推得翰林院修撰朱國祚，應陞司經局洗馬，兼翰林院修撰，各掌管前印信？再照翰林院編修郭正域，年資亦深，合無將本官量陞右春坊右中允，兼翰林院編修？伏乞敕下吏部，查照施行。臣等未敢擅便，謹題請旨。"奉旨："是。吏部知道。"

十一日壬午，太子太保禮部尚書兼文淵閣大學士趙志皋等題："先該吏部題准，願告教職歲貢生員行移翰林院考試。臣等欽遵會同詹事府詹事兼翰林院侍讀學士掌院事余繼登，出題彌封，嚴加考試，取中文理平通上卷四卷，文理亦通中卷二百六十八卷，俱堪授教職。臣等謹將試卷封進，伏乞聖裁、發下，開送該部，查照臣等先後題准事理施行。謹題請旨。"奉旨："是。吏部知道。"

十三日甲申，皇上以奏捷祭告郊廟收回脯醢果酒，頒賜四輔臣三卓。

二十日辛卯，大學士趙志皋、張位、陳于陛、沈一貫題："今日文書官劉宣發下兵部一本爲缺官事。內稱錦衣衛掌印官懸缺甚久，將堂上官開列上請點用。茲未蒙欽點，臣等不敢擬票。謹將原本封進，恭候聖裁。竊照錦衣衛衙門，內而拱扈宮禁，外而緝捕奸邪，職任甚重。近因掌印缺人，事權無統，以致官

①題 "題"字上當有漏文。
②得 此"得"字當爲"等"字之誤。

校急肆，奸盜橫行，深爲可慮。又今當考選軍政之年，該衛大小官員，例應掌印官諮訪賢否，開送該部，今掌印久缺，委於事體有礙。伏乞聖明鑒察，將兵部本內所開錦衣衛堂官宋金等點用一員管事，或令暫行署掌印信。臣等不勝惓惓仰望，隨本附奏以聞。"

二十三日甲午，上諭內閣："昨司官被論，不候旨處分，逞臆強辯，卻又牽引多事，以①經處了。今孫丕揚以丁此呂考察貪縱不於②訪單復奏，朕一一覽閱，該部院公同考察，請自上裁，焉有不當？沈思孝豈得重庇？況昨者之本，亦非深獎，淆亂公論。且蔣時馨原非爲此。卿等出旨，着丕揚即出、安心供職，以副眷委，勿再有所陳。諭卿等知。"

是日，大學士趙志皋等題："今早文書官徐守福發下聖諭云云。欽此。臣等仰惟皇上深居九重，明見萬里，既信孫丕揚考察丁此呂之當，又察沈思孝無深獎丁此呂之情，且明示罷斥蔣時馨因其不候旨處分之故，以釋孫丕揚之疑，勉其即出安心供職，神明洞燭，天語眷溫。臣等莊誦再三，不勝欣服。謹擬票帖進上，恭候聖裁，即賜發行。所頒諭札，尊藏閣中。謹具題以聞。"

是日，文書房傳奉聖諭："傳與錦衣衛知道。朕昨覽尚書孫丕揚所奏丁此呂訪單，貪縱殊甚，酷虐異常，苦毒百姓，幾乎成變，情甚可惡。着的當官校扭解來京究問。"

二十五日丙申，大學士趙志皋、張位、陳于陛、沈一貫題："臣等在閣辦事，接到吏部尚書孫丕揚揭帖爲奏救黜官丁此呂事。丕揚復遺柬臣等，共力代其陳情。仰惟皇上近閱吏部訪單，見開列此呂罪狀，天威行逮，用警官邪，臣等固當仰承，何敢復爲涵濡？但據丕揚所言，委於國法人情有當慎重而曲體者，更祈我皇上一鑒察之。凡考察事例，一等者註貪，次等者註不謹。貪者革職爲民，不謹者冠帶閒住。今此呂以不謹閒住，已爲盡法，若復行逮問，則於貪者更將何法以加之乎？況訪單所

① 以 此"以"字當爲"已"字。

② 於 此"於"字疑有誤。

载，该部院止据以定官评，中间所开未必件件皆实。且考察大典久已奉旨处分，今偶因一时争辩之言，再有逮问之旨，恐致事体纷纭，人心惶惑，此则国法之当慎重者也。丕扬因沈思孝疏称此吕之功，恐他日访单亡失，别有异议，故自辩白，其意本以自明，亦不虞雷霆之迅发也。窃见丕扬感皇上知遇之恩，秉公执法，仕路为之一清。近因蒋郎中罹罪，丕扬方局缩不安，欲求避去，今因其疏辩白而加此吕之罪，必将愈增觚觫，坚意求归，是皇上行丕扬之言，乃所以速丕扬之去矣。在朝老成甚稀，即再求公忠任事者极少，皇上既欲丕扬安其职，自当安其心，此则下情之当曲体者也。此吕素有才名，臣等初闻吏议，亦窃有怜惜之心，乃不意访单之多一至於此，今坐以闲住於法已尽，似难复加。伏望皇上念丕扬真切之情，俯从其请，涣发纶音，收回成命，特免此吕逮问，以安丕扬之心，庶国法人情允服称当，而丕扬益思感恩图报於方来矣。臣等不胜悚息仰望之至。"

萬曆二十三年八月辛丑，朔。

二日壬寅，太子太保禮部尚書兼文淵閣大學士趙志皋等題："爲纂修本朝正史事。臣等查得國子監司業葉向高堪充正史館纂修官，及照本官資俸已深，合無敕下吏部，量陞右春坊右中允，兼翰林院編修，令其欽遵赴館供事？臣等未敢擅便，謹題請旨。"奉旨："吏部知道。"

是日，禮部尚書兼文淵閣大學士張位等題："爲進呈事。先該大學士趙志皋等，遵制題請命官撰萬曆壬辰、乙未二科進士題名記文，奉聖旨：'命卿位、于陛各撰。欽此。'臣位、臣于陛欽遵將壬辰、乙未二科記文撰完，恭錄進呈御覽。但臣等才識淺陋，未能發揚盛典，伏望聖明裁訓、發下，轉發工部鐫刻施行。謹具題以聞。"奉旨："是。"

三日癸卯，皇上以萬壽聖節，頒賜四輔臣，每金萬壽字二副、銀萬壽字二副、金篆字八個、金書紅符一道、銀書紅符一道，及講官劉元震等四員，俱各照數有差。

七日丁未，禮部尚書兼文淵閣大學士張位題："爲祭祀事。萬曆二十三年八月初七日祭先師孔子，欽奉聖旨：'遣大學士張位行禮。欽此。'臣謹欽遵恭詣行禮畢。例該於皇極門復命，緣是日奉旨暫免朝，謹具題以聞。"

十五日乙卯，皇上以中秋令節，頒賜四輔臣上尊珍饌。

是日，又頒賜元輔膳九品、秋露白酒五瓶、月餅五個，次輔每膳七品、秋露白酒三瓶、月餅四個。

十七日丁巳[①]，皇上以萬壽聖節，頒賜四輔臣上尊珍饌。

是日，又頒賜元輔膳十一品、壽麪全、長春酒五瓶，次輔每膳九品、壽麪全、長春[②]酒三瓶。

大學士趙志皋等題："恭遇萬壽聖節，禮當慶賀，該鴻臚寺

① 已 "已"當作"巳"。

② 春 明抄本無"春"字。通行本補此字，是也。

奉旨傳免。竊念臣等備員輔弼，受恩深厚，與在廷諸臣不同，犬馬私衷不能自已。臣等謹於本日恭詣會極門，行五拜三叩頭禮，稱祝聖壽，以少伸臣子慶忭之誠，訖。謹具題知。"

二十一日辛酉，太子太保禮部尚書文淵閣大學士趙志皋等題："爲侍班缺官事。照得原題皇長子講筵侍班官馮夢禎，近陞南京國子監祭酒，所有員缺合當推補。臣等推得司經局洗馬兼翰林院修撰朱國祚，堪以充補，合候命下，令其欽遵供事。臣等未敢擅便，謹題請旨。"奉旨："是。"

二十七日丁卯，大學士趙志皋、張位、陳于陛、沈一貫題："爲公務事。照得制敕房辦理一應典禮文書，事務浩繁，缺人辦理。臣等查得誥敕房辦事大理寺右寺右寺正汪民敬、鴻臚寺署丞史鑑、李憲、吳子敬，寫字端楷，堪補制敕房辦事。再照誥敕房書寫文官誥敕、揭帖，亦屬缺人。查有起居注館辦事中書舍人周正謨、鴻臚寺主簿鮑佐、正史館辦事中書舍人包文炯，俱堪補誥敕房辦事。遺下起居注館事務，查有正史館辦事光祿寺署丞方崙、張大續，堪補起居注館辦事。合候命下，令①各欽遵供事。臣等未敢擅便，謹題請旨。奉旨："是"。

①令 明抄本"令"字上有"行"字，是。

二十八日戊辰，大學士趙志皋、張位、陳于陛、沈一貫題："竊照錦衣衛自缺掌印官，兵部屢次疏請，而臣等具揭代請亦已再矣，至今未蒙點用。意者皇上欲慎重其事，而遴選其人。然今缺人已幾二年矣，夫掌印之員缺，則人無統攝，事無主持，強者肆其橫行，黠者甚其刁潑，或奪官而自居其位，或竊印而自擅其權，下之人亦且效尤放縱，法紀蕩然。臣等欲陳於皇上，又懼再三之瀆。昨因兵部尚書石星到臣寓所，言今冬當軍政考察之年，一衛官員之賢否皆出於掌印者，而兵部據之以考察，若無掌印則兵部無從咨訪，而考察之政未免淆亂不公矣。已稱具本奏上，欲臣等爲之代請。臣思軍政考察，國之大典，五年一舉，所宜慎重。據其疏開王之禎等四人，而又亟稱宋金之可用，蓋因屢薦宋金不允而不敢列之於前也。然宋金年已老成，人復清慎，且在衛幾三十年，其於衛中事體諳練，賢否周知，數人之中似無賢於宋金者。伏望皇上特允兵部之請，以宋金掌管衛事，則考察必然公平，抑且人心畏憚，衛事振舉，而親近侍衛之臣將赫然改觀，紀法肅而朝廷尊矣。臣等無任欣躍瞻企之至。"奉旨："已有旨了。"

萬曆二十三年九月庚午，朔。

六日乙亥，大學士趙志皋、張位、陳于陛、沈一貫題："爲補撰題名以光盛典事。竊照萬曆二十年、二十三年壬辰、乙未二科進士題名記文，近奉欽依命臣位、臣于陛各撰，已欽遵撰完進呈，發工部立石外，查得萬曆十四年、十七年丙戌、己丑二科題名記文，至今尚缺，相應題請，恭候命官各撰述進呈。伏乞欽定，臣等未敢擅便，謹題請旨。"

九日戊寅，皇上以重陽令節，頒賜四輔臣上尊珍饌。

十日己卯，大學士趙志皋、張位、陳于陛、沈一貫題："准兵部手本開稱，該本部題萬曆二十三年九月十五日考試天下武舉官生，例用考試官二員，合行翰林院題請簡用，奉聖旨：'是。欽此。'備行到院。臣等推得堪任正考官二員，副考官二員，列名上請，伏乞於内各欽點一員，令於十三日早入場供事。臣等未敢擅便，謹題請旨。
　　計　開
　堪任正考官二員
　　左春坊左庶子兼翰林院侍讀李廷機
　　司經局洗馬兼翰林院修撰朱國祚
　堪任副考官二員
　　右春坊右諭德兼翰林院侍講劉應秋
　　右春坊右中允兼翰林院編修鄒德溥。"

十一日庚辰，大學士趙志皋、張位、陳于陛、沈一貫題："今日蒙發下禮部一本爲累朝闕典究竟難湮懇乞聖明及時修舉以成祖德以光正史事。内覆給事中楊天民、御史牛應元疏，乞於纂修正史内，將建文年號議復。臣等竊惟，建文年號難以湮没，屢經先朝諸臣條議，及見於諸書紀載，皆謂當復。但循因①日久，尚未舉行。兹當纂修正史之時，言官因有此議。所據禮部

① 循因　明抄本作"因循"。通行本作"循因"，誤。

覆疏，考訂詳明，議論正大，似宜允從，以昭一代傳信之典，以協天下人心之公。臣等未敢擅便，謹僭擬票帖一道，恭進御覽。伏乞聖明裁定施行。謹具題以聞。"

十三日壬午，皇上以奏捷祭告郊廟收回脯醢果酒，頒賜四輔臣等三卓。

十七日丙戌，大學士趙志皋、張位、陳于陛、沈一貫題："爲公務事。照得內閣書寫制敕等項文書，並四夷館教習官生，年例該用炭二萬斤，合無照例於內府惜薪司、工部各支一萬斤應用？未敢擅便，謹題請旨。"奉旨："是。該衙門知道。"

十八日丁亥，大學士趙志皋、張位、陳于陛、沈一貫題："准工部手本內開稱，國子監壬辰、乙未二科題名記碑石，已經委官製造完備，相應請發書寫等因到閣。臣等看得，舊例題名記文，俱令制敕房官前去書寫，兩科記文合用差官二員。查有制敕房辦事章如鋌、湯應龍，堪以差用。恭候命下遵行。謹具題以聞。"奉旨："是。着章如鋌、湯應龍去。"

二十七日丙申，大學士趙志皋、張位、陳于陛、沈一貫題："該錦衣衛奉旨差去官校，今日逮繫犯官丁此呂到京，具奏請旨。臣等當恭候宸斷，何敢輒瀆？竊念丁此呂考察被黜。訪單暗投，或出於讐口，或得於風聞，吏部雖據之以註考，從來未有聞之於上者。孫丕揚近日之訐奏，乃一時爲人言所激，而旋即悔之，觀其上疏求解可見也。且丁此呂，臣等亦素知其人頗有才名，自負意氣，若廓落不羈之行，容或有之，至若貪汙不法之事，未必肯爲也。且前此奉旨拏問、下詔獄者，或因上官之糾劾，或因同事之檢舉，皆有實迹可查，非若訪單匿名暗投、遂可據之以爲罪者。伏望皇上俯垂天聽，將丁此呂照依秦燿、馮時泰、彭應參事例，徑送法司，將訪單所開事情從公究問。如果是實，從重擬罪，若有虛枉，少賜寬憐。庶法令平明，而人心胥服，恩威並濟，而公論不淆矣。臣等無任懇切仰祈之至。謹具題以聞。"奉旨："知道了。已有旨了。"

萬曆二十三年十月庚子，朔。皇上頒賜四輔臣，每曆日一百本，及講官劉元震等四員，俱照數有差。

是日，大學士趙志皋、張位、陳于陛、沈一貫題："今日十月朔旦，恭遇皇上頒給萬曆二十四年新曆，臣等同百官拜領恩賜訖，到閣辦事，接得陝西三邊總督李汶、及甘肅巡撫田樂塘報，川海虜酋永邵卜等於九月初九日內犯，該鎮參將達雲、遊擊白澤等，臨陣斬獲虜首六百七十餘級。是皆我皇上神武布昭、天威震赫之所致也。今歲西虜挾忿求款未遂，肆擾邊疆，臣等日與兵部尚書石星籌畫機宜，屢請明旨申飭三邊將吏，加意防禦。頃套虜入犯延綏，方有搗巢之功，今海酋內侵甘肅，復奏殊常之捷。且今日捷音之至，適當大廷頒曆之辰，此又天心祐助、聖曆無疆之吉兆也。臣等瞻望天顏，未獲恭伸慶賀，睹茲奇捷，不勝踴躍忻忭之至。謹具題知，恭賀以聞。"

三日壬寅，太子太保禮部尚書兼文淵閣大學士趙志皋等題："爲清黃事。該兵部揭帖開稱，軍職貼黃，例用翰林院官一員，行本院徑自請差，節該題奉聖旨：'是。欽此。'今推得司經局洗馬兼翰林院修撰朱國祚，堪以差委，合無令本官不妨原務、前去會同兵部都察院各堂上官，清理貼黃？臣等未敢擅便，謹題請旨。"奉旨："是。兵部知道。"

七日丙午，大學士趙志皋、張位、陳于陛、沈一貫題："臣等竊惟，國家建官分職，各有所司，因人敘遷，皆有定例。皇上御極以來，虛己任人，推誠馭下，分理付之諸司，總攬歸之獨斷，政體光明，朝綱振舉，大臣師師德讓，小臣濟濟風行，真太平之治世也。邇年以①來，章奏始有留中不下者，而近日爲尤甚。夫章奏不下，則事因不行，而有掣肘壅滯之患。且使一時人情各懷疑畏，既未省其失職之由，又未察其招尤之故，外廷之議論滋多，人心之惶惑愈甚，殊非國家之事體也。臣等每見部院臺省諸臣，皆以是爲問，又責臣以代請。臣等因查前後章奏未下者有十餘本，所推有二十餘員。其中有推吏部左侍

① 以 明抄本作"已"。通行本改作"以"，是也。

郎者，有推都察院左僉都御史者，有推南京禮部尚書、都察院右都御史者，有推巡撫貴州右僉都御史者，有推大理寺寺丞者，有推吏科都給事中、兵科左給事中者，有復除禮科都給事中、兵部主事者，有推刑部主事者，有推太醫院院使者，又有年例外轉科道爲河南等省副使等官者，俱未蒙發下。臣等思之，以上推陞，皆因其資俸之相應，或才望之相稱，特遴選其人以充其位，又出此缺以待後之應陞者，此該部推陞之常格也。至於復除之官，乃起復病痊赴部應復原職者，屢疏而不得請，數月株守以待命，既不得官，又不敢去，進退蓋兩難矣。若夫科道之推陞外官，此年例之所必行，以處才品之稍次者，原非優轉。皇上若疑而阻之，則年例不行，銓法壅滯，而爲吏部者蓋難處矣。外此又有兵部覆京營戎政、推北鎮撫司理刑各一本，工部管節慎庫交代一本，此皆不可久缺者。伏望皇上俯俞臣等之請，將留中之疏一概發下，或令該部再疏申請，俾內外大小諸臣各司其事，各業其官，豈不成蕩蕩昭明之盛治哉？臣等無任懇切仰祈之至。謹具題以聞。"

九日戊申，皇上以奏捷祭告郊廟收回脯醢果酒，頒賜四輔臣等三卓。

十日己酉，太子太保禮部尚書兼文淵閣大學士趙志皋等題："爲纂修本朝正史事。竊照正史館副總裁缺官，臣等查得南京吏部右侍郎曾朝節，堪以推補，乞敕吏部將本官量改禮部右侍郎兼翰林院侍讀學士協理詹事府事①，令其專管副總裁事。再照復除翰林院編修楊道賓，堪充纂修官，合候命下，令其欽遵赴館供事。臣等未敢擅便，謹題請旨。"奉旨："是。吏部知道。"

十九日戊午，皇上頒賜四輔臣每鮮藕三枝。

二十六日乙丑，太子太保禮部尚書兼文淵閣大學士趙志皋等奏："爲披瀝悃誠辭免恩命事。今日該吏部接出手敕：'敕吏

① 事　明抄本"事"字上有"詹"字。

部：甘鎮大獲奇捷，内閣輔臣殫忠運謀，勞績可嘉，兹特加恩，元輔志皋加少保兼太子太保户部尚書，還賞銀六十兩、綵段四表裏。次輔位加太子太保，于陛、一貫各加太子少保，還各賞銀五十兩、綵段四表裏，尚書、大學士如故。還各給與應得誥命。如敕奉行。欽此。'傳示到閣。臣等不勝感戴惶悚。竊惟我皇上加意邊防，不悋功賞，將以鼓舞將吏之氣，因而軫念輔弼之勞，臣等敢不仰體聖心、恪遵明命？但念臣等荷皇上天高地厚之恩，備員密勿，寵渥踰涯，每以不能贊襄廟謨、寢熄烽燧、使邊鄙不聳爲愧。兹者甘肅之役，實我皇上聖武布昭，神威遠播，督撫運籌，將士奮勇，及本兵居中調度之所致，臣等何勞之有？既無分寸之勞，而徒冒殊常之寵，於心實有不安。況邊功不敍閣臣，前已奉有明旨，如使臣等今復冒受，則是朝廷之明旨不信，臣子之分義有乖，將使臣等爲貪昧忝竊之夫，而無顏立於班行之上。此臣等之所決不敢當者。伏望皇上俯察愚誠，非有矯飾，特准辭免。仍敕兵部，以後功次不必敍及臣等。則臣等之心始安，蒙恩更大也。臣等無任激切懇祈之至。"奉旨："甘鎮奇捷，乃卿等共竭運謀，懋績可嘉，深契朕懷。兹特晉秩示酬，寔遵舊典，原不爲過，豈可遽辭？卿等宜遵成命。所辭不允。吏部知道。"

　　二十八日丁卯，太子太保禮部尚書兼文淵閣大學士趙志皋等奏："爲再瀝悃誠辭免恩命以安愚分事。臣等昨以甘肅邊功伏蒙聖慈加恩，具疏控辭，奉聖旨：'甘鎮奇捷，乃卿等共竭運謀，懋績可嘉，深契朕懷。兹特晉秩示酬，寔遵舊典，原不爲過，豈可遽辭？卿等宜遵成命。所辭不允。吏部知道。欽此。'臣等恭捧綸音，不勝感激。竊惟遇事加恩者，聖主之眷，循分自守者，臣子之義。夫閣臣不與邊功之賞，舊矣。然先年間有受之者，或以安攘大績而首論運籌，或以綏靖巨功而先推次①策。蓋上示殊褒，而下承異寵，非可爲典要也。若夫臨陣斬獲首級雖多，慮②患未除，邊疆常事，可以輔弼之臣濫預克敵之賞哉？且輔臣職務，特綜大綱，督撫兵道之用、總兵將官之選、

① 次　明抄本作"決"，是。通行本作"次"，誤。

② 慮　明抄本作"虜"，是。通行本作"慮"，誤。

錢糧獎賞之給、戎器軍需之請，雖得與各部商議而舉行之，其款撫方略、戰守機宜，但密謀於帷幄之中耳。至於臨敵奮勇者，乃將士之力，相機調度者，乃督撫之謀，條畫擔當者，乃本兵之責。遇有失機僨①事，在輔臣既不同其罰，即當論功頒恩，在輔臣又何可與其賞哉？況功罪賞罰，輔臣日代贊襄，若與邊臣均行論敍，則將來或啟扶同掩護之弊，恐非朝廷之福矣。蓋密勿之臣，日在左右，以聖主神明照察於上，其勤勞功績何適不可頒榮錫寵？又奚必借邊功以示眷耶？此臣等反覆躊躇、斷斷乎其不敢仰承者也。伏望皇上念臣等控辭之非矯，收回成命，庶令甲恪遵，功賞有定，上無濫予，下無濫承，而臣等安分効勞，成②可以克於愧怍矣。臣等不勝隕越懇切之至。爲此謹具本奏聞，伏候敕旨。"奉旨："今次甘鎮大捷，非泛常可比。賴卿等殫忠運謀，贊襄密③勿，功當首論，原不爲過。特加恩示酬，宜遵成命。不允所辭。吏部知道。"

① 僨 "憤"字當爲"僨"之誤。

② 成 明抄本作"咸"，是。通行本作"成"，誤。

③ 密 明抄本作"蜜"，誤。通行本改作"密"，是也。

萬曆二十三年十一月己巳①，朔。

二日庚午，太子太保禮部尚書兼文淵閣大學士趙志皋等奏："爲三瀝悃誠懇乞聖慈允辭恩命事。十月二十八日該臣等再疏辭免加恩，奉聖旨：'今次甘鎮大捷，非泛常可比。賴卿等殫忠運謀，贊襄密②勿，功當首論，原不爲過。特加恩示酬，宜遵成命。不允所辭。吏部知道。欽此。'臣等屢瀆聖聰，致煩批答，萬不自安。謹將欽賞銀幣冒昧祇領，不敢復辭外，所有加陞一節，揣分實難仰承，輒敢不避煩瀆，披瀝於君父之前。蓋臣等叨居禁近密勿之司，僅守文墨議論之職，與躬履行陣、專典戎務者原自殊科。今一旦以將吏之奏功，叨克敵之厚賞，武夫力而獲諸野，臣等坐而徼其澤，此揆之分義，必不敢靦顏冒受者。況邊功不敍閣臣，從來已久，良有深意，以爲臣等備員帷幄，協贊廟謨，必須身在事外，乃可提功罪之衡，而平賞罰之施。今諸邊功捷時時有之，若一概敍及臣等，濫觴何極？又醜虜每遭敗衄，必思報復，戰勝之威何可長恃？使有功既預其賞，而有事復避其罰，在廷公議其謂臣等何？此又政體所關、必不敢身自紊之者。臣等雖至愚昧，度量甚審，是以寧瀆冒宸嚴，必欲得請而後已也。伏望皇上鑒察愚誠，亟允辭免，俾臣等獲安分守勉奉任使，其爲感戴鴻慈與拜恩受命無異矣。臣等不勝激切祈籲之至。爲此謹具本奏聞。伏候敕旨。"奉旨："覽卿等奏，具見忠懇謙讓。特加新銜俱准辭免，以成卿等之美。吏部知道。"

六日甲戌，皇上以祭三皇於景惠殿收回祭設，頒賜四輔臣等三卓。

十八日丙戌，皇上以聖母慈聖宣文明肅皇太后萬壽聖節，頒賜四輔臣每金萬壽字二副、銀萬壽字二副、金篆字八個、金書黃符一道、金書紅符一道、銀書紅符一道，及講官劉元震等俱各有差。

① 已 "巳"當作"巳"。

② 密 明抄本誤作"蜜"。通行本改作"密"，是也。

十九日丁亥，大學士趙志皋、張位、陳于陛、沈一貫題："恭遇聖母慈聖宣文明肅皇太后萬壽聖節，臣等備員輔弼，仰戴隆恩，比之恒情倍切忻忭。臣等恭請慈寧宮門首叩頭慶賀，以少伸臣子慶祝之誠。謹具題知。"

是日，皇上頒賜四輔臣等每湯飯一卓、燒割一分。又頒賜四輔臣上尊珍饌。

二十一日己丑，大學士趙志皋、張位、陳于陛、沈一貫謹題："臣惟人臣之道，莫善於奉公而忘私，莫不善於背公而植黨。之①風一行，則異同之義遂起，而牽連之勢益長。要其機則在於爲人上者挽之而已。臣觀近年已來，朝中之議論太多，士人之意向角立，蓋已非一日矣，蔓延至今，日益昌熾。其端皆起於丁此呂之一事。夫尚書孫丕揚以此呂訪單之多而黜之，此公心也。戎政沈思孝以此呂之素望而救之，亦公心也。心本無他，嫌隙遂起，乃各上疏求去，杜門不出者已半年矣。遠近之臣因見大臣杜門甚久，據所聞見疏之章奏，各是其是，各非其非，衆言盈庭，誰執其咎！皇上又留中不下，臣等若隱默而無言，則是非終於不解，而大臣欲出無期，揆之國體，所損不小。伏望皇上大發綸音，宣諭二臣，令其各釋偏私，即出供職，毋得再以疾辭。前後進言諸臣，亦乞嚴旨禁誡，今後毋得恣意徇私，互相排擠，淆亂國是。臣等又惟，皇上之居至尊，即如天之運於上，而喜怒好惡，猶之寒溫慘舒，一毫不可偏者。且深居九重，雖明照萬里，而情狀微曖，豈能周知？若一有不察，則喜怒愛惡未有盡得其平者。《書》曰：'無有作好，遵王之道，無有作惡，遵王之路。'臣等願②皇上操至公至虛之心，而於用人也，惟其人之可用與否，而不必執以成心，其聽言也，惟其言之克當與否，而不必泥以己意，公聽並觀，詳審精察，庶君子得以獻其忠，小人無以售其詐。不然，矯誣飾僞，窺上意以投其私者，將紛然不已矣，臣等之所深懼也。臣等僭擬諭旨一道，恭進聖覽，伏乞聖明裁定施行。謹具題以聞。"

①之 "之"字上當有漏字。

②顧 明抄本作"願"，是。通行本作"顧"，誤。

二十三日辛卯,大學士趙志皋、張位、陳于陛、沈一貫謹題:"恭遇長至令節,禮當慶賀,該鴻臚寺奉旨傳免。竊念臣等備員輔弼,受恩深厚,與在廷諸臣不同,犬馬私衷不能自已。臣等謹於本日恭詣會極門,行五拜三叩頭禮,稱祝聖壽,以少伸臣子慶忭之誠。訖。謹具題知。"

二十九日丁酉,皇上以奏捷祭告郊廟收回脯醯果酒,頒賜四輔臣等三卓。

萬曆二十三年十二月己亥，朔。

三日辛丑，大學士趙志皋、張位、陳于陛、沈一貫題："仰惟皇上神明天縱，威斷獨持，雖五位尊居，而無一念不在於吏治民生，雖大廷稀御，而無一事不關於聖衷宸慮。臣等得以將順休美，恪修職業，誠不勝欣慶。但自今歲以來，諸司章奏①多有留中不發者。臣等每會部院大臣，咸謂政令之行，譬如流水，有一疏之停閣，則有一政之窒礙，有一官之曠缺，則有一事之廢弛，其有所關於政體實爲匪輕。即如吏部侍郎，協贊銓衡，吏科都給事中，糾察吏弊，此皆職任鉅要、官之不可缺者。如科臣吳文梓之陞京堂，係邊功敍錄，奉有明旨，此又思之不宜靳者。如肅府乞封其母，臣等已曾擬票進覽，經今一年，本府催請數次，尚未得旨。都給事中邵庶、郎中高桂之候補半年有餘，進退實爲兩難。丁此吕事情，刑部擬罪上請已經月餘，未蒙允發。此外不發章奏，尚有臣等不及盡知、不能盡舉者。竊考古之王者聽政，日必有考，月必有要，歲必有會《月令》：十二月，天子與公卿大夫共飭國典，以待來歲之宜。蓋當歲事之終，必將一歲所行政令稽覈修飭，使百司有所稟承，萬幾不至叢脞，此明王不易之治體也。今歲行暮矣，臣等不揣愚陋，輒敢稱引舊典，懇瀆聖聰。伏望皇上特垂鑒察，將今歲留中章奏，盡數檢閱，悉付施行，使用人行政一無凝滯，官得其宜，事得其序。即日獻歲發春，臣等又當勉竭忠力，以仰贊聖明勵精之治，中外臣民曷勝幸甚。臣等謹合忱瀝悃，具題以聞。"

六日甲辰，大學士趙志皋、張位、陳于陛、沈一貫題："照得起居注館例用史官六員，編纂六曹章奏。今照翰林院檢討區大倫、林堯俞俱奉差，周如砥告病，各去訖，所有員缺合當推補。臣等推得翰林院編修楊道賓、袁宗道、黃輝，堪補前缺。合候命下，令其赴館供事。臣等未敢擅便，謹題請旨。"奉旨："是。"

①奏 明抄本作"奉"，誤。通行本改爲"奏"，是也。

十三日辛亥，大學士趙志皋、張位、陳于陛、沈一貫題："臣在閣辦事，該文書房官潘朝用發下兵科遵例拾遺本，奉聖旨：'昨覽兵部考選黜留本中，錦衣一衛內如何以副千戶未行題奏、輒署四品之職？該部附結市恩，泛濫授予，爾該科適若不聞，職守何在？好生尸位曠官！吳文梓與該司官韓范，俱降襍職，劉仕瞻、曾偉芳等着各降三級，都調極邊方用，不許朦朧推陞。昨者區大相①、張同德二畜，以有君命的故屢行瀆擾，似此欺罔擅冒的，並無一言。況前者俞介、強思，頻幸以無指實之事參劾，黨附結納，至於該部司官趨媚假官的，亦無一言，其於公而忘私何在？區大倫、張同德、俞介、強思，也着降三級，調外任用。且兵部近來詐冒賄買之官，屢經東廠獲奏，尚無憚慎，堂上官姑各罰俸二個月，着策勵供職。該部知道。欽此。'又該刑部接出聖諭：'今日覽科道會參武職本內，劾崇信伯費甲金匿逆犯客用家財，好生欺君玩法，着革了任，閒住，仍革去祿米三分之二。爾該部還嚴追所寄贓物、解收。其原奉旨官王坤、覺大義，提問擬罪來說。宋金着革了職爲民。王之楨等姑各降一級，照舊策勵供職。東廠及該衛東西兩司房陸綵等，及五所掌印官，都革了職爲民，與宋金俱永不許敘用。該部知道。欽此。'一日之內，兩奉嚴綸，雷霆之威，震懾遐邇，大小內外衙門官罰黜過多，臣等不勝驚駭。竊惟兵部考察官員，名數繁夥，容或一時議擬未精，無以仰當聖心，而自干譴罰，臣等豈能爲之代辯？但念五年考選，係國家重大之典，而品流猥襍，最難甄別者。又無如武弁一途，今年賴尚書石星殫精竭慮，幸而竣事矣，乃蒙嚴旨誥責，似於體貌大臣稍有未盡。且星素抱忠藎，秉公持正，何至於負皇上之特知、而區區市恩予於下乎？惟望聖明俯加體亮，俾星得以釋恐懼之懷，而專報稱之圖。至於該部屬官、該科長貳官、及科道區大倫、張同德、俞介、強思等，祇因一事牽連，遂至相尋降罰，在諸臣固宜自咎，而責之太深，處之太過，似於政體亦爲未妥。臣等不敢不言，亦願皇上之少寬者也。臣等又惟，毀譽之言類多增飾，而輦轂之下尤易風波。往者每遇大察，則被考官員，或以見黜不

① 相 "相"字當爲"倫"字之誤。

①耳 明抄本作"且",是。通行本作"耳",誤。

②巳 "巳"當作"已"。

③餘 "餘"字似爲"於"字之誤。

甘,或以不遂,往往挾逞私忿,煽搆流言,以無爲有,就實駕虛,千態萬狀,不可究詰。今如崇信伯費甲金持身久端,守官不慎,科道交章拾遺,豈可不謂之允稱?至言匿寄逆犯許多賍物,風聞之詞,道聽之説,安可便以爲據?耳①客用一事,久蒙處分,若復株連不已,在皇上固出於惡惡之公心,而天下之望風飾説、以快其私者,將不知其所底止矣。關係風俗豈小哉?此又望聖明之照燭情僞,而不待臣等之畢辭者也。傳曰:敬大臣則不眩,體羣臣則士之報禮重。又曰:功疑惟重,罪疑惟輕。臣等叨備股肱,荷蒙恩遇,若畏避而不言,與言之而不盡,皆爲負國,輒敢不避煩瀆,冒昧申請。伏望皇上大弘聖度,曲賜優容,將兵部司官及該科道官,量免降級,以安尚書石星之心。其費甲金寄匿事,聽法司從公問理,不枉不縱,以昭聖朝明允之治,則在廷諸臣將服威頌德,益感激踴躍,以圖報效矣。臣等不勝懇切祈望之至。謹具題以聞。"奉旨:"已有旨了。該部知道。"

十九日丁巳②,皇上以年節,頒賜元輔銀五十兩、綵段四表裏,次輔每銀四十兩、綵段兩表裏,及講官劉元震等四員俱各有差。

二十日戊午,皇上以聖母慈聖宣文明肅皇太后萬壽聖節,頒賜元輔銀五十兩、紵絲三表裏,次輔每銀四十兩、紵絲三表裏,及講官劉元震等四員俱各有差。

二十二日庚申,大學士趙志皋、張位、陳于陛、沈一貫題:"前日該吏部接出聖諭:'近來兩京科道官,專徇己私,附和結黨,抗違君命,要直沽名,爲事每每以無指實之事興疑惑衆,無上亂政。且如昨者,兵部欺君鬻爵,朋奸結納,拑口無言,其餘③糾奸發邪耳目之責何在?前失職守,好生可惡,本都當重治。爾該部查兩京六科都給事中及十三道掌道御史,姑且各降三級,調外任用,不許朦朧推陞。其餘的姑各罰俸一年。還開寫職名來看。吏部知道。欽此。'傳示到閣。臣等捧讀，不勝震駭，不勝惶懼。竊見近日兵部考選軍政，屢奉嚴旨，因副千戶未經題奏輒署四品之職一事，臣等未得其人，連日接會大小臣工，皆言在外猜度不真，詢尚書石星，亦云聖意淵深，未知的確。以此臣等日夜兢惕，食息罔措，思欲進一言以寬聖懷，而不敢輕發也。乃今又奉嚴諭，概將兩京六科都給事中、十三道掌道御史，盡行降謫，此我皇上臨御以來未有之事，一時人心驚惶搖動。臣等叨居密勿，若復畏避不言，匡輔之誼謂何？臣等竊惟，朝廷設立科道，以發奸摘伏爲職，皇上責其平日專務沽名，臨事不能糾發，諸臣誠無所逃罪，臣等何敢爲之文飾？但念此事，臣等尚未真知，大小臣工亦云未知，似難遽責其緘默、而概加之罪也。南都去京師三千里，章疏、邸報必近一月乃達，此中政務，彼處安能逆知而預發之？就使知之，又安敢以揣摩未確之語，輕瀆君父之前乎？此尤當特垂寬宥者也。見今六科員數，僅僅十餘，御史先蒙降謫管城五人，部院大臣方在商量伸救，茲又降謫數多，則臺省事務將令何人辦理？在外巡按大差一時日更動，恐誤地方之事。其南京六科，見止五人，十三掌道，人亦不多，若盡行降謫，則是留都臺省爲之一空，政紀淆紊，事勢窒礙，有決不可行者。伏望聖明垂察。至於尚書石星，素負忠鯁，自簡用本兵，適值方隅多事，其戡定西夏，擔任東封，備竭勞瘁。先是因病乞骸，蒙荷皇上溫旨慰留，每對臣等感激流涕，誓死圖報。今考選一事雖未當聖心，但其平日之功勞頗多，一時之迷誤事小，更望皇上俯垂憐念，大賜寬容，以曲全禮遇大臣之體，幸甚。臣等非不知將順爲美，但受恩最深，遇事不敢言①。伏乞皇上少霽雷霆之威，俯採蒭蕘之見，特渙天恩，以光聖德。臣等干冒威嚴，無任悚息待命之至。"

二十三日辛酉，大學士趙志皋、張位、陳于陛、沈一貫題："照得本年十二月二十四日，該放除夕假，連年節、上元假，至新年正月二十日方滿。先奉欽依於正月上旬，先擇吉開講一次，

① 言"言"字上似應有"不"字。

仍暫輟講，至二十日以後照常日講。臣等查得上旬吉日，於祭祀之期有礙，節假以後即係下旬，容臣等於二月上旬，另擇日恭請皇上開講，以後接續日講。謹具題知。"

是日，又題："先該臣等題①先該臣等題稱，每年終將講過經書講章，類寫進呈，以備皇上溫習觀覽，仍另書發司禮監，接續刊板，已奉欽依，節次進呈訖。今查萬曆二十二年至今所撰講章，除《大學衍義》俟有成帙另行寫進外，謹將《易經》《夬》卦至《漸》卦一本，《歸妹》卦至《未濟》卦一本，《繫辭上》傳一本，《繫辭下》傳一本，《說卦》傳至《襍卦》傳一本，《詩經》《小雅》秩秩斯干起至謂爾遷於王都止一本，《小雅》旻天疾威起至鍾鼓欽欽止一本，《通鑑纂要》孝景皇帝元年起至三年正月詔勸農桑止一本，孝武皇帝建元元年起至東越王餘善反止一本，元封元年起至太子弗陵即位止一本，孝昭皇帝始元元年起至立皇后許氏止一本，孝宣皇帝本始元年起至以穎川太守黃霸守京兆尹止一本，類寫裝潢進呈。伏望皇上萬幾之暇，時加觀覽，以求溫故知新之益。臣等不勝惓惓效忠之誠。謹具題以聞。"

二十五日癸亥，大學士趙志皋、張位、陳于陛、沈一貫題："爲纂修正史事。目今歲暮，所有官吏人等例於二十七日放假，至明年正月初四日赴館供事。其起居注館官吏人等，亦合照例遵行。臣等未敢擅便，謹題請旨。"奉旨②。

二十六日甲子，皇上以正旦令節，頒賜四輔臣，每員二樣吊屏二封、大門神二對、判子二封、招財利市二對、福祿獅子二對、箋紙葫蘆二對，及講官劉元震等四員俱各有差。

二十七日乙丑，太子太保禮部尚書兼文淵閣大學士趙志皋等奏："爲朝臣譴謫數多閣揭未蒙批發懇乞聖明寬恩開霽以全政體事。臣等竊惟，天子置公卿輔弼之臣，謂其能格心正事，務引君於當道也。在昔唐虞盛世，君臣之間，都俞籲拂，可否相

① 先該臣等題 明抄本無此"先該臣等題"五字。

② 旨 明抄本"旨"下有"是"字，通行本漏掉此字。

濟，情義孚信，若家人父子，是以上下交而政治隆。今臣等幸際堯舜之君，愧匪皋夔之佐，待罪密勿，精誠莫能格天，惟有夙夜自愧而已。近者皇上因在廷諸臣奉職無狀，屢下嚴旨切責，一時科道官降謫者三十四人，部臣降謫者九人，大小臣工肅奉天威，無不跼蹐震恐。臣等於本月十三日具揭伸救一次，續又於二十二日具揭伸救一次，俱留中未發。隨該部院九卿大臣，連名疏救，雖荷批發，而降謫人數更多，衆情益爲駭然，咸謂自皇上臨御以來，未見有如此施行也，不但今日，即祖宗二百年來，亦罕見有如此施行也。臣等備員輔弼，受恩最深，當朝廷如此大舉動，不能先事挽回，尚忍容默自保、而竟無一言乎？勿密①之地，固當以潛消默諭爲事，而不當以明諍顯諫爲功，但兩揭懇請俱未蒙允答，匪特在廷之臣交責臣等，即臣等自省，叨居政本，碌碌素餐，亦何能頃刻安乎？夫朝廷之上，天子，元首也，大臣，股肱也，科道諸臣，耳目也。今天威屢震，南北臺省摧殘已甚，耳目傷矣。耳目既傷，則股肱亦不得安，尤冀聖明元首之尊一垂念之也。臣等又惟，太平之朝，和氣融洽，海寓清寧。今大臣救過不遑，小臣蒙罪無告，一語牽逮，追責苛嚴，一事謬誤，譴罰無已，舉朝惶惶，重足而立，恐非所以彰清明之象、養和平之福也。伏望皇上俯鑒臣等區區微忠，特霽天威，普垂寬宥，將降謫諸臣曲加貸免，庶政體少全，臣等亦有顔面，而可以盡忠補過、思爲報效之圖矣。臣等不勝惶恐戰慄之至。爲此謹具本奉②聞。"奉旨："卿等昨所奏揭，朕已悉覽了。且此責處，乃謂兩衙門食祿忘君，不忠失職，罪戾自致。朕尚念言官，姑從輕處了。卿等如何又來救激？這所奏，朕已知道了。姑着還遵新旨行。吏部知道。"

①勿密　"勿密"當作"密勿"。

②奉　"奉"當作"奏"。

萬曆
二十四年

萬曆二十四年正月戊辰朔，大學士趙志皋、張位、陳于陛、沈一貫題："恭遇元旦令節，禮當慶賀，奉旨傳免。竊念臣等備員輔弼，受恩深厚，與在廷諸臣不同，犬馬私衷不能自已。臣等謹於本日恭詣會極門，行五拜三叩頭禮，稱祝聖壽，以少伸臣子慶忭之誠，訖。謹具題以聞。"

是日，皇上以正旦令節，頒賜四輔臣上尊珍饌。

九日丙子，禮部尚書兼東閣大學士臣陳于陛謹奏："爲春和布令懇乞天恩特宥言官以光聖治事。近者天威迅發，嚴音屢頒，內廷之法紀肅矣，邦政之冒蠹清矣。而罪及南北臺省諸臣至三十餘人，網亦少密焉。夫言官者，朝廷之耳目，士類者，國家之元氣。今偶因一事之罣誤，使耳目摧殘而不具，元氣頽靡而不振，似於治體大有傷也。臣頃從閣臣後揭救二次，又疏請一次，精忱徒竭，天聽未回。兹當初春布德和令之時，謹再瀝愚忠，惟聖明垂察而少加恩貸焉。蓋皇上切責言官者，謂其往日言事不當，與近之遇事不言耳。而臣竊以爲，諸臣尚有可矜宥者，請一一爲解釋之。古稱齧馬有誅，投鼠有忌，禁密之事臣子所難言也。況皇上御極以來，法行自左右始，臺省諸臣已習知之，即偶有風聞，懼不得實，豈敢遽行摘發？以爲天威咫尺，自無所逃其罪耳，惡足煩白簡哉！非忍爲欺蔽，以負皇上也。此諸臣當矜宥者一也。人臣曠官有罰，侵官亦有罰。軍政一事，兵科主之，別科固不得干預也。掌道御史必建白牌輪及，遇事乃言，其餘不過附名牘中而已。至於南都科道，遠在三千里外，焉能先事以發奸？各差御史，自有本等地方政務，奚暇越職以言事？今祇因一事牽連而概譴謫之，不已甚乎？此諸臣當矜宥者二也。士當有道之朝，常不患其隨，而患其過激。數年前，臺省諸臣爭務批鱗論事，尚蒙曲賜包容，一、二年來，臣等每晤諸臣，常戒其喜事、博強直之聲，諭以安靜、養和平之福，諸臣亦頗有相信者。詎意今番譴罰之重，株累之多，倍甚曩時，恐此後臺省聞又將以昔之激抗者爲可自表見，而臣等之調停者爲迂庸無當矣。此諸臣當矜宥者三也。諸臣今固以緘默得罪，然稽考其平日，豈無有一、二露章輸赤、觸冒宸嚴，剴切貴要者，皇上又以爲不當而罰之？是諸臣言亦罪，不言亦罪，將令何所措其手足乎？且恐中外私相揣摩，以爲皇上明罪其緘默，實厭其切直。萬一從此士氣銷軟，爭務容容保祿，以言爲諱，即有大奸大蠹，誰爲糾發？其詒患國家尤有甚於前所慮者。此諸臣當矜宥者四也。昔唐憲宗謂其臣李絳曰：'比諫官多朋比，論奏不實，欲黜其尤者，若何？'絳對曰：'夫人臣進言於上豈易哉？君尊如天，臣卑如地，加以雷霆之威，彼晝①夜思，懼干不測之衪②，雖開納獎勵，尚恐不至。今乃欲譴訶之，使直士杜口，非社稷利也。'憲宗曰：'非卿言，我不知諫之益。'夫以彼季世君臣，尚能納規無隱、泛諫弗咈如此，況我皇上聖德光祖宗，至治超三五，豈遽以一事違指、捐異③多官！臣幸遭際聖明，目擊諸臣一時被譴，不能從中調護，竭力匡救，豈不有愧於心？輒敢不避鈇鉞，冒進狂瞽。伏望皇上留神採納，將新奉旨降官④二十三人，特敕吏部分別上請，係南京及各差者，量從寬宥，其在京任事者，姑重加罰治，令其策勵供職。則皇仁與春陽俱布，帝治與日月同光，大小臣工誰不踴躍感戴、願圖報效者哉？臣愚干冒威嚴，不勝悚慄俟命之至。爲此，具本親齎，謹具奏聞，伏候敕旨。"奉旨："昨已有旨了。朕怒此輩，如肘腋奸逆張誠甚於馮保，而不摘發，專徇己私以別事煩言瑣瀆，沽名要譽。姑從輕處了，卿如何又來救激？前南北二京有勾了的科道官耿隨龍等，都降雜職，調極邊方用，不許朦朧推陞。吏部知道。"

是日，皇上以立春令節，頒賜四輔臣上尊珍饌。

是日，禮部尚書兼東閣大學士臣沈一貫謹奏："爲歲紀吏新懇乞聖明乘春令解嚴網以隆泰交事。臣惟天地交而後萬物生，上下交而後德業成，自古及今未有君獨運於上，臣無應於下，而能成治者也。今三陽啟泰，萬物咸亨，雖在草木，亦欣欣有發生之望，而朝廷之間，乃至臣下懷忠而不能自⑤達，主⑥上屯膏而不究宣，若地氣欲騰而天不降者，則何以成宇宙之泰乎？臣備員輔弼一年於玆，未敢以專疏上塵，而頃者公揭未行，私

① 晝　明抄本"晝"下有"度"字，是也。通行本漏此字，誤。
② 衪　明抄本作"禍"，是也。通行本作"衪"，誤。
③ 異　明抄本作"棄"，是。通行本作"異"，誤。
④ 官　明抄本"官"上有"謫"字，是也。通行本漏此字。
⑤ 自　明抄本作"目"，誤。通行本作"自"，是也。
⑥ 主　明抄本作"王"，誤。通行本作"主"，是也。

心難釋，乘此新正之時，輒冒昧以泰交一言進，冀明主少垂覽焉。臣惟人君之治天下，必立公卿大夫百執事之臣，非爲備員，所以資輔理也，猶人必有耳目手足，而後心有所寄、以爲之用。人心無不愛其手足耳目者，人主無不愛其公卿大夫百執事之臣者。愛之，則必信且任之矣。頃者皇上因內臣之不職，與軍政之失察，大彰天威，屢下嚴旨，責言官之緘默、部臣之私徇，而概加斥降者至四十三人之多，此先朝希有而今所創見之事①。是以縉紳掩色，道路煩言，受譴者未明其由，旁觀者皆痛其枉，豈但惜今日之政體有闕，抑亦慮將來之釁蘖當滋。彼科道諸臣身在事中，既不敢自鳴其冤，又不敢代人鳴冤，以明閉門席藁之義，自處得矣，如補闕何？故臣等閣臣及九卿大臣，各聯名上章以申救援，誠萬萬不得已之舉，亦人人跂望上之俯從、如寒谷之回春陽者也。乃奉明旨，一無所貸，如此時事，人臣豈能以一言塞責、而不思所爲濯日月之光華乎？臣侍講幄最久，伏睹皇上嘗薄唐太宗之爲君而不爲也，然唐太宗能受諫聽言矣，豈以皇上而讓之乎？誠意未孚而轉移無術，則人臣之責矣。臣敢試爲皇上言之。皇上之於科道，非責其妄言，乃責其不言，誠盛意也。但言而不當，不如不言，責其不言，則妄言者必多，適恐他日又將動潰擾之怒，如數年前之事，不若虛心而待之之爲愈也。且夫人才成之甚難，而壞之甚易，一榜之中雋者幾何？皇上祇以一事不言，而降謫如許之多，則日羅天下之才，不足以供任使矣。況乎本無大罪而空罹重罰，此法之不平者。願皇上慎之也。至今②悠悠之人妄生億度，骨鯁者化而爲常③柔，樸忠者化而爲觀望，士風之壞恐自此始。其不可一也。大臣者，天子之股肱也。天子不能自爲，而使大臣代爲。天子有美，大臣當將順之。天子有闕，大臣當匡救之。庶幾政得其平，而國蒙其福。若天子既失之，而大臣又失之，則無復餘望、而天下事去矣。今降謫多官，而舉朝之大臣救之。大臣何私於言官、而敢於抗皇上？良爲政體之所傷者多、而有不得已者。累日而思之，始決於一時，聚人而議之，始成於一乎。彼之爲疏非易，而爲心亦苦矣。竟從報罷，則不惟索言官之氣，抑亦離大臣之

① 事　明抄本作"時"，誤。通行本改作"事"，是也。

② 今　明抄本作"令"，是。通行本作"今"，誤。

③ 常　明抄本作"葦"，是。通行本作"常"，誤。

心也，無乃非君臣一體之義乎？大臣之言不足聽，皇上將誰聽而後可？其不可者①二也。乃若臣等在閣，名爲輔弼之臣。輔者，所以輔相不及，弼者，所以匡弼有違。乃知古之帝王未嘗無不及之行，未嘗無違失之舉，貴在密勿近臣爲之扶持而已。顧自臣登朝，嘗見都俞籲咈之盛，而自臣入閣，更無轉圜止輦之風，每有藥言，多從吐棄，日不過治尋常文書，擬尋常批答而已。皇上如以爲已安已治，而無所用心，端恐大可憂者。生於已安已治之中，皇上如以爲既神既聖，而無事臣等，又恐千慮之外，智者未必無失，而愚者必無得。即如昨之二揭一疏，非臣等之私言，乃博採在廷之公議，而萬萬不敢嘗試皇上者。未蒙俞允，則輔弼之位虛矣；皇上又將誰信而共理天下乎？其不可者②三也。夫萬幾至煩，不能無失，小之③違錯，昔人猶且謹之，而至於舉朝不安者，必無因循之理。不能無失於先，而能更之於後，如日月之食，光明如初，天下之頌聲成④作，四海之瞻望如新矣。伏願皇上俯從臣等及九卿之前請，特霈恩綸，將降黜科道部屬等官加以切責，分別罰治，而許其改過自新，照舊策勵供職。如以爲未盡其辜，或降俸級管事，以責後効⑤。則不測之威既嚴於霜雪，不測之恩又溫於陽春，在小臣既被兼覆並育之仁，在大臣亦蒙恩禮信任之賜。一舉而衆美咸集，聖德與天地同流，而太和在宇宙間矣。臣不勝激切屏營待命之至。"奉旨："知道了。已有旨了。"

二十九日丙申，大學士趙志皋、張位、陳于陛、沈一貫題："恭遇聖母仁聖懿安康靜皇太后萬壽聖節，臣等備員輔弼，仰戴隆恩，比之恒情倍切忻忭。臣等恭詣慈慶宮門首，叩頭慶賀，以少伸臣子慶祝之誠。謹具題知。"

是日，皇上以聖母仁聖懿安康靜皇太后萬壽聖節，頒賜四輔臣上尊珍饌。

---

① 者　明抄本無"者"字，通行本有此字。

② 者　明抄本無"者"字。通行本有此字。

③ 之　明抄本"之"字作"小"，是也。通行本作"之"，誤。

④ 成　明抄本作"咸"，是也。通行本作"成"，誤。

⑤ 効　明抄本作"效"，通行本作"効"。

二①月戊戌，朔。

二日己亥，大學士趙志皋等題："爲日講事。先該臣等題，每年開講日期俱於正月上旬，今歲於祭祀之期有礙，節假以後即係下旬，容臣等於二月上旬另擇日恭請皇上開講，以後接續日講。奉聖旨：'是。欽此。'今將屆期，臣等看得本月上旬於祭祀有妨，謹擇本月十六日吉，恭請皇上臨御講筵，照常日講。伏乞聖裁。謹具題知。"

三日庚子，大學士趙志皋等題："爲經筵事。臣等照得經筵開講屆期，查有禮部左侍郎兼翰林院侍讀學士劉楚先，到任已久，堪補經筵講官。合候命下，令其欽遵供事。臣等未敢擅便，謹請旨。"奉旨："是。"

七日甲辰，皇上以祭三皇於景惠殿收回祭設，頒賜四輔臣三卓。

十日丁未，大學士陳于陛題："爲祭祀事。萬曆二十四年二月初十日祭先師孔子，欽奉聖旨，遣大學士陳于陛行禮。欽此。臣謹欽遵恭詣行禮畢，例該於皇極門復命，緣是日奉旨暫免朝，謹具題以聞。"

十四日辛亥，吏部接出聖諭："今日覽文書，南京御史林培掇拾餘沫，假借建白，實報復，奸逆私恩，黨救同類，好生無上。辱官本當拏究問治，姑且降三級，調外任用。馬經綸着革了職爲民。都不許朦朧推陞。吏部知道。"馬經綸、林培俱疏救言官，留中未發。

十六日癸丑，接到吏部咨，奉敕諭："敕吏部：甘鎮大獲奇捷，朕心嘉悦。內閣輔臣殫力運籌，忠勳茂著，茲特加恩。太子太保禮部尚書文淵閣大學士志皋，加少保，改吏部尚書，兼

① 二 "二"字上當有"萬曆二十四年"六字。

武英殿大學士，還蔭一子與做尚寶司司丞，賞銀八十兩、綵段四表裏。禮部尚書文淵閣大學士位，加太子太保，改戶部尚書，大學士如故，蔭一子中書舍人。禮部尚書東閣大學士于陛、一貫，各加太子少保，兼文淵閣大學士，尚書如故，各蔭一子入監讀書。還與位①各賞銀六十兩、綵段四表裏。都照新銜給與應得誥命。如敕奉行。欽此。"

十七日甲寅，大學士趙志皋等奏："爲恭承恩命殊常披瀝懇辭以安愚分事。二月十六日接到吏部咨，奉敕諭，敕吏部云云。欽此。臣等感隆恩之橫被，均竊光榮，揣微分之難堪，輒攄懇悃。仰惟皇上福德如天，神威遠震。甘肅一鎮兩奏奇功，斯實九廟覃庥，三靈協佑，即封疆力戰之士未可言勞，況帷幄持議之臣首當濫賞乎？舊年甘肅之捷，曾荷恩數下頒，尋即共辭，幸蒙矜允。其時臣等疏中，嘗請敕下兵部，以後功次不必再敘閣臣。不意今次又復首敘臣等，宸衷軫記，綸諭特頒，懋賞榮施，出於意望。仰見我皇上崇重輔弼之任，優獎密勿之勞，異眷洪慈，天高地厚，臣等心非木石，寧不知感？但揆諸分義，實有萬萬不敢當者。夫閣臣不預邊功之賞，考諸舊規，亦非盡不受也。或以平定巨亂、而地方底寧，或以擒獻元兇、而邊塵永息，大慶覃及，受賞何嫌？若夫臨陣取勝，兵家之常，斬獲雖多，邊臣之力，閣臣不過職運籌代言之事，豈容忝竊耶？況崇階峻秩，膺殿閣之新班，裕後光前，侈錫衣之大賚，恩隆難稱，寵極思危。若上貪天功，下掠衆美，辭受互異，先後不倫，非惟事體未宜，抑亦造物所忌。是以不避煩瀆之愆，輒陳跼蹐之悃。伏望皇上察臣等控辭非爲矯情，恕臣等冒干非爲抗旨，特收成命，俾守舊官，則賞無濫及，咸稱雨露之無私，分以義安，更荷乾坤之曲貸矣。臣等無任懇切隕越之至。爲此謹具本奏聞，伏候敕旨。"奉旨："甘鎮奇捷，朕甚嘉悅。賴卿等殫忠運謀，贊襄密勿，功當首敘。茲特加恩示酬，宜遵成命。不允所辭。吏部知道。"

①位 "位"下應有一"等"字。

十八日乙卯，大學士趙志皋等奏："爲再瀝悃誠懇乞聖慈收回成命以明臣子分義事。本月十六日，伏蒙皇上以甘鎮大捷，特諭吏部加恩臣等，該臣等具疏懇辭，奉聖旨云云。欽此。伏念臣等碌碌無所建明，而皇上乃以忠謀謬許，容容最爲瘝曠①，而皇上復以優渥濫加，恩澤如天，莫能稱塞。控章未允，正切兢惶，隨該文書官盧受，恭捧欽賞臣志皋銀八十兩、綵段四表裏，臣位、臣于陛、臣一貫各銀六十兩、綵段四表裏，到各私寓頒給。臣等不敢固辭，謹叩頭祗領，已赴鴻臚寺報名廷謝外，其陛官蔭子等項，揣分實難冒叨，輒復不避斧誅，再瀆於君父之前。竊惟論功行賞，乃朝廷之盛典，竭忠盡職，皆臣子之當爲。夫邊陲斬馘偶多，是彼中將士之力也，臣等操文墨議論，惟周旋帷幄，其何勞之有焉？閣臣不預邊賞，又方今屢申之令也。臣等爲左右近臣，當先恪守舊章，其敢身自違之？況去年青酋六百之捷，曾蒙皇上非次之恩，借令義所當承，此時豈敢矯讓？所以三疏懇辭者，正恐上汙皇朝酬庸之典，下取天下貪功之譏。令甲當守，則明旨未敢以徇②從，公議當遵，則私圖自難於苟遂，今日之恩數，正宜以此爲斷矣。臣等叨居密勿之司，預聞軍國之議，惟無誤恩之及，而後鮮憂責之侵，惟無私己之嫌，而後免顧忌之患，惟在事之外，酌理之中，而後可一意奉公，竭智畢慮，以圖所爲報稱之事。揆之分義，自應如此，非獨慮分量之過盈，虞多取之召禍而已也。不然殊常之渥，人所共歆，至尊之前，豈宜多瀆？而敢爲此喋喋者，豈得已哉？伏望皇上，俯察微誠，特收成命，俾循舊服以勉後功，則皇上知臣等之深，無論三錫之顯，信臣等之篤，更踰九遷之榮矣。臣等無任戰慄禱祈之至。"奉旨："朕以奇捷殊功，盡皆陛賚。卿等爲國輔臣，弼贊忠勞，原與尋常敘及者不同。加恩非過，所陳不允。毋得再辭。吏部知道。"

二十日丁巳③，大學士趙志皋等奏："爲三瀝悃誠懇瀆聖慈祈免恩命事。臣等近蒙皇上以甘鎮大捷，特加陛蔭，本月十八日再疏懇辭，奉聖旨云云。欽此。竊念臣等仰承綸旨至於屢頒，

① 曠　"曠"字當作"曠"。

② 徇　明抄本作"殉"。通行本改作"徇"。

③ 巳　"巳"當作"巳"。

①貴　明抄本作"當"。通行本作"貴"。
②陞　明抄本作"陛"，誤。通行本改作"陞"，是也。
③偱　"偱"當作"循"。
④固　明抄本作"同"。

實戴德以難勝，宜拜恩之恐後。但揆之公義，揣之私情，有必不敢冒受者。蓋爵秩之設，以待有功，而邊功之賞，尤貴①慎重。頃者甘鎮功次，陞②賫雖多，然或當機而運謀，或臨陣而奮敵，殊績咸爲可嘉，賞格原非過濫。惟臣等叨備輔弼，職在禁近，與諸臣不同，如使概與論功，固緣受賞，是効力封疆者本無橫益之施，而坐籌帷幄者更沐超踰之寵，非所以爲稱矣。且本鎮兩次戰功，其地同，斬馘之數又偶同，而彼中捷奏勘報，適俱在半歲之內，前此頒恩臣等既已懇辭矣，今之眷渥加隆，又可靦顏而拜受乎？前此披誠，皇上既已聽許矣，今之慙惶倍切，寧不仰覬於鑒察乎？臣等連日偱③省，既以抗違爲懼，又以忝冒爲憂，私懷跼蹐，萬不自安。輒敢不避煩瀆，再申愚悃。伏望皇上俯允控辭，特賜收回成命，庶使邊臣胥服，中朝曾無濫予之恩，而廷臣亦亮臣等粗知廉讓之節，是皇上推誠信下，雖父母不足踰其慈。愚臣感激輸忠，雖捐糜不足明其報也。臣等合忱瀝悃，意竭辭窮，無任懇迫俟命之至。"奉旨："卿等贊襄密勿，屢著謀猷，甘鎮再捷，玆特加恩，實遵舊典，乃頻辭未已。恩蔭准辭，以成卿等尚謙之美，加銜不允所請，宜欽承之，毋得固④辭。吏部知道。"

二十一日戊午，大學士趙志皋等奏："爲屢承宸命謹遵受轉銜仍乞容辭免加銜以安分義事。臣等昨爲甘肅加恩，三疏懇辭，奉聖旨云云。欽此。溫綸特諭，至於三錫，皇恩優眷如此，臣等自當遵奉拜命，何敢固辭？今臣志皋謹領轉殿部之恩，臣位謹領轉部之恩，臣于陛、臣一貫謹領轉閣之恩，其所冒昧祗受者已極，爲其踰涯而溢分，不克負荷之甚矣。至於進加少保等秩，萬萬決不敢承者，非但爲寵祿已過，榮階難稱，亦以政體所關，欲爲閣中少存不敢濫叨邊功之意。若例所當受，命以當從，臣等素以赤心直道事主，何忍故飾謙讓之名，以取抗違之罪哉？伏望皇上察臣等真切之情，原無矯飾，體臣等遵受之意，非敢固違，俯賜允俞，將所加少保等銜特准辭免，俾臣等心安分安，益感恩補報於無窮矣。臣等不勝懇祈戰慄之至。"奉旨：

"甘鎮再奏大捷，實皆卿等贊襄之功，勞績加恩，亦遵舊典。蔭已准辭免，進加之秩宜欽承之。所請不允，慎勿固辭。吏部知道。"

三①月戊辰，朔。

七日甲戌，大學士趙志皋奏："爲課功無狀冒寵踰涯懇乞聖明俯容辭免以安分誼事。本月初六日准吏部咨，該本部題爲給由事，奉聖旨：'元輔志皋贊襄密勿，茂著忠勳，茲當滿考，朕心嘉悅。加少傅兼太子太傅，進建極殿大學士，蔭一子與做尚寶司司丞，給與應得誥命，還着賜宴禮部，以示優禮元輔之意。欽此。'備咨到臣。臣欽承莊誦，不勝悚懼。竊惟人主以錫命爲榮，人臣以順命爲恭，臣雖至愚，豈不知有君命之當遵、臣恭之當守。然而揆之分義，實有不自安於心者。蓋人臣有非常之功，然後可以受非常之典。臣自皇上簡任以來，心雖切於效忠，力實未能自盡。年資衰朽，慙贊襄之無能，才識疎庸，愧明試之罔效。各邊屢警，每廑宵旰之憂，而臣何有於安攘之績？四境多災，時切側席之慮，而臣何有於調燮之功？此皆臣之不職，不能以身任安危、大濟時艱者也。夫自古考課之典，皆以功過並論，俾人知所勸懲。今皇上衹以臣數年供事之勤，而不究其曠官之罪，恐非國家考課之意也。且皇上近日以甘肅之奏功，加臣以特恩之懋典，未逾一月，叨受兩恩，官加少保，又加少傅，殿進武英，又進建極，以中書之蔭，隆以尚寶之丞，以三年之考，錫九年之宴。是國家之典章可以濫受，不惟無以昭激勸之功，而且以滋僥倖之懟，是臣爲罪人也。臣雖不才，敢不爲國家守典章，臣子明分義而自取罪戾哉？伏望皇上鑒臣悃誠，容臣辭免，仍以舊銜供職，庶臣心始安而無忝於分誼矣。臣無任激切懇祈之至。"奉旨："卿碩德元臣，勳勞茂著，考績加恩，原係彝典，宜體朕懷②，恪遵成命。不允辭。吏部知道。"

九日丙子，大學士趙志皋奏："爲披瀝悃誠再懇聖慈俯容辭免加恩事。昨該臣以一品三十年考滿，蒙恩優渥，具疏辭免，奉聖旨云云。欽此。仰惟聖眷優隆，恩綸褒藉，臣當感激圖報，豈敢復有瀆陳？蔭子臣已衹承，赴鴻臚寺報名廷謝外，至於加官、轉殿、給與誥命、賜宴禮部，臣萬萬不敢槪領。夫國家加

①三 "三"字上當加"萬曆二十四年"六字。

②懷 明抄本"懷"字上有"眷"字。

恩，自有常典，而未嘗以頻施，臣子受恩，自有定分，而不可以濫竊。臣待罪五年矣，伏蒙皇上不以臣爲不肖，而褒嘉之美，錫予之隆，自愧饕竊已久，蒙被獨多。昔年寧夏平定，皆由聖武布昭，邊臣効力，臣亦得以帷幄與謀，叨蒙陞賞。今甘肅之捷，實由閫外專功，非閣臣之所能與，皇上亦循往例，又復加恩，四辭不允，勉顏祗受。蓋重於違命，故輕於受恩。然揣分撲心，至今猶屹屹不能自安者。乃適值考滿屆期，而國家大典又不敢廢，若復再邀寵榮，是臣於一月之内，兩受洪恩，旬日之間，再晉階級，其何以辭於濫冒之誚乎？臣又思昔年與輔臣位同日受命，今亦當同日考滿，乃位因加官進級，於例不得與考，而臣獨專之，是臣亦有愧於位矣。反覆思維，義難欽承。伏望皇上察臣領受既多，懇辭非矯，准將加官、轉殿、誥命、賜宴，特賜辭免，庶臣之心始安、而得以自効其職業矣。臣無任懇切祈禱之至。"奉旨："覽卿再辭恩命，具①誠懇。但邊功、考績，原係二事，豈宜因此固遜？還遵成命，以慰眷懷。所辭不允。吏部知道。"

是日，戌刻，火發坤寧宮，延及乾清宮，一時俱燼。上時居養心殿，密邇二宮，立火光中籲禱甚切，幸不至蔓延云。

是日，大學士趙志皋等從門隙具題："臣等於今晚一鼓時候，望見禁中火光，不勝驚駭。即同趨至西長安門外，因門禁嚴密，鎖鑰未傳，臣等不敢趨進救護。不知火發何處，心甚惶切。伏望皇上以聖躬爲重，保安起居。臣等不勝惓惓仰懇之至。謹具題以聞。"

十日丁丑，大學士趙志皋等奏："爲恭慰起居事。本月初九日夜一更時分，臣等望見禁中火光，不勝驚惶，當即趨赴西長安門外，具揭問安。隨入朝中，方知火發坤寧宮，延及乾清宮，一時俱燼。臣等叩天籲禱，無能救護。竊思宸居御寢，有此異常火災，天心仁愛甚明，聖心驚惕必切。仰惟皇上神明擁佑，福祉丕膺，豈宜召此災變？實乃臣等及在廷臣工，職業不修之所致也。除修省等項事宜，容行查請外，伏望皇上少寬聖懷，

① 具　明抄本"具"字下有"見"字。

以安聖躬，上紓兩宮聖母之念，下慰中外臣民之心。臣等不勝悚慄祈懇之至。爲此，謹具本親齋慰安起居以聞。"奉旨："覽卿等問慰，朕知道了。"

是日，上諭內閣："今偶爾災變，實上天警惕，乃朕失德所致。驚疑兩宮聖母，賴列祖威靈佑庇。朕心懼切，自不安心。與元輔等議，恐未盡愆咎，傳示禮部，遣官告廟自責。合行事宜，查例來看，以回天意。"

是日，大學士趙志皋等題："今早文書官劉宣恭捧聖諭，諭內閣云云。欽此。仰惟皇上事天奉祖，敬畏素深，茲值火災示儆，兢惕彌切。伏讀宸諭諄諄，祇承天變而引咎不遑，欲告祖廟而省躬自責，即古帝王克謹天戒、遇災而懼之心也。臣等謹即傳示禮部，將合行事宜查例奏請。竊思宸居尊重，禁寢崇嚴，今被火災，一時就燼，以致驚疑兩宮聖母，震動九重起居，實與尋常災異大不相侔。伏望皇上深體上天仁愛之意，仰答列祖佑庇之心，內省聖衷，外查庶事，務求發必當理，行必協中，以盡修弭之實。臣等忝備股肱，奉職無狀，益當痛相咎責，勉圖輔理，以回天意。謹具題回奏以聞。"奉旨："上天示異，實朕之咎，非卿等之過。這所奏，知道了。"

是日早，內閣及五府六部堂上官俱恭詣禁中，周看失火處。

是日，傳旨："皇長子免講讀一月。"

十一日戊寅，大學士趙志皋等奏："爲災異非常聖心警惕謹仰承德意條上修省實政以回天變事。昨因乾清宮火災異常，伏蒙聖諭下頒，引咎自責。竊惟聖主惓惓兢惕一念，斯固可感格天心，轉災爲祥矣。臣等更思，聖念真切如此，凡願效忠靖獻者，孰不仰體虛懷，圖竭涓滴？而況股肱一體，受恩最深者，其愛君憂國之切，更當何如？除祭告、修省等事，已經禮部題請，次第舉行外，其餘合當亟行條款，臣等謹遵明旨，僭擬開列於後。皆係今日緊關政體者，伏乞聖明速賜裁酌施行，宗社臣民不勝幸甚。

一、下詔罪己，並戒敕百官。查得嘉靖年間三殿火災，皇祖世宗皇帝曾下罪己之詔，頒示天下，今宜倣而行之。又累朝或遇災眚，多戒飭百官，共圖修弭。臣等竊見，今日朝臣奉公守法、砥礪職業者固多，背公徇私、怠廢偃蹇者不少，以致政令失平，傷和致災，良有由然。似宜宣敕戒諭大小臣工，令其痛自省改，益修常憲，共襄平明之治。庶上下交儆，乃弭災首務也。

一、檢發章奏。仰惟皇上靜攝玉體，深處法宮，臣等忝備密勿，至經年不得望見清光，一吐忠懇，所恃以通流精神、袪撤壅蔽者，惟賴章奏一端耳。乃近日各衙門本章多留中不發，以致事務停閣，官曹空虛。夫六部分筦大政，昔人比之喉舌，一時氣息稍窒，身體豈得安寧？故一官久缺不補，則堆積弊蠹者不知幾何事，一事處斷未了，則牽連累累者不知幾何人，此乃拂鬱羣情、傷和召災之大者。仰望皇上清心勵精，將吏部屢次推陞官員、及各衙門奏覆章疏一向留中者，盡數檢發，使政務不至壅滯，百司得有遵承。以上二款，伏乞聖明裁定施行。

一、簡拔淹滯。夫仁賢不信，國且空虛，忠直沉淪，邦其殄瘁。邇年海內降謫罷廢官，不下六七十員，近日兩月內遂黜降至四十餘員，或因一事之差而概斥，或因一人之累而連及，其情實多可原，寧可終棄①？至於屢奉明旨，俱有不許朦朧推陞之禁，竊觀自昔聖主記功宥過，霜雪之後必有陽春，當今主上明聖、朝廷有道之時，豈忍以微罪小眚、終身錮人？臣等竊爲此事抑首推心、思欲伸救扶拭者，蓋非一日矣。惟望皇上特下吏部，從公甄別，凡昔淹棄諸臣，察其志行端潔、懲創已久、觸迕②無心、爲天下公論所惜者，具列等第，請旨定奪，不得更拘朦朧陞用之條，使縉紳咸得揚眉吐氣，不至摧沮怫鬱，斯乃爲回人心、轉世道之一大機括也。

一、選補臺省。近因科道缺人，已經吏部題請，又經都察院催請，俱祗候日久未蒙發出。夫國家以分理政務責之大臣，以糾察欺弊責之科道，厥任同重，非可曠闕。昔人以大臣比之股肱，以執憲之職比之醫治股肱者，良有深見。今官少事廢，言壅情沮，醫國無人，寧不召災？切望皇上將吏部近日推用科

① 棄　明抄本作"棄"，是。通行本作"異"，誤。

② 迕　明抄本作"迕"，是。通行本作"廷"，誤。

臣、及行取風憲等疏，亟行查發，令其選補如額，庶幾臺省充實，言路開通，臣等亦得藉以採攬忠益，補救遺闕，此修政格天之要圖也。以上二款，伏乞敕下吏部施行。

一、慎刑守法，並禁止扳累，以疏枉濫。竊惟朝廷所守者，祖宗之法度，刑官所據者，欽定之律令。近來刑部問擬囚犯、據律定罪，而明旨每有加重，司官且被嚴譴，此雖皇上懲奸鋤惡之意，而使執法之臣無所措手，似亦可暫而不可久。夫法不可縱，亦不可枉，惟取其平，乃可久行，惟望皇上垂念。今後問刑，一以律例為準。至於抄沒一事，其情真罪當者，籍沒何辭？但近有考鞫妄扳，累及平民，捶楚之下，何求不得？豈獨冤抑之氣上干天和？且京師天下根本，使人人洶懼，重足屏息，不遑寧處，大非治平景象也。惟望聖明特詔問官，勿許扳累無干，以致破家殞命，斯仁心和氣轉嗟怨為歡忻，實弭災要務也。以上一款，伏乞敕下刑部施行。

一、暫停織造，並少緩燒造，以蘇困窮。夫段疋器用皆上供所需，豈能一概減省？但近年增派數目日多一日，費至鉅萬。據蘇松、浙江、陝西、江西各該撫按官，俱稱水旱、兵荒，徵收不前，一時庫藏苦無積儲，小民貧困已極，勢難加派。仰望皇上憐念，公私兼匱之時，約己恤民，大施恩惠，將江南織造段疋、山陝織造絨紬、及江西燒造磁器，暫且停止，或減其數目，寬其解期，以待各該地方稍有蓄積，陸續造進，庶上用不缺，而民窮少甦，亦召和一端也。以上一款，伏乞敕下工部施行。

右所開六條，俱係時政切要之務，中外羣情所共喁喁引領而望者。懇祈聖明留神省覽，即賜批發。若泛引不切以煩瀆聰聽，或概舉所難，以強拂聖心，臣等義所不敢。且容籌慮而嗣有請也。臣等不勝懇切仰望之至。"奉旨："覽卿等所奏，具見忠愛。朕知道了。"

十二日己卯，大學士趙志皋奏："為輔導不職上干天和致災示戒乞賜罷斥以彰臣罪以回天意事。臣聞大君者，天之宗子，大臣者，宗子之家相。蓋天不能自運，而託之君以代理，君不能獨理，而資之臣以代終。故大君之舉動，實上天之降監，而大臣之輔治，尤人君賴之以格天者也。自古災祥禍福，雖若天握其機，實君臣咸亦有責焉。譴見於天，非獨君當修省，而臣曠瘝無狀彰彰較著矣。古人謂宰相燮理陰陽，意正謂此。今之閣臣，即古之相臣，所謂寅亮天工也。臣荷蒙皇上簡任，待罪閣臣迄今五年，又蒙皇上不以臣爲不肖，循資爲首輔，所以匡弼君德、調和元氣、俾諸祥畢集、災害不生者，其職也。乃今數年以來，四方水旱疊陳，災變屢奏，臣燮理之失職、已自愧於中久矣。不意今日大火急起，延燒乾清、坤寧二宮。夫宮乃聖躬寢息之所，大內深嚴之地，非旱魃所易侵也。一旦有此，誠爲可懼。皇上省躬自責，發下諭札，謂朕不德所致，仰見皇上遇災而懼之心。即此一言，可以轉回天意矣。然臣細思之，輔弼近臣，身居左右，所以致此天變，非盡由皇上之失德，實臣奉職無效、不能弼違補過所致。天不降罰於臣，而徒示戒於皇上，不知戒皇上者，即所以警臣者。皇上心切惕悟，目愛①改圖，而臣既不能亮工燮理，又不能遇災知懼、晏然尸素，不惟負皇上，且負昊天交儆君臣之意矣。伏乞將臣顯賜罷斥，別擇賢者輔理，以回天意，此實皇天②代天行罰，臣曠官獲罪所自甘心者也。況日者以勞績蒙賞，負愧既深，今若不以罪過受罰，爲譴滋大，亦非所以弭災而消變也。臣退之後，更望皇上早夜修省，明沛③德音，多施寬政，將臣等所陳六事次第舉行，庶幾應天以實而不以文。則民心悅而天意得，轉災爲祥，天休滋至，宗社無疆之福其機盡繫於此矣。爲此具疏控辭。惶恐待命、無任激切懇祈之至。"奉旨："朕遇災兢惕，正賴卿交儆調燮，舉行修省實政，共回天意。豈可因此求去？宜即出供職，以副眷倚。不允所辭。吏部知道。"

十三日庚辰，大學士張位奏："爲匡輔失職遇災省愆懇乞聖明特賜罷免以安微分事。臣聞君臣一體，休戚相關，災異之來，感召有自。蓋人主之憂，莫非人臣之責也。比者天心示譴，寢

①愛 明抄本作"變"，是。通行本作"愛"，誤。
②天 明抄本作"上"，是。通行本作"天"，誤。
③沛 "沛"當作"佈"。

宮被災，我皇上聖神御極，天地、祖宗之所眷佑，豈宜有此異常之變？實臣子職業不修、傷和召災之故。臣備員輔弼，內省愆尤，有不能一日安者。伏念臣舊伏田野間，荷蒙聖恩拔置密勿，五年於茲矣，叨竊寵榮，虛糜庫祿，絲髮皆皇上之賜。近又以甘鎮邊功，轉官進秩。恩日重而報未能，才本劣而任則過。與其瘝官而負聖主之知，曷若辭榮而避賢者之路？臣之當去也久矣。今袞職多闕，朝政有違，宮府之精神日隔，忠直之讜論難陳，賢才未盡舉用，淹滯未盡明揚，疆圉未底於謐寧，閭閻日見其窮困，人心士風益趨巧徑，吏治武備尚襲虛文。臣欲以心力斡旋，而至誠未孚，欲以封章貢達，而空言何補？夙夜循省，伴食為憨，人雖不言，能不內愧於心乎？夫在昔三代之時，上有不殖貨利之心者，以下有一介不取之節，上有改過寬仁之政者，以下有一夫不獲之志，上有從諫則聖之懷者，以下有納誨輔德之益，上有同心匡辟之願者，以下有旁招俊乂之忠。今聖主在上方委任臣，而臣不能修明職業，以致傷天地之和，召非常之災，將何以自解也？伏望皇上察臣才力淺薄，重任難勝，憐臣衰病侵尋，後效難責，特賜罷免，以謝天變。別選才能善幹之臣，用充密勿輔弼之職。庶和氣翔洽，災患永消，而微臣誤國之罪，亦可苟免矣。臣無任惶恐待罪之至。"奉旨："天心示儆，朕兢惕方切。卿當益竭忠藎，共圖修弭實政，豈可因此求去？宜即出供職，用付①眷倚。不允所辭。吏部知道。"

是日，大學士陳于陛奏："為因災省咎懇乞聖明特賜罷免以應天變以明臣義事。臣本一介窳陋，皇上簡畀密勿且及二載，惟是硜硜以守小節，罔敢營私，孳孳以佐大議，罔敢負國，此外實無所建明樹立，糜祿妨賢，分宜引退，直以主恩深重，未忍遽言去耳。邇值寢宮被災，伏讀宸諭引咎自責，言言痛切。竊以至尊在上，且不忘祗畏天戒，側身思過，蹈帝王之盛節，況乃職備股肱，誼同休戚，尚可泄泄然苟安耶？夫周典以燮理屬三公，漢廷以災異行策免。古今事異，不②必同，要之閣臣典領樞機、平章政務，所辦理者實公輔事③。平居身被寵光，既非羣僚之敢望，一旦國有災侵，欲諉他人之厚責，蓋亦難矣。

① 付 "付"應作"副"。

② 不 明抄本"不"字上有"官"字，是。通行本無此字，誤。

③ 事 明抄本"事"字下有"也"，是。通行本無此字，誤。

仰惟皇上敬天修德，丕迓休祥，從來未有降災之烈如今日者。因而究觀時勢，上下太相睽隔，政事漫無統紀，臺省諫諍路塞，間閻徵求力匱，回視臨御初年、勵精虛受、交儆太和之景象，漸覺宵壤。此其為鼎軸不任，匡贊無能，非閣臣之責而誰責哉？臣之材器在閣臣中為最劣，幸蒙明主親自拔擢，世受國恩，其踴躍論報之私尤宜倍切，年來亦欲激昂志意，罄瀝愚忠。而綿力不足以擔負，微忱不足以感格，驅筴不前之效已畢見於此。更冀其燮調化源、導迎善氣、為名儒碩德之所難為，譬猶責疲駑以千里，必無幾矣。伏望皇上俯察任使不稱之狀，曲矜盈滿不安之情，亟賜罷歸田里，以塞災變，別簡英賢以贊盛理。臣雖不得進圖報效、殫竭犬馬之忠，猶得退安止足、免積丘山之咎。皇上護臣之短，憐臣之深，雖隆天厚地不足踰其恩慈也。臣無任惶悚激切懇祈之至。"奉旨："天心示儆，朕兢惕方切。卿當分猷共念，亟圖修弭實政，豈可因此求去？宜即出供職，用付①眷倚。不允所辭。吏部知道。"

是日，大學士沈一貫奏："為因災自省佐理無狀懇乞聖明特賜罷免以重政本事。本月初九日，伏遇上天示儆，乾清宮被災。臣等屢奉皇上手諭、御批，一則曰乃朕失德，一則曰是朕之咎，言之②痛切，無非罪己之詞。蓋皇上敬天勤民之心素積於中，而恐懼修省之意彌虔於昔，特時方責躬，未暇為諸臣責耳。乃臣目傷殊變，口誦明綸，省己多慙，容身無地，聖主即未加罪，而愚臣之心詎能一日安乎？伏念臣本以譾劣，久邈山林，不意遭逢之奇遇③，蒙皇上曲記簪履，超置於密勿。臣亦不自衡量，妄意於馳驅。而襮線之才，終難補袞。逮今一歲所矣，皇上學二帝三王之道，而臣眇無格心之功，皇上圖駕漢軼唐之治，而臣寂無匡時之略，議論迂闊而莫裨於世用，誠意微淺而罔孚於淵衷。以致羣策廢格而不盡收，輿情湮鬱而不上達，天工多曠，天意多違。頃歲以來，諸眚疊見，天鼓鳴，火光動，旱乾水溢之虞相仍於奏牘，至於禁築之內地震有聲。今春京師風霾四塞，歲星逆走，太陰朝蝕，而鬱攸之屬遂告譴於寢宮矣，此近百年內所無之大變也。變不虛生，天當實應，而樞機之人乃有不職

①付 "付"當作"副"。

②之 明抄本"之"作"言"，是也。通行本作"之"，誤。

③遇 明抄本"遇"作"過"，通行本作"遇"。

如臣者，安所逃其罪哉？蓋內閣爲輔理之官，今之政府，而臣愚備四輔之數，義均股肱。彼四體之內而有一痿痺累之，則持行爲病，乃四輔之內而有一不肖參之，何疏附之能？不下當於人心，上不容於天理，策免之令，竄謫之科，是宜交集，比臣之所不敢逃者也。伏望皇上亟圖新政，大奮乾綱，法行自近，先從臣始。縱使顧惜體貌，寬其斧鉞之誅，亦宜特賜罷免，用昭綜覈之治。庶幾政本肅清，天工人代，而嘉祥善應答於桴鼓矣。臣無任惶悚激切祈懇之至。"奉旨："天心示儆，朕兢惕方切。卿當分猷共念，亟圖修弭實政，豈可固此求去？宜即出供職，用付①眷倚。不准所辭。吏部知道。"

是日，大學士趙志皋等題："近因火災大變，臣等仰遵手諭，條上合行事宜，伏蒙聖明嘉納。茲謹僭擬敕諭、詔書各一道，進呈御覽。臣等查得，永樂十九年三殿災，天順元年承天門災，弘治十一年清寧宮災，正德九年乾清宮災，嘉靖三十六年三殿災，俱有敕諭以戒飭文武百官，有詔書以罪己責躬、頒告天下，此成法之所當遵而不容已者也。臣等仰惟皇上遇災思懼，深惕於衷，若不布告遐邇，與中外臣民共同修弭，則天下何由知聖心之遑遑咎責如此？而仁恩德澤終鬱不流矣。今臣等所擬，亦祇就前日皇上手諭之意，而敷衍成文，尚未能抒發聖衷之萬一也。伏乞聖明即賜裁定施行。臣等又查得，先朝詔書體式不同，有止行布告使共聞知者，有條列寬恤事宜以溥恩澤者，今次所進，尚祈宸斷。軫念天下元元失所，宜大加寬恤，以需弘濟之恩，乞示臣等與該部院，商量條款上進，若止是布告使共聞知，乞即將擬上詔稿發行。今中外臣民仰跂甚切，日夜引領而俟，萬祈亟發以慰衆望。庶幾人心豫悅，和氣流通，而天心亦常降祥矣。臣等不勝惓惓待命之至。"

十五日壬午，大學士趙志皋奏："爲再懇天恩乞賜罷免以謝災譴事。臣昨因異常火災，具疏自劾，奉聖旨：'朕遇災兢惕云云。欽此。'仰見皇上修省之中益切眷倚之念，而臣之心益加悚息，不敢自寧。自古天人感應，理不容誣，上下交修，義難自

① 付 "付"當作"副"。

誘。大臣者，受恩既深、其責尤重者也。和氣臻，則君德上應，而臣亦有榮，災眚見，則君心弗寧，而臣亦有辱。今兹大内之變，皇上弗遑寧處，因災知懼，而臣匡救失職，若不退休以應天譴，臣之罪益不可解矣。竊惟變不虚生，感召有自。皇上初登大寶，兢兢業業，勤政向學，朝講靡輟，敬天法祖，郊廟必親，憂民則步禱不辭，從諫則章疏屢下，任賢圖治，寬仁愛人，善政縷縷，不能悉舉。於時天災不見，協氣嘉生，上恬下熙，家給人足，歲有豐登之兆，民無愁怨之聲，四夷款服，海内晏如，真太平景氣，千載一時。由我皇上勤勵法天，順氣成象，感應之機，彰彰明也。夫何邇年以來，災眚時有？天鳴地震，星變水旱，邊烽不靖，外夷交訌，遠近告災，公私稱匱。春秋二百餘年，火災僅書者十四，近見京師二、三年間，萬法殿西華角門火，北安門火，歷代帝王廟門火。天未悔禍，火及近宫，聖母惶懼，宗廟震驚，致我皇上罪己自責，儆戒之切。皇上何以有此？臣自思惟，實由待罪數年，才劣年衰，責大力小，上無陳善格心之功，次無責難補過之益，以致皇上喜怒或偏，刑罰任意。天垂儆愛，災生禁近，實由臣輔弼多缺，罪過滋彰，誠既不足以感動，力又不能以挽回，憂懣徒切於中，尸素無補於世。若不因災策免，苟位取榮，天意難回，臣罪益大，仰負委任，俯愧生平，物議愈滋，災害並至，不惟靦顔於當時，抑且取譏於後世。伏望皇上憫臣衰朽，賜臣罷斥，別託賢佐，共濟時艱，轉災為祥，及時興治。尤望皇上體天心之仁愛，創業之艱難，社稷籍①以靈長，民生賴以甦息。朝兢夕惕，以圖治理，臨朝御講，俾臣工面奏得輸其忠，郊天享廟，俾神靈監佑得有所託，兩宫省視之必謹，皇子冠婚之必時，箠楚不妄施於近習，籍没不濫及於無辜，慎刑獄以惜民命，復言官以惜人才，輕財利以全大體，納諫諍以示虚懷，恤邊軍之勞苦，罷各省之織造，惠畿甸之窮民，寬被災之賑貸，敕諭各部查例修省事宜，上請裁酌，專行弭災實政，無務虚文。天下將頌皇上之神聖，銳意中興，臣工共圖職業之交修，不敢曠怠，太平立致，瑞氣駢臻，四夷望風，萬民向化，澤流寰宇，光耀史册，不過皇上

① 籍 "籍"當作"藉"。

握轉移之機耳。臣至愚極陋，一念樸忠，不識忌諱，亦以受恩太深，進既不能稱職，退故不惜盡言。願皇上罷臣之身而行其言，則生有榮施，没且無愧矣。爲此自劾上請，不勝惶悚激切之至。"奉旨："災變修省，卿爲首輔，正當殫慮匡贊，舉行實政，豈可再疏求去，自圖便安？宜即出辦事，以慰惓惓。不允辭。吏部知道。"

十六日癸未，大學士趙志皋奏："爲三懇聖慈辭免新恩上弭天災下安愚分事。臣以考績蒙皇上加恩隆重，冒受蔭子，復以加官、轉殿、誥命、賜宴，再疏辭免，奉聖旨云云。欽此。臣捧誦恩綸，感愧交集，當勉圖報塞，豈宜瀆辭固遜？但念受皇恩深重，揣分踰涯，三年幸免覆餗，一月再被殊恩，此實皇上無已之仁，臣子非常之遇，不獨臣感激，思效犬馬，即子孫尤當卿結於世世矣。若後再受寵榮，皇上實施覆載之恩，微臣恐昧盛滿之戒，臣方具三疏懇辭，適值天變示警。當此聖心虔躬惕慮之時，臣子引咎待罪之日，且皇上不以災異罪免三公，而臣復以常典邀天寵，不惟益以重臣之過，抑且無以謝天之譴，豈可再叨加恩，有昧修省？此萬萬不敢承者。伏望皇上念臣迫切至情，非有矯飾，收還成命，臣心始安，而且得免於公議矣。臣無任激切冒昧懇祈之至。"奉旨："覽卿奏，情詞懇切，特准辭免，以成謙讓之美。宜即進閣辦事，慰朕眷倚至懷。該部知道。"

十七日甲申，是時，閣臣因文書官附奏，請上視朝以發詔敕，文書官潘朝用齎出傳帖。傳諭內閣："朕一向聖體不安，昨又着了這驚唬，聖目眩暈，聖體發顫，站立不住，這兩日文書也批不的。陞殿發詔敕去不的。與先生每說。"

是日，大學士趙志皋等題："今早文書官潘朝用發出傳帖，朕一向云云。欽此。仰惟皇上近遇大災，驚勞之後以致聖體稍有不安。伏願倍切保攝，以慰中外之心。但念災變異常，人心惶惶，咸恩一望天顏出臨黼座，庶盡修省應天之實。竊計詔書、戒諭，兩日頒行，擇期尚在旬日内外，其時聖躬必已萬安。伏望皇上俯順輿情，勉出視朝，或於兩日之内臨御一日。不勝惓惓懇望。再照臣等前具揭帖，乞於詔書内條列寬恤事宜，未蒙批答。連日會部院大臣，咸謂遇此大變，宜有大慶，恩澤普及臣民。況累朝詔書，多有恩澤條款。伏望聖慈，俯俞臣等與各部院商量條款，開奏以俟聖裁。今日收拾人心、挽回天意，全在此舉。伏望聖明即賜批發，以便遵行。臣等幸甚，天下幸甚。"

十九日丙戌，大學士趙志皋奏："爲東封未成人言侵及謹據實陳情以昭聖斷以釋羣疑事。臣昨日在閣辦事，蒙發下吏科給事中戴士衡一本爲直陳當今第一要務等事，奉聖旨：'兵部知道。欽此。'臣讀士衡之疏，大略爲東封未成，至論尚書石星欺罔不忠，論臣模稜不决。臣讀之不勝駭愕。夫予對一事，起經略諸臣之奏聞，本兵石星之獨任，皇上毅然獨斷，非臣一人所得專主。臣敢以征倭救朝鮮之始終，爲皇上歷陳之。夫朝鮮，屬國也，向來①被夷逐之出境，土地人民已盡爲倭有矣。皇上赫然震怒，遣經略宋應昌率兵往援，大張天威，倭奴氣阻，願退王京，向沈惟敬議求封貢，遣小西飛入朝。皇上許其封，不許其貢。許其封者，計安朝鮮也。不許其貢者，慮擾中國也。皇上以大字小之仁，可謂仁至義盡，一時九卿科道官，更無别議矣。惟册使既遣之後，始住王京，繼住釜山，頗覺遲滯，而道路之間播有流言，遂起人心之疑，以致督臣科道章奏屢上，臣心亦爲疑貳。每詢兵部，兵部謂：此言多起於不得與事之人，圖謀壞事，難以深信。近日因遼東督撫疏請調兵備餉，臣又詢之，兵部云：此據朝鮮傳來恐懼之言，册使並無疑畏，若遽調練兵馬，預備糧草，不惟騷擾中國，且動日本之疑，自壞封事，置二册使於何地？此兵部之言，而臣亦以爲可信者。夫兵戎之事，自當詢之兵部。間有未當，固宜商改。而其言可信，豈得不從？乃士衡以爲袖手旁觀，漫無可否，則不知臣矣。夫兵當用而不用，是爲玩寇而釀患，不當用而用，是爲周章而輕舉，

① 來　明抄本作"年"，是也。通行本作"來"，誤。

① 異　明抄本作"棄"，是。通行本作"異"，誤。
② 竊　明抄本作"窮"，是。通行本作"竊"，誤。
③ 定　"定"當作"是"。
④ 徧　"徧"當作"偏"。

二者之誤國均也。昔倭入朝鮮，逼近遼東，震動京輔，臣等議遣經略大將，此乃勢不容已之計。而其時言者紛紛，以爲經略不必遣，但當守鴨綠而棄朝鮮，何其言兵之難？今倭款入朝，皇上博採廷議，遣使往封，原非失策，止因渡海稽延，以致傳疑。顧倭情雖有可疑，若果有拒命犯順之實，朝鮮自當馳奏，册使自當明言，今皆無之，即督撫所奏，亦不過思患預防之計，而調兵集餉皆可從容緩圖之事，乃言者又倉皇恐懼，至欲罷封用兵者，異①前勞於一擲，竊②國家於虛耗，又何言兵之易也？夫昔之言不當遣兵者，近於玩寇，臣不得不贊其決，今之言當調兵者，近於輕動，臣不得不鎮以靜，定③不過竭忠盡悃、無誤國事耳，豈有私意偏主於其間哉？今日之議，在科臣，則謂兵部爲蒙蔽，而必欲遣官往視，在兵部，則謂倭情無反覆，而遣官爲張皇。兩議實難主持，稍徧④則人言遂起。伏望發下兵部，虛心詳議，或集九卿科道從長會議。若以旦夕可虞，則遣風力文臣一員前去釜山，探視倭情有無反覆，以決進止。若倭情未爲燃眉，似無他議，宜稍加鎮定，以待後報之至，相機處置。亦乞請旨，以憑聖斷，使臣得遵守，庶人言自息，而國事定矣。"奉旨："兵部看議了來說。"

二十日丁亥，大學士趙志皋等題："今日文書房官潘朝用發下工部奏爲停減織造燒造一本，令臣等擬旨。竊照織造一事，連年加增數多，所用銀至三百餘萬。若欲派之民間，則今蘇松屢遭水荒，陝西切被虜患，萬萬無加派之理。若欲令該部措處，則今河工未完，乾清大工又將興造，方憂錢糧缺乏，將何措辦？臣等再四酌量，亦不敢仰望盡免，但乞皇上俯從該部所請，令其議處，或量減分數，或稍寬限期，庶足以慰人心，答天變。其燒造一事，亦乞一併酌議。臣等不勝懇切仰望之至。謹僭擬票帖一道上請，伏乞聖裁施行。"

二十一日戊子，皇帝敕諭文武羣臣："朕恭承天命，嗣纘丕基，二紀於兹，不敢荒豫。乃今三月初九日夜，乾清、坤寧宮災。天降異殃，明昭嚴譴，煨燼累朝之締構，震驚聖母之起居。罪由眇躬，何所逃責？夙夜惶惕，省思悠[①]尤。蓋緣朕自靜攝以來，郊廟弗躬，朝講希御，批答停閣，聽受闊疏。以致賞罰乖違，匡憐玩愒。大僚不以準繩檢下，而曲徇人情，諸司不以勤恪涖官，而但圖私便。巧文繁請，銷鑠之口何多？畏事避難，肩荷之人實尠。爵賞日頒，而誰爲激勸？民力日竭，而莫之省憂。慎刑有令，而出入或失其平，懲貪雖嚴，而餽遺尚仍乎舊。供億繁滋，而邑里稱擾，戰守未息，而師徒告勞。凡爾等之曠官，亦朕躬之失德，干和召變，職此之由。振紀肅綱[②]，宜自今始。茲用敕爾文武羣臣，其各人湔積習，痛加修省。有官守者，勿任情優遊而廢壞庶事，有言責者，勿徇私雷同以長奸亂。政事闕朕躬，當與天下更始，責在爾等，其尚交修儆予。諸凡蘖萌，悉加補塞，更勿矯厲虛名，飾增詭行，但長浮僞，益滋煩苛。如乖理道之經，致拂天人之意，憲章具在，朕弗敢私。異[③]命重頒，咸宜恪守。仍申飭在外郡國邊鎮軍民有司，一體遵行。庶幾仰對上天仁愛之心，永迓宗社和平之福。故諭。"

二十三日庚寅，大學士趙志皋等題："臣等久違天顏，近於火災之日，祇候宮門外，又不獲贍對，今復十餘日矣。臣等竊聞前日災變，皇上親立炎焰之下，督率撲救，未免驚惕聖心，勞動聖體。況值天道寒燠不常，尤起居難調、肝鬱易發之時。臣等犬馬私衷，不勝依戀。伏望澄神定慮，以保天和。臣等無任懇切祈望之至。謹具題恭候以聞。"

二十五日壬辰，奉天承運皇帝詔曰："朕以眇躬，祇膺天命，嗣守祖宗鴻緒，二十有四載於茲，夙夜兢兢，罔敢懈惰。迨乎邇歲，靜攝深居，蓋周慎於保身，匪宴安而厭事。百司庶務，覽斷未嘗不親，吏蠹民艱，咨諏惟恐不徧。顧焦勞徒切於上，而政令未協予中，致干天和，洊形災變。昨於三月初九日戌刻，乾清、坤寧二宮悉被火災。戴天心之仁愛甚著，荷列祖之庇佑尤深，幸朕所居，不至延蔓。而法宮嚴窔，一時盡灰，

[①] 悠　明抄本作"愁"，是。通行本誤作"悠"。

[②] 綱　明抄本作"綱"。通行本改作"綱"，是也。

[③] 異　"異"當作"巽"。

永懷譴告之殷，實由涼德所致。拊躬自責，震悸弗寧。已痛加悔懲，籲禱郊廟，嘉與海內，勉於維新。兹下罪己之言，共圖交儆之實。夫萬方之有疾苦，如在朕躬。一人之省咎愆，宜令衆喻。尚恪恭以承天戒，咸濯袚以分主憂。大法小廉，益謹奉公之節，內寧外謐，期臻至治之庥。布告臣民，咸使知悉。"

二十六日癸已①，大學士趙志皋等題："前日臣等接得都察院揭帖爲臺差缺人候旨日久懇乞聖明速下行取之疏以便選用事。連日未蒙發下前本票擬。臣等竊惟，行取一事，該吏部、都察院題請催請者，已經屢次矣，今題未下，恐皇上仍復留中，輒欲冒進一言。蓋科道乃朝廷耳目之官，司察奸弊，糾繩愆違。國家之神氣，悉賴以振揚，中外之玩心，全資以整肅，不可一日曠缺者。今年員數漸少，本當行取之期，而皇上近日降黜又多，見在供職者益少。有一人而兼攝四五人之事者，有競缺而不得一人攝理者。即今得旨，復尚須發單咨訪，然後開奏名數，行文徵取，亦必延至秋冬，方得赴職，其日尚遠。若更遲延，則差用益難區處，政務益至廢閣。此其妨於聖治者甚大，乃必不可不補之員，亦必不可再緩之事也。伏望皇上垂神，或將吏部前疏檢發，或將都察院本發下擬票，或即於臣等題揭批允，亟令部院會議，行取考選。庶臺省不虛，振揚得寄，而聖治爲有光矣。臣等不任懇切祈望之至。"奉旨："知道了。"

是日，大學士趙志皋奏："爲人言誣詆自省深慚懇祈聖明洞察即賜罷免以安分誼事。臣昨日於頒詔之後入閣辦事，接得工部都水司郎中樂元聲揭帖爲天道反常人心離異懇乞聖明熟思審處亟罷誤國大臣以救人心以培國脈事，條陳國家時事皇上何可弗恩者七。內言臣首膺爕理之責，不能爲國家救災異，乃開門以延賀壽之客，又論近日東封事、盲瞽於本兵之迷惑，推託於聖心之獨斷，而以臣爲彌縫其說，欺誤國事。臣讀之不勝駭異。東封一事，臣因戴士衡之疏，反覆辯之詳矣，何敢再瀆天聽？惟以臣之生日開門延客受賀，則臣不能無辯焉。臣於初九日乾清、坤寧二宮災，是日②即到西長安門守候，次早同五府六部

① 已 "已"當作"巳"。

② 日 明抄本作"夜"。通行本作"日"。

大小九卿，各入大内問皇上起居，並看火災。次日即奉旨，上疏引咎，青衣角帶修省者七日。臣於七日又兩上疏自陳不出。而臣所生之日係十三日，尚在修省之內，豈有修省而開門受賀者哉？是臣之罪不容誅矣。能欺皇上，而可欺天乎？災變之役，每有陳請，未蒙允行，不敢瑣瑣煩瀆者，大臣之體宜爾也。樂元聲以爲，國家多難，止循眼前，修省局面，付之條陳一紙而足，豈其然哉？至於臣之當去，蓋亦已久。三年之内引咎①求退疏，凡十幾上，而不悻悻決去者，以皇恩深重，而不敢違命，自取高蹈也。樂元聲以臣之不去，不過爲多得錢，以爲子孫娛老之計，又豈然哉？當此衰老之年，及國家多難之日，而謀暇於身家，戒昧於在得，此不智不忠之爲，而非臣之所敢也。然元聲之言，未爲不是。行年已踰七十，而猶依依不能自決，誰量其非貪位慕祿之心哉？伏望皇上，察臣不去之心，赦臣求去之罪，容臣致政，無使老年之臣致爲後生所辱，臣之所大幸也。無任籲天懇恩之至。"奉旨："覽卿所奏，朕知道了。災變示儆，閣務繁殷，方倚信老成，共圖治理，豈可因小臣之言遽求引退？宜即出入閣辦事。慎勿再辭。吏部知道。"

　　是日，大學士張位奏："爲陡患重疾不能供職懇乞天恩俯容給假調理事。臣於本月初旬偶感風寒，頭眩腹痛。適值災變修省，不敢安居，每日勉強進閣辦事，因復勞傷失調，前病增劇。見今晝夜下血，常至十數次，内急後重，脹痛難堪，伏枕呻吟，起輒昏仆。即欲勉出自効②，力不能支。伏乞皇上憐臣所患疾苦，特賜給假，從容服藥調治。待痊可之日，即出供職。臣不勝疎息仰祈之至。"奉旨："卿偶疾，准暫調攝。痊可即出輔理。吏部知道。"

　　二十七日甲午，大學士張位奏："爲感激遣醫特恩恭陳謝悃事。本月二十六日，臣因患病乞假調理。伏蒙聖慈俯允，隨蒙遣太醫院院判徐文元等四員，到臣私寓診視。臣不勝感激，即時以首擊牀，望闕謝恩訖。竊念臣賦氣最薄，逢時甚奇。福遇災生，身與病會。兹當變異修省之日，正宜夙夜在公之時，而

①咎　明抄本作"年"。通行本作"咎"。

②効　明抄本作"效"，通行本作"効"，是。

萬曆起居注

①痰 明抄本作"痎",是。通行本作"痰",誤。

②詣 "詣"應作"謝"。

③弱 明抄本作"軀"。通行本作"弱"。

④所 明抄本作"祈"。通行本作"所",似應作"仰"。

臣不善自持,至嬰痰①疾,乞恩給假,内省已甚不安,問疾醫來,蒙恩滋爲太厚。不能調燮陰陽,而先自罹陰陽之患,無以報酬君父,而乃仰廑君父之懷,特分殿直之班,俾發藥籠之刻,帝星造命,驅二豎以潛蹤,國手摩躬,覺沉痾之解體,天地之恩至厚,犬馬之報難忘。臣瞑眩之中,言詞無敍,惟於此日懷銘心鏤骨之誠,尚有餘生,誓殞首糜軀之報。臣不勝仰戴天恩之至。"奉旨:"覽卿奏謝,朕知道了。宜慎加調理,速出辦事。該部知道。"

二十八日乙未,大學士張位奏:"爲恭謝天恩事。臣以抱病乞假,本月二十七日伏蒙聖慈軫念,欽賞鮮豬一口,鮮羊一腔、白米二石、酒十瓶、甜醬瓜茄一罈,該答應牌子鄭斌恭捧到臣私寓,臣不勝感激。謹力疾望闕詣②恩領受訖。伏念臣攝生無術,自致沉痾,贊化罔功,乃廑宸慮。昨令御醫診視,已啣浣漱之恩,今遣中使臨存,復拜駢臻之錫。分玉粒於天府,佐以殽牽,出瓊蘇於上方,兼之旨蓄,珍同縡雪,何病肺之不瘳?美軦青精,知孱弱③之可起。臣感恩難報,戴德奚勝?雨露隆施,徧潤根荄之朽,乾坤大造,獨憐蟲豸之微。儻庇鴻慈不即填於溝壑,誓於今世無敢愛其髮膚。臣無任激切所④戴之至。"奉旨:"覽卿奏謝,朕知道了。禮部知道。"

是日,大學士趙志皋奏:"爲人言肆詆義難復留懇乞聖明即賜罷斥以明臣心以全晚節事。臣於本月二十六日,因樂元聲疏論及臣,已具疏求退,奉聖旨:覽卿所奏,朕知道了。災變示儆云云。欽此。臣方再具疏辭、未上,忽於閣中送出劉道亨揭帖爲糾劾欺濫衰庸輔臣懇乞聖斷亟賜罷免以重政本事,以樂元聲之所論更甚,大有關於臣之名節,臣又不得不辯者。臣待罪數年,沐皇上殊恩,兢兢求所以付委任之意,常恐智劣才疏,無能報效於萬一。若有一毫之欺罔、一言之虛誑,皇上不即加誅戮,天地鬼神其能容之?據道亨言,臣遺書科臣吳文梓,爲霍文炳丐免拾遺,及文梓被謫,恨臣誤己,徧告縉紳。此不過以皇上近日所震怒,莫踰霍文炳,以此加臣,然後可以激皇上之怒。夫文炳是張誠家人，其他有所倚藉或不可知，臣爲輔弼大臣豈肯與之説事哉？文梓既以降黜能告之縉紳，何不能揚言於廷，以自求免，而待道亨今日始言之？此道亨暗藏機阱以害人也。道亨又論臣干賕之牘，一日數發，事不拘大小，官不拘衙門，未有求而不應，即昨修省之日，苞苴若市。臣向以事權歸六部，凡事無所干預，並未發一書、言一事，此大小衙門見在，可問也。臣庭無雜賓，門可羅雀，京中之人無不知之，既戒在得於平時，敢行苞苴於修省？臣雖至愚，必不爲也。若許茂檞、楊一珍之事，已於科臣楊恂之疏辯之明矣，不敢復贅。宋時熙，臣不識其何如人，據道亨所言營求光祿理問之事，即當問之吏部，果係臣爲通關節否，或提宋時熙質對，可辯有無。臣爲輔臣，受皇上厚恩重祿，而肯昧廉鮮恥，下同狗賤之徒耶？臣弟志淑，於臣未入閣之前，以循次轉爲兩淮運判，及臣至閣中辦事，志淑以考察去官，若臣能庇其弟，當且免其考察矣，考察既不能免，則陞官亦不與聞可知也。臣子鳳威，以光祿署正資陞運副①，族弟子玄，以國子博士敘轉同知，皆以京秩轉外。此實爲臣遠嫌迴避，故捨京秩而出。臣若壟斷，甘同市井，何不留之在京、庇之清職乎？況鳳威以病不得解銀至京，餘銀倍溢常額，交付太倉可查，一時監收嘖嘖稱賞，道亨乃謂鳳威剝竊，此又不辯自明者。若族叔趙學仕之買木，奉旨南京刑部提問，本下刑部議覆未結，此自有國憲，臣何敢與？而何遽掇拾至此乎？其他瑣瑣細事，或爲往年中書錯寫，或因一時疎略誤書，此因不必深辯者也。至言皇上加高厚之恩於臣，而臣凡事歸咎於皇上，是加臣以不忠不敬之大罪，使無所容於天地之間，是可忍言何不可忍也？其設心亦誠險矣。大抵人心之淳漓，關世道之升降。同一閣臣也，往日勢重而權有所主，相率以附閣臣爲捷徑②，今日勢輕而權有所移，相率以攻閣臣者爲名高。皇上雖能亮臣之心，弟③恐言及三至，慈母不能信其子，皇上豈能無疑於臣哉？況臣三年之内，乞骸骨者疏十幾上，迨至今日，益加衰朽，失今不去，言者益多，一人之身何以當百喙之集？雖去亦晚矣。伏望皇上俯容乞骸，將臣罷免，以全晚節。

① 副　明抄本作"付"。通行本改作"副"，是也。

② 捷徑　明抄本作"徑捷"。通行本作"捷徑"，是也。

③ 弟　明抄本作"第"。通行本誤作"弟"。

終始高厚之恩，生當歌頌，歿且啣結矣。臣無任激切懇恩之至。"奉旨："卿居首輔，小心端慎，朕所鑒知。浮言誣詆，何必深辦①？今當遇災交儆之時，正賴竭忠匡贊，豈忍潔身求去？宜遵旨即出，以副②倚托至意。不允所辭。吏部知道。"

二十九日丙申，大學士陳于陛、沈一貫題："今日臣志皋因上疏乞歸未出，臣位因病給假，獨二臣在閣辦事。文書官史濱發下工部一本爲傳奉事，內因鼎建乾清宮、坤寧宮，欲照例會同各官入內踏看工程，恭請欽定吉期。今蒙發下前本，未經傳示日期，難以擅定。謹擬進票帖一紙，不敢填日，伏乞聖明欽定，以便遵行。謹具題以聞。"

① 辦 "辦"當作"辯"。

② 副 明抄本作"付"，通行本改作"副"，是也。

萬曆二十四年

四①月丁酉，朔，大學士趙志皋等題："今日午時，臣等聞宣召御醫，進宮診視聖脉。亟使人詢問，始知皇上右耳腫痛，聖躬稍有不安。臣等犬馬下情，不勝瞻戀。仰惟皇上保攝素慎，神明協佑，偶有小恙，即當勿藥。但據院判徐文元等云：診得六脉弦洪，因氣鬱火盛所致。伏望聖明清心省事，怡神平怒，以丕迓天和，茂綏福履。臣等不勝惓惓。謹具題恭候萬安以聞。"

四日庚子，大學士趙志皋奏："爲年衰已甚揣分宜休懇乞天恩俯容辭免以全晚節事。臣本庸劣，兼之衰殘，自分當退久矣。伏蒙皇上高厚之恩，眷荷之重，罪過不深譴責，人言加以慰留，雖捐軀不足以爲報，何敢復願②骸骨以言去哉？但念人臣之所以効勞於國家者，藉有年力也。閣臣日佐萬幾，調燮虛政，尤非諸臣可比，必有強固之才而後能主持，有精明之識而後能運量。然強固、精明，須於年力中得之。古人四十強仕，七十致政，始而藉其壯，繼而慮其衰，仕止之義蓋如此。後世當守之以爲則者也。臣自蒙皇上簡任以來，年已望七，彼時精力猶可支持，思慮尚能勉強，二年以來則益頹且耗矣。早入晚出，趨走有所不前，補過盡忠，擬議多所未逮。虛縻大官之養，竟貽覆餗之羞。尚幸承平無事，猶冀可以免過。方今災變交儆，水旱頻仍，閭里蕭條，邊疆騷動，朝士長傾危之習，庶民多愁怨之聲，匡救欲竭於前，而媒糵已隨於後，國事之難於調攝，積漸非一日矣。此必有大臣操張弛闔闢之權，運文武經濟之略，謨謀足以輸其忠，毀譽無所徇於己，然後可以協物望而濟時艱，身肩天下之重，而爲國家之柱石耳。臣非其人也，而敢復當是任哉？臣於數年之間，每有所請，前後凡十幾上，今歲又當再請矣。祇因加恩未久，繼以天變示儆，正人臣戒懼修省之時，心欲去而口不敢言，身欲留而力所不逮。因言自省，展轉思維，既圖報之不能，又審時之當罷，與其隱忍而曠瘝，孰若勇退以全節？失今不去，恐罪過益滋，不幾於進退無據乎？愈留則年愈衰，愈衰則職愈曠。皇上憐臣餘生無幾，容臣致政，俾臣得

①四 "四"字上當加"萬曆二十四年"六字。

②願 明抄本作"顧"，是。通行本作"願"，誤。

以禮而退，生有餘榮、而沒可瞑目矣。臣無任懇恩感激之至。"奉旨："朕頃戒諭廷臣，恪修職業。卿爲元輔，受國重任，誼切股肱，正當爲朕表率百僚，殫忠圖報，豈可屢疏求去？宜遵旨入閣辦事，用付①眷倚至意。還着鴻臚寺堂上官宣諭即出。吏部知道。"

五日辛丑，大學士趙志皋奏："爲宣諭謝恩事。臣自數年以來，常以年老乞休，兼以人言求去，荷蒙皇上慰留。天高地厚之恩，雖捐軀殞命，不足以爲報矣。不意近日人言乃復再至，雖反己自省無愧，而聞言似亦可畏，兩疏陳情，俱蒙聖鑒，臣復何言？弟②念臣才本疏庸，年復衰邁，被人論列，皆由自取。因此，臣不復再與人辯，惟自控訴求去，伏奉聖旨：'朕頃戒諭廷臣，恪修職業。卿爲元輔，受國重任，誼切股肱，正當爲朕表率百僚，殫忠圖報，豈可屢疏求去？宜遵旨入閣辦事，用付③眷倚至意。還着鴻臚寺堂上官宣諭即出。吏部知道。欽此。'臣焚香叩頭拜領訖。顧念草茅賤臣，遭逢聖主，每乞休而賜留彌堅，常被論而眷注益篤，分當捨身以報恩，豈敢潔身以求退？祇因衰朽之年，不堪調燮之任，茲復遣官宣諭，令臣進閣辦事。臣愚昧之性，驚命自天，跼蹐之躬，感恩無地。臣無任惶懼悚息之至。"奉旨："覽卿奏謝，朕知道了。卿宜即出辦事，以慰眷懷。吏部知道。"

十六日壬子，大學士趙志皋奏："爲自省衰殘不堪輔佐力懇天恩俯賜辭免以明止足以遂生還事。人臣年至七十當致政，今臣年七十有三矣。三年之內，或因人言，或因自請，求罷之疏前後凡十幾上，俱蒙慰留。今又四上疏矣，仰荷溫綸，不允所辭，仍遣鴻臚寺官宣諭入閣。臣感激至於泣下。臣豈不知君恩之深重、君命之當遵哉？但臣早夜以思，既不得去，自當勉強鞭策，以圖報塞。豈知老病侵尋，年復一年，日甚一日，心血已耗，性多遺忘，精力又衰，體加孱弱，覽揭則目病於昏瞶，入朝且步倦於趨蹌。秉燭之光漸微，懸車之期久邁，進無裨於

① 付 "付"當作"副"。

② 弟 明抄本作"第"，是。通行本誤作"弟"。

③ 付 "付"當作"副"。

心膂，退常切於首丘，漏已鳴鍾，形將槁木。若更遲回不去，恐終待盡他鄉，雖犬馬微誠未忘報效，而桑榆暮景何補涓埃？況萬幾至繁，數載待罪，已無短長之效，久懷尸素之慚，賢路豈容①再妨？中書不可以伴食。皇上大有爲之資，而臣仰望清光，竟無嘉猷以入告，皇上當中興之運，而臣自甘衰朽，何能以道而事君？天變上不能回，民隱臣不能恤。吏治未清，遺賢未起，吏部之事也，而臣不能以逭其責。饑饉薦臻，財賦稱匱，戶部之事也，而臣不能以逃其咎。以至大禮未盡舉行，邊陲數稱不靖，冤獄眚災之未赦，工作織造之繁興，雖有各部司其事，而臣實與有罪焉。上無以格君心，下無以表百僚，內無以肅頹綱，外無以振薄俗，以致人心日險，政事日弛，議論日煩，成功日少，國是已漸非矣。有臣如此，而焉用彼相爲哉？臣責重力輕，心長髮短，在位一日，則曠職一日，徒增多口，忝辱冠裳，有乖國體，臣去亦晚矣哉！伏望皇上憐臣來日之已短，憫臣筋力之難支，放歸田里，以終餘年。則生當歌詠，沒益啣②結矣。臣無任感恩懇祈之至。"奉旨："朕前已諭卿即出，如何又具疏懇歸？卿爲元臣，夙負忠藎，精力尚健，況今國事多艱，正賴殫竭謀猷，贊襄治理，豈得以衰老爲辭、力求引避？還着鴻臚寺官宣諭速入閣辦事，用付③眷懷。吏部知道。"

　　十七日癸丑，大學士陳于陛、沈一貫題："昨日臣等出閣，到朝房接見吏部左侍郎孫繼皋、都察院左都御史衷貞吉、左副④都御史張養蒙，皆言科道缺人之多，未有如今日之甚者，行取一事，不容再緩。查得六科中，見在止有掌科一人、署印五人，目下冊封又該二人，此外守科僅有四人。十三道中，並無一人掌印，祇得借巡視京營御史一人暫帶，其外止有巡視光祿一人、巡視五城三人。夫以科道緊要兩衙門，而見在止有此數人，空虛之極一至於是，則綱紀豈有不廢弛、政務豈有不叢脞者乎？即往時科道滿朝，日注其精神耳目，以司糾彈監察之職，尚不能無奸回汙暴、背公行私、竊權亂政之輩，而今廖廖如此，則作奸犯科之人，復何所顧忌，而能稍加禁戢乎？今日

萬曆二十四年

一三九九

① 容　明抄本"容"下有"已"字。通行本刪此字，是也。

② 啣　"啣"當作"啣"。

③ 付　"付"應作"副"。

④ 副　明抄本作"付"。通行本改作"副"，是也。

① 臺 明抄本"臺"下有"省"字,是。通行本漏此字。

② 代 明抄本"代"下有"瀆"字,是。通行本漏此字。

③ 付 "付"當作"副"。

行取命下,尚慮其晚。蓋奉旨之後,猶當查發訪單,行文徵取,不五六月不得考選。考選之後,御史又當試職三月,方得實授而可以差用。然則欲得其力,尚須展轉至一年上下乃可耳。臣等竊以爲,行取之旨,不當一日遲也。先該部院慮臺①乏人,難濟急用,因查有告假起復在里者,催取前來。乃數日前給事中羅棟、御史馮應鳳、趙標到部,題補原職,又未蒙發下。夫來而不補,則人益不來,而官益少矣。臣等竊思,此係舊例到京即補官員,宜從部請,似不可遲留也。原任都給事中邵庶,待補踰年,該部已題補禮科,又起用劉爲楫等數員,俱未賜允。夫人臣之義,原重在趨事急公,奉職守法,而不輕許其偃蹇久臥於家。今乃未見收錄,恐漸啟避事自便之端,而不以尊主威、重朝命爲急。臣等竊謂,此數臣者,亦宜俯從補用也。在吏部又言,科道之缺不補,則中書、行人、推官、知縣等缺不出,而選法益將窒礙難通。乃其職掌所關,不容不披瀝以請。即臣等爲之代②,實亦萬不得已。伏願皇上將部院所奏,留神覽察,特允行取各官,及將近題新到科道諸臣,即准補用。則一聽納之間,而所以弘敷德意、明肅紀綱、收錄人才、修舉政事諸美,皆在是矣。臣等不勝惓惓注望祈懇之至。"

十八日甲寅,大學士趙志皋奏:"爲再謝天恩兩次遣官宣諭事。臣因年老,兩疏乞休,伏蒙皇上遣鴻臚寺官張棟等,齋捧聖旨,到臣寓所宣諭:'朕前已諭卿即出,如何又具疏辭懇歸?卿爲元臣,夙負忠藎,精力尚健,況今國事多艱,正賴殫竭謀猷,贊襄治理,豈得以衰老爲辭、力求引避?還着鴻臚寺官宣諭速入閣辦事,用付③眷懷。吏部知道。欽此。'臣恭設香案、叩頭祇領、伏讀訖。不覺感激流涕。臣仰戴皇上高厚之恩,真同父子骨肉之念,臣雖至愚、無可鞭策,敢不思奮、以圖報效?祇因人臣之仕止,自有其時,大臣之進退當裁以義。臣以衰老之年,久居輔弼之任,又值國家之多事,是宜臣子之見幾,所以不敢即出,而復上疏求去者,匪畏人言、致違君命。蓋欲自審進退,不敢冒昧以取罪戾也。今蒙又差鴻臚寺官宣諭,令臣入閣辦事，臣益惶懼不勝。天語重頒，命官再遣，僅逾旬日，雨沐天恩，蓋前此之所未見者，不意衰朽之臣，蒙皇上過爲寵異如此也。驚聞命之自天，愧感恩之無地。臣無任惶懼悚息之至。"奉旨："覽卿奏謝，朕知道了。卿宜即出，以付①眷倚至意。吏部知道。"

① 付 "付"當作"副"。

二十日丙辰，大學士陳于陛、沈一貫題："近該首輔趙志皋屢疏乞歸，荷蒙聖明眷注，特遣鴻臚寺堂上官宣諭二次，今尚未進閣辦事。竊思志皋輔理忠勞，簡在聖心，屢蒙面獎諭留，倚信殷篤，本不當去。況今天災示儆之後，政務未盡修舉，人心尚在惶惕。昨又據薊遼督撫孫鑛、李化龍等報稱，倭情變動，封事難完，則調度戰守，方自今始。志皋身爲元輔，正宜殫竭忠猷，協贊廟謨，以消弭天變，安定疆圉，尤不當言去之時也。此月來，臣位因病乞假，止臣于陛、臣一貫在閣供事。尋常文書，勉強辦理，至於事體重大者，必須老成主張，同心計議。伏望皇上念軍國機務甚重，察志皋忠誠可託，特遣中使宣諭，令其即出辦事，庶志皋愈當感奮思報，而臣等亦獲有所依承，以勉效其忠益矣。謹僭擬上諭帖一紙，伏乞聖明裁定施行。臣等不任惓惓仰望之至。"

二十一日丁已②，大學士趙志皋奏："爲恭謝天恩並陳愚悃事。臣以年老乞休，屢蒙慰留，茲復遣文書官劉宣到臣寓所，伏奉聖諭：'卿匡贊忠勞，朕所洞知，雖有浮言，信任不移。近已兩次諭卿速出辦事，何乃尚未進閣？邇者災變示儆，昨又聞倭情變動，軍國事殷。卿爲首輔重臣，正當竭忠宣力，爲朕分憂，豈得堅臥求去？於心何安？茲特遣宣諭，卿宜即出，以付③朕惓惓倚望至懷。欽哉，故諭。欽此。'臣當即焚香，望闕叩頭、祇領訖。捧誦綸音，不勝感激。臣才本疏庸，年復衰暮，久沐殊恩，仰負倚眷。屢懇引年求去，實以庸劣不能報塞，非獨慮浮言之繁興也。頃見遼東督撫諸臣奏稱，倭情反覆，冊使潛回王京。不勝驚駭，晝夜焦勞。身爲大臣，不能爲國安攘，

② 已 "已"當作"巳"。

③ 付 "付"當作"副"。

遺我皇上東顧之虞，罪實難諉。切思食君之祿，自當分君之憂，當此時艱，何敢堅卧求去？謹題遵聖諭入閣辦事，容臣與在廷諸臣講求備禦之策，以紓霄旰之懷。但念軍國重務，必得面陳商確，俾任事諸臣遵以奉行，且使外夷聞之，知皇上銳意邊防，無不悚服矣。臣不勝仰望之至。爲此，除赴鴻臚寺報名廷謝外①。"奉旨："覽卿奏謝，朕知道了。卿以軍國重務，懇請面陳，朕意亦欲召見卿等。但朕近來動火，不時眩暈，連日服藥，須當靜攝。卿宜遵諭速出辦事，以付②眷懷。其備禦事機，卿等與該部詳議具奏。禮部知道。"

① 外 "外"字下當有漏文。
② 付 "付"當作"副"。

二十二日戊午，內閣接出聖旨："前年進的謄錄累朝實訓、及實錄，俱在乾清宮大殿安着，今已被災。着內閣查例謄錄進來。"

是日，大學士趙志皐等題："伏奉聖旨云云。欽此。照得前項訓錄被災，委宜重錄，以備御覽。臣等謹欽遵，即當查照原進書册式樣恭錄，以次進呈。其一應謄錄事宜，容臣查例開坐上請。謹先具題回奏以聞。"

二十四日庚申，內閣接出傳示兵部聖諭："覽卿等奏揭，甚見爲國忠勞至意。昨日撫鎮李化龍、董一元奏本內，釜山倭奴趕拏殺死隨使從人，其譎詐變動以③真。卿等傳與本兵，便星夜馬上差人傳與督撫鎮巡等官，及沿海一帶調積兵馬，相機防禦，嚴加偵探。合行事宜，遵諭着該部便議來行，勿使遲緩，不給應事。若有疏虞，罪有所歸。卿等可傳示知道。"

③ 以 "以"當作"已"。

是日，大學士趙志皐、陳于陛、沈一貫題："今日文書官史賓傳奉聖諭到閣，諭內閣云云。欽此。仰惟皇上留神邊事，俯採愚忠，特諭臣等傳示兵部，令其調積兵馬，防禦偵探，伏見聖慮周悉，洞燭機宜。臣等不勝欣服。謹即傳示該部，遵照諭旨，作速詳議具覆，恭候宸斷施行。所奉原諭尊藏閣中。謹具題回奏以聞。"

二十七日癸亥，大學士趙志皋奏："爲乞恩改蔭以圖補報事。臣以從一品歷俸三年考滿，伏蒙聖恩蔭一子尚寶司司丞，赴鴻臚寺報名廷謝外，然臣竊有私情不敢不告之皇上者。臣有三子，初以吏部左侍郎三年考滿，蔭長子鳳梧送國子監讀書，坐監歷事已滿，尚未授官。今蒙皇上加恩尚寶司司丞，揆之倫序，又該長子鳳梧承蔭，而原蔭國子監讀書，改與臣孫世庠，庶長幼之分誼不乖，皇上之洪恩均被。查得原任大學士許國，先蔭長子許立功入監讀書，後因恩蔭中書舍人，又奏乞恩改與許立功，而以次子許立德送國子監讀書，適與臣之事體相同。伏望皇上俯從臣請，許容改蔭，則一家之中，無非皇恩之覆冒，而大小各安其分矣。臣無任感激仰望之至。"奉旨："准卿奏，趙鳳梧改蔭尚寶司司丞，趙世庠補送國子監讀書。吏部知道。"

二十八日甲子，大學士趙志皋等題："本月二十二日奉聖旨：'前年進的謄錄累朝寶訓、及實錄，俱在乾清宮大殿安着，今已被災。着内閣查例謄錄進來。欽此。'臣等謹欽遵查照原進書册式樣恭錄，以次進呈，已經回奏外，所有謄錄官員似不必另爲考取增添，以滋繁擾。臣等查照舊例，擬以見在正史館供事兩房官、併史館謄錄官，俱令相兼謄錄，又於四夷館選取林如梓等十一員前來供事。收管吏役，即於正史館原收掌書辦官、併當該吏中，選擇充用。其校對官并圖書監生，俟謄錄稍有次第，校對官於翰林院差委，圖書監生於吏部、國子監取撥。合用紙劄，於司禮監陸續關取，筆墨等項，於各該衙門量行增添。官吏日給酒飲①、木炭等項，合於正史館供給外，量行增加。其未盡事宜，容臣等查照舊例，題請施行。臣等未敢擅便，謹題請旨。"奉旨："是。該衙門知道。"

①飲　明抄本作"飯"，是。通行本作"飲"，誤。

五①月丁卯，朔。

三日己巳②，大學士趙志皋、陳于陛、沈一貫題："昨③臣等接得兵部揭帖，内言差科臣往封日本，於計未便，乞改遣楊方亨爲正使，沈惟敬爲付④使。又石星偶患痰症，戰守事宜乞改命左右侍郎會議等因。除改命會議，似應允辭，其改遣使臣一節，未敢擅便。但臣等看得，舊例册封遣使，必用正副⑤二員，蓋慮正使儻有事故，則副⑥使可以代攝，是副⑦使者本所以爲正使不虞之備也。今李宗城既已出營，而楊方亨尚在彼處，以副⑧代正於理爲宜。況今倭情傳聞紛紜，實難預料。若尚屬恭順，則一楊方亨與沈惟敬亦足完事。若真有變動，則前此正使輕出，已失觀望，萬一今次差去之人，更有遲延趑趄之狀，則於國體所傷益多。故臣等以爲，兵部之議似宜允從，猶令二人在彼充使，於事爲便。臣等輒敢上請，伏乞聖明特弘轉圜之度，將兵部本裁定批發。臣等幸甚。"

是日，大學士趙志皋奏："爲備陳東事許封始末懇乞聖明特賜審察以定大計並乞罷臣以息羣啄事。臣自揣衰庸，無當世用，昨已四疏力懇歸田。荷蒙我皇上屢涣溫綸，三次遣官宣諭，復以計處東事趣臣。臣竊謂當無事之時，則坐縻廩祿，遇有事之日，則高蹈丘園，是少有人心者必不忍爲。況臣受恩深重，即使粉骨亦所不辭，故復靦顏就列，冀欲與衆共議制倭之策。乃數日以來，諸臣指論本兵，並論臣爲誤國。臣至此尤⑨隱默不言，無論諸臣之不知顛末，即皇上明並日月、於三四年間之事，亦或未盡察焉。臣是以冒昧具陳，伏惟聖明裁決。夫倭奴猖獗之初，朝鮮八道俱已殘破，行長、清正等盤踞平壤、咸鏡諸處，聲言内犯，朝野閧然。於是議遣經略大臣，徵調諸路兵馬，一以救援屬國，一以伐彼狂謀。戰勝平壤，直抵開城，而行長等不識我兵虛實，自願退出王京、與王子陪臣，並求封貢。其時東征之臣，以士卒困疲，馬匹倒亡，糧食不敷，應援不至，遂因機就計以取王京，而又欲示信於倭，因以封貢爲請。皇上俯念兵力已憊，糧食不支，倭既退遁，赦不窮追，姑允其言。然亦未曾輕許，屢奉明

①五 "五"字上當加"萬曆二十四年"六字。
②巳 "已"當作"巳"。
③昨 明抄本"昨"下有"日"字，是。通行本漏此字。
④付 "付"字當爲"副"字。
⑤副 明抄本作"付"。通行本改作"副"，是也。
⑥副 明抄本作"付"。通行本改作"副"，是也。
⑦副 明抄本作"付"。通行本改作"副"，是也。
⑧副 明抄本作"付"。通行本改作"副"，是也。
⑨尤 "尤"當作"猶"。

旨，一則曰倭奴既稱畏威悔罪，朕以大信受降，豈追既往？一則曰傳諭宋應昌，一意嚴兵防守，勒①令盡數歸巢之後，許其上表稱臣、請封，永爲屬國，仍免其入貢，以防内地奸民勾引生釁。一則曰倭情變詐，祇是羈縻②，使曲在彼，豈有今遂以悔罪爲真、通行沿海撤備之理？着愈加嚴謹，令朝鮮王責成王子、陪臣，督率全羅等道，大修戰具，防倭再舉，毋得疎玩誤事。一則曰防禦事務，行該督撫官用心料理。是議封之始，原爲羈縻③，初未嘗藉封以忘戰守也。繼而經略宋應昌，因人言乞歸，我皇上復遣顧養謙料理東事。養謙亦謂東征兵力已疲，暫許封貢爲便。未幾，養謙又被人言。孫鑛往代，即欲主戰，而夷使小西飛已至遼陽，朝鮮國王又力爲倭夷乞款具奏。節奉皇上敕諭兵部：'朕覽文書，見朝鮮國王奏本，欲定許倭夷款貢，以保彼國社稷，情甚危迫。朕思自古中國制馭外夷，使其畏威懷德，戰守羈縻不妨互用。今倭既遣使乞款，國體自尊，我因而撫之，保全屬國，無煩遠戍，暫示羈縻，以待修備，有何不可？'於時小西飛入京，多官會議皆云可封，訂以三事。然皇上敕諭册使往封，暫住遼左，以待彼館舍舟楫齊備，釜倭盡數退還本國、撤熗栅房、朝鮮王奏報至，二使乃渡江，由朝鮮前去册封，既封之後，不許別有請乞，不許侵犯朝鮮，不許爲患邊海。許封之時，諭旨甚嚴，奉行當謹。自二册使奉差行後，先住王京，繼住釜山。關白亟宜遣行長請册使渡海受封，還朝復命。乃延遲幾及一年，其迹不無可疑。然其供事甚謹，册使屢報倭並無譁，新造船隻以迎册使，又若無可疑者。臣考之舊典，自洪武以至嘉靖，常遣使宣諭日本，日本常遣人修貢。自汪直倡亂東南，而貢遂絶矣。不意今日因開朝鮮之釁，而復有此請也。夫中國之禦夷狄，順撫逆勦，本爲常經，因經行權，亦當通變。册使奉命經年，李宗城輕率逃出，不無可疑。而方亨之報，又謂並無變詐，已經督撫諸臣揭部轉奏。但前後參差，彼此互異，必有緣故，本兵已差陳雲鴻探聽矣。朝鮮倚我爲命，必不背我以向倭，使果有變，必能馳報。順逆未定，而舉朝之人先自張皇，亦非所以示中國之威於外夷也。今日之事，祇宜自修防禦，静以待之。世廟時，俺答雄篤晖④睨不數冒頓，

①勒 明抄本作"勒"，是。通行本作"勤"，誤。
②縻 明抄本作"縻"，是。通行本作"糜"，誤。
③縻 明抄本作"縻"，是。通行本作"糜"，誤。
④晖 明抄本作"晖"，通行本作"暉"，皆誤，應爲"睥"。

庚戌之變直薄都城。彼時忠臣義士，無不切齒恨心，欲食其肉，後亦因其乞款，姑准許封，而我邊備未曾少弛。今倭奴遠在海外，去中國五千餘里，較之北虜一墻之隔者何如？大海茫茫，非風便不能行，巨舟不能濟，較之鐵騎成羣、朝發夕至者何如？況國家兵餉，正值疲乏，豈易以興大衆而弊中國？臣謂今日機宜，剖決在即，儻海上的報再至，倭夷照舊帖然，則我亦難以挑釁。科臣已奉旨差遣，敢不遵行？但册使守候逾年，恐事久又生別變，不若祇以楊方亨充正使前去，諭令衆倭盡退，並不許別樣要求，暫與一封，以結目前之局。申飭朝鮮，上緊設險練兵，多差偵探，以備不虞。一面督率南北海防，加謹守禦，如果變動情真，不依原約三事，即照題奉欽依，調兵征討，明正其罪，以揚中國之威。先發遼兵疾趨烏嶺，會同朝鮮兵，振①守全、慶二道，勢重則調②大兵援救，移檄南北海防，萬分嚴備，則處分亦未爲晚。其前者許封，止是羈縻，乃諸臣何遂謂臣爲誤國也？大抵人臣竭忠報國，務期中外乂安，不必執有成心，拘泥己說，以壞國事。臣雖智術短淺，無能輔弼聖明，然一念赤心，頗知自勵。苟如諸臣所言，則皇天后土、與九廟神靈，必不宥臣，又何能逃皇上斧鉞之誅也？總之，臣不去，諸臣議論不止。伏乞聖慈，首賜罷臣，一面從長議處東事，庶國計定，繁言息，臣亦得以跧伏田野、歌詠太平矣。臣不勝悚息恐懼待命之至。"奉旨："卿數年以來，爲朕籌畫倭事，主戰主封，殫猷竭忠，皆朕所鑒知。原議以一封羈縻，兼安華夷之民，沿邊備禦亦不廢弛。倭若果變，乃彼自逆天，我無所失，隨機戰守，自當殄滅，何必以未定情形、預先倉皇、詆封爲誤？卿勿因浮言輒求引去，宜安心即出輔理。不允所辭。吏部知道。"

三日己巳③，文書房傳出聖諭："自前歲關白乞求許封，南北紛紛，言不可者十有七八，說可者未見一、二。祖宗時封朝鮮、琉球諸國，或內臣或文臣爲正使，亦未全用武臣，況李宗城暗竊逃回。其彼中事體，從遣使至今，有言萬分停妥、並無他虞，有言變詐已真、調兵防禦，彼此互異，難以測度。雖副④使

① 振 "振"當作"扼"。
② 調 明抄本"調"上有"續"字。
③ 巳 "巳"當作"巳"。
④ 副 明抄本作"付"，誤。通行本改作"副"，是也。

之爲從，原爲正使他故，非爲偷生辱命，待以爲預也。且今欲遣科臣充正使者，一以知忠義之道，二就以完封①而勘彼中情形、以杜自往惑衆亂政畜輩口吻耳，又實遵累朝故事，何爲不可？此乃科臣推避患難之辭。且古語有云，食人之食，幹人之事。如此輩受爵受祿之畏法也。本兵所言，恐識破彼意，故來阻撓。若依其請，但慮雖完事於目下，倭果不退。若遺患於後日，罪有所歸。諭卿等知。"

　　四日庚午，大學士趙志皋、陳于陛、沈一貫題："昨日文書官劉宣恭捧聖諭到閣，諭內閣云云。欽此。仰惟皇上留神邊事，洞悉倭情，欲封事之早完，責科臣以避難，又謂完封目下，尚恐遺患後日，尤爲計慮萬全，臣等不勝悚服。竊以正使即用楊方亨、免差科臣一節，先該本兵言之，閣中公揭、及臣志皋疏中亦言之，揆之事體似屬便宜，伏乞聖明早賜裁允施行。至於諭中所言馭倭情節軫切聖懷者，臣等誼當爲皇上一一剖晰。伏讀聖諭云：'自前歲關白乞求許封，南北紛紛，言不可者十有七八，説可者未見一、二。'蓋天下事，建議則易，當任則難。頃者倭夷侵犯屬國，我兵遠出救援，士馬損折甚多，錢糧耗費無算，故不得已因其請封而許之。在本兵，則不欲捐無辜之生靈於鋒鏑之下，在司農，則不欲棄有限之膏血於溝壑之中，而臣等亦欲爲國家息事安民、主持此議，所謂慮切同舟者止此數人耳。此言可封者之所以少也。其他則皆事外旁觀之人，信口而談，隨聲而和，但取一時之言說可聽，而不顧國家之利害何如，言之而偶中，則自詫其奇，言之而不效，亦無以爲罪。何怪其紛紛呶呶、日多不已哉？至近日册使既逃，則言不可者愈益甚，而言可者愈益孤。然臣等終以言可者爲老成憂國之計，言不可者爲幸災喜事之謀，此聖明所當洞察者一也。伏讀聖諭云：'彼中事體，從遣使至今，有言萬分停妥、並無他虞，有言詐變已真、調兵防禦，彼此互異、難以測度。'夫此兩端議論相持已久，殆非一日。在主封之人，喜其事之速就，故凡所謀所講者多屬恭順之言，在破封之人，疑其事之難成，故凡所謀所講者

① 封　"封"下當有"事"字。

① 彊　明抄本作"疆"，是。通行本誤作"彊"。
② 副　明抄本作"付"，誤。通行本改作"副"，是。
③ 効　明抄本作"效"。通行本作"効"。

多係變動之語。況破封之人，或素懷執拗之成心，或身任封彊①之重寄，平時雖無亂形尚有異説，而況有正使之逃，豈不執之以爲據？但見今倭營實未嘗變亂，副②使尚安處在彼，關白又未有抗命犯順之迹，若止因正使之出、遽謂變詐已真，似未然也。臣等竊虛心詳之，册使入營已久，渡海無期，或者關白意望尚多，邀求未遂，因此推捱日月，此誠可疑之端也。然自講封以來已二年矣，關白即欲稱兵窺犯，誰則禁之？乃駐營釜山，絕無譁動，奉我册使，供饋惟謹，此實恭順之効③也。大率事在海外，傳聞未真，難以懸斷，還當從容鎮靜，以待其情形之定。若但信李宗城褫魄宵奔之言，而遂棄二使臣於度外，止憑謝隆、慎懋龍等道路不根之説，而盡疑楊方亨之揭爲虛誕，便停封事，換易前局，則臣之慮過矣。此聖明所當洞察者二也。伏讀聖諭云：'今欲差科臣充正使者，一以知忠義之道，二就以完封事而勘彼中情形。'又諭云：'本兵所言，恐識破彼意，故來阻撓'。竊思皇上之神明精察，似疑倭情之終屬難料，而必倚託科臣以覈實也。又疑本兵之苟且完事，而故阻撓科臣之往勘也。臣等以爲夷情狡黠，險於山川，兵家變態，在於呼吸，此誠難以逆料而預知者。但本兵石星年來力主許封，無非爲主上惜民省事、圖安國家、以仰寬東顧之憂，豈有一念自爲其身謀？近日倭情變動，朝議紛紜，遂於飲食俱廢，病瞶欲死，臣等未嘗不憐其操心之危，而悲其任事之苦。況封之一事，華夷萬衆所共見聞，豈可以一手盡掩人之耳目？使册使即今渡海，亦必待其竣事回還、島夷數年無所侵犯，乃可言封事之成。星又安能以一人之譎巧，掩飾數年之久，使無破綻乎？且星於封事，受盡千驚萬嚇，並無分毫利益，果爲何事而甘爲欺蔽？此又可以情亮者。古語云，疑人勿用，用人勿疑。今封事未可遽停，且當責成本兵副④之楊方亨等，不必更懷他疑，又添一科臣往勘。此聖明所當洞察者三也。伏讀聖諭云：'慮雖完事於目下，倭果不退。若遺患害於後日，罪有所歸。'此誠我皇上長念卻顧、萬全久安之至慮。臣等雖至愚昧，亦嘗晝夜籌度斯事久矣，敢爲皇上畢陳之。竊惟倭酋雖至桀鶩，夷情雖至狡詐，操縱駕

④ 副　明抄本作"付"，是。通行本誤改爲"副"。

馭其權原在於我。今日議論即甚紛紜，總之不過三端：一曰封，二曰守，三曰戰。要在當事者，慎酌其事機之緩急而行之耳。夫本兵之議以爲，今李宗城雖還，一使尚駐釜山，一使尚留海島，羣倭未有變動，倭酋未有侵犯，當此之時而遽欲罷封，恐無以服遠夷之心，而反速其犯順之謀。不若暫以封事爲羈縻之計，即有他變難以豫料，然我以大信待夷狄，彼以逆德負天朝，從而加兵，所謂師直爲壯，蔑不勝矣。此許封之議似尚可從也。廷臣之議，有謂調兵防禦爲急者。夫總督撫鎮，皆有封疆之責，敕書中原兼有禦倭職任。及今調集兵馬，預備儲餉。或先揀選良將，量帶勁兵，前往朝鮮，爲之教練士卒，固守險隘，可以振中國之先聲，壯使臣之膽氣，使屬國有所憑恃，不至折而入倭，島夷有所畏憚，不至侵突無忌。此今日之切務，所當亟行者也。至於主戰一事，督臣、廷臣之議即欲以大兵直抵朝鮮，逼臨釜倭，臣等竊以爲未可。蓋我師遠出，倭若執稱無變，跧伏不動，或潛蹤遠遯，不來應敵，炎風暑①雨之下，師旅難以久駐，勢必至於潰亂。此憂在外者也。萬里轉輸，數十鐘②而後能致一鍾，即使督趨嚴辦，供饋無闕，邊鎮疲民、畿輔重地、誰能堪此？此憂在內者也。昔隋唐以開基全勝之力，遠征遼左，尚有喪師大禍③，況今國家承平日久，兵食兩艱，更欲越遼東而輕有事於朝鮮釜山之外乎？異日兵連禍結，師老財匱，外夷內盜一時俱作，誰執其咎？此用兵之事、臣等所以躊躇慎重、而不敢輕議者也。萬一倭真拒我使命，興兵犯順，據我屬國，窺我天朝，則當此之時，自宜一意用兵，更無容他説。蓋仗大順以責叛逆，養積威以除兇殘，人心自然悚惕，士氣自然奮勵，較諸今日之輕易言戰，又不可同年而語矣。歷覽前史，如謝玄淝水之捷，虞允文采④石之戰，皆嘗以少卒孤軍力抗大敵，竟收勝算。其在本朝，嘉靖庚戌之事，又如近歲寧夏之亂，亦皆迫而後應，危而復安，未有以堂堂天朝、臨區區一島夷、遠寇未臨，輒爾張惶失厝、如今日諸臣所扼腕爭談者。臣等竊料，事機大略如此。但望皇上主持於上，仍將以後推用文武官員速賜批發，但使內外之任事有人，戰守之機宜不失，雖有他患，

① 暑　明抄本作"暑"，是。通行本作"署"，誤。

② 鐘　明抄本作"鍾"。通行本作"鐘"，誤。

③ 禍　明抄本作"福"。通行本改作"禍"，是也。

④ 采　明抄本作"米"，誤。通行本改作"采"，是。

亦必不至爲社稷之深憂也。緣昨奉聖諭，未經回奏，謹併將諭中事情，一一剖悉，以少紓聖明宵旰之懷。臣等不勝惓惓，謹具題以聞。"

八日甲戌，吏科接出聖諭："昨有旨，着推風力科臣一員來用，如何數日未見推上來？是何主意？都着回將話來。"

九日乙亥，大學士陳于陛、沈一貫題："今日文書官徐守福發下兵部等衙門會議倭事一本，臣等謹將九卿科道諸臣條議秉其切當戰守機宜者，細加參酌，恭擬一票上請。但此事體重大，臣等愚昧，一時識慮①恐有未周，伏候皇上聖裁施行。再照封事已奉明旨，付之楊方亨等，不遣科臣矣，今觀科臣議論平正，似亦有悔罪畏威之意。仰祈皇上矜念六科人少，諸臣之情尚屬可原，其回話疏但從薄罰，以昭聖慈浩蕩之恩。臣等不勝忻願。謹具題以聞。"

十一日丁丑，大學士趙志皋奏："爲孤臣蒙謗日深義難就列懇乞聖明特賜放歸以全臣節並乞洞察人言以明心迹事。頃臣已四疏乞歸，荷蒙我皇上三次遣官宣諭，且責以區畫東事，臣恐仰負聖恩，被謗復出。又念諸臣因論本兵，併以及臣，或不察昔日東事許封之由，又不亮今日廟堂主持之意，故備陳東事始末，以見皇上毅然許封之意，並未曾主封以忘戰守。無非欲剖明心迹，上以望聖明之鑒知，下以冀諸臣之感悟，誠不欲角是非於脣吻，辯曲直於紙筆間也。使諸臣苟不執有成心，則必察其既往。乃昨見諸臣會議疏揭，其議見總之不出保全朝鮮、防守內地而已，封事則聽其成否，無關重輕。是與臣之初意，本無異同，亦無軒輊者。然科臣則謂，臣與石星若在，即有良將勁卒，安所施功？臺臣則謂，臣與石星爲國效謀，原無他意，久皆引退，似當允從。戎政沈思孝則又謂，大臣中亦有與本兵通同蒙蔽者，意蓋指臣耳。臣當此之時，尚能靦顏就列、不一去以謝諸臣，則臣之禍將不旋踵而至矣。且諸臣之論臣者，不

① 慮　明抄本作"虛"，誤。通行本改作"慮"，是也。

曰欺，則曰誤、曰蒙蔽。夫轉換支吾爲欺，敗壞公事爲誤，阻塞聖聽爲蒙蔽。今臣有一於此否耶？東封初議之時，臣在閣辦事，原未主持。止因經略宋應昌，力言三戰之後士卒疲弊，馬匹倒亡，糧食不敷，應援不至，其屢書遺臣，歷數其大兵深入，孤危困苦所不忍聞，欲暫借封貢之名，不煩血刃，因機就計以取王京、王子、併慶尚諸路，而本兵又力爲擔當，於是始有議封之説。乃皇上屢渙綸音，勒令倭奴盡歸方從所請，且許封而不許貢。是議封之始，臣何者爲欺、爲誤、爲蒙蔽也？繼而宋應昌已回，顧養謙接任，又力言兵力既困，兼許封貢爲便，未幾養謙告歸，孫鑛往代，專主戰守，臣心壯之。無何，鑛出而小西飛至，一譯審於射所，再譯審於闕廷，多官無不環圍拱主，目睹耳聞，計以三事，止許一封。比時兵部所上公疏盡知，列①名諸臣盡允，毫無間言。而皇上屢渙綸音，必欲遵依約束，方准許封。是議封之時，臣何者爲欺、爲誤、爲蒙蔽也？本兵推擇李宗城爲正使，而以楊方亨副②之，石星以爲宗城係世胄之家，方亨係豢養之將，受恩深重，或不覆顛。然覊留經歲，臣不能無疑。但其屢次揭報，皆謂倭奴安静無譁，並未生變，臣則以爲封事不過覊縻耳，於戰守無礙，況勢已至此，難於中罷，姑少聽之。今不虞其誤聽謡傳，輕率逃走。雖宗城之出，蓋必有因，慎懋龍、謝隆之報，亦必有謂，臣固難以遥斷，但今據方亨屢報，尚謂倭奴如舊，是封事不得不仍令方亨相機結局。則前者所報，關白統兵二十餘萬已至南原崖者，又未見有下落。而封疆之臣見在議兵積餉，以待其來，初不因封以忘職守。是今日之處分，臣何者爲欺、爲誤、爲蒙蔽也？平壤三戰，運智策者心力已疲，奮血戰者金創未復，死鋒鏑者遊魂尚棲海外，興言及此，不勝於邑。彼時東征之臣，以立功異域欲少加優敍，以示鼓舞，以勸將來，而科道諸臣不論平壤之功，專指碧蹄之敗，紛紛參劾停止，雖皇上嚴督本兵，令其敍錄，而本兵終畏諸臣之議，僅僅題一賞賚，至今猶聞東征將士無不解體。即近日南兵鼓譟，亦因地方官未予恩賞之故。臣亦何嘗於良將勁卒抑勤阻撓，而謂臣爲欺、爲誤、爲蒙蔽也？臣又聞之，兵

① 列 明抄本作"刊"，通行本改"列"。
② 副 明抄本作"付"。通行本改爲"副"，是也。

志云：將能而君不御者勝。藉令東征許封行事之時，而臣且違衆獨立，必欲其長驅弊頓之卒，有如倭奴合兵固守以與我角，王京未得取，王子未得還，慶尚諸路未得復，進不得攻，退不得守，糧食應援俱不得至，遼東破車罷焉，人民逃竄，城堡空虛，俱不得休息，則諸臣又將何以議臣耶？再不然，小西飛乞款之時，諸臣俱已聽允，而臣且違衆獨立，必欲繫小西飛之頸，不顧根本，不惜錢糧，徵兵積餉，遠赴朝鮮，直至釜山，以殪倭衆，無故而發大難之端以開邊釁，則諸臣又能從臣之所請否耶？夫東封一事前後始末，臣並無一語以欺君，一事以誤國，一毫以蒙蔽聖聰，誠如前說所謂皇天后土有以鑒臣之心、九廟神靈有以察臣之志者。今諸臣不究事情，徒恣胸臆，同聲諀訿。無論臺省，即思孝者，臣與之同鄉同年，向日抗疏言事，謂其臭味頗同，不意今日意向各別，便生觺疾，以惡言相加，臣不知其解也。蓋諸臣意在排擊，故必欲加之以不韙之名，以速其去，殊不知臣行年已七十餘矣，前路轉逼，尚復何圖？自戊辰通籍，受皇上眷注之隆，計已三十載，官至宮保，位極人臣，尚復何望？徒以未報涓①埃，死不瞑目，兼以辭愈懇而皇上留愈篤，故昨復強出。今人言至此，揆義萬不可留。況臣心血已耗，步履已艱，即使留臣，何益於事？正如臺臣所謂久皆引退，似當允從者。伏乞聖慈，俯念孤臣謗至日②，危日深，特賜罷歸，以謝言者。仍乞聖明，俯察東事臣原無欺誤蒙蔽，以明心迹，庶生得以延殘喘，死得以遂首丘。是天高地厚之恩，感激於心，浸漬於骨矣。臣不勝恐懼屏營待命之至。"奉旨："封倭一事，原係本兵集議，朕心獨斷，卿有何欺誤蒙蔽？不必深辯。今雖倭情未定，朕欲且以一封羈縻。具③諸戰守機宜，方在督飭中外着實修舉，未嘗失策。卿耆碩首臣，受恩深重，正當爲朕任事分憂，豈可因浮言橫訿力求引退？宜即出入閣輔理。毋得再辭。吏部知道。"

十四日庚辰，大學士趙志皋、陳于陛、沈一貫題："昨日六科具本認罪回話，蒙旨詰責，將科臣葉繼美、王佐及禮兵二部

① 涓 明抄本作"捐"，誤。通行本作"涓"，是。

② 至日 明抄本作"日至"，是。通行本改作"至日"，誤。

③ 具 明抄本作"具"，通行本作"具"，皆誤。應作"其"。

該司官等革①職爲民，員外等官俱降調邊方雜職。天威震發，一時中外人心無不悚惕。除科臣事臣等前已具揭伸救，伏望聖明裁鑒，不敢再瀆外，其餘諸臣尚有情事可原、材品可惜者，不敢不爲我皇上明言之。蓋六部各司事務，俱係郎中一人分理，其員外、主事原不預聞，又或別有職事差占在外，是以近年皇上偶譴及司官，每從臣之請，將員外以下特從貸免，蓋亦矜憐其未嘗預事而寬之也。至於儀制、職方郎中近日文書遲慢，誠不能無罪，但昨會二部堂官，皆云因候會議稽遲，非敢抗旨達上。此其情亦似有可原者。就中職方郎中賈維鑰，材器倜儻，曉暢邊事，年來控馭虜倭，本兵多賴其籌畫，若從黜免，尤爲可惜。伏乞皇上俯念多事用人之際，曲憐諸臣過誤之失，將郎中賈維鑰姑准留用，或與儀制司郎中蔡宗明俱令戴罪降級管事，其餘員外等官量加薄罰，則聖明懲玩之法與宥罪之仁並行不悖，而在廷諸臣益將感激以圖報效矣。臣等不勝惓惓仰望。謹具題以聞。"

二十一日丁亥，大學士趙志皋等題："先該禮部題准，萬曆二十四年各處歲貢生員共一千二百二十一名，開送翰林院考試。臣等會同詹事府詹事兼翰林院侍讀學士掌院事余繼登，出題彌封，嚴加考試，取中文理平通上卷十二卷、文理亦通中卷一千二百零九卷，俱應准貢。謹將各試卷進呈御覽，伏乞聖裁，發下臣等欽遵施行。謹題請旨。""是②。該部知道。"

二十二日戊子，大學士張位、陳于陛、沈一貫題："邇者皇上欲遣科臣東封，該科延緩未即推舉，其畏怯推避之情已蒙聖明洞察，將科臣二人斥遣，在廷皆悚服無辭矣。其禮兵二部司官革職降謫，尚有無干濫及，爲情可原，閣中已曾具揭伸救，未蒙矜允寬貸。臣位昨因病痊出會諸臣，始知其事之始末。蓋二部司官之斥，爲據科臣所言二部手本未到、故緩於推舉，因罪及之。然中間固自有分別。方明旨推舉冊使之初下也，舊例兵部手本轉送禮部，禮部轉送該科，聞此時職方司已具手本送

萬曆二十四年

①革 明抄本無"革"字。通行本增之，是。

②是 "是"上應有"奉旨"二字。

與禮部，是該司之遵行未嘗遲誤也。職方既未遲誤，宜若無罪，則今盡署斥之，豈不可原而可矜乎？況業奉明旨，理當恪遵，又豈因該司手本之行不行遂致久稽耶？即儀制之官尚可原宥，乃職方無故干累，尤宜曲貸耳。況職方之官，必其素有才識、練達邊事者、選擇而授，今邊海多故，用人之秋，若無故而盡棄之，良爲可惜。是以臣等冒昧再瀆宸嚴，伏乞聖瞻俯加詳察，念職方司官已送手本、原未遲誤，姑量加罰治示懲，則雷霆至威，日月至明，人皆畏服、而感刻圖報矣。臣等又見科道待補諸臣部院推用諸疏，俱未蒙發下，得無以科道進言未當、其人遂可厭薄乎？縱其言有不齊①，而其官之職掌關係甚重，固不可廢也。況今御史差用甚爲缺人，昨都察院對臣等言，見今十三道祇有御史一員掌之。而各差俱無人應用，且大工巡視亦急切用人。如給事中羅棟、邵庶，御史趙標、馮應鳳、張大譨，俱係新來聽補人數，其人皆可用者。更乞皇上俯念差遣乏人之際，特准補用，庶官事不致曠廢，諸臣感激圖報有地矣。此皆政體關係緊切者，何敢隱忍不言？總祈聖明裁察施行。臣等不勝顒望懇切之至。"

二十三日己丑，大學士趙志皋、張位、陳于陛、沈一貫題："照得誥敕房原有翰林院坊局官五員，管理文官誥敕。今照徧②修莊天合等給假、公差等項去訖，止有編修黃輝、檢討王圖二員，辦理不前，相應題補。臣等推得編修楊道賓、袁宗道，檢討區大相，堪以管理前事。合候命下，令其遵照題奉欽依事理，管撰文官誥敕。未敢擅便。謹題請旨。"奉旨："是"。

是日，大學士趙志皋、張位、陳于陛、沈一貫題："今日臣等欽奉明旨，進內踏看乾清、坤寧宮工程。竊見規模廣大，工力浩繁，當仰廑皇上聖慮經營。容臣等與工部等官詳議，備辦物料，擇吉興建，務期不日告成，鼎新完美，以奠萬年鞏固之居。謹先具題回奏，仰紓聖懷以聞。"

二十五日辛卯，大學士趙志皋、張位、陳于陛、沈一貫題：

①齊 "齊"字疑有誤。

②徧 "徧"當作"編"。

"照得起居注館例用史官六員，編纂六曹章奏。今照翰林院編修董其昌、吳道南，俱奉差去訖，所有員缺合當推補。臣等推得翰林院修撰翁正春、編修馮有經，堪補前缺。合候命下，令其赴館供事。臣等未敢擅便，謹題請旨。"奉旨："是"。

萬曆二十四年六月丁酉，朔，大學士趙志皋奏："爲衰病已甚時事日危懇乞聖慈特賜放歸以保軀命以全臣節事。頃臣屢疏陳情，未蒙俞允，尋以東事未寧，羣言波及，臣又備陳始末，再疏乞歸，復蒙我皇上特渙溫綸，勉留益切。臣感激涕零，分當以死報國，夫復何辭？顧臣反覆思維，有不得不冒昧陳瀆者。蓋臣年七十老矣，年愈老則身愈衰，羣言排擊多矣，言愈多則身愈危。東事尚費處分，國步尤當拮据，乃臣以衰老危懼之人，靦顏於六卿之首，勷勤於萬幾之末①，其不濟也明矣。且皇上加臣以異數之恩，受②臣以密勿之任，非欲其優游歲月、漫無可否、竊取祿位已也，必將有安危之責以寄於臣。而臣自蒙皇上簡任以來，亦非欲隨波上下、與世浮沉、取容於衆已也，必將有匡扶之績以報其主。奈何光陰已暮，世事日非，浮議交加，國是難定，當此之際，雖使周公復生猶當思避，況臣以不肖之身，敢復以一日居於位哉？臣固已悔去之不早矣。又臣自近日以來，各病陡發。始以憂思太過，心血又耗，然止健忘，今且怔忡矣。繼以肢體孱弱，步履維艱，然止酸軟，今且麻木矣，兼以痰炎上升，頭目眩暈，飲食少進，形容槁枯，雖服藥多方，而醫治罔效。當此衰年，諸疾並發，豈能長久？與其冒恥以捐生，孰若乞恩以求活？伏望我皇上，俯念衰年已迫桑榆，老病實難醫治，特俞臣請，放臣回籍。庶人言少息而國體自尊，臣得生還而天恩浩蕩矣。臣不勝感激籲天待命之至。"奉旨："朕於卿信任甚篤，凡浮言巧詆皆洞燭其情，並無疑惑。今國家多事，何可因此遂忍求去？昨見倭報安靜，其紛紛妄瀆的應自慚沮，益見卿持議慎重，爲國效忠。偶疾不妨暫時調理，即出供職，母③得固辭，有負眷倚。吏部知道。"

八日甲辰，大學士趙志皋、張位、陳于陛、沈一貫等奏："爲宸居鼎建謹捐俸助工以少效微忱事。茲者恭遇乾清、坤寧二宮卜吉鼎新，經營伊始，念此乃一人安居之所，萬代仰成之基，事體重大，凡寰宇臣民罔不子來和會，願效馳驅，臣等叨列股肱，坐糜厚祿，愧無能贊佐末議，裨助絲毫。前者奉旨入內踏

---

① 末　明抄本作"未"，通行本作"末"。
② 受　"受"當作"授"。
③ 母　明抄本作"毋"，是。通行本作"母"，誤。

看工程，竊見規模宏廣，體勢崇隆，非尋常興建之比。退而與工部諸臣商議備辦錢糧，又見物料繁鉅，經費浩穰，查得部庫見在之積儲十不及一，開納、搜括之取足緩不應急。況且連年以來，東西邊費請發過多，水旱災荒，徵納日減，在在稱匱，事事告乏，當此大工肇興，持籌者真莫能爲計矣。臣等恭逢鼎搆，匡助靡能，目擊時艱，調劑無術，願將臣等應給俸銀各捐一年，少助大工費用。皆皇上祿養之賜，以濟公家急需，雖涓滴之輸，無裨滄海之大，然一念忱悃，藉此稍伸，臣等區區犬馬之私願也。伏望皇上俯鑒下情，特允所請，敕下戶部照數扣除，轉發工部應用。臣等不勝惶恐跼蹐之至。"奉旨："覽卿等所奏，捐俸助工，具見君臣一體大義，忠愛可嘉。朕知道了。戶部知道。"

十三日己酉，大學士張位、陳于陛、沈一貫題："前日臣等接得吏部揭帖，因工部尚書員缺已久，將兩京見任尚書及曾任工部尚書者共十員，備開上請點用。蓋因宸居鼎建，工程重大，必須得掌部之臣總理經營其事，無非仰體聖心，爲官擇人之意。臣等竊思，近日推用官員多未蒙欽點，不敢一一輕瀆，惟是大司空一缺，關係委重，在平日爲大卿股肱之任，固在得人，在今日當法宮興建之初，尤當亟選。查得先年大工修舉，必用工部侍郎一人在工專管，又用侍郎一人專管大石窩，其尚書一人專在部中區書①工程次第經理費用出入，又或有堂上官添註一員之時。今該部止侍郎徐作、呂鳴珂在任，除看工、督石之外，部事付何人綜理？此誠不可一日曠闕者。伏望皇上俯念興工方始，用人爲急，特允吏部所請，即於諸臣中欽點一人，亟令到任供事。如用南京及原籍者，仍上緊催取前來。如見推諸臣尚未當於聖心，亦乞明旨諭令再推。庶冬曹繁鉅任不至於久虛，而帝寢崇嚴功可成於不日矣。臣等不勝惓惓仰望之至。謹具題以聞。"

十四日庚戌，大學士趙志皋、張位、陳于陛、沈一貫題：

①書 "書"當作 "畫"。

"今日蒙發下吏部等衙門尚書等官孫丕揚等、太常寺等衙門卿等官范崙等各一本,爲宸居鼎建工費浩繁懇乞聖明容辭微俸以紓愚悃事。臣等俱謹擬票恭進御覽外,竊念大工方興,舉朝欣慶,共效涓微之助,少伸臣子之忱。前者臣等捐俸助工已曾具本進上,至今未①發下。今大小九卿衙門各本已荷宸鑒,伏乞聖明將臣等內閣前疏批發,一體施行。謹具揭,同擬票二本一同封進。臣等不勝仰望悚惕之至。"

十五日辛亥,大學士趙志皋等題:"爲起送復任事。該吏部手本開送庶吉士劉孔當,係萬曆二十年進士,改庶吉士,於翰林院讀書。二十二年二月內具奏,給假送幼子還鄉。二十四年六月十一日假滿到部。行移到院。臣等查得同科庶吉士王象節等俱已奏除翰林科道官,彼時劉孔當未蒙除授。臣等覆考得本官文學優長,堪任翰林院官。合無敕下吏部、將劉孔當照依甲第、除授本院官職?臣等未敢擅便,謹題請旨。"

十六日壬子,諭內閣:"朕昨覽卿等所奏捐俸助工,具見忠君體國之義。且卿等夙夜在公,殫忠竭力,匡襄佐理,足稱盡職。況俸以養廉,祿以酬功,乃國家常典。今既卿等又來揭請俯允,已有旨了。諭卿等知之。"

是日,大學士趙志皋、張位、陳于陛、沈一貫題:"前日臣等爲閣中捐俸助工本未下,具揭上請批發,今日奉聖旨:'覽卿等所奏捐俸助工,具見君臣一體大義,忠愛可嘉。朕知道了。戶部知道。欽此。'又奉聖諭一道:'諭內閣:朕昨覽卿等所奏捐俸助工,具見忠君體國之義。且卿等夙夜在公,殫忠竭力,匡襄佐理,足稱盡職。況俸以養廉,祿以酬功,乃國家常典。今既卿等又來揭請俯允,已有旨了。諭卿等知之。欽此。'臣等捧誦溫綸,不勝感戴。竊惟臣等叨居輔弼,霑被鴻恩,恭遇大工肇興,靡効匡贊,微力涓埃瀆進,慚悚方深,乃蒙俯納愚忱,再荷特頒溫諭。夙夜在公,愧未盡於職業,而皇上更念其忠勞。祿以養廉,愧久竊於叨靡,而皇上乃以爲常典。臣等感激眷私,

① 未 明抄本"未"下有"蒙"字,是。通行本無此字,誤。

銘佩心膂，惟有精白奉公、勉圖竭力酬報而已。謹具題恭謝以聞。"

是日，大學士趙志皋等題："爲起送事。近該吏部手本開送庶吉士劉孔當，係萬曆二十年進士，改庶吉士，二十二年二月內具奏給假，二十四年六月十一日假滿到部，行移到院。臣等查得同科庶吉士王象節等，俱已奏除翰林科道官，彼時劉孔當未蒙除授。該臣等覆考得本官文學優長，堪任翰林院官。已經具題，未蒙批發。照得今歲差用翰林官齎誥册封數多，見在官甚少，史局正須用人之時，伏乞速賜敕下吏部，將本官照依甲第、除授翰林院編修，以便供事。臣等未敢擅便，謹題請旨。"奉旨："是。吏部知道。"

二十四日庚申，大學士張位、陳于陛、沈一貫題："今日吏部尚書孫丕揚、侍郎孫繼皋進到東閣，邀臣等面會，稱説明日大選期迫矣，前本部所上推陞一疏未蒙發下，各缺未出，難以註選，欲臣等特爲懇請，乞將推陞疏即賜發下，尚可不誤大選之事，若再留覽未發，則大選日期必須更改，亦乞欽定施行。臣等竊思，吏部雙月大選，係祖宗二百年舊規，未可停廢而不舉者。伏望皇上俯念銓選事體關係甚重，察臣等懇瀆之情萬非得已，即乞於今日內將前本速賜檢發，不惟銓部得以欽遵從事而政體光明，臣等亦與有榮矣。謹具題以聞。"

是日，大學士張位、陳于陛、沈一貫題："兹蒙發下吏部一本爲立請聖明速改欽選日期以便遵行事，令臣等擬票。竊照吏部此疏，原因前者推陞膽缺之本未蒙批發，選期已迫，無缺可註，意求皇上檢發前疏以便銓除耳，若前疏未發，即改日何爲？臣等今早已將此情具揭上請，伏望聖明俯念大選事體關係甚重，速賜裁決施行，其吏部改期原本臣等難以票擬，堇①隨揭恭進，具題以聞。"是日，吏部推陞本發下。

二十六日壬戌，大學士趙志皋奏："爲衰病日增調治罔效②再懇天恩蚤賜放還以全餘生事。臣因東封之事人言誣詆，兩③

① 堇 "堇"當作"謹"。

② 效 明抄本作"効"。通行本作"效"。

③ 兩 明抄本"兩"下有"正"字。通行本刪此字，是也。

萬曆起居注

疏申辯，俱蒙聖明洞察，事體已明，正臣揣分知足、見幾求去之時也，加以老病侵尋，陳情上請，奉聖旨：'朕於卿信任甚篤，凡浮言巧詆皆洞燭其情，並無疑惑。今國家多事，何可因此遽忍求去？昨見倭報安靜，其紛紛妄瀆的應自慚沮，益見卿持議慎重，爲國效忠。偶疾不妨暫時調理，即出供職，母①得固辭，有負眷倚。吏部知道。欽此。'皇上始慰臣以東事之既完，又假臣以衰病之暫攝，溫綸下逮，愧感激衷，臣豈不知效犬馬以報主、而故喋喋煩瑣以瀆天聽、雖萬死不足以贖罪？臣敢爲皇上竭陳之。臣稟質素弱，既老益衰，自蒙簡任以來，心切效忠，力實不逮，然猶盡瘁支吾，殫力從事。自昨年以來，精力倦而不勝於步趨，心血耗而不勝於思慮，日損月虧，頹然成一老病矣。近因時事多艱，人言踵至，一人之殘軀何以當百口之交謫？致使朝廷之上遂成聚訟，國家之事日見紛爭，性戇每多於感觸，力薄不能以挽回，憂深慮危，遂成痼疾。內而怔忡之疚時刻舉發，外而麻木之症動履益艱，然猶冀其調治可愈也。不意受病既深，用藥難效，日久愈甚，痊可無期。至於飲食少進，頭目眩暈，形容枯槁，又大異於往日。詢之醫人，皆謂此係年老血衰、事煩勞積所致，若不亟治，恐成半體不遂，爲衰年養老之症矣。臣聞之益增驚懼，反加悽惋。夫人有疾則呼號於天，願天全而生之，臣有疾則呼號於君，願君全而歸之。臣於今日，惟有仰天呼號於皇上而已。伏望皇上念臣衰老、病亟哀苦情真，特賜臣歸，免死他鄉，皇上之於臣，蓋不啻天地之高厚矣。臣無任控訴懇恩之至。"奉旨："朕屢旨諭卿，日望入理閣事，何乃又有此疏？卿元輔重臣，老成舊德，改②本之地，倚毗方殷，且精力素稱強健，偶感微恙便當痊愈，豈忍堅志求去、有負朕隆禮信任至意？宜再慎加調攝，即勉出爲國，匡贊大政，毋得再辭。吏部知道。"

① 母　明抄本作"毋"，是。通行本作"母"，誤。

② 改　明抄本作"政"，是。通行本作"改"，誤。

七①月丙寅，朔。

十二日丁丑，大學士趙志皋、張位、陳于陛、沈一貫題："臣等伏聞聖母仁聖皇太后近日起居違和，今日又聞聖駕親詣慈慶宮，省問藥餌。竊惟天佑慈闈，即當茂膺萬福，我皇上奉養夙隆，聖孝誠篤，連日必當兢惕介懷。臣等叨列股肱，情關休戚，不勝惓惓瞻戀之至。謹具題仰寬聖懷以聞。"

十三日戊寅，仁聖懿安康靜皇太后遺誥內外文武羣臣："予以菲德，獲配穆宗莊皇帝於潛邸者九年，比即位初元年升儷宸極、母儀天下者六年。不幸昭陵上賓，予煢煢在疚，賴今皇帝光纘曆服，純孝天至，屢薦徽稱，幸隆敬養者又二十四年。於茲尊榮祉福亦既備綏。頃當寢疾危惙，皇帝躬省藥膳，叩禱神祇，尤竭虔悃。茲得永終天年，復侍先帝左右，夫復何憾？念惟皇帝負荷祖宗鴻業，艱鉅憂勞，宜以萬幾為重，不得過於哀戚。中外文武羣臣，務協恭秉忠，匡贊治理，以永億萬年太平無疆之祚。喪制悉遵先朝典禮，以日易月，二十七日而除，君臣皆同。毋廢郊社宗廟百神常祀，毋禁中外臣民音樂嫁娶。宗室諸王但遣人進香。在外大小文武衙門並免進香。特茲誥諭，其恪遵行之。"

是日，諭內閣："今日午時，聖母仁聖懿安康靜皇太后上賓，乃朕積愆深②，禍延聖母，不勝悲慟，諭卿等知。"

是日，大學士張位、陳于陛、沈一貫題："今日文書官潘朝用恭捧聖諭一道到閣，諭內閣云云。欽此。仰惟皇上至愛根心，大孝不遺，自臨御以來，屢上徽稱，以天下養者二紀於茲，其尊崇酌報情禮可謂竭盡而無憾矣。今鸞馭上賓，天數前定，我皇上乃躬引愆咎，過切悲慟，雖古帝王永懷追慕之盛節曷以加此？傳之中外，臣民孰不稱誦？伏望皇上深惟社稷重寄，節哀從禮，以圖萬年顯揚之孝，以慰四海依戴之心。臣等不勝惓惓懇切之至。謹具題回奏以聞。"

① 七 "七"前當有"萬曆二十四年"六字。

② 深 "深"下應有"重"字。

萬曆起居注

十四日己卯，大學士趙志皋題："臣因病屢疏乞歸，俱奉温旨慰留，在寓調理，向未入閣辦事。忽聞聖母仁聖懿安康静皇太后崩逝，臣雖在病中，不勝震悼。因鴻臚寺不接報單，即扶病於會極門先行叩頭禮，畢，即同各官赴慈慶宫門外哭臨行禮，後隨入閣辦事。謹具題知。"奉旨："覽卿所奏，扶病哭臨、入閣賛襄，具見忠勤爲國，深慰朕懷。知道了。該部知道。"

十六日辛巳①，大學士趙志皋、張位、陳于陛、沈一貫奏："爲恭慰事。本月十三日恭遇大行仁聖懿安康静皇太后崩逝，十六日皇上禮服具成，臣等恭詣慈慶宫門外哭臨，拊心流涕，不勝痛悼。恭惟皇上尊養素篤，至愛性成，方兹在疚之時，彌增罔極之慕。竊惟帝王之孝，原與臣庶不同，宗社之身當以幾務爲重。況值炎暑猶盛，更宜調攝倍殷。若至尊之懷過傷，即在天之靈爰②慰？臣等備員輔弼，心切瞻依。伏願勉抑至情，祗遵遺誥，俯鑒羣臣寬釋之請，大慰四海繫望之心。臣等下情無任仰望懇切之至。"

是日，諭内閣："覽卿等奏慰，悉見忠愛至意。但朕自入秋偶爾感冒，適聞大行聖母仁聖皇太后上賓，驚仆哀慟，頭目眩暈，身體戰軟。昨以聞喪，力疾趨赴幾③筵行禮，奏謁聖母，面承聖母慈諭，着朕務遵遺誥，抑情節哀，以社稷宗廟爲重，勿得過傷，致瘝萬幾。朕恭承慈諭，服藥暇攝，以安慰聖母愛子之心，諭卿等知。"

是日，大學士趙志皋、張位、陳于陛、沈一貫題："今早文書官虛受發下聖諭到閣，諭内閣：'覽卿等奏慰，悉見忠愛至意。但朕自入秋偶爾感冒，適聞大行聖母仁聖皇太后上賓，驚仆哀慟，頭目眩暈，身體戰軟。昨以聞喪，力疾趨赴幾④筵行禮，奏謁聖母，面承聖母慈諭，着朕務遵遺誥，抑情節哀，以社稷宗廟爲重，勿得過傷，至瘝萬幾。朕恭承慈諭，服藥暇攝，以安慰聖母愛子之心。諭卿等知。欽此。'臣等不勝仰戀。竊念皇上以大行仁聖皇太后上賓，哀痛過情，祭葬盡禮，致勞聖躬。臣等以爲喪禮貴於中節，大孝在於安親。既有仁聖遺言，又奉

① 巳 "已"當作"巳"。

② 爰 明抄本作"奚"，是。通行本作"爰"，誤。

③ 幾 明抄本作"几"，是。通行本作"幾"，誤。

④ 幾 明抄本作"几"，是。通行本作"幾"，誤。

聖母慈諭，皇上自當遵承。於禮之不可廢者，宜依典制而行，情有所當節者，萬無哀毀之過。至服藥靜攝，以安慰聖母之心，尤今日之所當謹者。臣等無任懇切仰祈之至。"

是日，大學士趙志皋、張位、陳于陛、沈一貫題："今日於慈慶宮門外成服行禮畢，即同進閣辦事，有內使陳富於寶寧門外捉獲不知姓名男子一人，手持內閣出入關防牌一面。臣等深爲駭異。切思禁地森嚴，豈容外人潛入？內閣牌面亦非外人擅用，有關法紀，不容輕縱，當將人與牌面送錦衣衛審問的實。隨據錦衣衛千戶游浹等回稱，審出姓名，徑自具奏外，查得前項牌面，係是隆慶六年置造，年遠久廢不用，非臣等心思關防所及。合無奏知，伏乞聖明裁察，將所奏罪犯從重施行？謹題請旨。"奉旨："覽卿等所奏，這不知姓①名男子，手持內閣久廢牌面，擅入禁地，好生不畏法紀。着錦衣衛拿送鎮撫司，好生打着究問明白來說。"

十七日壬午，內閣諸臣恭詣徽音門外進香。

二十一日丙戌，皇帝制諭禮部："朕惟母后恩深，聖善德備，生則享萬方之養，沒則垂永世之名，此國家慎終之彝章，亦臣子追先之達孝也。惟我聖母大行仁聖懿安康靜皇太后，溫惠有容，柔嘉維則。初配先皇於潛邸，襄陰教者九年。既正后位於中宮，作母儀者六載。肆朕冲齡而纘曆服，式承懿訓以御家邦，六宮繇之肅雝，二紀賴以寧謐。方祝壽祺永介，何期孝養長捐？罔極之恩莫酬②，終天之恨徒切。懷徽音而增慟，佩遺誥以興悲。嗚呼哀哉，追惟聖德宏深，人心協戴，薦加顯號，國典攸存。是宜採論於公，援天而謚，布告中外，昭示無疆，以稱朕尊崇之意。禮部其即集廷臣，博議以聞。欽哉，故諭。"

是日，大學士趙志皋奏："爲事體甚明誣言屢及懇乞聖慈賜察以昭心迹事。臣昨日在閣辦事，接得吏科給事中劉道亨等揭帖爲大臣通同附勢蔑法庇貪等事，內參駁南京刑部尚書趙參魯等曲庇南京工部都水司主事趙學仕之貪，謂畏臣之勢致然，學

① 姓 明抄本無"姓"字。通行本補此字，是。

② 酬 明抄本作"酧"，誤。通行本作"酬"，是。

① 諱 明抄本作"律"。通行本作"諱"。當作"肆"。

② 副 明抄本作"付"。通行本改"副"，是也。

仕之貪，謂臣縱之使然。臣讀之不勝駭愕。頃者南京御史朱吾弼追論學仕，雖有一言及臣，然猶未甚諱①言也，臣故不敢瑣瑣奏辯以瀆聖聽。若道亨等之疏，則以臣爲縱其貪、而曲爲營脫矣。臣至此焉得不一言以白其心焉？夫趙學仕，臣之族叔也，雖係同宗，原非親分。具其生平，負高使氣，與人多不合，一南一北，音問甚疎。其造船買木有無侵尅，事在彼中，臣亦何由而知？即使果有此事，學仕豈肯使聞於臣？籍使臣知其事，苟非喪心，必加規戒，豈忍縱之爲惡、以自壞其家聲也？必不然矣。後爲南京工部侍郎周思敬所論，臣亦絕不知其委曲事情。及下南京刑部尚書趙參魯勘問，臣亦絕不知其問斷情節。比再勘再問，則盡南京法司之官皆與其列，招疏開載已爲詳悉，故刑部因擬杖以擬調，吏部因擬調以補官，彼亦據招定擬，於臣何與？吏部之官皆在也，詢之自可立見。且臣近憂讒畏譏，日惟杜門，皇皇求去，有何勢可畏而謂畏臣之勢？臣亦何嘗授意於多官？即參魯亦豈肯爲臣一遠族以汲汲也？今夫家庭之間，最親莫若父子，或有意見不同，行徑各別，況臣與學仕相隔甚遙，彼之廉貪，彼自爲之，彼之榮辱，彼自取之，臣焉能縱於前而庇於後也？且學仕前當奏辯之時，曾遺一言與臣，謂臣在高位，緩急不相救恤。今道亨等又誣臣爲縱、爲庇，悲哉！道亨前疏論臣，亦已牽學仕在內，臣辯既謂自有國憲，今學仕已革職回籍聽勘，公論亦知臣之不庇學仕矣，何意今日復論學仕、而中臣爲縱貪也？緣近日人心不古，鱗甲逼人，臣畏避已久，兼以衰病殘軀，歸志已決，忽聞仁聖皇太后升遐，凡爲臣者無不哭臨，矧臣受兩朝眷注，恩寵獨隆，哀慟義當首篤，萬無堅臥之理，是以扶病暫出，擬喪祭禮完、山陵事畢，力求引退。不意曾未數日，而議者至矣。臣心甚危，臣苦甚極。伏願我皇上俯察前情，以明臣之心迹，仍望聖恩獨斷，不若罷臣以息人言，以全臣之體面，且不致因臣以累及參魯等諸臣也。臣不勝恐懼激切待命之至。"奉旨："趙學仕已行勘問，自有公議。卿素懷敬慎，此事原無相干，不必介意。宜安心供職，以副②眷倚。吏部知道。"

二十一日丁亥①，大學士趙志皋、張位、陳于陛、沈一貫題："臣等今日在閣辦事，接得巡視北城御史何爾健揭帖爲緝獲誆騙棍徒事，內開有棍徒凌榮，糾合夥棍周碧涵等，局騙霸人劉果銀兩，詭稱我有一友在沈閣下宅內教書，可替你幹辦考中中書等語，隨講索謝銀三百兩，將鐵換銀入己分受避匿，被兵馬崔悟緝獲，贓銀帳目見在，乞送法司從重究擬等因。臣等見之，不勝痛恨。照得走空棍徒京師甚多，屢奉明旨緝拿，不啻三令五申，而猶然縱行，罔知畏戢。今復假借閣臣名色，以張騙局，汙壞名節，弁髦法紀。非該坊兵馬緝獲，則奸人得志，浮語妄傳，將真謂皇上之法可以私干②，臣等之門可以賄入，其爲清朝政體之累大矣。臣等猥以菲薄，蒙皇上心膂之託，深愧才具短淺，不稱任使，至於守職畏法、絕私却賄一節，可誓天日，庶幾藉此以報特達之知。顧臣等能自爲砥礪，而不能禁鼠輩之無假託，若非申嚴國法，何以齊肅人心？查得舊規，走空棍徒用頭號大枷示衆，完日從重究擬，其曾經發遣脫逃軍犯，尤難輕縱，既犯法有罪，又不得以未獲幸免。伏乞敕下法司，將凌榮等盡法處治，未獲人犯嚴行緝拿，務在得獲，毋得博長厚之名，致滋縱惡之弊。再照法非難行，以奉法者時有所撓故不行也。大吏以體統自高，常惡人之侵己，小吏懷顧望之意，又不敢盡舉其職，則法安得行？而奸何可去？臣等頗知自守，喜人相成，每懷摘奸之銳志，決不敢萌護體之私心。如兵馬崔悟可謂善奉法而能發奸矣，臣等竊謂宜加優錄，以風其餘。仍乞申飭廠衛及各兵馬司巡捕等官，今後不得顧忌各衙門體面而委曲廢法，各衙門亦不得曲護己短而姑息容隱，天下之法與天下共遵之，則奸慝可去，法紀可行矣。臣等不勝披瀝懇祈之至。"

二十七日壬辰，文武羣臣議上大行仁聖懿安康靜皇太后尊諡，文曰："伏以地稱博厚，乃持物而同天，坤著順承，爰配天③而言聖④。於昭聖母，光贊皇圖，若稽懿行於當年，宜顯芳猷於來世，斯薄海共尊親之意，亦明時大禮典之光也。欽惟大

①二十一日丁亥 "二十一日"當爲"丙戌"，"丁亥"當爲"二十二日"。"二十一日丁亥"當有誤。

②干 明抄本作"于"，誤。通行本改作"干"；是。

③天 明抄本作"大"，通行本改作"天"。
④聖 明抄本作"至"，通行本改作"聖"。

行仁聖懿安康靜皇太后,柔順正中,安貞靜一,簡於世廟,配我莊皇。潛邸嗣徽,壼範齊輝於儲德,中宮正位,母儀肇化於王風。當榮華始盛之時,豫根本萬年之慮,佐成先皇之燕翼,蚤建上位於青宮。迨乎踐祚,冲齡弘資保祐,乃兹成仁,必世大藉儀刑。養備稱尊,福履之綏未艾,得全履盛,謙光之聞彌彰。宮庭式衣練而度肅珩璜,戚屬併流車而動循矩矱。方期返壽,遽爾考終,猶廑遺誥之頒,顧念纘圖之重,戒兹百辟,媚於一人。訓澤如新,悵鸞輿之不迓①,徽音孔赫,祐麟趾以無疆。臣等祇奉明綸,遜稽諡典,雖至德有難於蠡測,乃鴻稱實採於輿情,宜天錫之曰孝安貞懿恭純温惠佐天弘聖皇后。"奉旨:"朕覽卿等擬上大行皇太后尊諡。依議。送翰林院官,擬撰册文進覽。"

① 迓 "迓"當作"返"。

萬曆二十四年

八①月丙申，朔，大學士趙志皋等題："先該吏部題准，願告教職歲貢生員行移翰林院考試，臣等欽遵會同詹事府詹事兼翰林院侍讀學士掌院事余繼登，出題彌封，嚴加考試，取中文理平通上卷十二卷、文理頗通中卷一千二十七卷，俱堪授教職。臣等謹將試卷封進，伏乞聖裁發下，併送該部查照臣等先後題准事理施行。謹題請旨。"奉旨："是。吏部知道。"

是日，大學士張位、陳于陛、沈一貫題："今日文書官盧受發下禮部一本爲尊謚事，內開八月初八日恭上大行仁聖皇太后尊謚，初九日頒尊謚詔。各儀注，臣等竊見儀注所載：初八日請皇上御皇極門，赴幾②筵行禮，初九日請御皇極殿，頒行詔書。二者皆係重大典禮，伏惟聖體康和，仰望親詣，舉朝不勝瞻戴。萬一聖躬尚在靜攝，乞於初八日赴幾③筵行禮，以慰輿情。初九日頒詔御殿，惟俟上裁。禮官守禮照常具儀，臣等今亦照常擬票，俱待傳旨遵行。臣等未敢擅便，謹具題知。"

二日丁酉，諭內閣："朕覽卿等揭奏。朕豈敢自逸偷安？惟是昨者寒火交攻，乍作乍可，朕今頻服藥餌調攝。且初八日恭上尊謚大禮，朕力疾親行。其於頒詔，俟傳免御。亦見卿等體君忠愛至意。若皇長子等質尚脆弱，未諳禮儀，難以陪從。諭卿等知。"

三日戊戌，以萬壽聖節，欽賜四輔臣等，每金萬壽字二付、銀萬壽字二付、金篆字八個、金書紅符一道、銀書紅符一道，及講官劉元震等四員有差。

是日，大學士趙志皋等題："臣等今日在閣，接到都察院揭帖，內稱按臣缺甚，差用無人，詞意迫切，乞允行取選用。臣等竊惟，前此各差缺人，尚可那移請用，是以臣等未敢輕瀆聖聽。今大差、中差委實缺乏甚多，臺中無人，難以措處，行取之事萬不容緩，臣等④不爲一言。伏望聖明鑒察，將都察院前疏即賜批允，或發下擬票，恭候宸斷施行。臣等不勝仰望之至，謹具題以聞。"

① 八 "八"上當有"萬曆二十四年"六字。

② 幾 明抄本作"几"，是。通行本作"幾"，誤。

③ 幾 明抄本作"几"，是。通行本作"幾"，誤。

④ 等 明抄本"等"下有"不得"二字。通行本漏此二字，誤。

四日己亥，大學士趙志皋奏："爲年衰已甚老病幾危懇乞天恩矜賜罷免以求生還事。臣因年老病深屢疏陳乞，未蒙俞允，近因人言誣詆疏辯求去，又奉聖旨：'趙學仕已行勘問，自有公議。卿素懷敬慎，此事原無相干，不必介意。宜安心供職。吏部知道。欽此。'臣捧誦再三，不勝惶悚。念臣荷皇上簡①已及六年，念雖切於忠藎，力實慚於衰邁。然自數年以前，猶能勉強支吾，迨今二年之後，則益加夫困憊。且時事多艱，既非謭劣之才所能辦理，而人言屢及，又非孱弱之軀所能克勝。緣此心思鬱結而不能展舒，血氣虧損而漸加耗散，內而心體怔忡屢至昏瞶，外而四肢麻木不能屈伸，前疏已瀆諫於天聽矣。不意至②今日，觸時事而感傷，致病體之益甚，怔忡之發日無虛刻，偶有記憶，轉瞬即忘，朝語事而朝遺之，夕語事而夕遺之，東行而迷其西，前瞻而失其後。一心不能自主，萬幾豈能贊襄？四體已難支持，百僚焉能表率？此臣旦夕之所恐懼，而不能以一息而寧者也。鬱結已久，脾胃受傷，飲食少進，日復一日，更加形容枯槁，神氣消索，奄奄僅存一息，此則人之所共見者，無不爲臣駭愕。夫閣臣職任崇重，非優遊竊祿之官，幾務繁殷，豈燕息養痾之地？臣前後不出者幾三月矣，有衰殘之病，無痊可之期，屢據諸醫所言，決非旦夕可愈，詎得復挂虛銜、妨誤國事？臣之所以抱病而滋懼也。伏望皇上俯察臣言匪有矯飾，憐臣衰老，早放歸田，俾得終於牖下，當感恩於沒世矣。臣無任戴天仰德激切懇祈之至。"奉旨："密勿贊襄，朕正倚老成。今內外多故，卿居首輔，當竭力盡忠，以付③眷注。況精力未衰，偶疾不妨調理，何可屢次求去？不允所辭。吏部知道。"

八日癸卯，上御皇極門，奉冊寶詣大行仁聖懿安康靜皇太后幾④筵，上尊諡，冊文曰："維萬曆二十四年歲次丙申，八月丙申朔，八日癸卯，孝子皇帝臣御名稽首百拜上言。臣聞德茂坤純，祇仰母儀之備，禮隆渙號，光昭宗祐之休，爰申殷薦之彝，式播明章之烈。恭惟皇妣大行仁聖懿安康靜皇太后，濬猷淵靖，秉詰端凝。爰儷先皇，惕鷄鳴而佐理，暨開冲眇，垂燕

---

① 簡　明抄本"簡"下有"任"字，是。通行本漏此字，誤。

② 至　明抄本"至"字上有"延"字，是。通行本誤漏此字。

③ 付　"付"當作"副"。

④ 幾　明抄本作"几"，是。通行本誤作"幾"。

翼以貽謀。奠神器而置諸安，丕顯簡能之績，葆聖真而藏於密，逾高幽贊之功。四方從綈練之風，萬國景珩璜之教。璇宮玉食方隆長樂之儀，萃蓋鸞旂遽返蓬萊之駕。瞻隆天而罔極，踢厚地以增傷。追惟至德無疆，胥華夷而共戴，是宜鴻名有赫，煥日月以爭輝，庸叶人謀，請從天錫。謹奉册寶、上尊諡曰孝安貞懿恭純溫惠佐天弘聖皇后。伏願聖靈昭鑒，載懿美於無窮，慈佑長延，配安貞而永久。謹言。"

是日，大學士趙志皋、張位、陳于陛、沈一貫題："今日伏遇皇上恭上聖母孝安皇太后尊諡册寶大禮告成，一時文武臣工仰瞻聖駕御門，躬送册寶，祗謁幾①筵，奠獻之儀具虔，步趨之節惟謹。不但久違天顏、咸遂快睹之願，抑且欣戴聖孝殷隆、尊親備至，傳之中外，臣民孰不仰誦？即此一舉，真足以繫屬四海人心，大慰華夷觀望矣。臣等叨列股肱②，倍深踴躍，謹具題恭慰禮成以聞。"

九日甲辰，頒孝安皇后尊諡詔於天下："奉天承運皇帝詔曰：朕惟盛德光昭，必紀鴻名以立極，尊親禮備，用襄達孝於慎終，閔予疢懷，祗循經制。欽惟我皇妣大行仁聖懿安康靜皇太后，安貞應地，柔順承天。始儷先皇，殫愛勤而佐潛邸者九載，旋正后位，秉離肅以摠陰教者六年。誕弘僾木之施，茂衍螽斯之慶。撫朕冲昧，嗣續基圖，式承文母之徽音，獲奠祖宗之洪業。聖善昭垂於內則，神功默運於中區。愛日方殷，二紀聿隆孝養，昊天罔極，寸心未報慈恩，遽違長樂之歡，倍切永懷之痛。捧訓辭之諄切，仰顧復以悲思。追遡深仁，亶揄揚而莫罄，崇增顯號，庶昭揭於無窮。特諭禮官，博參廷議，協從令吉，光備彝章，以八月初八日敬告天地、宗廟、社稷，恭上皇妣尊諡，曰孝安貞懿恭純溫惠佐天弘聖皇后。嗚呼，德並福以兼隆，貽萬禩母儀之懿範，榮與哀其咸備，罄九圍臣庶之輿情。詔布四方，咸使知悉。"

十日乙巳③，皇上以萬壽聖節，頒賜元輔趙志皋銀六十兩、

① 幾　明抄本作"几"，是。通行本作"幾"，誤。
② 肱　明抄本作"股"，誤。通行本改作"肱"，是。
③ 巳　"巳"當作"巳"。

綵段四表裏，次輔張位、陳于陛、沈一貫每銀五十兩、綵段四表裏，及講官劉元震等四員各銀二十兩、紵絲一表裏。

二十二日丁已①，大學士陳于陛奏："爲披瀝悃誠辭免殊常恩命事。臣以歷正二品三年考滿，該吏部具本引奏，奉聖旨：'陳于陛簡任密勿，協贊忠誠，茲當考滿，勞績茂著。着便復職，加太子太保，餘官如故，蔭一子入監讀書，照新銜給予誥命。欽此。'臣聞命自天，不勝感惕，不勝惶悚。伏念臣學術空疎，行能譾薄，恭際聖神之運，叨塵講勸之班，涵被簡知，拔寘左右，雍容密勿，慚績效之尠聞，荏苒歲時，覺②曠瘝之已甚。即悠悠而滿考，分下下以宜書，幸仰荷於寬慈，復過邀於溫獎，增秩驟升其品列，疏榮兼逮其後先，是惟特異之恩私，夫豈陋庸之堪稱？竊以春宮太保，階崇職重，原非積資可得之官，而內閣輔臣，任鉅責艱，尤非累日言勞之地。況臣歷二品雖已三載，列詹府尚居數月，其實在閣辦事者僅二年餘耳。至考臣參陪國論以來，忠欲殫而誠意不足以感格，志徒奮而材力不足以匡維，進無弼亮朝夕之功，下乏康濟中外之略，尺寸寡樹，廩祿虛糜。及茲奏課之期，得逭黜幽之罰已爲厚幸，乃今峻秩明綸並霑累世，殊榮疊寵交集一時，德薄而任彌隆，勞微而賞特厚，豈獨揆之私分萬不能堪，其於清朝覈實勸功之典、不已太濫乎？臣世沐國恩，久叨主眷，雖乾坤之德難報，頂踵宜捐，奈詔証③之量已盈，江河難受。所爲俯僂兢惶、不敢拜命者，匪以例辭，誠愧懼交切於衷也。伏望皇上察臣控懇至真，毫無矯飾，特賜收回成命，俾仍舊秩，圖效將來，則微臣免高位速顚之咎，分義稍得苟安，而大廷無橫恩濫予之嫌，名器益爲增重矣。臣無任激切隕越之至。"奉旨："卿贊襄恪慎，世劾忠勞，考績加恩，朝廷彞典。宜承眷命，不允所辭。吏部知道。"

是日，大學士陳于陛奏："爲恭謝天恩事。本月二十二日，伏蒙聖恩，以臣歷正二品俸三年考滿，特遣御前牌子蔡廷齋賜原封鈔二千貫、羊一隻、酒十瓶。臣謹焚香叩頭祗領訖。伏念

萬曆二十四年

臣謬緣際會，濫被眷知，擢參心膂之司，俾任樞機之重，進則優游於禁闥，袞職何裨？居惟玩愒於日時，滿朝①忽屆。積咎但深於歲計，課能奚有於年勞？乃當蒙恩寬貸之餘，復拜殊錫，駢蕃之渥，發尚方之寶鍿，寵溢千縇，出禁署之珍羞，尊傳九醞。念昔糜大官之廩餼，已屬空餐，況茲辜中使之匪頒，尤增愧汗。捧溫綸而眷②生蓬戶，飫駿惠而感切丹衷。高厚難名，惟感佩恩慈於洪造，涓塵可竭，誓勉圖報效於微躬。臣不勝感激天恩之至。"奉旨："覽卿奏謝，朕知道了。禮部知道。"

　　二十五日庚申，大學士趙志皋奏："爲年老病篤痊可無期乞懇天恩早賜放歸以全軀命以終晚節事。近該臣屢疏乞休，伏蒙聖旨：'密勿贊襄，朕正倚老成。今內外多故，卿居首輔，當竭力盡忠，以副眷注。況精力未衰，偶疾不妨調理，何可屢次求去？不允所辭。吏部知道。欽此。'念臣每一控疏，輒奉溫綸，捧誦再三，泫然涕下，何敢復有所瀆？顧念臣報君之心，雖不敢因老而弛，而報君之身，則實因老而病、其不能濟必矣。臣請爲皇上歷③陳之。臣自通籍以來，早年偃蹇，嶺海飄零，繼而召還，南北遞轉，風波險阻蓋已備嘗。自謂一生迍邅，終身無復際遇。不意晚年謬承天寵，進司密勿。受命以來，慄慄危懼，日慮不勝。念臣才本疎庸，智實短淺，況當國家多事之時，又值人心操切之際，職業愧不能修，事功毫無所樹，徒以衰憊之年冒茲宏鉅之任，竊祿大官，濫膺天寵，臣之當去者一也。數年以來，天變示象緯之警，地方多水旱之災，百姓困於流離，四方苦於盜賊，實臣不能爕理所致，臣之當去者二也。各鎮之胡虜縱橫，四方之邊警不息，東西征討，帑藏空虛，滇蜀用兵，民力疲竭，實臣內治不修所致，臣之當去者三也。任事未滿六年，而言官之譏彈屢至，不下十數章，雖以同鄉之人，亦無梓里之念，而信口譏彈，實臣忠信不孚所致，臣之當去者四也。有此四當去，使臣能委曲自貶以徇人，猶可苟延夫歲月。念臣心本庸愚，不能藉寵利以招權，性惟簡直，不能竊威福以樹黨，無深秘之術，而不能勾引以結歡，乏婉曲之言，而不能巧媚以

① 朝 "朝"疑爲誤文。

② 眷 明抄本作"春"，是。通行本作"眷"，誤。

③ 歷 明抄本作"瀝"。通行本作"歷"。

① 者　明抄本作"哉"，通行本作"者"。

② 苦　明抄本作"若"，通行本作"苦"。

取譽，其所由來者亦漸矣。臣以孤立之身而當此衆咻之口，是以思慮不能展舒，精神日就虛耗，百慮叢生，四肢痛苦，而怔忡不解之病日積于心，愈積愈深，愈深愈盛，遂成痼疾而不可藥矣。豈有不可藥之心疾、而可授之以國政、當萬幾之煩者①？蒙皇上簡任之恩、眷注之篤，豈敢惜一死以圖報？然臣死無益於國，故乞恩以全臣之生耳。古之爲臣者，年至七十必引疾以求退，況臣以真病乞休者乎？伏望皇上憐臣之年實已踰期，察臣之病匪有虛假，特賜放歸，俾得稍親藥餌，少延殘喘，優游田里，歌詠太平，則皇上大造之恩豈惟臣一身感激？子子孫孫當世世戴之矣。臣不勝控訴待命之至。"奉旨："卿屢疏求去，朕再三勉留，宜體眷倚之懷，竭忠匡輔。如何又有此奏？況國事多端，正賴卿主張料理，豈宜託病自逸？不必再辭。吏部知道。"

二十七日壬戌，大學士張位奏："爲擬票招怨平白受誣懇乞聖明洞察併祈罷免以安愚分事。臣昨日出閣回至私寓，接到吏部尚書孫丕揚揭帖爲權臣主謀鷹犬劾力義難再留乞恩速放以避毒手事，大略謂臣於丕揚惟恐其去不決，其注籍也，甘苦②休戚，其開籍也，迹遂吳越。及細觀疏内論臣之事，皆臣平昔夢想所未到者，不勝駭異、欷息。謹具事情始末，爲皇上陳之。前孫丕揚辭疏未上時，先一日託侍郎孫繼皋，詣朝房對臣言述丕揚求歸真切，疏已二十上矣，叮嚀臣擬票須得如願，且囑臣等具揭代請，以成其志。次日丕揚復遺臣手柬。内述久病殘喘，浼臣等贊助玉成尤切。臣不覺遂深信之，及辭疏發下，臣與同官商議，孫尚書辭疏已多，臥病經歲，部務耽誤，擬票回籍調理，痊可起用。比進御覽，未蒙發下。從來閣票甚密，乃不知丕揚從何處探得此音，遂深懷怨恨於臣，臣不知也。臣於丕揚，道義交久，夙號知契，昨丕揚辭疏未下，臣惜其去，尚詣其宅勸留之，歡然道故，略無色忤。臣平日與人，皆誠心直道相處，乃不知其猶夫世人，口雖言去，心實欲留。臣之愚昧甚矣，何敢復相天下人復談天下事乎？臣素寡交，每日出朝歸寓，杜門不干外事，至於吏部權要熱鬧之地，非公事來見，未嘗輕出一言。據丕揚疏中造捏浮言，自有公論，無容置喙。若所指丁此呂①事，當考察時臣曾對人惜其才，然一聽吏部所爲，何嘗求救？丕揚與沈思孝交惡，舉朝孰不知之？更敢向之②薦爲吏部耶？思孝告歸之疏，臣等嘗兩擬票許，若同丕揚肺腸，亦當致怨，反疑保護何耶？又謂臣屢薦鄉人，因丕揚堅執，怒形於色，此則絶無影響。凡偶及無心之言，不慮丕揚有心之聽，真可駭矣。文選郎官缺人，推舉白所知，因丕揚坐示駁封超越考功，偶爾一問，初不知部之推論資、原無他意。至於部疏未下，方思具揭懇請，乃謂臣不與白所知，不亦枉乎？孫暹、張明，内臣也，素無交接，不測此言何因？且臣受皇上知眷，豈肯依爲冰山？劉道亨、因③孔教，言官也，二臣在京止曾公衆一見，且臣最惡結黨營私，何事藉爲謀主？況道亨並非門生，尚不識面。周獻臣輕率妄瀆，與臣何干？俱可置諸不辯，内省毫髮無愧。臣荷皇上拔置密勿，一片赤心日思盡忠報主，誓不敢附和爲欺。每對九卿大臣言，惟以潔己、奉公、尊主、守法相戒。秉直者首肯臣言，懷私者心忮臣直。若大臣中廉與貪，公與私，自有聖明鑒察照臨於上，公論終不泯於天下，臣亦無俟曉曉自鳴矣。但念臣闇昧無周身之防，拙直無諧世之術。春間患疾委頓，欲爲乞骸計，尋勉強復出，惟愧主恩未報、不忍遽去耳。今素望如丕揚，相信如丕揚，一旦反脣④，是必臣行之有疵，以至人心之不信，即覥顏就列，終何益乎？伏望皇上再加詳察，如果丕揚原係託疾，實無歸心，亟留照舊供職，以解其平昔之疑，並將臣速賜罷免，爲擬票不當者之戒，益堅丕揚効用之志，庶微分獲安，而朝政從此永永清肅矣。臣無任懇祈仰望之至。"奉旨："卿輔弼重臣，忠誠清慎，朕所鑒知。奏辯誣情，朕知道了。卿不必以此介意，宜即出安心輔政，用付⑤眷懷。不允所辭。吏部知道。"

是日，大學士陳于陛奏："爲比例懇乞天恩進父贈官頒給誥命以伸孝情事。臣近因歷正二品俸三年考滿，伏蒙聖恩加臣太子太保，特賜誥蔭，隨該臣具疏控辭不允，已於二十五日謝恩

① 呂　明抄本作"召"，誤。通行本改作"呂"，是。

② 之　明抄本"之"下有"更敢向之"四字。通行本刪此四字，是也。

③ 因　"因"當作"周"。

④ 脣　明抄本"脣"下有"至此"二字。通行本無此二字。

⑤ 付　"付"當作"副"。

① 馳 "馳"當作"貤"。

② 師 明抄本"師"下有"萬曆二年，尚書楊博先奉旨贈太傅，至萬曆二十年，因伊子戶部尚書楊俊民陳乞，又加贈太師"三十七字。通行本漏此三十七字。

訖。竊惟臣遭逢上聖，備員近輔，一歲中兩叨恩命，踰越分涯，豈敢再有陳乞？但念國家有封誥之錫，以馳①及其上世為重，臣子荷絲綸之寵，以顯揚其父母為榮。臣頃從閣中諸臣後，於二月內因西邊功捷，蒙恩加太子少保，頒給誥命，在諸臣皆得推恩父祖，而臣止有生母及本身妻室二軸，緣臣父先臣少傅兼太子太師吏部尚書武英殿大學士陳以勤，官秩高於臣，例不得給，典制所限，臣亦未敢妄干。惟是一念顯揚私悃，終有歉然不能自寧者。乃今又復叨被誥命矣，若竟隱默不言，是臣愚屢徼過分之恩，而臣父不獲霑片言之寵，人子之誼謂何？且臣近疏辭加恩，欽奉綸音寵答，獎其世効忠勞，是聖明在上，已念及先臣歷事先朝，効有微勳，而臣不能祗承德意，瀝悃陳情，以孤聖主睠舊之仁，虛聖朝廣孝之典，臣之罪實無所逃矣。除臣曾祖及祖二代，俱以臣父官階馳贈，不敢瀆請外，其臣父誥命，據立朝官高雖難以子贈，而在本身贈官則尚有可加。查得正德六年，尚書馬文升先奉旨贈太傅，至正德十六年，因伊孫中書舍人馬天祐陳乞，又加贈太師②。俱准另給誥命，二項事例見在吏部可查。伏思臣父以勤，際遇三朝，德業聞望頗與二臣相埒，臣父於萬曆十四年蒙恩贈太保，雖非常之渥已久被於重泉，而可進之階尚有望於今日，臣輒敢仰恃眷私，援二臣例以請。伏乞皇上俯察至情，弗靳隆典，將臣父贈官特加一階，仍將臣父及臣嫡母並給誥命。則臣愚顯親私念，獲藉此以少伸，而報國微忠，益矢圖於罄竭矣。臣無任懇切祈恩惶悚候命之至。"奉旨："卿父以勤，先朝碩輔，茂著忠勳。准加贈太傅，及卿嫡母並給誥命。吏部知道。"

二十八日癸亥，大學士陳于陛、沈一貫題："昨日臣等出閣，接得吏部尚書孫丕揚揭帖為權臣主謀鷹犬効力義難再留乞恩速放以避毒手事。其中疑詆大學士張位事情，多出一時粗鄙狠戾之語，臣等見之，不勝駭愕。以為清朝公論昭明，百僚和協，丕揚身為大臣，乃突有此等舉動，真大不類其平生，而深有損於聖治矣，臣等又不勝惋惜。竊惟臣位與丕揚，平日素以

萬曆二十四年

道誼相重，丕揚之轉吏部也，閣中嘗有公揭力薦之，位實贊成焉，原無纖芥嫌隙。止緣昨春大察，丕揚力主斥罷丁此呂，而侍郎沈思孝尋倡言爲此呂伸雪，位與此呂同鄉，亦時對人憐惜其才，丕揚遂疑位右思孝而與己相左。此二臣微嫌之所由起也。然丕揚因病註籍，位同臣等詣其榻前，勸之勉出報國，不止數次。丕揚上①疏求去，位同臣等擬旨慰留，趣其即出供職，又不止十數次。至於近日丕揚疏已十六七上，情甚苦迫，累次貽書，累次託人，求票擬放去。位誠心不疑，即擬旨允其所請，方以爲極相體念，雅厚之道，亦何負於丕揚、而乃倖倖忿罵一至於此也？據丕揚疏，誣位瑣瑣風聞已往捏造之談，不足深辨。至言向彼薦用官員，不從致忤，尤爲無根之甚。先年閣臣權重，頤指該部，容或有之，三四年來，閣部之勢相持如冰炭，文選郎中嘗②經年不一見，尚書、侍郎常數月始一見，相對落落數語而別，何有輕易囑託之理？況臣位小心過甚，屏遠權勢，臣等每同出閣，見其歸舍必由後門，以謝客避嫌，竊相與稱服，而思效法之，今乃誣之以結黨弄權，冤亦甚矣。位久參密勿，忠誠才識，簡注聖心，非臣等後進謭劣所敢爲之游揚，但念年來閣體日輕，政紀日紊，閣臣、銓臣同爲股肱、比肩事主者，尚且自興戈矛，不顧體面如此，又何怪小臣之紛紛妄相詆擊者乎？臣等叨被任使，職在禁近，其忠邪賢否自莫③逃於天鑒，儻有不法不職事情，當聽皇上覈實誅譴，何敢辭避？至於外臣無端欺詆、如丕揚之厚誣臣位者，亦望聖明俯加照察，曲垂保護，以稍全閣臣之體，使得展布四體，馨竭忠藎。臣等是以不揣愚陋，僭效區區之忱。伏乞皇上特渙綸音，慰留臣位，仍將丕揚去留，親賜裁奪施行。臣等不勝悚息祈懇之至。"

二十九日甲子，諭內閣："覽卿等所奏，朕已洞知。昨見丕揚之本因疑使氣、逞忿誣蔑，甚失體面，正所謂唅血噴人，全無大臣風度，而效④憸夫之術耳。可見前屢疏乞休，乃矯情飾譽，原非本心。且次輔位久侍講幃，小心廉慎，朕所素知。況近來政務，皆朕獨斷，誰敢鼓簧？何所倚借？今丕揚以瑣瑣小

①上 明抄本作"止"，誤。通行本改作"上"，是。

②嘗 明抄本作"常"。通行本作"嘗"。

③莫 明抄本"莫"上有"是"字。通行本刪去此字。

④效 明抄本作"劾"。通行本作"效"。

事，形於楮札①，其於小臣憸邪之畜徇私逞臆，不言而可知矣。至於本內所言三月未踵臣門，已失古人遠嫌之意，而欲攬權招附明矣。且元輔亦以無根之言頻欲求去。卿等可傳示二輔，方今國家多事之秋，正賴匡襄贊理，及朕屢留之意，不必以諏訾浮言，疑畏介意，可即遵旨入閣，同寅協公②，效古大臣休容之美，共保太平之業。諭卿等知。"

是日，大學士沈一貫題："今日臣志皋、臣位皆註籍在寓，臣于陛偶以嘔吐調理，止臣一貫在閣辦事。該文書官冉登恭捧聖諭到閣，諭內閣云云。欽此。仰惟皇上聖神天運，旁燭物情，辨忠別邪，若指諸掌，臣不勝歡忭，不勝仰誦。頃年以來，內閣爲天下彈射之的，臣等居常相戒，夙夜小心，一事不敢妄爲，一語不敢輕發，而猶不免爲人之所魚肉，每切痛之。然小臣妄言，猶可以未諳相諒，至如丕揚者，身爲大臣，颺歷非淺，略無寅恭之誼，肆爲訾詈之言，內閣之體於斯盡夷，密勿之司從此大墜，將使人主孤立於上，百司莫統於下，皆從臣等始矣。然使自省有愆，敢不服義？乃如臣位，則表表人英，昂昂物望，動以古大臣自期者，何瑕可攻而掇集粧點一至此乎？伏誦明諭，謂丕揚因疑使氣，逞忿誣箋，真乃洞見其肝腸，謂臣位久侍講幄，小心廉慎，宛如推置於心腹。又念元輔亦以無根之言頻欲求去，命臣等傳示二輔，遵旨入閣，則又家人父子之情不過此矣。春風披拂，孤根可以復生，天日垂光，幽壑因而改色，此臣等奮志畢力之時也。臣謹欽遵詣臣志皋、臣位寓所，宣示德意，促其即出，以答明主非常之恩。即臣于陛、臣一貫亦藉鴻庥之普覆、可圖寸效於將來矣。臣無任感激踴躍之至。除聖諭尊藏閣中外，謹具題回奏以聞。"

---

① 札　明抄本作"扎"。通行本作"札"，是。

② 公　"公"當作"恭"。

閏①八月乙丑，朔，大學士趙志皋奏："爲恭謝聖諭事。臣久病卧私寓，昨日同官沈一貫親至臣寓所傳示聖諭，諭內閣：'覽卿等所奏，朕已洞知。昨見丕揚之本因疑使氣、逞忿誣蔑，甚失體面，正所謂唅血噴人，全無大臣氣度，而效憸夫之術耳。可見前屢疏乞休，乃矯情飾譽，原非本心。且次輔位久侍講幃，小心廉慎，朕所素知。況近來政務，皆朕獨斷，誰敢鼓簧？何所倚借？今丕揚以瑣瑣小事，形於楮札，其於小臣憸邪之畜徇私逞臆、不言而可知矣。至於本內所言三月未踵臣門，已失古人遠嫌之意，而欲攬權招附明矣。且元輔亦以無根之言頻欲求去。卿等可傳示二輔，方今國家多事之秋，正賴匡襄贊理，及朕屢留之意，不必以誣詆浮言，疑畏介意，可即遵旨入閣，同寅協恭，效古大臣休容之美，共保太平之業。諭卿等知。欽此。'臣伏讀未終，涕淚交下。臣以老年衰病不堪佐理，兼以物望輕微屢招指摘，如臣者即賜罷斥以清政本，亦已晚矣。乃荷聖慈親灑綸音又遣輔臣代天面諭，示以國家多事，勉以贊理匡襄，當體聖意之屢留，毋介人言之浮詆，效古大臣休休有容，保太平熙熙大業。臣雖至愚，豈不知聖意之當承、臣恭之當竭？惟臣年已老耄，病實尫羸，形體徒存，神魂已散，奄奄待盡，忽忽若遺，即使臣受一職，且不知作何狀況，能從三臣之後贊萬幾之煩哉？同官一貫見臣病容，深爲憫悼，握手相語，不覺嗚咽。皇上雖放臣歸，臣亦不知死所矣。因此敢復具本，伏枕叩首陳謝，伏惟聖心憫惻，恕臣昏愚，容臣再懇天恩。無任恐懼待罪之至。"奉旨："覽卿奏謝，朕知道了。朕眷留元輔，朝夕在心，昨特傳諭，冀卿祗領。幾務繁重，宜即遵承入閣辦理。慎毋再有所陳。吏部知道。"

是日，大學士張位奏："爲疎庸召謗荷蒙聖主昭察恭陳謝悃併乞恩許放還以全末路事。臣奉職無狀，近被尚書孫丕揚恣言誣衊，有玷恩私，連日省愆自艾，席藁待罪。仰荷日月無私，照臨至隱，不特斧鉞寬貸，更被華衮寵榮。於臣疏之辭也，特頒溫旨以慰留，於閣揭之進也，更宣御札而褒諭忠誠許國，恃有宸衷鑒知廉慎小心，念及講幃久侍。皇上眷臣如此之篤，愛

① 閏 "閏"上當有"萬曆二十四年"六字。

臣如此之深，即天地生成、父母鞠育、更有加於此乎？臣感激涕零，即捐糜此身，愧莫能酬報於萬一也。昨日閣臣同官沈一貫，遵奉上命詣臣私寓，傳示聖主勉留大恩，相與誦繹皇綸，洋洋大訓，協寅恭而胥匡上理，效休容以共保太平，叩首欽承，心①佩服。有君如此，奚忍負之？獨念臣孤根自憐，一介寡合，非有先容於左右，特遭知遇於聖明。輔世歷有歲年，澆風未見殄息，處實被誣，抱愚不靈。以潔身正己相規，不虞直道招怨，是積誠不足以孚人，一無補也。以忠君愛國相勖，不期巽言啟疑，是素行不足以信友，二無補也。矯情飾譽者嘵嘵尚利口之賢，足徵其轉移無術，三無補也。攬權招附者悻悻違革心之化，足徵其表率不效，四無補也。明主不畜無用之臣，愧也久矣，尚可貪榮戀祿、厚②鼎鉉③而羞當世也與哉？自祖宗設立內閣以來，體貌稍崇，朝著懷妒。今內閣清肅自守，避迹遠嫌，乃吏部用捨任情，蟻趨蠅附，況蒙乾斷處分，愈滋不悅，頤指氣使，孰敢抗違？恐閣臣難乎其居矣。伏望皇上矜臣自料自審之真，憫臣知足知止之願，放歸山林舊隱，獲遂麋鹿野情，免墮危機，俾全晚節。臣荷戴天恩益深益篤，尚當擊壤為歌，呼嵩效祝，即江湖畎畝不敢忘犬馬依戀之心也。臣不勝感激祈懇之至。"奉旨："覽卿奏謝，朕知道了。卿既體朕惓惓眷注之懷，何得尚言求去？幾務繁重，宜即遵諭入閣佐理。不准所辭。吏部知道。"

三日丁卯，大學士趙志皋奏："為天④變屢形懇乞聖明大振朝綱以回天心以維世道事。臣惟天人相為感應，變不虛生，在人君修德行政以轉移之而已。今年三月乾清、坤寧二宮災，六月欽天監奏彗星見，又奏閏八月初一日日食至九分餘。此皆天變之所不常有者，而見之於數月之內，可不修德行政以消弭之乎？臣愚以為修德行政之要，則莫先於振綱紀。蓋人君猶天也，惟天宰制萬物，區別庶類，使久⑤得其所，而後無強弱凌迫之患。惟人君統馭萬民，役使羣動，俾各安其分，而後無智愚侵奪之虞。君統其綱，臣分其職，治隆於上，化行於下，此唐虞三代之盛時，以及漢唐宋之治朝，皆如是也。其間有不能盡守其法，而亂亦隨之，捷於影響，有可鑒者。國家二百餘年，紀綱何嘗一日不立？法度何嘗一日不行？臣工何嘗一日不肅？民志何嘗一日不定？雖有微奸隱慝搖惑世風，劇惡大懟誣害善類，而旋發旋滅，卒未有爲朝政之累、世道之梗者。而今日之事，則有大可慨者矣。夫今日之天下，土宇廣矣，人民衆矣，財賦盈矣，四夷賓矣，而蚤見識微之士，則常有思患豫防之憂，以爲亂迹雖未形，亂萌則已著。蓋由紀綱之不振，以致心術盡壞，風俗大變也。今日之治，孰有要於振紀綱者哉？上臨御以來，日視朝講，萬幾親摠，五夜夙興，又且留心民瘼，加意人才，召對輔臣，諮訪部院，開誠納諫，虛己受言。惟上而聖心憂勤，故下而臣工惕勵，大臣師師立朝，小臣濟濟在位，朝無異政，人無異言，熙熙然稱太平極盛之治矣。邇年以來，玩愒起於治平，憂勤息於安逸，紀綱之不振，未有甚於此時者。臣私心慮之久矣，有所敷陳，祇因隨事效忠，未及盡攄悃幅。又慮皇上久居深宮，未悉外廷情狀，言之未必深信，信之未必肯行，非惟無益，且以滋衭①。今臣已疏歸矣，於此不言，是終無可言之時也。言而見諸行事，臣之幸也，事若不行，猶有臣之言在也。然豈別有所陳哉？不過爲振紀綱以肅羣情、以維世道而已，願皇上少垂聽焉。臣惟古之帝王，南面而聽，嚮②明而治，居尊御卑，由近達遠，無有弗屆者也。皇上之不視朝將十年於茲，臨御久虛，人情漸弛，雖法度未嘗盡廢，而詐僞不可盡窮，不及此時反之，恐將來益難支矣。皇上意在效法皇祖，然皇祖晚年亦爲權奸蒙蔽，左右誣罔，賄賂公行，濁亂朝政，幸末年一怒而舉安，然亦晚矣。此乃前事之當鑒者，而可復蹈之耶？臣願皇上勵精圖治，質明視朝，或五日一出，或一月三出，天威不違咫尺，臣工儼然翼趨，進而踧踖在朝，退而恪恭盡職。此朝綱不可不振者一也。六曹章疏，奏發有期，數年以前，皇上雖不視朝，章疏隨時即發，且多御批，威如雷霆，恩如雨露，皆不可測。乃今一概不發。夫推官而不發，則官不得就職，奏事而不發，則事不得奉行。近因尚書孫丕揚之請，一日發下二十餘本，京城歡聲動地，然所未發者尚多也。至於奏請行取，

① 衭 "衭"當作"禍"。

② 嚮 明抄本"嚮"前有"天下"二字，通行本刪之。

萬曆起居注

蓋選賢與能以司耳目也，內而臺諫不可久虛，外而知推不宜久滯，且使部中進士待選、與起復養病補任者不致久稽也。又內而部寺之陞遷，外而藩臬之聽補，守候甚久，胡可遲之？願皇上俯從部請，照常票發，俾人才不致阻滯。此朝綱不可不振者二也。國是人心，關乎世道，往時大小臣工同心一德，朝無異政，人無異言。而邇來則漸乖隔，各懷己私，各持己見，黨同伐異，亂是與非。一人倡之，十人從而和之，必求勝而後已，壞國家之事弗顧也。又有不修職業而出位言事者，志在彰己之直。有自具疏草而倩人代上者，意圖售己之謀。堂屬有定分也，欲逞其奸，則侈口劇談而不顧名分。邪正有定論也，欲肆其害，則極口醜詆而故違其心。徇私結黨，引類成群，漢唐宋黨錮之禍可立見也。是在皇上察其幾而亟反之，庶賢者得行其志，而世道可挽回耳。此朝綱之不可不振者三也。官邪既以不正，則頹風波及下賤，彼不得用之小人，因而哄然蠢起。幸邊疆之多事，得以負戈從戎於其間，流言道路，惑亂聽聞，而好事者又從而樂道之，以遂其攻人害成之謀，誠不知其何心也。又有一番罷閒官吏，舉監生儒、如樂新爐之類，藏匿京師，投入勢官衙內，作文寫書，四布投遞，旋即送入報房，令人抄報，傳示四方。夫報房即古之置郵，傳命令以達之遠近者也，非奉命者不敢抄。今則朝奏疏而夕發抄，不待命下而已傳之四方矣。近日又有劉世延名一本，論臣與位、及兵部石星與李楨，玩其詞頗不類世延語，因查通政司並無有副①本，乃知憸邪小輩假此以誣詆善類。其風豈可倡哉？此朝綱不可不振者四也。劉世延以窮兇極惡之姿，肆亂臣賊子之行，中外遠近側目已久，今一旦置之於法，舉朝臣民無不歡欣鼓舞，誦皇上之英明神武，而非尋常之所能測識矣。然世延之惡，虎狼之貪也，其肆惡也顯而易見。世固有心術險詖，智巧艱深，氣燄足以薰灼一時，機權足以籠絡羣志，壞朝政而不顧國家之利害者，此蛇虺之毒，其肆惡也微而難知，察②之不早，鮮有不誤人之國者。此朝綱之不可不振者五也。王人者，導利而布之上下者也。孔孟，大聖賢也。孔子曰：'放於利而行多怨。' 孟子曰：'王何必曰利？'

① 副 明抄本作"付"。通行本改作"副"，是也。

② 察 明抄本作"密"，誤。通行本改作"察"，是。

蓋防其源也。利源一開，則賄門遂闢，奔競之途啟，攘奪之患生，未有不亂者。是以王者貴五穀而賤金玉，藏富於民而不藏富於國。蓋人君以天下爲家，四海爲富，錦衣玉食、瑤臺瓊室何所不有？安有用此無盡藏之貨寶、充積後宮也？此臣之所大惑也。且利能令人智昏。自古英明才智之主，夫豈鮮哉？一徇於利，則智昏於得，恣多取之念，肆無厭之求，凡可以瘠民而肥己者無不爲之。此唐德宗瓊林大盈之積，可鑒也，後世稱爲何如主哉？臣不願萬世之下，致皇上之冒此名也。即近日採礦一事，一疏允之，十疏繼之，至有一省請開三十一處者。小人之放肆至此，然豈①爲國家謀哉？無非逢君之欲，遂己之謀，徒以長奸民之釀亂耳。今除開採已有成命外，以後再有聞風瀆奏，希圖竊利者，悉行禁止。此朝綱之不可不振者六也。夫昔年星變，既已兆其亂萌，今復再見，豈可幸其無應？伏望皇上軫念上天仁愛之心，爲先事消弭之術，察臣出於愛國，無以言贅疣，將所陳六事俯賜施行，力加振作，務使紀綱正而風俗還，斯宗社之福，臣民之慶也。臣曷勝懇切仰祈之至。"

　　四日戊辰，大學士趙志皋奏："爲年老身孤病危自揣難圖投②效六懇天恩早賜放歸以全始終事。臣五疏乞休，奉聖旨：'卿屢疏求去，朕再三勉留，宜體眷倚之懷，竭忠匡輔。如何又有此奏？況國事多端，正賴卿主張料理，豈宜託病自逸？不必再辭。吏部知道。欽此。'又蒙特頒諭札，傳示臣即具本陳謝。復奉聖旨：'覽卿奏謝，朕知道了。朕眷留元輔，朝夕在心，昨特傳諭，冀卿祇領。幾務繁重，宜即遵承入閣辦理。慎勿③再有所陳。吏部知道。欽此。'臣三捧綸音，慰留懇至，荷此天高地厚之恩，豈無奮身報國之念？但臣年踰七旬，病癢④數月，請醫診視，俱謂鬱結之氣積於胸中，其由來已久，而藥石之性行於膈外，豈歲月可瘳？必須謝事歸家，閉門靜養，假以年歲，方可少瘥。臣老矣，蒙皇上任以國事，稱爲首臣，既非可以優游而養疾，且一日萬幾，百務所萃，又非可以竊祿而廢官。臣不進閣者已四月矣，聞皇上之憂勤，三臣之勞瘁，臣獨偃然病

①豈　明抄本"豈"下有"盡"字。通行本無此字。

②投　明抄本作"報"，是。通行本作"投"，誤。

③勿　明抄本作"毋"，通行本作"勿"。

④癢　"癢"當作"廢"。

卧，真有睡不安枕，食不下咽者。數日以來，心愈恐懼，病愈加增，湯進即嘔，食進即吐，心病已深，非藥食可療，必得如醫家所言，謝事歸家，庶可調理。若復貪戀不去，日傷月損，終不可治。臣豈不知謀國當重於謀身？然與其立朝無益於國，不若求歸猶可全生。況三臣在閣，百職盈庭，濟濟雍雍，業稱盛世，而何有於臣之一人哉？伏望皇上念臣危急之病，迫切之情，即放臣回，勝於魚鳥之得生，而生成之恩、不啻等之天地矣。臣又思之，臣浙人也，歸由水路，今寒冬將至，河水欲冰，皇上若不放臣，則臣之進退益無所據矣。千苦萬苦，冒昧懇陳，仰祈聖察下情，無任仰望迫切之至。"奉旨："朕眷留卿意，於卿疏屢次諄切言之，昨又有特諭，固當勉從君命，為國事任勞。卿可即出，與三臣協忠匡濟，毋求自逸而忘君臣大義。不允所辭。吏部知道。"

十一日乙亥，大學士趙志皋奏："為心病已劇重任難勝乞懇天恩乞賜罷免以安愚分以保餘生事。臣屢上疏乞休，屢奉明旨慰留，臣固知煩瀆之罪已不能辭，而皇上高厚之恩益加諄切，近日又奉聖母①恩特頒諭札②，命臣與位同出匡贊，乃茲又奉嚴旨，責臣以勉從君命、為國任勞，又責臣以協忠匡濟、無忘大義。臣雖至愚，敢不思奮？念人臣之事君，其奔走承順趨事效勞者，身也，身以形用，猶可勉強支持。至於遇事能思、當機③能斷、主持國是、裁決萬幾者，心也，心以神用，豈能勉強為力？況當今多事之際，四方困窮，災變屢作，水旱交警，夷狄肆橫，本章浩繁，事幾叢賾，必須有強幹之才、精明之識，方能辦理，如臣衰庸昏昧，豈能擔當？幸有三臣同事，藉力甚多，然以一衰庸之人偃然居於其上，能無愧乎？臣之病非一日矣，二年之前已知鬱結為塊，二年之後嘗覺衝突有聲。蓋緣臣年幾老大，自知血氣之既衰，物望輕微，又致④人言之踵至，數年之內不止十口之攻，一身之微已為眾矢之的。臣之上疏求去，及奉明旨慰留，前後幾數十章矣，臣豈不知君命之當尊，君恩之為重？祇恐三至之言，慈母不能信其子，百口之喙，大

① 母 "母"字疑為衍文。
② 札 明抄本作"扎"，誤。通行本作"札"，是。
③ 機 明抄本作"幾"。通行本作"機"。
④ 致 明抄本作"至"。通行本作"致"。

君豈能有其臣哉？而臣之懼滋甚矣。懼甚則病益深，病深則懼益甚，疑懼既增，則血氣益耗。前此病在怔忡，近日病在哽咽，粥進則嘔，藥進則吐，形容枯槁，手足委頓，醫者俱謂身病可以藥石治，心病難以藥石療者，此乃臣福盡禍生之辰，命畢緣窮之日也。千苦萬苦，敢不於皇上乞哀哉？伏望皇上察臣之言，毫無虛假，憫臣之苦，實爲迫切。懇求皇上特賜親灑宸翰，即放臣歸，俾臣得從河水未凍之先放舟而下，於今冬早抵家鄉，免滯長途之苦。皇上之於臣，豈惟錫以生全之德？蓋實加以體惜之惠矣。臣無任籲天懇祈之至。"奉旨："朕知卿精力未衰，故屢諭卿出爲國効勞。豈可以年老爲辭？卿忠誠事主，朕所深信，非浮言能間，何必以此爲懼？宜仰體眷倚至懷，即進閣任事。還着鴻臚寺官宣諭朕意。吏部知道。"

十二日丙子，大學士趙志皋奏："爲恭謝天恩事。本月十一日欽奉聖旨：'朕知卿精力未衰，故屢諭卿出爲國効勞。豈可以年老爲辭？卿忠誠事主，朕所深信，非浮言能間，何必以此爲懼？宜仰體眷倚至懷，即進閣任事。還着鴻臚寺官宣諭朕意。吏部知道。欽此。'該鴻臚寺卿張棟等到臣寓所，恭捧宣讀。臣聞命在牀，病不能興，謹令長男尚寶司司丞趙鳳梧、次男後府經歷趙鳳翀，代臣迎接，仍扶臣伏枕望闕叩頭謝恩訖。伏念臣以衰老之年，加以沈痼之疾，兼被人言，屢疏懇克①，蓋安止足之分，以先曠瘝之刺②。今蒙聖恩高厚，眷留愈篤，臣雖臥病，感激彌深，即當遵旨入閣辦事，以慰聖懷，且圖後效。念犬馬之戀主雖切，而膏肓之在體未除，容臣調理痊可，黽勉供職，庶幾能効奔走之勞，可竭贊襄之力。但恐侵尋暮景，鞭策不前，戀直孤蹤，羣情未諒，下徒滋於多口，上有負於溫綸，又臣今日之所深懼也。謹先具疏中謝，伏望聖慈垂察。臣不勝感激之至。"奉旨："覽卿奏謝，朕知道了。宜即出任事，以慰眷倚。該部知道。"

十三日丁丑，大學士趙志皋等題："臣等昨日出閣，署吏部

①克　明抄本作"免"，是。通行本作"克"，誤。
②刺　"刺"疑爲"刺"之誤。

事左侍郎孫繼皋來朝房相見，因爲文選郎中擬調白所知，兩月未有俞旨，繼皋署印後已催請一次，未發，昨日又復上疏，欲臣等代爲具揭上請。竊思在京各部郎中，俱有專職，而文選郎爲首部首司，職任尤重，凡推陞大選、及推用內外大小官員，皆其專管，雖有堂官主張於上，亦必由該司郎中悉心綜理於下，然後體統相成，政務無滯，此官關係甚重，非可一日曠缺者也。臣等仰惟聖明久留前疏不發者，不過慎重其官，不欲濫畀之意。然使該司正官缺人，代署者或過於遜避，未肯擔當任事，誠恐漸致操柄旁落，弊竇叢生，是所惜者小，所損者大，此又臣等竊爲朝廷政體關慮者也。況本部堂官極言白所知資深練達，能堪是任，似宜俯賜允從。伏乞皇上即將該部昨疏特允批發，庶要任得人，銓務克舉。臣等不勝惓惓仰望之至。謹具題以聞。"

二十七日辛卯，大學士趙志皋等題："爲印信事。照得左春坊左庶子兼翰林院侍讀李廷機，近蒙欽依陞國子監祭酒去訖，所有本坊印信缺官管理。臣等今照資序遞遷，推得右春坊右諭德兼翰林院侍讀劉應秋，資序相應，合無將本官量陞左春坊左庶子兼翰林院侍讀，掌本坊印信？遺下右春坊印信，推得司經局洗馬兼翰林院修撰朱國祚，量陞右春坊右諭德兼翰林院侍講掌管，其司經局印信，推得右春坊右中允兼翰林院編修鄒得溥，量陞司經局洗馬兼翰林院修撰掌管。再照翰林院修撰唐文獻，年資亦深，合無將本官量陞右春坊右中允兼翰林院編修？伏乞敕下吏部，查照施行。臣等未敢擅便，謹題請旨。"奉旨："是。吏部知道。"

是日，大學士趙志皋等題："近日吏部尚書員缺，該吏部於本月十五日今①同九卿科道官，推上堪任者四員，經今已旬日餘，尚未蒙欽點。昨日署吏部事左侍郎孫繼皋又復具疏催請。臣等竊惟，我國家大政分任六卿，厥寄甚重，而太宰職首六曹，董正百官，厥寄尤重。故在別項衙門偶遇缺人，尚可暫行攝理，而此官總九流之衡鑒，爲百司之領袖，二百年來未有曠缺不補者也。近推用四臣，臣等無②不與議、當③會推之時，九卿科道

① 今 "今"疑爲"會"之誤。
② 無 明抄本作"並"，通行本作"無"。
③ 當 明抄本"當"上有"但"字，通行本刪此字。

多官咸在，衆論僉同，必不敢濫舉非人，以負任使。伏乞聖明俯俞該部所請，亟賜點用一人，俾其竭忠任事，以副①簡命之重，庶幾冢卿得人，而銓務不致壅滯矣。臣等不勝惓惓懇望之至。謹具題以聞。"

① 副　明抄本作"付"。通行本改爲"副"，是也。

萬曆起居注

九①月甲午，朔。

五日戊戌，大學士趙志皋等題："爲公務事。照得內閣書寫制敕等項文書、並回夷館教習官生，年例該用炭二萬斤。合無照例於內府惜薪司、工部各支一萬斤應用？未敢擅便，謹題請旨。"奉旨："是。該衙門知道。"

是日，題②："近該吏部會官推補四大缺，俱未蒙欽點，就中如河南巡撫一缺，關係尤重，萬分不容再緩，臣等不敢不爲我皇上言之。蓋河南係中原腹心重地，數年來連遭水旱，人民困極，近又有差官開礦之事，傳聞礦徒聚集數已逾萬人，其督兵防護、禁戢爭亂，必須得一威望撫臣彈壓控制，方保無事。頃原任巡撫荊州上已經奉旨回籍，雖例應候代，然已移駐境上，且病久不能理事，見今兵馬重務無人管理，萬一地方有事，誰任其咎？儻以桀悍之礦徒因爭致亂，鼓煽災民，撫③動中土，彼時圖之勢亦晚矣。臣等連日爲此悚惕不安，輒敢冒昧瀆請。伏望主上即將吏部原推二臣，速賜點用一人，俾作速領敕，前去任事，庶可安輯地方，無滋他患。不勝懇切祈望之至。謹具題以聞。"是日，即點用鍾化民。

十二日乙巳④，大學士張位題："伏蒙命臣恭題孝安皇后神主，臣謹欽遵至期照例帶領制敕房辦事太常寺少卿兼司經局正字馬繼文，前赴山陵供事。再照內閣官供事山陵，舊例俱於內府司設監等衙門關領帳房鑼鍋等項，錦衣衛撥人杠擡，四日仍還各該衙門。今次供事山陵，合無照例關領、差撥？臣俱未敢擅便，謹題請旨。"奉旨："是。該衙門知道。"

十六日己酉，大學士趙志皋等題："昨日禮部接出聖諭：'朕自閏八月初旬，偶爾痰流注於左足，動履不便，今大行皇妣發引，朕不能恭行攀送，不勝哀慟，着遣奠獻使代行。卿等還傳示，務虔潔敬慎，恭誠供事。欽此。'傳示臣等。竊見今秋涼燠不常，難於調攝，恭捧宸論，始知聖體偶爾違和⑤，臣等不

一四四六

① 九 "九"上當有"萬曆二十四年"六字。

② 題 "題"字前疑有漏文。

③ 撫 明抄本作"搖"，是。通行本作"撫"，誤。

④ 巳 "巳"當作"巳"。

⑤ 和 明抄本"和"下有"適"字，其"和"字似爲後人所加。通行本"和"下本有"適"字，但又被圈去。

勝瞻戀。明日皇妣發引，聖心哀慟，深以不能攀送爲歉，特諭禮官令其敬慎供事，仰見我皇上追慕慈恩，崇重大禮至意，臣等敢不仰體？但思人主之孝，以尊親爲大事，親①之禮，尤以送終爲大。在祖宗舊典，至尊以社稷爲重，固無遠送之禮，而親捧神帛朝祖，及躬送主承天門，則累朝遵行，未嘗有改。況宮庭咫尺，步輦而出，似無甚勞，攀送須臾，奠獻禮亦無巨煩。必得聖駕親行，始於大孝克全，揆之於情於禮，萬不容已。伏望皇上重念大典，俯察羣情，其禮文稍煩者恭俟裁酌命官攝行，至於躬送靈輿、告奠訣別，爲儀不煩，爲時不久，必乞勉强一行，成此送終大事，乃可俯慰臣民，傳播中外，而垂之史册，詒之後禩，靡不稱頌聖孝於無窮矣。若此舉一失，無論羣心歉望，衆論紛紜，即皇上聖心異日必有追慕、追悔而不及者，雖責臣等以不言之罪，亦何能贖乎？臣等意懇辭切，顒俟俞旨。不勝倦倦。謹具題以聞。"

是日，皇上以大行聖母孝安皇后梓宮發引祭告各門及諸神廟，收回脯醯果酒頒賜四輔臣三卓。

十七日庚戌，諭內閣："覽卿等所奏，朕知道了。攀號送終大典，孝道以化天下，朕豈不知？痰流注足，屢服藥餌，以致軟弱，且足心腫痛，不能踏地。朕保養此身，祗承社稷宗廟之重寄耳。昨諭着奠獻使代行供事，實爲不得已之情，即今哀痛不已，非敢不重母喪以圖便安，以貽譏議也。卿等爲朕輔弼股肱，宜體悉之。"

二十四日丁巳②，大學士張位題："爲題主復命事。臣奉欽命恭題孝安貞懿恭純溫惠佐天弘聖皇后神主，於本月二十日前詣山陵，二十二日午時掩玄宮後，恭題神主訖。隨同供事衆官行禮如儀，事完回還。合當復命，於會極門叩頭，進閣辦事。謹具本題知。"

二十九日壬戌，大學士趙志皋等題："本月二十八日恭遇皇

①親 "親"上當有"尊"字。

②巳 "巳"當作"巳"。

妣孝安皇后神主還京奉安禮成，仰惟皇上孝通神明，動遵禮制，尊親大典既亶備於慈闈在御之時，孺慕深懷尤殷篤於鸞馭升遐之日。茲者祔梓宮於陵寢，歸庪主於几筵，大事克襄，懿靈永妥，既送終而靡憾，念追遠以宜寬。況頃承宸諭，知聖躬方在攝調，且近逼冬寒，於時令尤宜葆衛。伏望皇上抑情理性，順序頤和，崇護宗社神靈眷顧之身，俯慰宸寓臣民瞻戴之願。臣等叨居輔弼，休戚誼關，不勝惓惓祈懇之至。緣不獲面覲天顏，躬陳慰悃，犬馬愚悰依戀倍切。謹具題恭慰聖懷以聞。"

萬曆二十四年

十①月甲子，朔，皇上頒賜四輔臣曆日各一百本，及講官劉元震等三員各照數有差。

四日丁卯，大學士趙志皋等題："本年四月二十二日，欽奉聖旨，傳示內閣謄寫累朝寶訓、實錄。臣等謹即遵照舊例，分派兩房、史館各官謄錄，已經具題訖。近日催儹恭寫太祖、成祖兩朝訓錄已完。查得萬曆十六年謄寫訓錄，例用監生圈書，今次合照前例，仍於國子監及吏部文選司取撥十二名前來，責令日逐在館圈書，待謄錄完日，計其供事久近、効勞多寡，酌行該部量酬其勞。臣等未敢擅便，謹題請旨。"

六日己巳②，大學士趙志皋等題："臣等竊惟吏部缺尚書，該部會官議推後，已經再疏申請，臣等亦為代請，迄今已經二月，未奉明旨點用。舉朝日切仰望，且復交責臣等不能代請，令③吏部之疏又再上矣，臣等安得默默已乎。夫國家設吏部尚書以為六卿之長，掌百官之賢否，黜陟以肅官常，以飭吏治，官為獨尊，權為獨重，與各部所司錢糧、典禮、兵馬、刑罰、營造止於一事者不同也。其職任既不輕，其遴選亦不易，合九卿科道公同推舉，又必推舉四員以備選用，其慎重如此。近日之推，蓋實考其平生，參之輿論，亦嘗諮之臣等，而後奏之宸覽，無一毫之可疑者。皇上久不點用，而以侍郎孫繼皋署部事。然侍郎之署管可暫而不可久，可以舉行常事而不可以擔當大事。蓋權非專主，則體統不尊，威望不立，動多掣肘，嫌畏易生。如吏胥緣法以為奸、棍徒惑眾以射利、前日之誆騙詐害者，可鑒也。此猶其小者。至近而百司庶僚，遠而四方群吏，其縱恣不憸④、如臺省糾彈撫按論列者不少，若不有冢宰一官以董治照察之，安望其一一奉公守法、不負國家之任使哉？譬之家然，家無主而使其子弟代之，欲其截然整齊、各就約束，亦難矣。蓋各部可以暫攝，吏部決不可以久代，誠有如侍郎孫繼皋之所請者。皇上英明神斷，豈念不及此哉？此臣等之所深惑也。至於選司郎中亦不宜久缺。部中之事，尚書主其綱，選司理其目，

①十 "十"上當有"萬曆二十四年"六字。

②巳 "巳"當作"巳"。

③令 "令"疑為"今"之誤。

④憸 明抄本作"憸"，是。通行本作"憸"，誤。

若頭目之與手足，不可相無者也。皇①上俯從部請，即將會推四員欽點一員，俾到任管事，又將選司郎中一併點用，管理司事，然後將在內在外官員令其次第推補。此今日第一要務。臣等無任激切仰望之至。"

九日壬申，大學士趙志皋等題："爲侍班缺官事。照得原題皇長子講筵侍班官李廷機，近奉欽依陞國子監祭酒，所有員缺合當推補。臣等推得禮部右侍郎兼翰林院侍讀學士協理詹事府事曾朝節，堪以充補。合候命下，令其欽遵供事。臣等未敢擅便，謹題請旨。"奉旨："是。"

十一日甲戌，大學士趙志皋等題："臣等昨在閣辦事，接到刑部一本爲言官久繫成疾事勢窮促可憫再懇天恩特賜宥釋以勵臣工以光聖治事，奉聖旨：'曹學程違抗詔旨，避難忘君，無忠無義，着照逆臣失節斬罪，監候處決。欽此。'臣等一見，不勝驚駭失措。先是臣等見御史曹學程繫獄日久，屢欲懇請特恩寬釋，然意皇上咎其所言未當，或姑禁繫困苦以示懲創，故未敢遽陳。昨見刑部疏，謂其體傷箠楚，捧②瘡潰裂，淹禁患病，狼狼可憐。竊謂聖慈垂測③，必當曲貸，乃不意嚴旨迅發，臣等咸相顧錯愕，以爲皇上寬仁御下，從來未嘗輕加人罪如此。且學程乃言事之言，以言罪人，尤非盛世事。是以敢不避雷霆，呼天而有請也。學程言語不倫，致干④天怒，臣等今不敢更爲辯解。但據政體言之，人主以三尺之法整齊海內，雖威福生殺由於獨斷，而擬議必定於刑官，輕重必裁於律令，正爲示天下以公也。見今司寇諸臣，忠直不阿，奉法惟謹，若律例有可擬之罪，豈肯縱以違上命？又豈敢代爲解說而觸上怒哉？正以原情定法如是足爾，而不謂天威嚴譴之遽至於此也。且學程身係言官，所論者國家之事，即狂戇妄發，不能無罪，但身無差遣之命，非有所違抗而辭避，慎重科臣之行，意在隨事而效忠，今若以疎謬妄言、褫奪降黜、已爲過甚矣，焉有大辟極典、而可輒加之乎？朝廷設言官，爲耳目寄也，今論事一不當，遂加

①皇 明抄本"皇"上有"伏願"二字，是。通行本漏抄此二字，誤。

②捧 "捧"當作"棒"。

③測 "測"疑爲"惻"之誤。

④干 明抄本作"于"，通行本改作"干"。

重罪，豈但失法之平，其於清朝治體，不大有累耶？臣等既叨輔弼，竊念此事關係甚大，何敢畏威緘默不言？伏望皇上擴天地之量，垂父母之慈，俯察臣等所言赤心無他，將曹學程罪從末減，重加譴罰，庶刑法允當，人情咸安。臣等不勝竦息祈籲之至。"

二十八日辛卯，大學士趙志皋奏："爲分獻改遣事。十一月初三日冬至郊天，伏蒙皇上遣臣與大學士陳于陛分獻，臣分當齋宿，至期赴郊壇行禮。臣因數日間偶感風寒，不能進閣辦事，茲當遣祭之期，適值免朝，臣等例該於會極門行一拜叩頭禮。奈臣疾病在身，不能同諸臣行禮，曷勝惶懼。又恐至期疾病未痊，不克赴壇供事，違慢大典，罪益難逭。伏望皇上矜察，改遣閣臣一員前去分獻，並恕臣方命之罪。臣無任激切恐懼之至。"奉旨："改遣大學士張位分獻。"

是日，大學士趙志皋等題："今日文書官史賓發下朝鮮國王一本，爲本內不填官名，口傳聖意，欲臣等擬旨詰問。臣等看得，本國從來本章於天朝內外官員，俱不填名，非避諱諸臣之名，實所以敬中國、尊朝廷也。況本國素稱恭謹，遵守舊規，似非差誤，若加詰問，恐無以慰安屬國之心。臣等謹常①擬票，伏乞聖明裁斷施行。謹具題附奏以聞。"

---

① 常　明抄本"常"上有"照"字，是。通行本誤漏此字。

十①一月癸巳②，朔。

十二日甲辰，大學士趙志皋等題："爲纂修本朝正史事。臣等查有新除翰林院編修劉孔當，堪充正史館纂修官，復除制敕房辦事大理寺右評事吳馳，堪充謄録官。恭候命下，令其欽遵供事。臣等未敢擅便，謹題請旨。"奉旨："是"。

十八日庚戌，大學士張位、沈一貫題："十九日恭遇聖母慈聖宣文明肅皇太后萬壽聖旦，臣等備員輔弼，仰戴隆恩，比之恒情倍切欣忭。謹照例於是日同百官致詞稱賀之後，仍恭詣隆宗門行叩頭禮，以少伸臣子慶祝之誠。謹具題知。"

二十三日乙卯，大學士陳于陛奏："爲患病不能供職懇乞天恩俯容給假調理事。臣素有胃寒病症，本月初三日伏蒙欽遣南郊分獻，偶感風雪寒洌，歸而腹痛口噤，嘔吐不止，臣冀調攝漸痊，未敢遽以病請，猶間日勉強進閣辦事。不意十四、五等日，嘔吐益頻，飲食少進，中脘脹滿，漸成關隔之證，稍觸寒風，前病增劇，身體羸薾，委不能支。伏望皇上憐臣疾苦，特賜給假旬月，服藥調治，待痊可之日，即當勉出供職。不勝悚息懇祈之至。"奉旨："卿疾准暫調攝，痊可即出輔理。吏部知道。"

①十 "十"上當有"萬曆二十四年"六字。

②巳 "已"當作"巳"。

萬曆二十四年

十①二月癸亥，朔。

四日丙寅，接出聖諭，諭兵部："朕見套虜乞款事，在邊臣則請在廷會議，在該部又請在邊詳計，雖意貴從長，實互相推諉。何時而決？朕思戰守正理，款市羈縻，均不可費。虜果以誠乞款，宜明定約束，必須一年無犯，方准一次款市。恭順在先，給賞在後，驗其背向，以為行止。聽邊臣所請，不必遙制。前此革賞，毋得輕補。後此背約，毋得掩飾。明白正大，威信兩全。你部裏便着酌為定議，行與九邊遵守、毋違。故諭。"

八日庚午，大學士張位、沈一貫題："近日科臣劉道亨論劾吏部侍郎孫繼皋、文選司員外蔡應麟一本，及孫繼皋具疏陳辯一本，俱蒙發臣等擬票上進，連日伺候，未奉宸斷。臣等殊切遑遑。竊惟吏部衙門，天下官員並集待選。今十二月正當選期，例有過堂、點選、考校、膳缺、推陞、急選等項，事務煩瑣，時日急迫。乃今堂屬各官，悉皆杜門待罪，並無料理之人。所有前疏，似應即發，命九卿科道定其去留，庶幾銓事有歸，選法不誤。臣等又惟繼皋為人，久在詞林，素稱清謹，即科臣劾疏亦皆牽連浮詞，非有指實，似難於輕異②者。故於其自陳之疏，僭擬照舊供職，實係公論，非敢私也。伏乞皇上俯垂鑒宥，促其即出辦事。但彼終係副貳，必須正官掌理部事，方有主張。更乞皇上將前者會推吏部各員，特賜點用，並將文選郎中蚤准定補，此政體所關之大者，臣等不敢不言。臣等無任仰望懇切之至。"

十三日乙亥，大學士趙志皋等題："為病故輔臣事。據太子太保禮部尚書文淵閣大學士陳于陛男疎光撰報稱，本官於本月十二日申時病故。看得陳于陛，有為修撰，供事講筵，簡在③聖心。拔置輔弼，奉公愼謹，持身肅清，雖世掌絲綸，而儉如寒素，明達國體，多所贊決。臣等方賴同心協力，裨助萬幾。頃緣冬至分獻，感冒風寒，一疾遽捐，深可悲惜。所有應得卹

① 十 "十"前當有"萬曆二十四年"六字。

② 異 明抄本作"棄"，是。通行本作"異"，誤。

③ 在 明抄本作"任"。通行本改作"在"，是。

萬曆起居注

典，伏乞敕下禮部，查例上請，以瞻聖朝逮下之仁。臣等未敢擅便，謹題請旨。"奉旨："覽卿等所奏，輔臣于陛偶疾長逝，朕甚憫惻。應得卹典，着禮部從優查例來看。"

十六日戊寅，大學士張位、沈一貫題："昨日蒙發留守中衛指揮王一清一本，內言灰煤炭草欲收牙稅。今日蒙發通州衛指揮白龍一本，內言臨清李家道口請設店課。臣等竊見，近日言利紛紛，俱出武弁之奏。此輩原不知國家大體、及民生利病，苟可乘機設法以圖取利肥己之事，何所不為？雖借言為國，其實國家未得毫髮之益，而遠近百姓將受剝削無窮之害。終至利歸彼身，怨歸朝廷，厥心含怒，厥口詛詛說，輦轂之下、畿輔之間，必至人人被害，家家懷恨，是以些小微利，而累皇上愛養覆育之深仁盛德也。其言豈可聽信乎？故臣等於此二本，俱不敢擬行。今後凡如此類，伏望皇上大奮乾斷，痛加遏絕，勿中輩小借言行私之計。凡事必經部院大臣擬議，然後施行，庶幾聖政光明，人心愛戴，而太平之治可以永保無虞矣。臣等不勝惓惓仰望之至。"

十九日辛巳①，皇上以立春令節，頒賜三輔臣上尊珍饌。

是②，皇上以年節，頒賜元輔銀五十兩、綵段四表裏，次輔每銀十兩、綵段四表裏，及講官劉元震等三員各照給有差。

是日，大學士今病故陳于陛男陳光讓謹奏："為感謝天恩事。頃因臣父大學士陳于陛病故，本月十九日荷蒙皇長子殿下軫念曾經侍班効勞，頒賜銀五十兩、紵絲四表裏，差伴讀官徐文兆齋捧到臣私寓。臣謹焚香望闕叩頭祗領訖。臣舉家存歿不勝感戴天恩之至。"奉旨："禮部知道。"

二十四日丙戌，大學士趙志皋等題："為纂修正史事。目今歲暮，所有官吏人等例於二十七日放假，至明年正月初四日赴館供事，其起居注館官吏人等，亦合照例遵行。臣等未敢擅便，謹題請旨。"奉旨："是。"

① 已 "已"當作"巳"。

② 是 明抄本"是"下有"日"字，是。通行本漏此字，誤。

萬曆
二十五年

二①十五年正月壬辰，朔，大學士趙志皋、張位、沈一貫題："恭遇元旦令節，慶賀奉旨傳免。"

二十一日壬子，大學士趙志皋、張位、沈一貫題："爲缺官教書事。照得內府司禮監書堂，例用翰林院官六員教書，原題各官俱有別項差用，相應題補。臣等推得編修顧天埈、劉孔當，檢討劉生中、李騰芳，堪以前去教書。未敢擅便，謹題請旨。"奉旨："是。"

二十二日癸丑，大學士沈一貫奏："爲乞恩給假治喪並冒昧循例請卹事。本年正月初三日，臣妻張氏不幸在寓病故。竊念張氏係臣結髮妻室，備歷糟糠，相聚多年，乃今淪没，臣心不勝悲痛，所有後事，須臣料理。臣於此時即欲具奏請假，緣元旦、元宵令節，本係恩賜假期，不敢再瀆於至尊之前，權宜在寓，未遑進閣辦事，茲亦不敢隱諱。但今含斂雖畢，尚欲發付臣子與襯還鄉，瑣屑多端，有宜擘畫。懇乞皇上俯諒臣不得已之情，特准寬假，以便發喪，臣不勝哀感。臣再思，臣妻曾蒙聖恩封爲孺人、安人、淑人，舊年進封夫人，閨閫瑣流，四叨綸命。而臣佐理無狀，尸素多慙，宜俟襮訶，敢更陳乞？但恩卹有條，載在會典，如前輔臣余有丁，今輔臣張位，皆因妻亡喪歸，蒙賜祭葬。朝廷彝章，閣臣故事，臣不敢廢，不特私衷之難割已也。第假命之榮，以畢纍襄之掩，爲樵採之防，臣夫婦之倫，無復遺憾。況數千里回籍，涉歷江湖，非得人夫船隻不可以行。儻蒙天慈垂憫，敕下該部，查照前例，恭候聖裁，此又臣無已之祈，不敢固請者也。臣不勝戰慄哀籲之至。"奉旨："卿妻亡逝，朕心憫惻。准暫給假治喪。特賜齊糧三十石、麻布五十疋，以示優眷。照例與祭，差官造葬，還加祭一壇。仍給夫船，應付回籍。該部知道。"

二十三日甲寅，大學士沈一貫奏："爲感激殊恩恭陳謝悃事。臣頃因妻故乞假治喪，並請卹典，奉聖旨：'卿妻亡逝，朕

萬曆二十五年

一四五七

① 二 "二"字上當有"萬曆"二字。

心惻惻。准暫給假治喪。特賜齊糧三十石、麻布五十疋，以示優眷。照例與祭，差官造葬，還加祭一壇。仍給夫舡，應付回籍。該部知道。欽此。'隨蒙欽遣文書官虛受齋到銀五十兩、紵絲四表裏、新鈔一萬貫、齊糧三十石、麻布五十疋。臣謹於私寓焚香叩頭祇領訖。切念臣仰受隆施，未申寸報，適遘亡妻之戚，因祈暫告之恩。何幸天心俯從人願，許輟絲綸之直，俾伸衰絰①之情。復廑憫惻於宸衷，申錫駢闐於望外，精粲分珍於禁廩，縷麻出篋於尚方，重楮精鏐，寶氣蔚其揚采，長縑紉裏，天機燦若呈章。馳中使以傳宣，即私居而膊慰。更諏故典，超需殊恩，芬芳已邕於焄蒿，載益加籩之賜，封樹既仁乎枯朽，尤勤命使之行。且憐歸路之遙，特給傳符②而去。竊念臣妻，以裙布荊釵之賤，糟糠井臼之餘，生累拜乎榮封，溢踰已甚，沒侈叨乎異數，啣結何當？信聖主之軫念臣私，同慈親之過憐愛子。居災猶福，被寵為驚，感激難名，涕淚③俱下。儻未盡之年，稍賒於同穴，則匪躬之志，誓竭於糜埃。臣無任仰荷感戴之至。除見朝時另行廷謝外，為此謹具本恭陳謝悃以聞。"奉旨："覽卿奏謝，朕知道了。禮部知道。"

二十四日乙卯，大學士趙志皋等奏："為敬陳政體緊關要務乞賜乾斷以光聖治事。前者吏部尚書員缺，已經奉旨再推，近日侍郎孫繼皋被論，已經屢票恭進，臣等又具揭屢請，未蒙批發。竊惟人之可用可捨、當去當留，簡在聖心，總俟獨斷，臣等即不敢妄預，惟是官不可缺，乃政體所關，治忽攸判，此羣望之所最迫切者，臣等何敢不言？蓋朝廷之所恃以分理四方、共襄庶政者，全在內外大小官員各得其職，而內外大小官員所以銓敘得宜、黜陟有次者，全在吏部有官以為之統轄也。天下無官，朝廷雖有法度，不能自行於下矣。吏部無官，天下雖有人才，不能獨用於時矣。故用人，天下第一緊要事，吏部，天下第一緊要官也。若吏部官有循私受賄、不公不法，與夫放肆怠惰、不勝其任者，進退之權握於朝廷，何難於黜其不肖者、而用其賢者？苟因其人之不稱，遂謂官之可虛，誠所謂因噎而

①經　明抄本作"絰"，是。通行本作"經"，誤。

②符　明抄本作"苻"，誤。通行本作"符"，是。

③淚　明抄本作"涙"，是。通行本作"淚"，誤。

廢食，非治天下之道矣。今吏部掌印無官，四司諸務停閣，昨冬十二月大選，遂致罷廢不行，此祖宗二百年來未有之事也。臣等連日見候選諸人，進士、舉人、監生、吏員人等數百人紛紛咨嗟號訴，具言官有大小，皆替朝廷出力，而某等困守出身，或至數十年始望一官，廢棄不收，情極可憫。又有內外官員待補闕下者，其人之多不下六、七十，其時之久或至一、二年，此亦祖宗二百年來未有之事也。每來見臣，叩問明旨何日當下？緣京師芻米僕賃費用不貲，去留難難，進退維谷。又責臣等特不肯轉聞於上耳，儻聞於上，明主至明至聖，豈不為某等一動容體恤乎？至於內外行取官員，積俸年深而未得俞命，致令舊者不陞，新者無缺，咸睊睊觖望之甚，此亦祖宗二百年來未有之事也。況臺省差遣十分缺人，狐鼠豺狼置而不問，神奸弄法，大盜殺人，朝廷憲法益從此大弛廢矣，是不當一留聖念乎？各處司道郡縣官員，懸缺未補者甚多，此又祖宗二百年來未有之事也。錢糧詞訟莫適主管，代署①苟簡推諉，護印者閉門高臥，以致吏胥虎噬，百姓魚爛，是不當一垂聖念乎？凡此數者，總因吏部無官，故事事停廢，以至此極。臣等今不憚煩，冒昧以請，非為吏部一衙門惜，實為朝廷政體惜也。惟望聖明俯採芻蕘，速賜裁決，天下幸甚。昔皋陶陳謨於帝舜曰：'元首明哉，股肱良哉，庶事康哉。'言君能精明剖斷於上，凡朝廷大政，無不施行，則為股肱者咸願為良臣，而萬事無不安妥停當矣。又曰：'元首叢脞哉，股肱惰哉，萬事墮哉。'言君不聽大臣之言，而行瑣屑細碎之事，為股肱者諫不行，言不聽，必致意氣懈怠，而萬事咸從此頹墮矣。皇上，當今之堯舜也，臣等愧非皋陶，顧忍見叢脞頹惰，而不為靖獻計，可乎？方今精神間隔，事權旁落，忠良結舌，羣小鼓簧，人心怠玩，法紀凌夷，災變頻仍，民窮才盡，臣等待罪股肱，才術短淺，格心既已鮮功，行政又復無效，朝夕慚惶，莫知為計。伏願皇上獨奮乾剛，來春布澤，暢然與天下更始。先將吏部堂屬官員，亟賜署置，凡內外官待次者，悉令選除取補，今後一切章疏隨事速斷，勿致停滯，庶政體光明，天下事各得其理，而太平可以永保矣。臣等不勝惓

① 署　明抄本"署"下有"者"字，是。通行本漏抄此字。

惓切望之至。"

　　二十八日己未，大學士趙志皋等題："臣等疏請吏部尚書併中外應陞應補之官，蒙皇上俯從，次日即發下徐汝陽等十人，又次日發下曹愈參等三人，又次日發下高鎮位等二人。三日之內，長安市中歡聲動地，喜氣盈城，人心之易於感動如此，而臣等亦與有光矣。惟吏部尚書未蒙點用。夫吏部尚書乃六卿之長，百司之總，主銓選之典，不可久虛者也。尚書或缺，則侍郎或可暫代，而不可久借者也。而今侍郎孫繼皋又請告矣。臘月大選已廢不舉，二月春選又將及期。臣等連日待命不下，而待選之官於臣等出朝之時，數百爲羣，集於長安門外，沿街泣訴。皆云守候已久，一年者有之，二年者有之，囊篋罄盡，傭賃艱難，悲號苦楚，不忍聽聞。皇上深居九重，安得知此情狀？昨蒙發下文選司郎中白所知一本，臣等固知聖心亦念及此。杰①堂上無尚書、雖有選司郎中，亦不得徑行其事。一年六選，國朝大典，並未嘗廢，惟正統己巳之變曾廢一選，即於次月補之。臣願皇上俯將前後兩推尚書八員，欽點一員，亟令到任管事，查點待選人數，果溢常格，通融議處，奏請定奪。此又皇上洪②蕩之洪恩也。至於留中未發之疏，應陞應補者，亦皆以漸發下，令其次第陞補。夫諸臣皆皇上之臣子也，臣固知皇上愛惜人才，決無終棄之理。而外廷之臣，莫測聖意，一日不下，則一日之憂愁困若③不能自解。數日臣等出至朝房，六部及內外大小官員皆來見臣，有言官事難攝者，有言差遣不敷者，有言待次日久抑鬱成疾者，其勢誠急，而其情誠可矜，有不能盡述者。故臣者冒昧再瀆，伏乞聖裁施行。臣等無任④。"

　　三十日辛酉，大學士趙志皋奏："爲東事久稽言官誣詆特陳始終事情以明心迹以杜橫議事。臣辦事閣中，見發下科臣徐成楚論兵部尚書石星本，內言及臣雷同欺蔽，臣讀之不勝駭愕。夫臣皇上輔弼之臣也，章疏奏上，俱發臣等擬票，下部覆奏，以候聖裁，遇有大事，閣臣公同會議，方始擬票，此從來之事

①杰 "杰"當作"然"。

②洪 "洪"當作"浩"。

③若 "若"當作"苦"。

④任 "任"下當有漏文。

例也。近來國家之事，孰有大於東封①者哉？其始起於經略宋應昌之請，尚書石星因而議許之，言官從而爭論之，事幾成而欲敗，賴皇上英斷，特頒聖諭，查究言官，而議論始息，倭使乃至，而封事遂許矣。不意破封猶杰②未已，又值有李宗城私逃之事，人心搖惑，議論更多。幸天威震怒，逮繫宗城，別遣楊方享③以代，而封事成矣。今日釜山之兵未撤，爲索朝鮮之遣使，以致二使稽遲未還，謝恩夷使未至。杰④揆之事體，日本既退王京，又還王子陪臣，則今日朝鮮宜釋舊憾，遣使修睦，亦理之常。石星前覆楊方享⑤之本，已奉旨着日本撤兵全信，朝鮮遣使修好。後覆朝鮮請兵之本，又奉旨着修備修睦，無偷安啟釁。前後明旨照杰⑥，無非欲化行海外，安撫小邦，以昭聖化蕩平之至已爾。乃成楚必欲興兵動衆，先自張皇，以開禍端，誠不知其何心？豈成楚自有深意耶？成楚論臣與石星雷同欺蔽，夫師旅之事，本兵掌之，閣部政體相關，有事不妨商確，此國家從來舊規，非自今日始。若遂目爲雷同，爲欺蔽，則必閣部自相矛盾，部曰是，閣曰非，部曰可行，閣曰不可行，始不謂雷同欺蔽，恐失人臣協衷之義，而成楚之言過矣。且無論其他，如近日關白受封，本兵議覆謝恩表文，欲照俺答事例，代爲奏進。臣以爲向年議處俺答者，因其素稱强盛，巢牧於宣大境外，止隔居庸一關，恐其窺探，故豫防之。若日本隔絕海外，國初亦曾修貢，及至嘉靖年間因汪直之亂始罷，即釜山距京已五千餘里，容其齎捧，有何妨礙？況我既遣使以往封，彼不專臣以修謝，亦屬非體，故臣擬票仍令前來。是臣與星爲同耶？異耶？臣以病註籍五十餘日，原未敢求去，適有輔臣于陛之變，且值歲暮多事，臣欲扶病強出，而成楚以爲就中作用，俱不可曉，臣尤不知其故。自議封以來，言不可者，未有不疑及於臣，言石星主封不是者，亦未有不波及於臣。臣反覆思之，信乎當事之難也。大抵老成謀國者，欲鎮靜安民，少年喜功者，欲分爭多事。若非皇上英明神斷，洞察羣情、主張國是，以安中外，而臣以一身冒衆口之交攻，豈復能一日立於朝廷之上哉？臣老矣，因昨年九上疏而不得請，後又復出，今又呶呶與人爭

萬曆二十五年

一四六一

① 封　明抄本作"對"，誤。通行本作"封"，是。
② 杰　"杰"當作"然"。
③ 享　"享"當作"亨"。
④ 杰　"杰"當作"然"。
⑤ 享　"享"當作"亨"。
⑥ 杰　"杰"當作"然"。

辯，可謂厚顏。惟皇上愛而憐之，即放臣歸老山林，隨田夫野父呼萬歲，以效華封之祝，臣之所大幸也。無任感激佇望之至。"

二①月壬戌，朔。

是日，大學士趙志皋、張位、沈一貫題："爲日講事。看得《詩經》講章見今將及進完。臣等竊惟前此經書俱已講過，我朝聖祖神宗嘉謨善政，比隆二帝三王，遠邁漢唐，今具載實錄中，班班可考。伏望皇上俯容臣等轉諭講臣，將祖宗謨烈垂法後世者，每日摘取一條，預撰講章，待《詩經》完日，接續進呈，用備皇上法祖通今之助。伏乞聖明裁發，以便欽遵。臣等未敢擅便，謹題請旨。"

三日甲子，大學士趙志皋、張位、沈一貫題："茲者恭遇乾清、坤寧二宮鼎建，於初四日興工經始。臣等備員輔弼，誼當奔趨恭視，以少盡區區職分之誠。自後容臣等每月初四日恭詣閱視一次。臣等未敢擅便，謹具題知。"

八日已巳②，大學士趙志皋奏："爲衰庸老臣屢招羣議懇乞聖明即賜罷斥以息人言以定大計事。臣蒙皇上發下臺臣周孔教、黃紀賢論東封事二本到臣寓所擬票，臣讀紀賢疏論本兵石星，波及於臣，臣不勝皇悚。臣惟東封一事，始則起於宋應昌因兵食不繼，假此而爲③退倭之謀，繼則由於石星因經費浩繁，藉此而爲休兵之計，兼之朝鮮亦代日本具疏乞封，於是皇上毅然獨斷，以彰字小之仁，以示柔遠之意。而臣待罪閣中，前後擬票上請者，亦不過欲保全朝鮮、修守內地、許封以示羈縻而已。明旨見在，歷歷可查，臣何嘗褊心執拗、專於主封、昧於主戰也？且自上年廷臣會議之時，衆口攻臣者不下十餘輩，臣具疏剖辯者亦不下千百言，自謂心迹已明，諸臣必能原諒矣。不意皇上許封之後，稽遲日久，變故屢生，冊使潛逃，猜疑愈起，兼之好功喜事之人陰布謠④言，致使日本朝鮮益不相睦，而東事遂至今日耳。若臣則有何誤國、紀賢必欲加臣以不韙之名哉？今主封者本兵石星，主戰者督臣孫鑛，撫剿當自相機，戰款不妨兩用，蓋似無不可者，何諸臣過爲倉皇、而橫肆誣詆也？臣自揣衰容無當世用，去歲九疏懇辭，感戴天恩，未蒙俞允，繼

萬曆二十五年

① 二 "二"上當有"萬曆二十五年"六字。

② 已巳 "已巳"當作"己巳"。

③ 爲 明抄本作"惟"。通行本改作"爲"。

④ 謠 明抄本作"搖"，通行本改作"謠"。

而遇大行仁聖皇太后之喪，義不敢去，又未幾而同官于陛復爾告變，臣是以稽留至此，若臣一念報國之心，天地鬼神實鑒臨之，臣亦不敢嘵嘵逞辯。今攻臣者愈急，臣不去議論不止。伏乞皇上俯察臣謗日深，日危日甚，特賜放歸，庶人言可息，而臣亦得以遂首丘之願。臣犬馬血誠，不勝籲天哀懇待命之至。"奉旨："卿報國心迹原明，人言何必深辯？這事情待廷臣會議定奪。卿宜安心佐理。不允所辭。吏部知道。"

十四日乙亥，大學士張位、沈一貫奏："爲據陳經理朝鮮事宜以備聖明採擇事。竊見倭入朝鮮以來，皇上廓如天之仁，授之一封，以罷戰息民，至恩也。乃倭自絶於天，復渡海來，則廷臣交言朝鮮當救，我師當出矣。顧師雖當出，而用兵方略尚宜講究。昔漢臣趙充國有言，帝王之兵以全取勝。兵法言，善戰者先據不可勝之地，以示敵之可勝，則所謂以全取勝也。否則佳兵不祥，易動難静。國家之力專於一隅，脱四夷内外復有蠢然而起，何以應之？前者屢奉明旨，敕朝鮮自行修備，中國決無數千里轉餉爲屬國防禦之理。聖慮至深矣。今朝鮮既不自强，而必恃我以爲强，倭去復來，知我虚實，亦必念前計之未工，而後謀之益技，此非可以虚聲下、偏師克者，當作萬全之計，絶僥①倖之意。多官所議，但詳言設官遣將、出兵處餉之事，而於戰守機宜、進止緩急、尚爲潤略。或欲擣釜山，據全慶，守鳥嶺，恐有輕進玩敵之虞。或欲扼旅順，守鴨緑，屯寬奠，恐有隔遠遲延之患。臣等以爲，兵欲爭利，當爲自固之謀。爲自固之謀，先當擇要害適中處所，以立根本不拔之基，使進可以戰，退可以守，戰則決能制勝，守則必其無敗，我欲戰則戰，非人可迫之而戰，我欲止則止，非迫於人而止，其峙如山，其聚而淵，如此始爲萬全無憂之計。莫若開城、平壤二處，開府立鎮，練兵屯田，西接鴨緑、旅順之師，使有所望而歸依，東爲王京、鳥嶺之援，使有所恃而奮躍。勢便則遣輕兵而趨利，與倭決勝，勢不便則虎踞此處，足以壓其邪心，而禁其無横逸。須得實心練事、才力兼全者，爲巡撫司道而專任之，聽其便宜

① 倖　明抄本作"僥"，是。通行本作"倖"，誤。

行事。中國之人，欲以功名自見千萬里外者不少，不問品流，願從者聽，就中選其才能者數十輩，分署各處，爲之長師。就朝鮮之人雜之以漢人，齊之以漢法，教之以漢戰，變其偷隋之風，作其敵愾之氣。因而務農勸織，通商惠工，廣樹蓄之源，開山澤之利。其地多銅，即山鼓鑄，以資軍興。一年之後，本地之錢粟可以爲餉，本地之士民可以爲兵，中國之轉輸歲減一歲，而本地之威力歲饒一歲，但資以火藥利器，供其所乏，而不必一一盡仰於朝廷。直待夷氛悉浄，然後議撤。如此，則賊知我之久屯不去。必且鳥驚魚散，朝鮮知我之久屯不去，必且景附響從。以朝鮮防朝鮮，不煩中國，而藩籬可厚、倭奴可驅矣。中國之大，無難於一倭，所爲難者，道路遠而費用多，往返艱而人馬敝，彼爲主我爲客故也。今倭屯釜山者數年，且耕且輸，已握勝算，吾不能然，第欲一旦之調發、千里爭鋒，利在速戰，不利持久，勝負之數，恐未有歸。儻因糧於朝鮮而不我繼，求戰於倭奴而不我應，一乘吾敝，禍不可言。即善能相持，而軍無固志，士有歸心，勢亦危矣。惟倭有屯畜，吾亦有屯畜，倭有轉輸，吾亦有轉輸，自寧前距開城一千四百里，已據朝鮮之半，益以朝鮮諸道之力，乘瑕避堅，可緩可急，休息待時，雖不速進，蓋已不爲退計矣。況以吾之步卒加之以馬騎，而當倭之徒兵①，則必勝之術，始制於我。開平既定，得一步則進一步，次第取慶尚、忠清、黃海等處，屯守又如前法，日逼月削而蹙之，倭可立盡無疑矣。凡舉事，必先爲久計，而偶值其早完則可，苟先爲暫計，而若不克如願，豈不終可慮哉？今談者但忿倭之不恭，動以滅此朝食爲言，徒求快心，不念危計。不若從長計議，設置巡撫司道，帶領見調人馬，先屯二處，以滋接濟，以立根本。仍明示德意，不責捷於旦夕之間，而以經畫長久爲計。鳥嶺以南，相機進止，毋得浪戰損威。鳥嶺以北，還定安集，不許尺寸有失。務使事舉而國不告乏，兵出而人不知勞。儻朝鮮人不爲吾使，朝鮮財不爲吾用，又須更湊別議，勿誤大事，庶幾奏全勝之功也。既定此策，即當通登萊入遼之海路，從此轉餉，以資軍興，從此渡軍，以講水戰，使往

① 兵　明抄本"兵"前有"步，以吾之兵矢益之以火器，而當倭之徒"十六字。通行本漏此十六字。

來之人不疲於陸，且令二鎮聯絡可以相援，又可以通朝鮮之黃城島，涉釜山而規對馬，此爲長策當急行者也。言者欲轉浙直舟師，從海入遼。北海風高，少山嶼，無棲泊所，且船各有宜，宜於南者不宜於北，以不習之卒，涉波濤之險，又經萬里之遠，大是危事。不若從内地至登萊，駕登萊之舟以入遼，此最便安穩之計。登萊舟雖不能猝辨，從今議造亦未爲晚。又今言兵者動稱南兵。夫南方久不用兵，所稱南兵，非經戰之士，盡市井少年耳，虛有其名，實須教習。且南人風氣柔弱，不耐寒苦，體力之强亦不能過北人。獨其攻殺擊刺之法，與器械戈甲之利，本爲制倭設者，不可不循倣而用。彼方老將猶能言之。臣等以爲招南兵，不如求南將，以南將教練甚易，與所募南兵參而用之，此亦長久之計也。昔趙充國欲困先零，則屯金城，諸葛亮再出師代魏，則屯渭濱，羊祜圖吳，則襄陽墾田八百餘頃。其始至也，軍無百日之糧，及其季年，乃有十年之積。蓋以兵非嘗試之物，不得已而用兵，則當老成持重，長算而行之。今忠獻滿廷，臣等欲試陳其愚，雖機宜未必中，而意則昔人之意，不無可採。伏望皇上敕下兵部，再加酌議施行。臣等不勝幸甚。"奉旨："朕念朝鮮屬國藩籬，豈宜輕棄？但用兵重大，遠征轉餉，事勢甚難，心切思慮。覽卿等所奏帝王之兵，以全取勝，使進可以戰，退可以守，動中機宜，始爲萬全，無憂之計，深合朕意，具見忠獻爲國，誠可嘉尚。這所奏内一應事宜，着該部便看議來説。"

是日，大學士張位、沈一貫題："近日春氣方動，寒煖不常，乃最難調攝之時。適值倭情紛擾，淵衷①煩勞，恐或致於動火，伏望聖躬加意珍重。竊念東倭一事，今羽檄交馳，不可不深爲之慮。但既經廷臣會議，處置當不致差。惟順羣情，允而行之，夷夏之人，自知聖慮之周詳於無外，廟算之織悉於無遺，足以破狡夷之膽，安屬國之心矣。若不信羣策，徒自焦勞，尚多不決之事，使内外罔所遵守，誠恐失人心而誤大事，且於聖躬調養之道亦有所未宜也。尚書石星既爲衆心厭棄，必難展布，所當更易。若皇上念其久勞，則令致仕善去，若尚疑其誤

①衷 明抄本作"衷"，是。通行本作"哀"，誤。

事，即他日再處未遲。至其自請往彼宣諭一節，事亦可行可止，無甚緊要，皆不必展轉聖心，遲疑不決也。至於簡用本兵以新耳目，並令吏部急補邊海備倭各官，此則今日之最緊要事也，萬乞特諭速行。皇上宗廟社稷之身，臣等固望省事省慮，靜定頤和，而軍國大事不宜耽閣，是以仰冀耐心凝慮，順而應之，斯保國保身兩無所妨，而天休其滋至矣。臣不勝①。"

十五日丙子，大學士趙志皋、張位、沈一貫題："為日講事。近該臣等具題開講日期，擇於本月十六日吉，恭請皇上臨御講筵。照得每年初開日講，該進講《大學衍義》、《詩經》、《通鑑》講章三條，臣等謹於前書內擬擇三條進呈。見今《詩經》將及進完，臣等前已具題，待《詩經》完日，請將聖祖神宗實錄內嘉謨善政垂法後世者，每日摘取一條，預撰講章，照常接續進呈。謹具題知。"

是日，發下聖旨："《詩經》講完時，還請旨講甚麼，方撰講章來，不許輒撰講章。"

十六日丁丑，大學士張位、沈一貫題："昨日伏奉皇上聖斷，令吏部會同九卿科道，推舉熟練邊務、堪任本兵者五六員，以俟簡用。命下之時，舉朝歡誦，人情如此，滅倭何難？但會推由於吏部，而吏部堂上無官，事關軍機，不可復緩。前者屢次推上尚書，恭請點用，聖心慎擇，必得其人，天下之人日夜跂望。伏祈早賜點發，幸甚。若猶慎重未定，或於各部院正官內暫遣一員，令其署掌吏部印信，以便推選，庶使軍機無誤，可以少副目前之急，而為國分憂，仰寬皇上宵肝②之懷。謹將在京見職各官職名，開列於後，另僭擬敕旨一道，恭進御覽。伏乞即賜定委，填發施行。

　　計　開
　　戶部尚書　楊俊民
　　禮部尚書　范謙
　　刑部尚書　蕭大亨

① 勝　"勝"下當有漏文。

② 肝　"肝"應作"旰"。

都察院左都御史　衷貞吉
　　諭　旨
吏部印信着尚書、都御史暫行掌管。"

二十四日乙酉，大學士趙志皋奏："爲痼疾非藥石可調政本非病體可任懇乞天恩亟賜罷免以全軀命以安愚分事。臣體素孱弱，年又衰殘，榮衛全消，血氣盡耗，蓋已非一日矣。初九日偶於寓所行走，傾跌仆地，及攙扶起立，遂覺半身麻木、不能動履，尋醫救治，服藥無效，針灸罔功，知非旦夕之所能治也。已於十七日疏懇天恩，乞求罷免。待命七日，未奉明旨，臣又何敢復瀆？然臣詢之醫人，皆謂臣心血虛耗已盡。夫心血既虛，則四肢不能運動，內以虧其本源，外以傷其肢體，乃天地間之廢人也。豈有廢人而可膺輔弼之任、佐萬幾之繁哉？臣於素年之內，每有陳乞，蒙皇上憫念閣臣之體，溫綸慰留，臣強顏復出。惟臣今日之病勢甚危，有非昔年比，未可以歲月調治責效者。臣近於數日之內，得睹明旨，知皇上俯念候選諸臣迫切之情，欽點冢宰以掌銓衡，又命二選併於一選，仰見皇上虛受之懷，體悉之念，雖古聖王未易及此。傳聞馳道之上，人皆鼓舞而歡呼，臣雖在牀簀之間，亦轉呻吟而爲欣忭也。念臣衰年，加之痼疾，心雖存夫報主，力不能以効勞，值此病軀奄奄待斃，情之迫切更甚。伏願皇上俯念至情，匪有矯飾，放臣歸田，得以未殞之殘軀歌詠於堯天之內，則臣之感激又不啻候選諸臣已也。臣無任籲天懇恩之至。"奉旨："卿前以疾請假，特允暫加調理。宜藥餌衛養，痊可即出辦事。勿得再辭。吏部知道。"

二十六日丁亥，大學士趙志皋奏："爲人言橫詆踵至孤臣萬死難甘懇乞聖明洞察並祈亟賜罷斥以息人言以全晚節事。頃臣因跌足傾仆，危病陡發，具疏乞休，未奉明旨，昨復再疏哀懇間，接得閣中揭帖二本，皆御史況上進所題者。一言爲奸臣貪慝無忌等事，本中全論石星，雖與臣無預，然所稱楊允恭託首輔家人祝允升，過送石星銀六千兩，遂差浙江買舡一節，此蓋上進猶以陰語攻臣，而其事實無影響，可置之勿辯者。一言爲訪獲奸僕鑽求輔臣受賄等事，内稱捉獲已故原任太常寺卿徐元春家人徐應乾，審供將銀一千二百兩，令家人徐文炳來京送臣，以謀起用，見事不成，倒回五百兩等情。臣不勝驚駭，不意橫遭誣詆，一時踵至。此關臣名節，臣請備言其故。臣初登第時，係先朝首輔徐階當事，臣有門下之誼。而元春乃階之孫也，雖有一面，實未同朝。突於三年前，臣從閣中歸寓，云有徐元春差伊家人投遞書帖，臣當即展書視之，皆爲通問常套語，而末附一禮帖，内開紬段四端、銀杯盤二副。臣方訝其居鄉，何爲有此遠饋？及見帖後，又夾小啟，内開銀一千兩，希圖起用。臣始不勝痛恨，當將書斥還，其儀實未睹也。意欲倣輔臣王錫爵昔年發公一楊事例舉發，因念義屬通家，姑爲隱忍，當即斥去，亦並無片紙隻字以答之。天日在天①，鬼神難欺，何敢昧心以欺聖聽？據上進疏中，徐應乾在娼家拏獲，又云徐文炳娶娼南回，所開一千二百兩祇云倒回五百兩，此非臣之所能知者。臣自受皇上委任以來，未嘗於各衙門囑託一事，皇上如不信臣，乞召大小臣工一問，必有公正之人能言之者。且元春已經論列之官，而書來又經三年之久，臣何嘗爲元春游楊②一言於部臣也？臣身爲大臣，豈有受人賄託？至是而始悔當時隱忍不發，以來今日之人言也。緣上進往來③有疏論臣，屢次求歸不去，苟可以誣詆羅織，率不問其真僞虛實，遂爾具奏。至謂賣中書一事，臣亦不知其故。而臣連被指摘，一日不去，則議論一日不止。伏乞皇上俯憐孤苦，將臣先今二次所上病疏，亟賜批發，放臣歸田。揣上進之意，亦無非欲速臣之去，以遂其謀，臣得一去，無端風波亦可少息矣。仍乞敕下法司，將徐文炳等嚴提到官，逐一審究，要見臣昔年有無受其千金，是否倒還五百兩，及有何回書指證。如係棍④徒託名局騙情真，亦須據實具奏，庶奸徒斂戢，而臣之心迹且因是始白矣。臣不勝恐懼待命之至。"奉旨："覽卿奏辯，事情心迹明白，朕知道了。卿宜安心調理，痊可即出辦事，勿以浮言介意。吏部知道。"

是日，大學士張位、沈一貫題："近爲倭情事，廷臣議論紛

① 天　明抄本作"上"，是。通行本作"天"，誤。

② 楊　"楊"應作"揚"。

③ 來　明抄本作"年"，是。通行本作"來"，誤。

④ 棍　明抄本作"捉"，誤。通行本作"棍"，是。

紜，以致聖心慎重，遲回未決。臣等竊思，此事從前處置原無差錯，若今日不早決斷，正恐反致誤事耳。當倭夷之求封也，時值西討東征，國家兵力費耗，借此暫示羈縻，一者我自爲休息料理計，一者待朝鮮整頓，今爲守禦防備計，未嘗實信倭情無他，專恃一封，遂弛備而不修也。故自前至後，明旨屢飭，不曰預修防禦，則曰預爲料理，三令五申，諄諄嚴切，聖斷確然，而臣等每次擬票，亦竊以爲事體當如此也。今倭既起兵復來，反覆難信，則我之遣將調兵，相機進止，援屬國而保藩籬，振天威而討悖逆，亦但遵奉前旨、以行初議而已，固非因許封失策、而今日方議戰改局也。夫夷狄順逆何常？順則撫之，逆則伐之，此自古帝安攘之道。始則信其情而許之，今則聲其罪而討之，原無損於天朝正大光明之舉動也。尚書石星意在息兵省事，不欲煩費中國以事外夷，其謀未嘗不是，但專恃封事可成，偏信沈惟敬之說，既不肯預料調遣，以防未然，及倭情已變，不以撻伐爲謀，祇以彌縫爲計，外拒人言，堅執己見，用捨顛倒，舉動乖張，無怪乎衆論交非，雖京城大小官員百姓，無不厭而譏之也。若再留此有何益乎？今倭屯海上，東方告急，設官遣將，皆當亟行，勢在燃眉，祇因樞臣未定，一切停閣。前者星已延緩誤矣，今可再誤乎？臣等忝受股肱之託，遇茲軍國大事，安敢隱忍不言？伏望皇上軫念邊事重大，亟將會推大臣欽點一員，令其作速用心治辦，毋得耽誤。若石星之或去或留，當罪當宥，惟上所命，臣等不敢預議。事急情迫。臣等不勝①。"

① 勝 "勝"下有漏文。

三①月辛卯，朔。

四日甲午，大學士趙志皋、張位、沈一貫題："近日禮部疏請皇長子冠婚大禮，恭候明旨，尚未傳示。臣等查得《大明會典》，皇子年十二或十五舉行冠禮。至於婚禮，恒以十五、十六爲期。今皇長子年已十六歲②，揆諸典制，似不可以更緩。若不預行傳示，非特吉典愆期，且冠服儀物等項，恐一時造辦不前。至於民間女子，待年至十五、六者甚少，選擇賢淑，尤宜及時也。禮部又言，皇三子講讀之典，今將屆期，臣等採諸輿論，咸謂皇長子冠禮請於今歲舉行，婚禮請於明歲舉行，皇三子出閣讀書亦請於明歲舉行。臣等叨列股肱之末，誼不容默，謹儧擬傳帖上進，伏乞聖明裁定，發下禮部施行。謹具題以聞。

諭禮部

皇長子冠婚二禮，禮部擇日具儀來看。皇三子出閣讀書，着於明年春月舉行。"未報。

十日庚子，大學士趙志皋、張位、沈一貫題："今日欽奉聖旨：'萬曆③二十五年三月初十日子時，朕第七子生。禮部知道。欽此。'恭惟皇上，茂膺天眷，慶衍多男。陽春布而品彙生輝，瑞氣盈而宮幃④送喜。臣等快睹禎祥畢集，益徵福壽無疆。羨帝祚之繁昌、子孫千億，樂皇情之悅豫，祝誦萬年。中外臣民式同歡忭。臣等無任踴躍之至。謹具題稱賀以聞。"

十二日壬寅，大學士張位、沈一貫題："前日吏部奉旨會推協理京營戎政李春光、賈待問二員，經理朝鮮都御史楊⑤鎬、王見賓二員，恭候點用，俱未發下。臣等竊惟倭情十分緊急，京師，天下根本，戎政大臣，整飭營務，難以遲緩。至於朝鮮，待命已久，大兵即日東發，若無經理大臣，則各將何人爲之節制調度？軍機重大，誠恐誤事不小。臣等訪得輿論，公評二員之中，楊鎬才兼文武，精敏沉毅，謀略武力一時無出其右，況見在督兵渡江，實堪此任。且外域遠征，勞苦勷勷，人情之所

萬曆二十五年

—一四七—

①三 "三"上當有"萬曆二十五年"六字。

②歲 明抄本作"矣"。通行本作"歲"。

③曆 明抄本作"力"，誤。通行本作"曆"，是。

④幃 明抄本作"圍"。通行本作"幃"。

⑤楊 明抄本作"揚"，誤。通行本作"楊"，是。

萬曆起居注

憚往，非素懷忠義兼茂才力者，豈肯踴躍前行？難以輕易付託。伏望皇上將楊鎬亟加點用，以見聖心特簡之重，庶幾激發其立功異域之心，而可以寬東顧之憂矣。臣等又惟，新春以來，連見風霾蔽天，殊非清明景象。今遼左兵將損折不少，內地百姓驚擾靡寧，不特倭情可慮，時事大有可憂。除臣等日夜淬勵、與諸臣勉修職業、共濟時艱外，更乞皇上慎重起居，留神採斷，以保祖宗太平之業，以培聖明久道之隆。臣等不勝①。"

是日，大學士張位、沈一貫題："今日文書官盧受發下工科給事中楊應文一本，臣等擬票恭進，伏蒙發下，命票出取回沈惟敬。臣等竊詳，沈惟敬原無身家根蒂，但以口舌差遣，謀事無成，爲中外之所攻擊，已入倭營，必然懷疑懼罪，不敢西還。若持之愈急，則愈堅其逃命之心，反將國事賣與倭奴，爲天朝之大患矣。故臣等前票不欲指出明白，正此意也。今再奉旨擬票，但令督撫取回報效。非臣等敢爲庇之，意欲皇上以如天之量，且賜寬容，庶使其不生他心，免貽後患。不然而以嚴旨催取，儻彼違抗不來，反褻朝廷之體，事屬未便。伏惟聖明鑒裁，謹具題知。"

十五日乙巳②，大學士張位、沈一貫題："茲者吏部奉旨會推協理京營侍郎及經理朝鮮都御史各二員，已蒙聖明欽點李春光、楊鎬發下擬票恭進訖，至今未蒙發行。竊惟京營戎政，根本所關，朝鮮經理，用人最亟。臣等前曾具揭懇請，實見眼前事體關係甚大、甚急。又今日發下兵部侍郎李禎一本爲緊急倭情事，特爲催請。中外人心十分顒望。伏乞皇上將前次欽點二本，即賜檢發施行。臣等不勝③。"

二十一日辛亥，大學士趙志皋奏："爲年衰已甚病廢難瘳三懇天恩蚤賜放歸以延微命事。臣自傾跌後，呻吟牀簀間、足不能投地者，已一月餘矣。再疏乞恩，未蒙俞允。非不欲仰體眷懷，勉圖報效，繼之以斃而後已。乃於各處訪求明醫，多方商確調治，然卒無一人謂可④能治者，皆云老人血氣衰耗已極，

① 勝 "勝"下有漏文。

② 巳 "巳"當作"巳"。

③ 勝 "勝"下有漏文。

④ 謂可 明抄本作"可謂"，通行本改作"謂可"。

兼之風濕漸侵，其所由來已非一日，雖有盧扁之醫，亦難旦夕取效。臣聞之，益切驚懼。臣思人臣食君之祿，必當敬君之事，未有病癈①不能供事而猶優然在職者。臣爲皇上密勿之臣，叨佐理之任，朝而進朝，必翼趨而行，晚而出閣，必隨班而走。臣左足已廢，見成痿人，即使策杖扶持，尚不能跬步以出門戶，又何能趨蹌於殿陛之間，以從二臣之後耶？此臣之不可用也明甚。且臣叨居輔弼，冒膺首臣，上佐萬幾之煩，下理百務之劇，而當今之時，又值多事之際，皇上有宵旰之憂，廷臣有紛爭之擾，而臣以心血虛耗，苦於健忘，即使閉門偃臥尚難支持，又何能爲國家定大事、決大疑、以仰成至治哉？臣年已老，疾病已深，奄奄待斃之餘，若復虛掛職銜，冒叨廩祿，且致久妨賢路，此又臣之所大懼者。是以昧死哀鳴，仰祈天聽，伏望皇上俯憐哀②老孤臣，痼疾難以久留，特賜仁慈，允放歸里，俾臣得苟延旦夕之生，以遂首丘之願，則天恩之洪蕩不啻覆載之高深矣。臣無任哀懇激切待命之至。"奉旨："卿偶疾，前允暫假調理，諒已平復，如何又有此奏？今國事多艱，日望卿早出主張襄③理。宜益加慎攝，即出辦事，以慰眷懷。所辭不允。吏部知道。"

  是日，大學士趙志皐、張位、沈一貫題："伏接聖諭，敬妃於今日午時薨逝。臣等聞之，不勝驚駭。竊念當此宮闈大終，皇情震悼可知。但生死有命，定數難移，更祈皇上寬釋聖懷，節情順變，珍重社稷之身，以慰臣民之望。臣等忝列股肱，義同休戚，不勝懸切仰祈之至。謹具題奉慰以聞。"

  二十八日戊午，大學士張位、沈一貫題："昨見薊遼塘報，內開倭夷兵船日增，謀深勢大，則備禦之計萬分不可少緩。今總督孫鑛已奉旨革職聽勘，目下遣將調兵誰人料理？若非速定總督，必致耽誤大事。臣等竊見廷臣會推四人，管兵部左侍郎事都御史邢玠，才識練達，兵機熟閒，議論井井有條，屢歷時時見效，東方兵寄無逾此人。若捨此人而用他人，恐未必能辦也。今本官正署掌兵部，而兵部實不可無正官。前者廷臣會推

①癈　明抄本作"廢"，是。通行本作"癈"，誤。

②哀　"哀"當作"衰"。

③襄　明抄本作"贊"。通行本作"襄"。

六員，内刑部尚書蕭大亨，久歷邊任，熟練軍情，壯猷雄略望重華夷，正堪今日本兵之選，會推首舉，僉謂允宜。伏乞聖斷，將邢玠用爲總督，更乞特旨將蕭大亨改兵部尚書，庶内外咸得其人、而軍機可以有託矣。臣等昨日又聞，新設經理都御史楊鎬，適值親喪，例當守制，但考之舊典，有身任金革奪情起復之例，今倭情緊急如此，非鎬得顧私情之日。此報若真，似難許其回籍，以此任非此人不可耳。夫此三人者，臣等徧訪既的，細察尤真，保其決能辦此，必不誤事，忝受皇上心膂之任，不敢不罄竭一得之愚，惟望聖明俯納，即賜裁斷施行，邊事幸甚。臣等不勝①。"

　　二十九日己未，大學士張位、沈一貫題："今日司禮監太監陳矩到閣發下禮部一本爲傳奉事，内議皇貴妃李氏營葬事宜，口傳聖旨：'皇貴妃李氏侍奉敬慎，誕生皇子，着葬於壽宮右穴。内閣議擬來看。欽此。'仰見皇上慎重大禮、推心下問至意。臣等竊惟壽宮乃國家萬年儲祥吉壤，靈氣萃鍾，似不宜輕有動洩。在祖宗時亦未嘗有妃嬪預入之例。是以禮臣守禮，祇擬於天壽山悼靈左右相擇吉②地。蓋以前地即在紅門之内，相去壽宮不遠，比於金山大爲懸隔，亦仰體皇上親厚優重之意，可謂周悉，所宜俯從。今奉聖諭，命臣等議擬。臣等再三商量，玄堂之傍制設左右側穴，推原初意，或者以待各妃，但從來未經附葬，臣下不敢輕議。臣等謹擬票帖，伏乞聖明裁酌施行。謹具題回奏以聞。"

① 勝 "勝"下有漏文。

② 吉 明抄本作"言"，誤。通行本作"吉"，是。

萬曆二十五年

四①月辛酉，朔，大學士張位、沈一貫題："今日蒙發下二本，其一係新任薊遼總督邢玠辭免加銜，臣等照常擬票外，其一係兵部侍郎李禎等，爲部事煩重，仰乞聖明速簡樞臣，以濟時艱。臣等看得，戎務乃國家極大之事，本兵尤今日最急之官，不但各處用兵藉以居中調度，況當朝鮮告急，必須有人主張，邢玠既改總督，不可頃刻缺人。前者會推六員，惟蕭大亨爲第一，中外人心日夜仰望聖斷，臣等亦已具揭上聞矣。今蒙特發此疏，臣等竊料聖心必已簡在，仰體將順，謹擬蕭大亨改兵部尚書。非敢擅便，誠見事勢孔亟，人心竦惶，有不可一日而少遲也。伏冀皇上乾斷，即賜施行。臣等幸甚。謹具題以聞。"

八日戊辰，大學士張位、沈一貫題："今日發下金吾左衛副千戶尹英等一本爲瀚濯丹衷捐軀報國少助大工以盡鄙忠事，內稱揚州沉匿沒官鹽引，請逐季挨次副搭變賣，一年可得銀六萬兩進獻。臣等竊惟，我朝鹽法，專備九邊軍餉而設，國計所關，莫此爲重。累朝之講畫，諸臣之條議，取盡錙銖，已無遺策矣，大約欲其上不至於虧國，下不至於病商，則其法可以久行而不廢，一經變動，必至商賈不來，國課減額矣。蓋商人先納糧草於邊，然後許其給引賣鹽。後以積鹽過多，掣單有限，故鹽日堆積，而商利日微。加以餘鹽新增，以致正課益壅。鹽法之弊，今日爲甚。若沒官鹽引可以副搭，則巡鹽御史久宜舉行，不待今日尹英之請矣。奸商惟圖目前自利，故求越次搭單，徇其所言，雖得小利，恐壞大法。大抵鹽之委曲，非頃刻所能盡談，商之謀利，則百計必求巧中。今特一面之詞，臣等豈敢遽謂可行？所以前票擬下戶部看議。若果可行，在該部必能仰體聖心，以裕國用。儻事體有礙，亦望曲諒俯俞。庶幾成法不至於廢壞，邊計不至於虧損。此事關係甚大，伏望皇上俯從仍照前票，或竟賜停寢不行。臣等幸甚。"

十七日丁丑，大學士張位奏："爲疑言忽至自省無端懇乞聖明垂鑒並乞罷免以安愚分事。臣今日在閣辦事，接到科臣劉道

①四 "四"字前當有"萬曆二十五年"六字。

萬曆起居注

① 耼 "耼"當作"眇"。

亨揭帖爲乞賜檢發科臣原疏以昭公道事，内稱科臣戴士衡論葉夢熊、呂坤、孫鑛等，乃臣疑舊歲吏部尚書孫丕揚之疏出於坤手，遂授意士衡，力圖報復，疏上之後，凡爲坤稱屈者，臣輒恨之。臣見此揭，不勝駭愕，不敢不以一言自明。臣至不才，叨爲皇上輔弼之臣，耼①無寸長可以報國，惟是懲戒前轍，誓絕私交，則臣之所兢兢者。每日出閣之後，止於朝房見客，公言公聞，衆所共見，至於私寓絕無相通。自謂可幸塞咎，而不意復有此詆及也。士衡雖曾爲臣縣官，而性簡行方，人所嚴憚，今且自致於省闥之中矣，何賴於臣而爲臣幕賓乎？必以言官論人爲有所指授，則由縣令而爲言官者亦多，不惟誣臣，且誣士衡矣。坤之爲人，臣素敬之，方圖共濟時艱，何嘗有所抵忤？而乃謂丕揚之疏出於彼手，臣實未之前聞。況丕揚之事已往矣，臣復何爲而留滯於心？不知此說出於誰口。又謂爲坤稱屈者，臣聞之輒恨，此不過數日内事，何嘗有此？不知此說又出誰口。臣退而思之，實未嘗橫懷此心，又未嘗浪出此言，何人造設以誤道亨？世路風波，深可歎恨。大抵蒼黃之辭，何所不有，即如舊年丕揚論臣，亦嘗指道亨爲臣門人，既非實事矣，今日道亨又指士衡爲臣幕賓，又寧得實乎？此正可以反而觀之道亨，亦當釋然矣。臣思士衡疏中所論有五人焉，當發票之初，臣擬吏部知道，此舊體也。當去當留，銓衡自有定論，臣不能以愛憎而增減一字者也。至於坤疏發票之時，臣擬照舊供職，不待吏部之留而輒留之，此亦優禮大臣之體，宜爾也，臣未嘗有薄於坤也。若夫前疏既已發科，而又復追還不下，後疏閣票擬留而内批回籍調理，則聖意淵微，非臣所能揣摸，聖心獨斷，非臣所能參預。外廷不知閣事，必有漫謂臣之得以實其力者。儻道亨亦未之喻，則誤聽過疑，蓋亦宜矣，而不知臣此一腔心事，雖有百口不能明之於道亨，但可明於皇上耳。皇上曾見臣有一字短坤者乎？臣若力圖報復，不於皇上之前擠坤，而但於對容之時恨坤，亦何益乎？皇上，天也，今日之事不求人知，而求天知，臣之謂也。臣蒙恩深厚，本難言去，顧自揣才疏德薄，爲人所輕，疑謗之生必非一日。今正言路衰落之時，而以臣之故又令自相攻擊，有傷朝廷大體，即靦顔在列，終何所裨？伏望皇上亟將吕坤留用，以慰賢士大夫之心，並賜罷臣，以爲奉職無狀之戒，庶忠賢就列，正直獲伸，而蕩蕩平平之治可復見於今日矣。臣愚不勝惶恐竦息之至。"奉旨："朕素知卿秉公守正，謝絶私交。今言官懷疑妄言，不必與辯。覽奏洞悉雅量，吕坤已准他養病去了，此係朕心獨斷，難以強留。卿宜安心，即出輔政。不允所辭。吏部知道。"

二十一日辛己①，大學士趙志皋奏："爲衰年篤疾甚危萬分不能供事四懇天恩亟賜罷免無使病軀久掛虛銜有累政本重地事。臣因半體不遂，兩月卧病，三疏乞歸，伏奉聖旨：'卿偶疾，前允暫假調理，諒已平復，如何又有此奏？今國事多艱，日望卿早出主張賛理。宜益加慎攝，即出辦事，以慰眷懷。所辭不允。吏部知道。欽此。'臣捧誦再三，豈不感激思奮以圖報效？又念國家多事之時，二臣朝夕奔走，而臣一人居然偃卧，於心何安？乃復徧求名醫，多方調治，豈知衰老之身，血氣全耗，投之藥石，不惟不能治病，而且增病。半月之內，脾胃泄瀉，飲食少進，雖努力強自加食，終日不滿一器。癭②然黄瘦，皮骨僅存，見者俱爲歎惜而長嗟，醫者亦爲望形而卻走。臣亦自知其病之不能起，而命之不能久延也，縱使苟延殘喘，終不能爲皇上任驅使之勞，圖涓埃之報，而終爲廊下之病夫耳。方今時事多艱，國事未定，臣以衰老之年、庸劣之望，決不能持正議以一人心、闡獨力以維世道。且喜二臣識量弘深，同心秉政，真爲國家之柱石③，而在朝在籍可備簡任者，亦難以具舉。伏願皇上將臣罷免，並乞敕廷臣特選數員，以備皇上點用，與二臣協賛萬幾，臣雖不能竭蹇躬盡瘁之心，亦得效以人事君之忠，而臣之去國亦有餘榮矣。臣無任感激仰望之至。"奉旨："卿疾未愈，宜寬神調攝，藥餌自衛，痊可即出匡輔，慰朕眷倚老成之意。如何遽求罷免？卿若肯爲國盡忠，何須簡用協賛？所辭不允，吏部知道。"

是日，大學士張位、沈一貫題："切緣近日恭順榮莊端静皇

①己　"己"當作"巳"。

②癭　"癭"應作"羸"。

③石　明抄本作"不"，誤。通行本改"石"，是。

貴妃薨逝已將四七之期，誠恐侍奉少諧聖衷，憶舊不無悲慟之情。竊謂大數已定，莫能挽回，無益之傷徒勞懸念。臣等阻奉天顏，莫由造膝，以伸寬慰下悃。伏望皇上以宗廟、社稷爲重，萬分抑情珍攝，加膳頤真，庶幾皇情悅豫，則九寓①咸和，聖體康寧，斯萬幾得理，上慰聖母慈愛之切，下副臣民依戴之殷。臣等不勝惓惓祈懇之至。"

① 寓 "寓"當作"宇"。

五①月辛卯，朔。

二日壬辰，大學士張位、沈一貫題："今日文書官史賓傳出大理寺一本爲訪獲境外強賊事，內開強盜趙得厚等七名，法宜決不待時，口傳聖意下問：五月正當熱審之期，可用刑否？臣等竊惟，天道以好生爲德，聖主以法天爲心，茲當盛夏長養之時，特興議獄緩死之念，雖強犯自干憲典，法所難容，而生殺出自朝廷，不嫌從厚。查得《會典》所載，每月定有停刑之日，乃祖宗深仁厚澤，德意甚盛。五月停刑，雖無此例，惟是時當熱審，事宜從寬，此大聖惻隱、至仁慈祥盛德，臣等敢不仰體欽承，天下亦當歡呼傳誦者。謹僭改一票，與前票一併上進，伏望聖明裁定施行。臣等不勝②。"

是日，大學士張位、沈一貫題："竊惟軍國大事，莫重於兵部，比之各部尤爲要緊。本兵未補，是朝廷上一大缺政，臣等何敢不言？今日九邊號稱多事，凡款市戰守日異月殊，簡用將帥，覆定功罪，其事最爲繁難，不易措手。而所尤急者，東倭之兵壓於朝鮮，爲久駐計，志不在小。目令轉餉調兵、設謀制勝，所賴與總督經理諸臣計議而行者，全在本兵之得人也。本兵得人，則精神流通，志意諧協，而廟謨賴以主持，軍機不致耽誤。若無本兵，則如戶無樞，如車無轄，天下將帥兵馬何所統攝而肯爲朝廷用命？至於夷狄盜賊，亦且輕朝廷之無人，而各生無忌憚之心矣。今署印者，非無其人，但未歷邊疆，事體不熟，暫承印篆，無敢擔當。則此等大事能保其無差失乎？兵凶戰危，關係利害，儻機搆一相左而卒有債敗之虞，震驚六師，誰執其咎？它日悔之晚矣。夫必有專責，始無餘責，必有先憂，始無後憂，此臣等日夜棘③思惕慮、有不敢頃刻違寧者。皇上深居法宮，但見倭報未緊，必謂此無可憂，而不知外間羣臣百姓，顰首蹙額、皆惴惴然如倭賊之旦夕臨城者。彼朝鮮見天朝不置本兵，必將謂救援不力，難以倚靠僥倖圖安，折歸於倭，東方藩籬非復中國有矣。東方一失，倭逼近境，我中國能一日晏然乎？臣等被恩深厚，見此大憂所伏，不敢不苦心真④言。

①五 "五"上當有"萬曆二十五年"六字。

②勝 "勝"下有漏文。

③棘 "棘"當作"棘"。

④真 明抄本作"直"，是。通行本作"真"，誤。

昨吏部會推時，雖具數員上請，內惟刑部尚書蕭大亨久歷邊鎮，熟暢軍機，凡夷情之向背、邊塞之險阨、將官之孰勇孰怯、兵馬之孰弱孰强、道路之或遠或近、戎器之有用無用，信口劈畫，件件精詳，且忠誠正大，望重華夷。若用此人籌算，自有條理，中外自然信服，邊寄有託，皇上可高枕無憂矣。故今日本兵之選，誠無出大亨之右，其餘但可陪推而已。臣等雖至庸愚，豈敢妄薦以誤朝廷？伏望皇上亟將蕭大亨改兵部尚書，使其展布猷爲，經營內外，以重天下軍民之寄，以鎮夷狄盜賊窺伺之心。臣等耿耿赤心，有懷欲吐，一力保舉，全爲社稷，若少萌市恩植私、欺罔附和之念，則天地鬼神照臨於上，亟加誅戮。伏望皇上俯鑒微忠，宗社幸甚。謹僭擬諭帖一道恭進，萬冀早賜批發。臣等不勝①。"

三日癸已②，大學士張位、沈一貫題："臣等昨爲本兵缺官，特薦蕭大亨。今日蒙發下薊遼總督邢玠一本，爲條陳東事，亦請用大亨，可見輿論所孚，簡任當亟矣。今如工部、都察、大理寺悉缺正官，臣等一未暇言，而獨言兵部，不憚再三煩瀆，正見此官責任重大，又非他官之比，貴在得人也。吏部前推堪任本兵六員，臣等不敢概薦，而獨言大亨，始終一力保舉，正見此人邊情熟練，又非他人之比，無以易之也。臣等叨輔弼重任，心膂重寄，今日緊急事情惟此一件，若非訪問的確，請③求精詳，又若非理勢窮迫，干繫重大，何敢不避斧鉞、而屢次批嬰於君父之前哉？今觀玠疏，竊詳其意，正爲本兵與彼呼吸相關，表裏相須，儻樞機非人，則禍敗立見。負擔在身，苦心獨切，是以特爲懇懇請用，皇上尤當俯念其不得已之情，非以爲玠，正爲軍國大事計也。玠疏一上，即奉明旨，臣等相顧不勝欣躍，仰見皇上留神深切如此。臣等又思，若待吏部再請而後批發，則不見皇上獨斷之美，莫若俯採蒭蕘，將臣等昨日擬進票帖從中批發，成此美政，一以見特重本兵之意，一以慰邢玠引領之心，且使朝鮮、日本聞之，從新改觀，聳然震懼，其於國體兵機，關係不小。臣等嘗恨庸碌無所補報，苟於此事又隱忍觀望而不言，則深負恩眷，神明當誅之矣，何以居密勿樞機之地耶？故義迫情殷，輒復冒昧以請。此心爲國，亦非爲他也。伏望皇上鑒亮施行。不勝懇切之至。"

九日己亥，大學士張位、沈一貫題："臣等比見首輔趙志皋屢告老病求去，竊惟內閣之有首輔，猶部院之有正官，若部院掌印無人，則暫署事多掣肘，內閣首輔不出，則代攝者力難主持。乃者趙志皋註籍，臣等直閣，愧才識淺薄，匡贊無裨。前日臣等同往候問，見其容貌比前雖略瘦減，而精力尚健，不甚損虧。但志皋自敍其疾痛苦楚，則不容口。臣等勉以大義，促其善調早出，輒復不肯慨許。今日復有此疏，貽書來懇臣等，意欲代爲揭請於皇上之前。若俯徇僚誼，似當聽其歸，而仰體公家，又當留①其去，擬議之際實難爲詞。臣等又惟，大臣體貌原當優隆，非爲人臣重，蓋爲國體重也。志皋往時微恙，嘗蒙皇上特遣特賜，加以隆禮，今更苦辭，似當仍前恩眷，以彰皇上始終倚任輔臣之美。儻其感刻恩知，激昂志氣精神，從此全復步履，悉還舊觀，俾臣等得少緩代庖之譏，寬覆餗②之懼。尤所深願。顧臣等忝塵同列，引避嫌疑，雖久懷此心，而未敢以請，今則不能復隱，輒爾瀆陳，因僭擬諭旨二道，伏乞聖慈裁斷施行。臣等不勝③。"

十八日戊申，大學士張位、沈一貫題："爲禁地獲盜事。臣等今早進閣辦事，據左掖門內官陳富等、同守衛指揮蔡楠等口稱：本月十八日攢點畢，巡廊官高應貞拏獲賊人汪祥，審稱係史館汪所副家人，盜有手卷一個、紅被一牀、扇子十把，搜出隨身鐵尺一件、鑰匙一把見在等情。隨據所副汪濟時呈稱：本犯原係在京人氏，買得跟隨，近因偷騙家財逃出，告官未獲，不意潛入內地爲盜，死有餘辜等情。臣等查得手卷係永④樂年間《騶虞圖》、頒賜內閣收藏者，今幸得獲無損。其被、扇認是閣中所貯之物。竊詳禁地森嚴，本犯敢行偷盜，情罪深重，難以輕貸。伏乞敕下法司，將賊犯汪祥從重問擬，以重禁地，以

① 留 "留"似當作"阻"。

② 餘 "餘"當作"餗"。

③ 勝 "勝"下有漏文。

④ 永 明抄本作"求"，誤。通行本作"永"，是。

萬曆起居注

杜奸萌。謹題請旨。"奉旨："這賊人擅入禁地偷盜，好生違法。着錦衣衛拏送鎮撫司，着實打着問了來說。"

二十二日壬子，敕吏部："延鎮殊常大捷，內閣輔臣運籌帷幄，勞績懋著，朕心嘉悅，宜特加恩示酬。元輔志皋加少傅，兼太子太傅，進建極殿大學士，還蔭一子，與做尚寶司司丞，賞銀八十兩、綵段四表裏，尚書如故。次輔位加少保，兼太子太保，進武英殿大學士，改吏部尚書。一貫加太子太保，進武英殿大學士，改戶部尚書。還各蔭一子，與做中書舍人，每賞銀七十兩、綵段四表裏。都照新銜給與應得誥命。如敕奉行。"

二十三日癸丑，大學士趙志皋等奏："爲隆恩未報新命並加乞容辭免以安愚分事。本月二十二日准吏部咨，該本部奉敕吏部：'延鎮殊常大捷，內閣輔臣運籌帷幄，勞績懋著，朕心嘉悅，宜特加恩示酬。元輔志皋加少傅，兼太子太傅，進建極殿大學士，還蔭一子，與做尚寶司司丞，賞①八十兩、綵段四表裏，尚書如故。次輔位加少保，兼太子太保，進武英殿大學士，改吏部尚書。一貫加太子太保，進武英殿大學士，改戶部尚書。還各蔭一子，與做中書舍人，每賞銀七十兩、綵段四表裏。都照新銜給與應得誥命。如敕奉行。欽此。'臣等仰奉恩綸，俯循愚分，無任跼蹐，無任悚慚。竊爲②慶賞者，朝廷勵世之公典，不可爲近臣而妄施，辭讓者，臣子守身之正道，不可恃恩知而妄受。況邊功之賞，本以激勸疆圉之臣，鼓舞死綏之志，而乃使居帷幄持議論者、得悉冒於其間，臣等揣分捫衷，咸跼縮愧懼，有不能少安者矣。比者西虜跳梁，延綏屢警，仰賴皇靈震疊，聖武布昭，穹昊垂庥，祖宗錫祐，是以謀臣定算於幕府，勇將奮威於毳巢，斬馘四百之多，獲取萬全之勝，中國盛事，滿朝歡聲。若夫覈實論功，計勞行賞，用鼓將吏之氣，而益堅報效之心，彝典宜然，隆施非濫。至如臣等，出入禁闥，潤色制詞，足未履行陣之間，目不睹旌旗之色，何可以邊臣校勞而分賞也？且匡贊無裨，安攘寡效，威望不足以鎮遠，籌謀不足

①賞 "賞"下漏"銀"字。

②爲 明抄本作"惟"，是。通行本作"爲"，誤。

以制夷，又何功何能而堪此慶渥哉？況進殿加官，綸章世蔭，恩愈重、秩愈崇而報稱愈難，乘高實易於顛躋，履滿宜安於止足，此臣等所以萬萬不敢仰承也。伏望皇上俯察愚誠非有矯飾，俯體愚志亦非例辭，特收成命，容臣等免加陞賞，庶分誼可安而名器無濫矣。臣等不勝懇切待命之至。"奉旨："朕以延鎮大捷，卿等帷幄贊襄，殫忠竭智，同寅協恭，加恩示酬，實遵彝典。已有成命，不允所辭，該部知道。"

二十四日甲寅，大學士趙志皋奏："爲恭謝天恩事。臣抱病私寓，連日候旨早放生還，於本月二十三日接到吏部咨，奉敕吏部：'延鎮殊常大捷，內閣輔臣運籌帷幄，勞績懋着①，朕心嘉悅，宜特加恩示酬。元輔志皋加少傅，兼太子太傅，進建極殿大學士，還蔭一子，與做尚寶司司丞，賞銀八十兩、綵段四表裏，尚書如故。次輔位加少保，兼太子太保，進武英殿大學士，改吏部尚書。一貫加太子太保，進武英殿大學士，改戶部尚書。還各蔭一子，與做中書舍人，每賞銀七十兩，綵段四表裏。都照新銜給與應得誥命。如敕奉行。欽此。'臣聞之不勝感激，不勝驚懼。遂會二臣公疏懇辭。候旨間，又蒙皇上遣文書官劉用，齎欽賞銀八十兩、綵段四表裏，到臣寓所，臣伏枕叩首，令次男後軍都督府經歷趙鳳翀代迎，望闕叩領訖。切念臣受恩深重，福過災生，久病求去，尸祿廢事，方懼斧鉞之加，忽蒙大賚之及。捧幣物之輝煌，仰聖恩之浩蕩。內府奇珍，邊功殊典，不意臣以餘生殘喘而冒居之也。除加官蔭子別具疏懇辭外，惟臣衰病之身，不能向闕下同二臣叩首恭謝，臣之罪實有不容辭者矣。爲此具疏奏謝，伏乞聖慈垂察。臣無任感激懇祈之至。"奉旨："覽卿奏謝，朕知道了。禮部知道。"

二十七日丁巳②，大學士趙志皋等奏："爲恩命特殊揣躬莫措再懇天慈俯容辭免以安分誼事。昨爲延鎮大捷，奉敕加恩，臣等具疏懇辭，奉聖旨：'朕以延鎮大捷，卿等帷幄贊襄，殫忠竭智，同寅協恭，加恩示酬，實遵彝典。已有成命，不允所辭。

① 着 "着"當作"著"。

② 已 "已"當作"巳"。

該部知道。欽此。'除銀兩、表裏，先該文書官劉用恭捧到臣等私寓，不敢固辭，謹各叩頭祗領，臣志皋具本陳謝，臣位、臣一貫詣鴻臚寺報名廷謝外，其陛轉蔭誥等恩，踰溢涯分，萬不敢承。詎期愚情未達，溫諭更加，輒敢不避煩瀆之罪，謹再疏陳。伏望聖明俯賜鑒焉。臣等惟閣臣不預邊賞者，謂其居表率之地，與聞軍國之議，必須身在事外，乃可以酌功罪、定賞罰、無私己之嫌，而免於顧忌之患也。乃自頃年來，甘肅之大捷者二，皆加恩臣等，於時一辭而幸蒙見允，一辭而未蒙盡允。見允者，皇上異申之大信，未蒙盡允者，皇上晉錫之大恩。信行，則憲典定，而人心共安。恩勝，則憲典渝，而人心疑貳。茲以延鎮大捷，而德施愈隆，則越矩踰防，臣等躬自冒之，而又何以責天下？且嘗聞之，荷遠任者不能以近途息肩，懷大憂者不能以小喜開顏。若謂此一役也，帷幄之功不在介胄後，而不可無賞，則今東倭未寧，北虜猶聳，六氣乖戾，四方怨咨，臣等之罪亦不在百執事後。既受其賞，當均其罰。功一罪百，不能相贖。故延綏一方之功，非天下之功，延綏一方之賞，非天下之賞。在明主，隆體貌之恩，雖過施不失為盛德，在微臣，惜廉恥之節，則過受不免於汗顏。此臣等所以揣分控辭、而實不敢受也。伏望皇上俯鑒愚誠，收回成命，俾臣等仍以原官責成後效，庶輕交蓘之責，而冀萬一之圖。臣不勝慚悚俟命之至。"奉旨："延鎮大捷，朕念邊功、勞績，盡皆陞賚。卿等樞機政本，懋著忠藎，特敕加恩，原不為過。宜遵成命，毋得再辭。吏部知道。"

二十九日己未，大學士趙志皋等奏："為仰叩晉命屢奉溫綸三懇天慈准容辭免以安愚分事。昨為延鎮加恩，臣等具疏再辭，奏①聖旨：'延鎮大捷，朕念邊功、勞績，盡皆陞賚。卿等樞機政本，懋著忠藎，特敕加恩，原不為過。宜遵成命，毋②得再辭。吏部知道。欽此。'竊惟皇恩之布，猶夫天澤之施也。雨露本以生物，若施之溢節，則物不能受，而或反至於仆生。恩榮本以厚下，若寵之踰恒，則人不能勝，而或反至於速咎。此臣

① 奏 明抄本作"奉"，是。通行本作"奏"，誤。
② 毋 明抄本作"母"，誤。通行本作"毋"，是。

等所以被寵彌驚，聞命滋懼，朝夕展轉，不遑寧處，而終難於奉詔也。夫輔弼之臣，憂深責大，凡天下事皆其分內事。今西陲一邊耳，兵部一曹耳，雖有斬馘，何遽言功？此外之謀慮不周、匡襄靡及者，何可縷數？獲免於罪，是亦幸矣，而況於功乎？臣等職在內廷，地當清切，雖辰入酉出，四體之勤動不無，而識淺才微，絲髮之裨益何有？即見在之恩，尚未能消受，況非常之寵，又何可冒叨？竊見皇上愛惜名器，除授不輕，藏弊袴以待有功，懸高爵以需豪傑，要職缺而未補，天工曠而或隳，臣等何心獨承渥眷？惟望舉斯心以加於彼，由近臣以及於廷，俾懷忠抱義之夫，咸效其用，六官百職之吏，交著其功。則聖德彌宏，仁施益溥，而臣等亦得以稍緩交謫，預受榮名，此之為賜，更比今賜為倍蓰也。伏念皇上之眷注甚勤，溫諭再至，臣等相顧跼蹐，不敢固違君父之命。除銀兩、表裏前已恭領，茲再受蔭子大恩，容報名廷謝外，其加官、給誥、轉殿，轉部，俱萬萬不敢承當。仰祈皇上赦臣等煩瀆之罪，鑒臣等真切之情，特俞所辭，無嫌反汗。臣等誓竭犬馬之力，以酬乾坤之私。臣等不勝感激仰祈之至。"奉旨："朕以殊常大捷，卿等輔贊運籌勞績加恩，亦遵舊典，不允所請，宜欽承之。今國事多艱，當益展忠猷，弼成化理，庶副倚任惓惓至意。慎勿固辭。吏部知道。"

六①月庚申，朔。

六日乙丑，大學士趙志皋奏："爲危病日久恩命特隆揣分踰越六懇天慈亟賜罷斥俯容辭免以延殘喘以安愚分事。臣自二月患病，至今凡四上疏乞休，未蒙皇上俞允。而臣病日益危，情日益迫，不得已於五月間具第五疏上請，又蒙留中未下，臣不勝惶懼。方蓆藁待罪於牀簀之間，伏蒙皇上因延綏奏捷，渙發綸音，普及大賚，進臣官階，錫臣蔭典。仰聖恩之浩蕩，思臣職之曠違，伏枕感泣。除銀幣不敢辭，隨即叩首祇領、具疏恭謝外，隨遵往例，與二臣同具公疏辭免加官蔭子。候旨未允間，二臣恐瀆天聽，乃於第三公疏署臣名同受蔭子，復辭加官。今又奉旨，不允所請。臣實不勝駭愕，不勝恐懼。夫二臣在位任事，君父之命不可久違，雨露之澤不宜久虛。臣久疾困憊，奄奄待斃，固旦暮之身也，在告已及四月，乞歸已上五疏，僵臥尸祿，久廢職業，即見在恩澤尚難消受，而又加銜錫蔭，舉非常之大典，加之於老病之廢人，揆之於心，其能安乎？夫使臣之年，猶未宜乞恩以致仕，臣之病，猶可計日以強起，臣亦當冒昧以受之，以圖報效。今年七十有四，已踰致政之期，病卧已越四月，計無痊可之日，有何顏面復立於朝寧之上、班行之首哉？使臣今日得去，亦已晚矣，敢復冒顏忍恥，同二臣受加官、蔭子之典？將使天下後世，謂臣既老且病，不能辭寵榮以決去，猶孳孳焉爲子孫計，豈惟一時，且貽萬世之羞矣。伏望皇上俯察愚衷，毫無矯飾，收回成命，並賜罷免，使臣得歸田里，以終餘年，不惟臣一身惠此生全，歸有餘榮，而臣之子孫，亦世世感德矣。臣不勝慚悚待命之至。"奉旨："朕倚任首輔甚殷，調攝既久，諒已痊愈，日望進閣匡贊，如何又有此疏？且邊事賴卿主持，勞績居多，加恩非濫，不必固遜，宜遵命欽承，即出辦事，以慰眷懷。所辭不允。吏部知道。"

七日丙寅，大學士趙志皋等題："爲纂修正史事。照得正史館缺人，臣等查得國子監祭酒李廷機、南京翰林院掌院事右春

① 六 "六"上當有"萬曆二十五年"六字。

坊右諭德周應賓，俱堪推補。乞敕吏部，將李廷機量陞詹事府少詹事兼翰林院侍讀學士，充正史副總裁，周應賓量陞右春坊右庶子兼翰林院侍讀，充纂修官。合候命下，令其欽遵赴館供事。臣等未敢擅便，謹題請旨。"奉旨："是。吏部知道。"

九日戊辰，大學士趙志皋奏："爲衰病日久痊可未期冒受隆恩尚稽廷謝懇乞聖明俯賜寬假以便調理並垂矜恤以免罪曠事。臣蒙皇上以延綏奏捷，覃恩閣臣，加官蔭子，欽賞銀幣，臣當即拜領銀幣訖，次早具疏謝恩。惟加官、蔭子，臣與二臣不同。臣在閣辦事効勞，猶得竭忠以圖報効，臣固臥病求去之人也，身已去矣，敢復受恩？所以不避煩瀆，冒昧懇①辭，伏蒙聖旨：'朕倚任首輔甚殷，調攝既久，諒已痊愈，日望進閣匡贊，如何又有此疏？且邊事賴卿主持，勞績居多，加恩非濫，不必固遜，宜遵命欽承，即出辦事以慰眷懷。所辭不允。吏部知道。欽此。'捧讀綸音，益勤慰諭，臣雖至愚，能不感激？本當伏闕謝恩，入閣辦事，勉圖報効，奈臣衰病之軀，血氣尚未痊復，未能奔走供事，謹先具疏謝恩。更祈聖慈，寬假時日調攝，儻得徽藉寵靈，血氣漸充，筋骨稍壯，容蒲伏再補請②恩。伏惟聖明垂察。臣無任感激惶懼之至。"奉旨："卿已受恩命，深慰朕懷。宜善加調攝，痊可即出輔理，以副倚眷。吏部知道。"

十九日戊寅，大學士張位、沈一貫題："臣等於今早五鼓時分，竊見歸極門起火，延至皇極門，勢甚危急。臣等當即傳示各衙門，齊赴撲救。欲趨問安無由，伏望皇上保護玉體，以防不虞。臣等不勝惓惓之至。謹具題以聞。"奉旨："朕正靜攝，偶有此天變，即默禱於宮中，修省自責，以回天意。覽卿等奏，具見忠愛懇切。朕知道了。"

是日，諭內閣："朕在深宮靜攝，今十九日寅時，偶爾皇極殿等處災變。實上天警惕，乃朕失德所致。驚疑聖母，賴列祖神靈庇佑。朕心懼切不安。卿等傳示③禮部修省，合行事宜，議擬來行，以回天意。"

① 懇　明抄本無"懇"字。通行本補之，是。

② 請　明抄本作"謝"，是。通行本作"請"，誤。

③ 示　明抄本作"亦"，誤。通行本改作"示"，是。

萬曆起居注

① 扎 明抄本作"札",是。通行本作"扎",誤。

② 再 "再"似當作"在"。

③ 火 明抄本作"人",誤。通行本作"火",是。

是日,大學士張位、沈一貫題:"臣等適奉諭扎①云云。欽此。當即傳示禮部除行各官痛加修省外,竊惟天災異常,所宜上下修德,共圖消弭。皇上此心,正祇畏天戒之心,臣等與百僚恭誦,無不感泣。但願皇上恒持此心,永懷敬畏,上遵祖宗之成法,内奉聖母之歡顏,時時以愛人爲實,念念以勤政爲常,則轉災爲祥之機,端在於此。若禮部修省事宜,亦不可廢,尚是彌文,恐不足感動上蒼。其一切寬恩致和條件,容臣等與各衙門詳議具奏。惟是聖心默轉,則廟社延禧,臣等不勝懸望之至。所頒御札,尊藏閣内。謹具回奏以聞。"

是日,大學士趙志皋題:"恭慰聖心事。臣病卧在牀,忽於五更時分,驚聞大内火災驟發,自歸極門延燒至皇極門等處。臣聞之不勝驚惶,不勝駭愕。當即扶病至午門外叩禱。因心體驚惶,左足益加倦促,不能行走,弗及同二臣具疏申慰,負罪殊甚。伏望皇上寬慰聖衷,保護聖體,臣無任激切之至。謹具題以聞。"奉旨:"上天示警異常,朕在宮中虔禱,修省自責。覽卿奏扶病進入,叩禱問慰,具見忠愛。朕知道了。卿宜歸第,慎加調理,稍可即出輔政。"

是日,大學士張位、沈一貫又題:"今日火災異常,三殿告燼,逼近宸居。臣等躬趨寶善門伺候,禁密不敢前進,心懸聖躬,不勝惶惶。伏望皇上相度機宜,珍重趨避。所有各衙門撲救員役,皆已齊集,臣等自在督率,不敢不盡心。惟是大内不能趨侍,援救人員俱不敢進。再②此恭候萬安,臣等謹率文武百官向火叩頭禱息,又詣玄帝祠前叩禱,以盡區區之誠。臣志皋亦勉強扶病至午門外,託臣等轉奏。謹具題以聞。"奉旨:"上天示警異常,朕在宮中精誠祈祐,各處分布援救。覽卿等再奏,欲面問慰,且又督率羣臣員役,叩禱撲救,具見君臣一體交修之義。朕知道了。面慰免。"

大學士張位、沈一貫又題:"今日火勢,由西北至東南,旋轉延燒,將及内閣。内閣與承運庫相連,得内外諸臣竭力營救。今内閣西制敕房三間二披,俱被火③焚,内貯近年常行文書,取出見存,遠年稿簿在高閣封貯者,因火勢緊急,不及搬取。

其內閣中堂及東誥敕房屋，及所貯書籍，幸賴皇上福庇，悉皆保全無恙。謹具題知。"

　　二十日己卯，大學士張位、沈一貫題："昨日火災，初起歸極門，由西北而東南，頃刻煨燼。臣等督率文武諸臣、及兵工京營五城等員役，隨處撲救。登高遠望，見火勢直逼宸居，內外阻絕，傳聞異同，恨不能飛身馳衛，豈勝惶切？復聞燒至隆宗門，幸已救熄。臣等心尚未安，及見遣司禮監官孫暹等出救文華殿，始信聖躬萬福。蓋此一災，天既大燬以警悟皇上，猶遣百靈以擁護皇上，是所厚望於皇上者不淺。而皇上之所以仰答天心者，不可緩矣。漢儒董仲舒有云：人主失德，則天必出大災異以譴告之，此天心之仁愛人君也。古之明主，見時無儆戒，則曰：天忘我哉？其祗畏如此。夫①人主不能召和而至於召災，已為拂天，既已召災而猶不能修德，則天益厭棄，而災將益重，往往淪於亂亡而不可救。今午門之內，自朝堂直至寢宮，一望遼空，瓦礫滿地，深可痛心。在祖宗時，雖間亦有災矣，而未有宮災、殿災接年疊至如今日之甚者。此非政治失中，何以致此？除臣等不職，容各具疏辭免外，而一念樸忠，尤深有望於皇上之轉移焉。昨日恭捧聖諭，一則曰失德，一則曰懼切，臣等誦之，相顧泣萬行下。今欲挽回天意，惟在以實心行實政，取人心與天心合者，而布之於天下，則內外忻悅。內外忻悅，則和氣薰蒸。夫火神，謂之鬱攸，氣鬱結而不通則咎為火徵，人鬱結而不通則咎為亂徵。解其鬱結，杜其亂源，此在皇上之一念耳。臣等媿非救時之才，今但博採內外羣情鬱結不通甚者，條列以聞，誓不敢希名賣直，欺罔聖聽。且亦止是歷朝相因尋常故事，而非甚高難行之舉，在聖帝明王視之，猶以為彌文末節，而精誠感格之微，尚有出於此外者。惟望聖慈特賜允納，敕下部院覆議施行，庶幾和氣致祥，而天心可格矣。臣等又思，舊歲宮災，天既示之一怒也，而朝政無所改圖，至有益甚不堪之事，故天又增加今日之怒。既再怒矣而猶不省悛，則他日禍恐有不忍言者。臣等前此不能竭誠固請，已屬不忠，

①夫　明抄本作"天"，誤。通行本作"夫"，是。

抱悔殊甚，至於今日勢窮理極，安敢不言以貽無窮之悔？且明聖之主，可以理感，輔弼之寄，責在臣等。不然臣等豈敢喋喋效流俗之煩瀆爲哉？臣等不勝泣懇求之至。謹題請旨。

一、弭災之道，在引咎於己，施恩於民。先朝宮殿有災，咸頒詔赦，與天下更始。今宜行各部院開款請裁施行。

一、上下交修，可回天意。天以此儆戒人主，人主亦當以此儆戒人臣。人臣各有分理之責，不能奉行德意，甚有背公營私、壞法殃民者。宜頒戒諭，俾知省改。

一、聖躬至重，固當靜攝，但接見希少，中外疑玩。皇祖久不視朝，三殿並燬，以今揆之，前後一轍。竊想天心，無非欲皇上之勤政也。今宜時御便殿，引見大臣，商確政務，章疏即發，無復壅隔，如人之一身，元氣周流則百體無病。此亦無妨靜攝，於聖體不甚勞也。

一、親祭祀。人君乃神靈之統，遣官代祭，神必不歆。前朝雖有間行，亦在宮中遙拜。自今祭告天地、社稷、宗廟，望皇上躬親一往，庶幾神人交悅，天意可回。

一、中外人心所引領而顒望者，在早定國本，事久不行，人情鬱結。皇長子年已十六，册立大典、冠婚吉禮，宜及時舉行，以從人望。

一、中外大小官員，缺而未補者甚多。官缺則事廢，署印則弊多。莫若盡數除補，遇有不稱，則黜陟由上。但令賞罰嚴明，何必過爲疑廢？祇令待用諸臣，各生怏望，以累時政。宜允吏部所請。

一、外任府縣官，爲朝廷分理百姓，効勞有至七、八年者，舊者既不去，新者又無缺，或官久於民玩，或事壞而垂成，抑鬱無聊。行取之典不可緩也。

一、降黜諸臣，年久自當省悔，若終棄不用，阻其遷善改過之門，咸懷嘆老嗟卑之意。中間固有浮薄好名之輩，實多忠直可用之才。若用而不效，國典自在。宜令吏部，分別請裁。

一、大災之後，羣臣各欲攄其鬱結之心，必有過爲戇直之語者，但當容而受之，以廣天地之量，不宜咈而棄之，以塞忠益之途。臣等慮事勢所激，必至於此，輒敢預爲皇上懇言之。

一、織造、燒造，常供原不可少，但一時增額過多，民力不堪，若浙直江陝，萬分窘急。況目下軍興、工作，經費多端，採木之事行當加倍。百姓困窮，恐啟亂階。誠宜減其數而寬其期，則[民]力①舒而怨不作矣。

一、開礦本求濟用，今差官徧於天下，而進供不及萬全，則其利之無多可知矣。乃官吏供給，公私陪賍，上所不聞者不知其幾。至於奏官棍徒借此騷擾，又人所不敢言者。利歸於下，怨歸於上，最爲失策。莫若取回欽差官員，而令各撫按官悉心講求利國之長策，必不至於短少上供，而諸騷擾供億之害已盡除去，天下之民歡忻鼓躍、稱聖主矣。

一、皇店所得，不過數千兩，其利尤少，而差遣徵收之人巧立名色，借此攘奪。聞張灣、河西挑米賣菜之傭，無不徵稅，斂怨甚多，亟宜裁革。不然，則但令部臣如數徵收解進，取回差去內臣。此近畿一大美事，人人之所仰望感戴者也。

一、侍奉至尊，最爲難事，奔走承順，豈能盡當聖心？教笞固不可廢，過嚴恐有不測。惟乞責其大而宥其細，憫其愚而全其生，則太和洋溢於宮庭，而百福駢臻於聖體矣。臣等不勝私憂過慮，欲言久矣，輒此惓惓。

一、近年刑罰，疏於下而密於上，冤抑頗多，當此眚災肆赦之時，宜弘如天好生之德。乞敕法司，將見監諸犯、及謫戍諸人，酌情法之中，當罪者從輕，當宥者釋放，次第減等，請俟上裁，則仁逾成湯解網之恩，德邁大禹下車之泣矣。

臣等竊觀，自古國家有大喜慶大災變事，皆有德音赦文，與之更始。皇上初年，亦皆行之，惟是邇來十餘年中，久無恩澤詔書，故寬大之意不彰，仰望之心莫慰。臣等以爲，雖無災變亦當請之，而況天意如此，豈可不思所以仰成哉？伏望皇上特弘雨露之慈，以弭祲氛之咎，寧過於厚，以收一時人心，勿膠於常，使人猶有缺望。天下幸甚，臣等幸甚。"

二十一日庚辰，諭內閣："覽卿等所奏，悉見忠愛至意。其

① 力 明抄本"力"上有"民"字。通行本漏此字。

事關朕躬的，已知道了。頒詔赦、蠲逋負、並戒諭百官，卿等可議擬來看。選推應缺官員，着該部擬推來用。其餘的，知道了。卿等亦思元首股肱之意，愈據忠盡，任怨任勞，克贊化理，共圖修弭。且致災之由，咎在朕身，非卿等之失，卿等宜勉勵辦事，不必又行陳辭，以慰朕心。"

是日，大學士張位、沈一貫題："昨日臣等條列事件，非敢為冒瀆，緣天變異常，人心洶洶，皇上深居九重，豈能盡知？臣等待罪股肱，義均休戚，又安忍坐視不言？故擇人心願望之切者，一一開陳，以備聖明採用。今日文書官盧受捧出聖諭云云。欽此。荷蒙俯納芻蕘，臣等不勝榮慶。事關聖躬者，在皇上必有洗心浴德之盛舉，臣等拭目恭俟，不敢再瀆。若頒詔赦、諭百官，容臣等開款、具稿進呈。蠲逋負、及選推應缺官員，容傳示該部，徑行擬議請旨。至於攄忠贊化，任怨任勞，臣等誓竭犬馬以報皇上大恩，決不敢有負付託。但其間有關係百姓困苦之甚、臣等所為汲汲效忠者，惟皇店、採礦二事。昨所進言非欲即請停止也，實欲調停於其間，為善處之策，使上不虧於國課，不下累於窮民，兩全無害，莫有便於此者，竊以為必可行而無疑也。蓋皇店、採礦，據一歲所進，為數不多，而官民賠販之繁，有什伯於此者。加以奏官棍徒假公濟私，侵漁國課，剝削民膏，朝廷但見其進解之來，而不見其為害之大。故臣等之意以為，採礦當責成於撫按，店課當責成部臣。即據見今所解，定為常額，每歲徵進不許短少分毫。而民間免於驗擾剝削之苦，則頌聲滿道，皆欣喜愛戴皇恩於無窮矣。其視今日愁苦怨嗟，相去豈不懸絕乎？若以差官可信，撫按部臣不可信，則國家財賦千萬，皆託地方有司徵解，耳目眾多，法度嚴密，誰敢為欺？其與無藉之貪利之徒、漫無統紀、欺罔侵隱者，又豈不大相懸絕乎？此二事，臣等日夜思維，籌之至熟，故不厭煩瀆，切切為皇上言之。更望特發明旨，將差去採礦收店內外諸臣，盡取回京，責令該部奉行，嚴敕專責撫按部臣管領其事。茲僭擬諭旨一道，伏乞聖裁，發戶部議行。其陳①一節，臣等奉職無效，終有不能自已者。或止令在京二品以上自陳，其三

---

① 陳 "陳"字上似應有一"自"字。

品以下及兩京與督撫等官，容臣等票擬止免，以省煩擾，使知皇上體悉至意。其頒賜御札，謹尊藏閣中，以昭今日君臣體①交儆盛美。爲此，謹具覆奏，伏候敕旨。"

大學士張位、沈一貫又題："昨日火大發時，臣志皐扶病勉強至長安門，又力疾至午門，隨又匍匐冒火至文華殿前，指示撲救。蒙皇上賜札歸第，至日斜始歸，不及趨赴仁德門叩頭，深爲抱歉。今尚病不能赴閣，託臣等轉奏。謹具題知。"

大學士張位、沈一貫又題："即今三殿俱災，所有一應慶賀併常朝、發敕等項，俱未有定處。臣等謹擬傳帖上進，伏乞發下禮部遵行。臣等未敢擅便，謹題請旨。"

傳帖：皇極殿、門俱災，陛殿常朝暫改於文華殿、文華門。其發敕等項，亦於此行。（未下）

是日，大學士趙志皐奏："爲老臣久病曠職上干天和致災示譴乞賜罷斥以彰臣罪以回天意事。臣臥病凡四閱月，求去之疏已至六上，屢蒙皇上慰留，眷顧有加無已。臣感激思報，日事調養，以圖痊可。不意十九日五鼓，忽聞歸極門失火。臣牀蓐聞驚悸欲絕，顛倒衣裳，力疾匍匐，趨造於朝。忽見火光大熾，延及三殿。隨具揭恭慰聖躬，蒙皇上又諭臣以歸寓調理、即出辦事。臣不勝感激。此爲何時，尚以狗馬疾病致勤聖慮？臣亦何敢支離其辭、且復求去哉？臣聞天之立君，以爲民也，使司牧之，非徒逸豫於其上。受之相，以爲君也，俾輔贊之，非可尸素於其下。相而盡其職、行其道，則格天有素，天意順而休徵應之矣。不能得其職、行其道，則感召無術，天意逆而咎徵隨之矣。天高聽卑，感應之理，疾於影響。臣待罪六年，識暗才疎，望輕德薄，遂致負乘，屢滋多口，席藁待罪，名掛虛銜，職業久曠，天變於上，民窮於下，兵火水旱無歲不有。頃者天降酷罰於臣身，疾病纏綿，無有起色。自謂天災於一身已爾，不謂禍延國家，火及三殿，致主上震驚不寧。古稱燮理之謂何？是臣之罪大矣。反躬自責，無以自解，尚可一日立於朝堂之上乎？昔漢以災異，策免三公，正今日之所當倣而行之者。且災異之後，皇上方惕厲以修實政，所賴一、二大臣交相儆戒者，其

① 體 "體"字上似應有"一"字。

萬曆起居注

責甚鉅。而臣以病廢之身，厠於其間，決非力之所能逮也。既不能以厭天心，又不能以裨新政，臣之不可一日在位明甚。伏望皇上將臣罷斥，放歸田里，庶可以弭天災、回天意，而臣得以自逭其罪耳。臣不勝恐懼待命之至。"奉旨："天災異常，正圖君臣交儆。卿爲首輔，加①善加調理，早出辦事，以修實政。所辭不允。吏部知道。"

是日，大學士趙志皋題："臣於十九日五鼓，聞火起大內。臣在病中聞之，不勝驚駭、憂懼，即力疲②披衣，令人扶掖至午門。忽原患左足踒跼不能行走，遂於午門邊暫息。復行，得詣文華殿，與二臣護禱，督人撲救，直至火熄。臣遵旨先出。伏頌聖諭，又知皇上畏天驚懼，有修實政以回天意之語。皇上此言一出，實宗社之幸，臣民之福。臣除自陳罷免、以彰罪過、以應天災外，念臣雖老病，惓惓樸忠不能緘默，輒復泣涕上請。蓋自去年兩宮被火，天譴可謂至矣，皇上下詔罪己，臣亦屢陳時政，未見發行，致事過之後，失於因循，而除舊之政，未加警惕。夫天見聖心之不改，又見朝政之多乖，是以戾氣所乘，災殃疊至。兩宮已燬，三殿復災，自古及今創見之事也。《春秋》書火災十四，我朝雖間有災，未有若此之酷烈者。天之厚望於皇上者如此，可見仁愛無已，實欲皇上之幡然改圖也。若不以此時亟行實政，以回天意，臣恐禍不止此，必有甚於今日者矣。蓋人君者，天之子，而殿廷者，又代天行政之所也。必政平民安，天心乃悅，若政乖民怨，天必怒之。今茲之災，實鬱戾之氣，上干天怒，形爲災沴，以示降罰。惟皇上務求所以安民以答天譴，不以虛文應之，則精誠感格，必能轉災爲祥。此天人感應之理，不可誣也。臣爲輔弼，義關休戚，數年瘝曠③，致有今日，以遺君父之憂，萬死莫贖。今披瀝開具時政於後，望皇上加意採納。並將臣舊陳疏揭檢閱，不復如前因循，願即發該部院着實舉行，徧布天下。庶民心悅而天意回，使臣等或得以逭其罪。宗社幸甚。臣民幸甚。

一、崇敬畏以格天心。人君一言一動，天所鑒臨。今天既降酷罰，上下修省不可徒事彌文。望皇上下詔罪己，頒行赦宥。

①加　"加"當作"宜"。

②疲　明抄本作"疾"，是。通行本作"疲"，誤。

③曠　明抄本作"曠"，誤。通行本作"曠"，是。

所行之事，一以畏天勤民爲急。又必競競業業，平喜怒，省嗜慾，如天之在左右。而臣工便己行私、蠹政殃民者，俱戒令改圖，以維新政。

一、躬祭祀以祈神祐。人君爲天地、社稷、宗廟、神靈之主，神所憑依。凡祭祀必親對越，斯精誠流通，而神明享格。皇上屢遣官代祭，已踰多次①矣。在皇上固以爲一祭之可攝也，不知神不歆非類。孔子曰：吾不與祭如不祭。聖人豈漫爲是言哉？神既不歆，必時怨恫，災所由生，捷於影響。皇上②不可以神明幽眇之事，漫易視之。有災必告，有祭必親，自古帝王之常理，祖宗之彝典也。伏望皇上留神。

一、復朝儀以肅衆志。自皇上靜攝，內外壅隔，臣工玩愒，政多叢挫。嘉靖三十六年，三殿並災，實因皇祖久不視朝。以今考之，異世同輒③。可見負扆不可以久虛。今宜出御便殿，召見大臣，共商政務，庶朝儀肅而臣工不敢懈怠，政事亦得以咸理矣。

一、定國本以慰人心。皇長子春秋已盛，臣等與禮官屢以冊立、冠婚請，未見俞允。中外屬望已非一日，惟皇上特諭禮部，次第舉行，不勝願望。

一、聽忠言以舉善政。人臣食祿懷忠，無不思圖報効④。近者臣等入告，未蒙批發，諸臣章疏，一概不下。即去年被災至今，豈無一言可行者？竟皆廢格。今宜於諸臣逆耳之言，亦必發部議覆，以聽上裁，庶臣工得以效其忠、而政事可以振舉矣。

一、行選取以惜人才。舊例行取每歲舉行。今臺省員缺甚多，至有一人而兼數差，外而推、知，至有久淹郡邑、兩考而不遷代。若不行取，則選法益壅，而耳目之官又且久缺，殊非國體。臣等與部院屢請，未蒙發下。望皇上早敕吏部舉行，以慰中外之望。

一、補缺官以修庶政。京曹堂屬，屢推不一及，大小官員，候補動至數年。彼皆無罪，一概羈滯，不無鬱抑，非所以體羣臣也。用若不效，黜陟自有國典。望皇上俯從部議，以慰觖望。

① 次 明抄本無"次"字。通行本補此字。
② 上 明抄本無"上"字，通行本補此字。
③ 輒 "輒"當作"轍"。
④ 効 明抄本作"效"，通行本作"効"。

萬曆起居注

一、起罪廢以慰人心。擯斥諸臣，中間有過誤者，有波及者，懲創已久，宜開自新之路，分別敘用。過此則日就衰頹，不無可惜，恐非人惟求舊之意也。伏願敕下吏部，以次推用，以伸淹抑。不勝願望。

一、公貨財以釋民怨。開礦之弊，臣嘗言之。棍徒訐武弁以上疏，差官勢如翼虎。礦洞無砂，責民代償，供需困苦，無門控訴。進上一金，地方費至百金，怨聲載道，必生他變。至於皇店，所得無幾，騷擾甚大，利歸棍黨，而怨結朝廷。況已有部臣權關，徵商已密矣。以上二事，皆民所深怨者，望皇上取回差官，以安遠邇。

一、平喜怒以安羣情。人君喜怒，關係甚大。若喜怒不中，不惟有妨調攝，抑且傷於天和。今奉侍左右，仰畏天威，常聞重足而立。望皇上略其細過，稍寬箠楚，俾人一自安，庶冤抑之聲息於禁近。此亦弭災之一事也。

一、慎刑獄以惜生命。近來法網漸密，冤枉頗多。非出文致，則由株連。死於非命，蒸為癘疫，上干天怒。望皇上霈災肆赦。敕下法司，通行天下，除大惡不宥外，自充、戍以下，詳審寬釋。至若御史曹學程，因建言逮繫已久，懲創亦深，所宜首豁，以慰諸臣之望者也。伏望矜恤。"

二十二日辛巳①，大學士張位奏："為匡輔不職異災疊見乞賜罷斥以彰罪狀以回天意事。臣位備員密勿，已經六年，叨恩最多，瘝官無補。去春兩宮災燬，固請避位，而未蒙恩許，輒復靦顏以圖後效。乃今三殿復災，則從來天變未有若此之頻仍重大者。蓋②正殿為皇上御萬國、涖百官之所，天地祖宗實式臨之，而一旦灰燼無遺，臣出入掖門，悒焉傷心。皇上置臣於左右，固期之以增輝朝寧，奠寧泰階，而乃至於此，則不勝於邑，自痛其佐理之無狀也。臣素無學術，累有愆尤，既乏扶顛持危之謀，難免曠官苟祿之誚，召災致變，非臣其誰？伏望皇上將臣亟賜罷斥，以正平日失職之辜。然後革故鼎新，以盡今日修省之實。頒恩布惠，煥然與天下更始。凡用人行政、厚下

① 巳 "已"當作"巳"。

② 蓋 明抄本作"重"，誤。通行本改作"蓋"，是。

恤民之事，謹循國家之舊章，而勿起其所無，俯體臣民之願欲，而勿施其所惡。俾海寓太和，天心自順，轉怨讟爲忻慶，易乖沴爲休祥，即臣老死山林，有餘榮矣。臣不勝懇祈。"奉旨："天災異常，正圖君臣交儆。卿宜用心協贊，以修實政。不允所辭。"

二十三日壬午，大學士沈一貫奏："爲佐理無狀感召殊災乞賜罷斥以回天心以修實政事。臣聞家有幹子，則父蠱賴以彌縫，國有楨臣，則君違資其匡弼。尸位而求天工之亮，拱手而冀萬事之理，事何能就？罪亦奚辭？臣備員内閣者三年於玆，碌碌無所建明，容容但有虛糜。微精誠以格主，而天聽爲高，微奇節以感人，而時論莫許。文奏盈前，僅取轉發，職務填委，不過文字。何能幹①旋墜紀，補綴闕衣，轉民生之戚而使之休，振士氣之衰而使之奮？然猶隱忍而不去，則以有待爲辭也。而今無辭矣。三殿之尊，網維八極，上模②乾象，中應微③垣，皇上御之以奉天，萬國瞻之以歸極，虛而不朝乃繼以燬，與兩宮之變僅逾朞年，靈戒孔嚴，得無畏懼？今既數日矣，而臣經從其間，見燻氛滿空，瓦礫徧地，不覺悲泣之被面，而愧汗之浹趾也。蓋臣雖么麼，亦稱一柱一石之寄，而柱石不任，遂成大廈顛覆之虞，此固臣當褫削衣冠之秋矣。皇上縱哀憐而容之，祓除而用之，然無須臾之間可以竭盡愚忠，無尺寸之效可以慰酹羣心，其依日月之際與一冗散何殊？顧閣體舊尊，稱爲政本，若有命世之大才，支天之鉅力，事猶可濟，世豈乏人？而臣性偏身孱，智庸技短，近遭家難，疲憊怔忡，必難任此，自知甚審。昨歲陳乞見留，已爲一誤，今豈容再誤乎？伏望皇上俯察臣不職之狀，特俞臣由衷之請，亟賜罷歸，俾避賢路，則燮和之地不虛，而修弭之實可舉矣。臣不勝惶悚懇切待命之至。"奉旨："天災異常，正圖君臣交儆。卿宜用心協贊，以修實政。不允所辭。吏部知道。"

二十四日癸未，大學士趙志皋奏："爲恭謝天恩並陳愚悃

①幹 "幹"當作"榦"。
②模 明抄本作"模"，是。通行本作"摸"，誤。
③微 "微"應作"薇"。

萬曆起居注

① 扎　明抄本作"札"，是。通行本作"扎"，誤。

② 待　明抄本作"得"。通行本作"待"。

事。昨臣因大內火災，臣具揭請皇上修實政以回天意，大概俱採緊關時政，頗與二臣相同。茲蒙天恩，遣文書官李浚齋捧御扎①到臣私寓，臣謹具香案，力疾行五拜三叩頭禮畢，捧誦聖諭：'諭元輔：覽卿所奏，悉見忠愛至意。其事關朕躬的，已知道了。昨諭二臣，頒詔赦、蠲逋負、並戒諭百官，議擬奏請行之，應缺官員，着該部推擬奏用，俱知道了。卿爲首輔，當思元首股肱一體之意，調元贊化，任怨任勞，共修人事，上格天心。雖萬方有罪，實咎在朕躬，非卿之失。卿宜調理稍可即出，勉勵辦事，以慰朕心。欽此。'臣不勝感激，仰見皇上遇災知懼、修德應天至意。但臣所陳十一事，皆關一時政體得失，民情利害，今聖諭止行頒詔赦、蠲逋負、戒諭百官、及該部推應缺官員等事，但未足以盡弭災實政。臣義切股肱，豈敢有辭勞怨言？念如此大災，實天心嚴譴，非一、二事可以感格。去年大災之燬，修弭因循，臣悔恨不能力請，致有今變。伏望皇上將臣愚悃膚見，盡賜施行，庶可收拾人心，以弭災變，以迓天休。不然，豈惟臣前後失職之咎難逭？即皇上所諭共修人事者，亦不止此一二事也，若先今不大加振刷時政，民怨日深，天不悔禍，噬臍何待②？臣此時罪益深重矣。至於臣衰朽病廢之人，叨蒙皇上哀矜體恤，臣苟可以贊皇上回天，雖死不辭。容臣調攝痊可，病軀稍能趨走，赴闕謝恩，以圖報塞。伏惟聖明垂察。臣無任悚息。"

是日，大學士張位、沈一貫題："照得正史館，原在皇極門左右兩廊，今被火災，書籍散逸，官員人役無處安身。合無將纂修事務暫行停止，待修造完日，另題開館？謹僭擬傳帖一道，伏乞聖裁施行。臣等未敢擅便，謹題請旨。"

傳帖："諭內閣：正史纂修事務，着暫停止，待修造完日，候旨行。"

是日，大學士張位、沈一貫題："連日禮部因火災祭告郊廟，請皇上親詣行禮。臣等昨聞聖躬服藥調攝，難以行禮，已遣官恭代。今日又蒙傳示訖。竊以人主爲百神之總會，一起居、一作息，天監在茲。若以付之遣官爲已了事，而不躬申虔敬之心，則精神渙散，降格無由，不過故事彌文，終何益矣？今以一日之內而徧修郊廟神祇①諸祭，臣等竊謂臨祭之時，皇上萬一不出，亦宜於宮中特設香案，望空親拜，以昭至誠極敬之心。即聖體未健，則雖使人扶掖，亦不爲褻。即各神禮多，則雖總行四拜，亦不爲慢。蓋取於誠之實，而不貴於禮之文，在天地、祖宗亦相諒而相格也。聞皇祖世宗皇帝，每遇郊廟大祭，常如此行，此皇上今日所當法者，惟望聖明採納。連日溽暑難調，起居宜慎。且每次捧瞻御筆顫動，極信聖語無虛，更祈皇上倍加保重，善輔藥餌，仰承聖母顧復之念，俯慰臣子依戀之忱。若在外一切軍國事務，臣等竭力匡持，不敢以虛罔欺君父，更無煩多輾轉於宸衷也。臣等受恩深重，敬候萬安，不勝瞻依顒切之至。謹具題以聞。"

二十五日甲申，大學士趙志皋奏："爲輔臣佐理無狀致干天變異常再懇天恩即賜罷斥以答天譴事。臣久病六疏求罷，忽遇三殿異災，臣上疏自劾，具揭上請，欽奉聖諭，伏奉聖旨：'天災異常，正圖君臣交儆，卿爲首輔，宜善加調理，早出辦事，以修實政。所辭不允。吏部知道。欽此。'臣不勝感激，不勝恐懼。臣嘗觀之《書》曰：'君②克艱厥后，臣克艱厥臣。'此自古君臣交儆之義也。故嘉氣並臻，禎祥協應。若君臣之間或未盡職，天必示警，而咎徵隨之。考之隆古，從來不爽。皇上臨御以來，敬天勤民，親賢求治，講學不倦，視朝不輟，大臣協恭於朝，小臣各勤厥職，政事修舉，和氣充塞，治化清明，災沴不作，感召之機，蓋有由也。夫何邇年以來，臣以衰庸之身，濫叨輔弼之任，德薄望輕，力小任重，居常無格心之誠，臨事無回天之力。以致皇上端居深宮，朝政漸弛，臣工日怠，天心不厭，災眚頻仍，慧孛水旱無歲無之，而火災尤異。二、三年間，萬法殿火，西華門火，北安門火，歷代帝王廟火。天未悔禍，上年而火二宮，今年而燬三殿。紫宸尊邃之所，百靈呵護之地，一旦鞠爲瓦礫。於時宗廟震驚，主上憂惕不寧，而臣民惶惑洶洶。此皆臣不職之罪釀成此變也。臣既調燮無狀，不能上感天

萬曆二十五年

一四九九

① 祇　明抄本作"祇"，是。通行本作"祇"，誤。

② 君　"君"爲"后"之誤。

和而弭災於未然，及災變已形，又偃然居於其位而不能避辭以求去，則臣之罪益甚，而天變益不可銷矣。古有以大臣塞星變、應災異者，此正今日之事也。願皇上即將臣罷斥，使具瞻之位一新，天下耳目躍然改觀，未必非仰答天譴之一端也。臣又思，天變既屢形於殿陛，則消弭不可徒事夫虛文。伏望皇上將臣陳條之疏，未施行者悉見之施行，則臣雖去有餘榮矣。臣無任懇切待命之至。"奉旨："卿為首輔，正當匡贊時政，共弭災變，何必再疏求去？宜善加調攝，痊可即出辦事，以慰朕懷。所辭不允。吏部知道。"

是日，遣定國公徐文璧等，分請①南郊、北郊、社稷、太廟、朝日、夕月壇，及太歲、東嶽等神祇致祭。上於宮中行拜禮。

三十日己丑，大學士張位、沈一貫題："頃因天災示儆，中外人心惶惶，切望謂皇上必大發德音，一新庶政，霈鴻恩於四海，通久鬱之人情。臣等仰體天心，俯順與志，布昭聖德，擬上詔條，連日斟酌事情，止是歷朝常行之典，不敢濫恩以防正法。至於奉有特旨、及曾經聖斷之事，又已傳示部院，令其專疏請裁定奪，不敢有一件混載入詔書之內，以干朦朧之罪。臣等竊謂事事皆可從而無疑矣，乃尚未蒙俞允。蓋以文字繁多，或披覽一時未竟。但中外仰望，切於雲霓，以刻為歲。伏乞皇上即賜慨發。臣等嘗誦《孟子》有曰：'責難於君，謂之恭，陳善閉邪，謂之敬。'又曰：'齊人莫②以仁義與王言者，豈以仁義為不美也？其心曰是何足與言仁義云爾！則不敬莫大乎是。我非堯舜之道，不敢以陳於王前，故人臣③莫如我敬王也。'今臣等以仁義之道事皇上，而未見俞，則臣等啟沃未勤之罪。以堯舜之治期皇上，而未見行，則臣等輔弼無狀之愆。安敢忘自責自咎、而不懇懇切切於君父之前哉？皇上躬堯舜之資，而臣等愧非皋夔之佐，至於今日災變之極，尚無一德澤及民、以救危亂，則臣等惟有涕泣籲天而已。故敢不避斧誅，再三瀆奏。伏惟皇上即將戒諭、詔赦允發施行。臣等不勝慶幸之至。謹具題以聞。"

①請 "請"當作"詣"。

②莫 "莫"為"無"之誤。

③人臣 "人臣"為"齊人"之誤。

二①十五年七月庚寅，朔。

二日辛卯，大學士趙志皋奏："爲天心示警異常年老感疾危甚萬懇天恩早賜放歸以全殘喘以完名節事。臣於二月間驟感劇病，至今調治五月，前後已六上疏，同官二臣代揭申請，俱未蒙俞允。臣方擬再疏以請，忽驚三殿火災，聖心警惕不寧，祇陳兩疏自效，復蒙皇上慰留。夫當此天心示警②降災之時，人臣豈無憂國之念？當焦心滌慮，竭躬盡瘁，何疾病之足云？惟念國家患難之時，爲君臣交儆之際，在人君當下詔罪己，納諫求言，避居便殿，減膳撤樂，以回天心，非徒爲祭禱之虛文已也，在大臣當負咎引匿③，自求策免，行所在官司與民更始，務新實政，非徒爲陳言之虛套已也。今臣忝居首輔，身代天工，口代天言，佐理之責、調燮之功，臣實司之。二年之內，兩遭大變，必臣之不忠而不能以承天意，必臣之曠職而不能以塞天責，黜之已④爲幸免，況可復居其位乎？惟臣自十九日扶病督工救火，臣心已病怔忡，因恐懼而心益虛怯。臣足久病麻木，因驚咤而足益蹉跎。數日間，終日坐臥在牀，而不能移寸步，終夜展轉反側，而不能交眉睫。如此情狀，雖使壯年之人亦難久延時日，況踰七十之老臣乎？且當此災變有事之時，既不能去則當出以圖報效，既不能出則當去以避賢路。奈何優然牀蓐，虛掛職銜，如平日泄泄之時乎？昨侯廷佩、劉綱之言可省也，而臣於前二疏固已先言之矣。人非木石，豈難自決？直以皇上天高地厚之恩，未竭涓埃之報，悠悠長恨，爲此痛心。然時至於此，力不能爲，時已不逮，惟抱恨於九泉之下而不能以瞑目耳。伏望皇上憐臣之衰，憫臣之苦，將臣罷斥，赦其罪而歸之，俾得以殘生早就田里，則生一日得受一日之賜，豈惟臣之一身頂戴無盡？而子子孫孫將世世感之無窮矣。臣無任⑤。"奉旨："卿疾未愈，還宜加意調理，痊可即進閣辦事。所辭不允。吏部知道。"

三日壬辰，大學士張位、沈一貫題："臣等照得明日戒諭百官，該禮部原題請皇上躬御文華門，面發諭文。竊念天降大災，

①二 "二"上當有"萬曆"二字。

②示警 明抄本作"之"，通行本改作"示警"。

③匿 明抄本作"慝"。通行本作"匿"。

④已 明抄本作"以"。通行本改作"已"，是。

⑤任 "任"下有漏文。

人心未定，在廷臣工久不仰睹聖顏，咸懷鬱結之意。昨者諸臣來朝房見臣等，謂聖駕一出，上下交泰，乃消弭災變第一事。況戒諭渙頒，激勵天下臣子一大機括，慇懃畫接，情意交通，願望既慰，改圖自切，皇上一舉玉趾、而所以收拾人心、激發人意者，關係小①。臣等非不知聖體靜攝，妨於勞動，但此頃刻之時，咫尺之地，鑾輿暫駐，似不甚難。伏乞皇上俯俞臣等懇切之請，以副天下喁喁之望。臣等不勝冒昧仰祈之至。"奉旨："覽卿等所奏。戒諭百官，朕本欲親行，與卿等一見。因災變憂懼，連日服藥調攝，身體軟弱，兼足痛不便，御門暫免。足見卿等忠誠爲國至意。已知道了。"

四日癸巳②，敕諭文武羣臣："朕以涼德，嗣守丕基，不能夙夜兢兢，克謹天戒。昨歲乾清、坤寧宮災，驚悸未定，乃今年六月十九日，皇極等三殿復災。夫三殿，乃朕奉天紹祖、臨御萬方之地，視寢宮尤重。纔踰歲所，疊見咎徵，變不虛生，誰貽之戚？蓋緣朕之不德，闇於大中，第防乾抐③之下移，不念亢陽之有悔。諸臣頌爲明聖，則不覺其入深，憝士激以危亡，則更滋其不信。上下之交否隔，愆尤之積日多，罹此大災，罪其焉諉？顧爾中外百職，善能導朕者惟④？以模稜爲長厚，既無望其擔當，以訕訐爲風標，亦奚資於補救？言清行濁，至誠感發之謂何？陽是陰非，盡力維持之安在？事多請託，官靡執持。安攘無策，而動輒譸張。行業不修，而競爲浮詭。貪黷雖禁，苞苴之入自如。侈靡相高，素絲之風絕少。似此難窮之陋習，已厪往歲之戒書，曾莫省憂，重干⑤災變。自懲自艾，朕既知非。分念分猷，汝寧不媿？茲用敕爾文武羣臣，其各痛滌前愆，勉圖後效。大臣務正己率屬，無以禮法假人。小臣務精白守官，無以驕蕩凌德。共建持危扶顛之策，各據奉公憂國之忱。忠邪自照於朕衷，賞罰常懸於朕握。國豈負爾？爾無負予。巽命載頒，咸宜遵守。仍飭在外郡國邊鎮軍民有司，一體遵行。庶承皇天仁愛之心，用延國家靈長之祚。欽哉。故諭。"

---

① 小 "小"上當有"不"字。

② 巳 "巳"當作"巳"。

③ 抐 "抐"當作"柄"。

④ 惟 明抄本作"誰"，是。通行本作"惟"，誤。

⑤ 干 明抄本作"千"，誤。通行本作"干"，是。

八日丁酉，詔赦天下："奉天承運皇帝詔曰：朕仰荷天庥，恭膺寶曆，二十有五載於茲。追惟嗣服之初，蓋亦無時豫怠。第緣歲積，頗恃政成，兼以多病侵尋，猶須深居靜攝，郊廟闕躬承之禮，朝講希臨御之時。喜怒有失其平、用捨未歸於當。章①奏每滯，官曹半虛。忠言寡聞，民隱莫達。方隅多故，兵食之徵調日繁，營造又興，開採之徵求四出。加之旱乾水溢，祈民室家，汙吏貪官，浚民膏血。叢此人怨，屢干②天和。乃於萬曆③二十五年六月十九日，皇極等殿、皇極等門、文昭武成二閣内外周廻廊房，一時被火。夫寢宮煨燼，曾幾何時？正殿崇嚴，又復罹此。震驚列聖，憂感慈闈，蹐地跼天，靡所容措。況一人統御之地，乃萬國衣冠所歸。天意若斯，朕實不德。茲已虔申籲禱，痛加艾懲，祓志改圖，擔從今始。嚴敕庶位，各獻忠藎。惟天視聽在民，惟民歸依在德，爰稽典制，特布詔條。庶藉有衆之歡，以回皇穹之眷，消咎徵於已往，迓福祉於將來。所有寬恤事宜，備列於後。

一、自萬曆④二十五年六月十九日昧爽以前，官吏軍民人等有犯，除十惡至死、與詐傳詔旨、交結近侍、通夷失機、強盜人命，及侵盜服御邊腹倉庫漕運沒官錢糧，並貪酷枉法、逆黨左道、營幹鑽刺、指稱誆騙、潛住京師，窺探爲奸者不赦外，其餘不分已發覺未發覺、已結正未結正，咸赦除之。若奉欽依的，還奏請定奪。有以赦前事相告言事，不許准理。

一、凡政治得失、軍民利病，及可以正士習、糾官邪、剔奸蠹、裕軍國等項，中外臣工各宜講求長便，直陳的確，以求實用。如有不公不法，科道官即時參奏，不許容隱。

一、凡欽降罷斥官員，吏部遵照新旨訪擇可用者，分別等第，查開職名，議擬具奏。其各衙門缺官，准陸續推舉相應員名補用。

一、內外文武官員住俸戴罪者，悉皆宥免，照舊開支管事。

一、罷閑等官，不係考察被劾貪酷在逃，但因事註⑤誤，原爲民者許復冠帶，原閑住者許復原官致仕。舉監生儒吏員人等，有不係干礙行止違法受贓，止因公衆罪情將一二問革示警

①章　明抄本作"童"，誤。通行本改作"章"，是。

②干　明抄本作"千"。通行本作"干"，是。

③曆　明抄本作"力"，誤。通行本改"曆"，是。

④曆　明抄本作"力"，誤。通行本作"曆"，是。

⑤註　"註"當爲"詿"之誤。

者，許其疏辯，奏請定奪。

一、撫按官專制一方，朝廷重託。乃有地方利弊通不究，官史賢否偏信耳目，供張僭侈，費用浩繁，歲時慶賀之儀不勝奔走，廩餼常供之外復多餽遺，司道官又借視聽於寓訪，取私費於官庫，以致貪官污吏有恃無忌。收徵則增加火耗，更添勸借名色，聽斷則無端株連，惟求贓罰充盈，仍復多攬浮薄生徒，曲媚奸頑里老，受賀儀，納旗帳，收門生，結通家，建生祠，立政碑。官箴既已廢隳，惠澤何能及下？除已往不究外，自今以後，撫按官宜正己率下，申明憲條，違法有司，痛加戒飭參處，以肅吏治，以安民生。撫按不稱者，科道官稽實糾舉，勿得容隱。

一、近來私揭公行，顛倒是非，奸人得志，善類含冤。至有屬官揭害上官，軍民誣衊本管。若有仍行投遞者，各衙門不許受理，舉發治罪。其奸徒駕言報效，詐充騷擾，恐嚇官民，挾騙財物，但有實迹，該撫按官即嚴拏正法，重者問擬具奏。

一、宗室子女奏請名封選婚者，齎奏人役故將文書要緊字樣塗改計騙，以致立案不行。及行查勘，承奉長史等官搜尋抑勒，年久無力，停廢失所。今後凡經參駁，作速查報。該部勘無違礙，即與題覆。其事①不明者，俱照先年題准要例，一體查勘。選擇儀賓，祇聽宗室自擇良配，不許有司給文挨選，反成耽閣。

一、宗室節年因事減革祿糧者，除敗倫傷化奸盜人命重情外，其餘詔書到日，全革者准支三分，減去一分、二分者，准復全支，以資養贍。

一、宗室祿糧，除宗少祿足地方外，其宗多祿少地方，有司設處無措，耽延欠缺，養贍何資？今後祿糧不足處所，着布政司查照舊題限祿之法，將見在應給祿數，均派概省田地出辦，以免設處偏累，永爲定額不復增減，庶使宗祿無缺，民困可舒。

一、各宗庶人，糧石多寡不同，原因所犯有異。近來有司不審來歷，不查要例，概以宗室視之，任意多寡，有原多而給少者，有原少而冒多者。今後務要明白，不許一概混施，有失

① 事　明抄本"事"下有"體"字。通行本漏此字。

親親差等之意。

一、各處孝子順孫節婦烈女，多有貧微幽僻，湮没無聞，有司加意體訪，查實具奏旌表。軍民職官有没於戰陣王事未蒙優恤者，撫按查勘明白奏請。其道路遺骸，所在有司務與掩埋，無令暴露。

一、各省直軍民人户拖欠，除金花漕運糧料王府祿糧，照舊催徵外，其餘夏稅秋糧馬草農桑人丁絲絹布疋絲棉花絨屯田莊田子粒門攤商稅户口食鹽米鈔諸色課程鹽課漁課富户等頂①，至萬曆②十七年以前，如已徵在官、及已經解解户人等收受者，仍截數起解，其有未徵在官，係小民拖久者，悉准蠲免。不許將已徵揑作未完，侵欺作弊，如發覺治罪。

一、蘇松常鎮四府錢糧，較各省直拖欠獨多。念先年連被水災，特與蠲免萬曆③十八年一年。

一、山東河南南北直隸各該牧馬草塲子粒租銀，自萬曆④十七年以前悉准蠲免。

一、各省直歲辦光祿寺菉⑤筍果品厨料粳粳米折銀青白鹽斤粟米黄菉赤黑豆等項供用、甲丁等庫蠟茶銀硃銅錫等料，自萬曆⑥十七年以前悉准蠲免。

一、各處起解糧草等項，中途遇有水火盜賊，曾經所在官司勘明到部者，自萬曆⑦十七年以前悉免追陪。各處倉塲先年失火延燒糧草等項，經該官攢斗庫人等問發追賠者，自萬曆⑧十七年以前悉皆宥免。

一、各鎮曾有商人攢典侵欺洰壞本折米豆草束，追贓正犯或係親父及子孫、與同居共爨兄弟，監追五年之外、勘無家產者，銀二百兩米豆五百石草八千束以下者，徑自豁免，銀三百兩米豆六百石草一萬束以上者，奏請定奪。其餘親族與罪犯無干⑨被累者，不論年月遠近欠數多少，俱准豁免。若有曾經奏請者，仍奏請定奪。

一、各處江河湖海，有天漲塗田、水蕩砂塞、衝徙不定、糧稅賠疲⑩、累民逃竄者，地方有司踏勘，准與減免攤派，但母⑪令銀糧虧損額數。

①頂 明抄本作"項"，是。通行本作"頂"，誤。
②曆 明抄本作"力"，誤。通行本作"曆"，是。
③曆 明抄本作"力"，誤。通行本作"曆"，是。
④曆 明抄本作"力"，誤。通行本作"曆"，是。
⑤菉 明抄本作"菉"，通行本作"菉"，似應作"菜"。
⑥曆 明抄本作"力"，誤。通行本作"曆"，是。
⑦曆 明抄本作"力"，誤。通行本作"曆"，是。
⑧曆 明抄本作"力"，誤。通行本作"曆"，是。
⑨干 明抄本作"千"，誤。通行本作"干"，是。
⑩疲 "疲"當作"敗"。
⑪母 "母"當作"毋"。

①累 明抄本作"墨"。通行本作"累"。

②戍 "戌"當作"戍"。

③椿 "椿"當作"椿"。

④充 明抄本作"兌",是。通行本作"充",誤。

一、鰥寡孤獨廢疾之人,有司依例存恤,勿令失所。在京在外,安插官房,給散糧米,務令均霑實惠,毋許棍徒包攬侵匿,虛耗錢糧。

一、軍職官被參降黜,除一應重大事情不赦外,其有牽累①失誤、被人指裁陷害、情可矜疑,及因父祖同僚連累,與混保不應替襲、查無賄囑情弊等項罪名,咸與湔除奏復,許其自新。

一、運糧管班管屯管捕管局等軍官,違限誤事,被參降調,係二十五年六月以前者,不拘已未問結,該撫按官分別輕重久近,具奏定奪。屯田籽粒年遠久拖者,並議上請蠲免。

一、各邊軍民人等,或因犯罪逃入虜中,或因搶去遂為虜用,有來歸者,咸赦往罪,所在官司務加存恤安插。如有率歸眾多,及番夷歸附者,厚加撫恤,仍具奏酌賞錄用。

一、武官襲職,十年以上人文不到部者,例不准襲。路有遠近,家有貧富,概行革襲,不無可憫。今量寬,二十年以內者仍准替襲,其久未續黃,許本衛所保勘明白,准續。

一、罪廢將領,見在征倭禦虜、有能自効、立有功勞、在敘賞之列者,許其贖免。若功次與贖相當有餘,仍與斟酌優敘。如大辟、永戍②,須大功方贖。其間更有特建奇功,不妨越次重用。

一、京營巡捕倒死馬匹、應追買補及椿③朋等銀,除已徵在官外,未完者悉與蠲免。順天等府寄養馬匹,有十年以上、不堪充④軍、負累小民餧養者,太僕寺督令州縣正官,酌量變價解寺,買馬支用。

一、起解清勾軍人,極為里甲苦累。今後勾解,除嘉靖以後犯罪發遣軍人仍舊外,其遠年祖軍,本族丁盡者准銷,有丁者許赴告清軍衙門,類題到部具奏,改充附近地方。

一、內外各衙門見監應決重犯,今歲暫免行刑。

一、內外問刑衙門,有因正犯在逃、監禁家屬、日久不獲者,除叛逆劇賊外,其餘悉令保候挨挐。有情罪矜疑、律例不合、事難決斷,與人命無屍可檢、強盜贓仗不明、及年久無贓、人犯無證、原問衙門未成獄者，即與從輕。當奏請者即與請讞。寄監人犯，暑月易生疾疫，每夏四月比照熱審事例，清查釋放。

一、充軍終身人犯，已經着伍，如不係引例發遣，及年七十以上、並殘廢篤①疾不堪差操者，俱准釋放。

一、免死充軍，本因矜疑寬典，而致累其子孫，因輕及重，深爲可憫。今後止發煙瘴極邊充軍終身，若復逃歸本鄉，仍坐以死。

一、内外各衙門②追贓正犯，除情罪明顯、照舊監追外，其查盤坐侵訪察出入原無證據者，如果查勘家產盡絕，不分年月久近，不論還官入官給主，約銀一百兩以下，徑自豁免，一百兩以上，奏請定奪。内外各衙門追贓家屬，係正犯親父及子孫、與同居共爨兄弟，監追五年之外，勘無家產者，銀二百兩以下，徑自豁免，二百兩以上，奏請定奪。其餘親族，若平昔與犯罪之人無干被累者，不論年月久近，銀五百兩③以下，俱准豁免，五百兩以上，及曾經題奏欽依者，仍奏請定奪。其經管錢糧人等，查盤坐侵以監守自盜論者，向無刺字之例，不許刺字。

内④外各處造作，除城垣河道倉廠官舍急務，具奏修理外，其餘一應不急之務，暫且停止。各衙門不許擅自移文興工修造。果有應造者，奏請定奪。

一、浙江布政司，並南直隸松江、鎮江二府，自萬曆⑤十五年以前拖欠未解紵絲紗羅綾錦，詔書到日，即查價銀，如係機户領出侵費、見監追者不赦外，凡係小民拖欠，查明的數，聽彼處撫按官具奏請旨定奪。

一、各省直等處額辦四司料銀、匠價、麂皮狐皮翎毛天鵝絨麻甎料葦課黃麻熟鐵等料折色銀，及額辦白麻、生鐵、紅生熟銅、生漆、魚膠、桐油、銀硃、貓竹、水竹、班竹、棕毛、樹棕等項本色物料，自萬曆十二年起至十五年止，已徵辦在官者，截數起解，未徵在官、果係小民拖欠者，悉行蠲免。

一、山西額派柴夫、木柴銀兩，自萬曆十二年起至十五年止，如果小民拖欠、未徵在官者，撫按官查勘的實，悉行蠲免。

①篤　明抄本作"篱"，誤。通行本作"篤"，是。

②門　明抄本作"問"，誤。通行本作"門"，是。

③兩　明抄本無"兩"字。通行本補"兩"字。

④内　"内"上應補"一"及頓號"、"。

⑤曆　明抄本作"力"，通行本作"歷"，應作"曆"。

其已徵在官者，盡行起解。

以上俱不許乘機將已完者那補別項錢糧，及經收員役侵尅入己。如有此等，聽撫按參奏重處。

於戲，我國家忠厚，比於行葦，舊德弘深，予一人儆戒，切於苞桑，新恩溥被。式慰渴懸之民望，仰承仁愛之天心。敷告四方，咸宜知悉。"

是日，大學士張位、沈一貫題："前日伏蒙皇上戒諭百官，臣等竊見在廷諸臣，悚然儆惕，咸懷捨舊圖新之意。今日伏蒙皇上頒布詔赦，臣等又見中外臣民欣然慶幸，咸切戴恩荷德之忱。人心悅豫，天意感通，轉災為祥，端在於此。臣等竊思詔內條件，其間關係軍民之重者，惟獄冤滯為甚，今得開釋，最可以感動天和。《易》曰：'雷雨作，解，君子以赦過宥罪。'蓋天地之所以解物鬱結者，惟雷雨也，人主之所以解人鬱結者，惟赦宥也。故一婦含冤，三年不雨，匹夫抱憤，六月飛霜。古之聖帝明王，必以好生為大德，肆赦為先務，良有以也。其次若蠲除積逋，以甦久困之民，其次若申飭吏治以收牧養之效，莫非皇上奉天子民之素意。久鬱之後，得此一通，宜羣情之懽忻暢悅、而喜色相告也。但德意出於九重，而奉行賴於百職。臣等竊見各臣以修省自陳者，如刑部尚書蕭大亨、侍郎朱鴻謨①、都察院僉都御史②郭惟賢、掌詹事府侍郎劉元震、協理京營都御史②李春光、順天府府丞劉士忠六臣，所上之疏，俱未蒙發下，致令杜門待罪，政務停閣。令③詔書中事理，多其職掌，若使轉發稽遲，則饑渴之望不得一時遽慰，汪濊之澤，何由即逮閭閻？況此六臣者，素行端謹，輿望所歸，似宜委任不疑，勉令供職，以共成交修之實政者也。伏望皇上俯俞臣等之請，亟將六臣自陳章疏檢發，臣等擬票恭進，以昭聖主任賢圖治之美，庶天工不致曠廢，而上德有所代宣矣。臣等不勝④。"

九日戊戌，大學士趙志皋奏："為衰年老病難保生全苦懇天恩早賜罷斥以全微軀以完臣節事。臣自皇上簡任以來，六年於茲，皇上不以臣為衰庸，虛懷眷倚，恩寵屢加。惟臣年老身病，

① 謨 明抄本作"謀"，誤。通行本改作"謨"，是。

② 史 明抄本"御"下無"史"字，通行本補此字。

③ 令 明抄本作"今"，是。通行本作"令"，誤。

④ 勝 "勝"下有漏文。

難勝重責。況望輕不厭於人心，過多每招夫指謫。屢蒙聖恩寬宥，真如天度包容。豈惟譴責之不加？抑且温綸之薦被。此臣日夜之所銘刻，而生死不能圖報者也。且又蒙欽遣中官宣諭，令臣出閣辦事，皇上之不棄老臣如此，何敢諜諜以瀆天聽哉？但念大臣事君，既膺重任，又值時艱，元首股肱之義，實關國家之安危，生民之休戚，君德之汙隆，世道之治亂，必才望之隆、德業之盛、忠貞之著、年力之强，始足以堪此，而臣無一焉。且臣之當去者有五。年踰七旬，一當去。衰病危迫，二當去。久曠職業，虛縻廩祿，三當去。人言屢及，詆毀難堪，四當去。戈矛叢集，後患須防，五當去。有此五當去，而臣不乞哀以請，是墮此身於陷穽也。臣念人臣之立朝也，豈苟圖富貴已哉？時可進則進，而相與以成其德業之交，時不①進則退，而儉德以遂其藏身之哲。是進退實人臣之大節，不但風濤之當畏、來日之漸短已也。人生在世，生老死病四者，而臣有其二②，即使今日得引身而退，亦晚矣。皇上若憐臣放臣，庶得歸骨於閭里，皇上若不憐臣放臣，終屬游魂於異鄉，是在一憫念之而已。臣屢奉温旨，輒欲趨出以事主上，退而三省，又欲退避以全身名，無使天下後世之人議臣，以爲進不知退，老不知止，爲天下萬世之羞也。伏望皇上垂憐老病，特票放回。畜一日，即受一日之生，而還家以後，生一日則受一日之賜矣。臣衰老情真，首丘念切，且病中甚苦於作疏。懇祈天慈憐念，免死放生，無任哀苦迫切之至。"奉旨："覽卿奏。病既未愈，還宜從容調攝，俟痊可即出匡輔。所辭不允。吏部知道。"

是日，大學士張位、沈一貫題："頃因火災，内閣幸得保全，惟西邊制敕房三間二披燒燬。見今辦理一應詔敕制諭名封等項機密文書，各中書官書寫俱無處所，若不亟爲修造，有誤供事，關係匪輕。其内閣中堂房屋，及墻垣、門座、牌扁，亦當量行修補，閣門外暫搭浮披三間，以爲會敕各官駐站處所。乞敕工部勘估蓋造。臣等未敢擅便，謹題請旨。"奉旨："是。工部知道。"

① 不　"不"下當有"可"字。

② 二　"二"疑當爲"三"之誤。

萬曆起居注

① 施 明抄本無"施"字，通行本補此字。

② 嗟 "嗟"似當作"磋"。

③ 求 明抄本作"永"，誤。通行本作"求"，是。

④ 榮 明抄本作"融"，通行本改作"榮"。

⑤ 歷 明抄本作"力"。通行本作"歷"。應作"曆"。

十三日壬寅，大學士張位奏："爲遇災思省聞言增惕懇乞聖明求賢共濟罷臣不職以回天意事。臣在閣辦事，接到山西巡撫右僉都御史魏允貞揭帖爲火災異常亟陳君臣交儆之謨以圖穰救事。内稱召變致災，咎在輔弼，欲皇上一賜詰問，使之改弦易轍，因歷數臣等罪過，俾上下交儆，返災爲祥。詞雖直切，意在相成，臣讀之不勝歎服，惟望皇上亟加採納，而速見之施①之行也。臣近因災後夙夜在公，凡可以廣集衆思、挽回天意者，無所不盡其心。至其悔罪有譽，勉修職業，亦無所不極其慮矣。兹睹允貞所陳，更增儆惕。因思允貞身膺邊疆重寄，戎務倥傯，尚能爲輔臣匡佐計者如此其切也，況如臣出入禁闥，責任在身，可泄泄忘憂、不思爲改過遷善之圖乎？臣等日夜望皇上廓天海之虛襟，容受諫諍，以廣進言之途，今此切嗟②微言，臣正可藉爲藥石以攻其膏肓之疾，寧復忍置辯，爲訑訑拒人之計乎？惟是見責之心誠善，而所指之事未真。臣恐傳聞益誤，不能不一言以自明，非得已也。臣少病羸，素甘淡泊，屢求③退息，無意顯榮④。誤蒙皇上超次取用，拔於田畝，差官再催，控辭弗獲，因感知遇之奇而思一報，將竭犬馬之力以濟時艱，遂爾強顏，出處如此，忍當晚慕榮達如允貞所言乎？只緣一二知友，望臣太高，見臣不希矯抗之名，疑臣遂爲曲學之事。於是忮者求者借爲口實，而不知調和燮理之任，與明諍顯諫殊科，臣之所操是或一道也。其謂臣昔以覆本之故而恨考功趙南星，又以申救考功之故而處部臣者六員，此尤誤聽之甚矣。查得萬歷⑤二十一年，科道拾遺虞淳熙等三人，考功南星俱覆留用，尋爲科臣所糾，文書官口傳聖旨：'科道官公同糾拾，緣何一個不動？吏部官這等專權結黨，着回話來。'此天語也，非閣票也。其後部臣陳泰來等六人救南星，皇上未嘗發票，而親筆批紅：'都着降三級調外任'。此御批也，亦非閣票也。況此時臣官次居三，未曾柄事，又常隨同官揭救，存閣可證。今乃駕此誣臣，太不倫矣。又謂臣恨尚書孫鑨，傾之使去，而因及其弟鑛。恨尚書孫丕揚，傾之使去，而因及其友呂坤。此又允貞之誤聽而未察也。鑨本端士，鑛亦名流，與臣年家，雅相欽重，絕無睚眦，何從得此言來？了無足辯。惟丕揚之事，則有可言。丕揚與臣素亦無他①，第其以病乞身，每上一疏，輒有一帖與臣等，極言溘亡旦夕，求早生還，其激切如此。臣愚以爲信然，於其第二十疏爲一票去。而不意其反面詆臣，臣隨求去，蒙皇上親斷。此則臣之不幸，而與丕揚相遭。顧臣實無愧也。若夫呂坤之去，則自言官論列，聖心獨裁，臣並無一票擬去，亦無一揭評論。前疏已詳，公論難掩。而悠悠者尚平白巧誣，爲人遮飾。名義至重，鬼神難欺，獨無天日之臨照乎？今言官論坤，則指謂臣之嗾使，言官論臣，則指爲臣之奸狀。臣自信無嗾②，自審非奸，但自愧其行不若坤友、不若坤耳。然自臣當事以來，罪過多矣，允貞顧恕其大者、而摘其小者，臣之罪過其誰知之？惟內訟引慝不遑寧處而已。向蒙皇上加恩臣等，自揣逾涯，控辭三四，弗獲如願，火災之召果由於此，此則令臣愧汗交浹、而真無以自解者也。第前恩命之下，去臣考滿之期止數日耳，儻不擯斥則循例霑被，取數尚多，是不可諒臣心乎？臣平生不受人恩，亦與人無怨，但奉公守法，或有相妨。當此災變頻仍，不能倡率臣工盡忠消弭，反以召辯難之端，則臣之不能諧衆，亦大可見，不早引去，罪當益深矣。不然，凡官職淹滯、穢迹敗露者，惟一擊閣臣自掩，斯身名兩全，以臣不才，奚勝爲人射的哉？伏望皇上俯垂照鑒，將臣亟賜罷斥，以爲不職召災者之戒。至於在京要職，宜亟推補，撫臣之屢推未點、與廢棄之屢薦未起者，宜盡超擢，此豈獨允貞之願？亦臣之素願也。尤望皇上俯亮而立俞之，庶幾各愜衆志，大消羣疑，和氣致祥，人心悅而天意得矣。臣不勝惶恐籲懇之至。"奉旨："邊鎮巡撫，自有安攘職守，如何干預朝政、借言攻擊輔臣？殊失大體。朕已置之不理。從來章奏未發的，大小衙門俱不當置辦。卿任勞任怨，朕所鑒知，不必苦辯，遂萌去志。閣務繁重，宜即出佐理，以副眷懷。不允辭。吏部知道。"

十四日癸卯，大學士趙志皋奏："爲衰年久病難痊人言交摘踵至十一疏懇天恩乞即罷斥以弭天災以安愚分事。臣久患危疾，

① 他 明抄本作"它"。通行本作"他"。

② 嗾 明抄本作"嗷"。通行本作"敖"。應作"嗾"。

因值天變而病益劇，屢疏辭免，因屢奉温旨慰留而病益深，乃近日内外之臣，又因災變而交章論臣。夫宰相有燮理之責，今之火災頻仍，自省不能免其咎，何況於人言？然觀其所指摘，劉爲楫等以臣爲貪縱不檢，屢挂彈章。夫屢挂彈章則有之，若貪縱不檢則絶無也。公論在人，豈容盡掩？魏允貞以四事責臣，此皆往事，已經辨明者。許茂橓遣人餽遺，在於街市緝獲，安知其爲送臣？徐元春差人送禮，當時即已叱去，辨於章疏甚明。臣弟以壬辰大察去官，此時臣方入閣未久，卒不與聞其事。臣子以解銀中途病回被論，錢糧且有盈餘，收銀臺部二臣嘖嘖嘆賞，而惜其人不至難以行獎，乃允貞反以爲被摘，臣不知也。惟臣年已①衰殘，病復危迫，當此災變之時，豈大臣養病之日？況臣忝爲首臣，則當日夕與二臣競競業業，上以陳善於君，下以歸過於己，商確時政，條陳利弊，務求所以安民情而回天意，反災爲祥，易危爲安，臣之願也，臣之分也。顧臣年踰七旬，病踰五月，服藥越百餘劑，而不能補其心血之虛耗，左足已成痿症，而豈能強於闕庭之步趨？年已遲暮，病復衰殘，求去亦已晚矣，況復人言之屢及，尚可一日立於朝廷之上哉？此誠所謂老不知止，病不知死也，豈不羞哉？伏望皇上亟放臣去，篤任二臣，更遴選一二有夙望者以充簡任，而衰老如臣亦得以優游田里，生一日則受一日之賜矣。臣無任籲天懇禱之至。"奉旨："災變修省，人臣當各修職業以回天意。近來各官，祇以攻擊輔臣便爲風力，若魏允貞，又明爲屢推不點撒潑胡纏，朕已俱置之不理。卿當以國事爲重，身名爲輕。奏内誣情，朕久知之，不必深辯。閣務繁重，宜遵屢旨，善加調攝，痊可即出匡輔，以副眷懷。所辭不允。吏部知道。"

十五日甲辰，大學士沈一貫奏："爲無功冒擢有罪叩留懇乞聖明特賜褫罷以順人情以回天意事。近者譴告疊見，宫殿頻災，臣待罪輔臣，佐理無狀，時即具疏以求罷免，未蒙垂察，而曲賜之留。則臣無所逃罪，日欲再行披請，而閣中文書繁沓，方須整辨，又不敢不勉强鞭策，以圖後功。逡巡至今，祇有慙悚。

①已　明抄本作"以"，誤。通行本作"已"，是。

昨接山西巡撫都御史魏允貞揭帖，内開閣臣多咎召災，陛蔭非宜，而謂臣權雖稍軋，亦不可不預儆。此爲允貞之深厚臣而又大寬臣。顧臣讀此不覺面頳體汗，前日求罷之心戚戚在前，有不能須臾寧矣。臣惟古者設綱紀之官，典忠讜之論，上下①乘輿，則改容禮待，旁及宰執，則闔門惶恐。時平世治，猶且闢門懸鐸而招之，況今沴眚流行，宮殿疊遭火變，而尚可無法家拂士之謀謨、革故鼎新之舉動哉？凡允貞疏中所陳，皆臣等區區願忠之意，固日夜祈禱皇上亟見之施行者也。然朝無維新之期，民失跂懸之望，則罪在臣等，復何所逃？伏念臣賦性樸愚，少無遠志，閉門尚友，束身自修。爲韋布則有餘，居鼎鉉則不足，守文墨猶自可，當盤錯益不能。無瑰瑋之行足以集合氣類，無掀揭之才足以旋轉乾坤。少壯之時已成虛擲，況今齒髮已老，筋骼不柔，而何能自新問學，解調時政？故其言迂潤而無用，其功荏苒而無成。比者恭繹皇上戒諭之辭，一字一涕，無論其他，即所謂至誠感發、盡力維持，臣實未嘗有也。蓋襪線何資於補袞，斗筲難假於斟酌，則惟臣爲然矣。且今同事之臣，並能道義相信，凡有擬議，必詢臣以爲何如，而臣亦恃三十年雅素，不敢不盡其愚，斯其權固未嘗稍有軋也。而臣自不能增光僚采，裨補國家，又安敢以權軋爲解？誠欲撥亂反正，起敝維衰，自非命世大賢，難以措手，而臣非其人，留之徒妨賢路耳。至於閣臣之陛蔭特優，不知起自何日，即有故事，而今之體輕功箋，豈宜相沿不改？兩年之中，皇上再以邊功懋賞，而臣等亦各竭力懇辭，但因控疏至於三四，而上勞手諭亦至於三四，恐致煩瀆尊嚴，靦顏拜受，空塵大位，召殃致災，復何説之辭？其在於今，惟有盡劃銜名，僅乞骸骨，庶可以塞天變而謝天下。伏望皇上，亟將臣褫罷，以爲奉職無狀者戒，仍博求天下之賢士大夫，與之更議大有爲事業。則堯舜唐虞第在一反掌間，而臣終老山林，呼嵩擊壤，頂踵皆弘賜也。臣不勝跂冀待命之至。"奉旨："災變交儆，宜共修實政，挽回氣化。朕今日惟聽②忠言，不信讒言。其乘間挾私妄瀆的，本當重處，前因卿等勸朕虛受，姑置不究，卿又何必介意，遂欲因此求去？益宜

①下　明抄本作"干"，是。通行本作"下"，誤。

②聽　明抄本作"德"，誤。通行本改作"聽"，是。

殫竭忠猷，協心匡贊，以副眷懷。不允所辭。吏部知道。"

十七日丙午，大學士趙志皋、張位、沈一貫題："爲印信事。照得左春坊左庶子兼翰林院侍讀劉應秋，已經欽陞國子監祭酒訖，司經局洗馬兼翰林院修撰鄒德溥奉旨革職爲民訖，所有坊局印信缺官掌管，例應照資遷轉。臣等查得右春坊右諭德兼翰林院侍讀朱國祚，堪掌左春坊印信，新陞右春坊右庶子兼翰林院侍讀周應賓，尚未到京，見在右春坊右中允兼翰林院編修郭正域，堪暫掌右春坊印信，右春坊右中允兼翰林院編修葉向高，堪掌司經局印信。合無將朱國祚量陞左春坊左庶子兼翰林院侍讀，郭正域、葉向高俱量陞左春坊左諭德兼翰林院侍講，令其各掌管前項印信。再照翰林官遷轉，論資論俸論官，查得國子監司業方從哲入仕已經一十五年，右春坊右中允兼翰林院編修唐文獻入仕亦已一十二年，官深①各已深久，翰林院編修全天敘、檢討蕭雲舉，目今正當九年考滿，況文獻、天敘、雲舉日侍皇長子講讀，劾有勤勞，相應一併議處。合無將方從哲、唐文獻俱量陞右春坊右諭德兼翰林院侍講，全天敘量陞左春坊左中允兼翰林院編修，蕭雲舉量陞左春坊左贊善兼翰林院檢討，各令其到任供職，一應侍班、講讀等項俱各照舊？乞敕吏部查照施行。臣等未敢擅便，謹題請旨。"奉旨："是。吏部知道。"

是日，大學士趙志皋、張位、沈一貫題："昨於六月二十五日欽奉聖諭：'正史纂修事務，着暫停止，待修造完日，候旨行。欽此。'臣等即行傳示史局諸臣及執事人等，各欽遵訖。臣等伏思，正史編輯雖在史官，而啟閉謄稿瑣屑諸務例用吏胥。先該吏部撥送各役三載於茲，劾有勤勞，且昨史館被災之時，累朝寶訓、實錄及正史各項冊籍，各役併力救運，不致廢失，其勞亦不可泯。今既停修，一應供給錢糧併紙劄筆墨等項，已行各該衙門截日住支訖。但各役微勞似宜量處。臣等看得所副楊大壯、汪濟時俱已考滿，歷俸四年，合於京衛經歷內遇缺轉補。役滿當該陳治安等十五名，原係王②牒遺敘人數，勞久年深，未滿當該徐思禮等十一名，役雖未滿，勞頗相符，俱宜照

① 深　明抄本作"資"，是。通行本作"深"，誤。

② 王　明抄本作"玉"，是。通行本作"王"，誤。

嘉靖十一年停修《會典》當該駱邦奇、王崟等事例，一體免其考辨。但各役搬救之勞亦當量酬，合於例外再與量加優處。伏乞敕下吏部查照施行。臣等未敢擅便，謹題請旨。"奉旨："是。吏部知道。"

二十二日辛亥，大學士趙志皋奏："爲疏瀆詞窮天高聽遠萬不得已十二疏叩天閽乞恩垂憐畚賜生還以免死於道路事。臣久病不痊，繼因魏允貞、劉爲楫等上疏論臣，臣具疏懇辭奏辯，奉聖旨：'災變修省，人臣當各修職業以回天意。近來各官祗以攻擊輔臣便爲風力，若魏允貞，又明爲屢推不點撒潑胡纏，朕已俱置之不理。卿當以國事爲重，身名爲輕。奏内誣情，朕久知之，不必深辯。閣務繁重，宜遵屢旨，善加調攝，痊可即出匡輔，以副眷懷。所辭不允。吏部知道。欽此。'臣捧旨莊誦，感激涕零。蓋既責允貞之誣奏，又勉臣以出閣辦事，何衰庸老臣而蒙皇上眷注不遺如此也？夫臣非木石也，非犬馬也。木石無知，而犬馬猶知戀主。豈臣爲人也，受天高地厚之恩，踰六年於茲矣，豈不能捐軀圖報①、而顧悻悻以求去哉？第臣年七旬有四矣，雖無病亦當致政，矧卧病已經半載？不能固辭而去，猶復靦顏在位，雖蒙天眷之寵留，難逃士林之清議。東征西討，常虞霄旰之憂，蔭子加官，屢叨恩寵之被，臣之寵榮已極，分量已滿，一旦遭此危疾，實由福過災生。茲荷皇上眷留，揣分益難勝受，若不自省早退，必致天道禍盈，臣之所以日夜危懼而不能於②控訴也。且臣又念先朝盛時，氣運淳厚，大臣令終者尚有，迨及後世，風漓氣薄，大臣有終者甚少，此皆屈指可數者。蓋由大臣晚年氣衰力薄，智暗識昏，惟務身家之謀，不以國務爲重，徇私忘公，營家誤國，輕則敗名喪節，重則壞國忘③家。殷鑒不遠，臣獨懼之，而臣正值其時矣。此古之名臣鉅公畏處其盛、而見機早退者，皆此意也。臣雖無聲名可居，而盛滿自當爲戒。且病體已極，悔已後期。若不乞休畚去，後悔益無及矣。臣老矣，病矣，無能爲皇上擔當國事矣。臣雖不敢爲欺君誤國之事，其如戀榮固寵、敗名喪節何？此臣之所大

① 圖報　明抄本作"報圖"，誤。通行本改作"圖報"，是。

② 於　"於"似應作"不"。

③ 忘　"忘"似應作"亡"。

懼也。伏望皇上將臣罷免、專任二臣，更遴選有重望二三人同心輔政，上追堯舜禹湯文武之聖君，下陋漢唐宋之賢主，務使朝政精明，國紀整飭，海內治平，外夷賓服，以稱太平之盛治，臣之至願也。臣無任欣躍仰望之至。"奉旨：'卿疾未愈，屢旨着從容調理，痊可即出匡輔。今國事多艱，正賴老成主張，豈宜以必去為念？望卿速出辦理，以慰惓惓。所辭不允。吏部知道。"

二十二日辛亥，大學士張位、沈一貫題："昨日禮部官、與順天府堂上官、十三道御史，俱詣朝房，對臣等言，今秋當順天府鄉試之期，例用順天府官一員為提調官，用御史四員為內外監試官，用府州縣佐貳官數十員為外簾各執事官，今府丞劉士忠自陳疏未下，不敢管事，則提調尚無其人矣，都察院僉都御史郭惟賢自陳疏未下，亦不敢管事，則題差御史尚無其人矣，提調、監試無人，則取用各府州縣佐貳亦無復有主張者矣。因屬臣等代為奏請。臣等竊惟，鄉試三年一次，乃國家取士盛典。茲日期迫促，若供事科場官員猶然不定，必致耽閣誤事。伏望皇上俯念鄉舉重務，所用官員勢不容緩，將僉都御史郭惟賢與順天府丞劉士忠自陳之疏，亟為檢發，令其速出供職，庶料理有人而大典克舉矣。臣等再照，廷臣自陳之疏未蒙發下者，尚有尚書蕭大亨、侍郎劉元震、李春光、朱鴻謨四本，臣等保此四人，與郭惟賢、劉士忠皆端誠練達，平素不欺，雖疏詞一時或失於檢點，而本意秋毫無敢有牴牾。真才難得，老成尤難得，不可使之懷疑求去，以失人心也。伏望皇上俯亮，將大亨自陳諸疏併發擬票，各賜留用，則尤臣等之大幸。臣等不勝①。"

① 勝 "勝"下當有漏文。

二十三日壬子，大學士張位、沈一貫題："昨日禮部揭帖內稱，皇長子冠婚大典不可再緩，伏願聖明加意，即命擇吉議行，至於正名定號，亦乞特示何時，以慰中外等情。竊念臣等，叨皇上心膂重寄，凡朝廷政務可以從容料理者，悉皆拱俟聖裁，何敢隨眾煩瀆？惟此一事，實祖宗成法，國家大典，天下萬世之所瞻仰，若再隱默，何以爲忠乎？夫皇子年十五而行冠禮，十六而行婚禮，此祖宗二百年來舊制也。今天下宗藩之子，無不依期奏請者，皇上亦無不依奏允從者，可見人情莫不愛其子，皇上未嘗不體念人情而推愛人之子，至仁也。乃皇長子年已十六，冠禮逾乎常期，婚禮不能及期矣，明年則十七歲，可再遲乎？先王制體，首重冠婚。蓋冠者，成人之始也，婚者，成家之始也。故三命之加，其儀有恪，六禮之備，爲事亦繁。若天子之子而令冠婚失時，薄海內外聞之，必謂緣何不舉？而責臣等當事大臣又緣何不言？彼庶民有子，年過十五、六而不冠婚，其鄰里親戚必皆詫爲非禮，而且因之生疑，況於朝廷，而可使禮制有缺乎？臣等每侍皇長子講讀，竊見睿體豐隆，睿性敏達，日充月長，大異往年。夫元陽發生，正當男女婚姻之候。文王至聖，亦多輾轉寤寐之思。及茲宜室宜家，一倡一和，大發孫枝之秀，弘開麟趾之祥，以歡聖母之意，以承皇上之顏，達膝芝蘭，共捧萬年之觴，乃人世之希逢，宮闈之至樂也。惟望皇上特諭下部，即具儀注，册立與冠婚並行，此極美盛事，天下至願也，臣等至願也。至於成婚處所，請擇大內相應宮室，早行工部修理鋪設，庶不致於臨期有誤。此在皇上一渙綸音，而天下之典禮遂定，中外臣民快睹而欣誦矣。前此臣等不敢煩言，爲年歲似猶可待也，今日臣等不敢不極言，爲事勢難以復遲也。伏乞皇上俯鑒愚忠，亟賜乾斷，國家幸甚，天下幸甚。臣等輒敢僭擬諭帖一道，恭俟裁定發行。臣等不勝懇切仰望之至。謹具題以聞。"

二十六日乙卯，大學士趙志皋、張位、沈一貫題："爲作養人才事。萬曆①二十三年六月內，該臣等題奉欽依，考選得進士高承祚等十八名，改翰林院庶吉士，併一甲三名俱在院教習讀書，及每月二次考試外，經今三年，臣等驗其所學，頗有成效。照得舊例，庶吉士教習有成，各授翰林院等官。隨查萬曆二十二年八月內，該臣等照例題准，將庶吉士王象節等考試授官訖。今次合無俯容臣等，查照前例，於八月初一日將見在庶

①曆　明抄本作"力"，誤。通行本改作"曆"，是。

吉士十三名，從公考試，評品文字高下，擬開等第名次，封卷上進，恭候聖明裁定施行？緣係作養人才事理，臣等未敢擅便，謹題請旨。"奉旨："是。"

二十七日丙辰，大學士趙志皋奏："爲衰病曠職已久辭疏已踰十上萬不得已十三疏懇天恩即賜放歸以全餘生以終晚節事。臣上十二疏乞歸，奉聖旨：'卿疾未愈，屢旨着從容調理，痊可即出匡輔。今國事多艱，正賴卿老成主張，豈宜以必去爲念？望卿速出辦事，以慰惓惓。所辭不允。吏部知道。欽此。'夫臣以七十餘年之老臣，冒半載虛癳①之痼疾，臣竊意皇上當視之如鴻毛，輕之如芥草，留之無關於重輕，去之不足爲加損，乃屢蒙聖衷篤眷，溫旨慰留，視之真如手足，倚之若爲腹心，晝夜思之，益加驚懼。病中常以疾痛不祥之語，頻瀆於清謐釜座之前，呻吟苦楚之狀，屢陳於嚴肅法宮之地。一日不能辦事，而大官之養計日頒支。六月不能進閣，而常②之俸逐月分給。疏辭恐涉於虛名，不辭又恐於素飽。此又臣之所日夕惶懼而不寧者也。事至今日，蓋不惟爲性命慮，而且爲廉恥惜。皇上於此，不惟捨姑息以保臣之餘生，亦宜減恩數以全臣之微節。臣考之以前閣臣乞休，並未有疏③而後得請者，惟近日申時行、王錫爵始經屢疏，然亦未有如臣之多。臣愚無他長，所自信者此心。年年辭去，年年不能去，是臣要君之寵榮，以爲舉朝之觀聽，此又臣之所深懼、而不能以一息寧者也。且臣氣衰血耗，力竭思枯，終日不能措一詞。草一疏以祈天聽，幸莫甚矣。至於臣之病，則日甚一日，非藥石之所能調，非時月④之所能療，有不敢瀆陳於至尊之前者。伏望皇上憐臣亮臣，特旨放歸，是老臣再生之日也，感庇寧有涯哉？臣無任籲天懇恩之至。"奉旨："卿稱疾，屢旨從容調理，更乃求歸甚切，何不念朕惓惓眷留之意？着鴻臚寺堂上官宣諭朕旨，卿宜藥餌自衛，痊可即出輔政。所辭不允。吏部知道。"

二十九日戊午，大學士趙志皋奏："爲欽承宣諭恭謝天恩

① 癳 "癳"應作"羸"。

② 常 "常"下當有漏文。

③ 疏 "疏"上當有漏文。

④ 月 "月"似應作"日"。

事。臣以年老衰殘，致感危病，淹纏日久，屢疏乞休，俱蒙溫旨慰留。至上十三疏懇請，伏奉聖旨，遣鴻臚寺堂上官張棟等宣諭聖旨：'卿稱疾，屢旨從容調理，更乃求歸甚切，何不念朕惓惓眷留之意？着鴻臚寺堂上官宣諭朕旨，卿宜藥餌自衛，痊可即出輔政。所辭不允。吏部知道。欽此。'臣焚香叩頭拜領訖。臣念草茅賤士，僭躐孤卿，福過災生，致成痼疾。又蒙寬假調理，未即瀕危。是皇上之於臣，真已視之如子，而臣之蒙恩於上，敢不戴之如天？祇恐衰朽之年，有負委任之意，而危難之疾，不勝調燮之司。驚綸綍之寵頒，重踰山嶽，仰洪恩之被及，深若海淵。臣無任感激悚懼之至。"奉旨："覽卿奏謝，朕知道了。卿宜祇承善攝，早出供職。該部知道。"

八①月己未，朔。

三日辛酉，大學士張位、沈一貫題："近奉聖旨，皇長子照常講學。臣位今日輪進文華殿東廊講所侍班，竊見皇長子讀書寫字功夫大進，聰明目②開，氣體充壯，偉然成人之度，不勝主器之慶矣。臣等竊謂，有蒙養之學，有作聖之功，皇長子年既長成，功宜漸進。皇上既已愛之而勞，臣等敢不忠焉而誨？凡所謂啟迪開導者，不可僅僅讀書習字而已，古今事蹟具載史書，而開發心靈須知比對。二臣因憶萬曆初年供奉講筵之末，恭睹我皇上聖資天縱，典學日新，當時經幃，亦將《通鑑》、《帝鑑》等書與經書兼講，間遇閣臣擬出對句，皇上應口成對，親切精工，至今儒臣傳誦為盛事。則讀史、做對二件，乃進學工夫，不可少者。合候命下，容臣等傳示各講官，今後將《通鑑》撰就講章，逐日與經書相兼講解，或皇長子屬思成聯，隨做紙一併進呈御覽。庶幾皇長子事理通達，文義貫通，既增切問近思之功，終收日就月將之效矣。"奉旨："皇長子講學書字日進，朕心嘉悅。覽卿等所奏增講《通鑑》及做對句，但體質脆弱，不奈久勞，《通鑑》候旨進講，對句間日一行。"

九日丁卯，大學士趙志皋奏："為恭逢萬壽請行大典以慰中外人心事。臣因禮部請皇長子冠婚大典以重主器，又查累朝事典，凡冊立冠婚之典，俱屬閣臣與禮部題請，過期不請，責有所歸。臣因禮部題請，合宜候旨，今猶未奉俞旨，臣豈能已於再瀆？因查國朝典禮，皇子冠婚俱不出十五歲舉行，累朝遵行，未之有改。今皇長子已踰一年，而皇上未允禮部之請者，蓋謂冊立之未舉行也。臣思冊立猶為國家重大之典，所以定國本也，皇上注意已久，天下仰望甚殷，正當與冠婚並行者。伏望皇上念主器之位久虛，而建儲之策早定。乞即諭禮部轉行欽天監，預擇吉日，並行各衙門備辦禮儀行禮，以見大典皆出自宸衷。一時臣民欣喜踴躍之情固不暇言，且兩京十三省祝壽大小官員，一時雲集闕下，得遇盛典，自慶遭逢，其歡欣鼓舞，益喜大聖

---

①八 "八"上當有"萬曆二十五年"六字。
②目 "目"當作"日"。

人之作爲，而歌聲動於神京，和氣溢於海宇矣。臣無任①。"

是日，大學士趙志臯奏："爲祗承天變特復常朝以肅羣情以飭庶政以新治道事。臣少讀《易》而至《說卦》傳，有曰：'古者帝王南面而聽天下，嚮明而治。'夫帝王者，天下之共主也，近而羣臣之所觀瞻，遠而百辟之所視効，大而嶽牧之所景從，小而庶民之所向化。是故於卦取諸離，於位取諸南，人主南面而出治，人臣北面而受成，此萬古居尊不易之定體也。周公輔成王負扆而立，重君位也，使天下臣民皆有所觀瞻、而不敢虛也。有所觀瞻，而後敬心生，畏心起，令必行，禁必止。古稱帝王垂衣裳而天下治者，正此之謂也，自古未有能廢之者。我朝至皇祖，因三殿之災，移居西城，始罷朝講。然召對之禮，卒未嘗廢。皇祖御座於簾內，閣臣俯伏於簾外。部中有事，則召尚書諮議。因此皇座雖不視朝，而國事卒未嘗廢。又多親灑宸翰，出自聖意，疾如風霆雷雨，卒無停留阻滯不行者。然一時邪黨肆奸，權臣擅政，而羣小因之竊柄行私，一時朝綱國政亦多紊亂，而人心蓋岌岌矣。幸祖宗法度嚴明，皇祖英明神武，權奸立斃，國事始安，亦既晚矣。皇上聖資天啟，睿質性成，初政勵精，好學不倦，上希皇祖，臣民欣欣然仰堯舜禹湯文武之再出，而恨無夔龍伊傅周召之臣，天下欣欣然望中興之盛治、四海之太平者，甚殷也。邇年以來，乃以皇祖爲法，不出視朝。然前此猶月一臨焉，或數月一臨焉。今曠然三年矣。夫天下，猶家國然，家有主則一家治，國有主則一國治，天下有主則天下治，豈有主上不出、而可以治天下哉？夫天下者，皇上之天下也。皇上不以天下爲重而不視朝，則內外臣子豈肯以官常爲重、而恪恭厥職？其間賢愚強弱不同，故明暗敬肆不一，此在君天下者操其柄以轉移之而已。欲操其柄，則莫若視朝。蓋人生②視朝，則如大明中天、而魑魅魍魎莫遁其形，若不視朝，則如旦晝爲晦、而神鬼妖孽紛然肆出，可不畏哉？臣請以一時大小臣工忠邪枉直情狀不一者，爲皇上陳之。大臣以道事君，小臣隨分盡職，此臣恭③。今之廷臣居高位者、固多殫忠盡瘁以期不負平生，而與時浮沉者、恐亦不少，在下位者、非無素

① 任 "任"下當有漏文。

② 生 明抄本作"主"，是。通行本作"生"，誤。

③ 恭 "恭"下當有漏文。

懷忠赤以勉樹夫名節，而背公行私者亦不少，誠有如皇上敕諭羣臣之所言者。此皆恃皇上之不視朝，無所聞見，各肆其無忌憚之爲，以混朝政。而其源不塞，其流將長，不知其所終矣。夫轉移之機，實在於上。今當皇上修省之日，正返災爲祥之時。不俱常朝，間一臨御，或賜召對，或面奏事，舉祖宗之舊典，復昔年之故事，大政大禮次第商確，邊情民隱纖悉咨訪，此固南面聽治之規，恭已無爲之化，天心感動，災異潛消，而太平可立致也。況當萬壽祝頌之期，四海朝宗之日，願皇上毅然行之。則朝綱肅，百官正，庶事康，而聖化行，中外遠近皆誦聖天子之無逸，而風化不啻行於近郊矣。臣於天變之後條陳章疏已備，而特以臨朝一言進，此尤鼓舞人心、振作治理之一大機也。臣老疾，不能久留佐皇上中興之治矣。皇上今不放臣，區區愚忠惟皇上俯聽臣言，斯不負留臣之心。使臣得一瞻天顏，面對而去，雖歸亦有餘榮也。伏惟皇上垂聽。臣無任涕①。"

二十日戊寅，大學士趙志皋、張位、沈一貫題："近該總督邢玠報，朝鮮倭情萬分緊急，朝鮮國王又欲棄國逃遁，且其蹤迹詭秘，暗差人役赴清正處，而金總兵已行脫逃，慶州生員亦欲率衆順賊矣，人心離散，糧草莫供，我以孤軍遠戍其地，後兵未繼，進退兩難，此誠東方危急存亡之秋也。臣等見報，不勝駭愕，日夜思所以爲拯②救之術。而顧念此國家大事，全賴兵部主張，主張無人，誰任其咎？掌管兵部者，須得熟練兵機、久諳邊計、忠貞體國之人，專心實任，決非未經邊方者所能幹辦，亦非署掌職事者所可擔當。況今天下兵事，不止一倭，處處可憂，處處當計。倭奴倡亂，則自東北至西南，遼東、山東、南直、浙江、福建、廣東沿海萬里，盡當備禦矣。北邊，則九鎮處處日夜防虜，而今四川又以虜患見告矣。西邊，則雲貴、兩廣時有土官、土目、猺獞諸夷，並緬甸、安南等國，俱煩處置矣。中上，又有曠洞山箐及民間盜賊不時竊發，皆當預防矣。此非倉卒所能答應、苟且可以支吾者。前以部印付於侍郎李禎，原奉旨意止是暫掌，非爲久計，而乃無尚書之命，則令何人即

① 涕 "涕"下有漏文。

② 拯 明抄本作"極"，誤。通行本改作"拯"，是。

真？既無即真之人，安有認真之事？臣等竊觀皇上之於倭事，隨到隨發，隨請隨行，聖心亦既獨勞於上、而特廑於中矣。然皇上深居九重，豈能盡悉行間之事？即臣等二、三書生，雖不敢不竭力贊理，而豈能旁通行間之事？必妙選得人，特畀專職，令其曉夜籌度，悉心講求，詳利害之所歸，悉緩急之所宜，防東而亦①宜於西，慮前而不失其後，庶幾其有濟耳。各部之事有差，尚可補救於後，兵事一差，則國家安危在乎呼吸，此何等大事而可以不急圖乎？皇上之於倭事，無不急圖，而但一本兵不曾急補，故將士皆謂，皇上用兵之意尚在舒緩，而多前卻之情，朝鮮君臣又謂，皇上救援之意尚在舒緩，而生去就之計，倭奴揣摸皇上之救援未急，而爲急攻先發之謀。此無足怪，蓋形影之間原自可疑也。試觀輦轂之下，班行之中，能確然信皇上之留意戎機者，有幾人也？而況其遠者乎？夫點用一本兵，此極易尋常事耳，而皇上猶難之，則事有難於此者，皇上又將何如作難而使人不疑？此固將士之所以解體，而盜賊之所以生心也。臣等日夜憂懼，屢嘗奏請，而未得俞旨，則謂聖心必有默回之時，而今日事機逼迫，不可復待，不得不再三瀆陳。伏乞皇上即賜乾斷，勿更遲疑，吏②部推上本兵前疏，亟賜定點一員，令其到任管事，國家幸甚，天下幸甚。再照數臣之中，衆口皆推蕭大亨爲第一，儻得如擬，則華夷共服，中外交慶。蓋大亨之才，以爲刑部尚書非其所長，以爲兵部尚書則有餘裕。當此倥傯緊急之際，臣等萬不敢爲徇私負國之舉，尤望皇上寬其小嫌，而究其大用，則大亨之感恩圖報，尤當萬倍恆情也。臣等不勝憂國憂邊激切諄復待命之至。謹題請旨。"

三十日戊子，大學士趙志皐、張位、沈一貫題："適接總督邢玠塘報，內開南原已於八月十六日被倭打破，副將楊元從西門殺出，不知去向等情。臣等見之不覺失聲大叫，震悚無已。移時及閱書札，內開閑山失守，西、南二面無處非賊，賊兵二十萬，我兵二、三千，而清正又向忠州來，別處屯守難撤，南原自不能守，全州亦難支持。此時禦之於陸，岐路已多，若海

① 亦　明抄本作"不"，通行本改作"亦"。

② 吏　明抄本"吏"上有"將"字。通行本漏此字，誤。

中無兵，登萊、天津皆可深慮。故今日之計，水兵甚急，海運甚急。若閩浙一帶，不必既爲驚惶，惟當併力朝鮮，爲治標塞源之計。又言：朝鮮兵糧因少本色，將發去馬價須臾散盡，坐以待斃，無所措手足矣。又言：本兵此時尚不蒙點，聖上何不自計社稷？此當合九卿臺省叩闕急鳴之時也。臣等手攬其書，涕洟俱下。照得楊元，以萬里孤軍而當萬數之賊，臣等固已日夜憂其難保，今竟覆没，則何以作我軍之氣、而圖屬國之安？伏想聖主聞之，必當動色摩寧矣。所賴總督邢玠、經理楊鎬，皆不二心之臣，總兵麻貴及部下諸將，盡一時之選，急宜督其收功於後。天津、登萊，係京師左臂，必須大調閩浙等處水兵以成之，一則可以爲保固中國之謀，一則可以爲夾攻倭奴之計，所宜急圖，不可復緩。其朝鮮糧餉雖絡繹轉運不絶，而兵多道遠，安能即達？所發馬價既皆罄盡，必須再發一、二十萬，前去接濟，庶無内潰之憂。顧此等兵食大計，頭項多端，少有差失，國家安危所係，今無熟練本兵日夜主持籌度，而但取辦於署印侍郎，豈是良策？臣等屢次進言皇上，都付不理，一旦敗狀來聞，相視但有長歎，皇上何不以宗廟、社稷爲重，一至此乎？邢玠欲九卿臺省叩闕急鳴，此真血誠赤意，萬不得已而爲此無聊之辭也。伏願皇上即將本兵蕭大亨准用，令其亟行到任籌計東事，庶可以補前失而圖後功，不然一、二書生必致誤國，即萬死何足以贖罪乎？臣等謹僭擬諭帖一道，伏望皇上允發。臣等不勝①。"

① 勝 "勝"后有漏文。

萬曆二十五年

九①月一日己丑，朔。

二日庚寅，大學士趙志皋、張位、沈一貫題："臣等昨因倭破南原，軍情緊急，冒請改蕭大亨爲兵部尚書，儹擬諭帖一道上進，未蒙允發。昨日又接塘報，全州陳愚衷亦於十七日，因人民內潰，奔向王京，則全羅、忠清二道皆陷没於倭矣。又傳聞朝鮮山中皆出血水，遼陽連日地皆大震，恐有異常災變。時事孔棘②如此，而本兵尚虛其員，豈惟無以救朝鮮，抑恐無以鎮內地。皇上腹心手足不過託於臣等，臣等原無事權，不過託於兵部。乃侍郎李禎素稱清謹，但非將才，臣等已三四月不見其面，詢之朝臣，亦皆莫見其面，祇是深居獨處，屏絕人迹。夫此羽檄交馳之日，雖有良、平之智，亦須廣詢博採，日夜拮据，尚恐智慮未周③、耳目未廣。而彼乃如此，蓋其平素原未經歷戰陣、講究兵機，與人相接，亦無可説。蓋肩任大事者，另有一等異才，尺寸繩墨無濟於事。臣等日在閣中計議，廷臣堪此者甚少，在邊在外又遠不及事，惟蕭大亨素有才識，知勇端廣④，總督宣大，精通兵計，抵掌而談各處戎馬事情，如探囊取物，無所不有，外爲夷虜之所畏信，內爲將士之所服從，且其赤心報國，忠義耿然，此真不二心之臣、可寄大事者。現在於朝，而置之他部，乃使學製者裁錦，代庖者宰割，其不至於大誤國家者幾希。今勢如火迫，端恐益焚，臣等輒爾不避斧誅，再申前請，雖至愚陋，決不敢虛言謬舉，以自取欺誑之罪。況如此倉皇之時，人皆畏難之日，大亨原無求望，臣等亦豈市恩？但思此官非此人不可。伏望皇上垂聽，亟將諭旨批發，此不過一轉移間，而於國家大有裨益。皇上寄託得人，可以寬東顧之憂，而臣等亦庶免謀國不忠之罪矣。臣等無任懇切仰祈之至。"

四日壬辰，大學士趙志皋奏："爲倭患益熾懇乞天威亟嚴外防以安內治事。昔經略宋應昌於朝鮮之役倡議東封，而朝廷俯從者，實以朝鮮全⑤無戰守之策，恐班師後又來請援，則中國

① 九 "九"前當有"萬曆二十五年"六字。

② 棘 明抄本作"棘"，是。通行本作"棘"，誤。

③ 周 明抄本作"智"，誤。通行本改作"周"，是。

④ 廣 明抄本作"廉"，是。通行本作"廣"，誤。

⑤ 全 明抄本作"念"，通行本改作"全"。

勞師捐餉，無時而已，必至內地騷動，大有隱憂。蓋爲遼左脣齒，且使朝鮮得以休息，訓練能自戰守，倭奴不敢再犯，斯可以寬皇上東顧之憂矣。何意朝鮮弱不自振，不知乘機修備，但欲諉援中國，怠玩仍前，狡詐尤甚，既不助戰，又不助餉，南原既已棄城逃遁，全州則又焚燼糧草，其遺中國之憂匪細矣。曾不思皇上字小之仁，數年間勞我兵餉，數千里疲我將士，無非爲彼防守，今危在旦夕，此朝鮮之最可恨也。但念倭之不能北犯中國者，唯恃全羅、慶尚二道爲我衛耳。倭舡從海入犯，必由全、慶二道，地角待反風而後能進，故全、慶乃中國之金湯，而亦朝鮮之門户。全、慶亡，朝鮮必亡。朝鮮一亡，倭奴之入犯必不從陸犯遼、仰攻山海矣，必從水路之東漢、臨津、晴川、大定、大同、鴨綠諸江，分兵四出，撓我四鎮，則我防倭之力分，而不勝左右顧矣。此目今一大患也。使倭奴一據全、慶二道，又可以待風而爲航海計，不獨四鎮近地可虞，凡東南沿海皆時時有切近之憂，不若平時二汛之期易於防守矣。此目今又一大患也。故朝鮮在所必救，而全、慶又當屯兵，以至沿海邊衛均當預防。但天津係畿輔門庭，至山海關僅八百餘里，而登萊爲中原襟帶，南至淮安運河口三千餘里，又山以東江以北之藩蔽也。承平以來，沿河衛所單弱，處處濱海，在在宜防，萬一倭奴乘虛而入，內無控扼，外乏聲援，中州、畿輔不無震動。天津雖邇薊鎮，山東原有巡撫，終難遙制。莫若添設備倭撫臣一員，彈壓天津、登萊，據險練兵，因而留屯，無警周巡，有警策應，而衙門略近天津，以示特重根本。則南可以防中原，北可以壯神京，東障海島，而山海、鴨綠等處聲息易達，此實內防之最不可缺者。其勢必至多議兵，多議餉，議兵議餉不無損國。損國在一時，而利國在萬世。不容不亟爲更張、以救危急者也。更乞皇上降敕諭一道，速遣才望御史一員，星夜馳往朝鮮，如寧夏監軍故事，紀錄將士功次，以明賞罰之典。更懸不次之賞格，鼓舞將卒，以待異能奇功之士。仍乞賜寶劍一口於該鎮督臣，若將帥有異同逗遛者，許其先斬後奏，庶幾深入孤軍齊心固志。仍諭朝鮮君臣衆庶，示以累朝天覆地載之恩，頻年爲彼出師之意，數其爲己挾私之失，惰慢荒寧之愆，責其凡事聽從吾經理調度，一應事理毋得有所掣肘，一應軍資毋得有所覆匿，同心併力，翼濟王師。則我力合而敵勢孤，或犄或角，當復捷如前矣。仍敕浩海撫鎮衙門，戒嚴防守，應調兵餉，該部作速議處，邢玠、楊鎬，一聽便宜設奇用間、擣虛乘利，決不中制，務保萬全。此又今日之急務也。臣等仰見皇上獨任焦勞，東征之役夙夜靡寧，冀紓宵旰之懷，特竭愚慮上懇。至於本兵員缺，屢請未蒙發下，伏望皇上軫念時艱，早賜點定，庶樞莞有所主持，而閫①外恃以無恐。其特遣監軍、及添設天津登萊撫臣事宜，俱乞採納，下部議覆。宗社幸甚。臣愚幸甚。"奉旨："覽卿奏，深得防外安內機宜，足見老成謀國忠猷。朕心甚慰。該部便看議了來説。"

是日，大學士張位奏："爲倭勢孔亟敬陳防禦事宜以備聖明採擇事。昨接到總督尚書邢玠揭報，內稱朝鮮南原、全州已失，倭勢甚大，該國官民紛紛逃散，漸遺空城，不惟不助我兵，不供我食，且將倉糧燒燬，絕軍咽喉，反戈內向，蕭牆變起，數枝孤軍禦倭且難，又禦朝鮮之賊，益難。臣見此言，不勝駭嘆。看此景象，不但朝鮮難以保守，恐強倭乘此西犯，不數日可至天津。在我備禦之策，尚可泄泄而不爲亟圖乎？臣非不知徵調之爲櫌②，鎮静之爲安，但事勢至此，萬不容緩。除用人選將聽該部公舉外，據臣愚見，謹將目下當行要緊事件，列款進呈御覽。夫七年之病已深，三年之艾未蓄，備而待用，已患其遲，用而無備，後悔何及？伏乞聖明採擇，亟敕該部作速議行，國家不勝幸甚。

一、固門户。今倭兵西向之處，天津一門户，登萊二門户，淮陽三門户，南京四門户，浙江五門户，福建六門户，廣東七門户，皆當預爲防守者。前三門户在北，勢近，四門户在南，勢遠。今倭兵傾國而來，其意在北。宜抽調在南四處之兵，前來應援。請於天津近便地方，特設海防巡撫一員、總兵一員，各給敕書，專治海上事務，續調水兵，俱屬管領，聽其相險分布，以備戰守。仍令山東、保定巡撫，協力防禦，毋分彼此。

① 閫　明抄本作"門"，通行本作"閫"。

② 櫌　"櫌"應作"擾"。

其天津、登萊、遼海兵道，皆屬統轄，濱海軍衛有司及各官兵，俱聽調遣。俾其增設險阨，蓋造墩營，繕理戰船，督護糧運，訓練士兵，安排火器，北援遼東旅順，南控登萊淮揚，聲勢聯絡，大振軍威。此第一首務也。

一、懸爵賞。今罷閑罪廢將士，豈無抱才自惜、恩以功自贖者乎？士民之中，豈無天生英傑、扼腕自負、欲以建功名於世者乎？誠宜下令，有罷閑罪廢將，自率家丁、出身赴敵者，但有功之日，一體陞賞。罷閑者用，有罪者貸，功高者一併優敍。儻能自備糧餉，不費國給，更視差等加旌。又下令天下，不拘文武士商人等，有能自出智力，潛詣日本，擒斬關酋者，許以封候，能擒斬清正、行長及在倭有名頭目，授以都督錦衣衛所等官有差。乞敕該部，定為賞格，頒示天下，將見海內豪傑必有奮身報國者矣。

一、詰戎器。倭之長技惟刀與鳥銃二者。舊聞破倭利器，筤筅最善，夾以鎗棍，前展大旗，亟宜多造教習。此外若臣昔年為西征事所奏輕車、皮牌、紙甲、牀子弩、千里城等器，已曾奉旨行於京營、九邊，必有知之曾經繕就者，宜查式給造。此外水陸火器等項、砲鎗弓箭及部庫所收硝黃，見貯若干，俱即查數應用，若有不足，急為儲峙，皆不可缺者也。

一、備海船。所取南船，宜速令赴登萊、天津二處候用。或由外洋，或由內河，各從其便。昨聞閩中海市，商船五六百金可買一隻，用六萬金可買百隻，每船即募彼地慣熟操駕能戰者百人，每人安家銀五兩，每千餘金可得一船。為船百隻可得萬人，併行糧等件所費十五、六萬足矣。即令閩中巡撫議處，必能辦也。

一、重餉務。今督臣羽檄紛紛，惟以告餉為急。若大軍齊集，師徒眾多，則其所需芻糧尤廣，此不可省之費，亦不易集之務也。乃今以部屬郎官任之，勢難行於各省，意難達於部院，官卑力薄，掣肘奚勝？亟宜特設才望大臣一員，專理邊海東征糧餉，多方講求足食之策、搬運之方，庶事權崇重，運量不難。此目前要緊一著者也。

一、調土兵。聞各處土官素蓄土兵，願報效建功者亦多。宜下詔頒示，但有各處土官，情願領兵征倭効用者，令其自備衣甲盤費，俟到朝鮮之日，給以行糧。若能擒斬立功，日後優敍，各於祖職上不次加陞世襲。蓋調土官最爲便利，前無募費，後易解散，誠宜取而用之。但貴賞格優、而命令信耳。

一、敍舊勞。前者平壤、王京之捷，凡徵用將帥，召募南兵，無非爲國効死耳。奈何功久不敍，人心缺望，且疑上令不信，恐蹈前轍。事雖已往，勸係將來。宜令兵部將已前東征功次，悉依按臣查覆者，分別具奏陞賞，以示鼓舞。斯羣情思奮，後效可期。

統乞聖明裁之。"奉旨："東方告急，朕正焦勞。覽卿奏，具見忠謀遠略，皆當亟行之事。着該部便看議來說。"

是日，大學士沈一貫奏："爲島夷未靖謹陳戰守事宜以圖全勝事。連日接朝鮮塘報，知東氛愈熾，南原失守，全州之民亦復奔潰。不知楊鎬、麻貴能屹然壁立，出奇制勝，爲朝鮮作長城否？方今救援之師取道遼東者，絡繹不絕，而在廷之議，莫不以守天津、登萊爲內地計，誠根本至論也。然猶有可言者，臣敢擄其一得之愚。臣惟天下有必不能已之役，則雖欲簡易有不得簡易焉。今救屬之手難措，而宸隣之患孔棘，則因不能顧惜錙銖，謹守舊局已也。爲天津、登萊計者，但日①催督保定、山東巡撫，各移駐本地，慎加防守。臣愚以爲，事權宜一，不宜分。天津與登萊同是一海，不得分而爲兩。兵氣宜揚，不宜抑，攻戰與防守本是一事，亦不得分而爲兩。若事權諉而不一，兵氣頓而不揚，終至於虛糜空費，倭未來而吾已困，又無救於朝鮮之存亡。黨朝鮮竟亡，則倭氣愈張，而吾之爲防愈難矣。今爲救朝鮮，而至於萬里徵發，隨從遼陽渡兵，供億無算，然且不惜，顧不講舟師水戰，於天津、登萊之間，徒僅僅令兩巡撫移駐防守而已，則是捨其近而圖其遠，捨其巧而圖其拙，捨其易而圖其難，捨其長技而圖其短策，非計也。臣生長海上，頗知倭情。倭長於陸，吾長於水。與倭戰於水，則得算在我，其勝十九。與倭戰於陸，則或勝或負，尚未可知。蓋我船大而

① 日　明抄本作"曰"。通行本作"日"。

倭船小，我能搶風使航，而彼非正風不能使帆。我火器多，而彼火器寡，我能以船爲家，而彼特以船爲寓。此臣所謂長短、難易之别也。從海道戍朝鮮，則近而巧，從陸道戍朝鮮，則遠而拙。在北之師不得不從北發，今既發矣，而餉不能繼。又不可多發，不多發又不勝，故曰拙計。一船之載，可三、四百人，少不下一、二百人，可以多載師，又可以多載糧，故曰巧計。從陸而行，日不過百里，遠而爭利，又法所忌，故曰拙計。乘風隨潮，瞬息千里，易進易退，朝去夕還，故曰巧計。此臣所謂遠近、巧拙之别也。今難且短、遠者[①]拙者，且不憚爲之，而易且長、近且巧者乃置不爲，則有遺策矣。以臣之愚，使兩巡撫分爲之，不如使一巡撫專其事而權易行，使徒自守而不言戰，不若使之索倭而戰以救朝鮮、而守自固。請於天津、登萊沿海居中處所，設立一巡撫，率總兵、兵備、參游，總轄海道，北接遼東，南接淮安，臂指相使，首尾相應。多調浙直閩廣慣戰舟師，相度機宜，進剿釜山、閑山及對馬島等賊，與經理之師相爲犄角，救援朝鮮，兼以護送海運，往餉遼東朝鮮之兵。儻若倭犯中國，則從海中邀擊，與在鎮官兵夾剿。其保定、山東巡撫，則令其處置糧餉器械，不時接濟。各軍衛有司官員，俱聽新設巡撫隨宜調用，一體舉劾。而本官仍聽薊遼總督節制。如此有五便焉。天津，畿輔門户，登萊，中土藩籬，重兵厚防，以戰爲守，其守益固。一也。朝鮮自閑山一失，倭無忌憚，而併力進兵矣。今我師在海而尾其後，絶其餉，夾而攻之，腹背受傷，必當殄滅。二也。浙直閩廣之舟，汎汎而來，無所棲泊，爲將屬之山東乎？屬之保定乎？屬之總督與經理乎？屬之山東、保定則分，屬之總督、經理則遠。今令其望天津、登萊以爲歸，船有所繫而安，餉有所出而飽，匱乏則有所請而給，進止則有所禀承節制而肅，南望家鄉在邇，其心易以糜[②]，内去中土不遥，其需易以繼，北拱京師甚近，其情易以達。三也。欲餉朝鮮，則舳艫啣尾，費可大減，又以舟師相翼而行，無盗賊之虞。四也。蒼福沙民等舡，有能仗義出奇者，地近勢便，令其就此受成，捷則爲之代題，海内趨功名願報效之人，可四面而集，

①者 "者"字當作"且"。

②糜 明抄本作"糜"，是。通行本作"縻"，誤。

爲助當多。五也。倭患一日不除，此地終當置鎮，就令芟除有次，不宜遽稱無患，若老師不戰空靡豪士之氣，惟時有捷賞，始有盡敵之日。今迤北搗巢，狂虜①爲卻，宜倣此意行之於海，以漸滅倭，必此一舉。如謂開府事大，而且欲以小試之，必不能奏樓船之勳矣。如謂省直地殊，而必欲仍兩屬之，必不能壯率然之勢矣。如謂沿海皆當備，而靳於言調發，則昧先着之明矣。如以進戰爲危事，而止於言固守，則亦待斃之愚矣。臣熟計其便，似當出此，始可以圖全勝之功，而不能爲國家憚更張、惜費用也。頃者懷隆兵備萬世德亦嘗爲臣言之，語意大略相似。今日事勢，有不得已。伏乞敕下該部，從長計議，如果臣言不謬，設立天津登萊巡撫一員，專管海邊②戰守事宜，或即移保定巡撫於天津、登萊適中處所，專一管理前項軍務，庶令此軍與經理之軍相爲表裏，在總督亦有左右手之相應，而聯絡要會，共圖滅倭，內地之守在其中，無③不固矣。臣無任懇切仰祈之至。"奉旨："卿言天津登萊設立巡撫，專管海務，以圖戰守，具見經國遠猷，深合朕意。該部即便議行，並推熟練兵事堪任的來看。"

　　七日乙未，大學士趙志皋、張位、沈一貫題："臣等屢次固請皇上特發諭帖，改蕭大亨爲兵部尚書，臣等雖愚，豈不知將順皇上之心可幸無罪、而乃爲此煩瀆不已？又豈不知今之本兵萬分難爲、在蕭大亨亦不欲捨刑部而改兵部、而乃以此苦之？但因兵部署印侍郎實難辦此大事，而朝鮮之警報日急，楊元、陳愚衷相繼敗走，邢玠、楊鎬又日夜望救，天下南北兵馬處處調發，悉宜盡心處置，今其既無騷擾又能速達，新設天津登萊巡撫，尤宜區畫兵馬錢糧器械等項，一一停當，星火催集，以圖戰守，其他各項未盡機宜又不可以盡數者，燃眉之急未足以喻，豈可如燕雀處堂，催④一時之安而震⑤隣之患乎？故此官不可不補，而又非蕭大亨莫堪此官，在廷重⑥論人人皆然，非臣等一人之私言。此事未蒙俞發，而關係甚大急⑦，臣等安敢不固請？萬祈皇上即將前次擬上諭帖批發吏部，即催蕭大亨到任

①虜　明抄本作"虜"，是。通行本作"慮"，誤。

②邊　明抄本作"道"，是。通行本作"邊"，誤。

③無　明抄本"無"上有"自"字。通行本漏此字。

④催　明抄本作"偷"，是。通行本作"催"，誤。

⑤震　"震"字上當有漏文。

⑥重　"重"似當作"衆"。

⑦急　"急"字上似應有"甚"字。

管事。臣等幸甚。天下幸甚。"

十五日癸卯,大學士張位、沈一貫題:"今日蒙發刑科侯廷珮一本爲看詳章奏乞正樞臣今日誤國之罪並追大臣先日明誤之奸等事,令臣等擬票。臣志皋先行出閣。臣等竊看疏内參論石星,因及輔臣志皋,與宋應昌、顧養謙等。然得東封一事,原爲退倭。今倭既不退,而勢更猖獗,謀國不效,星亦何辭?此事始末,皇上極其留心,毫髮悉所洞知,臣等豈敢飾説?今僭擬票語上進,止其牽連,非臣等敢有私於同官而假寬之也。伏乞皇上俯垂鑒納,臣等不勝幸甚。臣等竊惟,王者之於夷狄,其來不拒,其去不追。當時倭以被創,頻來乞封,則皇上以天地覆載之仁,許之一封,亦未爲失。但夷情狡詐,不可盡信,兵備宜嚴,不可輕撤。故臣等每於擬票之時,一面許封,即一面丁寧嚴備,正謂此也。乃兵部盡撤諸兵,不爲防禦,雖若示之以寬恩①,而實自貽夫後患,星之失計乃在於此。蓋視明旨如弁髦矣,臣等雖諄諄言之,又何肯信耶?況其爲事既拙,爲謀益詭,人心不與,天怒難逃,罪之交通,咸誦聖斷。若首輔志皋,初心亦信其省餉息兵之一言,不虞有始無終之至此,即臣等亦在預聞,未敢同異。今科臣乃詆之爲奸,斯亦過矣。聖明在上,臣等豈敢爲之解釋?伏望皇上俯念當國之難,曲賜寬容,以免牽累。臣等不勝②。"

十七日乙巳③,大學士趙志皋奏:"爲年年匡時無狀致招人言懇乞天恩即賜罷斥以遂生還以息羣啄事。臣前日在閣辦事,聞刑科都給事中侯廷珮④論石星及臣,臣即趨出。後見揭帖,乃知論石星東事之罪,而因指臣與有罪焉。臣且讀且慨,自惟所遭至此,誠知無所逃罪矣。臣前累疏,敍東事許封始末極詳,已蒙皇上纖毫洞察,無庸呶呶自白爲也。顧侯廷珮⑤謂臣諉咎朝廷,巧推應昌,其言謬矣。昔皇上許封以來,屢諭諸臣及朝鮮君臣豫當修備者甚嚴,即宋應昌建議疏章,見有所刻《復國要略》具在,其言封者即所以言備,其憂頗深,臣至今不敢以許封爲誤，又何所容其推諉耶？蓋議封非誤，而誤於議成之後。如侯廷佩①所謂輕撤兵而忘戰守者，其言誠當。此雖責在兵部，而諸臣皆當言之，臣爲首臣，自當先黜臣矣。然廷佩②指臣爲愚，亦足以罪臣矣，何必加之以奸乎？至於趙耀③本因親老乞歸，韓取善因將士失機罷免，部覆發科可查，臣安有所謂排撫臣乎？甲午之冬，凡有明旨，悉由聖裁，臣安有所謂制言官乎？臣非但無排人制人之事，生平未嘗一萌此念，故親臣者臣不能扶，攻臣者臣不能抑，此臣之所以爲愚也。至於廷佩④指稱目前倭患，臣尚以爲其言之未盡。患無精兵厚餉，其由來已非一日，此正老臣之隱憂，而乃議封之初意。近日建白者紛紛，卒未得要領。臣方凜凜然舉國安危是懼，而暇計一身之毀譽哉？固知國步方艱，不忍引身求退，其如臣節既辱，安能忍恥苟容？則臣去就兩非，無以自解者。臣前乞歸，屢疏迫切，非敢自私，輕負恩遇，實以臣年暮矣，臣衰矣，病矣，罪過深矣，去亦晚矣。不必科臣言之，而臣自揣不能一日留矣。萬祈皇上速加首黜，以爲羣臣尸素之戒，以廣將來直言之路，使臣殘喘餘生皆蒙覆育。伏首俟命，無任屛營⑤悚切之至。"奉旨："覽奏朕已洞知。許封初意羈縻⑥，原非失策。石星之罪在邇倭撤防，致賊猖獗，驚擾內地，毒困軍民，故重處之。卿宜安心匡輔，勿以人言介意。吏部知道。"

二十日戊申，大學士趙志皋、張位、沈一貫題："昨日文書官史賓口傳聖旨：'兵部怎麼不見推防海禦倭總兵官來？着內閣推。欽此。'臣等即刻傳與兵部，推其作速會官，當即推上訖。竊惟防海禦倭總兵，係新設衙門，百凡事務未有頭緒，而倭患燃眉，極宜上緊。皇上夙夜留神，時刻廑慮如此，臣等聞命，不勝欽服。今該部既已會⑦，而皇上尚未點發，蓋特加慎重之意。臣等竊聞外廷之論，謂當今北將易得，南將難求。蓋北將乘馬陸戰，南將乘舟水戰，才各有長，難以通用，今時則北方每歲禦虜，故北將易求，南方久不用兵，故南將難得。有知名者，俱已取用，欲求大將，豈能出此數人之外？況時勢迫促，

①佩 "佩"當作"珮"。
②佩 "佩"當作"珮"。
③耀 明抄本作"燿"，通行本作"耀"。當作"燿"。
④佩 "佩"當作"珮"。
⑤營 明抄本作"榮"，誤。通行本改"營"，是。
⑥縻 "縻"當作"靡"。
⑦會 "會"下似當有"推"字。

非取之近地不可，故首推朱文達，以其在於吳淞，半月之內可望到也。若求其次，當數陳遴，但在廣東，非五、六十日不能至。其次則周于德，見領浙兵而來，一月之內亦可望至。若侯國弼，則在廣西，須兩月餘可望至。其楊文，則已在總督衙門聽用，似難奪彼任此，若用其人，亦可望其半月內至。伏惟聖心特加斟酌，欽點一人，令其作速到任，料理戰守，以固內地、以防外虜。頃睹皇上因朝鮮小捷，則發犒賞銀三萬，以作士氣，即臣等亦不勝鼓舞，而況於三軍之士乎？惟望推此意以督臣工，使其無時懈怠，則倭患始有平期也。臣等不勝①。"

二十六日甲寅，大學士趙志皋、張位、沈一貫題："昨日戶部尚書楊俊民來會臣等，言戶部左右侍郎俱缺，總督倉場另該侍郎一員又缺，祇有尚書一員在部，又奉旨兼掌都察院事。近經吏部題推賈待問、趙世卿二員總督倉場，又推郭惟賢、李盛春二員協理部事，俱未蒙點用。當此多事之時，俊民以一身兼管部院之事，又欲兼左右侍郎及倉場之事，委實不支。且總督倉場收放錢糧、禁戢奸弊，一時不可缺者。況今運官萃集，批發通關分給餘羨，尤須得人綜理，若無其人，恐致有妨明年漕運，干係不小。且部中錢糧事大，協理侍郎實不可缺，通得一時並命二員，方可共濟。伏乞皇上將吏部前後所推諸臣，速賜點用，若吏部所推未當聖心，亦乞明示，令其從公另推。爲此，謹爲轉懇，無任仰望之至。謹具題以聞。"

二十八日丙辰，以鼎建乾清、坤寧二宮迎梁，賜文武大臣及執事官花幣有差。

① 勝 "勝"下當有漏文。

萬曆二十五年

十①一月戊子，朔。

九日丙申，大學士趙志皋、張位、沈一貫題："臣等在閣，蒙發下錦衣衛指揮王之楨本，内聞楊新芳恭進重寶等事，已奉聖旨差官前去封解。夫楊兆以一介草茅，致位尚書，家財至於百萬，又擅造違式房壙，若果有之，重處非過。至於扣剋軍餉部銀，實乃百姓膏脂，明旨森然，懲貪罰僭，仰揆聖心，固將處一以戒百也。但臣等竊詳，楊新芳自稱爲楊兆之孫，而舉發祖罪，似非人情，必有別故。況以家財恭進，理宜明白且②疏，誰能阻之？何至假粧做工軍人，潛入大内，蹤迹詭譎，事尤可疑。疏内銀至百萬，加以珍奇重寶，萬一未實，必將挾旨旁牽，累及良善，雷霆之下，誰能自明？則破家傷命、無辜受禍者，將不可勝言。且或借此一事，更爲展轉嚇詐，騙則③利己，亦不可知。伏乞皇上敕諭差官，會同撫按，務要仰體聖心，從公詳審，如果所奏皆實，上④將本家見在財寶細查解進，違式房壙督令拆⑤毀，仍還其地土，而全其子孫，不得過爲牽連搜括，致令地方驚擾。若所奏不實，尤當馳奏，將楊新芳重處。且此延安府縣，與北虜、西番切鄰，外夷觀望，關係不小，尤不可使之輕視中國，以損皇上之威靈也。臣等切思，籍没一事，乃國家極重之法，尤在死罪之上者。必須詳允奏讞而後處斷。至於章奏，雖科道之所建白，亦必下部院看覆，奉有成旨，而後施行。今以極重之法，止據一妄男子之言，而不加覆議，迅速發行，政體龐雜，人心懼駭，恐天下奸民從此聞風效尤，懷私挾奏，何患無詞？是古人所謂爭鬥其民而施之以劫奪之教也。後雖以法禁之，將無及矣。更望皇上將此等事情，再加深思，慎重舉動。若再有妄揣謬窺罔聽售奸者，置之不理，且加懲究。庶見聖心之至公，聖政之至平，而天下享清净安寧之福矣。臣等不勝仰望之至。"

十三日庚子，諭内閣："覽奏朕已洞悉。但餉銀是朝廷濟邊之費，軍士披堅執銳，殉身爲國，勞苦萬狀，枵腹以望，以輩

---

① 十 "十"上當有"萬曆二十五年"六字。

② 且 "且"似當作"具"。

③ 則 明抄本作"財"，是。通行本作"則"，誤。

④ 上 "上"字疑誤。

⑤ 拆 明抄本作"折"，誤。通行本改作"拆"，是。

肆志剋剝，罔知體恤。且部銀皆百姓脂膏，以納公家之用，公然侵扣，曠①視法紀，無所顧忌。好善惡惡，朕固怒耳。卿等此説，意見欲何？方今國匱民竭，用兵用餉皆稱不敷，官民搜括以盡，誰知徑充私囊？全不體上心，其撫字何在？況有要直沽名之畜，動輒言君不恤民，不欲裁這一事，便欲停那一事。似此貪肆異常，歛怨遺害，職司糾正緘口不言，好生可惡。且楊兆乃姑從輕處。這所奏已知道了。"

　　十四日辛丑，大學士趙志皋、張位、沈一貫題："臣等於初九日具揭上奏，內言楊新芳恭進家財等事。至十三日，文書房官史賓恭捧御札到閣，諭內閣云云。欽此。臣等莊誦宸綸，不勝悚服。仰維皇上留心國計，加志②民艱，念軍士之披執甚勞，而貪吏之攘求未息，百姓之脂膏難繼，而盜臣之侵扣多方，不能憂國恤民，但有肥家潤橐，至於建言糾事之流，又多要直沽名之輩，但知調停於鑽屑，不能舉發夫巨奸。明旨森然，凜於霜雪，臣等無不毛骨悚然者。末復寬示德意，輕處楊兆，而以已知答臣等，則春溫盎然，不啻如家人父子之唯諾，臣等又無不感極而至於涕零也。竊念臣等雖才質疎庸，無能承順下風，然視貪婪官吏，不啻若狗彘然，恨不能痛加澄汰，以正人心。前日揭帖開，楊兆若果財至百萬，重處非過，意正爲此，原非敢爲楊兆解説，亦非別懷意見。但區區犬馬，第恐所奏未必的確，而欽差之人奉行大過，求滿前數，則楊新芳必將胡攀亂扯，貽害延安近邊地方，關係不小。故欲皇上密敕差去內官，止將見在封進，不必多爲連累，則臣等過憂過慮之愚忠，欲以仰贊皇上寬至③之至治耳。況夫四方刁潑之人，無處無之，若妄謂聖心可以窺伺，而懷私挾詐，紛紛告訐，則皇上本以懲貪，而人將反疑以取財，本以惜民，而人將反疑以擾民。臣等誼切股肱，心同休戚，實不忍使天下後世，以此不美之名加於皇上也。大抵天下之事，循常襲故則人心恬安。一爲希闊超格之舉，便致驚駭。臣等日在清光之下，豈不能仰闚聖心之無私？顧中外臣民豈能盡知？即臣等竭吻傳告，方且疑臣等爲道諛，爲文飾。日夜念此，不若求皇上善行好善惡惡之心，而消融其可疑可議之迹，尤爲至治之光也。除原奉御札尊藏閣中外，謹具題回奏以聞。"

---

①曠 "曠"當作"蔑"。

②志 "志"當作"意"。

③至 明抄本作"仁"，是。通行本作"至"，誤。

十①二月丁已②，朔。

九日乙丑，大學士趙志皋、張位、沈一貫題："今日文書官冉登傳出兵部會推遼東總兵官一本，黑字帖一個，內開聖諭：'與先生每說，李成梁父子係遼東鐵嶺衛人，父子久歷本鎮，熟知虜情，李如松年力尚壯，到着他閑着。見今遼東缺總兵官，就着李如松去。先生每擬票來。欽此。'臣等竊惟，遼東孤危重鎮，今倭虜並訌，羽檄交馳，河東之虜方歸，河西之警旋至，一切戰守全賴總兵。皇上令兵部屢次推舉，未協聖意，今特遣李如松去，仰見聖謨獨斷，非臣下所及。竊詳外廷所以屢推而不言李如松者，蓋緣李氏功名已盛，屢召嫌疑之故也。不知聖明御極，威斷大彰，制馭之方，在於掌握，自能使其盡力戰守而保全始終，何必過爲疑慮、而不竭其才能智勇之用哉？昔漢高帝最能鼓舞一世之豪傑，猶望皇上曲盡鼓舞之妙，深惟駕御之術，疆場幸甚，臣隣幸甚。臣等謹欽遵恭擬票進，回奏以聞。"

十七日癸酉，大學士趙志皋、張位、沈一貫題："爲缺官事。照得原題皇長子講官，例用六員，今翰林院修撰焦竑，奉旨調外任訖，所有員缺合當推補。臣等推得起復到京翰林院檢討范醇敬，堪充皇長子講讀官，及照本官資俸已深，相應量陞左春坊左贊善兼翰林院檢討。合無敕下吏部施③行令欽遵供事？臣等未敢擅便，謹題請旨。"奉聖旨："是。吏部知道。"

萬曆二十五年

一五三七

①十 "十"上當有"萬曆二十五年"六字。
②已 "已"當作"巳"。

③施 明抄本無"施"字。通行本補此字。

萬曆
二十六年

萬曆二十六年正月丁亥，朔，上免朝賀。大學士趙志皋、張位、沈一貫恭詣仁德門，行五拜三叩頭禮。頒賜上尊珍饌。

九日乙未，大學士趙志皋等題："伏見新年以來，氣候融和，風日光霽，屢降瑞雪，豐稔有期，天意眷歆，人心暢悦，咸以爲四海太平之兆，一人有慶之徵也。臣等叨居輔弼，調燮無功，實懷踴躍歡忭之心，未遂快瞻面祝之願，惟朝夕焚香，祈我皇上萬福彌萃，萬壽彌增耳。竊謂當此陽春開泰之時，宜舉大喜之典。昨見禮部揭帖，以皇長子冠婚爲請，此爲極大最喜之事。惟望皇上裁自聖衷，以迎宗社新至之禧，不勝幸甚。蓋皇長子今年已十七歲，茂齡不爲幼矣。冠婚二禮，時不可以復遲，事不可以復緩。前已具請，非敢多言，恭候皇上特涣綸音，傳示禮部，俾斟酌儀注上請，仍示各衙門將合用各項錢糧，早爲備辦，通行京城內外八府，妙選淑女，以應好逑，庶不致倉猝難備。臣等乘春伸祝，因事效忠，伏望聖主俯納。不勝忻躍仰望之至。"

十三日己亥，大學士趙志皋、張位、沈一貫題："昨日，臣等出閣時，接得總督邢①玠塘報，征倭奇捷，不勝慶躍。竊念東征事大，臣等廻腸焦慮，日夜不寧。仰想皇上益軫東顧之懷，正無能以一言奉慰，而復有今捷，足以伸中國之威靈，懾外夷之觀望，從此破竹而進，蕩平可期，皆天威遠疊，聖福弘庇之所致也。臣等方欲具疏伸慶，而昨晚蒙發下兵部覆本，謹體聖心，票擬獎勵賚賞等詞恭進訖。今日文書官史賓口傳聖問：'征倭原祗一個監軍，本內怎麼有這幾個監軍？欽此。'仰見御覽精明，神照詳悉，留心邊事，此社稷之大幸也。臣等看詳監軍之説，蓋進兵之時，分官軍爲三協，而軍門、撫院、及監軍御史、及提督，俱差有督陣旗牌官各一人，在中協則監軍御史所差者歐陽昭也，在左協則監軍御史所差者蔣應稠也，在右協則監軍御史所差者李鳶也，非有三監軍御史也。蓋軍中倉卒，馳報不暇檢點，文字辭不達意，有此相混。其上文言軍門、撫院，其

① 邢 明抄本作"形"，誤。通行本作"邢"，是。

下文言提督，俱各開具差人姓名，例亦同此，亦非有三軍門、三撫院、三提督也。伏蒙下問，謹具回奏。昨日臣等面審報捷之人，具述進兵情狀。大雪數尺，山谿險峻，寒苦異常，官軍皆餐風臥雪。經理楊鎬與總兵麻貴，牽馬步行而進，親冒矢石，淬礪將士，設奇鼓勇，故成此捷。今總兵邢玠亦由王京進發矣。玠貽臣等書中云："蔚山城破，潰散者萬人。一半走江上，爭舟而溺死，一半奔投島山清正之處。清正先聞我兵進攻蔚山，急急來援而不及。各浦乘船來援者三四萬衆，而我兵先據海岸，架砲遠打，不得登陸。報事人來之時，已打破島山頭一層柵，得級亦多，尚有二層。此時島山或已攻破。若米清正在内，必不能逃矣。清正若擒，餘倭不足平也。臣等謹併具題以聞。"

十四日庚子。大學士沈一貫題："爲東省防倭方亟請求集民闢田之方以足財計以贍軍興事。臣聞軍國之需，最先足食，生財之道，貴在聚民。頃因倭氛颷起，海防戒嚴，皇上俯採輿言，創設天津登萊巡撫，以圖戰守，更責内地巡撫計處兵食器機，以資接濟，甚盛意也。今山東巡撫缺，特允以尹應元往整飭之，事似可計日矣。臣查其舊敕，山東巡撫原有營田一事，後亦具文而不行，今日時務特宜重此，臣請皇上於敕書內特許便宜，則可望山東一省不請户部，不派小民，而自裕其海防之資。臣惟山東，古齊魯地，春秋時管仲擁魚鹽之利，通財積貨，獨稱富強，至今①舉臂勝事無不服籍，輔其君桓公，尊王室，攘夷狄，爲五霸首。延至漢時，尚稱其十二之國，餉饋關中，冠帶天下，何其雄也。及今則崖崖裁自給，而司農之所以奉京師餉九邊者，悉仰之江南，該省甫一防海，輒告不足，求盈於内帑，借資於兩浙。甘棄沃饒，坐視匱乏，此豈無土哉？無人故耳。有人則有土而有財矣。該省六府，大氐地廣民稀，而迤東海上，尤多拋荒，謂宜修管子之法。《管子》曰：'凡有地牧民者，務在四時，守在倉廩。國多財，則遠者來，地辟舉，則民留處。'今日之事，宜令巡撫得自選廉幹官員，將該省荒蕪地土逐一查覈頃畝的數，多方招致能耕之民。如江西、浙江、福建、山西、

① 今 明抄本作"令"，是。通行本作"今"，誤。

萬曆二十六年

及徽池等處，不問遠近，願入籍者悉許報名，擇便宜①爲之正疆定界，署置安插，辨其衍沃原隰之宜，以生五穀六畜之利。語云："荒田不耕，纔耕便爭。"必嚴輯土人而告戒之，毋阻毋爭②。凡拋荒積逋，一切蠲貸，與之更始。或聽和買，或聽分種。其新籍之民，則爲之編户排年，爲里爲甲。循阡履畝勸織，禁絶苛暴，罷免追呼。止奢僭以養其淳樸之性，興禮讓以勸③其親睦之俗。以錢穀爲市，使輕民無所覬覦，貪吏無所漁獵。或又聽其寄學應舉，量增解額，以作興之。聽其試武科，充吏役，納粟官，以榮進之。毋④籍爲兵以駭其心，毋⑤重其課以竭其財。有恩造於新附，而無侵損於土著，務令相安、相信、相生、相養。既有遺力，又爲之淘濬溝渠，内接漕流，以輕車馬負擔之力。使四方輻輳於其間，米多價平，則鳴吠相應，不煩遠輸而獲利已多，海渠相通，則商賈坌來，魚鹽四出其利益廣。不出數年，可稱天府，即不能如齊桓雄九合之師，而本地自稱富庶，亦足以省司農請發之煩，免百姓加派之苦，紓九重東顧之憂，增環海長城之重矣。第有司安循常而憚改作，居民席世業而患分授。必且曰地皆主籍，原無抛棄，田皆耰鋤，曾無荒蕪。而不知東人之習爲惰農也已久，即所謂主籍、耰鋤者，悉鹵莽滅裂，而與荒蕪正等耳。高允有言："方一⑥里田三萬七千頃，若勸之則畝益三升，不勸則畝損三升，乃百里損益之率爲粟三⑦百二十⑧萬斛，況其廣者乎！東土之貨棄於地，東人之力藏於身，安能如新集者勤而相勸，以復周漢之齊魯哉？是事也，宜專責巡撫之擔任，而巡按以時稽查之，且重司道之選。如近日楊鎬之在遼東，霍鵬之在肅州，皆以墾田聞，豈乏其人？可令名舉而用之以爲率。且精有司之選，如先年申其學、趙蛟、楊果輩，皆勤敏精幹，治邑如家者，豈乏其人？宜不限科貢異流而器使之以爲長。又且明勸懲之典，有績則加官久任以優之，一有朘削不廉，或溺職不舉，如鋤苗之莠，不時盡法以處之。又且鋤豪右之梗，若有造作流言，破敗成事，可令搜捕特處重典。不必別立農官，就府縣見職可以責任。不許別請錢糧，就本省倉庫可以通融。事本不難，得人即易。蓋擁千里之地而患

1543

① 官　明抄本作"官"，通行本改作"宜"。
② 母阻母爭　"母阻母爭"當作"毋阻毋爭"。
③ 勸　明抄本作"厚"，通行本作"勸"。
④ 母　"母"當作"毋"。
⑤ 母　"母"當作"毋"。
⑥ 一　"一"當作"百"，見《魏書》卷四八。
⑦ 三　"三"當作"二"，見《魏書》卷四八。
⑧ 十　"十"下當有"二"字，見《魏書》卷四八。

① 委任之　明抄本作"之委任"，誤。通行本改作"委任之"，是。

寡貧者，政不立也。有千里之寄而不獲展試者，任不專也。數年前，鄭汝璧巡撫此地，有志矣而被流言以去，美業不終，臣甚惜之。合尹應元之才，何難於此？第恐委任之①不專，便宜之不假耳。前日無成，猶曰與天下相安於無事也，不足深悔。今日無成，今日無成，則燃眉之急無所救，露肘之窮無所濟，安得遽已而已乎？皇上奮誅島夷，海內方喁喁嚮風，樂趨王事，況招狹鄉之民以就寬鄉，人心所欲。因民之利而利，事亦不勞。管仲之事功，雖不足以為天下士大夫願，而姑取救時，亦當有奮然而任者。且聞江北畿南可墾甚多，又不特山東為然也。以此風之，利可益開矣。伏望敕下戶部覆議，如果臣言足採，則詳立條格，嚴加責成，仍編入敕書，令山東新任巡撫遵行。國計幸甚，海防幸甚。"奉旨："今財匱餉難，公私俱困，地方官祇圖那借別省，搜窮民，全不講求地利生財之法。覽卿奏，具見謀國忠猷，務本正論。便行與山東撫按，督率有司，著實修舉，毋得仍前虛應故事。還著巡按御史稽查勤惰，以行賞罰。都添入敕內，永遠遵行。戶部知道。"

十八日甲辰，大學士趙志皋、張位、沈一貫題："臣等連日接得東征塘報，我兵之在朝鮮者，與倭苦戰，破其二城三寨，而清正尚在島山城中堅壁死守，我師仰而攻之甚難為力，四面援倭源源而來，呼吸之頃，成敗懸殊。臣等日夜關心，日夜跂足，不敢以一勝為喜，實以未了為懼也。顧隔越千里，徒有此心，而力所可為者在於廟謨。今廟謨尚多缺失，獨恃一戰以為孤注，豈不危哉？臣等所謂廟謨之缺者云何？夫兵部謂之本兵，謂之樞筦，乃以其事付之侍郎李楨，本官拘守文義，不諳軍旅。夫美錦不可付學製之人，美玉不可付拙工之手，無濟於事，抑且有傷。皇上何取於楨，而以大權付之，因循不改？彼胸中自無奇，安望其慮遠憂深而預籌勝筭，以擔當軍國大事乎？念此慄慄竦骨寒心者。一也。其在朝鮮，止靠邢玠、楊鎬二人以獎率諸將。耳聞楊鎬躬親臨陣，出入於矢石之間，奮不顧身，誠可倚藉。然在朝廷亦宜預先作一準備，萬一此人有少差跌，數

萬曆二十六年

千里外何人代之？萬一邢玠復有不虞，何人代之？此等事幾，關係不小，有備無患，皆當預籌者。二也。今本兵不思，吏部不管，各衙門不言，但恃皇上之福德與祖宗之威靈。天意固爲眷顧，人事亦當修舉，不宜第曰靠天而已也。天下之常才甚多，賢才甚少，若非妙選，不得其人，雖得其人，亦當收羅於朝端，或移居於近地，一遇警報之時，而以被命即發，猶恐縮地無計，不無嫌遲，況可都置不備而束手觀望哉？今朝廷之二①，官多不補。孟子曰：'不信仁賢，則國空虛。'空虛之甚，必至顚仆，智者一思，深可悚息。臣等以爲小臣所管者惟一事，未補尚可兼攝，大臣則上衛天子，鎮國家，下治萬民，制四夷，領萬日之綱，造多方之命，必不可以不補，補亦必不可非其人也。查得隆慶年間，因北邊多事，特添設兵部侍郎二、三員，以備督撫之選，先帝留心邊務、廣儲賢才如此，誠萬世所當法。伏望皇上加意於用人一節，不必②愛惜名器而併虛緊要大僚，特諭該部將各部院堂官一一遴補，以重朝廷。又收羅堪充督撫兵備、親臨戰陣之人，分布於薊遼近地，以備緩急。庶幾平居無事，可資其籌略而修廢墜之典，倉猝有事，可藉其才力而應勷勸之務，不至有臨渴掘井、緣③木求魚之患。以上各官，或敕吏部秉公竭忠，再加斟酌推舉，或將吏部節次所推，斷自宸衷，欽點發下，仍令廣④博求備用之人，不得以尋常才品徒取充位。國事幸甚，臣等幸甚。謹具題知。"

二十日丙午，大學士趙志皋、張位、沈一貫題："昨該刑部等衙門一本爲糾劾事，擬於二十三日請皇上御朝，舉大班糾劾朝勤⑤官員之典。臣等竊惟，朝勤⑥考察，三載一行，乃國家之大事，評隲去留，固假於銓部，而面親詰諭，必藉於宸嚴。皇上雖靜居深宮之中，而警蹕之希御，遂謂幾務之少疎，以致神氣不揚，訛言流布，吏治日以怠馳，人心日以渙散，蓋非朝夕，亟宜挽回。今四方會同，述職闕下，臣等冒昧，竊以爲皇上宜勉力一出，臨御文華殿，以昭德威。使八荒識無逸之心，萬姓

① 二　明抄本作"上"，是。通行本作"二"，誤。

② 必　明抄本作"以"，是。通行本作"必"，誤。

③ 緣　明抄本作"援"。通行本作"緣"，

④ 廣　明抄本"廣"下有"詢"字，是。通行本漏此字。

⑤ "勤"當作"覲"。

⑥ 勤　明抄本作"覲"，是。通行本作"勤"，誤。

萬曆起居注

① 簡　明抄本作"蕳"，誤。通行本作"簡"，是。

弭太簡①之謗。臣等非不知聖躬至重，攝理宜先，顧此頃刻之勞亦非甚難之舉，敢竭愚悃，伏冀俯俞。有如玉體尚須珍調，亦宜特傳一諭帖於各該衙門，以明示天下來朝官員，俾知皇上憂勞萬國，無少怠荒，本欲延見，偶以病阻之意。使自遠方來者，無面奉天顏不殊，而各相鼓舞，以宣上德於天下，庶幾不虛此一盛典也。臣等不勝跂願之至。"

二十二日戊申，大學士趙志皋、張位、沈一貫題："昨該臣等具揭，請皇上臨朝，宣諭入覲官員。今日文書官冉登傳出聖諭，諭內閣：'覽卿等所奏，具悉忠愛之意。朕意欲召見卿等，以答交泰之和。朕近日以來，身體漸雖安強，還不時眩暈，正服藥，加慎調攝。況且春寒，出入恐有冒觸。其朝覲官員大班糾劾，暫於文華殿門，且其處所偏側，臨御未便。卿等可傳示各衙門，臨期照常行禮，勿得紊亂失儀。諭卿等知。欽此。'臣等竊惟，萬國來朝，固欲仰承明命，羣心願望，尤期保固聖躬。皇上既以珍攝玉體為勤，而猶不忘安天下之慮，惓惓德意，藹藹情言，凡在臣工，諒宜仰體。臣等即當傳宣所司，明示大衆，以副九重訓敕之意，以廣一人愛育之仁。其諭札謹尊藏閣中。謹具回奏以聞。"

是日，大學士趙志皋、張位、沈一貫題："今日發下章奏，有吏部題請掌詹侍郎劉元震勳級一本。臣等照得，本官供事講幄，日撰講章進覽，啟沃功多，況舊例掌詹侍郎三年考滿者，例加尚書職銜。今本官已經六年考滿，資俸尤深，更宜優敘。臣等謹照例僭擬加陞尚書職銜，謹附原本恭進。未敢擅便，伏候聖裁。"不報。

二十三日己酉，諭刑部等衙門："朕惟朝覲官吏，三年一次舉行，黜陟賞罰，激勸賢良，我祖宗準古酌今，用賢圖治，愛養民生之大政。朕競業奉行，於兹二十有六年矣。所有存留官員，例當大班糾劾，在於文華殿門，且彼處所偏狹，臨御不便，御門暫免。爾刑部、都察院及該科道衙門，務秉公評，遵照舊例，著實參究，不許徒飾虛文，苟完故事。其朝覲官員，作速赴任，各要克省愆尤，洗心滌慮。撫綏邦本者，務要愛民如子，體國同家，催徵錢糧，毋得營私廢公，推諉支調。禁戢奸宄者，須當扶善懲惡，惠保元元，一應事宜，仰遵國法，恪守官箴。明良交會，千載奇逢，自有恩命超遷，豈不榮哉？若或貪酷怠玩，彌縫償事，法典具存，必罪不宥。敬之，慎之。故諭。"

二十四日庚戌，命翰林院編修劉曰寧充皇長子講讀官。

二十五日辛亥，命左春坊左諭德兼翰林院侍講葉向高，翰林院編修董其昌、馮有經，檢討林堯俞，管理文官誥敕，編修韓爌、檢討朱國祚、及起復檢討沈㴶，教內府司禮監書堂。

二十七日癸丑，皇帝敕諭天下朝覲官員："朕自踐祚以來，凡九計吏於茲矣。每念吏治關乎民生，蓋未有吏不稱職而民能樂業者。間者災異疊見，水旱頻仍，師旅煩興，公私告匱，民亦勞止，寔軫朕懷。所賴分猷共念，則爾藩臬守令諸臣責耳。乃詔條屢布，德意靡宣，禁酷懲貪，不為衰止。貨賂滋章，滛刑轉熾，催科無序，獄訟惟繁，沽名者張鷙擊之威，怠事者任蠹弊之積。大僚不能正己率屬，輒私庇以市恩，下吏不思守法奉公，惟巧營以避課，沿習有日，欺蔽成風。安有吏治如斯，而民不愁嘆者？茲當來朝，爰循舊典，簡別汰斥，視昔加嚴。爾等既與存留，各還舊任，尚其鑒已往之覆轍，奮方來之令猷，罔飾虛文，勉修實政。思閭閻之窮困已甚，務拊循休養以保根本之圖，思度支之經費浩穰，務節縮贏餘以佐公家之急。毋以脂膏自潤，毋以胸臆自恣，毋以朕耳目所不及而緣飾為奸，毋以人毀譽為可虞而彌縫僥倖。一湔陋習，共砥官箴，用贊太平，以銷災沴。如其不職，憲典具存。欽哉。故諭。"

萬曆起居注

①二 "二"上當有"萬曆二十六年"六字。
②月 "月"當作"日"。
③己 "己"當作"巳"。

④來 明抄本作"末",誤。通行本改"來",是。

⑤子 明抄本無"子"字,誤。通行本有此字,是。

二①月丙辰,朔。

二月②丁己③,三輔臣請開講日期,於本月十九日吉,恭撰講章,照常進覽。

三日戊午,大學士趙志皋、張位、沈一貫題:"竊惟皇長子冠婚二禮,臣等屢次上懇,未奉聖俞。連日各衙門文武臣僚,無不披誠敦請者,臣等恭候綸音,未敢隨衆進瀆。乃今逾時,尚爾寂然,中外遑遑,皆來④責備臣等何不勤請,即臣等亦但俛首引罪,無能開一口,以謝衆人也。竊惟天性之親,必不待於人言,天倫之敍,也不可以人爲。皇長子爲皇上胤續之元,倫序之始,儼然成人之日,若使冠婚既行,則以後諸皇子麟趾森森,螽斯蟄蟄,凡有吉禮皆可接續而舉,不至擔閣。若皇長子之禮既有愆期,則諸皇子之禮必難越次,時日愈將壅遏,禮儀必且停滯,錢糧難以猝辦,觀聽亦有未雅。且此一事,各衙門文武大小官員,不待約會而合辭固請者,豈有不畏煩瀆之譴哉?蓋亦因萬邦萬姓交責天下,謂其緘默容身,而恐陷堯舜於有過之地也。畏名畏義,逡巡囁嚅,觀其奏辭尚不能攄陳萬一,亦可以情亮而心察矣。皇上至聖至明,豈不洞燭效忠者之深?皇上至仁至慈,豈不篤愛皇長子之厚?皇上至英至斷,豈不揆度義理而決幾微牽纏之累?今臣等之請,無非文武百官之請,文武百官之請,無非萬邦萬姓之請,同然之情,有難達呻。試取舊年天下鄉試錄觀之,孰不以皇長子⑤冠婚爲策問者?天下青衿之士,孰不以冠婚爲策對者?所以臣等寧吐肝嘔心於聖主之前,而不敢得罪於天下萬世之公論也。伏祈皇上仰繹九廟神靈篤生元子之意,光聖先師創禮維世之心,副四海之歡忭,弭萬方之私議,使聖明丕著而無闕,聖德益顯而不渝。斷自宸衷,允行大禮,臣等不勝幸甚。"

五日庚申,命大學士沈一貫、侍讀學士曾朝節,充會試考試官。

萬曆二十六年

九日甲子，大學士趙志皋、張位、沈一貫題："臣等看詳章奏，有吏治壅滯衆情迫切一事，不敢不聞於上。竊見在外推官、州縣有司官員，皆科第美才、除授牧民之官、爲朝廷出力、分治百姓者，遇其俸深薦多，則行取選補科道，此祖宗以來舊規也。前吏部將應取人數，照例屢請，未奉俞音。夫三年行取，從來舊規，今各官有歷俸至七八年、中科至十二三年、而尚未得陞選者，昨來朝覲候旨，勢難復任，即今復任，時久人玩，亦難行事。況舊官久留，則新科進士無缺可除，真可謂壅滯之極、迫切之至矣。以臣等愚見，科道官差遣缺乏，理不可廢，似宜照常選用。遇有不稱職者，何妨另處？豈可因人不稱而遂廢其官？若皇上求科道得人，意欲精選，莫若令吏部將當取人數，列名進覽，內將年深老練者，聽御筆點取二三十名，分授兩京科道官，其餘未點者，悉令吏部添註各部主事等官，支俸辦事，待科道有缺，陸續請旨點補。庶選用去留之權在上而不在下，將見言官稱職，吏治不壅，新除有缺，而中外人心咸得所安。此政務之切要者，特僭爲一言，伏望聖明裁斷施行。臣等不勝仰望之至。"

是日，以祭景惠殿祭設，頒賜三輔臣。

二十二日丁丑，大學士趙志皋奏："爲聞言自省負罪難辭伏乞聖明特賜罷斥以謝人言以勵臣節事。臣自去歲以老疾求退，註籍半年，乞骸之疏凡十三瀆奏而不得請，自揣分義不容不出。臣身既出，敢遂乞歸？因此扶病勉強追隨二臣出閣進閣，已經八月，不意臣第三子、任兩淮鹽運司副使趙鳳威，以弱病失調不治，倐然訃①聞，臣以衰病之身，一罹此痛，寧復能支？雖私情不敢上聞，而臣去志益決矣。昨聞御史汪先岸論臣有誤國之罪。夫臣爲輔弼之臣，且叨顏居首。常念衰朽之質，薄劣之材，不足以表衆僚而侍君上，因病乞休，退讓避位，而②不得請，乃不得已而復出，既出而又不敢遽請，此大臣事君之體然也，豈敢固寵而竊位哉？夫自古大臣上佐君德，下定國是，使衆論皆歸，興情允服。臣素望實輕，年資已暮，才識昏昧，筋

① 訃　明抄本作"計"，誤。通行本改"訃"，是。

② 而　明抄本"而"下有"卒"字，是。通行本漏此字。

① 固 "固"字似當作"故"。

力衰疲，無能以事皇上矣。留臣一日，滋臣一日之罪，徒招人言，有屑國體，無益天下之事。即無汪先岸之言，臣當去久矣。伏望皇上將臣罷斥，以爲老臣不知退者之戒。若皇上肯用臣屢請之言，並從前後諸臣之請，即舉冠婚之禮，則宗社幸甚，老臣幸甚，歸亦有餘榮矣。臣無任激切仰望之至。"奉旨："且諸章奏皆朕獨斷，汪先岸見該院考比實授，欲沽名取譽，狂肆逞臆，固①朕置之不問。況今國家多事，朕方倚任老成，卿豈可以人言求去？宜即出輔理，以慰眷懷。不允所辭。吏部知道。"

二十五日庚辰，大學士趙志皋、張位、沈一貫奏："爲冠婚大禮更不可遲墾乞聖明乾斷速賜舉行以慰中外人心事。竊惟皇長子冠婚二禮，臣等舊冬新春五揭陳請，未蒙俞音。昨日禮官言官五府六部九卿大臣，皆具疏申請，情詞懇切，實以朝廷大體所關，天下觀望所繫，不容已也。若近日聖諭頒閣，舉《素問》男女婚嫁之説，乃上古無徵，非當今正典，臣等比具揭詳辯，不敢奉詔，亦不敢傳示於外，以滋天下議論。竊念此事，在皇上天理至愛，中夜清思，必有展轉未安者，又何待臣等之累瀆而不已也？祖宗成法，具載典章，累朝遵之，而天下宗藩臣庶咸相守無異，今皇長子年當十七矣，此時行之，猶謂其遲，尚可遲至十八歲耶？臣等每當侍班，接見睿體充盈，宜諧嘉耦，聰明日啟，允協元良，當此陽春之時，速舉大慶之禮，將見綸音渙發而衆志懽騰矣。夫父子之愛，天性也。即閭閻小民之家，子長未冠，男大未婚，凡爲父母誰不動念？若婚娶過期，則鄉隣譏笑。況帝王之子，反不如士庶之家，不冠不婚，成何禮度？傳之天下後世，能免譏議哉？外傳皇上新春召見皇長子，撫愛甚篤，奈何於此大禮，遲廻而尚不決也？臣等荷蒙主上眷遇，愧碌碌無能爲報。念此事關係宗社根本，國家極大典禮，非它務可比，一日未行，則臣等一日之咎責難辭。君父分義，捨此不極言匡贊，於心何安？又惟冊立之請，經今已八九年，天下顒望日切一日。冊立有待，猶可言也，冠婚何事而又何待？大婚，選擇淑女以待，猶可言也，若冠禮何難而又待？近日朝覲官員併赴試多士、四方來京庶民，咸相疑問，莫不欣欣顒望快睹盛典，豈有他意？不過愛君之至，而因愛吾君之子也。本爲正大光明之舉，而或啟猜疑惶惑之端，臣等義關休戚，不憚苦口。伏望皇上俯察忠言，亟下所司，將皇長子冠禮目下先行，仍令行各處選擇淑女，辦理錢糧，以俟大婚之典。至於皇三子，亦宜擇吉出閣讀書，庶吉典行而人心胥悅，名分定而羣疑可消，此清朝今日第一盛舉行也。臣等不勝懇切仰望之至。"

二十九日甲申，乾清、坤寧宮興工，輔臣恭視，賜茶。

萬曆起居注

① 三 "三"上當有"萬曆二十六年"六字。
② 因 "因"當作"困"。
③ 劾 明抄本作"効"，誤。通行本改作"劾"，是。
④ 己 "己"當作"巳"。

三①月丙戌，朔。

三日戊子，大學士趙志皋題："爲衰年患病已久病因②傷感益深懇乞天恩早賜放歸以全餘生事。夫人言年七十以上，血氣就衰，形容漸槁。臣今年七十五歲矣，自去年患病，六月有餘，心病怔忡，眼滿昏朦，左足病疼，痛不能走。凡十三上疏求去，而未蒙俞允，勉強扶病復出，至今越有七月，調治竟不能痊。私心思歸已久，祇因皇長子冠婚之禮未行，在朝諸臣舉首待命，臣爲輔臣，豈敢言去？不意衰年久病，實難支持，有不可盡言者。夫衰年則志慮昏庸，既不能佐理萬幾之繁重，老病則筋骨衰倦，又不堪禁地出入之驅馳，上無益於國，下有損於身。雖曰臣子報國，不當愛惜其身，其如捨身而無益於國何？徒足以斃其軀而已。臣方欲上疏乞休，乃忽聞臣子訃音，益切痛心，前病大作。夫怔忡起於心血之虛耗，心血虛耗則不能記憶，旦聞言而旦忘之，夕聞言而夕忘之，甚至有不能移晷者。昏朦本於光明之不足，遠視之已不及見，近視之亦不能明，終日昏昏，如坐暗室。足病本於心肝二血之虛耗，此又非歲時之可養者。臣自去年病後，入朝倩人扶掖，已經人言論劾③，今之病足愈甚，非往日比，安敢復蹈前轍哉？此皆就其標末而言也。至於本源之空虛，徧體之孱弱，非藥石之所能調，歲月之所能養者。豈可久立於朝寧之上、政本之地、戀戀不肯去、爲天下后世笑罵哉？言及於此，令人悚懼。伏望皇上念臣年已老邁，病復衰殘，特惠德音，容臣致政，生樂餘年，死得首丘。豈惟臣感恩佩德？臣之子子孫孫當世世誦皇仁於無窮矣。臣無任感激仰望之至。"奉旨："卿精力未衰，眷倚方切，偶疾不妨暫假調理。痊可即出匡輔。不允所辭。吏部知道。"

四日己丑，大學士張位、沈一貫恭視乾清、坤寧宮工程，賜茶，具謝。

八日癸己④，大學士趙志皋、張位、沈一貫題："照得本月十五日，當殿試禮部中式舉人，所有策題，先年或出御製，或命閣臣擬撰。今殿試期近，伏望皇上親賜策問，或命臣等擬撰進呈，恭請聖裁。臣等未敢擅便，謹題請旨。"奉旨："卿等擬撰來。"

十五日庚子，大學士張位題："爲奉法招尤聞言懷愧懇乞聖慈亟賜放歸以安愚分事。今日伏遇廷試貢士，臣忝供事赴宴，外廷有傳科臣劉道亨論臣不職者。臣才識疎庸，行能淺薄，六載密勿，愆尤積多，蒙皇上不加遣斥，曲賜優容，天地父母之慈，實爲過分，人言交謫之及，亦復何辭？臣未知道亨之疏何日上，所指何事，當辯與否，臣不能定。但大臣既被人言，不可復玷朝署。除即刻出歸私寓，席藁待罪外，更念素受主上眷知之厚，不宜無一言而已也。竊意朝廷之上，無過用人、行政二事。用人若當，行政皆公，內外治安，孰得而議？顧此二事，臣等之溺職實久矣。舊時吏兵二部凡推用九卿大臣及邊方大將，例與閣臣商確，今但於會推之時送一揭帖，不相面已久矣，是用人公私恐難責備於閣臣也。舊時各衙門合行條件與夫興革事宜，必與閣臣商確，今但於上疏之後送一揭帖，至有揭帖亦不送者矣，是行政得失恐亦難責備於閣臣也。臣等雖愧失職，無以紓報國之心，猶幸避權，可以爲遠怨之計，若以此罪臣，臣何辭焉？但閣臣尚自有本等職業，要在出入禁闥，補過拾遺，黼黻皇綸，看詳章奏，修明憲典，維持國法，其責亦重，未易稱也。至於票本一事，關係尤重，彌能生衆怨而啟羣疑。蓋外廷之臣，不知皇上英明獨攬，而誤疑以爲閣臣，得輕重於其間故耳。每日文書官捧本到閣，除當行條件，照舊擬票外，其傳旨守票及奉有口宣天語者，臣等惟據理法，酌事宜擬上，以備採擇，至於或允，或否，或親筆裁改，或留中不發，悉出皇上神明獨斷，臣等孰敢擅專而參之私意哉？聖意淵深，九重邃密，臣等且莫能測，是宜道聽塗說，妄報浪傳，人心爲之搖惑，謗議因以叢興。得意者固非臣等之功，失意者皆指爲臣等之罪，組織貝錦，奚患無詞？衆喙漂山，難以逃避。道亨之論，何足

① 拮拮　明抄本作"拮拮"，通行本作"拮据"。應作"拮据"。

怪乎？臣平生無私恩，亦無私怨，即鄉黨親戚，相處淡然。如尚書蔡國珍，與臣姻厚，即數月不一見也。每日下直歸寓，杜門却賓，絶無綢繆之交。臣惟一幼子八歲，原籍族衆，極戒歛戢，在家無怨，人所共知。自謂奉公守己，可幸無罪矣。臣又思之，道亨前爲吕坤論臣矣，不知坤與臣等無夙怨，今復加論列，豈其中或有大不得已者，畏人指謫，故假此解嘲耶？惟念臣素志山林，無心世事，蒙皇上拔諸草莽，倚任最殷。今被人言，玷辱思過，雖欲靦顔在列，安能復有展布？伏望皇上憫臣衰老癃曠，特賜罷免，以爲奉職無狀之戒。臣雖疏食水飲，敢忘大恩？當與田叟野老，歲時祝聖壽於無疆也。臣不勝依戀仰望之至。"奉旨："卿輔政多年，公清端謹，朕素加倚重。妄言不根，何足介意？已置之不理，宜即出入閣辦事。且讀卷大典，卿當攝首，勿得再有所辭。吏部知道。"

十六日辛丑，大學士沈一貫題："今日次輔臣張位與臣一貫在閣辦事，臣位偶聞科臣有指摘之者，心不自安，即刻趨歸候命。臣思首輔在告，臣等二人直閣，已苦拮拮①之難，今合正值廷試貢士之時，連日典禮重大，儀節多端，二臣各歸私家，止臣一身在閣，不惟政幾甚重，難以獨擔，抑亦讀卷少人，有妨盛舉。況讀卷官舊例用十七員，今歲僅有九員，已屬不敷，而臣位又該代首輔行事、領班率先者，尤不可少。伏乞皇上即賜溫綸，催其亟出進閣，庶典禮無闕，而臣亦免於誤事之愆矣。臣不勝悃悃之至。"奉旨："朕覽卿奏，次輔位聞有指摘之者，歸家候命。其妄肆排陷的，法當究治，且恐其心不安，姑置之不理。今讀卷典禮隆重，次輔即着進閣辦事，慎勿固辭。吏部知道。"

十七日壬寅，大學士張位、沈一貫題："爲讀卷事。照得本月十五日，策試貢士二百九十二名。例該臣等看擬上卷，於十七日早恭詣文華殿讀卷，奉旨傳免。臣等謹將所擬上卷十二卷，對進御覽，伏乞欽定御批一甲三名發下，照例填榜傳臚。謹具題以聞。"

十九日甲辰，大學士張位奏："爲言官駕空詆誣怵心駭目懇乞聖明特賜罷免併行勘究以明臣節事。臣前日殿試供事，聞科臣劉道亨論臣，即具疏求退。荷蒙皇上諒臣素履，不加譴斥，兩次溫旨慰留，且以讀卷事重，督臣即出。臣時亦未知道亨所言何事，輒爾奉命入閣。昨得道亨揭帖，見之錯愕駭異，悲恨交集。所指贓私罪過多端，不但耳目之所未經，抑且意想之所未及，乃天壤間窮凶極惡之事，而以此加臣，果如所謂①，且不可以爲人矣，豈但爲清明之大玷，容可逃斧鉞之誅乎？夫欺君誤國之謂奸，費官鬻爵之謂貪，邪私朋比謂之結黨，變亂是非謂之亂政。聖明在上，日月照臨，臣曾有一於是乎？名義至重，鬼神難欺，即免人非，難逃鬼責。世道人心不意至此，此臣所爲痛哭流涕而長大息，不難一刎首以自明者也。臣氣結於胸，言不達意，姑略辯之。臣於吏兵二部素不私薦一人，該部用捨亦久不與臣商議，此天下皆知者。既無私昵，了無效驗，人皆有耳，而何肯用賄虛求也？昨朝覲官員交際，臣俱一概謝卻，即乙未科門生入京，舊有相見座師之禮，前輩未嘗峻拒，臣今亦能謝卻。人方謂臣過當，而道亨乃謂臣陽諭陰受，豈非夢語乎？監生潘士彥，素未聞其姓名，同知石三復，係臣太學門生，曾以齎捧來京一見，若許陞五府經歷，則當求於吏部，何以至今未陞？況同知例無府之轉，石三復即痴，必不望此也。會試主考不親閱卷，但就本房取中者一加評定，況董嗣昭以浙榜經魁入選，當時並無別議，鄒德溥事，臣並未與之解救，抄提嚴威，孰不震懼而敢干預也？陳大科乃皇上特旨留用，此人因讐被論，有功無罪，蒙留之日，滿朝方服聖主明見萬里，顧臣實未嘗爲其先容，皇上所洞知也。劉綎、陳璘，兵部取用征倭，方藉領兵殺賊，何故預先行賄？閣臣與將官無交，非如科道薦舉邊才，必納賄索謝，而道亨乃以己事疑人，不亦誤乎？至如佟養正等，臣俱不聞其名，史繼書損貲開田，未曾起官，何所利而來結納？吳雲卿疏求採木，未經擬票，何所因而來營

①謂　明抄本作"爲"，誤。通行本改作"謂"，是。

求？將官功罪，定在兵部，人命出入，皆由刑曹，非臣所能主張也。楊繼祖、邵盤事，悉所未曉，有無囑託，二部官俱在可問，誰敢爲臣隱蔽耶？臣每出閣杜門，即縉紳尚少會面，況商賈雜色人等，何由入臣之門？隨臣長班，並無苟姓者。浙戲小唱，臣絕不慣用。臣於揚州，並未娶妾。臣之比隣，亦無瓦匠。臣守先世清白，家法嚴肅，五尺童子不至中堂。自昔邪人害正，常揑閨門曖昧，惑聽難辯，此皆市井無賴穢惡之語，偶聞亦當洗耳，況忍污之口舌耶？前推吏部侍郎時，例用翰林院一人，蔡尚書偶問臣，臣以正對，曰：翰林推陞，從來論官、論俸、論科。此舉詞林舊規而言，未嘗必用劉楚先也。夫以翰林衙門官，臣尚不能干預，而況其它乎？戴士衡昔論呂坤，道亨庇坤，明攻士衡，文選司遂以年例處之。言官之相攻，與吏部之當處與否，自有公論，奚待臣言？且道亨疏中切切庇護呂坤，與張養蒙、魏允貞、白所知。臣思此四人者，與臣夙無睚眦之嫌，不知何苦牽扯，設詞助攻而不已也？劉士忠入場提調，奉旨別代，出自聖心，臣何能預？陸萬垓屢推未點，萬象眷特旨令去，皆出聖心，於臣亦何預？至於李頤等雖臣同鄉，而陞轉循資，皆由吏部，若果有私，祇宜歸咎吏部。江西素稱仕國，豈待臣之在朝而後仕耶？徐作終養十年，天下稱其孝，彼起官於臣未出之先，豈臣之力？李楨與臣素稱莫逆，其請告也人各有志，豈臣所能擠之？礦事，臣等曾屢揭請止，行取，臣等曾屢揭請發。以此責臣，臣心無愧。進士名額，久已定矣，揭爭加數，對誰言說？內閣揭帖，舊規不傳，沽名賣直，素不忍爲。臣身事聖主，素以古賢臣自期，若近世弄權壞事之輩，安肯蹈其覆轍？先朝內閣有權者，謂吏部、科道盡其私人，中外趨承，遂擅威勢。今吏部言官，通同膠固，作弊營私，更誰敢發？試查章奏，媚結何多？閣臣傍觀無語，任其所爲。彼一時也，此一時也，相安足矣。反視若贅疣，動加詆罵，必廢內閣不設方快其心耶？大抵道亨之意，知皇上之所甚惡者在貪婪，又知臣之所極護者在名節，故揑造醜言，不遺餘力，欲激皇上之怒而必罷臣，因以激臣之憤而使必去，且令臣不得保全微名耳。首輔趙志皋被人齮齕不堪，堅意求去。臣代攝未久，遽粧誣箝制。今爲閣臣不亦難乎？自尚書孫丕①揚去後，道亨兩次論臣，不知何意？臣之心事，幸恃聖至知之，臣之素行，幸恃天下賢士大夫信之，豈道亨一言遽能毀敗？本當無辯，但念奏內諸事，關係名節之大者，堂堂清朝，是非顛倒，信口戲弄無忌，令股肱之臣含垢抱屈，非特辱臣，乃辱國也。竊念臣赤心報主，毫髮無欺，今平白受此污辱，情胡能甘？矧事關世道，與尋常虛受捨容者不同。伏乞皇上憐念，爲臣做主，放臣先歸，將道亨所奏各件事情，敕下該部院及廠衛衙門，一一查勘，務要根究明白。凡係文武官員，特行吏兵二部，凡係罪犯人役，特行刑部、三法司，凡係商户人役，特行工部衙門，俱要拘提，從公勘究是誰囑託？有何證據？真假虛實，必求下落。若一事有影，臣甘受誅竄，以爲大臣枉法之戒。若平空說謊，亦須爲臣分剖昭雪。庶使守法奉公之臣，不白遭誣陷，俾臣亦得潔身而歸，不致含憤空死，即啣環結草，亦不忘聖主保全大臣始終至恩也。臣情迫詞激，不勝哀籲痛懇之至。"奉旨："卿爲朕之股肱，公忠廉慎，素所鑒知。前日劉道亨巧疏誣卿，朕略覽一徧，即置之不理。今思其百般粧捏，將朕親斷之事，亦且誣卿，其餘可知。不必行各該衙門查勘，洞見懷私挾詐，傾險毒螫，好生可惡。劉道亨姑着降三級，調外任。卿宜仰體眷注之懷，安心即出輔理，勿得畏沮託辭。吏部知道。"

二十日乙己②，大學士張位奏："爲蒙恩昭雪捐糜難酬更祈矜宥言官併乞賜假調理以圖補報事。前因科臣劉道亨論臣，昨具疏辯明心迹，奉聖旨：'卿爲朕之股肱，公忠廉慎，素所鑒知。前日劉道亨巧疏誣卿，朕略覽一徧，即置之不理。今思其百般粧捏，將朕親斷之事，亦且誣卿，其餘可知。不必行各該衙門查勘，洞見懷私挾詐，傾險毒螫，好生可惡。劉道亨姑着降三級，調外任。卿宜仰體眷懷，安心即出輔理，勿得畏沮託辭。吏部知道。欽此。'念臣賦性不才，諧世無術，致受毀辱，仰玷朝端，孤負恩私，慚憤欲死。昨日控辯，祇爲事關名節，

①丕　明抄本作"否"，誤。通行本作"丕"，是。

②己　"己"當作"巳"。

① 屈　明抄本作"曲"。通行本作"屈"。

雖以屈①受，輒懇勘究，庶得明白。不意仰蒙天恩，特賜昭雪，視爲股肱一體之義，假以公忠廉慎之稱，直指親斷之事尚且見誣，信臣無愧之心，免其查勘，更諭臣以安心即出輔理，勿得畏沮託辭。天地回再造之春，父母全不肖之子，更無以加於此矣。臣即捐糜此身，安能仰答鴻私於萬一也？感激不暇，敢復有辭？但臣伏念之，道亨所爲論臣者，臣實不敢服矣，惟是言官乃國家糾發之司，從來假以體面，即言之不當，可以風聞自解，而聖主容之，不失爲包荒盛德。聞道亨從來不善屬文，凡有章奏俱託門客松江山人代筆，道亨目眊，亦不甚省。前日主事田立家一疏可證矣。茲者論臣，彼方欲藉以立名邀榮，安可反以落職受辱？毋乃仲於法而未悉其情耶？蓋臣之初心，止欲洗濯污言，免爲天下後世笑罵之資，實未嘗有一語反詈道亨而覬望重處之意，譬如餽物不受還令持歸，則臣之願已大慰矣。伏望皇上憫道亨無知誤託，免其降級，仍令在任供職以責後效，則不但道亨獲曠蕩之恩，而臣亦免側目之危也。不勝惓惓懇望。臣感激深恩，未敢求去，但因連日傷感寒疾，不能勉強遽出，更乞聖慈俯容給假調理。臣不勝感激悚息之至。"奉旨："卿被劉道亨誣謗，還與他救解，具見雅量。此輩結黨害正，破壞國體，降調已從寬了。卿既偶疾，准暫假數日，即出輔政，慎勿再辭。吏部知道。"

二十七日壬子，大學士趙志皋、張位、沈一貫題："竊惟皇長子冠婚一事，在京及南京各衙門俱具疏懇請，臣等亦屢揭密請，不厭煩瀆之甚，未蒙聖慈俯允。今各衙門又具疏申請，非羣臣喜爲多事，實緣皇長子年已十七，比之尋常冠婚大爲過期。天下無不同心愛戴皇上者，則無不同心愛戴皇上之子者，默默無言即爲廢職，其誰敢乎？臣等竊惟皇上，常欲使天下萬物各得其所，雖匹夫匹婦咸無怨曠，然後安於心。豈有親爲皇上之子而不加之意？固知宸衷之真愛，比臣等更切萬倍，大禮之優隆，必有萬倍出於臣等擬議之外者。但明命一日未下，則天下一日未安，中外諸臣所爲遑遑也。"竊念此事甚不難處，而關係又大，只在皇上斷與不斷之間耳。皇上何不斷而行之乎？蓋禮雖自古聖人而制，乃聖人之身亦未嘗頃刻而違夫禮，法雖自王者而定，乃王者之身亦未嘗頃刻而違夫法。此禮此法，其來已遠，累朝遵行，無敢踰越，皇上一舉一動，皆循禮法。留命不發，何以教訓天下？臣等辭不達意，而諸臣之疏具在，豈無一言可以感動聖心？伏惟皇上少假清燕之間①，歷賜覽觀，雖是蒭蕘，必有仰裨萬一者，早發明命，完皇長子冠婚大典，上以光祖宗之德，下以慰臣民之望。臣等無任瀝血百懇之至。"

是日，禮部署印侍郎劉楚先等一本、吏部等衙門尚書等官蔡國珍等一本、掌前軍都督等府永康侯徐文煒等一本、太常寺卿范崙等一本、禮科等給事中項應祥等一本、十三道御史黃紀賢等一本，俱詣文華門恭進，候旨於闕下，云必得命乃敢退。上遣司禮監太監田義出，諭曰："此是大典，但皇長子元氣單弱少候時月，豈可以此要挾君上？意欲何為？知道了。"羣臣各頓首退。

二十八日癸丑，大學士張位奏："為久病瘝官力難圖報懇乞聖慈畀賜放歸以保餘生事。臣前因勞傷積損，兼感寒症，乞恩調理，荷蒙皇上慈憐，特准給假調理。連日杜門伏枕，收拾精神，勉輔藥餌，冀圖痊可即出謝恩辦事。詎意調攝日久，愈見困頓，眠食減少，恍惚健忘，左臂偏枯，右耳腫痛。乃知前此竭蹶，不過勉強支持，稍就靜息，病端畢露。因念傷心損志，遽爾就衰，一旦至此，即欲抖擻②盡瘁，勢有不能矣。今首輔與臣俱在告，每日閣中惟同官沈一貫獨力辦事，臣心何安？臣若不畀自為計，恐妨賢病國，為罪更大。伏乞皇上憐臣衰病實情，非敢別有推避，特賜明旨放還故山，趣令趙志皋速出任事，再簡忠良一二人共襄政務，庶國事有濟，官職無曠，而公私分願各得所安矣。臣無任懇籲仰切之至。"奉旨："前准卿給假數日，懸望即出，如何又有此奏？方今政幾多缺，密勿少人，老成重臣朕所眷倚。着鴻臚寺堂上官宣諭朕意，宜即遵旨入閣佐理。勿得再有託辭。吏部知道。"

① 間　明抄本作"聞"，通行本作"間"。

② 擻　明抄本作"擻"，誤。通行本作"擻"，是。

是日，大學士沈一貫題："臣惟內閣，乃朝廷政本，幾務出入最爲繁重，原非一臣所能獨任。今首輔趙志皋註門籍，臣屢次往候，力言老病在身，艱於趨步，尚須調理，既難相强。次輔張位近以科臣劉道亨詆誣，顧惜名節，心甚不平，期於必去，然蒙皇上心膂委任，誠信不疑，屢錫溫綸爲之昭雪，又特處劉道亨降調遠地，且准假數日，勉以即出，恩意優渥，雖家人父子不能過是，正宜感激圖效之時也，豈可但以潔身爲重、而不以報主爲先乎？況臣稟受素弱，恃藥爲生，近因供事科塲，形神耗盡，獨肩力擔，必致覆餗。思得首輔志皋，尚可待其足疾稍痊，另行催出，其次輔位，不宜久令在寓。伏望皇上俯念樞機重地難以久虛，老成忠賢所宜眷禮，特命鴻臚寺堂上官往次輔位寓所，宣諭股肱重託，宜爲國勉留，亟出輔政，勿復疑沮之意，庶幾政幾弘紳，而臣亦可獲免顛仆矣。臣不勝惓惓仰望之至。"奉旨："朕覽卿奏，具見慎重幾務，同寅協恭，殊可嘉尚。次輔位已有諭了。諭卿知之。"

二十九日甲寅，欽遣文書官李浚，捧聖諭至大學士張位寓所，宣諭次輔："朕素知卿正直清慎，爲股肱心膂之臣，誠信委任無間。昨被細畜誣詆，已經特處降調。古今國事多艱，正賴忠賢佐理，豈宜潔身爲重、不思君臣之大義耶？卿宜速出輔政，以副朕眷懷，不必再有託陳。特此諭知。"

是日，大學士張位奏："爲感激天恩恭陳謝悃事。臣昨固久病曠職，乞恩放歸。今日五鼓時分，伏蒙欽遣文書官李浚，捧出聖諭一道，至臣寓所，設香案扶病迎接，開封跪誦，諭次輔：'朕素知卿正直清慎，爲股肱心膂之臣，誠信委任無間。昨被細畜誣詆，已經特處降調。古今國事多艱，正賴忠賢佐理，豈宜潔身爲重，不思君臣之大義耶？卿宜速出輔政，以副朕眷懷，不必再有託陳。特此諭知。欽此。'臣莊繹溫綸，惟有感泣。即令人扶掖，朝闕叩頭謝恩訖。伏念臣匡輔無功，憂慚致病，慮瘵曠之日久，乞骸骨以生還。恭荷聖恩眷留，天語傳慰：'正直清慎'，鑒愚臣平生自靖之忱，'股肱心膂'，期愚臣一體相關之切，'誠信委任'，既示以誣詆特懲，'佐理'時艱，復勉以君臣大義，且令'速出輔政'，'不必再有託陳'。臣恭承眷命，恩重身輕，自誓捐糜，盡瘁圖報。奈臣精神尚怯，容再調理一二日、廷謝進閣辦事外，所有聖諭一道，臣謹尊奉家藏，永為世寶。不勝感戴天恩之至。為此，謹具本陳謝以聞。"奉旨："朕眷禮忠賢至意，卿想知悉。宜速出輔政，以成君臣相體之美。覽卿奏謝，朕知道了。該部知道。"

是日，大學士張位奏："為感恩隆重再陳謝悃事。今早文書官李浚捧出聖諭一道，到臣寓所，臣謹扶病叩頭莊誦，即刻具本陳謝訖。茲者鴻臚寺官張棟等到臣寓所，復傳聖諭一道：'諭吏部，昨者次輔位因細畜誣詆，屢行陳辭。且次輔公清直亮，朕所素知，身甚重委，況今國步多艱，正賴忠賢贊襄，豈可潔身為重，不思君臣之大義耶？便著鴻臚寺堂上官宣諭次輔①即出輔政，以副朕眷懷。吏部知道。'又於臣乞歸疏奉聖旨：'前准卿給假數日，懸望即出，如何又有此奏？方今政幾多缺，密勿少人，老成重臣朕所眷倚。著鴻臚寺堂上官宣諭朕意，宜即遵旨入閣佐理。勿得再有託辭。吏部知道。欽此。'臣俱俯伏跪聽宣諭，敬朝闕叩頭謝恩。臣感激之私，圖報之念，前疏已陳，不敢再瀆，容臣出月廷謝，進閣辦事，誓當奉公守法，盡忠報國，以求無負聖明知遇之隆，以求不愧平生砥礪之節而已。為此，謹具本稱謝以聞。"奉旨："覽卿再謝，朕知道了。卿宜即出輔政，以副朕惓惓眷倚之意。該部知道。"

是日，大學士趙志皋奏："為年衰已甚病苦難支懇乞天恩蚤賜放歸以保餘生以全晚節事。臣因衰年多病，疏請乞歸，伏奉聖旨：'卿精力未衰，眷倚方切，偶疾不妨暫假調理。痊可即出匡輔。不允所辭。吏部知道。欽此。'臣捧誦再三，不勝驚懼。竊惟人臣之事君也，固當效忘身徇國之忠，亦當審見幾知止之義。年力未衰而度其身足以為國效勞，雖竭駑駘而不敢後，年力衰倦而度其身不能為國出力，雖欲馳驅而不敢前。今臣年已七十五矣，已越古人致政之期，雖無病且當致政，以禮而進，以義而退，況臣老病叢生，百事俱廢，目不能視，足不能走，

① 輔　通行本"輔"下有"即出輔"二字，是。明抄本漏此三字。

心血虛耗，而不能以時刻記憶，形如木偶，心如土塊，尚可爲皇上輔弼之臣、居百官之長、以一日立於朝廷之上哉？且當今之時也，倭夷跳梁，遠近騷動，調集浩繁，征輸匱竭，正皇上憂勤之時，可使衰病老臣佐理幾務，贊襄國事哉？臣才實薄，臣年實衰，臣病實迫，皇上留臣，決無分毫有裨於國事，皇上故臣，萬一得正於首丘耳。伏望皇上念臣庸劣，無大罪過，察臣衰病，實可憫惻，特旨御批，即放臣歸苟延殘喘，當與子子孫孫同祝太平於有象，永歌萬壽於無疆矣。臣無任感激祈禱之至。爲次，謹具本奏聞，伏候敕旨。"奉旨："朕眷念老成，共圖政理。卿偶足疾，何得遽稱衰病求去？宜遵屢旨，專心靜攝，以後痊日輔理。所辭不允。吏部知道。"

三①臣謹題："今日文書官冉登傳出聖諭，諭內閣：'朕覽卿等所奏，悉見忠誠至意。且皇長子禀質脆弱，問及衛生，有曰弱男則節色，必待壯三十而娶，羸②女則養血，二十而嫁。恐傷耗真元，戕生趣死耳。其歲數亦難拘泥，必須陰陽充實，不致後悔。非朕不愛子，欲早完大典，以答天眷、祖德。朕知道了。欽此。'臣等恭捧莊誦，仰見皇上天性至愛，保護皇長子睿體，欲其充實，免致後虞，此固慈父愛子之情無所不至之謂也。但臣等締思之，古人有云，男子生而願爲之有室，女子生而願爲之有家。父母之心，人皆有之。蓋以男子十六而真精通，女子十四而天癸至，氣機之動，正惟其時。故必及是時而爲之婚嫁，不但廣胤祚之源，亦以嚴淫僻之防。先王制禮，因人情而爲之節文，意深遠矣。人至十五六時，乃血氣奮動，如春陽發生之初，若欝滯不通則疾患必作，然則不婚不嫁其害又有如此者。《素問》爲太古之書，其時風氣淳樸，與後世不同。臣等聞文王十六歲而生武王，當其求配之時，寤寐思服，輾轉反側，則周時聖人已不能遵此語矣，況後世乎？祖宗成法，國家大典，歷代相沿，皆以十五六爲期，天下宗室及民間男女悉遵此期，無有異者。皇上愛護之意，在皇長子必能仰體，而不爲縱欲傷生之事。皇長子冠婚之禮，在皇上必當俯從，而免致有愆期失

---

① 三 "三"字上似有漏文。
② 羸 明抄本作"羸"，是。通行本作"嬴"，誤。

所之疑。目下即奉旨選婚，猶當遲至夏秋始可合卺，況可更爲延緩乎？所有原奉聖諭，臣等一念忠愛未敢傳出，恐外廷更滋議論，有傷聖心。伏望皇上俯念臣等萬不得已屢瀆宸嚴之情，斷自聖衷，再勿遲疑，早頒諭旨，令所司舉行冠婚二禮，實慰中外跂望之意。臣等不勝苦心苦口懸注之至。伏候敕旨。"

萬曆起居注

四①月乙卯，朔。

十三日丁卯，大學士張位、沈一貫題："今日蒙發遼東巡撫張思忠一本，內報總兵李如松陣亡，乞早推代。臣等不勝駭愕。李如松素負忠勇，蒙皇上特旨起用，不意遽有此變。遼東虜騎充斥，事勢忙迫，非得名將鎮壓不可，張思忠與臣等書，即討伊弟李如梅。蓋其人固驍勇，心更縝密，家丁甚多，遼人俱願得之，似宜亟用，但近今總督題管征倭中路。查得總兵董一元，見在總督中軍聽用，可管中路，而遼東虜②患正急，朝鮮將不乏人，勢屬燃眉，難以耽延。臣等輒依張思忠所言，僭擬票用。聖主知人極明，伏乞俯賜斷發。謹具題以聞。"

是日，大學士張位、沈一貫題："昨見吏部侍郎裴應章分別司官去留本，已奉旨處分，今日又見吏科劉爲楫等回話本上，未蒙處分。臣等竊有一言爲獻，恭惟皇上乾剛獨斷，欲澄清銓司以飭吏治，督責言路以杜私交。雷霆奮迅，舉朝震悚，臣等何敢爲諸臣置喙？但念人才難得，政體宜平，其部科諸臣皆數年精選有名之士，以充緊要之官，即奉職或有未當，第宜稍加罰治，以示懲創，責其改圖，以需後效可也。乃一旦汰去過多，譴斥過重，中間豈無善類可惜、忠良可存者乎？伏望皇上開天地之慈，擴包荒之度，將部科諸臣重加罰治，許以自新，或敕部院掌印官再加稽覈才品，斟酌去留，以俟聖明裁奪。請處其一二壞事之尤者示警，其餘姑留策勵供職，勉責後效，其於憐才平政兩得之矣。臣等叨塵輔弼，不能表率臣僚以承休命，乃厪聖心焦勞處分，罪責安逃？此心萬分不安，爲此敬竭愚忠，冒瀆天聽，不勝惓惓仰望之至。"

十五日己己③，大學士張位、沈一貫題："昨聞遼東總兵李如松陣亡，舉朝無不憐惜，亦無不因此仰誦皇上聖哲知人，善加鼓舞，故能使將官感恩效死圖報如此。今日又莊誦聖諭優卹如松，身後特令隆厚。豈獨將士思奮，即文臣無不泣下思奮者。有君如此，孰忍負之？但如松東征西討，四夷聞名，一旦殞身，

---

① 四 "四"前當有"萬曆二十六年"六字。

② 慮 明抄本作"虜"，是。通行本作"慮"，誤。

③ 己己 "己己"當作"己巳"。

恐倭虜從此生心，則選將設備更宜加慎，而尤不可不得一樞筦大臣以總其事也。即如臣等昨擬代如松之將①不能多得，但因往時邢玠疏內曾稱如梅驍勇，有父兄之風，又聞董一元在遼建有斬獲大功，故擬如梅代如松，而復擬一元代如梅，幸蒙皇上不以爲謬，即賜採納，乃臣等偶有所知，舉以應猝，非素能洞悉九邊將士勇怯之狀，而一一評品之不爽也。竊聞耕當問奴，織當問婢，業貴專攻，事須素習，偶然之見豈可常恃？必須久歷邊務，洞曉戎機，纖毫曲中，講求預定，方能觸機即應，着着無差。事體重大，時勢緊迫，臣等愚昧，誠恐一時倉皇，誤事不小。伏望皇上早賜乾斷，簡拔忠誠練達之臣以爲本兵，斯軍國重務有所專託，而夷狄盜賊有所備禦。若欲得真堪任此之臣，一時人才恐不能出前日所薦數臣之外，聞該部已將履歷功績開具進覽。皇上鼓舞有功，任用不二，此數臣內皆可令其竭忠盡職，不負特簡之隆，而不甘在如松之後者也。臣等不勝懇求仰望之至。"

　　二十一日乙亥，大學士張位、沈一貫奏："昨夜文書官徐守福，捧出聖諭一道到臣位私寓，諭內閣：'朕先年謁祭天壽山及擇看壽宮，回鑾道經金山地方，見一廟宇，傍有一泉，名曰黑龍潭，山形秀異，泉水清奇，朕駐蹕幸焉。邇年以來，或遇祈雨，遣禱輒應。昨因入春徂夏雨澤愆期，朕甚焦勞，每日夜分在於宮中秉誠露禱，復遣正一嗣教大真人張國祥，前赴彼潭，建立壇塲，自本月十七日起，至二十日止，竭虔祈禱之。即於十八日甘霖旋降，又十九日至二十日大雨普施，四郊霑足，三農慶幸天德龍功神靈響應，朕心不勝感戴忻慰。朕欲加封龍王廟及其龍潭名號，立碑刻文表述護國濟民靈應顯化之功。卿等議擬來行。特此故諭。欽此。'臣位謹焚香叩頭，莊誦祗領，隨傳示臣一貫同領訖。臣等伏惟麥秋將至，旱暵爲災，仰廑宵旰之憂，虔竭精誠之禱。惟宥密潛通於穹昊，乃甘霖旋需於崇朝，三農被沾足之恩，萬姓慰來蘇之望。凡此有生之屬，如游再造之天，莫不手額而稱，色喜相告，謂聖主乘六龍以御世，故明

① 將　明抄本作"時"，誤。通行本改作"將"，是。

萬曆起居注

① 數　明抄本作"敷",是。通行本作"數",誤。

② 疆　明抄本作"彊",誤。通行本作"疆",是。

神效百職以流慈。而皇上方且收美利於不言,斂神機於寂若,遜善於己,歸功於天,謂彼靈鰍夙顯九淵之耀,應茲弘璧丕數①三日之霖,宜加顯號崇封,式彰景貺,更用大書深刻,爰示來茲。蓋聖德合契神明,至誠同流天地,將令鳥獸魚鼇之咸苦,而俾山川鬼神之盡寧也。臣等敢不仰體純衷,博詢舊典,闡熙朝之盛舉,祀秩無文,彰海藏之幽光,歲書大有?所奉聖諭一道,臣等尊藏閣中。謹具回奏以聞。"

是日,大學士張位、沈一貫題:"竊惟天生聖主以眷萬民,精誠感通,無遠弗屆。今年入夏不雨,民心惶惶,皇上不待禮官之請,已先期密禱宮中,夙宵誠懇,擇日又命百官各行齋戒虔求,與尋常之減膳撤樂修飾彌文者迥異,所謂動天以實不以文,真在於此。故玄穹眷佑,靈澤普施,天九閽而頃刻為通,兩三日而霑注皆足,是徵一人有慶而萬壽無疆②也。四野歡呼,舉朝忭舞,臣等叨居密勿尤借光輝,不勝忻戴雀躍之至。"

是日,大學士張位、沈一貫又題:"昨夜恭奉聖諭,為甘霖應禱,欲加封金山黑龍潭龍王廟及其龍潭名號,立碑刻文,表述護國濟民靈應顯化之功,命臣等議擬來行。臣等已經恭奉回奏訖。竊惟皇上為民造福,至誠動天,龍神效靈,景貺響答,固宜加以顯號,紀之貞砥。聖筆已盡形容,臣等無能更議,即依天語,擬廟號為'護國濟民神應龍王廟',潭名為'神應龍潭',仰祈聖明裁定。其碑文一節,臣等愚昧,未測聖意所在,不知欲臣等起草恭代聖製乎,抑或即用臣等職名揄揚今日之盛事乎?若欲恭代聖製,臣等當共竭心思,以俟改正,若即用臣等職名,伏乞欽定臣等一人,庶便撰文進覽。為此具奏以請,伏候敕旨。再照加封建廟,係禮工二部職掌,外僭擬諭旨一道,併乞聖裁施行。"

諭禮工二部:"金山黑龍潭龍王廟素著靈異,又甘霖應禱,着加封廟號為護國濟民神應龍王廟,潭名為神應龍潭,還立碑刻文,表揚紀述。宜遵旨行。"

二十二日丙子,大學士趙志皋題:"為年衰病久痊可無期瀆請再三未蒙俞允苦情萬狀哀懇天恩特賜放歸以延殘喘事。臣再疏乞歸，復奉聖旨：'朕眷念老成，共圖政理。卿偶足疾，何得遽稱衰病求去？宜遵屢旨，專心靜攝，以俟痊日輔理。所辭不允。吏部知道。欽此。'到①，臣伏枕捧誦，涕泗交頤。念惟何修，荷此寵渥？臣即粉骨碎身，亦難圖報，何敢自惜一死，堅欲求去，以辜眷懷？臣即有胸無心，斷不至是。臣惟人之一身，少而必老，老而必衰，衰而必病，既老且病，死亡有期。今臣年已七十有五矣，自上年患病以來，迄今已及一年有餘。服藥無一虛日，所陳心病、目病、足病，不惟無所少減，近來且至日增。終日兀坐一室，尤如槁木枯株，一有行走便至傾跌。十日前，旦起走出臥房，無人扶掖，遂至傾跌在地，胸足受傷，踰時幾不能起。急忙請醫投治，始得蘇醒，至今呻吟狀簀未愈。此由臣衰病日深、昏迷日甚之所致也。臣思至此，能不悚懼？臣自去歲迄今，乞歸之疏凡十五上，情辭俱竭，未蒙俞允。年益高而病益深，疏屢上而聽益遠，日將何以爲計哉？惟有仰天呼號，以冀皇仁垂憫，特旨放歸，俾衰老之臣得以死於牖下，而不終遺棄於他鄉，則天恩之覆被，不啻高厚已也。臣無任激切仰懇之至。"奉旨："朕心懸望卿出，匡贊軍國重務，如何又欲求去？卿宜寬心靜攝，藥餌自輔，以俟痊可。不允所辭。吏部知道。"

　　二十三日丁丑，大學士張位、沈一貫題："今日伏蒙皇上特發吏部請選科道一本，令臣等票擬。竊照此舉中外仰望已久，實今日第一該行之事，荷蒙發票，足慰人心。蓋要地官員，唯吏部、科道爲重。吏部積弊，賴皇上大行廓清，一新耳目，舉朝痛快。令②吏部既清，科道亦當以次而清。臣等愚見以爲，宜推廣聖意，亦照選舉吏部之例，令各部院多舉詳開，以待皇上精擇親點，庶可免結納夤緣之弊。其選擇之法，但看其考語所開俸深老成、謹恪勤職、小心奉法之人，即非浮薄少年、利口佞舌之輩矣。儻因循不選，非惟賢者久困，無路可選，且使不肖充位，據權恣肆，仕路蓁蕪，廓清無日矣。茲臣等僭擬票帖，伏乞皇上允發施行，中外幸甚。"

①到 "到"字下似有漏文。

②令 "令"當作"今"。

① 五　"五"上當有"萬曆二十六年"六字。
② 巳　"巳"當作"巳"。

五①月乙酉，朔。

九日癸巳②，大學士趙志皋奏："為衰年久病痊可無期懇乞天恩容臣辭俸以免曠官以安臣分事。臣自昨年二月患病，至於八月屢上疏而不得請，不得已扶病復出，在閣辦事。既苦於心思之昏昧，入朝趨走又苦於步履之艱迍，此同事二臣靡不憐之，在朝諸臣靡不知之者。祇因奏疏繁瀆，不敢復有陳乞，且冀從容調理，猶可漸次完復。不意至今年二月，因有感傷，病體益甚，醫者皆謂衰年血氣虛耗，次非歲月可調，必須安居靜攝，假以歲時，調以飲食，佐以藥石，庶可望痊。若復從前多事，不能靜攝，則本原益虧，病體益甚。臣聞其言，不勝悚懼，因此不懼唐突疏請再三，俱蒙勉留。聖恩高厚，天語溫存，臣非木石，豈不知感？但臣以衰年得病幾及兩年，計時月已不勝其從容，調理且無復有餘力，而病日纏綿，有增無減。雖聖心未加厭絕，閣務自有司存，然臣以病軀僵臥，前後幾餘一年，非止假滿三月，尚復掛名支俸，是天祿可虛位而竊取也。臣今至此，不惟為性命惜，且當為廉恥惜。皇上於此，不惟為臣破姑息之愛，且當為臣全廉恥之義。自今日以後，願即奪臣之俸，俾得從容調理。若痊可有期，則臣尚有戴天之日。儻病終不痊，惟皇上哀而憐之，放臣回里，得正首丘，臣之萬幸也。臣無任籲天懇禱之至。"奉旨："卿宜遵屢旨，從容調理以慰眷注之懷，痊可即出匡輔。俸不准辭。吏部知道。"

十六日庚子，聖諭："覽卿等所奏，俱已悉知。皇長子言及冠婚、祖宗禮制、天倫親情，朕豈不欲蚤傳行？但念皇長子素稟清弱，所以遲緩者，正要培養豐厚，誠愛重之意。今春至夏，朕屢召皇長子暨諸皇子，聞察習學之功，見皇長子氣質比與去歲漸加充實，且書倣、對句頗有進益，朕甚嘉悅。皇長子欲先行三加冠禮，次及冊立、選婚。朕思今未正名封而行加冠之禮，冠服不便，前已有旨。況二宮不日落成，待煥然一新，行此大典，庶嘉禮有所，天下傳聞，以便臣民具瞻。若其束髮之冠，須待選有婚儀，擇吉冠中，與婚笄同行，此亦舊例也。諭卿等知之。"

十七日辛丑，聖諭："朕覽卿等再揭奏請，具見恭敬詳慎之意。《閨範》一書，乃朕賜與宮中朝夕閱覽，因其書理與《女鑑》相符，使以爲勸言之規。前者卿等所言，人不可不以治亂安危關心，即今人心傾險，揑造流言，壞亂朝政，世道可虞，亟宜修舉政事，收拾人心。誠爲心服①股肱爲國謀猷，忠愛殊爲嘉尚。且樊玉衡假以建言要名沽譽，原本亦不必發示，及戴士衡俱此。二畜結黨造言，干撓大典，妄指宮禁，惑世誣人，上干天和，中傷善類，若不重處，何以儆戒將來？已有旨了。"

二十四日戊申，大學士趙志皋、張位、沈一貫題："爲作養人才事。照得儲才待用，乃國家首務，而庶吉士之選，尤儲才之最重者。查得萬曆十四年，該吏部議覆科臣王三餘條議，凡遇開科年分，考選庶吉士，儲養成材，留授翰林院官，其餘酌量才品，分授科道部屬，著爲定例，永遠遵守等因，奉聖旨：是，欽此。又查得萬曆二十年，吏部議覆科臣李周策題稱，遴才貴精，額數不必拘，隨該臣等考選得正卷十八卷，題改庶吉士作養，遵例散館、授官訖。今科進士相應考選作養，以備皇上他日任使。合無准照節年舊規，限年四十以下，各部院等衙門從公諮訪器識端雅、文學優長者，開送吏部，吏部查照題准事理，按名閱審，果無違礙，疏名奏聞，恭候命下，臣等題請欽定考試日期，遵照先年題奉欽依條件施行？臣等未敢擅便，謹題請旨。"奉旨："是。吏部知道。"

二十九日癸丑，大學士沈一貫題："臣禀受素弱，年齒向衰，常日惟以感荷鴻恩，勉強供事。兹因次男夭喪傷感，頭目眩暈，步履難前，不能入閣辦事，輒敢冒昧仰乞聖恩，容臣暫假數日調理，稍獲痊可，即當竭蹶以效犬馬報主之誠也。臣不勝懇望之至。"奉旨："朕覽卿奏次男夭喪，亦爲憫惻。但人生

① 服 "服"當作"腹"。

修短，天有定數，勿得過傷，以慰眷懷。准暫給假調攝，稍可即出佐理。"

五月二十九日癸丑①，大學士沈一貫奏："爲恭陳謝悃事。昨臣以次男夭亡，頭目眩暈，具揭上請，乞假數日，奉御批：'朕覽卿奏次男夭喪，亦爲憫惻。但人生修短，天有定數，勿得過傷，以慰眷懷。准暫假調攝，稍可即出佐理。欽此。'臣不勝悲涕，不勝感激。伏念人臣許國，義當忘身，至於兒女私情、喪亡穢事，尤不宜上瀆君父之清聽。但緣臣素多疾病，適遭此變，父子恩深，殊不能堪，而家屬南歸，無人代治，不勝老牛舐②犢之情，身營敝蓋掩狗之事，非假數日難以訖此。既有陳乞，又不敢不以實聞，方憂瀆聽之愆，惟以見俞爲幸，何至仰廑聖念，曲賜慰綸？軫憫惻於宸懷，視有同於赤子，引修短之定論，理尤備於天人，戒臣勿得過傷，勉臣仰慰天眷，許假調攝，趣之即出，恩私周渥，不啻家人父子之殷③，慰藉頻繁，真如心膂股肱之切。而況淋漓翰墨，出於親灑，彌徵注念，有萬恒常。惟此草露纖委，糞土棄餘，尚煩聖憐，形之詔旨，幽夜爲陽，亦足不朽。臣今如夢斯覺，收涕爲歡，敢不以義裁情，捐家赴國？昔人懷嫁女之厚，死猶不忘結草，今臣沐世受之恩，生敢惜於捐軀擔當，九死不辭，以報君父之天高地厚於萬一也？臣無任卿感蘊結之至。除容臣數日後報名廷謝外，謹先具奏稱謝。"奉旨："覽卿奏謝，朕知道了。卿宜速出匡輔，以慰眷倚之懷。吏部知道。"

① 五月二十九日癸丑 "五月二十九日癸丑"八字應改爲"是日"二字。

② 舐 "舐"當爲"舔"之誤。

③ 般 明抄本作"殷"，是。通行本作"般"，誤。

六①月甲寅，朔。

二日乙卯，大學士趙志皋奏："爲老臣衰病日久痊可無期冒昧苦懇天恩即賜放歸以遂生還以免瀆奏事。臣自昨年二月患病，十三上疏乞恩歸田，因不得請，復於八月勉强扶病而出。然身出而病實未痊，力猶不逮，此同事二臣與兩房供事等官所共睹者。臣以出閣辦事未久，故隱忍而不敢奏聞，不意今又聞家變，舊病益增，奄至三月。臣荷皇上眷留之恩，自舊年以至於今日，臣之所奏常懼其厭煩，皇上之眷留不勝其懇切，且玉音之播，真如琬琰之垂，天語之頒，奚啻絲綸之布？臣雖至愚，豈不知勉力以圖報國恩，亟趨以勉承君命？但臣年已老，臣病實衰，足疾不能以驅馳，目昏不能以校閱，而所尤苦者朝語事而朝忘之，夕語事而夕忘之，一身之事且多遺失，而萬幾之繁豈能料理？雖有二臣同心協恭，擔當國事，如臣之袖手旁觀，虛位素餐何？臣之懷歸非一日矣，祗因去年十三上疏而不得請，又值國家多事，島夷未寧，不敢復請。而事今日大勢已定，惟在朝廷之上主張得宜，而邊塞之間慎簡將帥，蠢爾醜夷固不足平也。臣以衰年，繆膺國事，一籌不展，終歲杜門，雖幸而無病亦當避位以讓賢，矧卧病已深，豈可久竊而誤國？此臣之所以日夜皇皇，而不能以一日安於其位者也。伏望皇上憐臣衰病久廢，察臣首丘至情，即賜放歸，以全殘喘，則皇上高厚之恩，不啻與天地並，而微臣進退之節幸終身有據矣。臣無任感激懇恩之至。"奉旨："朕覽卿奏，豈不體念高年？但國家多事，島夷未寧，正賴老成練達，共濟時艱，況值閣中虛署，卿宜即出佐理，以副眷倚至懷。慎勿固辭。吏部知道。"

三日丙辰，大學士張位題："今日文書官史賓，捧出聖諭一道，諭內閣：'朕思閣臣祖宗設立，匡輔重任，擬票絲綸，實乃樞機政本之處。今首輔調理，三輔在告，次輔位進閣辦②事，況值中外多事之時，如何不行題請？卿等便詳議來聞。特此故諭。欽此。'臣莊誦綸音，不勝感戴。伏惟我皇上念樞機政本之

① 六 "六"字前當有"萬曆二十六年"六字。

② 辦 明抄本作"辯"，誤。通行本作"辦"，是。

萬曆起居注

一五七二

地，二臣一時在告，值中外多事之時，獨臣微力難勝，命行題請舊規，廣求輔弼共理，即帝舜宅揆亮采之典，成湯旁求俊彥之意，何以加焉？容臣即將聖諭傳示臣志皋，臣一貫，公同詳議，另行題請外，臣不敢擅便，謹具回奏以聞。"

四日丁己①，大學士趙志皋題："臣等忽接聖諭內閣：'朕思閣臣祖宗設立，匡輔重任，擬票絲綸，實乃樞機政本之處。今首輔調理，三輔在告，次輔位進閣辦②事，況值中外多事之時，如何不行題請？卿等便詳議來聞。特此故諭。欽此。'臣等莊誦綸音，不勝感激，不勝惶悚。竊惟閣臣為皇上左右密勿，上代天言，下總庶政，厥職匪輕，選用宜廣。先朝不暇詳舉，查得世宗時嘗簡用六、七員，或五、六員者。矧今國事多艱，臣等備員僅得三人，即全在供事，尚以才識寡昧，不能仰副皇上任使為懼，今臣志皋向以衰病陳乞，而臣一貫又值喪子給假，止臣位一人在閣，政務繁重，委屬乏人，致凟聖諭。仰見皇上垂神政本及倚任閣臣至意，但至公極重之典，臣等未敢輕擬，伏乞敕諭吏部，會同九卿科道，將在任在籍諸臣克充輔弼之選者，公同推舉數員，列名上請，以俟聖明簡用。庶集思廣益，化理有神。臣等無任激切待命之至。"

是日，大學士張位奏："為報國盡忠忽被無端誣謗懇乞聖慈昭察處分以明臣節事。臣才識淺薄，誤蒙聖主眷知，值時事多艱，身任匡弼重地。首輔趙志皋給假未出，朝夕兢兢與臣一貫共相砥礪，凡以竭涓埃答恩遇者，無所不盡其心也。臣昨日接到兵部贊畫主事丁應泰③揭帖為貪猾喪師釀亂權奸結黨欺君懇乞聖明亟正刑賞以安將士以定封疆事，其揭內開報東征失律喪師，參論撫臣楊鎬、將官李如梅、麻貴罪狀，因論臣位與臣一貫。除軍旅④情重大，自兵部、總督、監軍諸臣公同查勘，臣不敢預知，謹以誣詆及臣者敬為皇上明言之。臣惟天下事出身擔當甚難，哆口談論甚易。當朝鮮告急，舉國君臣百姓逃散矣，惟時議興救援之師，以保藩籬之固，朝廷之上四顧求才，甚難其人也。楊鎬乃廷臣共推，皇上點用，原非臣私薦之人。此時

①己 "己"當作"巳"。
②辦 明抄本作"辯"，誤。通行本作"辦"，是。
③泰 明抄本作"泰"，通行本作"泰"，應作"泰"。
④旅 "旅"字似為衍文。

萬曆二十六年

勢變倉忙，生死禍福所係，鎬果善營之人，捨腹裏而就危地，豈其情乎？則謂其以賄求臣，冀得朝鮮經理者，誣也。及鎬被論，徬徨堅意求去，臣等竊念人臣犯霜雪、冒鋒鏑、爲國家出萬死一生報效，誠所難得，鎬若行恐軍心搖亂，賊勢侵凌，而前功盡棄，故答鎬書中，慰藉以安其心，用人臣大義責之，大約不過宣布明主委任之隆，勗勵邊臣報效之志，俾其一意驅馳，心無內顧，懇懇切切，無非爲國而已，則謂其私相結納、有所欺蔽者，誣也。在內在外上本人員，從來有奏有揭，豈非奸交結者比？若軍國重務一事不聞，內外隔絕，聲息靡通，皇上所以任臣倚臣者，豈欲臣以冥冥決事乎？謂之交通有罪者，誣者①。至於每日閣中擬票機密大事，緘封固藏，若建白常行，皆付中書官謄寫，臣等每戒諭丁寧，毋敢漏洩。然往往間有浪傳，莫測其由，建言疏上，探伺多端，類非防閑意料所及，若邸報抄行，於臣何與？中間或有誣揑隱情，亦未可知。則謂臣自有傳寄者，誣也。應泰②又言鎬在遼時買珠賄求，事絕影響，無從伸辯，近來用此傾陷，造揑何難？遼東殘破荒涼，原非產珠處所，不知斯言從何得來？則謂以此賄臣者，誣也。臣等嘗慮朝鮮將吏羣集，口舌橫多，又聞南北各兵彼此不協，茲當論功之際，必起不平之爭，故邢玠敍疏方來，而應泰③彈章繼至，其情大可見矣。嗟乎，樂羊謗書，馬援意苡，若非人主昭察，千古含冤，干戈成之，筆舌敗之，從此孰敢復爲國家出力者乎？臣爲東征事無結局，日夜憂慮，每謂自漢唐宋以來、未有疲耗中國財力爲外國戍守之理，但進退機宜，遙度難決，是臣識見短淺、運籌不效明驗，若懷欺誤，天日洞照於上，少垂昭雪，將不知其死所。臣力竭矣，臣心苦矣。伏乞皇上將東征功罪，行監軍御史或特差一忠誠任事之臣，從實查勘具奏，大彰賞罰，以勵戰士。儻憐臣赤心報主，毫髮無欺，宥其不效之罪，放歸田里，庶政地清而朝廷之大法益彰，中外詟服矣。臣不勝戰兢懇籲之至。"奉旨："卿忠亮端謹，佐理多年，朕所鑒知。但東征功罪，關係軍國重務、已有旨着五府、大小九卿、及科道官，從實看議，具奏定奪。卿宜即出匡輔，不准辭。吏部知道。"

① 者 明抄本作"也"，是。通行本作"者"，誤。

② 泰 明抄本作"泰"，通行本作"泰"，應爲"泰"。

③ 泰 明抄本作"泰"，誤。通行本作"泰"，是。

是日，大學士沈一貫奏："爲循職效忠橫被誣枉懇乞聖明特賜褫罷處分以明臣誼事。臣近以子喪身病，蒙恩賜假調理，倏接兵部贊畫主事丁應泰①一本爲貪猾喪師釀亂權奸結黨欺君懇乞聖明亟正刑賞等事，內參楊鎬、李如梅、麻貴，而及臣張位、臣一貫。臣竊自思，才庸德薄，不稱輔弼，則久知其當黜矣。若應泰②之所以罪臣者，臣內自循省，尚有可言，伏惟皇上少垂察焉。臣惟鎬等在朝鮮行過事迹，有總督、監軍之奏報，有兵部之題覆，臣預聞票擬，但稟赤忠，下有公論，上有國法，何敢爲之欺掩、而引他人之罪爲已罪也？屬國之存亡，邊境之安危，皆懸於此，臣非喪心病狂，豈能負君父生成之恩、不爲朝廷大事計哉？詳應泰③之所以罪臣者，謂臣不宜令其早投揭帖，又舉臣所言倭必不犯中國等語以爲非耳。臣請一一辯之。舊規各衙門下本通政司，即一面投揭於閣部，該司上疏，閣臣看揭，發票之時始無阻滯，循行已久，非始今日。自東事之興，章疏詞繁，或至數千百言，而皇上尤特加意，隨到隨發，又每命守票出旨。而彼處齎揭人役，往往視爲泛常，緩不投遞，閣臣不經目，倉卒票本，豈能一閱而盡其始末、究其源委、仰當於聖意、而適中夫事幾哉？比其揭到，則票擬已過，而空置之於無用矣。故前此票擬之詞，不能無未盡之惜。兵機關係，思得早讀其揭而參酌商量，以免於悔。臣欲其早投揭帖，不過申明舊規，慎重兵計耳，豈有本已封進、揭已到京、不過一早晚投遞之間、而即有交結欺蔽乎？又謂臣既知倭奴不敢犯中國，何不奏聞陛下、一紓東顧之憂、一畫國家之計、乃與邊臣私通言之？此尤有詞矣。應泰④遠在萬里，安知臣不曾奏聞？臣嘗建議設天津登萊巡撫，惟願京師門户鞏固，山東近輔無虞，安天下人心，以安主上之心，實臣區區微忠，恐亦不足雌黃也。若夫本章票擬，經承人手數多，臣實未嘗漏泄，天日在上，可表此心。臣每見皇上憂勞東事，夙宵不遑，詔旨惓惓軫念將士，欲作其忠勇之氣，以收萬全之功，時加奉揚，不敢隱默，此則臣忠君報國之職分，非私交也。臣仰恃君父鴻庥，寵光優渥，何藉於彼而爲私通？必欲曲爲文致，臣身殆無死所矣。但臣孤

① 泰　"泰"應作"泰"。

② 泰　"泰"應作"泰"。

③ 泰　明抄本作"泰"，通行本作"泰"，應作"泰"。

④ 泰　明抄本作"泰"，通行本作"泰"，應作"泰"。

忠無侶，愚不保身，致令指摘多言，慚負天日，伏望皇上將臣特賜寵斥處分，以清政本，則朝廷之刑罰公，而裨益軍國大計不小矣。臣不任戰兢哀懇之至。"奉旨："卿清謹端亮，朕鑒知，人言不必深辯。卿宜即出輔理，不准辭。吏部知道。"

十一日甲子，大學士張位奏："爲羣言交至孤忠可憐懇乞聖明矜察處分以全國體事。臣前爲丁應泰[①]論列，已具疏自明，荷蒙恩綸下被，命臣即出匡輔。臣連日席藁待罪，抱病驚憂，寢食俱廢，昨病中傳到給事中徐觀瀾一本，復參論臣，大約言敗東事者楊鎬也，用鎬者臣也，宜即將臣罷歸以爲永戒。中間誣衊之詞，自有聖明洞鑒，舉朝公論猶存，臣不敢一一置辯，但臣平生心事，天日可鑒，不敢不一明於君父之前也。臣自侍講筵以至輔弼，蓋二十餘年矣，赤心事主，一毫無欺，每遇國家之事，竭力盡瘁，不避嫌怨，往往取憎於人。若爲[②]臣之有欺，則萬萬不敢爲也。且臣自弱冠以至白首，確守先人清白家風，服官以來，兢兢嚴於交接，豈忍末節自喪平生之守？若謂臣爲奸貪，則萬萬不忍爲也。至於楊鎬之用，出自廷推，聖明欽點，非臣一己所能私授者。東征戰陣之事，督撫將官在彼所爲，其勝敗功罪，自有總督、監軍諸臣目擊公評，與臣無預，臣並未嘗輕擬濫賞，又未嘗輕擬薄罰，乃盡以歸罪於臣，不亦過歟？且勝敗兵家之常，今倭情未見變動，若止憑應泰[③]偏詞遽爲更革，恐內變外侮因此決裂，不可收拾，其將奈何？天下事成之甚難，壞之甚易，小臣任意哆口，不顧其後，願皇上自爲社稷安危計也。臣義同休戚，忍不爲聖主明言之？夫閣臣本無事權，動有責備，風波之地，萬分難居。今諸臣借東事相攻，臣心一毫無愧。臣恃主上之知，兢兢夙夜苦爲，諸臣側目，謗議繁興，巧發朋攻，皆出意外。皇上神明獨照，無微不燭，股肱近臣難逃照鑒，臣孤忠自許，所恃者惟聖主一人。伏乞皇上俯念臣一意報主，始終不欺，狗馬奔走多年，亦有足憫，特賜骸骨，俾得生還故里，則感乾坤再造之恩，尤出於伏罪望外。臣不勝戰惕仰望之至。"奉旨："且楊鎬乃卿密揭屢薦，奪情委

①泰　明抄本作"泰"，通行本作"泰"，應作"泰"。

②爲　"爲"字當爲"謂"。

③泰　明抄本作"泰"，通行本作"泰"，應作"泰"。

萬曆起居注

① 憤　"憤"當作"債"。

② 泰　明抄本作"秦"，誤。通行本作"泰"，是。

③ 恩　明抄本作"命"，是。通行本作"恩"，誤。

④ 憤　"憤"當作"債"。

用專任破倭，今乃朋欺隱匿軍情，致憤①東事，辱國損威，莫此為甚。尚言一毫無愧，其於忠義何在？但念輔理多年，積有勤勞，姑准冠帶閒住。該部知道。"

是日，大學士沈一貫奏："為聞言負慚席藁待罪懇乞聖明俯亮心迹亟賜乾斷事。臣奉職無狀，辜負皇上任使至意，致贊畫主事丁應泰②論列。已經具疏陳辯，伏蒙聖慈不即捐斥，賜之溫綸，命臣即出供職。臣伏自維念，十年講幄，三載綸扉，空縻廩祿，無裨贊襄，方自愧悚，方自愆責，即微人言，久欲避路。乃今橫被指摘，雖於中尚有可詞，而生平已甚玷缺。在聖主眷念之過，蓋謂閣臣存體，而愚臣內省積慾，則有日夜惶懼。況聞科臣趙完璧、徐觀瀾交責未已，臣頃見其疏，大約不出此意。除前疏已辯，不敢復辯以瀆天聽外，臣惟閣臣之難，不但今日，自十餘年來，無一人得免於彈射，無一歲不騰夫風波，況臣孤根，尤易摧折，遭時不偶，奉職不效，夫復何言？起家受恩③之日，已致此身為朝廷之身，不敢私恡，故朝夕在公，常效匪躬之節，無一事不為尊主上、安社稷、利蒼生、固邊徼，以圖報稱於萬一，若徇私朋曀，實所不敢。智慮短淺，防患不密，罪誠有之，而區區一念，則皇天后土可表臣心。仰惟聖主上與天通，孤臣可恃，猶望在此。閣臣係是皇上股肱，有罪自當皇上處分，伏乞聖明即賜乾斷，臣無所恨。惟復哀憐，狗馬效力逾三十年，豈無一節之可贖、尚有寸心之可諒？賜之骸骨，俾得生還，則又天地生成之至恩，出於微臣望外之萬一者也。臣不勝悚懼懇望之至。為此謹具本奏聞。"奉旨："卿公忠清謹，朕素鑒知，雖與楊鎬通書，亦是勸勉盡職，原無別意。着即出安心佐理，勿得再陳。吏部知道。"

是日，大學士趙志皋題："今日文書官史賓齎捧聖諭到閣：'爾着送此票本文書房官，傳與趙閣說：次輔位先密揭屢薦楊鎬，奪情委用專任破倭，今隱匿軍情，致憤④東事，辱國損威，勞民傷財，尚言一毫無愧，其如國家安危公論何？着出票來看。三輔一貫，不過一私書之意，其本中意尚認罪愧懼，出溫旨着令即出佐理，勿得再陳。'臣恭誦綸音，不勝悚慄惶懼。自東事擾攘，六七年來，勞師費財，漫無結局，致廑宵旰不遑寧處。昨特議設經理巡撫，此必素抱忠藎、才猷越衆者，方可以收戡定之功，以抒皇上東顧之慮，責任甚重矣。乃臣張位薦用匪人，致辜委任，愚昧之罪誠不容逭。但念位久侍講幄，極盡勞瘁，復任輔佐，竭蹶在公，且忝備皇上股肱心膂之寄，原與外臣不同。伏望皇上少霽天威，特寬斧鉞，准其休致回籍①，庶閣體稍存，而皇上向來優禮大臣之義，高天厚地恩之②，逾出尋常萬萬矣。臣沈一貫已蒙聖鑒，容臣傳示入閣辦③事，仰副眷懷。謹各擬票，同御札一併進聖覽，伏祈俯俞。臣不勝感激惶悚待命之至。"

十二日乙丑，大學士趙志皐題："今日蒙發下閣臣張位本，奉聖旨：'且楊鎬乃卿密揭屢薦，奪情委用，專任破倭，今乃朋欺隱匿軍情，致憤④東事，辱國損威，莫此爲甚。尚言一毫無愧，其於忠義何在？但念輔理多年，積有勤勞，姑准冠帶閑住。吏部知道。欽此。'夫張位昧於知人，致辜聖眷，伏蒙恩慈浩蕩，特賜寬宥，此匪特位一門之感，即臣仰戴生成等於無極矣。但閣臣素受皇上恩隆異數曲加優禮者，而位服官三十年，頗效犬馬之勞，儻荷聖德包荒，俯全閣體，仍准令位以原官致仕，又念其家居江右，路阻數千，得准賜馳驛，以免盛暑長途跋涉之苦，則天覆地載始終，感造就之洪恩矣。不勝惶悚懇祈待命之至。"

十三日丙寅，大學士沈一貫奏："爲佐理積愆過蒙矜宥省躬揣分跼蹐難存仰祈聖明特賜罷斥以重政本事。臣近因患病給假，聞贊畫主事丁應泰⑤論劾，再具疏自陳爲聞言負慚席藁待罪懇乞聖明俯亮心迹亟賜乾斷事，奉聖旨：'卿公忠清謹，朕素鑒知，雖與楊鎬通書，亦是勸勉盡職，原無別意。着即出安心佐理，勿得再陳。吏部知道。欽此。'臣奄奄殘息，似夢似痴，惛憒之中，尚知天日，不勝涕泗交集，舉首擊牀，以叩謝君父再造之鴻恩也。伏念臣罪狀已著，衆口交攻，乃蒙皇上察之於衆

① 籍 明抄本作"藉"，誤。通行本作"籍"，是。
② 恩之 "恩之"當作"之恩"。
③ 辦 明抄本作"辯"，誤。通行本作"辦"，是。
④ 憤 "憤"當作"僨"。
⑤ 泰 明抄本作"泰"，通行本作"泰"，應作"泰"。

萬曆起居注

① 惟復 明抄本無"惟復"二字，是。通行本衍此二字，誤。

② 榮 "榮"當作"營"。

③ 籍 明抄本作"藉"，誤。通行本作"籍"，是。

④ 蚊 明抄本作"蛟"，誤。通行本作"蚊"，是。

惡之中，出之於濱亡之地，'公忠清謹'既假過情之譽，'勸勉盡職'復諒無他之心，雖慈父之護子不能過矣。自今以往，臣宜何以報稱？惟有啣結耳。但臣退而自思，猶有一語，良心難泯，不敢隱匿，輒敢上陳於君父之前。臣與張位，同在閣中，大小政事，臣實參預，謀國不效，自當伏辜，一去一留，難以明法。況臣伎倆已竭，筋力已窮，家難頻仍，疫疾為厲，生死旦暮，不任驅策。方今賢才濟濟，悉堪簡任，前事既拙，當求後工。若以具臣充位之故，而久稽賢俊之登庸，大壞國家之政務，則臣罪益深，臣之肉寧足食乎？伏望皇上將臣與位同罰，亟賜罷免。閣臣員缺，前已奉旨題請，伏乞發自聖心，特簡堪任之臣數員，惟復①或諭內閣，或諭吏部，從公推舉，與首輔一同辦事，庶政本得人，而安攘之績立奏矣。臣不任激切屏榮②之至。為此謹具本奏聞。"奉旨："卿為國重臣，清忠端慎，朕所深鑒。已有旨勉留，何必再辭？且國家多事，閣臣缺人，宜遵旨即出佐理，以慰眷懷。不准辭。吏部知道。"

十四日丁卯，大學士趙志皋題："為閣務繁重懇乞聖明亟下廷推之旨以弘輔理以定羣心事。本月初三日傳奉敕諭：'朕思閣臣祖宗設立，匡輔重任，票擬絲綸，實乃樞機政本之處。今首輔調理，三輔在告，次輔位進閣辦事，況值中外多事之時，如何不行題請？卿等便詳議來聞。特此故諭。欽此。'臣等仰見我皇上垂神政本，欲博選才賢以廣忠益，不勝感激，即於次日具疏題請。迺數日以來，未奉明旨，中外臣工頗懷疑惑，而御史汪先岸又復以此論列。夫先岸不知臣等題請之數，業經具進，以此責臣，無足恠已。獨念密勿重地，樞機至繁，中外多虞，參贊宜慎，況累朝以來閣臣或六七人、四五人，原無定員，今閣臣止三人，而臣位已被論回籍③，臣一貫尚給假未進，止臣志皋力疾入閣。夫當此政務紛紜，羽書旁午，即以伊傳周召之賢尚費拮据，而臣志皋欲以衰病疎庸之人，與一貫共肩佐理，譬之以蚊④負山，必不勝任矣。矧敕諭既頒，羣情仰切，儻或久延，則臣病終不能支，眾疑愈不能解，將來責備臣等者又不止先岸一人而已。今在任在籍①諸臣，其學術人品莫逃於聖鑒，伏乞皇上斷自宸衷，簡求賢哲，以充是任。或俯俞臣等疏所題，敕下吏部，會同九卿科道等官推舉，上請聖明簡用，以昭公道，以服輿情。庶羣賢彙進，輔弼有資，上可以慰皇上側席之心，下可以免臣等曠瘝之議矣。臣等不勝激切祈懇待命之至。"

十九日壬申，大學士沈一貫奏："爲恭謝天恩懇乞聖慈俯容寬假調理以圖補報事。昨該臣具奏爲佐理積愆過蒙矜宥省躬揣分跼蹐難存仰祈聖明特賜罷斥以重政本事，奉聖旨：'卿爲國重臣，清忠端慎，朕所鑒知。已有旨勉留，何必再辭？且國家多事，閣臣缺人，宜遵旨即出佐理，以慰眷懷。不准辭。吏部知道。欽此。'伏念臣自遭謗以來，三蒙溫旨，螻蟻微眇，荷天殊恩，所不感遇徇知以報效者，非人也。臣用是忘其身病，踴躍奮起，願竟其餘生之力，以仰酬知遇之隆者屢矣。但臣深患已非一日，前此具疏，方且抱愆請罪，未暇言其狼狽之狀。今蒙聖主推赤心以遇臣，臣敢一言以祈旻天之矜憐焉。臣自少多病，最爲早衰。今犬馬齒六十有二矣，頭白齒落，足軟筋拳，三年之中連遭室中二喪，百苦交罹，如在焚灼。今春祗役科場，以夜繼日供校閱之事，盡耗心血，因患怔忡瘀瘕等病，乃又夭亡次子，悲思哀楚，而適逢噴言之及，憂悸慚悚一時並集，致感疫邪危症，風涎上湧，精液下遺，膈氣中痞。求醫速效，倍藥攻治，欲速不達，勢反增加。今頭岑岑不能起，日夜叫號，展轉於牀蓐間，嗑不能一溢米也。臣素誓效忠，忘身徇國，往雖有病未嘗不勉強進閣，風雪寒暑亦不敢一日間斷，況今國家多事，閣臣缺人，首輔一身獨力擔任，臣過蒙天眷殷勤，豈忍辜負德意？但緣病勢纏綿，未得消減，強起即仆，力不從心，兹不得已，輒敢陳乞於君父之前。伏冀聖慈俯容臣寬假調理，稍可匍匐即當趨閣辦事，以終皇上任使之深仁也。臣不勝祈天仰籲之至。爲此謹具本奏聞。"奉旨："覽奏，知卿以積勞多鬱成疾，致有請②。暫准假調理。政本重地，痊可即出匡輔，以副眷懷。吏部知道。"

萬曆二十六年

一五七九

① 籍　明抄本作"藉"，誤。通行本作"籍"，是。

② 請　"請"上漏"此"字。

萬曆起居注

①閣 "閣"似當作"開"。

②名 "名"當作"卷"。

二十日癸酉，大學士趙志皋等題："爲作養人才事。准吏部手本，該本部題前事，內閣①辦事進士何如寵一百五十九名，俱堪考庶吉士，伏乞敕下內閣，徑自題請欽定考試日期，通行各衙門一體欽遵等因，奉聖旨：'是。欽此。'欽遵備行到閣。除考選事容臣等查照節年題奉欽依事例舉行外，所有考試日期，伏乞於本月二十四日前後欽定批示一日，臣謹會同吏禮二部堂上官，於東閣前公同考選，分別等第進呈，恭候聖明裁定。再照今次考選閱卷，閣臣止臣一員。臣一貫患病請假未出。吏禮二部堂上官有二員，及臣志皋共三員，豈能精閱多卷？合無於詹事府掌府事吏部左侍郎兼翰林院侍讀學士劉元震、翰林院掌院事禮部右侍郎兼翰林院侍讀學士曾朝節，伏乞聖明欽准，暫令與臣等一同閱視庶吉士試卷？庶校閱精而事體攸當矣。緣係作養人才事理，臣等未敢擅便，謹題請旨。"奉旨："着於二十五日，卿等同劉元震等從公考選。先擬試題來看。"

二十六日己卯，大學士趙志皋等題："爲作養人才事。臣等於本月二十五日，遵奉欽定日期，會同吏部署部事左侍郎裴應章、禮部署部事右侍郎兼翰林院侍讀學士余繼登、詹事府掌府事吏部左侍郎兼翰林院侍讀學士劉元震、翰林院掌院事禮部右侍郎兼翰林院侍讀學士曾朝節，將吏部開送進士何如寵等一百四十一名，遵奉聖旨考選，得文理平通堪充正卷二十一名②、文理亦通堪充副卷八卷，各擬名次、封進御覽。伏乞聖明裁定發下，臣等仍會同該部拆卷、填名具奏。"奉旨："是。正卷准改庶吉士作養。"

二十七日庚辰，大學士趙志皋、沈一貫題："爲作養人才事。本月二十五日，該臣等會同吏部署部事左侍郎裴應章、禮部署部事右侍郎兼翰林院侍讀學士余繼登、詹事府掌府事吏部左侍郎兼翰林院侍讀學士劉元震、翰林院掌院事禮部右侍郎兼翰林院侍讀學士曾朝節，將吏部開送進士何如寵等一百四十一名，遵奉聖旨考選，得文理平通堪充正卷二十一卷、文理亦通堪充副卷八卷，各擬名次封進御覽，伏乞聖明裁定發下，臣等仍會同各官拆卷填名具奏等因。二十七日，欽蒙發下正副卷到閣。臣等謹欽遵會同吏禮二部堂上官，並詹事府、翰林院各掌印官，將正卷二十一卷照依名次開拆，填寫名籍①，上進聖覽，伏乞敕下吏部，遵照欽依内事理，將黃國鼎等授庶吉士，與同一甲進士趙秉忠、邵景堯、顧起元，俱送翰林院讀書進學。臣等仍照例行工部，將本院房屋量行修理，並各該衙門，將合用卓凳、筆硯、紙墨、酒飯、皂隸等項，各照例辦送應用。其教書官，容臣等另行推舉上請。緣係作養人才事理，臣等未敢擅便，謹題請旨。

  計　開

  黃國鼎　福建晉江縣人

  張文光　湖廣江夏縣人

  楊文薀　順天府人

  丘禾實　貴州新添衛人

  洪瞻祖　浙江仁和縣人

  趙師聖　江西南豐縣人

  周道登　直隸吳江縣人

  溫體仁　浙江烏程縣人

  李思成　直隸興化縣人

  楊希聖　浙江西安縣人

  胡賓臣　湖廣黃陂縣人

  何如龍　直隸桐城縣人

  張邦紀　燕山左衛人

  周如磐　福建莆田縣人

  張鳳翔　江西南城縣人

  黃　陛　河南睢州人

  王毓宗　四川嘉定州人

  張光裕　山東臨邑縣人

  盛以弘　陝西潼關衛人

  孟時芳　山西蒲州人

  曾舜漁　廣東博羅縣人。"奉旨："是。吏部知道。"

①籍　明抄本作"藉"，誤。通行本作"籍"，是。

萬曆二十六年七月甲申，朔。

四月①丁亥，大學士趙志皋等題："爲閣務煩重三懇聖明博簡才賢以隆政本事。頃者臣等遵奉敕諭，題請閣臣，未蒙票發，復該臣等再疏以請，及科道諸臣汪先岸、徐觀瀾、喬璧星相繼具題，亦未奉有俞旨。竊惟閣臣之設，所以備顧問、贊樞機，職務最煩，責任最重，必延登俊乂，廣集衆思，乃可以裨益皇猷，共臻治理。仰惟皇上聰明天挺，總覽萬幾，臣等識闇才疎，固不能仰贊萬一。近且各部員缺諸疏，一時並蒙發下，政化聿新，廢垂具舉，臣等實不勝欽戴。第推補閣臣，未荷俯俞，固知聖心淵默，非臣下所能仰窺。惟是臣志皋衰病侵尋，久欲退避，懇辭已非一日。近值閣中虛署，復自念狗馬之軀尚未委填溝壑，則重肩未息，職業猶存，顧何敢自惜，以重煩聖懷？是以力疾入閣，勉強支持。然終以精神疲耗，顛覆是虞。臣一貫近遭骨肉之傷，復遘纏綿之疾，心志未寧，思慮且窒。是臣二人者，雖居無事之時，猶恐不勝委任。今何時也？四方多事，災患頻仍，島夷有竊據之虞，內地增徵輸之擾，人心搖動，頗有隱憂，政本重地，豈宜乏人？嘗觀累朝以來，閣臣四五人、或五六人，居常得以交修職業，臨事得以共濟時艱，並未有若今日止臣等二人之寥寥在閣也。伏乞皇上，密勿重地難以久虛，乞即敕下吏部會官推舉，上請簡用，庶衆賢並進，而臣等得以資匡襄之益，解負之虞矣。宗社幸甚，臣民幸甚。"

五日戊子，大學士趙志皋等題："近該吏部具題禮部右侍郎兼翰林院侍讀學士余繼登該陞本部左侍郎，本內未經照舊開具日講等項事務，左春坊左庶子兼翰林院侍讀朱國祚擬陞禮部右侍郎，例該兼翰林院侍讀學士，原題俱未開載兼官並日講諸務。未奉明旨，合無敕下吏部，將余繼登兼官並撰進日講章等項俱照舊，仍署部事，朱國祚禮部右侍郎兼翰林院侍讀學士，令各欽遵到職供事？臣等未敢擅便，謹題請旨。"奉旨："是。吏部知道。"

① 月 "月"字爲"日"之誤。

六日己丑，大學士趙志皐等題："今日蒙發下文書到閣，令臣擬票，內有吏部調用司官吳仁度等一本，該文書官冉登口傳聖諭：'各官陞轉太速，着吏部查來。欽此。'臣仰見皇上垂神政務，巨細不遺。但臣備閱原疏，查得吳仁度係中書舍人，魏可簡係兵部主事，近因吏部四司缺官，各部院遵奉新旨公舉、咨送吏部類題、蒙皇上欽點陞調者。今因文選司主事王永光、馬大儒陞轉，遺下員缺，既不敢擅用外官，而本部司官人數有限，只將吳仁度、魏可簡俱以原官循例調補，與陞遷者不同，實無別弊，且銓務繁重，事難兼攝，相應俯從部擬。臣僭擬票恭進聖覽，伏乞裁定施行。謹具題以聞。"

八日辛卯，大學士趙志皐題："爲印信事。照得左春坊左庶子兼翰林院侍讀朱國祚已經欽陞禮部右侍郎訖，右春坊右庶子兼翰林院侍讀周應賓丁憂回籍①，所有各坊局印信缺官掌管，例應照資遷轉。臣等查得左春坊左諭德兼翰林院侍讀葉向高、郭正域，資序相應，堪掌左右春坊印信。合無將葉向高量陞左春坊左庶子兼翰林院侍讀，郭正域陞右春坊右庶子兼翰林院侍讀，令各掌管前項印信，葉向高遺下司經局印信，即以左春坊左贊善兼翰林院檢討范醇敬陞司經局洗馬兼翰林院修撰，掌管本局印信？再照翰林院編修袁宗道，歷俸已及八年，官資亦已深久，況日侍皇長子講讀，效有勤勞，相應一併擬陞，合無將袁宗道量陞左春坊左中允兼翰林院編修，其各官講讀並管理文官誥敕等項各照舊？伏乞敕下吏部，查照施行。臣等未敢擅便，謹題請旨。"奉旨："是。吏部知道。"

八日辛卯②，大學士沈一貫題："爲聖恩極隆臣病加遽自料難起恐誤政幾懇乞早放歸田以安愚分以保餘生事。頃者臣奏爲恭謝天恩懇乞聖慈俯容寬假調理以圖補報事，奉聖旨：'覽奏，知卿以積勞多鬱成疾，致有此請。暫准假調理。政本重地，痊可即出匡輔，以慰眷懷。吏部知道。欽此。'竊念臣以草茅么麼之身，際風雲嘉會之盛，儒生至榮，臣子奇遇。匹夫懷德，尚思報酬，臣雖至愚，能忘戀闕？況臣不能奉職，而屢勤聖主之

①籍 明抄本作"藉"，誤。通行本作"籍"，是。

②八日辛卯 "八日辛卯"，應爲"是日"。

萬曆二十六年

一五八三

萬曆起居注

保護，幾微心迹照察甚明，不能攝生而屢勤聖主之愛憐，賜寬假期至於一再。是聖主未嘗棄臣，即臣亦何忍自棄？顧病勢至此，天實棄臣，此臣之所以不能已於哀鳴也。臣自三月以來，每日汗流如雨，形容憔悴，飲食減少，其時但以趨事爲急，而未暇請假調理，日深一日，至於併發，既有悲哀憂惕之傷其內，復有天行時症之傷其外。節今奉旨寬假以來，又十八日矣，醫藥不絕，冀望曰①生，顧爲心愈急，爲效愈遲。上膈下懣，前遺後悶，熱氣不解，黑痰潮湧。始猶夜重日輕，今則晝夜號苦矣。始猶憑人卧起，今則展轉皆艱矣。又且忽復起作，忽復顚仆，有如狂易，不能自持。屢經多醫，竟無一效，皆言病入膏肓，非可容易療理，若不辭免榮祿，豈能苟延性命？竊計臣病有增無減，度日如年，而臣憂尸位曠官，亦度日如年。若復依回顧戀，不懇陳於君父之前，豈惟首丘難望，而妨礙賢路，輔理缺人，致使皇上以一心獨勞於九重之上，首輔在閣亦無兼次，臣罪益甚，死有餘辜，多生一日不如速死一日之爲愈矣。臣憂國一念，萬倍於憂身，即使身可強出，尚欲進賢共理，況茲自料難起，豈可妨賢病國？伏乞皇上憫念臣不得已之意，早賜罷免，回籍以歸骸骨，斷自聖心，特簡賢才二三員，與首輔辦理閣事。惟復亟下聖諭，令吏部會官從公推舉，恭候欽命，則衆賢弼亮，幾務有託，臣雖存歿未期，而子子孫孫百世頂戴，祝延萬壽無疆之慶，歌頌一人有道之長也。臣無任瞻天仰聖激切屛營之至。"奉旨："政本乏人，朕日望卿入閣佐理，如何又有此奏？幾務繁重，倚任甚切，還着鴻臚寺堂上官宣諭即出匡輔，以副眷懷至意。不允所辭。吏部知道。"

是日，大學士沈一貫奏："爲恭謝天恩事。本月初八日，臣具疏爲恩聖極隆臣病加劇自料難起恐誤政幾懇乞早放歸田以安愚分以保餘生事，奏②聖旨：'政本乏人，朕日望卿入閣佐理，如何又有此奏？幾務繁重，倚任甚切，還着鴻臚寺堂上官宣諭即出匡輔，以副眷懷至意。不允所辭。吏部知道。欽此。'欽遵，該鴻臚寺卿張棟等到臣寓所榻前，恭捧宣讀，臣聞命在牀，不覺感激痛哭。草茅微賤，何以蒙此殊常之恩遇也？臣謹伏枕

① 曰　明抄本作"回"，是。通行本作"曰"，誤。

② 奏　明抄本作"奉"，是。通行本作"奏"，誤。

望闕叩頭謝恩訖。伏念臣心懷報主，智昧養生，一病顛連，衆藥不效，自非萬分難强，安敢屢瀆於君父之前？兹蒙聖恩隆厚，彌篤眷留，臣雖昏迷，實深兢惕，惟恐仰違聖意，恨不即刻奮飛，遵旨入閣辦事，以圖報效。但臣以崦嵫之年，膺沉錮之恙，聖主雖加無已之恩，造化實靳已窮之數，徒煩天眷，終負温綸。臣非自詛，實則自揆其病勢已至此耳。伏乞皇上俯念籲天乞命之初誠，始終爲臣造命，臣不勝感激哀懇之至。"奉旨："覽卿奏謝，朕知道了。雖有微疾未愈，不妨再調攝數日，即入閣辦事。慎勿固辭。該部知道。"

十五日戊戌，大學士趙志皋等題："先該吏部題准，願告教職歲貢生員，行移翰林院考試。臣等欽遵會同禮部右侍郎兼翰林院侍讀學士掌院事曾朝節，出題彌封，嚴加考試，取中文理平通上卷五卷、文理頗通中卷八百二十九卷，俱堪授教職。臣等謹將試卷封進，伏乞聖裁發下，開送該部，查照臣等先後題准事理施行。"奉旨："是。吏部知道。"

十七日庚子，大學士趙志皋等題："今日發下文書，令臣擬票，内有兵部司務顧充等催請署印官一本。臣查得前侍郎李楨奉旨調用之後，該部司務隨經題請。臣照得六部堂上缺官，向俱係尚書署掌，不得已或遣本部侍郎代署。臣前已擬户部尚書楊俊民、刑部尚書蕭大亨二員，恭進欽定，連日未見發下。今又題催，實以兵部事務繁冗，印務委難停閣。但查見任尚書止楊俊民、蕭大亨，侍郎余立、趙世卿，都察院左副都御史郭惟賢，餘俱新任，或差占未能遽到。今臣不敢擅擬，謹空票帖恭候欽定一員，前去署理，庶部務不致闕失。謹具題以聞。"

十八日辛丑，大學士沈一貫奏："爲患病危篤調理罔功三懇天恩放歸田里以延殘喘事。臣攝身不謹，致嬰重疾，屢蒙皇上備加憫憐，寬假調理，昨又遣鴻臚寺堂上官，到臣寓所宣諭德意，令臣痊可早出輔理。犬馬賤軀，何至仰煩至尊睠顧之殷如此？臣不勝感涕。隨即具本申謝外，伏念臣區區報國之心，自爲小臣已自期許，況今遭際非常，豈忍有負皇上生成之大恩哉？實緣賦命淺薄，叨冒過多，天忌其盈，致此奇疾。百般苦楚、一時畢集，徧訪諸醫，罔知措手。臣之病狀，有難盡言，總之痰火壅塞，腹背如焚，心志憒眊，飲食膈絕。每一痛發，幾不欲生，下體尤病，足不履地，日夜輾轉於牀席之間，氣咽聲微，不能出口。藥餌無效，按摩罔功。醫人朱法等共稱勞傷過度，非旦夕可愈，惟解官就閒，庶幾僥倖萬一之生路而已。臣奉宣諭以來，日夜思強起以畢報效之誠，而沉痾糾結，有增無減，實係十分沉重，難以挨延。聖恩正賜眷存，而臣命適當極否，是皇上不棄臣，而天實棄臣，臣之心亦不自棄，而臣之身實自棄。心熱徒炎，淚盡無益，一腔夙願，空鬱奚施？臣素小心畏慎，每上一疏，遲回數日，若萬分之一尚可冀望，豈敢復有瀆於君父之前？人情危急則呼天，病甚則呼父母，臣之所恃爲天、爲父母者，惟皇上，急不擇辭，實非得已。伏乞皇上哀憐，早賜骸骨，放歸田里，臣即殘廢餘生，黛餘一線存活，則尺寸之効尚有望焉。如其終填溝壑，他生必爲犬馬，以償今生未畢之願也。臣無任懇激待命之至。爲此謹具本。"奉旨："前已遣官宣諭，日望卿入閣匡輔，如何堅詞求去？暫准假調理，痊可即出，以副朕倚任眷懷。慎勿再有託陳。吏部知道。"

二十二日乙己①，大學士趙志臯等題："臣因閣臣缺人，三疏陳請，未奉俞旨，日夕瞻望。伏念閣臣上佐萬幾，下總庶政，責任宏鉅，至蒙發下章奏擬票，裁決可否，定於一時擬議，必須參酌往時，常備官三四員、或五六員，猶恐知慮未周，顛覆是懼。乃今臣一貫抱病出告，止臣志臯一人供事，矧年紀老大，知識昏庸，徒竭精神，毫無補神。且一日之間，爲時有幾？一人之見，豈能盡周？凡事干軍國重務而未易裁決者，須合衆見以議之，恐恐然猶慮上無當於聖心，下有拂於衆志。況當今之何時也？東倭寇報屢聞，四方征調不息，主上有宵旰之憂，人民多驚擾之苦，而可使一衰庸老臣贊襄聖主？其不至於僨②國

① 己 "己"當作"巳"。

② 憤 "憤"當作"僨"。

家之事者鮮矣。此臣等所以不避煩瀆、而屢次瀝誠以請也。且衆正盈朝，則四夷觀望，昔宋起司馬光於洛下，金人輒戒其將士不可犯邊，中國再相司馬矣，是豈啻十萬之師已哉？伏望皇上明詔即起素有德望二三舊臣，或特簡見任諸臣二三人，同心輔佐，則賢才進而萬政理，倭奴聞之將不戰而自退矣。臣等無任懇切企望之至。"

二十三日丙午，大學士趙志皋等題："爲缺官事。該吏部題稱，南京翰林院印信缺官掌管，照例行翰林院推選相應官一員，前去掌管等因，奉聖旨：'是。欽此。'備行到院。臣等推得國子監司業楊道賓資序相應，堪補前缺。伏乞敕下吏部，將本官量陞右春坊右諭德，掌管南京翰林院印信。臣等未敢擅便，謹題。"奉旨："是。吏部知道。"

二十五日戊申，大學士趙志皋題："前兵部左侍郎李楨，因會推甘肅巡撫誤舉劉敏寬，致科臣楊應文參駁，奉旨回話。在李楨自宜認罪，乃辯疏詞意稍直，復奉聖旨：'李楨認罪罷了，如何有這許多強辯之言？好生不遜。着調南京別衙門用。'隨該吏部兩請，一擬調南京工部右侍郎，一擬本官先有給假省親之請，合無准其回籍？臣亦照部議兩票，恭進聖裁。經今旬日以來，未蒙發下。臣切①照李楨籍係陝西人，賦性原自剛介樸真，至於歷官內外，頗甘清苦，人多稱之。蒙皇上雖罪其強辯，猶鑒其原無大過，薄示譴責。近聞李楨亦追恨一時回奏倉卒，失於委婉，痛自悔艾。但連日未奉明旨，進退維谷，情亦良苦。伏望皇上特賜宸斷，或准其調南京工部，以彰聖明使過之人，或准其回籍省親，以遂其人子烏鳥之私，將前疏批發，俾得遵守。不特李楨感激聖恩，圖報於將來，而中外臣工莫不共仰皇上覆載之洪慈矣。世無任悚息待命之至。"

① 切　"切"當作"竊"。

萬曆起居注

①八 "八"上當有"萬曆二十六年"六字。

②紀 "紀"似當作"既"。

八①月甲寅，朔，大學士趙志皋題："臣在閣中辦事，接得都察院左副都御史郭惟賢送到揭帖，內言風憲缺人甚多，行取不宜稍緩。乃臣出至私寓，又到臣寓所，極言御史缺乏之甚，不勾差委，且使大差、中差、季差顛倒差用，甚至遺代無人。惟賢奏疏中甚悉。向來萬不得已權宜兼攝，此皆該部院委曲勉從聖意，而實非國家大體。至於今日，則兼攝亦不可行矣。且行取既格，則內而差委乏人，外而多官積滯。待時行取等官，在任久者，多至四五年，少則三四年，而今則有積俸八九年者矣。有司所以勵精銳志、勉修職業者，期得此一舉也，朝廷所以振作鼓舞、澂清海甸者，亦在此一舉也。祖宗二百年來大典，未有能廢之者，而自皇上靳之，致風紀耳目之司，日漸隳廢，此惟賢不能已於控請也。其疏中欲照吏部推補司官新例，疏名請旨點用，最為得當。伏乞將惟賢原疏發下吏部，會同都察院，將在京中書、行人、博士，在外原題行取知州、推官、知縣等官，從公細加查訪，酌其資俸，定其人品，必期老成持重、克充風紀之任者，慎選數員，列名請自上裁點用，紀②絕無濫觴之嫌，而浮躁之輩亦不得以倖進矣。緣行取關係國家大典，必難久格，臣職司輔導，有不得不為之代陳者。伏望皇上即賜宸斷施行。"

二日乙卯，大學士趙志皋、沈一貫題："伏蒙聖恩以萬壽聖節，欽賜臣等每金萬壽字二副、銀萬壽字二副、金篆字八個、金書紅符一道、銀書紅符一道，臣等頓首祗領，及講官劉元震等二員俱各照數分給訖。臣等不勝感戴天恩之至。"

三日丙辰，大學士趙志皋等題："為進呈訓錄事。先該臣等欽奉聖諭，謄錄累朝寶訓及實錄，隨照萬曆十八年謄寫事例開款題奉欽依，即於二十四年五月開館，照前式樣挨次恭錄。臣等督率各館謄錄、校對官吏人等，併力供事，寫完《太祖高皇帝寶訓》十五卷、《實錄》二百五十七卷、《成祖文皇帝寶訓》十五卷、《實錄》一百三十卷、《仁宗昭皇帝寶訓》六卷、《實錄》十卷，《宣宗章皇帝寶訓》十二卷、《實錄》一百一十五卷，《英宗睿皇帝寶訓》十二卷、《實錄》三百六十一卷，《憲宗純皇帝寶訓》十卷、《實錄》二百九十三卷，《孝宗敬皇帝寶訓》十卷、《實錄》二百二十四卷，《武宗毅皇帝寶訓》十卷、《實錄》一百九十七卷，《世宗肅皇帝寶訓》二十四卷、《實錄》五百六十六卷，《穆宗莊皇帝寶訓》八卷、《實錄》七十卷，通共二千三百四十五卷。臣等分屬禮部侍郎等官曾朝節等校對明白，裝潢成帙，共爲百套，恭捧進呈。仰惟皇上憲法祖宗，覿揚謨烈，欲以累朝之信史，用藉朝夕之覽觀，德意甚盛。顧卷帙已踰二千，謄寫僅及三載，欲盡加繙閱，或未能周，必次第考求，自然有益。伏望皇上於萬幾之暇，日遂詳覽，庶典學緝熙，永爲立政修身之助，且紹庭陟降，益增繼志述事之光。臣等不勝惓惓願望之至。其效勞人員，容臣等另行分別題敘。"奉旨："覽卿等所奏，謄錄累朝寶訓、實錄，今已完成，朕心嘉悅。奉安御前，恭備詳覽。其效勞人員，便開敘來。"

四日丁巳①，大學士趙志皋題："臣恭視乾清、坤寧二宮工程，伏蒙皇上俯念賜茶，臣仰霑聖恩，不勝感戴天恩之至。"

六日己未，大學士趙志皋等題："爲欽奉聖諭事。臣等遵奉明旨，謄寫累朝寶訓、實錄，自議開館之時，曾具題校對官於翰林院取用，已奉欽依，於本月初三日恭進御覽訖。隨蒙聖旨：'覽卿等所奏，謄錄累朝寶訓、實錄，今已完成，朕心嘉悅。奉安御前，恭備詳覽。其效勞人員，便開敘來。欽此。'除中書等官已經題敘外，查得校對雖與謄錄等官事體繁簡稍間，而勞績亦不容泯。但其官秩不同，臣等不敢概敘，似應不次遷擢，仍當先加優賚。但恩典出自朝廷，臣等未敢擅專，謹開具職名上請，伏乞聖裁施行。臣等不勝悚息之至。
　　計　開
　　禮部右侍郎兼翰林院侍讀學士掌院事　曾朝節
　　左春坊左庶子兼翰林院侍讀　葉向高

① 巳　"巳"當作"已"。

右春坊右庶子兼翰林院侍讀　郭正域

司經局洗馬兼翰林院修撰　范醇敬

左春坊左中允兼翰林院編修　袁宗道

翰林院編修　吳道南、劉曰寧、馮有經。"奉旨："曾朝節、郭正域校對日久，着各賞銀十兩、紵絲二表裏，其餘各賞銀八兩、紵絲一表裏。"

是日，大學士趙志皋題："爲欽奉聖諭查敍效勞人員以彰激勸事。先該臣等遵奉明旨，重寫累朝寶訓、實錄，自萬曆二十四年五月內開館，至二十六年八月，未及三年，該臣等督率各該官吏，殫力供事，於本月初三日恭進御覽，即奏①聖旨：'覽卿等所奏，謄錄累朝寶訓、實錄，今已完成，朕心嘉悅。奉安御前，恭備詳覽。其效勞人員，便開敍來。欽此。'臣等看得，謄寫祖宗訓錄，事體崇重，卷帙浩繁，各官謄寫、圈讀相兼，併力速完，較之先次專設圈書監生，不無省費。且效勞將及三年，委應敍錄，以示勸酬。況又蒙特旨，臣等固不敢不仰體皇上軫念恤勞至意。但其間效勞淺深，執事敏鈍，亦各不同，自當分別。查往例有優厚者，臣等不敢擅援，照萬曆十八年恭進寶訓、實錄敍勞事例，於中再加參酌議擬，期協公當。近日因無館次，俱於翰林院精微科等處謄錄、校對、圈讀，往返奔走，搬送啟閉，比舊委屬繁瑣，不得不添取當該，以便責成，故人數稍增。勞均一體，其丁憂、告病中書李尚珍等、及當該官吏孫一華等，俟服闋之日另行題敍外，謹坐名上請，乞敕吏部查照施行。臣等未敢擅便。

　　計　開

太常寺少卿兼司經局正字　馬繼文

光祿寺少卿兼司經局正字　成楫

　以上二員各加俸一級，馬繼文給與應得誥命。

禮部儀制清吏司員外　包漸林

大理寺左寺左寺正　趙應宿

大理寺右寺右寺正　孫說、汪民敬

大理寺左寺左寺副管典籍事　王國棟

---

① 奏　明抄本作"奉"，是。通行本作"奏"，誤。

萬曆二十六年

大理寺左寺左寺評事　章伯輝、吳馳
大理寺右寺右評事　孫胤奇
中書舍人兼翰林院侍書　茅聞詩
中書舍人管典籍事　王益
中書舍人　包文焖
通政使司經歷　湯應龍
通政使司知事　劉世隆
鴻臚寺主簿　徐可行
鴻臚寺署丞兼翰林院侍書　范可慜
鴻臚寺署丞　史鑑、吳子敬、李憲
主簿　鮑佐

以上十五①員擬各陞一級。內趙應宿、王國棟、王益、劉世隆，效勞獨多，歷俸亦久，仍各加一級。茅聞詩、范可慜，勞苦亦久，向充侍書五年，茅聞詩又歷俸八年，應加陞二級，范可慜加從七品職。徐可行、吳子敬，俱有勤勞，各加俸一級。內汪民敬、孫胤奇，俱歷俸八年，仍加俸一級。史鑑、李憲、鮑佐，止擬陞一級。吳馳前因玉牒未敘，今擬加從五品服色。湯應龍已經九年，給由到部，仍聽照例題覆。內有原加俸級者，俱照舊。

中書舍人　曾仕鑑、楊俊臣、楊文裕

以上三員係舉人中書，資俸已深，原該推陞部屬，今止擬送吏部，查其應陞本等職銜，即與推補。內曾仕鑑玉牒未曾敘錄，今擬陞俸二級，餘各一級。原有加俸者，仍照舊。

四夷館謄錄官：中書舍人陸惟康、周林、鮑佑，鴻臚寺署丞劉尚賓、成九皋，光祿寺署丞張大續、方嵩、周廷臣，鴻臚寺主簿丘登、鄭崇光、李有芳、單禮、林如梓，鴻臚寺序班郭安民、鮑存仁。

以上十五員原係四夷館考選謄錄，內劉尚賓、成九皋、周廷臣、丘登、鄭崇光、單禮、林如梓、周林，各擬陞一級。方嵩、張大續、鮑佑、陸惟康、李有芳、鮑存仁、郭安民，各陞俸一級。內方嵩、張大續照舊起居注館供事，其餘仍各送回

① 五　"五"當作"九"。

本館供職，候兩房缺人，陸續取補。

效勞官：工部營繕所所副宋鸞、應選外衛經歷孫光廷。

書辦官：李邦勳、張九皋、衷升吉、諸烝、張書紳、沈允芳、陳志陞、毛讚、王臣忠。

以上十一名內，宋鸞、孫光廷書寫年深倍勞。宋鸞擬陞州判優處，因玉牒未敍，授官之日仍加俸一級，孫光廷原係從七品官，陞授京縣丞，遇缺除補。李邦勳等原係正八品官職，擬授外縣縣丞，內有品級不同者，各照本等資格優選。王臣忠係上糧品官，免其省祭除授。

當該吏：陳所聞、陳應元、甘宜興、王嗣恭、宋鳳、王彬、孫學顏、柳汝勗、葛常春、江仁良、潘仲武、張元相、金珮、莊以德、吳衡、吳允泰。

以上十六員擬免考冠帶，各照本等資格除授。內柳汝勗、宋鳳、張元相、甘宜興，效勞有年，對品除授京職，仍留在館供事。

傅明理、周志榮、張自新、陳瑞年、黃世茂、葉愈達。

以上六名，擬各扣當該滿日免考冠帶，各照資格除授。"奉旨："這效勞員役各依擬陞授。吏部知道。"

是日，大學士趙志皋等題："爲缺官事。照得原題皇長子講官例用六員，今右春坊右庶子①兼翰林院侍讀郭正域，近奉欽依陞南京國子監祭酒去訖，所有員缺合當推補。臣等推得翰林院編修董其昌堪以充補，合候命下，令其欽遵供事。臣等未敢擅便，謹題請旨。"奉旨："是。"

九日壬戌，以萬壽聖節，頒賜臣志皋銀六十兩、綵段四表裏，臣一貫銀五十兩、綵段四表裏，及講官劉元震等二員分給有差。

十一日甲子，大學士趙志皋等題："爲印信事。照得右春坊右庶子兼翰林院侍讀郭正域，近奉欽依陞南京國子監祭酒去訖，所有本坊印信缺官掌管，例應照資遷轉。臣等查得司經局洗馬

①庶子 明抄本漏"庶子"二字。通行本有此二字。

兼翰林院修撰范醇敬，改右春坊右諭德兼翰林院侍讀，掌管本坊印信。遺下司經局印信，以左春坊左中允兼翰林院編修袁宗道以原官掌管本局印信。再照編修吳道南、馮有經，檢討林堯俞、區大相，資俸俱深，合無將吳道南量陞左春坊左中允，馮有經陞右春坊右中允，俱兼翰林院編修，林堯俞、區大相陞右春坊右贊善，兼翰林院檢討，其各官原有經筵講讀並管理文官誥敕等項諸務俱照舊？伏乞敕下吏部本照施行。"奉旨："是。吏部知道。"

十五日戊辰，以中秋令節，頒賜輔臣上尊珍饌。
是日，又頒賜臣志皋膳九品、秋露白酒五瓶、月餅五個①，臣一貫膳七品、秋露酒②三瓶、月餅四個。
十七日庚午，以萬壽聖節，頒賜臣志皋膳十一品、壽麪全、長春酒五瓶，臣一貫膳九品、壽麪全，長春酒三瓶。
是日，以萬壽聖節，頒賜輔臣上尊珍饌。

二十七日庚辰，大學士趙志皋等題："禮部缺尚書，屢經吏部會推，已蒙欽點南京禮部尚書王弘誨，發臣擬票，恭進御覽，迄今紅本未見發下。竊念禮部尚書爲典禮之官，責任宏鉅，與諸部等。近日吏兵工三部及南京各部缺尚書者，俱蒙聖明一時點用，大小臣工歡聲載道，今獨於禮部懸缺未補。聖意固未易窺測，但各部司官承行事務繁重，且人品賢愚不一，必得堂官彈壓鈐束，主持擔當，而代庖者可暫必不可久也。且查王弘誨資俸獨深，德望雅重，向任南禮部時，曾屢疏陳乞，蒙皇上眷留至再，今齎慶賀萬壽表文到京，廷議謂翰林院官在南歷俸三年者即應北轉，故以弘誨推轂禮曹，輿論允愜。伏望皇上將欽點原疏檢發，俾本官得就便任供職，庶典禮得人，政治益光矣。臣等不勝悚息待命之至。"

萬曆二十六年

一五九三

① 個　明抄本作"箇"，通行本作"個"。
② 酒　明抄本"酒"上有"白"字，通行本漏此字。

萬曆起居注

一五九四

① 九　"九"上當有"萬曆二十六年"六字。

② 臣　明抄本"臣"下有一"又"字。通行本漏此字。

③ 皋　"皋"下應有"奏"字。

九①月癸未，朔。

二日甲申，大學士沈一貫奏："爲病勢轉劇痊可無期四懇天恩放歸田里以幸餘生事。臣患病三月，屢蒙皇上備加憐憫，宣諭頒賜，寬假調理。臣不勝感激，日望病可少圖報效。詎臣心日益急，病日益增。前月恭遇萬壽聖節，遠邇臣工奉表稱賀，臣爲近臣，受恩最厚，敢不力疾強起共效嵩乎？每於榻前學步，便覺腰膝怯，稍見風日，頭目昏眩，幾至傾跌，遂弗克匍匐叩頭宮門，臣獨何心而能安此？臣前具疏申賀，又不敢明言其狀，臣心益苦楚迫切，肝膽欲碎，而臣病遂益沉重已。臣訪醫切脈，謂是繁火內蒸，心脾兩竭，寒熱交訌，肌肉潛消，即今瘦骨如柴，惟有一息未斷，奄奄待盡而已，臣②不勝悲憤。三十年來，受皇上知遇，委之密勿，眷懷異常，一旦恝然以骸骨請，臣復何心而能安此？顧臣心存報國而身不能支，義切忠君而命不可逭，徬徨無補，展轉增欷，此臣日夜附心無可奈何而安之若命者也。臣子稍長者，爲臣亡妻扶柩歸里，次子五月病故，今在寓者僅孩提二子耳。臣病臥中，止有一二僮僕，時見臣精神恍惚，語言顛倒，或晝臥瞑目而口中喑囈，或夜分驚起而號泣達旦，輒呼臣醒，問臣所以，臣似夢非夢，若見臣先父母共處一室，時覺傷心。蓋人之精神魂魄，強則鄰於陽，衰則鄰於陰，況廢病則呼父母，臣不啻號呼，且窀窆見之矣。臣顛迷錯亂，不避忌諱，敢直吐於皇上之前。伏望皇上憐臣苦情，哀臣病悖，特賜放歸，俾臣得見父母墳墓，少慰臣垂死一念。萬一獲保殘喘，是皇上賜之餘生，丹心未灰，圖報有日，臣之大願也。若因題獲正首丘，則皇上高厚之恩，始終成全之德，臣死且不朽。臣不勝哀鳴激切悚惕待命之至。"奉旨："覽奏知卿情辭迫切。但國家多事，宵旰深憂，卿爲重臣，豈宜屢疏求去？有疾着再加調攝，稍可即出輔理。不允所辭。吏部知道。"

四日丙戌，大學士趙志皋③："恭視乾清、坤寧二宮工程，伏蒙皇上俯念賜茶，臣仰霑聖恩，不勝感戴之至。"

萬曆二十六年

一五九五

九日辛卯，以重陽令節，頒賜輔臣上尊珍饌。

十三日乙未，大學士沈一貫奏："爲病篤待命五懇天慈曲憐早放以免誤國事。臣自五月在告以來，屢因患病乞身，伏蒙皇上如天恩德，諭頒慰憐，日月相續，道路相望，臣舉家感激，早夜焚香，告祈上蒼，庶幾再起，以圖報明時於萬一也。無奈病根極深，醫工斂手，前月之内累換症候，五内自讋，一骨空在，身魂①相離，語言錯亂，足不任地，日夜呻吟涕淚，至於兩目亦昏暗不能視物。因不得已於今月初二日，具本懇放，以幸餘生，伏奉聖慈俯亮臣之迫切至情，但以國家多事，宵旰深憂，令臣再加調攝，以期佐理。臣蒙頭百叩，感激增悲。蓋今國家委爲多事，九重獨任憂勤，臣素發憂國奉公之誓，幸除②日月風雲之側，及今不一少效，萬世寧復稱人？上以聞命之頃，有不勝義憤之鼓激者。顧命實不猶，病適轉甚，虚憍難久，力盡神疲。是歹③心火暴熾注不收，體初癢後疼，如嬰湯烙，至於九日，忽暴注不收，頭漲如盤，身暈如輪，一厥之後，半體麻痺，氣咽聲嘶，去死分寸，無所哀控，蓋自傷悲而不敢遽爾再瀆於君父之前也。則時自解慰，以爲臣方健時，身非臣身，乃皇上之身，既當不避寒暑，晝夜爲國宣力，今病既亟，身非臣身，乃造物之身，又當任其生老病死，時至則行矣。既又念之，閣臣非④癇之官，今時非閒暇之日，三月在告，一瘥無期，國家多事而欲望病臣任事，宵旰深憂而欲望病臣分憂，如以跛鱉涉峻崖，遠水救近火，既不可恃，又不能待，若復遷延，不過爲前閣臣陳于陛之續，溘亡旋⑤邸，作飄泊無依之鬼耳，竟無一裨，空增萬罪。比者既蒙皇上鑒臣迫切至情，伏想聖情既已垂憫，今臣又萬分危急，比前迫切尤甚，至仁極慈，必蒙痛惜。輒敢冒威懇祈，伏望早霈洪恩，允臣解職還鄉，俾得乘此殘喘未絕，歸正丘首，臣生當啣環，死當結草。臣無任瀝血披腸懇祈瞻望之至。"奉旨："覽卿奏情詞迫切，朕非不知體念。方今國家多事，宵⑥靡寧，全藉卿等同寅恊恭，匡輔國政，安輯宇内，卿乃屢疏求去，殊非盡忠體國之念。有疾不妨再加調

①魂　明抄本作"魄"，通行本作"魂"。

②除　明抄本作"際"，是。通行本作"除"，誤。

③歹　明抄本作"夕"，是。通行本作"歹"，誤。

④非　明抄本"非"下有"養"字，是。通行本漏此字。

⑤旋　"旋"當作"旅"。

⑥宵　"宵"下當有"旰"字。

攝，痊可既出贊理，以副朕眷懷。不必再辭。吏部知道。"

是日，大學士趙志皋等題："請武場主考試官四員，葉向高、袁宗道爲正，范醇敬、吳道南爲副考，兹蒙欽點袁宗道爲正考，范醇敬爲副。竊思醇敬與宗道科有先後，官有尊卑，如欽點則宗道在前，醇敬在後，反異。且翰林官若一家然，與各衙先後體統甚嚴，若遵欽點而後者爲正，先者爲副，殊非先後之次序，而二臣之心俱不安。臣等萬不得已，仍乞欽允以范醇敬爲正考官而居前，以袁宗道爲副考官居後，庶體統已正，二臣之心俱安矣。二臣明早陛辭入院供事，伏乞皇上從臣等之請，即賜批發。臣等仰望之至。"奉旨："是。范醇敬爲正考、袁宗道爲副考供事。"

十六日戊戌，大學士趙志皋、沈一貫題："爲公務事。照得內閣書寫制敕等項文書、並四夷館教習官生年例，該用炭二萬斤，合無照例於內府惜薪司、工部各支壹萬斤應用？臣等未敢擅便，謹題請旨。"奉旨①。

① 旨 "旨"下應有漏文。

二十五日丁未，聖母慈諭："傳與子潞王知道。爾自之國以來，我每望爾務行孝弟，世衍邦家，永享平康之福。昨皇帝面奏，據河南撫按等官會題，爾數出禁城，挾重遊遠。我一聞知，不勝傷感憤恚。尔昔幼冲，命皇帝簡擇講官，使其讀書明理，正謂謹始慮終。今爾不遵《祖訓》，罔惜身名，違禁私出遠行，招引無賴之輩，殊史體統，意欲何爲？如有不測之事，必然憲典難容。我命皇帝嚴加戒飭，皇帝再三進勸，姑念皇帝之德，且寬宥這遭。自今以後，洗心滌慮，改過省愆，恪遵《祖訓》，謹守藩規，深思天潢之遵②重，以肅諸藩之觀瞻。我諭到日，可即查內外答應誘引之人名字奏來，勿得故違隱護。特此故諭，尔其遵承之。欽哉。"

② 遵 "遵"當作"尊"。

是日，皇帝書與弟潞王："近該河南撫按官曾如春等會題，據該道稱，王私出禁城，挾重遠遊，或隻車單行，或村居野宿，其內外輔導官不能苦諫匡救，相應罰治，仍乞諭令潞王恪守

《祖訓》，慎重起居等因。朕一覽聞，殊爲驚異。恭惟祖宗立法，宗藩越城有禁，矧王乃朕親弟，爲諸藩觀瞻，不遵《祖訓》，私出微行，罔惜身名，不加慎重，所學孝弟之道果安在哉？朕心豈得恬然？當即而奏聖母，伏蒙慈諭，命朕諭旨嚴加戒飭。當思虧體辱親之訓戒，勿廑聖母與朕之憂懷。古云過則勿憚改，悔過遷善，朕今深切望於王焉。已有旨責罰輔導，及着禮部行該撫按官，啟王勿得再犯，還查誘引之人指名具奏定奪。嗣此以後，王宜上遵《祖訓》，謹守藩規，省改前愆，勉修後譽，冀綿邦國之祚，永享平康之福。爲善最樂，豈不美乎？朕念一氣手足至情，特此諭頒，惟弟其體諒勖之。"

是日，聖母慈聖老娘娘懿旨："傳示潞府內答應婆子等知道。近皇帝奏聞，撫按官會題，潞王背違《祖訓》，不守藩規，私出微行，殊失禮法。我心甚爲感動。皇帝復又進勸。已有慈諭，姑且寬宥這遭。尔等俱係宮眷親信心腹之人，藩王若是有罪，尔等豈得安生？諭旨到日，着婆即查教唆哄誘之人，據實指名奏來究處。如有扶同欺隱情弊，皇帝法典具在，一併重治不饒。"

是日，聖母慈聖老娘娘懿旨："傳示潞府承奉等官知道。近皇帝奏聞，撫按官會題，潞王背違祖制，不守藩規，私出禁城，挾重遠遊，其輔導官員不行諫正，法當治罪。我心甚是感動。皇帝復又進勸。已有慈諭，姑且寬宥這遭。尔等俱係在內輔佐親信供事之人，王令傳行，起居出入，尔等豈不輔隨？如何不正言苦諫，乃曲意阿諛？不畏國法，職守何在？藩王若是有罪，尔等豈得保全？諭旨到日，着承奉便查撥置誘引之人，據實指名奏請究處。如有通同欺隱情弊，皇帝法典具在，一併重治不饒。"

是日，聖旨："説與潞府內答應婆等知道。近有撫按官來奏，潞王不遵祖制，私出微行，村居野宿，招引棍徒，殊失禮法。朕即奏聞聖母，復又進勸，已有慈諭寬宥這①。尔等俱係宮眷親信使令之人，何不苦言諫阻，卻乃坐視非爲？藩王若干法，尔等身家豈得獨存？諭旨到日，着婆即查平昔教唆哄誘的，

① 這　明抄本"這"下有"遭"字，是。通行本無此字，誤。

指名奏來，以憑究處。如要通同徇情隱弊，查出一併重治不饒。"

是日，聖旨："說與潞府承奉等官知道。近有撫按官來奏，潞王不遵祖制，私出遠遊，或隻車單行，或村舍野宿，內外輔導官不能苦諫匡救，罪當罰治。爾等俱係在內輔佐親信供事之人，王令傳行、出入，爾等豈不護隨？不能正言苦諫，而乃曲意阿諛，不畏國法，職守何存？諭旨到日，即查平昔撥置誘引之人，據實指名奏來，以憑究處。如要①通同徇情容縱欺隱，查訪得出，一併拏解來京問理，定行重治不饒。"

是日，聖旨："傳與潞府長史等知道。近有撫按官會題，潞王不遵祖制，殊失藩規，私出禁城，挾重遠遊。爾等職司輔導，不能苦諫匡救，官守何在？今姑且罰俸一年，策勵供職。爾等可遵旨，還查平昔撥置誘引之人，據實指名參奏定奪，如有通同徇情遲回容隱者，查訪得出，一併拏解來京問理，定行重治不饒。"

二十五日辛②未，大學士趙志皋、沈一貫題："爲禁地失賊事。臣今早進閣辦事，據左據③門內官李和等口稱，本月二十五日五更攢點畢，巡看得閣門二重扭開封鎖。臣隨令查檢閣內，委果失去手卷、衣被、銅錫器物等情。臣等查得，手卷係永樂年間《騶虞圖》，頒賜內閣收藏者，去年五月間被已獲送問賊犯汪祥盜去，幸得追獲，仍藏櫃中，今復被賊人盜去。竊詳內閣機密重地，干係匪輕，屢被偷盜，殊非法紀。伏乞敕下各該緝事衙門，嚴行訪拿，以重禁地，以杜奸萌。謹題請旨。"奉旨："覽卿奏，內閣禁地屢犯賊盜，豈容輕縱？著廠衛衙門嚴加緝拿，務在得獲。"

二十七日己酉，大學士趙志皋題："今日蒙發下文書官④閣，令臣擬票，內有兵部題覆宣大巡按蕭重望、山西巡按涂宗濬題敍閱視過三鎮效勞文武官員，各加陞賞，內蕭大亨見署兵部，具詳不敢概敍。臣竊惟宣力殫勞，固臣子事君之忠，而賞

① 要　明抄本作"是"。通行本作"要"。
② 辛　"辛"當作"丁"。
③ 據　"據"似爲"闕"之誤。
④ 官　"官"當作"到"。

萬曆二十六年
一五九九

善旌功，實朝廷勵世之典。年來邊患孔棘，至廑聖懷，廼宣大、山西爲直北重鎮，密邇神京，關係最鉅，今虜王帖然寧靜、罔敢叩關者，是皆先後諸臣平日修備嚴謹，駕馭有方，陰以潛消其驁傲之心，而暗褫其狂悖之氣以致之也。是以三年閱視舉刺①，正所以惕勵邊臣，鼓舞將士，而循行已久矣。查得蕭大亨久任宣大總督，恩威並運，夷虜輸心，任內節省錢糧，整飭邊務，眞功績最多，其擔當最重。今敍錄三軍②閱視之例，其可使首事者獨遺？雖其疏內具辭，固大亨謙退之美，然朝廷慶賀之公自當普及。臣謹查往例，照常擬票，恭進御覽。伏乞聖明裁定施行。"

① 剌 "剌"當作"刺"。

② 軍 "軍"似爲"年"之誤。

二十九日辛亥，大學士趙志皋奏："爲年衰已甚佐理惟艱懇乞聖明憐察蚤賜放歸遴選賢佐以圖至治事。臣於萬曆十九年，蒙皇上以閣臣缺人，不以臣爲不肖，謬荷特簡，與原任輔臣張位進閣共事者幾七年。臣嘗自分，衰殘之年久當避位而去，且數年之中屢被人論劾③，而臣乞休之疏更倍之，俱蒙皇上眷倚，溫旨勉留，遣中使慰諭。夫以衰年求去不遂，以諸臣論劾④求去不遂，天恩誠厚，臣心實苦。蓋位高者身危，任久者蚤避，自古以然，而臣懼不能免也。今歲以病杜門謝政者數月，自喜幸蒙聖鑒，冀得生還，不意張位奉旨罷免，而沈一貫又以患病給假在家，閣署幾空，臣萬不得已，復勉強扶病入閣辦事，而此心實旦夕慄慄危懼。然臣非以去位爲懼也，懼人不諒臣之心，謂臣此番復出或爲固寵，甚則或疑臣與同事者有所猜嫌，而欲加臣以不韙之名也。夫聖天子明明在上，賢公卿濟濟在下，而俾臣復冒不韙之名，是臣之所大懼也。臣老矣，竊位既久，負恩殊深，逾致政之年，叨極品之榮，值多事之際，既不能殫心竭力爲君上紓四方之憂，又不能薦賢舉能爲社稷成休明之治，臣又何顏立於朝廷之上哉？臣雖不言，臣心實無以自解，而近日臺省衰⑤庸之言可鑒矣。且今之閣臣，即古之相臣，佐天子以理萬幾，集衆正以成大業，恐恐然猶懼不勝，而可使衰暮老臣獨當其任哉？知必不能矣。臣前請推閣臣，先後疏揭者四，

③ 劾 "劾"當作"劾"。

④ 劾 "劾"當作"劾"。

⑤ 衰 明抄本作"衰"，是。通行本作"哀"，誤。

俱未奉俞旨，犬馬私衷不勝跼蹐。今聞次輔沈一貫病體少痊，可以強出，伏望特賜宣諭，促令入閣。再惟今日急務，莫先於推舉閣臣。閣臣多，則意慮周而國是定，閣臣少，則意見寡而國是搖。伏望聖上即敕下吏部，將朝野素有德望諸臣會推六七員，以俟聖明簡充輔弼之選，庶羣賢彙進，而國政大裨。如臣衰病，則固不可一日留者，併乞皇上亟賜罷免，俾臣得以卸此莫大之重肩，避免多口之指摘，優游田里，歌詠太平，則未死之年，皆皇上覆載之恩也。臣不勝激切仰望之至。"奉旨："朕覽卿奏，情詞懇切，豈不體念？但今國家多事，邊境弗寧，朕心日夜焦勞，正賴卿老成任事，公謹運籌，弼成化理，豈可恝然求去？宜益展忠猷，以副眷倚至意。不允所辭。次輔一貫，便着鴻臚寺堂上官宣諭即出佐理。閣中缺輔，着吏部便會九卿科道掌印官，公同薦舉數員來用。該部知道。"

十①月癸丑，朔，大學士沈一貫奏："爲恭謝天恩事。今日首輔趙志皋一本奉聖旨：'朕覽卿奏，情詞懇切，豈不體念？但今國家多事，邊境弗寧，朕心日夜焦勞，正賴卿老成任事，公謹運籌，弼成化理，豈可恝然求去？宜益展志猷，以副眷倚至意。不允所辭。次輔一貫，便着鴻臚寺堂上官宣諭即出佐理。閣中缺輔，着吏部便會九卿科道掌印官，公同薦舉數員來用。該部知道。欽此。'該鴻臚寺堂上官張棟等，恭捧到臣榻前宣諭。臣心惟膽寒，汗流浸趾，感激無涯，悚懼並集，不覺痛失聲，淅魂殘喘，何當天睠勤隆至此也？自臣伏枕以來，今一百二十日矣，屢蒙賚賜之厚，復拜宣諭之殷，溫旨慰存至于五六，寬假調理大破常格，臣日夜望病患之少瘳，圖犬馬之一效。何期久滯膏肓，至今未起，皇上不加譴詞，而尚廑憫惻，盛典再及，近今所稀，草木雖枯亦當爲臣生春色矣。昔孔子論孝，曰：'父母惟其疾之憂。'臣爲皇上之子，不自謹疾，以致君父之憂，不孝不忠孰大於是？茲蒙帝曜之吉監懸，想災星之遠退，苟飲食可以少進，步履可以扶掖，豈敢孤負鴻恩，自捐丘壑，顧聖心雖甚慈惻，天意未審若何，內懷恓惶，實難啟處。臣無任涕泣悲楚百稽百叩之至。"奉旨："覽卿奏謝，朕知道了。方今國家多艱，閣臣缺人已久，宜益加調攝，痊可即出佐理，毋得再辭以負朕眷倚之意。該部知道。"

六日戊午，大學士趙志皋題："爲起送事。該吏部手本開送庶吉士郭淐，係萬曆二十三年進士，改庶吉士，於翰林院讀書，二十五年八月初七日題准養病，二十六年九月二十日起送到部，行移到院。臣等查得，同科庶吉士朱延禧等俱已奏除翰林科道官，彼時郭淐未蒙除授。今臣等覆考得本官文學優長，堪任翰林院官，合無敕下吏部，將郭淐照依甲第除授本院官職？臣等未敢擅便，謹題請旨。"奉旨："是。吏部知道。"

七日己未，大學士趙志皋奏："爲衰年因病益虛病體因勞愈甚懇乞天恩憐察容臣給假調理以延殘喘以盡臣節事。臣本以衰

① 十 "十"上當有"萬曆二十六年"六字。

病艱難，萬難驅策，祇因閣署一時乏人，不得已力疾強出。而臣之病根實在，忽於本月初五日，在閣辦事畢，回至私寓，覺徧身潮熱，手足麻木。臣時已知舊病復發矣，然在閣止臣一人，何敢少逸？次早復勉強入閣，已自不禁，及出時頭目益加眩暈，左足不能屈伸。隨倩人扶掖回寓，即延醫看視，謂臣之病，夙病也，似成痿痺，必須從容調理，方可望痊。緣臣年齡頹邁，氣血久枯，積勞成虛成病，必非旦夕可愈。切念閣署竝無一官，臣心非不跼蹐，何敢遽然求去？奈病入膏肓①，勢實不能強起。用是不敢不陳乞於君父之前，伏望聖慈鑒臣情非假託，容臣給假調理，俟病稍瘥，再圖補報。儻一日未填溝壑，則一日感皇上再造之恩。仍乞諭令次輔沈一貫，即入閣辦理。及吏部會推過閣臣，並乞皇上早賜簡用。庶弼亮有託，政務不致廢弛。臣不勝祈懇待命之至。"奉旨："卿偶疾，宜慎加調攝，稍可即出輔政。朕聞次輔一貫前恙少愈，還着鴻臚寺官傳諭守催，進閣佐理。所奏會推閣臣，候旨行。該部知道。"

八日庚申，大學士沈一貫奏："爲再承宣諭感激異典披瀝悃誠干瀆天聽事。臣病臥中，聞首輔趙志皋具疏暫假，奉聖旨：'卿偶疾，宜慎加調攝，稍可即出輔政。朕聞次輔一貫前恙少愈，還着鴻臚寺官傳諭守催，進閣佐理。所奏會推閣臣，候旨行。該部知道。欽此。'該鴻臚寺官張棟等，捧到臣②傳諭守催，臣感恩流涕，罔知所措，驚魂靡息，不能恭迎，謹扶掖匍匐牀下，跪聽溫綸，叩頭謝恩訖。伏念臣已成半廢之人，僅存如綿之命，蒙皇上霄旰之勞勞，急資佐理，眷懷舊物，不忍輒道，且傳諭至再，即臣病少減萬分之一，敢不強起？顧飲食艱難，不能數粒，兩膝怯軟，步履不便，臣心日夜苦楚，願效犬馬而未能，臣罪益滋重矣。茲聞首輔病疏，人不能驚駭。臣年比首輔差少，一疾尚未即痊，以臣之病而知首輔告病實出至情。但閣務勔勔僅僅兩臣，似不容皆告，罪在臣等，夫復何辭？臣又思首輔前疏會推閣臣，已蒙諭'候旨行'，伏乞聖明特簡，以補一時之缺，俾臣再假調理。稍可步趨，臣何敢愛尺寸之膚，

①肓 "肓"應作"肓"。

②臣 "臣"下當有"寓"字。

負陛下生成之德也？臣無任感激哀籲之至。"奉旨："覽卿奏謝，朕知道了。今首輔偶疾調攝，閣務繁重，卿宜即出佐理，以副眷懷。所奏簡用閣臣，候旨行。該部知道。"

十三日乙丑，大學士趙志皋、沈一貫題："伏遇孝安貞懿恭純溫惠佐天弘聖皇后禫祥，既屆升祔，山陵三年大禮盡於今日。皇上至德自天，孝思成性，含悽追愴，感動臣民，備禮繁儀，光耀今古。孝安皇后作述先帝，保佑聖躬，享天下之養二十餘年，開太平之休百千萬禩，隆禧厚祉，顯號鴻稱，有三代以來母后所不敢望者。實我皇上承顏順志，極崇奉於生前，永慕深哀，竭孝誠於身後，是以生事葬祭，一無違禮，蓋自古帝王不能彷彿萬一有如此也。即今寢園妥祀之日，正當風雪開晴之時，大小臣工益頌皇上至性純衷，感孚穹昊，不勝踴躍，不勝忻戴。臣等謹按《禮經》，禫祭之文乃取澹然平安之義，況天子以宗社生靈爲重，尤宜以節情從禮爲圖，伏願俯循衆志，勉寬聖懷，釋霜露之容，就吉祥於此日，開乾坤之泰，迎和氣於寰中，微獨臣等犬馬之誠，抑亦普天誦戴之意也。伏望聖慈垂鑒。臣等不勝惓惓。"

十四日丙寅，大學士沈一貫題："臣在告五月，所奉皇上恩賚、恩諭、溫綸，獨蒙原①眷，鴻慈超絕前後，臣竭口不能感②，摩踵不能稱報，惟有銘縷肺腑，傳示子孫而已。宣諭之時，猛欲即出，緣久臥身弱足軟，連日學步。初見風日，適又感冒，寒熱往來齒痛面腫之疾，如費調理。謹於本月十四日赴鴻臚寺報名，十五日見朝，及謝屢次非常恩典，入閣辦事矣。但臣猶有縷縷至情，不敢不言。臣病多端，向已屢瀆，但言其大者。則腹背之間常如火烙，閉目尤甚，終夜不睡，性躁妄發，又不耐思量，恐致錯悖，辜負聖知，此臣內病之大者也。至於步履，極其艱難，腰膝以下似非臣有，出入禁闥，寸步千里，又臣外症之大者也。總因飲食日少，脾胃否膈，況以年衰弱甚，益難滋養。今未減十之一二，但因諭旨洊頒，寵私過厚，恩重

① 原 明抄本作"厚"，是。通行本作"原"，誤。
② 感 "感"字上當有漏字。

身輕，威尊命賤，萬不得已，扶掖而出，冀藉皇上如天福庇，回春再生耳。臣不敢愛身，但恐誤國，若孤君父眷倚之意，萬死何足塞責？今首輔在告，而臣以一病軀獨任，更無同心資助，只取給於胸臆之内，夙夜戰兢，恐其顛仆不遠。就使旦晚之間首輔即出，而閣事繁重，恐非二臣所能拮据，抑且萬方不便傳聞。伏望皇上，早將吏部所推輔臣簡命幾員，共圖佐理，實今日第一急務。臣犬馬苟可支持，決不敢推諉，庶幾同寅協恭，共襄大業，以酧今日泰交之隆遇也。臣不勝感激願望之至。"

十七日己巳①，大學士趙志皋奏："爲病勢已深邃難愈可懇乞聖慈垂察俯賜生還事。臣衰年積勞，夙病陡發，不能進閣辦事，具疏請假調理，奉聖旨：'卿偶疾，宜慎加調攝，稍可即出輔政。朕聞次輔一貫前恙稍愈，還著鴻臚寺官傳諭守催，進閣佐理。所奏會推閣臣，候旨②。該部知道。欽此。'切惟皇上既勉臣慎加調攝，又望臣即出輔理，恩慈周渥，寵眷彌殷，臣伏枕感激涕零，靡知爲報。顧臣旬日以來，非不延醫調治靜攝，以冀痊可，奈臣血氣久衰，病根已固，前止左足不能屈伸，今並左手亦成麻木，神思日見昏憒，形容更覺銷鑠，惟僵臥牀褥之中，增曠官廢職之懼。是以憂心愈急，即靜攝而不能，病勢愈劇，即仰藥而難效，臣心欲竭犬馬駑鈍之力，天實限臣以不可起之病。乃萬不得已披瀝苦情，籲天陳乞，伏望聖慈俯賜憐察，准臣休致，俾得生入里門，苟延殘喘，何莫非皇上之浩蕩也？再准③次輔一貫，近雖遵奉聖諭入閣，但病體新愈，又寥寥一人，閣臣缺乏。臣已屢疏催請，乃輿情日切跂瞻，綸音尚爾濡滯，並乞早賜簡用數員入閣，協同佐理，庶化理日臻，益光聖治。臣不勝隕越懇祈待命之至。"奉旨："以卿偶感微疾，暫爾准假，如有④又有此奏？卿爲首輔，誼同休戚，幾務繁重，止有次輔入直，誠爲缺人。兹特遣御醫診視調理，佇卿稍可即出輔政。奏内請補閣員一事，朕知道了，候旨行。吏部知道。"

十九日辛未，奉安孝安貞懿恭純溫惠佐天弘聖皇后神主於

① 己巳 "巳巳"當作"己巳"。

② 旨 "旨"下當有一"行"字。

③ 准 "准"似當作"惟"。

④ 有 明抄本作"何"，是。通行本作"有"，誤。

昭陵，神位於奉先殿。是日，上詣慈慶宮行奉請禮，恭送後，詣奉先殿，行奉安神位禮。

二十日壬申，大學士趙志皋、沈一貫題："昨日禮部接出聖旨：'萬曆二十六年十月十九日午時，朕第九女生。禮部知道。欽此。'仰惟皇上茂凝景貺，誕育皇姬，椒塗集繚繞之輝，鳳采煥籠蔥之瑞。臣等不勝忻，謹稱賀以聞。"

是日，大學士趙志皋、沈一貫題："該文書官史賓口傳聖旨：'今日告奉先殿祝文差錯，查孝烈皇后、孝恪皇后祝文舊稿來奏。欽此。'臣等查得孝烈皇后、孝恪皇后升祔奉先殿祝文舊稿，俱在制敕房收藏，緣去年六月內被燬無存。茲者恭遇孝安皇后升祔奉先殿，祝文宜告祖宗列聖帝后爲是。而禮部行到撰文手本，開載久明，撰稿中書舍人曾任鑑止照原來手本倉卒撰擬，臣志皋等俱因病困在寓，看稿失於詳細，委屬差錯。今蒙聖問，仰見皇上聖睿燭鑒，纖息靡遺，而臣等老病遇蒙，萬難任使，不勝欽服，不勝惶恐。臣等今補撰祭告祖宗列聖祝文稿，上進聖覽，謹席藁待罪，伏冀聖恩少寬斧鉞之誅。曷任悚息之至。"奉旨："覽卿等所奏，舊稿被燬，該部手本含糊，姑免究。曾仕鑑失於詳慎，着罰俸三個月。今後但凡告祭祝文，務要遵例詳禮撰寫，毋得仍前肆玩。差錯定行重治不饒。補撰祭告祝文稿，既改正爲例。欽此。"

萬曆起居注

①十 "十"字上當有"萬曆二十六年"六字。

②疚 "疚"當作"夜"。

十①一月壬午，朔，大學士沈一貫奏："爲懇請亟補閣員以重政本事。臣惟內閣缺官，自六月初三日欽奉聖諭，令臣等詳議題請，臣等欽遵屢疏吏部奉旨會推，至今五閱月矣，未蒙點用。聖意淵微，固非臣愚所及，但臣以久病餘息，體力不前，因首輔在告，聖諭諄切，抱頭忍痛，扶掖強入，五內越裂，百脉沸騰，獨身獨任，自苦自知，日夜懸望首輔即出，尤日疚②仰望皇上點用新推也。蓋內閣之職，爲皇上潤色絲綸，看詳章奏，備朝夕之顧問，參密勿之論思，實聖諭所謂樞機政本之處，至鉅任也。乃若詔誥制敕之重，及諸供應文字之繁，修辭揆義，考舊酌新，紛至沓來，又不暇給，任大職艱，事煩責備，即有兼人才略，必不能以一手一足之力辦，至明矣。臣請以閣中故事爲皇上言之。遠者不暇具論，止如隆慶元年。徐階、李春芳、郭朴、高拱四人在閣，復進陳以勤、張居正入閣，是時同事者六人。其後高拱、郭朴養病，徐階致仕，而趙貞吉入，則同事者四人。四年，高拱起用，趙貞吉致仕，而殷士儋入，同事者五人。五年，陳以勤、李春芳致仕，在閣者三人。六年，殷士儋致仕，而高儀入，同事者三人。惟皇上初登極時，高拱罷去，高儀亦卒，張居正獨在位。旋以呂調陽入，止二人。至萬曆三年，張四維入，六年馬自強、申時行入，閣中有五人。後呂調陽致仕，馬自強、張居正卒，余有丁入，在閣者三人。十一年，張四維丁憂，許國入，在閣者三人。十二年，余有丁卒，王錫爵、王家屏入，在閣者四人。十四年，王家屏丁憂，十六年起用，十九年申時行、許國皆告病，趙志皋、張位入，在閣者四人。二十年，王家屏去，二十二年王錫爵告病，伏蒙聖恩以陳于陛及臣一貫備員，在閣者四人。由此觀之，可見衆賢相聚，乃克成功，大廈之材，決非一木。閣臣舊例，多時至六、七員，最少亦不下三、四員，惟張居正擅權，與呂調陽二人在閣者年餘，此則千古覆轍，所當永戒。乃今令臣等二人獨當此任，則是不戒前車，爲千古罪人也。念此毛骨悚堅，何能一息苟安？況彼二人者，當時精力強贍，作止自由，羽翼相承，不致乏絕。今臣等皆衰老餘年，精耗神竭，值皇上剛明獨攬，而有難對揚，逢國家多事紛紜，而不易調劑，又且一起一仆，雖二人亦不同事，如盲子失侶，獨行深山，而責之負寶前趨，刻期赴命，雖在庸愚，知其危甚。入則抱枯腸涸肺之患，出則冒專權獨擅之疑，己則懷高位疾顛之憂，人則致妨賢病國之誚，難乎免於今之世矣。皇上寧不垂意悲憐乎？即皇上罔爲臣等悲憐，獨不念樞機何地？絲綸保事？安危治亂悉懸於此，而獨委一二衰病之臣，是獨不大可關心加意乎？不寧惟是。臣聞朝廷者，四方之極，大臣者，萬民之鎮也。朝廷立極，大臣作鎮，內外相維，堂廉相制，則綱紀振修而盜賊屏息。若位署多虛，法制陵替，雖間閻小民，亦懷輕玩縱恣之念，而四夷聞之，必謂中國空虛，元氣衰落，且有不制之憂。今以堂堂天朝，濟濟賢俊，可備任使者何限？而至使密勿要樞亦虛不補，非所以壯九重之觀，而杜薄海內外邪僻之心也。誠知皇上慎重選用，實古帝王進賢如不得已之意。第慎事太過，更近於弛，進賢太難，更近於疏，尤今之所當深念而亟圖者。臣受知遇最深，圖報更切，伏望皇上俯納臣言，將吏部所推閣臣特賜簡用，以資佐理。仍乞宣諭首臣，即出辦事，令臣得有所資承，不至顛隕以誤國家。臣不勝跂望之至。"奉旨："朕覽卿奏，情詞懇切，具見忠愛。元輔便着鴻臚寺官宣諭守推①催，即出輔政，以慰倚任佇待至意。簡用閣臣，知道了。吏部知道。"

是日，大學士沈一貫題："伏蒙發下番文金牌二面，令譯字官譯出真字回奏。臣即時遣人往四夷館，喚各該譯字員役前來。緣各員役居住四散，不能全集，今時又已晚，難以書寫，且在禁城之內，門禁嚴緊，事關夷情，不敢草率，容於明日再三仔細對譯出真，回奏聖覽。臣未敢擅便，謹具題以聞。"奉旨："覽卿奏，朕知道了。"

二日癸未，大學士沈一貫題："昨蒙發下番字金牌二面，臣令四夷館譯字中書舍人鮑佑等謹對牌譯出真字，恭進聖覽，並將原發金牌二面併原匣繳②上。謹具題以聞。"

是日，大學士趙志皋奏："爲宣諭謝恩事。頃次輔疏請簡用

① 推 "推"字當刪。

② 繳 明抄本作"繡"，通行本作"繳"。

閣臣，並欲促臣亟出，伏蒙皇上遣鴻臚寺官張棟等到臣寓所，臣病不能興，恭設香案，命臣長男尚寶司司丞趙鳳梧叩接，到臣臥榻前宣諭聖旨：'朕覽卿奏，情詞懇切，具見忠愛。元輔便着鴻臚寺官宣諭守催，即出輔政，以慰倚任至意。簡用閣臣，知道了。吏部知道。欽此。'仍掖臣伏枕叩頭。不勝涕泣，感謝天恩。切念臣昨因病劇難痊，具疏乞歸，乃蒙皇上特賜軫憐，曲加拯救，御醫遣於天府，藥餌頒自龍廚，日爲診切，亟予安全。臣每感激聖慈，恨不一時奮起。奈臣衰已甚，臣病已深，手足拘攣者不減，精神昏憒者如故，一息奄奄，僅存皮骨。是臣雖欲勉效馳驅，而天實限之矣。方擬具疏陳乞生還，又重廑聖懷，特遣宣諭。顧臣命不辰，邁此危疾，伏蒙溫綸曠典並致，蓬門欽使交馳，臣以極衰病之軀，睹此極高厚之德，即敝舌不足以言感，粉身不足以擬報。儻由此奏功於靈藥，敢忘鼎鑊之深仁？若終痼疾之之難瘥，尚乞首丘之夙志。臣不勝感戴悚息之至。"奉旨："覽卿奏謝，朕知道了。幾務繁重，辦理闕人，卿宜即出匡輔，以副眷懷倚任至意。勿再託陳。該部知道。"

六日丁亥，大學士沈一貫題："爲給假事。臣力疾勉強連日，又加焦勞，昨晚半夜舊病舉發，徧身寒戰如水，難以見風。伏乞聖恩暫假數日，即行趨閣辦事，臣不敢偷安。謹此具題。"奉旨："朕覽卿奏舊恙偶發，准給假調攝，稍可即出贊襄。還着御醫診視調理。吏部知道。"

七日戊子，皇上以皇女誕生，頒賜臣志皋銀五十兩、紵絲四表裏，臣一貫銀四十兩、紵絲二表裏，及講官劉元震等二員分給有差。

是日，大學士沈一貫奏："爲恭謝天恩事。昨臣以病餘強出，旋至困仆，不能入閣，乞請暫假，奉聖旨：'朕覽卿奏舊恙偶發，准給假調攝，稍可即出贊襄。還着御醫診視調理。吏部知道。欽此。'隨該太醫院判徐文元、羅必煒，御醫何子忠，吏目許登雲，奉命到臣寓所。臣恭設香案，扶掖望闕叩頭謝恩。

文元等更迭診脉，共製醫方，以攻臣病，復備舉調攝之術，以寬臣心。臣感激皇慈，不勝悲涕。伏念臣久當退處，復此支離，風寒奔走勞其形，思慮危悚困其心，藥餌空以自隨，飲食尚多無暇。蓋病本在身，而但以心勝病，心則欲強，身何能從？強跂不立，強跨不行，理固宜然，非偶爾也。乃蒙予假，已荷慈憐，又軫聖心，備加矜惻，示一體痌瘝之意，勤問疾醫來之遣，終臣此生，何以報德？既造命於君父，命或可延，已致身於朝廷，身於何有？臣不勝感戴拱荷之至。"奉旨："覽卿奏謝，朕知道了。目今國家多事，政本缺人，卿宜慎加調攝，稍可即出佐理，以副眷倚至懷。禮部知道。"

十一日壬辰，大學士趙志皋奏："爲東征平定無期國事驛騷可慮懇乞聖明神斷併集廷議以圖長勝久安事。臣臥病牀蓐間，復聞東征大舉敗績，不勝憤懣。顧此身雖病，此心未死，誠不忍見國事決裂至此。謹將東倭始末，叛順無常，以致今日議戰議守，願皇上少垂聽焉。臣嘗閱載籍，東海諸夷，限山阻海，推①倭奴最稱雄長，附庸者百餘國，至唐始更號日本。洪武初，寇山東、淮安、浙江、福建旁海諸郡，於是遣萊州府同知趙秩賜璽書諭王，責其入貢，不從，發舟數千襲我，風霆飄沒。自是不與通者數十年。秩歸，遣僧入貢，亦屢寇山東、福建沿海地方。上乃命湯和築登萊至浙江沿海諸城防倭衛所，又築山東、福建海上諸城。自是貢寇無常。永樂間，都督劉榮守遼東，倭兵復至，榮合兵圍之，斬首甚衆，自是不敢窺遼東。正統間，寇大嵩，大肆荼毒，假進貢之名，肆殺戮之慘，歲以爲常。嘉靖間，中國豪強招集倭衆，雄據海上，而肆其毒於內地。遣總督胡宗憲招遠近雄兵、智謀勇敢之士，又搜括東南財賦，歷十餘年而浙直之患始息，迄今三十餘年矣。朝鮮君臣積弱不振，關白恃強興兵，真②擣其國。皇上恤弱摧強，遣將援救，攻取平壤，三戰連捷，醜夷寒心，而封議遂起。遣使來廷，而封議遂成。於是封詔下矣，冠③服賜矣，李宗城、楊方亨二使遣矣。不意行至中途，變起不測，奸臣搆危言以揭正使，而宗城於暮

① 推　明抄本作"惟"，通行本作"推"。

② 真　明抄本作"直"，是。通行本作"真"，誤。

③ 冠　"冠"當作"冠"。

夜逃出釜山之營矣。宗城，紈綺子也。上詘天威，下忌衆口，敢爲陳情，祇自受罪。而皇上先後禦倭，初不失着。何者？因倭夷之攻朝鮮而興兵救之，爲以大惜小之仁，因倭夷之請封而遣使封之，爲柔遠能邇之義，此正天地包荒之量，與列聖禦倭之計若何①符節。夫封既不成，則自當主戰。顧戰非孟浪以冀僥倖也，必内固根木，有磐石之安，外度機宜，有壓卵之勢，然後一戰以收全功，如兵法所謂役不再籍、糧不三載、先勝而後求戰之說可也。若不可戰，則當堅守以俟瑕隙，或屯田以贍軍需，或練兵以蓄銳氣，如趙充國之坐困先零，諸葛諸侯之雜耕渭上可也。乃今不量彼己，不度勞逸，帷倖倖然以思一逞，先敗於南原，方整頓收拾。兵糧②大集，而今冬三敗於泗川。夫合水陸十萬之師，四路一時並進，孰不謂智慮已周，謀畫已定，可以制釜倭之死命矣？何中路以被誘大敗，東西兩路亦以攻城損傷？陳璘兵船又何以被焚掠耶？四路之師一時潰敗，近又倉皇無計，歛迹退防，駕言以待查勘矣。是銳氣既已阻消，輜重業已散失，又未知將何整頓收拾以圖再舉也。況東事自更局已來，又復二年有餘，竭四方水陸之運，集遠征調之兵，人情洶湧，海内騷然，前赴朝鮮，猶水趨壑，曾不能得釜山尺寸之地，三戰三敗，貽笑倭奴，恥辱中國亦已甚矣。豈朝廷之錢糧，百姓之膏血，數萬之生靈，爲博功名之兒戲耶？臣竊爲用此忿。兵原無勝理，蓋倭集釜山，去日本一帆而近，彼之轉輸援救，順流而下，朝可以夕至，而我陸隔遼東，水絶大海，相距數千里，兵馬不勝奔走之勞，糧餉不勝搬運之苦，此其不利者一。倭坐據重城，三窟聯絡，或以逸待勞，或以近制遠，而我裹糧束芻，野棲露宿，欲以仰攻其堅，此其不利者二。有此二不利，安見其能勝也？今丁壯已斃於鋒鏑，縱欲再調，不過柔弱之徒。況宣大、山西、薊遼諸鎮，連年徵發，尺籍空虛，北虜乘機，時挾貢賞，其勢況難再調。若腹裏召募，率皆烏合。即如前贊畫主事徐中素，上疏自稱平日蓄有死士三千，比及東行，旋於京城内外招集市井儈販之流，此輩目不識旌旗，耳不辨金鼓，泗川之敗，正是此兵，言之令人可恨。兵可再調乎？

① 何 "何"當作"合"。

② 糧 明抄本"糧"下有"粗集，而去冬再敗於蔚山，更整頓收拾。兵糧"十七字，是。通行本漏此十七字，誤。

東征歲費帑金數百餘萬，山東、浙直、閩廣於常賊①之外，又加於六七十萬，閭閻窮民不勝剝削，加以旱潦之災，重以開採之役，逃竄流離，人不堪命，餉可再運乎？及今以往，若不長慮卻顧以圖久遠之計，將見：在朝鮮，則專藉天朝爲其報復，終無念亂圖存之心，在中國，則兵疲糧竭，脱有奸徒乘機倡亂，如近日河南插旗之變，則在我非特不能救朝鮮，且自救之不暇矣。於時東事終何結局？此臣所以伏枕而思，五內焦勞，不能已於言也。以臣愚謬之見，遼虜不時入犯，隕將喪師，尤爲腹心之疾，是豈可捨近而求遠？不若令督臣邢玠仍歸本鎮，與薊遼撫臣一意制虜，而以東方之事悉以委之經理撫臣萬世德。擇一大將與之恊同，而世德仍量加部銜以便節制，限以數年爲期，先將已調集兵將逐一挑選，擇其精健可用者，量留若干，其餘徒耗軍餉，悉令撤②歸。然後將所留之兵分布全慶要害之處，因山爲城，因江爲塹，堅壁把守，互爲聲援。然後徧歷朝鮮八道，擇其膏腴之地，廣其開懇，分委廉幹官員，責成管理，仍不時查覆，如某道闢地幾何？秋收積穀幾何？以定賞罰。久則彼食自足，我餉可以免運矣。一面調選八道精壯之人，分委曉暢將領嚴加訓練，如某道練馬兵幾何？步兵幾何？練一隊則可撤③我一隊之兵，久則我兵可以漸撤④，麗兵可以自守矣。一切險要，置以重關，設以烽⑤，務使倭奴不至如前衝突。尤望嚴旨切責朝鮮君臣，臥薪嘗膽，恊力相維，陪臣有不用命者，許經理撫臣即以漢法繩之。一切未盡事宜，與錢糧應請給，並冗員應汰去者，聽世德會同監軍及查勘科臣，具疏題請。其分布將領，簡任官員，聽其諮訪，便宜行事。如此則訓練精，兵威振，屯糧廣，軍資饒，險隘設，國本固。可戰，則大張撻伐，直搗釜山，以洩三敗之恥，不可戰，則堅壁清野，保護八道，以絕狂逞之謀。是中國之兵餉不煩遠輸，朝鮮之積弱亦可漸振，即倭奴知我有備，進無所逞，亦將自圖歸計矣。若內地山東、浙直、閩廣之間，一切禦倭事宜，更加整飭，如列聖築城布兵以防侵犯，此尤不可緩者。臣竊謂安內攘外，今日之東事，必當如是，伏乞皇上加意留覽，勿視爲泛常。仍亟敕九卿科道諸

① 賊　明抄本作"賦"，是。通行本作"賊"，誤。

② 撤　"撤"當作"撤"。

③ 撤　明抄本作"撒"，誤。通行本作"撤"，是。

④ 撤　明抄本作"撒"，誤。通行本作"撤"，是。

⑤ 烽　明抄本"烽"下作"坎"，通行本"烽"下空格無字，兩者皆誤。應在"烽"下加"堠"字。

① 當 明抄本作"難",是。通行本作"當",誤。
② 感激 明抄本作"激切",通行本作"感激"。明抄本是。
③ 行 明抄本作"佇",是。通行本作"行",誤。
④ 亂 "亂"似當作"辭"。
⑤ 苑 明抄本作"死",是。通行本作"苑",誤。
⑥ 倅 "倅"當作"休"。

臣,各秉虛心,毋拘成説,詳議上請,速賜施行。臣衰病已入膏肓,萬無再生之理,非不知緘默以延殘喘,顧受恩深重,圖報無由,況身爲首臣,義當①坐視,即身死亦所不惜,奚暇計其他哉？臣不勝感激②待命之至。"奉旨："朕覽卿奏,具見老臣憂國籌邊至意。東征未得取勝,朕心日夜懸注,正爾諮詢長策,圖維萬全。奏内事宜,着兵部便會同五府六部九卿堂上科道等官,悉心詳加議處來行。卿宜倍藥調攝,亟出輔理,以分朕宵旰之憂,慎勿久虛延行③。"

十四日乙未,大學士趙志皋、沈一貫題："伏蒙皇上以聖母慈聖宣文明肅皇太后萬壽聖節,頒賜臣等,每金萬壽字二副、銀萬壽字二副、金篆字八個、金書黄符一道、金書紅符一道、銀書紅符一道,及講官劉元震等二員照數分給訖。臣等不勝感戴天恩之至。"

是日,大學士沈一貫題："臣逢時特達,受恩弘深,頃因病發請告,即蒙許可,隨遣御醫診視,因獲更生。臣之微身,乃皇上再三生全之身也,敢亂④摩踵以圖稱塞？除今日報名廷謝、入閣辦事外,惟是臣之一腔苦情,無所陳告,敢恃恩私,爲皇上極言之,伏祈矜憐,早增閣臣以重政本,因以緩臣垂亡之命焉。蓋内閣者,皇上之内閣,天下機務之所從出也。臣不敢以病誤事,又不敢以病推事。前者屢造首輔,首輔具言欲得静養,不能即出。今臣在告,首輔又貽書於臣,囑臣早出,且言即二皆健,亦當固請增閣臣,以圖同寅協恭之效。今首輔既久不出,皇上又久不增,則豈徒苦臣一身？切恐誤國不小。若於國事有誤,雖罪臣亦何益乎？臣於今日,有瀕於苑⑤者三焉。以久病餘生,而夙夜繁劇不倅⑥,必將以勞死,一也。才微德薄,而加之以孤立無助,必將以罪死,二也。禁中之事,非外人所知,而獨任獨爲,雖無專擅,誰則信之？必將以讒死,三也。臣今固請,恐皇上必以煩瀆嗔臣,縱或嗔臣,而臣之罪輕。臣今不請,則公論必以衆罪加臣,皇上雖欲保全之而不可得,臣之罪重。此臣之所以寧冒威嚴而懇求不已也。即使臣身不病,亦不可不請。臣聞之，下臣事君以身，上臣事君以人，事君以身，則一人之獨力有限，事君以人，則衆賢之共舉無窮。故古者進賢蒙上賞，蔽賢有顯罰。臣今已病，而猶不避賢，且至於蔽賢，罪又當若何？此臣所爲滋懼也。意者皇上謂閣職甚重，而人才難知耶？凡所謂人才者，必之①而後知其爲才，不用不知其爲才也。其人若能讀書循理，守己奉公，則今日之端士，即他日之名臣，而無不可用，不必以未試而重疑之，亦不可以小嫌而終棄之也。在昔皇祖世宗肅皇帝，深惟祖宗開設内閣與儲養翰林之初意甚遠，故特加睠睞，於詞臣與百僚庶司甚殊，朝夕侍從，體貌優隆，文墨雅尚，顧問不輟，故嘉靖間彬彬多文學名世之臣，而留以爲皇考暨我皇上之用者甚衆，今遺民故老猶能津津道之也。臣②皇上念閣臣之關係匪輕既如此，皇祖之所以儲養睠顧詞臣者又如此，少假燕閒，早賜乾斷，將前所推舉諸臣親加評品，點用數員，俾令入閣佐理，且推廣此意及於詞臣，亦俾之及時同升，而不致淹滯空老，以培一代文昌之脉，以弘將來大受之塗，國事幸甚，天下幸甚。臣性不飲酒，病久絶暈③，僅以一溢米、一杯藥爲命，當此朔風凜寒，辰入酉出，一日不可知，豈可謂有臣在閣、而不置一副貳以爲之備？臣恐他時言之爲晚，不避冒昧之愆，惟冀聖慈俯亮而賜行之。臣無任激切屏營待命之至。"

① 之 "之"似當爲"用"。

② 臣 "臣"下似當有"惟"字。

③ 暈 "暈"似當作"葷"。

是日，大學士沈一貫題："臣於本月初六日偶因舊疾感發，請給暫假，伏蒙聖恩俯允，欽遣御醫徐文元等診視。臣感激隆恩，即具本陳謝外，今病稍可，不敢偷安，謹報名廷謝，入閣辦事。惟茲犬馬之微軀，至廑天地之鴻造，捐糜莫稱，唧結奚辭？臣不勝感戴之至。"

十八日己亥，大學士沈一貫題："十九日恭遇聖母慈聖宣文明肅皇太后萬壽聖旦，臣備員輔弼，仰戴隆恩，比之恒情，倍切忻忭。謹照例於是日恭請宮門，行叩頭禮，以少伸臣子慶祝之誠。謹具題知。"

十九日庚子，以聖母慈聖宣文明肅皇太后萬壽聖節，頒賜輔臣上尊珍饌。

大學士沈一貫恭詣慈寧宮叩頭慶賀。頒賜酒飯一桌，燒割一分。

二十日辛丑，大學士趙志皋、沈一貫題："爲缺官事。照得制敕房辦事中書舍人曾仕鑑、楊俊臣、楊文裕三員，該吏部題奉欽依，各陞任戶工二部主事去訖，所有一應事務缺人辦理，合當題補。查得嘉靖四十四年等例，俱於會試下第舉人內考選送用。合無敕下吏部，於告選舉人內考選文學頗通、字畫端楷者三名，題請授以試中書舍人職銜，送赴制敕房供事，庶於職務有所補益？臣等未敢擅便，謹題。"奉旨："是。吏部知道。"

二十二日癸卯，大學士趙志皋奏："爲病臣觸事直陳科臣畏議曲詆懇乞聖明特賜洞察以昭公道並乞聖慈特放生還以延微息事。臣以臥病求歸之時，非不知緘口結舌，媕附以取容，諂媚以悅世，即在朝，得以保爵祿以固寵榮，使去國，得以博令名以銷物議。如科臣張輔之所云，臣上年之疏已足自解於天下矣，奈之何必欲入是非之場，招雌黃之口耶？顧臣病雖劇，臣心實存，臣棺未蓋，臣事猶在，臣職業未離臣。郝敬論臣之疏，其卑鄙不堪與主封之說，臣前後諸疏①業已剖明，久蒙聖鑒，無容置喙。獨其責臣以始不能主戰，既不能主其不戰，則雖以孔明之材，猶不能逆睹於成敗利鈍之數，敬果醉中語耶？抑夢中語耶？不意世道人心一至於此。且臣以東事連年喪敗，徵調已竭，轉輸已空，戰勝無期，結局無日，誠不忍以國家之元氣盡耗於東隅，無辜之生靈盡委於異域，蓋欲觀變而動，相機而行，屯朝鮮之田以助食，練朝鮮之卒以助兵，修朝鮮之險以固外藩，休息我中國之士卒以養全力，然後勞逸饑飽之形，與倭相抗，而後可出奇制勝，以圖萬全，初未曾棄朝鮮以畀日本，亦未曾盡撤②我兵，使朝鮮自爲戰守也。在廷大臣亦有知臣此意者，而臣果傳③會郝敬乎？且議者以虜較倭，謂虜志小而倭大，必

① 疏　明抄本無"疏"字，誤。通行本補此字，是。

② 撤　"撒"當作"撤"。

③ 傳　"傳"當作"傅"。

欲盡力以滅倭。臣竊謂不然。臣嘗讀《祖訓》云：東海諸夷，限山阻海，惟北虜宜世世防之。蓋虜騎成羣，朝發可以夕至，非若倭之相距大海，必待風汛，始可駕舟遠涉也。無論宋之金元，北虜迭入，爲中國主，即先朝己巳、庚戌之變，也先、俺答其雄狠鷙鷔，恐亦不下關白。然九邊之虜，亦止於①九邊之兵禦之，一邊之虜入寇，亦止以一邊之兵應之，未嘗勞費我內地。今朝鮮已爲中國之外藩，乃倭寇又在朝鮮之邊地，助其兵餉與之恊可也，整飭其兵餉，修設其險阻，轉朝鮮之弱以爲強可也。使倭奴攻朝鮮，以朝鮮兼我之兵力拒之，使倭奴犯內地，以內地海防之兵力拒之，此正兵家所稱主客之勢。若必欲置朝鮮兵餉於不講，而專藉我之兵力以爲援救，此臣之所未解也。頃臣見查勘科臣徐觀瀾參劾麻貴等之疏，令人酸鼻。夫當墮指裂膚之時，將領即②不能訓練，又不能撫恤，使數萬之兵盡暴風寒，夜眠霜雪，身被單袷之衣，口啜稀麥之粥，猶欲使之執挺以禦倭，果可得勝乎？皇上試覽觀瀾之疏，以此饑寒之士，當戰耶？當守耶？皇上即以觀瀾之疏問之廷臣，以此饑寒之士，宜戰耶？宜守耶？臣之前疏，欲整飭朝鮮屯種、選練，以待機宜，果亦有當於今日之事機否耶？此不待智者而可辯矣。臣恐三軍之衆，內逼饑寒，外逼強敵，上無投醪挾纊之恩，下有貪生畏死之念，蕭墻之內，深可寒心，東征事之③，臣不可不爲深慮也。臣老矣，病已徹骨，近復手足已痿，心血已竭，痰火上攻，泄瀉下注，萬無再留之理。即後有如郝敬之黨以議臣者，臣惟笑而受之，亦不能以奄奄垂斃之身，與之較勝負於唇吻間。惟望皇上憐念衰病孤臣，特賜放歸，使臣得生入里門，以延微息。若臣前疏東事，雖爲諸臣沮撓，然皇天后土有以鑒臣之心，九廟神靈有以鑒臣之心，皇上英名睿斷有以鑒臣之心，天下後世之公論有以鑒臣之心。臣心不昧，雖死猶榮。臣惟得早歸一日，脫離讒譖之口，則臣之大幸也。臣不勝激切哀懇待命之至。"奉旨："郝敬前疏，明是因己所言偶同於卿，要行分別，故爾攻詆，朕已置之不理，卿何必復有此辯？宜蠲忿平情，用心調攝，稍可即出輔政。所辭不允。吏部知道。"

① 於　明抄本作"以"，是。通行本作"於"，誤。

② 即　明抄本作"既"，是。通行本作"即"，誤。

③ 事之　"事之"當作"之事"。

是日，大學士沈一貫題："臣等竊以爲天下之事，出於天理人情之極者，必不可不行，又至於數窮理極之時者，斷不容少緩，況家庭父子之間，尤爲至情，不矯强，無俟人言者，則今日皇長子之冠婚是也。臣等間侍講讀，伏睹睿容温粹，玉體充盈，問學日新，聰明天啟。慶吾君之有子，頌義方之慇懃。惟是冠禮未成，儀章弗稱，好逑尚邈，淑德愆期，天聽轉高，人心孔亟。臣等職親地近，幸無明諍顯諫之嫌，敢冀皇上豁然允行，令天下傳聖明獨斷之美。冬日維暮，新歲倐更，揆以世情，萬不可已。臣等謬忝輔弼之司，動關天下指摘，即一事不妥，羣議沸騰，矧大典久稽，贊襄何在？豈不聞密勿近臣，格心爲上，待言而悟，爲術已淺？累牘無當，負罪益深。萬一此禮再遲，大小臣工紛紛煩瀆，轉覺觀聽不雅。臣等區區固不足惜，而謂千萬年有典有則之熙朝，侍十八歲不冠不婚之元子，宜播外夷，昭示來世，甚非所以爲訓也。披瀝已盡，不知所云，伏望俯從。無任激切隕越之至。"

二十六日丁未，大學士沈一貫題："恭遇長至令節，禮當慶賀，該鴻臚寺奉旨傳免。竊念臣備員輔弼，受恩深厚，與在廷諸臣不同，犬馬私衷不能自已。臣謹於本日恭詣仁德門，行五拜三叩頭禮，稱祝聖壽，以少伸臣子慶忭之誠。"

是日，大學士趙志皋題："恭遇長至令節，禮當慶賀，該鴻臚寺奉旨傳免。竊思臣等備員輔弼，受恩深重，與在廷諸臣不同，宜同次輔合詣仁德門行慶賀禮。奈臣臥病，不能動履，謹於私寓恭設香案，力疾伏枕叩頭，稱祝聖壽，少伸臣子慶忭之誠。不勝悚懼之至。"

二十八日己酉，大學士趙志皋、沈一貫題："昨日禮部接出聖諭：'朕惟册立、分封東宮及諸親王，此乃祖宗訓章大典，嫡庶長幼一定，自有次序。緣因皇長子为稟質清弱，氣體未充，況皇后年在妙冲，又屢遭不諱大難，故不得已遲緩少俟耳，非有別意，亂危家國。昨者大行皇妃①之服已滿，雖無三殿，其

① 妃　明抄本作"妣"，是。通行本作"妃"，誤。

萬曆二十六年

二宮不日落成，皇長子齡已過期，體已充足，爾該部便具選婚舊儀來看。其册立並加冠禮，少俟二宮落成之日行。朕又思三皇子、五皇子、六皇子、七皇子，俱已長成，若再少待，恐又費一番事，不若亦於二宮完日一併加冠、分封，庶免煩擾。內皇三子、皇五子年歲稍長，待分封之日可着出閣讀書，親近儒臣，朝夕訓誨，以開蒙塞。禮部知道。欽此。'臣等伏惟，皇長子册立、冠婚諸禮，四海臣民瞻望已久。皇上渙發慈衷，布宣恩綍，禮臣捧出，中外傳聞，朝署簪紳舉色喜以相慶，間卷蒼赤亦踴躍而歡呼，臣等稽首號讀。大哉王言，明《祖訓》之當序分長幼，念中宮而有待，偶致延遲，茲及禫祥，遂求嘉儷，元良早定，先徵六禮之儀，皇子分封，並舉三加之典，卜云其吉，擬宸居之告成，愛而知勞，期儒臣之納誨。言言信如金石，事事協於典章，經畫出於宸衷，作爲超於大聖。尋常之見，窺測固難，臣等忝列樞機，躬逢盛美，雖中宵舞蹈，曾莫罄其懽衷，即前此瀆陳，翻自尤其過計。竊惟本月二十五日，時當長至，日煇①三珥，主有大喜，乃知聖意方動於淵微②，玄象已昭夫靈貺，天時人事，豈曰偶然？萬祉千祥，行當輻輳。實以集社稷靈長之慶，豈徒釋四方疑揣之心？臣等無任欣躍慶祝之至。除選婚儀注禮部具題外，其皇長子册立、加冠，皇三子、皇五子、皇六子、皇七子加冠、分封、出閣等儀，謹遵旨俟二宮完日另行題請。查得選婚該有敕諭禮部一道，茲謹僭擬上請聖裁。謹具題以聞。"

① 煇　明抄本作"煇"，是。通行本作"輝"，誤。
② 微　明抄本作"微"，是。通行本作"徵"，誤。

萬曆起居注

十①二月壬子，朔。

五日丙辰，大學士沈一貫題："昨日接得總督邢玠塘報，內開征倭東路總兵麻貴報，清正因圍困日久，於十一月十八日燒燬巢穴，上舡逃去，官兵已入島山西生浦城等因，兵部覆奏已經奉旨外，今日又接塘報，內開中路總兵董一元報，新寨倭長石曼子墮我師之計，十七日撤兵渡海，我師搜斬三十二級，奪下米豆什器等物甚多，燒燬大寨五座，倭衆已皆盡走。又一通內開，西路總兵劉綎報，十八日攻打行長巢窟，奇兵由西北海口，以草包土填壕登城，內外夾攻，倭奴望海奔走，殺傷無算，水路總兵陳璘因石曼子來援，與之酣戰，行長得脫逃，石曼子燒死等因。臣連得此報，不勝喜躍，竊惟倭奴小醜，自干天誅，前者三路進兵，不意中路見挫，尚賴王師强盛，廟算不搖，麻貴收功於東，劉綎、陳璘收功於西，而董一元亦能因敗爲功，前雖見愚於石曼子，而石曼子竟殺於陳璘，清正、行長雖以身免，而倉皇渡海，諒天亦不宥此賊也。今三路堅巢已拔八九，惟釜倭尚在，必然膽破，合兵擊之，指日妖氛可盡掃矣。臣細參詳，三路倭師何爲同日渡海？又皆在會議之後？此必密得關白死信，共議逃歸，關白之死似亦近眞。若其果然，則禍本悉拔，天意尤厚矣。但倭師②相聚密謀，而倭衆必不預聞，我京師雖得閒報，而軍中尚未傳聞，相持猶故，竭力死抗，諸將之力也。且倭帥雖萌去心，而非因兵竭糧盡、力憊勢窮，安肯捨十年之經營，爲一旦之奔竄？此實我兵鼓勇奮忠，雖卻猶進之效，所謂天運而人克從，時至而事尤起者③。關白以梟獍之資，合六十六島之衆，所用皆强力狡謀，大將以十數，深溝高壘，連營八九十里，其衆豈下百萬？我兵纔出一年，又不滿十萬，衆寡實爲不敵，勞逸亦更懸殊，而所戰克捷，所守亦固，圍促使盡，竟收此功，將士之奉命可謂殫竭心力而無遺矣。今關白之死不死尚未可知，縱令果死，而成功猶非容易，如其未死，而成功彌堪嘉録。此皆仰仗我皇上寵靈赫奕，聖武昭宣，攬獨斷之上謀，不以衆囂而微動，決進剿之長策，雖嘗小却而彌堅，

① 十 "十"上當有"萬曆二十六年"六字。

② 師 "師"當作"帥"。

③ 者 明抄本"者"下有"也"字，是。通行本無此字，誤。

故疆吏有所依憑，軍資有所請給，功罪有所分別，機宜有所乘藉，以致窮敵奇捷，超古震今，恩覆屬藩，威加天海，罷兵有期，不勝慶幸。第倭情極狡，尤宜愼防，九仞爲山，一簣必往，申飭將士，不可不嚴，撫恤勞苦，當加優厚。臣查得舊年蔚山之捷，蒙聖心特軫，兩次發太僕寺馬價銀各五萬兩，先行犒賞，以致軍中人人感戴，彌加激勵。今三路奏功，比前較大，蕩平有緖，更須鼓舞。伏乞皇上渙發德音，霈宣大賚，仍發太僕寺馬價銀十萬兩，以示嘉獎犒勞之意，使三路將士感誦歡騰，倍力爭先，勦絶餘寇，以收蕩平之績，惟冀上裁。臣忝備隆寄，莫分聖憂，預觀盛美，不勝歡忭，謹申慶賀之忱。具題以聞。"

八日己未，大學士沈一貫題："伏蒙皇上以重修護國濟民神應龍王廟擬撰御製碑文，欽賞臣銀三十兩、紵絲二表裏。臣一貫頓首祗領，及中書馬繼文等二員各照數分給訖。臣等不勝感戴天恩之至。"

是日，大學士沈一貫題："今日伏蒙發下太常寺少卿傳①好禮一本爲近郊之內假官抽稅辱國虐民乞賜拏究重處等事，該文書官口傳聖旨：'不論大小事情，挾制朝廷，着實出旨。欽此。'先是數日之前，本官曾到朝房投揭於臣，備言畿輔窮民被害之狀，極慮旦夕恐不測之憂，欲臣轉達天聽，少回聖心，至於流涕哽咽，臣亦因之淚下。但因連日閣務煩冗，兼之病體不能支持，因循未得上聞也。不意傅好禮今日又行催奏，致干聖怒，臣驚汗不已，跼蹐難容。竊惟傅好禮迂愚瀆言，不當聖意，加之以罪，亦復何辭？但詳察本官之心，無非爲國爲民，非敢故爲觸廷，況其人已老，資望亦深，伏願皇上曲賜優容，以彰天地之量。臣既奉口傳，不敢有違，擬票恭進，然實臣萬不得已之計也。儻再蒙皇上霽威霈恩，有出於臣愚所望之外，或改賜溫詞，以安畿民之心，或竟寢不下，以示候行之意，皆明主之盛節，聖帝之芳規。臣願皇上爲堯舜之君，輒此苦口。臣無任千祈萬禱之至。謹附奏以聞。"先是初五日，傅好禮具疏爲假官抽稅辱國虐民乞賜拏究等事，上未省發也。至八日，好禮復持

① 傅 "傳"當作"傅"。

一疏跪伏文華門，請面對，語甚懇，且曰："今候旨不得，明日①當復束，必得命乃已。"上怒以爲挾制，謫其官。是夕，上又批發好禮前疏，令廠衛逮假官抽税者。蓋雖怒之而行其言矣。無何而復逮固安人等。

九日庚申，大學士趙志皋奏："爲篤疾甚危曠職益深三懇天恩俯賜骸骨生還事。臣昨卧病中因科臣郝敬論臣，隨具疏控辭，伏奉聖旨：'郝敬前疏，明是因己所言偶同於卿，要行分別，故爾攻訐，朕已置之不理，卿何必復有此辯？宜蠲忿平情，用心調攝，稍可即出輔政。所辭不允。該部知道。欽此。'臣捧讀再四，感激涕零。皇上毀言不惑於三至，保護欲期於萬全，不意衰病老臣誤蒙寵眷若此。緣臣一念犬馬戀主之心，非不欲勉加調攝，日冀强起仰副聖慈，顧臣衰年血氣盡枯，又平日憂勞過度，以致病根深固，牢不可拔，藥餌徒勤，竟難奏效。且人之一身周旋運用，全藉手足，今臣左手左足俱不能動移，已成半體不遂，醫者咸謂必難痊可。君恩愈重，臣病實深。然偃卧牀褥之間，日竊大官之養，久妨賢路，曠職甚多，臣此心踧踖，有旦夕靡寧者。昨擬具疏再陳，忽睹禮部恭接聖諭，爲皇長子冠婚及册立盛舉綸音涣發，國本已定，中外大小臣工莫不手額稱慶，乃吉典肇興，臣又未敢遽以病請。萬不得已，暫爾少待。乃連日更兼脾胃泄瀉不止，痰火上延甚劇，病勢較前倍增，其苦楚難支，不啻以日爲歲，是以不得不哀鳴於君父之前。頃又聞吏科給事中陳維春催請閣臣疏內，又論及於臣。夫臣性命且不能保，又何暇與人辯論是非？惟中有所關係者，不得不一剖白。臣自通籍以來，叨冒詞林三十年，亦能粗知文墨。謂一切章疏盡出王山人之手，臣素性懶於延接，若山人猶②平日所痛絶者，竟不知王山人爲何如人，此可訪而知也。中書官供寫票帖，閣中相沿舊規，中書曾仕鑑止承行制敕等事，寫票純不干與，今謂票擬盡出曾中書之筆，此密勿中從來絶無之事，各中書官見在，可聞而知也。惟指臣衰病之甚，不可一日復留，此誠愛臣之甚，知臣之深，臣且心德之矣。伏惟皇上憐臣病已垂危，報効無日，准臣休致，俾得骸骨生還，則感皇上曲全之恩，百倍於留臣也。臣無任激切瞻天悚息待命之至。"奉旨："朕久俟卿出視事，何爲遂稱篤疾求去？奏内所辯事情，已知道了，不必介懷。還善加調攝，俟痊可輔理。不允辭。吏部知道。"

十日辛酉，大學士趙志皐、沈一貫題："爲起復事。該吏部手本開送庶吉士梁有年，係萬曆二十三年進士，改庶吉士，於翰林院讀書。本年七月二十五日，聞母喪回籍守制。二十五年十月二十四日服滿，二十六年十二月初二日起復到部。又據開送庶吉士高承祚，萬曆二十三年進士，改授庶吉士，於翰林院讀書。本年六月十四日，聞父喪回籍守制。二十五年九月十三日服滿，二十六年十二月初二日起復到部。行移到院。臣等看得高承祚等，俱係考選之後未經入館教習人員，難以定擬所授。查得先朝庶吉士有一併教習之例，及查萬曆二十一年庶吉士傅新德，病痊到京，送館教習。合無比照前例，將高承祚、梁有年仍行復館，與見在庶吉士一體讀書，考試散館之日，並題分別擬授？以後起送庶吉士，不論丁憂養病給假，凡未經散館者，俱照此例，不得陸續題授，永爲遵守。恭候命下吏部欽遵施行。臣等未敢擅便，謹題請旨。"奉旨："是。吏部知道。"

是日，大學士沈一貫題："即刻接總督邢玠等火牌飛報，内開爲釜山一倭不留海寇蕩平事。據總兵麻貴差人李功相口報，三路倭賊俱聚釜山，船隻千餘俱入釜山，半在船上，聲勢頗大。麻總兵列兵圍守，西、中人馬亦漸東逼。倭於二十六日俱上舡去訖。釜山一倭不留，奪獲馬牛甚多等因。據此，又據總兵官陳璘差官左揚口報，自曳橋直至南海閑山等處，亦盡收取，斬獲頗多，俟塘報至日，另行具報，理合先行馳報等因。臣不勝喜躍。切惟釜山乃倭奴占據百年之地，今一旦掃空，不惟朝鮮永無倭患，而登萊、天津無路可入，中國亦永無倭患矣。此九廟威靈、皇上英斷之所致也。謹先恭賀以聞。"

十九日庚午，以奏捷祭告郊廟收回脯醢果酒，頒賜輔臣。

是日，以年節，頒賜輔臣志皋銀五十兩、綵段四表裏，一貫銀四十兩、綵段四表裏，及講官劉元震等二員有差。

二十三日甲戌，大學士趙志皋奏："爲衰年病困難支手足殘疾已廢萬分不能供事懇乞聖慈垂憫早賜放還以全軀命事。臣因病三疏乞休，伏奉聖旨：'朕久俟卿出視事，何爲遂稱篤疾求去？奏內所辦①事情，已知道了，不必介意。還善加調攝，俟痊可輔理。不允所辭。吏部知道。欽此。'切②念臣自病中屢有陳乞，即謬荷眷留，凡遭指摘，即曲蒙聖鑒，真遇隆於不可繼，而恩被於無所加矣。際此明時，睹茲高厚，竭蹇躬盡瘁之力，以仰報皇上曠蕩之恩，固人臣之義，亦病臣之心也。但事與願違，情非假飾，又望皇上察而憐之。臣患病已踰二月之久，調治幸有御醫之託，使臣若非痼病，必當漸有起色。乃今日復一日，未見稍減，愈覺增重。左手既不能持，左足又不能履，即前脾胃泄瀉，今且徧體骨蒸，前痰火上炎，今更頭目昏暈，呻吟牀褥，氣息奄奄，與死祇一間耳。蓋緣血氣衰耗，非藥石之所能扶，非箴砭之所能救。然則皇上留臣者，尚冀臣可以復出，勉效馳驅，其如病廢之人，必無任事之理，密勿之區，又豈養痾之地？在朝士紳亦有詣臣卧榻看臣者，見伶仃病苦之狀，莫不惻然動心，臣亦自恨請告之遲，不意衰年而膺廢疾若此也。伏望皇上憐察真情，毫無虛假，早賜放歸，俾臣抱骸骨以歸故里。不但臣感再生之洪恩，而臣之子孫，亦當戴③天恩於世世矣。臣無任感激懇望之至。"奉旨："朕覽卿奏，知疾尚未平，宜寬假安心調攝。春陽伊邇，易於導迎，還着差去御醫上緊視療，以慰朕佇待之心。所辭不允。吏部知道。"

是日，大學士沈一貫奏："爲閣務缺人辦理孤臣憊極難支懇乞聖明早賜簡命容令退休以光新政事。竊惟內閣缺官，今已半載③，止有趙志皋及臣二員見在，而遞病迭興，又不能全入。志皋嘗具疏請補，臣亦嘗具疏請補，又經三次揭催，未蒙簡用。臣蒲柳質衰，狗馬疾甚，實恐人道之患與陰陽之患併於一身，而無以謝天下萬世，安能避煩瀆之咎而不稽首於九閽之前？竊惟神龍之所以布雨澤於天下者，有風雲爲藉也。風雲之藉不厚，雖神龍無所施其神矣。人主猶神龍也，而必藉衆賢爲之輔。猶①風雲也，輔理單子，是微風薄雲，爲藉不厚，何以顯神明之功？我皇上神聖獨運，而大澤猶屯於天下，臣以爲輔理之藉不厚故也。且朝廷之有輔臣，猶車輿之有輪轂也。一輪缺則車不行，豈惟不行？將有傾輈之虞。今爲皇上之輔者，獨二病臣，是二朽輪耳，而不能當一輪之用，又何望其鳴和鸞，駕大輅，而收引重致遠之績？又知其不可也。往時四臣在閣，每一事而經四手，故耳目心思稍有優裕，而得慮其所未及，舉其所未周。乃今獨令臣爲之，舉四臣之事併於一臣，而耳目之應接不暇，心思之料理不遑，遂有因循姑置、溺而不舉之職。臣安敢自誣，以爲盡心協志而無遺憾？雖臣本意亦欲策發，而謀斷無侶，輾轉生疑，至增一事爲數事之勞，愈多愈棼者有之，此臣之所以病益深，衰益甚，而職益廢也。臣性稟迂愚，與世無適，火馳四應，原非所長，晷短天寒，尤多不給，而況素無學問，復鮮夾持，日暮途遠，恐不免於倒行，離羣索居，慮難至於寡過，一字有失，萬謬叢生，小犢僨車，啜②嗟何及？終負任使，其危可知。竊惟聖祖立制，大小官員必有丞貳，所以預防人臣非僻之心，而厚之以寅恭之益，使不抵於悔尤也。自古明臣，不能以一身獨爲，而況至愚極陋如臣，能獨爲乎？即在卑僚，不可以一身獨任，而況代言佐政如閣臣，可獨任乎？外人不知禁中事，必謂閣臣素爲上所倚信，今茲不增，乃臣等專擅之由，欺蔽之故，而非上本意，不必③，於祖宗設官之意宜增，何爲久不增也？於萬機樞本之地宜增，何爲久不增也？於皇上聖政一新，修廢舉墜，諸曹盡補，羣賢悉登，閣臣尤宜增，而何久不增也？令臣獨策駑足，獨瀝枯腸，獨當危機，獨受惡名，爲此，閣中夙爲射的，而以臣爲招尤不可解，雖家置一喙，其能白乎？伏乞皇上憫臣衰羸危苦之極，俯賜骸骨，免貽政本之羞。尤念政本安危大機，早將吏部會推諸臣點用數員。若尚未當聖意，乞敕吏部再推二三員，以資選擇。庶幾輔理無闕，而新政有光矣。有如不蒙允行，而復令且需後命，則適滋天下之疑，

①猶 "猶"上當有"衆賢"二字。

②啜 "啜"當作"咄"。

③必 明抄本作"然"，是。通行本作"必"，誤。

而臣亦無所逃誤國妨賢之罪,非所望也。臣不勝披肝析膽懇祈之至。"奉旨:"朕覽卿奏,祈請懇切,忠愛敬慎,殊可嘉尚。自古國家政務,君主於上,臣任於下,都俞吁咈,唐虞贊襄之盛治,及我祖宗設立內閣,樞機政本,最爲詳悉,豈不知?但今閣務繁重,倚任尤切,人之賢否,遽難周知,乃欲斟酌發行,豈有不補之理?便着吏部通將前推再推堪任數員,開具來用。卿宜盡心佐理,不必疑畏,以副眷懷。該部知道。"

二十五日丙子,大學士趙志皋、沈一貫題:"爲放假事。自今歲暮,所有起居注館官吏人等,例於二十八日放假,至明年正月初四日赴館供事。臣等未敢擅便,謹題請旨。"

是日,大學士趙志皋、沈一貫題:"伏蒙聖恩,以正旦令節欽賞臣等,每員二樣甼屏二對、大門神二對、判子二對、招財利市二對、福祿獅子二對、箋紙葫蘆二對,臣等頓首祗領,及講官劉元震等二員分給有差。"

二十八日己卯,大學士趙志皋奏:"爲東事始終聖明獨斷孤臣屢遭疑謗未解懇乞天恩特賜昭察並乞亟賜放歸以杜讒口事。頃臣復四疏具辭,未蒙俞允,冀欲再瀆,乃恭遇元旦慶賀之期,例當禁封,是以少需時日。忽見兵科給事中姚文蔚一本爲聖斷一堅倭氛遂息等事,內論東事,波及於臣,奉聖旨:'着吏、兵二部,會同都察院、該科,便議了來說。欽此。'臣讀之不勝駭嘆,何文蔚播弄筆鋒、橫逞腹劍、一至於此也?夫東事許封一節,臣已屢疏辯明,皇上亦已洞矚其始末,固無俟於今日之辯,而臣亦不必辯者。獨文蔚目臣爲丁應泰①之黨,使臣拘於禁封之例不一明言,則文蔚之疏業已下部會議,臣之心迹何由自明?故不得不干冒忌諱,以仰瀆天聽焉。臣自今年二月註籍以來,屢疏乞休,雖未蒙聖俞,而臣已絕意仕進,日惟翹首天恩早賜放歸爲幸,忽於六月初二日,見贊畫丁應泰②疏,論先任經理撫臣楊鎬及輔臣張位等蒙蔽東事,而位正在閣辦事,隨奉御札:'朕思閣臣祖宗設立,匡輔重任,擬票絲綸,實乃樞機政本之

① 泰 明抄本作"秦",誤。通行本作"泰",是。

② 泰 明抄本作"秦",誤。通行本作"泰",是。

處。今首輔調理，三輔在告，只次輔位進閣辦事，況值中外多事之時，如何不行題請？卿等便詳議來聞。特此故諭。欽此。'至初四日丁應泰①疏奉皇上御批：'朕覽此奏，關係軍國切要重務。便着五府大小九卿及科道官，公同看議來說。欽此。'是時次輔張位待罪不出，沈一貫又給假在寓，閣署並無一官。臣欽奉嚴旨，祇得於初六日扶掖入閣。至初九日，科臣徐觀瀾亦疏論東事，並及次輔，又奉皇上御批：'這本說的是。着同前丁應泰②所奏，還一併看議來說，不許徇私朋庇。'至十一日，發下次輔張位辯疏，司禮監傳奉聖諭：'爾着送此票本文書房官，傳與趙閣說：次輔位先密揭屢薦楊鎬，奪情委用專任破倭，今隱匿軍情，致僨東事，辱國損威，勞民傷財，尚言一毫無愧，其如國家安危公論何？着出票來看。欽此。'是諸臣章疏，或奉御批，或奉傳諭，皆係聖心獨斷，臣何有一毫私意、而敢與皇上分道而馳也？況臣生平與應泰絕無一面之識，何得以臣爲黨？繼後應泰屢疏，又係聖裁，差遣科臣往勘，亦由公舉，則是非曲直自有公論，臣何所黨於應泰、而文蔚苦於羅織也？至於臣近日條議東事一疏，因目擊連歲進兵與今四路之師，俱遭挫跌，誠不忍徵調浩繁、轉輸空竭，故議將朝鮮屯種選練，以圖再舉，初未若文蔚所稱撤兵棄朝鮮以媚倭也。蓋臣能料行長、清正之盤據③，之倭未能即歸，而不能料彼中多事，自懷遠遁，是以欲東征之臣內安外攘，慎重以收全功耳。臣之前疏具在，皇上試再覽之，果如文蔚所言否？夫臣欲選將簡卒以守朝鮮，而文蔚指之以爲撤。臣議欲屯種設險以固朝鮮，而文蔚指之以爲棄。臣議欲以守兼戰坐困倭奴，而文蔚指之以爲媚。至且將臣前疏斷章取句，如謂欲以漢法繩陪臣者，是特欲間或繩其不用命者、以作其勇敢耳，非欲盡繩之也。謂博功名如兒戲者，是因中路之僨事，徒見耗其士馬耳，亦有激之言也。況人之所見，或有相符，言之所出，豈能盡別？以一語一字偶合，遂曰爲黨，不知文蔚此疏同於人者太多，亦有所黨否？又謂百計彌縫，萬端阻壞，布列私人，求勝不已。夫東事昭彰甚明，功罪悉由彼中奏報，不知彌縫阻壞者何事？東征文武諸臣皆係會推舉用，而

萬曆二十六年

一六二五

① 泰 明抄本作"泰"，是。通行本作"泰"，誤。

② 泰 明抄本作"泰"，誤。通行本作"泰"，是。

③ 據 明抄本"據"下有"釜山，而不能料關酋之已没，能料釜山盤據"十七字。通行本漏之，應補上。

① 泰 明抄本作"泰",是。通行本作"秦",誤。

丁應泰①又係先任督臣孫鑛所薦用者,不知布列求勝者何人?不意文蔚無端攻臣至此之極也。總之,臣一日不去,則讒口一日不能解,皇上一日不放臣,則忌口爲人報復於臣者一日不能釋。而臣一身萬不得已之情,已經屢疏具陳,今且以禁封避嫌,不敢復形章奏。惟望皇上特賜洪恩,放臣回籍,使得入里門,當朝夕焚香,叩祝聖壽於萬萬年矣。臣不勝激切籲天待命之至。"奉旨:"卿有疾,宜專精善養,何爲復因人言搆思極辯?科臣前疏,朕因關係軍國大事,故令會議。倚毗已久,豈有疑於卿?閣臣一節,着該部不必會議。卿其安心調攝,早痊入閣輔理。所辭不允。吏部知道。"

二十九日庚辰,以告祭太廟祧廟收回祭設,賜輔臣等三卓。

萬曆
二十七年

萬曆二十七年正月十六日①，大學士趙志皋、沈一貫謹題："皇長子講讀經書，內《書經》已於去年十二月講完。臣等看得，學必溫故乃能知新，《書經》一書乃齊治均平之大法，五經之中尤為緊要，臣等擬於今年即以此書再行溫講，庶幾尋繹涵泳，以為睿學之助者不淺。臣等未敢擅便，謹題。"奉旨："朕覽卿等所奏，皇長子講讀《書經》已完，可讀《禮記》，其《書經》間日還帶溫習，以盡博文約禮次序工夫。該衙門知道。"

是日，大學士沈一貫謹題："今日文書官盧受傳出御前黑字揭帖，開採橫嶺礦務錦衣衛正千戶鄭一麟一本，奏白蓮坡等處採出礦砂，陸續煎成餅銀一十六兩五錢恭進，適有熟識南直隸土著官民王國用等稱說，口②閘、清江浦等處往來客貨蝟集，乞敕內臣高寀，督同王國用等前去，計貨立店，徵收稅銀，以助大工事，奉聖旨：'銀兩著內庫收。這所奏京口閘土著官民王國用等獻店徵租，准著差御馬監左監丞高寀，督率王國用等前去，會同彼處撫按官，徵收銀兩解進，以濟國用。務要奉公守法，不許擾害地方。店名與做廣寧。寫敕與他。該衙門知道。'羽林左衛中所百戶馬承恩一本，奏儀真等處請復舊稅，理財最便，特遣內府供用庫官暨祿，督同徵銀類解，以助大工事，奉聖旨：'這所奏儀真縣等處，舊制設立抽稅衙門，今被勢豪奸商侵撓隱昧。著差內府供用庫官暨祿，督率原奏官前去，會同彼處撫按等官，照舊復徵稅課，銀兩解進，以濟國用。寫敕與他。該衙門知道。欽此。'到閣。竊惟臣受皇上極重之恩，凡可以宣揚德意、足國裕民者，敢不將順？顧思此事，皇上深居九重，豈能盡知？臣不敢不一言以罄忠悃。臣惟我朝軍國錢糧，絲毫皆出於江南，今江南疲弊之極，而又尚荒歉頻仍之際，小民嗷嗷思亂，甚可寒心，況儀真與京口止是一江之隔，不上一二里地，豈有可以兩稅之理？徒令內官與外官政務棼雜，棍徒奸黨肆惡橫徵，商旅不行，農民重困，皇上仁民愛物之意抑而不揚，二十餘年鴻名盛德從此傷損，南京根本之地與國家財賦之區因此搖動也。且此兩處稅銀不過十餘萬兩，取之小民甚以為困，而國家視之所得幾何？必欲取盈，亦無難處。今賴天地祖宗之

① 日 "日"下當有"丁酉"二字。

② 口 "口"上似當有"京"字。

萬曆二十七年
一六二九

靈貺，皇上之洪福，海氛既清，東師可罷，則每年浪費可節者多。儻宮用有乏之時，雖令戶兵二部偶或設或①設處進用，亦無不可，在部之臣，必當竭力恭體上進，豈敢抗違？是不煩聖心等②度，而坐享四海之奉，且令羣小絕窺伺之奸，息掊剋之謀，而天下享安靜和平之福，又增光聖德，使人人誦萬壽無疆也。臣不勝忠愛，欲皇上繼堯舜之復稱，爲萬古聖明之主，輒此惓惓待命之至。"奉旨："朕覽卿奏，情詞懇切，具見忠愛至意。連年以來，西討東征，兼發賑濟，以致帑藏匱竭。目今兩宮雖已就緒，三殿將次興工，且有應行典禮，苦③非設處財用，安忍加派小民？所奏兩處地方不遠，京口閘已免差遣，儀真縣等處照前旨行。該部知道。"

十七日戊戌，大學士沈一貫題："昨日文書官盧受傳奉聖意，令臣撰京口、儀真二稅敕書，臣偶有愚④，具揭進奏，倉卒置詞，恐致觸忤，不意蒙被採納，即免京口一差，臣愚下情，豈勝踴躍？自古惟唐虞之朝有都俞吁咈之盛，今臣遭逢何幸同此？夫君曰都，而臣曰俞，君曰吁，而臣曰咈，是是非非，此何足以見堯舜之盛？惟君以爲是，而臣執爲非，卒能擇善用中，舍己從人，此所以爲堯舜也。益之戒舜曰：'儆戒無虞，罔失法度。罔遊於逸，罔淫於樂。任賢勿貳，去邪勿疑。疑謀勿成，百志惟熙。罔違道以干⑤百姓之譽，罔咈百姓以從己之欲。無⑥荒，四夷來王。'夫堯舜，大聖人也，何至有喻佚法度與夫遊逸淫樂諸事哉？而益惓惓以此致戒，乃知一日萬幾，豈能委曲無失？惟能受言，此所以爲堯舜也。今日國家財計，因征討、賑濟、宮工等費以致詘乏，此後尚須有殿工、典禮繁費，所宜措處，誠如聖諭。皇上不忍加派於小民，而欲取足於商稅，又誠不得已之心。臣體國憂思，未嘗不日夜念此，而與主計者相對顰蹙也。但思財計，惟用兵爲不可料算，今東氛淨息，實免大費，以後殿工、典禮，惟在聖心何如。聖心若加體悉，而容所司次第斟酌，不致浮浪，數年之內就緒何難？似不必過爲預憂也。《孟子》有言：'無政事則財用不足。'故不憂財用之不足，

① 設或 "設或"二字爲通行本之衍文。明抄本無此二字，是。
② 等 明抄本作"籌"，是。通行本作"等"，誤。
③ 苦 "苦"當作"若"。
④ 愚 "愚"下當有"見"字。
⑤ 千 "千"當作"干"。
⑥ 無 明抄本"無"字上有"無怠"二字，是。通行本脫此二字，誤。

而憂政事之不舉。《大學》有言：'財聚則民散，財散則民聚。'故臣不憂財用之不足，而憂民心之惑離。宋臣司馬光有言：'天地間財貨止有此數，不在官則在民。'蓋銀錢在世，其數不多，散於民間，則遠近流轉，子母相權，而賴以養活之人衆，聚於公所，則積而不流，母錢日少，而相生相養之利微。通都大邑之中，若有千金之商數人，本處數萬人家皆養給衣食於其間，而成富庶之國。管仲治齊，專務通商以成霸業，率此道也。臣伏睹皇上登極以來，憂民之言不絕於口，而近今以來似覺憂國之心過勝，茲蒙轉圜，仰見聖心至仁，初無今昔。臣愚以爲，此事第當專責部臣，不須多術。在昔皇祖時，亦有工作，亦有典禮，亦嘗用兵，更多慮患，而皇祖未嘗憂財之不足，則以付之所司，而委任之於始，責成之於終耳。皇上惟法祖攸行，將見高居安享而成無爲之治，尚何煩霄肝①之憂？臣奉御批，不勝喜躍，感謝天恩，因瀝未盡愚悃。臣無任戰競之至。謹具題知。"

二十二日癸卯，大學士趙志皋奏："爲遵例自陳乞賜罷免以清政本事。該吏部題，今萬曆二十七年，例該考察京官，四品以上者俱許自陳，以候上裁，遵奉欽依。臣例該自陳。伏念臣緣無智術，本乏材能，誤蒙先帝選授於清華，繼荷聖明收錄於廢棄。每憂覆餗，常抱捧盈。是以通籍已三十餘年，乃至乞疏凡數十餘上。蓋臣之性簡直，臣之心迂疎，既不善桔槔以取容，又不引藤蔓以自固。嶺南被謫，自甘百折以不回。江左投閒，詎意三褫之復錫？從此而敍迁②中外，從此而復策舊途，從此而歷陟崇階，從此而躋躋樞密。虛糜歲月，株守官常，雖聖恩浩蕩如覆載，曲示其包容，若臣節匪躬，則毫釐動關於利害。臣自叨侍左右，益見周章，初無啟心沃心之功，更無加諛獻加③之告。水旱爲祲於內地，羽檄交馳於外藩，天變未能仰回，民瘼未能撫恤，徒見徵調之繁，重以繹騷之役，調燮奚在？安攘何稱？夫國家設內閣之臣，以司密勿之寄，上欲佐理萬幾，下欲總領庶政，爲師表之具瞻，誠士民之效法。顧臣何人？久

① 肝　"肝"當作"旰"。

② 迁　明抄本作"迁"即"遷"，是。通行本作"迂"，誤。

③ 獻加　明抄本作"加獻"，是。通行本作"獻加"，誤。

萬曆起居注

① 襄　明抄本作"衰"，是。通行本作"襄"，誤。

② 卯　"卯"當作"巳"。

③ 聖　明抄本"聖"上有"陳"字，是。通行本無此字，誤。

④ 幼　明抄本"幼"上有"臣"字，是。通行本無此字，誤。

妨賢路，況以襄①朽之年，遘此垂危之症，經時註籍，計日乞骸，彈臣者踵至，臣辯者彌繁，苟再遲延，瘝曠愈甚。茲遇考察之期，實臣稅駕之所。矧臣庸劣，尤宜首黜。伏乞皇上，念宰臣之匪輕，嚴計吏之重典，察之自近，不比以私，將臣特賜罷斥，以清政本，以肅臣僚。是天高地厚，始終被聖澤於無涯，馬鬣狐丘，或得望故鄉而瞑目。臣無任隕越待罪之至。"奉旨："卿輔弼首臣，忠誠端慎。朕篤念老成，素所倚任。雖有微疴，旦晚即愈。宜愈展猷爲，贊成化理。不允所辭。吏部知道。"

二十四日乙卯②，大學士沈一貫奏："爲遵例自陳乞賜罷免以清政本事。今年當大察京官之期，先該吏部等衙門題奉欽依，令大臣照例自陳，去留請自上裁。臣不肖猥居輔臣之次，容容步趨，奉職無狀。頃以首輔在告，代庖三月，伎倆益盡，罪愆益深。況茲所察乃六年中事，而臣自甲午入京，撫時揣物，感昔傷今，安能以頃刻自恕乎？臣嘗誦宋臣范仲淹之言曰：'人主納遠大之謀，久而成王道，納淺末之議，久而成亂政。'夫仲淹所謂淺末之議者，謂刑法之絲毫重輕，錢穀之錙銖利病等類，久而行之猶成亂政，蓋爲其爲有司之一節，牽補瑣屑，無關政體故也。若夫遠大之謀，則必言政教之源流，議風俗之厚薄，聖③賢之事業，論文武之得失。以此事君，可以貽百世之安，造萬民之福，庶稱臣耳。幼④而誦讀，三復斯語，老而忝竊，竟無一成。豈惟無成？殆有甚焉。自甲午歲臣未入朝以前，天下所苦者，倭患之紛糾耳，士風之縱橫耳，而邦域之間、閭閻之下，固晏然也。從臣入朝而天下多事，刑法之重輕不知其幾矣，詎止於絲髮？錢穀之利病不知其幾矣，詎止於錙銖？邦域日以動搖，閭閻日以愁苦，而異時太平景象不可復睹，則皇上久安久治之天下，自臣爲輔而不免於危亂之憂矣。即淺末之議，尚不能一補塞、一維持，而況於遠大之謀？臣安所逃責哉？蓋臣墻觀局見，所識不大，淺中弱植，所持不堅，鄙心未化，無以立準而標衡，小器難恢，莫克積誠而動主，位以德輕，身偕心病，每遇朝門，分爲祖宗之所放逐，每入閣門，甘爲孔子之所葉①置，外揆公法，顯黜猶爲寬誅，內省私情，完歸猶爲僥免。皇上澄清九流，宜自大僚始，作新庶政，宜自政本始。臣謹引例自陳，束身俟罪，伏望亟賜乾斷，先加罷免，庶本端表正，而百執事淬礪以承風矣。臣無任惶恐待命之至。"奉旨："卿輔弼重臣，公忠端謹，清望素隆，朕切倚任，豈可引例求去？宜益盡心匡贊，以俾化理。不允辭。吏部知道。"

二十六日丁未，大學士沈一貫題："近日朝鮮贊畫主事丁應泰有本官②未見其詳，傳聞疏末言，官③曾經露章，不宜預票。伏惟皇上聖明，事事獨斷，臣雖擬票，悉上裁。應泰嘗論臣，臣當引避，豈敢復有恭預？但思此事乃軍國大務，臣既在閣，又適代庖，而噤無一言，則何以稱輔弼之名、而報皇上特達之恩？失職甚矣，又臣之所大懼也。臣今萬不得已，除不敢預票外，輒效區④犬馬之忠，亦不知其當否恭候聖明採擇。臣惟東倭發難已經七年，一旦蕩平，此乃非常喜慶，一則天地祖宗默佑，國家無疆之大福，一則皇上智勇天錫，獨斷不搖之大功，然而十萬將士披堅執銳，萬里遠征，仰承威靈之重，以伸撻伐之勳，其勞亦可⑤泯也。若據奏貽⑥倭賣國，則將士皆當有罪，不得言功矣。此十萬人者久勞於外，瞻望恩澤，如濃⑦之望有秋也，一旦失其所望，而又加之以罪，竊恐人心怨忿，不可強制，萬一激變爲梗，是一倭去而一倭生，損國威重亦不可知。賂倭事情，臣豈敢懸斷其有無？亦何必曲爲之庇護？顧思屢旨責成，惟取蕩平，既已蕩平，當從功論，即應泰之能激勵將士，亦是一功，所宜同錄。古稱功疑從賞，罪疑從輕，此聖王治天下之要道。今日之事，似宜務從寬厚，博加恩澤，以慰士卒久勞之心，以平各官相持之情，且將天兵無敵之威，皇上廟算之神，宣布天下，而使夷狄盜賊絕其輕侮窺伺之意，光於史冊，震耀千古，聖德美功垂之無窮，此其所得爲最大也。若因人臣之一節小爭而牽連無已，以致功賞不速，國體有妨，不惟以後有事之時難以用人，即今日十萬人馬未易收拾之憂也。恐致誤國，不忍不言，輒敢不避形迹，竭誠上聞。伏惟聖明不以臣之

①葉 "葉"當爲"棄"之誤。

②官 "官"似當作"臣"。

③官 "官"似當作"臣"。

④區 "區"下當還有一"區"字。

⑤可 "可"上應有"不"字。

⑥貽 明抄本作"賂"，是。通行本作"貽"，誤。

⑦濃 "濃"當作"農"。

不肖而棄其言。萬一臣言可採，乞特降聖諭，令該部施行。"

　　二十八日己酉，大學士沈一貫題："今日蒙發各官自陳本，令臣票擬。查得舊規，在京四品以上自陳去留，不下部覆，竟稟上裁，例當去其一二，以昭聖主之威福。方今乾陽御天，諸臣皆砥礪自效，與甚不肖之人，皇上神明照察，伏惟欽斷。其協理戎政兵部左侍郎余立，生平謹飭，亦無可指，但入宦①年久，體貌頗衰，屢曾乞休，未蒙賜允，似應准其致仕。臣票擬以上，此係詢之吏部，採之二評，非臣之私臆也。恭候聖裁施行。謹具題知。"

① 宦　明抄本作"官"，通行本作"宦"。

萬曆二十七年

萬曆二十七年①二月辛亥，朔，大學士趙志皋奏："爲年老已極衰殘病體益甚危迫六懇天恩垂愍早放歸田以遂生還事。臣昨五疏病告，伏蒙聖旨：'朕覽卿奏，知疾尚未平，宜寬假安心調攝。春陽伊邇，易於導迎，還着差去御醫上緊視療，以慰朕佇待之心。所辭不允。吏部知道。欽此。'竊念臣衰老病夫，屢瀆天聽，荷蒙皇上溫諭至三，眷存至再，臣不知此生之年何修而重徼殊恩若此也。顧臣病不至於狼狽之極，即狼狽猶可望調攝以保全，臣又何敢自愛髮膚、重辜②聖眷？中實有萬不得已之情也。自臣抱病迄今四越月，左手左足已成殘廢，伶仃之狀業已屢疏陳瀆矣。奈何日病日增，絕無生意。先緣醫者謂臣血氣盡虛，日服補藥太驟，以致入春以來，疾火頓發，百病交蒸，飲食下咽即反有若翻胃，徧體無不浮腫，似成流痰，側身如移山之難，舉動如履淵之險，心不守舍，魂不附魄，羸瘦已不似人形矣。即蒙欽遣御醫，每爲胗視，俱謂痊可無期，蓋譬之腐草槁木，非雨露所能長養，臣枯朽病骨，又豈能藥餌所能滋培也？夫謭劣如臣，向未③蒙皇上曲加禮遇者，以臣職居輔弼，今經時臥病私室，不能仰贊聖治，是皇上待臣誠厚，而臣溺職實深，望臣雖切，而臣命實薄。且當國家多事之日，臣徒以虛名廁於朝寧之上，此心惶懼，真有一夕不能安其身於牀褥間者。如蒙皇上俯念閣員缺乏，則在朝在野諸臣年力富强、才高望重者不少，惟皇上慎擇簡用，自足以建功立業，共臻化理。若臣衰病，必不可一日再留。伏望恩憐，特賜休致，俾得抱骸骨生還。臣一息尚存，敢忘大造？臣不勝感激隕越待命之至。"奉旨："朕倚重輔弼，眷懷老成。近已有旨慰留，計日待出，豈得固求休致？朕不釋卿，卿何忍於釋朕？還着鴻臚寺官詳加宣諭，少俟痊日輔理。慎勿再有所陳。吏部知道。"

三日癸丑，大學士趙志皋奏："爲欽奉宣諭謝恩事。臣委因病廢，萬無生理，具疏懇祈天恩，允放歸籍，伏蒙皇上遣鴻臚寺官張棟等到臣寓所，臣病不能興，謹恭設香案，令臣長男尚寶司司丞趙鳳梧叩接至臣臥榻前，臣於衾褥門④俯伏，恭聞宣

① 萬曆二十七年 "萬曆二十七年"六字，明抄本漏。通行本有此六字，是。

② 辜 "辜"應作"辜"。

③ 未 明抄本作"來"，是。通行本作"未"，誤。

④ 門 明抄本作"間"，是。通行本作"門"，誤。

萬曆起居注

諭聖旨：'朕倚重輔弼，眷懷老成。近已有旨慰留，計日待出，豈得固求休致？朕不釋卿，卿何忍於釋朕？還著鴻臚寺官詳加宣諭，少俟痊日輔理。慎勿再有所陳。吏部知道。欽此。'臣隨令男趙鳳梧代臣叩頭謝恩。臣惟伏枕稽顙①，感泣嗚咽。竊念臣自臥病迄今，懇歸愈切，乃皇上眷注愈深，既遣御醫，復頒藥餌，溫綸疊布，欽使交馳，臣顧何人，微恩至此？即敝舌不能以宣，粉骨亦難以報，何敢遽忘君父之寵隆，異圖丘樊之假息？顧臣欲報國者此心，而遘此手瘓足廢之病，欲盡忠者此志，而值此鐘鳴②漏盡之年，智力既窮，分毫無補，是以思遂乞骸之請，庶免曠瘝之愆。而我皇上厚澤洪仁，曲加無已，臣敢不俯遵恩命，調攝望痊，以仰答生成之大造？第恐雨露徒施於既朽之株，陽春難回於已寒之骨。如殘廢從此少瘳，則臣之幸也，何敢惜犬馬之餘生？若沉痼終難再造，則臣之數也，伏望聖慈而憫恤。臣不勝感恩浩蕩涕泣稱謝之至。"奉旨："覽卿奏謝，朕知道了。卿宜善加調理，痊日輔政以慰佇待。吏部知道。"

七日丁巳③，大學士沈一貫題："照得各衙門官，但以得陞為榮，不分內外，惟翰林吏部科道四衙門，官地清要，以內轉為榮，外轉為辱，外官雖尊不屑為也。故舊例考察畢後，凡四衙門有汰處未盡者，即從外補，蓋因平時無法處之，借此以為遣發，俗語謂之明陞暗降。又每年二月、八月，科道官有年例之陞，亦是此意。祖宗良法相傳已久，不可廢也。近年以來，偶有推而未允者，被推之人心懷忿恨，憑恃要路，播弄風波。如舊年戴士衡恨白所知之推，撗④開禍端，可以鑒已。今京察畢，復當推陞四衙門官，儻又不蒙點發，或點其陪推，竊恐此人懷怨踵計，又生事端以為明時之累。伏望皇上俯從部意，咸賜照點，庶幾要路肅清而煩言永息矣。政體所係，世敢預為之請。臣又思，考察之缺官甚多，諸凡所推，悉祈留神統發，則遷轉接續而事無曠廢，又大小臣工願望之意也。不勝惓惓，並此謹具奏知。"

① 顙 明抄本作"顙"，是。通行本作"願"，誤。

② 鴻 "鴻"當作"鳴"。

③ 已 "已"當作"巳"。

④ 撗 "撗"當作"橫"。

萬曆二十七年

一六三七

　　十日庚申，大學士沈一貫題："近日京口榷使，皇上幸聽臣言，即時遣①罷遣，臣感激恩知，徹於心膂，不可以言盡也。臣尚延殘喘，莫非大造之生成，未罄愚忠，輒申不諒之祈禱。臣自早歲遭逢聖明，日侍講讀於御前，常懷親見夫堯舜。《天②學》終篇則深以財聚民散爲戒，《孟子》首簡又以後義先利進規，蓋於當時未常不丁寧啟沃，豈其今日乃可以依違順從也？臣復見比日言利之疏不絕於御前，搜括之使四出於天下，搥心洒血，抑鬱錯愕，愧居論道經邦之官，恥爲容悅佞臣之輩，仰天俯地莫置一身，皇上至聖至明，竊願少垂省察。臣且未暇悉數其餘，即以市舶一事言之，則知各處之言利者虛妄不足信矣。謹按浙江市舶司，舊在寧波府。臣寧波人③，備知其詳。建置之時，因日本番船進貢，而設有內監官一人、文職提舉官一人。加④靖初裁革內監官。嘉靖中倭亂貢絕，並裁提舉官。令倭奴久已絕貢，番船息影不來，無市無舶。定海一關，不過本地漁船及近境商船出入，軍門譏察非常，因而稅之，所稅實數臣不能記，大氐不過千兩，悉充兵餉之需，利其薄也。忽於昨日，有留守後衛百戶張宗仁，言歲可稅銀四萬兩，而蒙遣奉御劉成往。夫此稅原無幾何，而一設市舶即不足以充本監衙門公用，又安得取盈而上供？既不足於上供，勢必徧搜各府，巧徵橫索，祈免皇上之譴責，而不顧小民之怨咨，臣恐利未得，而徒褻朝命、辱國體也。當初市舶爲番貨買賣而設，尚謂徒擾於民而無益於國罷之，今無舶久矣，復何稅焉？皇上試召張宗仁等而問，其所謂市舶者爲何義？彼且緘口不能對，又何知其所入之多寡也？蓋寧波原係窮邊，不通商賈，所謂市舶者，但以三年五年之間倭番一貢，有海船來，設置內臣以鎮定之，防其爲亂，而非以爲利。絕倭之後，久已罷設，而本地方無一市一舶也，安所得多銀而進之？臣今請罷，必以臣庇其鄉里而不足信。臣雖庇其鄉里，未必感臣，臣欺罔皇上，皇上必罪臣，臣雖不肖，擔不敢以鄉里之故欺皇上也。但臣叨在日月之際而不言，則浙中撫按道府等官及鄉之父老子弟，必責臣本鄉之事尚爾聾啞，又何以佐理聖明、參知幾務？故不⑤以實聞。儻皇上之信臣不

① 遣　"遣"當刪。

② 天　"天"當作"大"。

③ 人　明抄本"人"下有"也"字，是。通行本漏此字，誤。

④ 加　"加"當作"嘉"。

⑤ 不　"不"字似爲衍文。

加於信張宗仁，則臣萬不得已又有一説，見今織造有太監孫隆，開礦有僉書劉忠，皆在浙中，皆皇上親信之臣，必不欺也，試以密札問之，當知臣言不妄。況設一衙門，則有一衙門之費，雖明旨禁其擾害，而地方自當供應，皆民財也，皆官帑也，其所費又當數倍於進用，浙之民豈不盡乎？伏乞皇上俯念濱海地方，土瘠賦繁，民力久困，有萬難支持之勢，俯採臣言免差，市舶之萬幸，浙之萬幸。不然，乞將今差劉成停止，而於織造孫隆、開礦劉忠二人内改命一員，令其就彼兼管前事，仍命其或多或寡從實徵收，不得分外搜索以滋民困，尚姑徐徐之小策也，夫海内利病，皆臣所宜陳説，但知未真者猶難深言，知而不言，罪將安往？皇上天縱聖明，必因臣之所言以及臣之所未言，惓惓忠愛，彌無窮焉，又非獨爲一鄉請命便謂可以塞責也。古語云：寬一分則民受一分之賜。臣亦云：民受一分之賜，則皇上增萬分之福。臣雖爲顧畏民嵒謀，實爲增光聖德謀，惟恃眷知，輒忘觸忤。不勝懇切祈求之至。"

十八日戊辰，大學士趙志皋奏："爲天①天寵屢臨病難再起七懇皇上特賜矜憐放臣回籍以延旦夕殘喘事。頃臣六疏懇歸，伏奉聖旨：'朕倚重輔弼，眷懷老成。近已有旨慰留，計日待出，豈得固求休致？朕不釋卿，卿何忍於釋朕？還着鴻臚寺官詳加宣諭，少俟痊日輔理。慎勿再有所陳。吏部知道。欽此。'臣不勝感激，不勝悲惋，已具本稱謝，復荷皇上温綸，勉臣善加調理，雖病篤垂危，然一息尚存，此心未泯。竊念自古君臣相遇，未有若聖慈優禮於臣，而臣之遭際於皇上者，夫生此清平之世，戴此堯舜之君，荷此非常之眷，在草茅下士所切望而不能得者，臣皆兼有之，顧乃忍於負皇上罔極之恩，而甘竄伏於丘壑之内，則無論天地鬼神所不宥，即臣犬馬報主之心，亦不若此之恝也。實以極衰極朽之年，加以至篤至危之症。前猶手足不能轉移，今且徧身消瘦，至於骨立，不知痛癢矣。前猶藥餌鮮效，今且飲食不思，而饘粥亦至少進矣。心神驚悸，昏眩特作，自分有死之期，無生之日。儻臣猶棲遲依回，不亟乞

① 天　明抄本無此"天"字，是。通行本衍此字。

歸，誠恐匪朝伊夕必至奄忽以亡，寧不重孤皇上知遇之隆？臣雖在九泉之下，亦難以瞑目矣。情極詞切，冒昧具陳，伏乞皇上俯憐臣之篤病，終不能再起，特賜放歸，俾臣俾①得以殘喘望見故鄉，實臣之大幸也。臣不勝哀苦籲天待命之至。"奉旨："卿爲首輔，國之重臣，朕倚毗年久，望卿痊可甚殷。春和氣平，須善加導迎，以其全復，不必屢疏求求②。所辭不允。吏部知道。"

二十二日壬申，大學士沈一貫題："臣惟國有大事，則下九卿會議，更有大者，則下五部③六部九卿科道會議。至於府部九卿科道會議，則盡在廷之公論而無復有餘矣，議若有異，猶似可疑，至於盡同，而更無可疑矣。自有東事來，皇上以聖明獨斷，無不適合機宜，爰收蕩平之績。近日賄倭退兵之説起，明旨謂七年狂寇，豈五千兩銀能買其退敗？即此一言，真天下萬世不易之定論，中外咸謂皇上明見萬里，非虛語也。今覆議已上，而未蒙批發，則東師之功罪必不敢敍，而將士之疑畏必不能釋。臣日夜憂慮，十萬兵衆恐其久而生變，朝鮮君臣恐其久而生疑。此事十分美成，獨此毫釐牽制，不免稽盛典而留衆心，早完一日則國家一日之福也。蓋丁應泰內失將士之心，外失朝鮮之心，萬無可留之理，而其所奏蔚山事情，有勘科，係皇上所特遣，自當從公勘報，必有定論。惟是一斷之間，於國體、軍情皆大有關係。臣且不暇多言，祇如兵費一節，十萬軍馬在彼每日該費銀一萬兩，每一月該費銀三十萬兩，若遲留一日，多費一萬兩，遲留一月，多費銀三十萬兩。夫善取不如善節，空費府庫不大可惜乎？又如朝鮮陪臣，因辯誣謗，帶領多人待命兩月，光祿供給亦復不貲，若早爲之照④雪，此費又省幾何？以上特就臣所聞見言之耳，若乃自薊至遼，驛遞糧餉因東征未了而費者，不知其幾。自山東海路到朝鮮，兵餉船尚不絕運，所費又不知其幾。向無爭辯，則此時督撫已可奏功，已可撤兵矣，惟因誣奏不已，乃復虛費無窮，儻復致有意外激變之事，其禍與費又豈可計乎？伏望皇上即將會議本批發，並將

①俾 "俾"字衍。

②求 "求"當作"去"。

③部 "部"當作"府"。

④照 "照"當作"昭"。

萬曆起居注

前次會議朝鮮國王本亦即批發，二本一發，則皇上之所以處置東事者，盡善盡美，全始全終，而無一毫之滲漏，真可垂之萬古，銘諸東海，而與日月齊明、天地並久矣。臣樂觀成功，惟欲輔全盛美，裨無少缺。不勝款款之愚，悚息俟命。謹具題知。"

二十三日癸酉，大學士沈一貫題，命翰林院編修黃輝光①皇長子講官，仍與見講官編修劉曰寧俱陞右春坊右中允，兼翰林院編修供事，制敕房辦事鴻臚寺署丞羅萬英，兼翰林院侍書，充皇長子侍書官。

二十四日甲戌，大學士沈一貫題："今日蒙發兵部奏請先撤劉綎兵馬防禦播酋一本，守票，仰見皇上西顧憂勞至意。除臣即時擬票外，臣思前日吏部因科臣建言，議改四川巡撫為總督，兼轄川貴湖廣三省，以便防禦播酋，實為當今切要良策。蓋楊應龍近日肆害三省，殺掠無數，屢經該撫按告急，甚有難制之勢。惟改總督，則衙門不必增費，而節制可以歸一，庶便剿處之圖。今巡撫譚希思，已因京察奉旨調用，正需交代之際，官無固志，而寇復跳梁，事難復緩。伏望皇上即賜允發，促部會推，刻期赴任，庶使逆酋知儆，三省獲安。臣不勝惓惓祝望之至。"

二十七日丁丑，大學士沈一貫題："臣以謭庸，誤塵輔弼。元首股肱，義同一體，疾痛痾癢，靡不相關。伏見皇上聖明睿智，動符帝王，竊以為堯舜成康於今復睹。而乃為羣小所中，競開利端，日遣中使四出，絡繹不絕，至於上激霆怒，逮繫守臣，烈焰益張，衺②謀愈進，盛明之朝，豈③有此？關係最大，敢不為皇上言之？夫天之立君，使之自奉適而已，所以使為元元百姓主也。百姓有顛連無告，則君當為之極救，有貪污強暴，則君當為之誅殛，如此，始為天心所享，而民皆悅從，可以長保其富貴。不能為百姓主，百姓必揚揚而去矣。頃年經費浩繁，

①光 明抄本作"充"，是。通行本誤作"光"。

②衺 "衺"似為"衷"之訛。
③豈 "豈"下當有"宜"、"可"之類字樣。

司計者日夜持籌，苟有絲毫遺利，誰肯漏隱不言，而留以與羣小言者？蓋臣工計其利，復計其害、則能斟酌於利害之際，而處置有方，羣小顧其利，不顧其害，則但攘臂於掊尅之謀，而攪亂無極。放①財賦之計，必當與士君子謀，而不可與閭閻小人謀也。昔劉晏爲唐理財，一切委任士人，不任胥吏，尚②不委任，況羣小哉？財者，生民朝夕之需，性命所關，一鈔得失，不惜破命而爭，其急如此。人主以軍國之費，不得不徵，則必與達國體、識民情、明義理、知時③務者，百番諮議，百番規畫，務俾上下無怨，遠近不驚，有恩以結，而使之樂於供，有政以齊，而使之不難於供，然後布其法於天下。蓋祖宗於成法，世世謹守，無敢以己意嘗試而漫爲也。今閭閻小人，何知民情？何知國體？何知義理？何知時宜？變法徵利，何等大事？而乃隨奏隨准，星火促行，不令閣部議擬，不許科道封駁，不傷於太易乎？理財之法，不可偏委一人。祖宗定制，錢糧互相覺察，故弊源清而蠹塞④。今獨使一人專敕行事，惟意所爲，憑恃寵靈，擅作威福，以勢凌撫按，使不敢一問其出入，以刑劫有司，使不得一加其調停。彼其潔己奉公耶？人亦不得而知。彼其侵牟無藝耶？人亦不得而知。惟奏官是仗，喇唬是用。一人尚足爲害，況於多人？一處尚不能堪，況於徧處？使皇上二十七年愛民之心鬱而不揚，雖諄諄戒其不許擾民，然不擾民何能得財？卒亦付之空言矣。羣小之嗜利也，如蠅之附腥，蚊之噬血，而又使之有所憑藉，此所謂虎而翼者也。中官生長禁內，何知民艱？況所推舉，不出於該監，而出於羣小，此所謂虎而冠者也。彼羣小者，皆四方無籍光棍、不齒鄉黨之人，或犯罪脫逃，或遊手乞食，或強盜竊盜，常思飛揚跋扈以亂天下者。頃因東事悉走京師，會東事告成，擯棄不收，而乃設此詭計，以圖一逞，皆亂民也。是安可與之謀國乎？羣虎百出，逢人咆哮，寸寸張羅，層層計穽，於是商旅必不行，而賦稅無所得，且至索居民矣。於是居民見索，生理日迫，而禍且至於尋干戈爲盜賊矣。百孔千瘡，良醫莫措其手，土崩瓦解，良吏莫施其力。是皇上歛財之意，本以備不虞，而反以召不虞也。臣睹皇上宮中費用

①放 "放"當作"故"。
②尚 "尚"前當有"胥吏"二字。
③時 明抄本無"時"字，誤。通行本有此字，是。
④塞 明抄本"塞"上有"竇"字，是。通行本無此字，誤。

萬曆起居注

① 亨　明抄本作"亨",是。通行本作"享",誤。

② 今　明抄本作"令",是。通行本作"今",誤。

③ 姓　"姓"當作"幸"。

甚儉,無濫賞,無妄施,竊計一歲所節當不下數十萬,此盛德也。東師既罷,又當歲省數百萬,此亨①時也。又如昨者羣臣爭辯東事,皇上以一言斷之,早斷一日則省費一萬,此聖政也。可見裕國之術,在留心政事,政事既治,國用自充。臣請借此爲例而試籌之,皇上試垂聽焉。臣惟中使衙門,皆係創設,並無舊緒可因,又係特遣,不比泛常差使。大約中使一員,其管家司房豈下十人?其外直堂官吏書手須二三十人,門廚皂隸更夫等役復當二三十人,快手巡攔之類當二三十人,略計其數已百人矣。至於分遣官員,豈下十人?此十人者,各須百人之役,則千人矣。凡此千人,皆欲養其父母妻子僮僕,每家但以十口爲率,則萬人矣。每人日給須銀一錢,萬人日給須銀一千,一年須四十餘萬矣。是創設一中貴衙門,而每歲費官銀四十餘萬,乃其所進纔得數萬。此不亦空費者多,而實得者少,徒養遊手之人,以竭官私之儲,而歛百姓之怨乎?計今所遣已二十處,歲當糜天下八百萬,倍加於征倭之費,是倭雖平而餉愈增,安得息肩之日也?況其倚勢爲奸、橫徵強奪者又何限?小民何所歸命乎?皇上聖恩甚密,聖算甚精,於此特偶未之及耳。伏願皇上深惟治亂之源,詳審重輕之辨,掣回所差內臣,遣發原奏官民。仍敕以後不許再有瀆奏,以杜亂萌,明詔內外各該衙門,修舉政事,無今②冗耗,以節財流,舉天下財計盡責成戶部,俾令悉心籌畫,以開財源,則府庫坐見充盈,而田里亦無愁病,元元萬姓③,國本庶幾得以復安,大聖人之鴻名盛業垂於萬萬世矣。有如用之,言而不效,臣請伏妄言之誅。臣不勝惓惓待命之至。"

萬曆二十七年

萬曆二十七年①三月二日辛巳②，大學士沈一貫題："臣昨出朝至端門外，有一官揚揚而來，以惡語侵臣，臣謹避。及遣人詢問，乃義勇右衛百户王官也。臣是時以爲小官無知，宜加容忍，不曾少露聲色，始免其辱，即有衆人攙扶而去。臣静思之，王官於正月二十四日上本，内開以防倭爲名進銀一萬二千兩，討南京黄天蕩地方設立營伍，結黨販鹽，仍求朝廷每年費十數萬兩贍彼防守。蒙發臣票。臣思南京乃國家陪都，江南財賦要地，而兵馬錢糧皆軍國大計，鹽利又九邊接濟之長策，防倭之兵宜在於海邊，不宜在於腹裏，況倭氛已净，正當撤兵息民之時，何得更創營伍？且南京武備，自有營兵總之於兵部，水兵總之於操江，上下江又有會哨巡視等官，何賴一小臣建言增兵始爲長策？又以萬金之利玩侮至尊，進上者甚少，而費國者甚多，種種狂悖，罪不可容於誅矣。竊評其意，蓋因黄天蕩在大江之中，原係浩蕩渺③賊藪，彼欲得之以爲巢穴，奉旨給與，誰敢制之？因而恣行劫掠，打鹽賣鹽，聚衆起事，東危京城，西侵淮揚，南窺蘇松，北侮江西，此其志不在小。又自謂一呼之下，即可聚數千精勇，其爲倡亂之首，復何疑也？當時臣恭票上進。伏計聖明必不以臣擬爲非，顧久未蒙發，臣實關心。觸事感衷，義不容默。今日若不處治，他日滋蔓，其費兵力財力又當不貲。輒敢請皇上批發處治，以絶海内盗賊覬覦之心。非褊量寡容而有此參論，誠以憂國深懷，日夜所不能釋之故。伏乞聖明俯賜亮允，實社稷之福。謹具奏聞。"奉旨："朕覽卿奏，具見忠愛懇切，思慮周詳，深慰朕懷，加④尚不已。宜益展猷爲，弼成化理。奸逆結黨，陰蓄異志，同謀肆⑤，已有旨了。特諭卿知。"

是日，大學士沈一貫題："今日臣具揭帖參論義勇右衛百户王官一呈，該文書官盧受捧出御批：'朕覽卿奏，具見忠愛懇切，思慮周詳，深慰朕懷，嘉尚不已。宜益展猷爲，猷⑥成化理。奸逆結黨，陰蓄異志，同謀狂肆，已有旨了。特諭知⑦。欽此。'又睹王官原奏，亦蒙批發重處，臣不勝懼躍。仰誦皇上念周宗社，契恊明良，明則如日月一照，而魑魅魍魎畢收其醜

① 萬曆二十七年 "萬曆二十七年"六字，明抄本無。通行本補此六字。是。
② 巳 "已"當作"巳"。
③ 渺 "渺"下似應有"莽"、"瀰"之類字一個。
④ 加 "加"字當作"嘉"。參下文。
⑤ 肆 "肆"上當有"狂"字，參下文。
⑥ 猷 "猷"當作"弼"。
⑦ 知 "知"上當有"卿"字。

萬曆起居注

① 異 "異"字似誤。

② 辜 "辜"當作"辜"。

③ 唧 "唧"下當有漏文。

④ 倚 明抄本"倚"下有"毗"字，是。通行本漏此字，誤。

⑤ 籫 明抄本作"籫"，是。通行本作"籫"，誤。

⑥ 求 明抄本"求"下有"去"字，是。通行本脫此字，誤。

⑦ 測 "測"字當作"惻"。

⑧ 加 明抄本"加"字上有"善"字，是。通行本脫此字，誤。

狀，威則如雷霆一擊，而妖形孽怪異①逃夫靈誅，潛消未然之虞，永薦無疆之慶，誠在此一舉也。臣雖纍然屢病，而寸赤中存。昨爲鼠輩亂政，恐致大憂，髮豎皆裂，而終夕不寐。血誠上達，伏蒙鑒知，更荷溫綸垂褒獎，頓令臣羸骨再強，顰懷大展。從此終效犬馬之力，以庶幾獻爲之助，詎敢愛惜餘生，辜②負天地哉？爲此頌德揚休，不獨感恩荷知而已也。無任踴躍慶忭戴仰唧③之至。"

五日甲申，大學士趙志皐題："爲極陳年老衰病危迫至情上瀆天聽以求生還事。頃臣因病篤七疏乞休，伏奉聖旨：'卿爲首輔，國之重臣，朕倚④年久，望卿痊可甚殷。春和氣平，須善加導迎，以期全復，不必屢疏求去。所辭不允。吏部知道。欽此。'臣哀懇之衷，敷宣已盡，而皇上眷注之恩，無可復加。臣必非木石，豈不欲依戀闕下，微倖一起，以答天恩，以竭臣分？顧臣自蒙皇上遣御醫胗視以來，迄今五閱月矣，多方調治，服藥不下百餘劑，奈臣命蹇數奇，而卒未能收一效，氣血之虛耗日甚也，手足之痿痹日甚也，形容之消憊日甚也。呻吟牀籫⑤之間，而不能踰戶牖之外，日惟啖稀粥一盂、湯藥一盞，枯槁骨立，視者皆望影卻步，若以爲鬼域中人，莫不嘆息而哀憐之。臣即危詞屢瀆，未動天聽，皇上或概目之以爲近來諸臣告病之常套，若蒙俯察臣真病苦情，皇上亦必惻然動念，將謂聽臣之去亦晚矣。且自古大臣以病乞休、以老乞休者，載之史册，班班可考。即如近年閣臣申時行、王錫爵，年俱未至六旬，相繼引去。臣之年倍二臣遠甚，而精力遠不及之，即無病已當乞身而去，況衰老之極，殘廢之軀，又豈能爲國任事而依依不求⑥乎？皇上之留臣，適所以增臣曠職，重負君恩，無裨國是，而不能以一日安其位也。伏望皇上大發慈悲，即賜臣休致，俾得安心調理以遂生還。豈惟臣之生全死安？而臣之子子孫孫亦世世感皇上曠蕩之恩於無涯矣。臣不勝激切瞻戴之至。"奉旨："覽卿所奏，情詞懇切。朕豈不測⑦然動念？但時務多端，老成當惜。卿若耐心調理，在京亦可安痊，何必急於去國？還加⑧

調攝，以慰眷懷。所辭不允。吏部知道。"

十四日癸已①，大學士沈一貫題："昨見戶科都給事中包見捷等一本爲懇乞聖明罷礦市撤中官以弭亂本以安宗社事，奉聖旨：'朕恭閱祖宗訓錄，已知國初各省直，皆有欽差內官鎮守監鎗等項，與同該省文武將吏協同行事，體訪官員得失、軍民利弊，其間徵收稅課，進獻土產，以濟國用，相沿以久，至於嘉靖年間撤回停止。但今典禮相繼，工作浩繁，費用不敷，若不收②宜措辦，安忍加派小民？朕敬天法祖，四海一家，稍俟充足自③處分。且礦店稅課屢旨已悉，非王官等招兵立營陰蓄異謀之比。你每職司言責，不諳時務，黨護庇私，要名賣直，好生狂肆。包見捷這畜本當拏問重治，姑且降一級調外任用，不許朦朧推陞，其餘的且各罰俸一年。若有再來激擾的，一併重治不饒。吏部知道。欽此。'臣俯伏捧誦，不勝驚駭，不勝悚懼。竊念見捷小臣，上觸聖怒。見捷方譴，而臣不能以一言救解，臣心不安。皇上方怒，而臣不能以一言將順，臣心尤不安。聖意堅固，開導甚難，少有磯激，豈惟無益於救解？而或反增夫罪譴。小臣之虀粉，國事之裂決，皆不可知。此固臣當量力審幾之時，從容轉移之會也。願皇上平氣葆和，虛懷廣度，俯恩④臣言，必有萬一之裨。臣聞治天下有經常之法，有權宜之術。經常之法，祖宗之所世守，天下之所共遵，可萬世常行而無敝，豈以一時匱乏而不可用也？權宜之術，祖宗之所偶有，天下之所駭聞，可暫行於一時，而不可以久行，可止行於一處，而不可以偏行。故生民視之爲苦而不能無怨，人臣議之爲非而不能無言。經常之法，譬之膏粱也，權宜之術，譬之藥石也。膏粱可以常進，而藥石不可以常進。有人於此，日以藥石爲膏粱，而其子侄昆弟臣僕苦口諫之，所不悅而從者希矣。今礦店等事，非祖宗之舊制，非有司之常守，竭百姓之膏血，貽社稷之大憂，體國慮時之人往往聚首而寒心，蓋不獨一見捷等，乃滿朝文武相率而固請於君父之前者也。明旨謂權宜措辦、稍俟充足、自有處分，是皇上之心亦知其非經常之法，暫一試而旋

① 已 "已"當作"巳"。

② 收 "收"字當作"權"。

③ 自 "自"下當有"有"字。

④ 恩 "恩"當作"思"。

當推罷者也。若是則言者固當言而未可盡非，聽者亦當聽而未可遽怒矣。夫雷霆之威，豈宜輕擊？輕擊則陰陽失和，而萬物不生。臣以爲見捷此疏，宜溫詞開諭，使知權宜之事，偶一暫行，次第當罷，則民心自安，羣言亦定，乃大聖人之舉動也。而遽隆顯罰，絕人再言，是以藥石爲膏粱，屏忠言爲不信，更張無日，而改圖絕望，臣等不勝大懼矣。伏乞皇上念天下大事，非胸臆可以獨制，天下人心，非威嚴可以強服，治亂安危之幾，必使衆人共言之，而與衆人共圖之，上法祖宗務法其典常，而無法其所悔者，將處治包見捷一旨俯賜收回，以安人心，以光聖德，或明示以權宜之意、罷峯之期，使海内民心不驚不疑，而大小臣工相忘於無言，天下幸甚。臣又維之，事經於滿朝之所言，則天下人心之所同然，不可違也，臣爲皇上腹心之臣，豈不欲將順？而不能違天下人心，則不得不出於匡救。願皇上亦毋謂天子之尊，可以抑拂天下人之心。天子之所以尊者，以天下人共順而尊之也，天下有不順則不尊矣。竊料見捷被譴，滿朝之臣必羣起而救之，若復遷怒於其間，則人心益失而國體愈傷，是又臣之所大慮也。伏望皇上深惟遠計，大加含容，和顔色而受之，以昭天地之量，以保尊崇之體。"

諭内閣："朕覽卿奏，忠君憂國至意已悉洞知。但怒此輩不諒上意，逼臆煩擾。姑從輕處了。所奏已知道了。特諭卿知。"

十五日①，大學士沈一貫題："昨户科都給事中包見捷等以言礦市觸忤聖心，致蒙降罰，臣不勝憂懼，具揭救解，祈皇上平氣葆和，虛懷茹納，究經常權宜之殊術，爲輕重久暫之異用，經常可以世守，權宜難以久行，言者固當言而未可盡非，聽者亦當聽而未宜遽怒。又恐自今以後尚有言者，儻聖心猶有餘怒，或加重處，則雷霆終日轟轟，有妨雨露之澤，霜雪不時凜凜，豈昭天地之仁？故又懇切預禱，乞賜優容，庶使遠近民心不致驚畏，不但諸臣之幸而已也。臣意如此，顧情迫才鈍，詞不宣意，大懼干瀆尊嚴，至今悸悚。今日文書官盧受恭捧御批到閣，諭内閣：'朕覽卿奏，忠君憂國至意已悉洞知。但怒此輩不諒上

① 日　明抄本"日"下有"甲午"二字，是。通行本脱此二字，誤。

意,逞臆煩擾。姑從輕處了。所奏已知道了。特諭卿知。欽此。'臣循環三復,流涕被面,若拜萬金之賜,何勝唧結之思也?伏念臣賦命不猶,煢然無侶,居鄉立朝,皆鮮同志,乃今復以一身直閣,莫共商求,任性冥行,觸情妄發,自分得罪,匪朝伊夕,何期皇上乾坤覆露、父母鑒容?雖於所請之事未即回春,而藹然知遇之意,已溢言外,臣雖孤立而聖眷若此,而天下之最不孤者莫如臣矣,能不感奮以圖報耶?恭讀聖諭以忠君憂國四字許臣,實深褒獎。顧臣自揣,亦私以①期許,而不敢過遜。蓋臣自登朝,無一日不周旋於講幄之間,親承玉音,屢沐賜賚,自頂至踵,誰非恩波?臣父母每訓臣曰:若負皇上,是負天地。臣佩服此言,淚未常收,誓此一生斃而後已。況今奉皇上非常委託,於羣臣中更無比儷,復②有一毫欺罔、懈怠、推託、依違於其間哉?此③念念欲皇上為堯舜之君,而少有同異,即如疾痛之切體。此心念④欲皇上之民為唐虞之民,而少有失所,即如焚溺之在身。故託之章疏,竭其鄙愚,不得不有違拂之辭,而非好為牴牾如此也。惟皇上不以為瀆,俯賜採行,是臣得紓其忠愛之時矣。臣見不忠之人,若鷹鸇之逐惡鳥,決不敢為之救解,為之救解者,亦必忠君憂國之臣,不然臣豈忍以不貲之身,為不肖人出力哉?惟皇上亮臣此意,則孤臣有託矣。臣才雖薄而志則正,言雖淺而意忠,望皇上將臣前所進諸揭,於清宴中時賜覽思,儻不無萬分之小補,臣惓惓願忠。除所奉聖諭謹尊藏閣中,以昭泰交之盛外,謹敍感激踴躍欣忭之意,恭謝以聞。"

十八日丁酉,大學士趙志皋、沈一貫題:"為玉牒事。伏睹玉牒,紀載宗支,係朝廷重事。臣等查得舊例,十年一次纂修。自隆慶元年起至萬曆十二年⑤,欽奉聖旨,命翰林院委官并制誥兩房官員,續修完備進呈訖。今一十五年,宗支繁盛,未經續修,難於考據,欲請敕宗人府、禮部,通行查照取勘明白,照例委官續修,以便稽考。未敢擅便,謹題。"奉旨:"是。該部知道。"

① 以 明抄本"以"下有"此"字,是。通行本脫此字,誤。

② 復 明抄本"復"字上有"敢"字,是。

③ 此 明抄本"此"字下有"心"字,是。通行本脫此"心"字,誤。

④ 念 "念"下當還有一"念"字。

⑤ 年 明抄本"年"下有"止"字,是。通行本脫此字,誤。

①維 明抄本作"繼",是。通行本作"維",誤。
②才 "才"當作"寸"。

二十四日癸卯,大學士趙志皋奏:"爲卧病昏沉不省人言波及無辜謹披瀝苦情仰籲天聽即賜生還以謝讒言以全臣節事。臣昨入疏病告,伏奉聖旨:'覽卿所奏,情詞懇切。朕豈不知惻然動念?但時事多端,老成當惜。卿若耐心調理,在京亦可安痊,何必急於去國?還加調攝,以慰眷懷。所辭不允。吏部知道。欽此。'臣伏枕捧誦綸音,感激泣下,維①之以血。顧臣既不能進修職業,以仰答聖恩,又不能退伏首丘,以少延餘息,方才②撩亂,憂思愈煩,痰火一時攻發,迷悶昏仆、不省人事者旬日矣。項稍覺甦省,呻吟牀褥,忽聞薊遼總督邢玠一本爲賊臣黨和賣國謀殺戰臣等事,内波及於臣,大率指贊畫丁應泰、勘科徐觀瀾結爲死黨,若受臣意指以壞戰功等語。臣讀之不勝駭嘆、嗟嗟。邢玠位列大臣,爲縉紳羽儀,尚信口雌黄,無端誣捏,誠可爲世道扼腕。況其語卑鄙煩瑣,臣在病次,不屑一一與辯。但事情大屬欺謬,臣不得不少申一言。玠疏内首借已往封事詆臣者,非此不足以牽扯附合,以聲動觀聽。然自東事起,而臣爲人排陷不一,臣之心迹先經屢疏辯明。即臣答楊鎬一書,蓋爲南原喪,中外洶懼,我兵未集,勢不能戰,欲暫此以爲緩倭之計,是一片赤心反遭誣搆,臣亦曾疏揭剖白,俱荷蒙聖鑒,明旨昭然,且迄今言煩聽厭,亦不敢再有陳瀆。惟是去年六月内,應泰參論東師欺蔽疏入,奉旨特差科臣徐觀瀾往勘,迨觀瀾極陳東事欺隱疏至,俱適臣篤疾杜門,久於求去之際,死灰槁木,論氣勢不能授意於人。即應泰係孫鑛題取贊畫,觀瀾係廷臣公舉特奉簡命往勘,而肯受意於求去之臣也?必不然矣。今邢玠以皇上欽遣之臣,指爲臣指、爲臣黨與,以摘發抗直之疏指爲臣授意,是何其妄肆羅織至此。玠目中已無君父,已無公論,已不顧天下後世之譏議,而又何有於臣也?況丁應泰與臣,生平無識,一字不通,徐觀瀾亦然。而觀瀾向論臣爲沐猴,應泰指臣爲老耄,見之令人氣噎,結黨果如是乎?設使臣與應泰、觀瀾平日果有私厚,少有意指,則重羅欺君之罪,天日照臨,即賜顯罰,必使臣横死異鄉,子孫絶滅,以爲不忠之戒。然玠之憾臣者,必疑應泰首疏係臣擬票,而竟不知盡出自聖明獨斷也。推玠之心，以向來瑕疵盡爲應泰覺發，而勘臣又不能含容掩護，蓄恨已深，故株連蔓引，爲制人之術耳。其機械甚深，彌縫甚密，臣亦不忍盡言以傷國體，總俟後之公論已爾。且臣與玠，平日有德無怨，而慘於毒口肆噬，亦無人心甚矣。弟臣始猶病在四肢，今且五內皆裂，前猶可望調理，今且病在不治，備極尪羸，情苦已極，伏乞皇上特垂慈憫，即賜罷免回籍，俾不致久妨賢路，以息讒言，臣死亦瞑目矣。臣不勝激切瞻天待命之至。"奉旨："東事屢經在廷會議，朕參酌時宜，皆出獨斷。卿宜加意靜養，以期病痊，何必抒思奏辯？所辭不允。吏部知道。"

是日，大學士沈一貫題："今日偶因感冒，不能入閣，然亦未敢瀆奏。伏蒙發本到臣擬票，內有勘科徐觀瀾一本，辯邢玠之奏，及言不能復勘等情。臣反覆參詳，難於下筆。蓋觀瀾與玠等互相奏訐，讐恨已深，有如水火之異勢矣。若不共聚一處，尚可與之和解。今既責其共勘，而使勢如水火之人聚於一處，啟口容聲，皆是矛盾，尚有何人居中調和而了此大公案乎？不至於相毆相擊、及褻國體爲外夷笑不已也。私讐爲小，國事爲大，固是正論，但釋嫌去忌，先國家之事，而後私讐，自非上聖心腸不能及此，大賢以下非所望矣。必責人以大聖人之事，了東方一大公案，以成就皇上不世之大勳業，竊恐觀瀾不能，玠等亦不能也。觀瀾去不必和恊，不去必再來辭，徒令往返道途，玩延日月，是皇上屢催勘功而終無奏報之日，屢念將士而終無恤錄之時矣。從來敘功決無不堪之理，今監軍物故，事託勘科，勘科趦趄，又將誰託？即使勘來，必與玠等大有異同，兵部題覆又將安從？若令再勘，則將士皆四方之人，一散不可復聚，從何質正？若欲不勘，則戰者必欲從厚，和者必欲從厚①，和者必欲從薄，紛紛爭辯，何時可已？朝廷處置不當，何以服人之心而杜人之口？事幾之分在於今日，不可不慎也。欲另遣往勘，雖嚴限即行，尚須一月到彼，又不免於拖延。臣前日擬將遼東巡按往代陳效，意正爲此。又陳效之初，亦以遼東巡按而兼監軍，有此舊規，故敢輒擬。今若以遼按不可遣，

① 和者必欲從厚 明抄本無"和者必欲從厚"六字，是。通行本有此六字，誤。

則及今另遣廷臣似猶得策，不然擔閣愈久而議論益多矣。臣今票擬不難置辦，不過慰諭觀瀾，令其釋嫌去忌、仍前往勘而已。然於臣私計其便，而於國計非忠。何則？終難回觀瀾之成心，亦終難回玠等之成心，而徒孤皇上屢旨催促之意，或反釀東師不虞之變，則皆自臣今日依違苟且所致。不忠，故不敢也。此事非臣下所能裁斷，弟不敢不言。臣驚魂未定，不宜復預東事，然頗知獨立，未嘗預知，亦未嘗預戰，惟是①從，至於懷苟且之心以誤國家，則決不敢。願皇上少輟萬幾，一加展轉，勿謂東事已了、勘功小臣而輕之，勿謂成命已須②、難於轉移而執之。爲將士造福，爲軍興惜費，保國家之威重，鎮四夷之觀瞻，詳決善處以免後來之紛紛。臣爲此扶病且揭，詞不盡情。將觀瀾原本封進，恭候聖諭方敢票擬。謹具回奏以聞。"

二十八日丁未，大學士趙志皋奏："爲言官橫肆汙衊大傷國體懇乞聖明亟敕諸臣秉公究察會議以雪兖③誣以塞毒口事。臣實病勢危急，死在旦晚間，屢懇聖慈，乞賜骸骨歸里，乃我皇上浩蕩洪恩，終欲留臣在邸。臣已進退躓躅，逆科言官不能諒臣，必有尋他事相加者。然不意如御史于永清，肆蛇蝮之口，掉蜂蝎之尾，以毒蜇人至此也。蓋永清欲爲黨與報復，以爲不誣臣以狼籍之贓私，則不足以聳皇上之聽睹，不陷臣以莫大之罪惡，則不足以動皇上之震怒。是以上不畏天日之照臨，下不顧閭閻之誹議，而甘忍心害理一至此也。臣一生名節爲彼所兖④，即死亦當爲厲，訴之上帝以報永清，矧今尚未死，何敢不冒昧一陳，以仰祈聖明之慈察焉。臣呻吟牀蓐間，不能爲他語，謹據閣中送到于永清揭帖內論臣者辯之。永清首指趙昂係臣伯叔兄弟。臣原籍浙江蘭谿縣人，族人極稱繁盛，且居住星散，臣何能一一周知？若謂趙昂原名志昂，是以志字相排，必係臣親族兄弟輩矣。臣請皇上敕令浙江撫按官，拘臣原籍里甲隣老族識，弟取家譜，要見果是趙志昂否，而臣之兖⑤可白矣。至於林章招稱福建舉人。豈有舉人爲人書記之理？該省士紳在京甚多，皇上可召而問也。臣聞錦衣衛初次打問王官等時，即

① 是 "是"上當有脫字。
② 須 "須"當作"頒"。
③ 兖 "兖"當作"冤"。
④ 兖 "兖"當作"冤"。
⑤ 兖 "兖"當作"冤"。

招出銀一萬二千兩係揚州等處監生代出，嗾林章等上本者，錦衣衛招案尚存可證。今永清稱臣許借銀一萬兩，病狂喪心，説鬼道夢。無論臣素以清苦自勵，絶無此重貲可許，即林章等作此欺天違法之事，尚敢謀之輔臣稱貸？且永清亦知臣病劇，爲旦暮間人，是臣之死尚不能保，又安能爲營利計乎？事理大屬虛謬，究①可不白而知。又林章速死根因，錦衣衛、刑部各官見在，可召而問也。至謂將官任自強、侯繼高、吳廣、鄧子龍、鄧鍾、胡澤、朱家臣、周于德，各行賄於臣以至起官，夫鄧子龍等乃前言官論刻②張位，謂位爲受其重賄者，今何又移之於臣耶？況諸將或見任，或廢棄，俱可審究，臣亦乞皇上敕令彼中撫按，行提各官，嚴加究治果曾行賄於臣否，而臣之究③亦照④然見矣。然此猶遲時始得剖白，若謂沈惟敬送臣貂絨等物以謝加銜，行長等送臣殊絨等物以酬厚儀，是又極天排陷。幸惟敬尚繫在獄，臣尤乞皇上即敕府部九卿科道等官，提出惟敬審究，要見本犯與行⑤果有禮物送臣否，而臣之究⑥與永清之誣當自知矣。若臣家人頗亦謹慎，設有逼死婦女數命，則何不令被害之家投告到官，而故爲影⑦之言以架害耶？且臣通籍方係壯年，砥然以節義自守，至忤權奸張居正，斥逐嶺表，尚毅然不顧，今已垂死，豈不自愛以保昔年名節、使死後亦博令名？何忍一旦敗壞至此？儻于永清劾臣有一事之實，臣生則當斷臣之頸，死亦當戮之屍，以爲大臣不忠者之戒。如果永清背公死黨，肆口誣衊，亦乞皇上特賜照察，以爲讒害者之戒。然總之陷穽已成，臣一日不出國門，則黨與不能一日忘情於臣，繼永清之後者又至矣。今臣病非特不能起，且朝夕不可保者，而又何堪風波逼側？此心哀慟。如皇上留臣，適滋多口。伏乞聖慈，特放臣回籍，俾得死於故里，實臣莫大之幸矣。臣不勝激切恐懼待命之至。"奉旨："朕覽卿奏，情詞激憤，殊可惻然。但言官論事，多出風聞，已置之不理。況屢有旨未經批發本章不必奏辯，卿何欲下會審究？且今國事多艱，閣署員缺，宜懷休容，倍加調攝。稍可即出佐理，以付⑧眷倚至意。該部知道。"

萬曆二十七年

一六五一

① 究 "究"當作"寃"。

② 刻 "刻"當作"劾"。

③ 究 "究"當作"寃"。

④ 照 "照"當作"昭"。

⑤ 行 "行"字下當有一"長"字。

⑥ 究 "究"當作"寃"。

⑦ 影 明抄本"影"字上有"無"字，是。通行本脱此字，誤。

⑧ 付 "付"當作"符"。

萬曆起居注

萬曆二十七年①四月四日辛亥②，大學士趙志皋奏："爲國計宜周利害宜審懇乞聖明睿察以安萬年宗社事。臣以病廢陳乞以來，一應閣務俱藉次輔沈一貫辦理，至近日國家利病，又經多官指陳，無俟臣贅。且臣身叨密勿之任，早時既不能調元贊化，使財用充裕，上下怡熙，以成休明之治，比及國用浩繁，公私告竭，又不能助勷拮据，克濟時艱，至仰廑霄旰，不得已爲開礦徵稅之計。是臣之溺職，萬死奚辭？尚敢曉曉拾諸臣唾餘，以瀆天聽，則臣之罪滋甚矣。但今昏臥牀蓐間③，日聞中外人情洶懼，危岌不安，復見各撫按官揭帖，極稱困苦。近又聞南康知府吳寶秀逮繫之時，本府士民擁道哭訴，幾成激變，其妻因夫傷痛自縊，人心大爲惻然。夫導利已非爲政之本，忍使簪笏之士以此獲罪，且不能保其妻子？甚有關於生民之向背，宗社之安危，臣又不敢不④以將去之身隱默顧忌，謹伏枕冒昧披瀝以陳焉。夫我皇上始以徵調之煩，繼以工費之彩⑤，不忍加賦於民，若以礦爲天地自然之利，稅爲商賈惟正之供，有利無害，是以毅然行之。然亦不過令鑿産礦之山耳，果無礦無砂則已之，何嘗欲其累及百姓也？亦不過令徵未盡之稅耳，果相隔不遠則已之，何嘗欲其橫肆需索也？但欽遣之使不能仰體聖明仁民愛物之初心，聽憑原奏及四方隨從棍徒，僭竊威福，動稱阻撓。不論礦之有無，徧行開採，致使富户包賠，即小民亦科派，而怨聲載道矣。不論稅之規則，橫行邀截，致使商本消折，負戴亦需索，而物價騰貴矣，乃近日無知武弁與遊食羣小，因見前遣之使挾官剝民，欺公肥己，所得進上者什之一二，暗入私囊者什之八九，遂欣然艷慕，詭媚迎合，朦朧具疏。皇上深居九重，或未察地方之肥瘠⑥，道里之遠近，生民之痛苦，人情之騷動，供應之煩難，錢糧之耗費，羣小之侵漁，地方之攘奪，亦概俞允，以致愈出愈煩愈累，礦稅徧天下，搯刻盡閭閻，官不停轅，民不聊生，近且有縣令畏避以匿，商賈棄貨以遁者。此等景象，豈皇上所樂聞？亦豈盛世所宜見者？是以病臣五内燔灼，不能已於信⑦也。且頻年以來，四方疊罹災傷，江淮吳越之間啼饑號寒，賣兒鬻女，見之令人酸鼻。若川廣雲

①萬曆二十七年 明抄本無"萬曆二十七年"六字。通行本有此六字，是。

②四日辛亥 "四日"當爲"癸丑"，"辛亥"當爲"二日"。此處"四日辛亥"有誤。

③間 明抄本作"門"，誤。通行本作"間"，是。

④不 此"不"字似爲衍文。

⑤彩 "彩"當作"夥"。

⑥瘠 "瘠"當作"瘠"。

⑦信 "信"當作"言"。

貴山陝薊遼等處，或有採取大木之苦，或有辦金織造之苦，或逼近夷虜用兵之苦。如此地方，即令加意撫摩，尚恐人心渙散，未易收拾，乃忍縱令此輩吮髓舐骨，萬一民不堪命，釀成禍胎，一犬吠形，衆犬吠聲，雲合響附，事起不虞，其開①係國本豈淺淺也？語曰：'百姓足，君孰與不足？百姓不足，君孰與足？'斯言千古明鑒。武弁多不究心經史，豈諳國是？而又出於棍徒之構成，皇上聽此輩謀利，必非國家之福，祇足以上蠹聖明，而下遂羣小之乾没耳。伏乞皇上俯念宗社大計，並察已遣使臣不能仰遵德意，將礦稅等項悉詔罷免。如果內帑匱乏，敕下司計大臣設法議處，以足上用。至於吳寶秀逮繫至日，更祈皇上俯霽天威，少寬斧鉞，敕下法司勘問虛實請自聖裁，則德音一布，萬姓歡呼，祝頌我聖壽億萬萬年無疆之慶矣。臣受恩深重，義關休戚，不敢不昧死一陳，以少盡報國之念，以仰答眷顧之隆。伏祈聖慈俯察，亟賜施行，天下幸甚，宗社幸甚。即退没田里，亦不勝大幸矣。"

是日，題②："今日臣因偶病妨直，且揭陳情，奉御批云云欽此。該文書官史賓恭捧到臣，臣謹焚香叩頭莊誦恭領訖。竊惟臣昨日病未入閣，心期今日可入，不意清晨起時，頭眩腳軟，嘔惡欲仆，又復逡巡就寢。念閣中更無同寅，而臣至曠廢兩日，冒罪不小，敢不奏知？不意聖慈曲軫，特賜溫綸，且許本送私寓票擬，尤爲超踰體息。如臣么麼，何以堪此？臣身雖在寓，而心懸闕庭，日乾夕惕，度刻如歲。但病係痰火，而時近炎夏，誠恐發作無時，有難決擬，若再難强，容臣遵奉特愈，私寓票擬，苟可扶掖，決不敢怙恃寵私，偷安自便也。謹陳感激微忱，恭謝超常恩眷，回奏以聞。"

十一日庚申，大學士趙志皋奏："爲恭謝天恩事。臣抱病私寓，方欲具疏，再有陳請早放生還。於本月初十日接到吏部咨：'奉敕諭吏部：甘鎮大獲全勝，奇捷殊常。內閣輔臣殫忠運謀，勞績可嘉，茲特加恩示酬。元輔志皋加兼太子太師，進中極殿大學士，蔭一子與做尚寶司司丞，還賞銀五十兩、綵段二表裏。

① 開 "開"當作"關"。

② 題 "題"前應有"大學士沈一貫"六字。

次輔一貫加少保，改吏部尚書，蔭一子與做中書舍人，還賞銀肆十兩、綵段二表裏。各餘官如故，都照新銜給與應得誥命。如敕奉行。欽此。'臣聞之不勝感激，不勝驚懼，遂會同官臣一貫公疏懇辭，候旨間，又蒙皇上遣文書官史賓，齎欽賞銀五十兩、綵段二表裏，到臣寓所。臣伏枕叩頭，令長男尚寶司司丞趙鳳梧代迎，望闕叩頭，領訖。切念臣受恩深重，福過災生，廢病求去，尸祿曠官。方懼嚴譴之加，忽蒙大賚之及。捧幣物之載須①，頌聖恩之罔極。邊功殊典，不意臣以餘生殘喘而胄②居之也。除加官蔭子疏③具疏懇辭外，惟是篤病之身不能向闕下同次輔叩頭恭謝，臣之罪實有不能辭者矣。為此具疏奏謝，伏乞聖慈垂察。臣無任感激惶悚之至。"奉旨："覽卿奏謝，朕知道了。禮部知道。"

十四日癸亥，大學士沈一貫題："今日發下票本，內有首輔趙志皋辭免加恩一本。伏念臣等叨居輔職，碌碌無功，仰蒙皇上垂念國體，因甘鎮大捷，並加異數，臣等已經共疏懇辭，未蒙俞允。為欲各言其情，故志皋有特疏，臣亦有特疏矣。疏雖各具，意出同然。志皋此疏，願皇上特賜准辭，俾臣亦得隨例並免，以安止足之分，不勝忻幸。謹封還原本，不敢預票，惟聖明亮允乾斷。謹具奏知。"

十六日乙丑，大學士趙志皋奏："為聖恩浩蕩實難祗承懇乞聖慈併容辭免以全臣④事。頃臣另疏控辭特恩，伏奉聖旨：'甘鎮奏報奇捷，誠邊臣戰士戮力同心，朕已鑒知，陞賞俱從優敘。卿為元輔，殫忠運謀，勞績為最，加恩示酬，原係舊典，乃屢疏陳乞，情詞益懇。轉殿加銜，特允辭免，成卿勞謙之美，其蔭子思宜勉祗承。卿疾未愈，宜善加調攝，稍可即出佐理，以付⑤眷佇至意。慎勿固辭。該部知道。欽此。'臣仰戴聖明鑒臣下悃，俯准辭免轉殿加銜，臣已不勝感激，又何敢立異邀名，重幸寵錫，復有所陳？顧中實有萬分跼蹐弗寧者，則臣又不得不懇聖慈垂照焉。臣自謬叨簡任以來，輔導無術，致貽今日之

① 須 "須"當作"頒"。
② 胄 "胄"當作"冒"。
③ 疏 "疏"字疑衍。
④ 臣 "臣"下當有脫文。
⑤ 付 "付"當作"符"。

隱憂，即屢有陳諫，而櫟忠無格天之效，臣之贊理無狀者如此。自病廢迄今，痊可無期，日惟待斃，即屢荷軫憐，而蹇駑無馳驅之望，臣之後效難圖者又如此。且居常既鮮發縱指示之奇，臨時又無折衝禦侮之續①，猥以病臥之夫，屢徼天寵之辱，豈不汗顏恐懼？矧臣向來叨沐皇上殊恩異數，縷縷難悉，而臣子孫仰沐恩波浩蕩，已世世難承，是以臣福過災生，致遂一疾難起，蓋天厭滿盈，已降顯罰於臣矣。今官且望立辭，而臣之子孫又復濫膺特典，則典②既不能以忠報聖明，又不能以安貽後，寧不重爲名教中之罪人哉？伏乞皇上俯鑒臣心，併容辭免恩廕，庶名器不少假借，而臣與子孫益深感激。並祈聖慈鑒臣篤疾危甚，曠職日深，亟賜休致，俾得生出國門，則感皇上洪慈曠德，有愈於一日九邊也。臣無任悚仄瞻天祈懇之至。"奉旨："敘勞加恩，國家彝典，卿宜仰遵成命。不允所辭。該部知道。"

　　二十二日辛未，大學士趙志皋、沈一貫題："臣等聞知江西南康府知府吳寶秀被逮到京，諮訪輿論，委有可以哀憐者。雷霆之下，無人申救，臣等若不爲言，下情終難上達矣。除李道所奏事情，已有江西巡撫夏良心、巡按馮應鳳各本，諒蒙慈覽，但念寶秀係新任官，至南康纔十六日，罪過必少，遽爾被逮，殊爲可憐。又有被逮之日，伊妻盡出簪珥，得銀不及四兩，付彼盤費，而即感激痛傷，自縊身死，遺下七十八歲之老母、八歲以下子女三人，離家七千餘里，未得還鄉，又無足弟在家可依，孱然書生若下詔獄，必致糜碎無遺，種種苦情又可憐也。臣等竊惟皇上聞此，必加矜惻，如蒙特賜貸宥，實天地再生之德。若不欲遽宥，望乞聖慈從寬處分，免發鎮司③，竟付法司擬罪，或褫職爲民，或發配發落，使其歸收妻骸，送老母幼子還鄉，以活一家之命，亦昭皇上曲全之仁，應古帝王罪人不孥之意，咸感聖明不測之恩矣。蓋此一事關係聖政不小，慈④者五府、六部、定國公徐文璧會同申救，豈其滿朝勳賢而私一寶秀等？實拳拳效忠於皇上，爲社稷長久太平至計也。臣等忝爲輔臣，不能反覆懇切引君當道，而幸聞忠計尚不表章，使憂危

① 續　"續"似當作"績"。

② 典　"典"似當作"臣"。

③ 司　明抄本"司"上有"撫"字，是。通行本脫此字，誤。

④ 慈　"慈"字當作"茲"。

不關於聖心，亂釁遂起於今日，容悅偷安，誤國大事，臣等罪戾何所逃之？伏乞皇上法天行健，賤貨貴德，將徐文璧及夏良心、馮應鳳等疏虛心評覽，不難轉移以延生民之喘息，以固國家之命脉。臣等無任祈求之至。"奉旨："吳寶秀等抗旨阻撓稅課，拏來京，本當打問，朕覽卿所奏，姑准所請，送法司擬具奏。諭卿等知。"

是日，大學士沈一貫題："臣忝充近輔，久隔天顏，幸逢臨御之辰，實切瞻依之念。查得萬曆二十年寧夏獻俘，上御皇極門，百官行常朝禮，上少憩煖閣，輔臣進面恩致詞，奏章事畢，上御樓。萬曆三年遼東獻俘，先期上命輔臣扈從，無入班，駕至皇極門，輔臣前致賀詞，行叩頭禮，隨駕登樓。今者聖駕既免御門，臣欲面恩無地，積年拱極朝宗之意鬱而不申，幸逢望雲就日之期，不勝踴躍。伏乞聖慈少垂降接，容臣扈從登樓，於未行禮之前，得賜面對一二，以召君臣交泰之盛。臣無任懇切仰祈之至。"奉旨："朕正欲召卿面見，以昭君臣泰交之義。但朕連日因祈雨澤未普，焦思動火，不禁勞煩，且獻捷大慶又不可曠行，勉力御樓，以成典禮。覽卿所奏，具見忠愛。其扈從照常隨班行禮。特諭卿知。"

二①十四日癸酉，大學士趙志皋題："自關酉竊亂，王旅徂征，始敷德以綏德②懷，既撻伐以彰武，南北調徵，水陸轉③，今④七年久矣。終賴皇上神武布昭，威靈震疊，潛褫鳥酋之魄，蕩洗釜山之巢，海波幸見澄清，屬國於茲再造。茲恭遇捐辰文獻⑤，中外騰歡，臣幸逢慶典，分宜隨班稱賀，顧在病次，不能匍匐以望天顏，稽首以祝萬壽，臣下情曷勝伏枕踧踖？惟是天威有赫，遐邇震驚，露布流傳，蠻貊疎憚，烽烟永息，堅四夷向化之誠，疆場⑥奠安，衍億載昇平之祚。緣此悃誠莫達，輒敢披瀝預陳。臣無任踴躍稱慶之至。謹具題以聞。"

是日，大學士趙志皋題："自礦稅事起，諸臣連章累牘，極陳力諫，然中多詞氣過激，語言狂悖，卒無當聖心，觸冒聖怒。臣雖在病次，嘗以此二事耿結胸臆，欲少俟聖意和平，從容陳

①二　明抄本"二"作"是"，誤。通行本作"二"，是。

②德　"德"字疑為衍文。

③轉　明抄本"轉"下有"輸"字，是。通行本脫此字。

④今　明抄本"今"字上有"歷"，是。通行本脫此字，誤。

⑤捐辰文獻　"捐辰文獻"當作"指日大獻"。

⑥場　明抄本作"場"，是。通行本作"埸"，誤。

萬曆二十七年

懇。但近日聞舉朝罪臣叨居首輔，不能盡力竭忠匡救，又屢接各處撫按揭帖，極言地方不勝礦稅之擾，小民不堪剝削之害。臣復密訪之在京各省縉紳，俱甚稱不便，云及今不止，將來必致激變，爲禍必烈，即如店稅一行，京都民間一應日用粟帛之數，往時價值一倍者，今頓增兩倍，過遣甚難，在在嗟苦，畿輔如此，外省可知矣。臣伏枕展轉思維，如背負芒刺。臣忝①備皇上心膂股肱，休戚榮辱靡不相關，矧臣荷蒙恩寵無比，若真知事之有利無害，臣將順之不暇，何敢求附合諸臣以激撓聖聽？然真知利害安危所係，而隱默不以實告皇上，重貽後日莫大之憂，爲負恩溺職。無論外廷罪臣無以自解，即皇上神明睿照，將來必知礦稅之爲害，此時追論臣輔導無狀，加以斧鉞之誅，亦晚矣。萬不容已，披瀝血誠，具疏以請。臣亦極知皇上礦稅之行，不過暫爲之計，然此等羣小既得僭假威福，何所忌憚？皇上豈可不加體察？與其橫取侵漁於下，歛怨於上，釀禍國家，不若盡行停止，尚有正大權宜之可議者。無如明白敕諭戶工二部，容臣等與之商議，委曲調停，通融酌計，每年或可量動何項無礙錢糧若干，更有何項設處量財之法，不致病民，可以解進內庫，以備上用，候少裕之日再行議寢。譬之前倭氛未靖，每年未免增派，今若停止礦稅之擾，即量取常賦之外，亦官之樂於奉行，民之於②輸官者也。臣謹僭擬敕諭一道，恭進御覽裁定。臣言言出於肝膈，字字可質鬼神，伏祈聖覽，亟賜施行③。"

① 忝 "忝"當作"忝"。

② 於 "於"字上疑當有"樂"字。

③ 行 明抄本"行"下衍一"二"字。通行本刪之，是。

萬曆起居注

① 二 "二"上當有"萬曆"二字。

二①十七年閏四月己卯，朔，大學士趙志皋奏："爲恩隆職曠病劇憂深再瀝血懇祈仰干天聽伏乞聖慈早賜生還事。頃臣四疏辭免恩蔭，並因篤疾乞休，伏奉聖旨：'加恩彝典，卿宜遵屢旨勉承，勿復固遜。更宜珍調，早就痊可，以弼化理。所辭不允。吏部知道。欽此。'仰惟聖恩優曠，宸諭溫渥，臣感激泣淚交零，繹思神魂欲顫，既懼濫竊非分，又恐控辭煩瀆，容另疏陳謝外，顧臣病勢極其狼狽，業已十疏悉陳矣，惟是旬日以來，恩天寵洊加，而臣則曠職滋甚，忝冒逾多，而臣則報恩無日，且閣務繁重，偏累次輔，勷勷政本要樞，病夫久妨賢路。展轉牀蓐，跋踏不勝，恐懼益深，貼危益甚。每一昏暈，輒半日方甦，其一息未斷者，僅若懸絲，此實造化忌其滿盈，鬼神降之凶危，而終無再起之日也。臣即及今得請，已昧古人七十致政之義，若必俟輿櫬以歸，寧不重辜聖眷而辱臣節也？皇上如不棄臣，能不憐臣，使之比於犬馬，猶蒙蓋帷之賜乎？伏望聖慈鑒臣衰殘，實難再起，揆義實難再留，特寬煩瀆之辜，亟予生全之路，俾臣得生順死安，無往非皇恩之浩蕩也。臣伏枕無任祈懇隕越待命之至。"奉旨："覽奏知卿疾尚未痊可，情詞益懇。朕豈不體念？但老成輔弼，朕所倚藉。卿廼恝然求去，於大臣致身徇國之義何？宜慎加調攝，稍可即出匡佐，慰朕至望。吏部知道。"

② 强 "强"下似當有"者"字。

八日丙戌，以平倭詔告天下，詔曰："朕纘承洪緒，統理兆人，海澨山陬，皆吾赤子，苟非元惡，普欲包荒。屬者東夷小醜平秀吉，猥以下隸，敢發難端，竊據裔封，役屬諸島，遂興薦食之志，窺我內附之邦。伊歧對馬之間，鯨鯢肆起，樂浪玄菟之境，鋒鏑交加，君臣逋亡，人民離散，馳章告急，請兵往援。朕念朝鮮，世稱恭順，適遭困阨，豈宜坐觀？若使弱者不扶，誰其懷德？強②逃罰，誰其畏威？況東方乃肩臂之藩，則此賊亦門庭之寇，遏沮定亂，在予一人。於是爰命偏師，第加薄伐，平壤一戰，已褫驕魂。而賊負固多端，陽順陰逆，本求伺影，故作乞憐，冊使未還，凶威復扇。朕洞知狡狀，獨斷於心，乃發羣國羽林之材，無吝金錢勇爵之賞，必盡卉服，用澄海波。仰賴天地鴻庥，宗社陰隲，神降之罰，賊殞其魁。而王師水陸並驅，正奇互用，爰分四路，并愶一心，焚其芻糧，薄其巢穴，外援悉斷，内計無之。於是同惡就殲，羣酋霄遜，舳艫付於烈火，海水沸騰，戈甲積如高山，氛祲①淨掃，雖百年僑居之寇，舉一旦蕩滌靡遺，鴻鴈來歸，箕子之提封如故，熊羆振旅，漢家之歲德播聞。除所獲首功封爲京觀，乃檻致平秀政等六十一人，棄尸藁街，傳首天下，永垂凶逆之鑒戒，大洩神人之憤心。於戲，我國家仁恩浩蕩，恭順者無因不援，義武奮揚，跳梁者雖强必戮。兹用布告天下，昭示四夷，明予非得已之心，議予不敢赦之意，毋越厥志而干顯罰，各守分義以享太平。凡我文武内外大小臣工，尚宜潔己愛民，奉公體國，以消萌蘖，以導禎祥。更念殫力殫財，爲日已久，嘉與休息，正推此時者。因東征加派錢糧，一切盡令所有司除豁，務爲存撫，勿事煩苛。咨爾多方，宜悉朕意。"

　　皇帝敕諭朝鮮國王李昖："比者倭奴平秀吉肆爲不道，懷狡焉啟疆之心，以兵蹂躪爾邦，蕩無寧宇。朕念王世共職貢，深用憫惻，故兹七年之中，日以此賊爲事。始行薄伐，繼示兼容，終加靈誅，蓋不誅乃天②之心，而用兵非予得已。安疆靖亂，宜取蕩平，神惡凶盈，陰殲魁首，大師乘之，追奔逐北，鯨鯢盡戮，海隅載清，捷書來聞，憂勞始釋。今王令陪臣奉表稱謝，貢獻方物，且悉王懷德感恩之意，特降敕獎勵，仍賜綵幣表裏，就令陪臣齎去，以答忠誠，至可收領。先曾陳籲所誣，朕以心體亮，本無疑於王，下建臣雜議，又具言王必無他，已有別旨昭雪，想能知悉。惟念王雖還舊物，實同新造，振彫起敝，爲力倍艱倭雖遁歸，族類尚在，生心再逞，亦未可知。兹命經略尚書邢玠，振旅旋歸，量留經理都御史萬世德等，分布偏師，爲王戍守。王可咨求軍略，共商善後，卧薪嘗膽，無忘前恥，篳輅籃縷③，大大④作永圖。務財訓農，厚樹根本，弔死問孤，以振士卒。尚文雖美事，而專務儒緩亦非救亂之資，忘戰必危，古之深戒。吾將士思歸，輓輸非便，行當盡撤，爾可亟圖，務

①祲　明抄本作"祲"，是。通行本作"稷"，誤。

②天　"天"上似應有"違"字。

③縷　明抄本作"綏"，誤。通行本作"縷"，是。

④大　明抄本無此"大"字，是。通行本衍此字，應刪。

令倭不敢復來，即來亦無復慮。東海之表，屹如金湯，長垂襟衛之安，永奠藩維之厚。惟忠惟孝，纘紹前休。王其懋之，懋之！欽哉！故諭。"

九日丁亥，大學士沈一貫謹題："昨日皇上以倭賊既平，頒詔天下，滿朝臣子欣欣然，謂皇上睿算神謨，讋服四荒之遠，洪福景運，昭垂萬禩①之長，莫不舉手加額而相慶忭，莫不輸心聚首而相勖。蓋因今日之功，而思前日之所以成此者不易，又思後日之所以繼此尤不易也。蓋是役也，關酋雖黠，不過一人奴耳，羣醜雖繁，不能當我一大羣也。蠭蠆中於一隅，師遂勤於七省，數百萬之裹糧，六七年之奔命。豈惟大小臣工竭智畢力？即皇上肝②食宵衣，亦不能一日康豫。夫以國家全盛，皇上獨斷而成功，猶若斯之難，何也？蓋用兵之事，資費浩大，徵發艱難，虛內事外本非長計，而又勝敗之數最難預期，反掌之間，風雲變色，東功之成天幸不至乏絕耳。痛定知痛，至今思之不能不爲之慄慄者，有如水火焚溺，可復蹈哉？故《周書》有言：'制治於未亂，保邦於未危。'蓋從天下之未亂未危而圖之，一善言即可以結民之心，一善政即可以弭民之患，爲力易而取效大也。至於已亂已危而圖之，即集衆思而未必濟事，持衆善而未必釋憂，稍失算於秋毫，即貽禍於罔極，衽席之間，瀚海再波，䕃屋之下，夷酋接踵，憂勞不得不萃於聖躬，財力不得不耗③於中外，成敗勝負之數，又不得不聽於不可知之天，縱爾善收，亦已疲瘁，萬一蹉跌，悔何可追？故舉朝之忠計，咸謂國家之武功雖若可觀，而文治實多闕失，如礦稅擾民太甚，間閻民不聊生，盜賊日夜窺伺而有竊發之虞，守臣竭力補苴而有難支之勢。孔子有言：'有國家者④，不患寡而患不均，不患貧而患不安'，'憂不在顓臾⑤，而在蕭墻之內⑥'。臣每誦斯言，輒爲震惕。自古蕩析播遷，禍皆從上下不均民心好亂而起，可不畏哉？伏望皇上居高聽卑，思患預防，勿任一己之情而拂百姓之欲，勿貪沾沾之利而輕丕丕之基，勿謂小民易虐而刑法可箝，勿謂盜賊易誅而甲兵足恃，聖心抑愼，聖斷清明，常欽欽

①禩 "禩"應作"禔"。

②肝 "肝"應作"旰"。

③耗 "耗"當作"耗"。

④有國家者 孔子原話爲："丘也聞有國有家者。"

⑤憂不在顓臾 孔子原話爲："吾恐季孫之憂不在顓臾。"

⑥内 孔子原話"内"下有"也"字。

如倭患未平之時,而不少荒①庶幾上下交利,臣主俱榮,盛德成功傳之萬世,社稷幸甚,臣愚幸甚。"

　　十日戊子,大學士沈一貫題:"臣惟礦稅二事,中朝臣工歷有陳言,皇上雖有即從,諒已留意。近者四方奏牘,無不來訴其苦情,而以大義責臣,謂宜從中納牖者。臣欲一一言則不勝瀆聽,欲次第言則各稱剝膚。臣以爲皇上聖明,旦晚自有旋轉,觀夫禁儀真之重抽,戒河南之賠纍,於吳寶秀等則徑送法司,免其詔獄,仁愛同於覆載,灼知無異照臨,和平之福必有日矣。顧早罷一日,則天下早受一日之賜,輒敢復盡其愚。惟其臣言礦稅者,非但以專利爲戒,而實以釀亂爲憂。我國家如金甌無有傷缺,何可無故因小利貽大害?夫財者,民之命也。取民之財,是取民之命也。民誰肯拱手而授人以命者?爲抗爲亂,去爲盜賊,勢所必然。臣前者曾言,地方設一衙門,即增數十萬金之費,自今思之,猶其小者。以萬乘之尊,下與商賈駔儈爭利,貶威辱國,虧損盛德,使天下何戴?後世何稱?甚不可也。此猶其小者。窮天索產,罄地伐盡,宇宙間靡有留神,微畜如雞犬,秋毫不遺,家用如米布,繭絲殆盡,黃旗相望於郊原,虎冠徧滿於廛市,爲盜賊淵藪,作豺狼噬人,撤屋掘墳,搜藏發窖,此何等事而可使奉旨行之?將使奸民乘機劫奪,結黨起亂,而良民亦幸災樂禍,莫肯殺賊,人人爲敵,家家爲仇,封疆之臣,無復措手。譬如人身,一處有病尚可醫,元氣未病尚可醫,舉四肢百骸元氣無不病者,勢必潰爛決裂,雖有盧扁,可奈之何?皇上以爲此利耶害耶,而縱此輩久行之也?昔正德間朝政不綱,流賊劉六劉七等起,橫行天下,有司不能捕,至調邊兵,數歲而僅克之。比寧夏之亂,止困一巡撫不恤軍士,遂致哱拜内鼓眾惡、外勾套虜,朝廷徵動各邊大兵,弭歲而始靖之。彼時塞下安戢,戎伍充足,海内承平,錢糧不乏,故得藉以成功。今邊兵衰耗②,防虜尚少,若内地有警,必難借用,重以淮揚鹽法日見廢壞,九邊糧草無人上納,諸軍枵腹以待哺,司農束手而憂死。若脫巾之徒與潢池之盜所在並發,何以爲計?

① 荒　明抄本"荒"上有"怠"字,是。通行本無此字,誤。

② 耗　"耗"當作"耗"。

① 令 明抄本作"今",是。通行本作"令",誤。

無論兵力不足,即有兵而庫藏已竭,閭閻已空,何以餉之?必非區區礦稅之入爲能充給。所得者少,而所失者多,失算甚矣。皇上勿以爲天下事必不至此,而無憂也。亂形數見,何可不戒?語云:'人無遠慮,必有近憂。'豈忍言哉?伏望聖明宸斷,盡將中使取回,礦稅革免,令四海臣民曉然知前事原非聖意,令①皆報罷,將見中外欣欣復太平之舊,我皇上亦赫赫垂萬古之名,最上策也。若以愛私難割,亦宜及早設法處置,以絕亂階。或大減礦稅原額,付之有司徵進,而召回中使,解敬奸徒,雖不免於誅求,而利歸朝廷,不乾没於羣梟之手,有司徵求有法,尚少寬騷動之憂,仍諭以工完而止。亦一不得已之策。又不然,則止留差去内臣行事,而將奏官奏民一切付之於法,以洩天下怨恨之心。仍嚴諭内臣,務須遵照敕書,體奉德意,凡事與有司酌量而行。縱容羣奸,横行肆害,違者悉聽憲司依法問理。儻至激變,必罪無赦。朝廷視内外官員俱同一體,決不偏護,以啓釁憂,大工完日且奏定奪。此雖下策,猶可僅支目前,豈得任此輩縱横坐壞天下而已乎?臣之私衷,實欲親覲天顔,一申愚慮,方值祈禱,未敢瀆請。固窺皇上仁民恤下、防虞弭亂之心,無時無刻不軫於懷,豈不受言、患無盡言?故冒昧敷陳,以附於救時之義。伏惟聖明加意,勿以臣爲狂愚,幸甚!天下幸甚!"

十一日己丑,大學士沈一貫謹題:"臣惟昔人有食芹而美者,思以獻其君,所懷雖淺,意則忠矣。臣今亦有一得,輒以奉獻,惟皇上垂採焉。臣看詳詞臣所進皇長子講章,係《孟子·梁惠王》下篇,内齊宣王自言其好勇、好貨、好色,而恐不能行王道,孟子歷爲解之,言三者皆無妨於王道。若好勇而好一人之敵,此匹夫小勇,不可好也。一怒而安天下之民,如文王之遏密,武王之勝殷,則爲大勇,即王道矣。好貨而與百姓同之,如公劉好貨,而使其民居者有積倉,行者有裹糧,即王道矣。好色而與百姓同之,如太王愛厥妃,而使其民内無怨女,外無曠夫,即王道矣。蓋三事皆人情之所有,而不能無者,推此心以及於民，而使之各遂其情，即天理也，王道也。王道豈遠於人情哉？臣觀此意，大有裨於今日，輒敢引以爲俞。自平秀吉爲亂，朝廷封以王爵，而諭之釋兵，亦猶湯之於葛、文王之於昆夷，以大事小，王道也。而倭乃負固不服，自絕於天，於是皇上赫然震怒，一意征剿，爰整師旅以存朝鮮，以慰中國，非所謂一怒而安天下之民者耶？如此大勇，民恐皇上之不好勇也，王道也。若撫劍疾視而謂人莫敢我當，不論義理，但任血氣，乃匹夫小勇，非王道矣。煌煌東功，孟不得見於當時，而臣見之於今日，臣不勝慶幸，以爲聖明頌。乃若好貨、好色二事，則臣頗有所疑。自礦稅之令一出，而天下皆疑皇上爲好貨。臣竊謂皇上甚節儉，必不好貨，所以留意於積儲者，備緩急之需耳。第公劉推好貨之心以及民，於是弛征、勸農、通商、惠工，其所以爲民者無不致，故能致民有積倉裹糧之富，而遂其建邦啟土之圖，故曰王者以民爲天，民以食爲天，知之天者王業可成，民之不可不富如此。今以礦稅爲己私，而使民生有怨詛之心、反側之虞，則與公劉之心甚異，而去王道甚遠。皇上何不推此心以及於百姓，而使百姓遂其好貨之願乎？豈有百姓饒餘，而人主不足者哉？又如皇長子年已十八，而選婚之使未出，天下久以爲疑。夫舊冬節奉聖諭：'皇長子齡已過期，體已充足，爾禮部便具選婚舊儀末看。欽此。'皇上慎重於數年，而特舉於一旦，不由廷臣之固請，而出聖心之獨裁，孰不仰皇上啟佑之深慈，謂嘉禮即可睹也？今八府淑女報齊久矣，而猶未遣官刷選，不知舊年之特諭者何心，而今年之需遲者又何心？夫以太王之聖而猶愛其妃，是知伉儷之好人同此情，雖聖賢亦然者。惟太王推己及人，而使無怨曠，故王業從此而開。皇上至親元子而尚未免於愆期，不幾於所厚者薄乎？諸王子女婚姻莫以①時俞允，而獨靳於親胤之子，不幾於所薄者厚乎？安得不使人疑也？《易》首《咸》、《恒》，《詩》首《關雎》，《桃夭》、《麟趾》，王化所關，周基八百，實始閨門，皇上以此爲念，即王道矣。夫削平倭奴，永清瀚海，樹威異域之外，至難也，皇上不惜夙夜憂勤，費財百萬，而猶爲②。奠安民生，便③無反側

① 以 "以"上當有"不"字。

② 爲 明抄本"爲"下有"之"字，是。通行本脫此字，誤。

③ 便 "便"當作"使"。

① 心 "心"字疑爲衍文。
② 分 "分"字似當作"方"。

之憂，詔行加禮，使無怨曠之感，不過一明旨耳，至易也，而顧久不爲。蓋皇上急倭患之震隣，而轉輾於思，故處置適當，而收成功，不急二事而輕視之，心①故惟意所出，置人言於罔聞。夫人主不可一日不使天下歡戴，此天之福也。臣願皇上於天下事，皆如征倭一事，力行王道，以收聖神之名，使萬分②黎獻舉皆傳誦，四夷盜賊莫敢生心，豈非帝王之大業？敢乞宸慈早將冠婚大禮及礦稅二事，俯從所司奏請處分，天下幸甚，臣愚幸甚！"

是日，大學士沈一貫題："竊見春夏以來，亢旱連月，每當雲合，輒起大風，間得微雨，無救枯槁，來年絕收成之望，黎苴鮮發生之期，自京師以至遼東、山東、河南、山西、陝西，皆稱不雨，米價日貴，民心惶惶。仰惟皇上夙昔焦勞，宮中密禱，臣等大小衆職不能黽勉調燮，消災迎和，深切悚懼。前禮部題奉欽依，行順天府官祈禱，既未昭格，宜加申命。合無敕下禮部，令其再行虔誠致禱，以徼天佑，以慰人心？謹擬傳帖一道進覽，伏乞聖裁施行。謹具題以聞。"

諭禮部："去冬至今，亢旱爲災，已歷三時，河井乾竭，二麥枯槁，民無所賴。朕日夜焦思動火，深惟失德致此。你部裏便具儀遣官，祭告天地、社稷、山川並應祀神廟，竭誠祈禱，内外大小臣工着令痛加修省，各勤職業，以回天意，毋得徒節虛文。"

十七日乙未，大學士一貫題："頃者六氣失調，三時亢旱，仰廑聖心焦勞，深宮虔禱，并敕文武大小臣工痛加修省，以消天災。臣待罪輔弼五年於此，燮理陰陽實惟典責，災旱若此，咎將誰歸？因追思萬曆十三年四月禱雨未應，皇上親霈德音，親御布素，自武英殿徒步出大明門，祗叩郊壇，虔申祭禱。又召輔臣九卿，諭以天下有司貪贓害民，致干天和，令該部慎加選用。德意懇惻，朝野歡呼。三輔臣亦各引罪自責，交相儆戒。是時臣備員講幄，記注起居，竊窺皇上於諸臣藹然如家人，皇上於小民肫然如赤子也。撫今思昔，如在目前。臣因恭閱紀載，即此匝月之内，聖政極多，不獨躬禱一事。如親享太廟，詰責太常卿沈人种轉身輕慢，復用爲福建巡撫。如念刑獄寃濫，去熱審尚遠，即諭刑部輕罪減等，重囚情可矜疑者虛心鞫審。如念燒造磁器屏片①燭臺及大龍缸，糜費難成，即並行停止。如念天下災傷地方，出辦艱難，即傳旨蠲免一年，並免先年災傷地方帶徵錢糧。如念户部婚禮錢糧難辦，即減免三分之一。至於並建衆輔，召見煖閣，君臣唯諾，宛若唐虞，美政繽紛，史不勝紀。匝月如此，餘月可知。皆皇上所親行，臣所目睹，天下人民所共傳誦者。皇上豈遽忘之乎？於時皇上勵精治理，軫恤民艱，從善如流，求言若渴，而輔臣申時行、許國、王錫爵、王家屏，並以當代名賢，濟濟在閣，此謀彼斷，恊力贊襄，智慮周詳，精神暇豫，知無不言，言無不行，故上交泰，共盛治，至今海内思歌謳吟。便皇上循此不已，堯舜何以過之？邇年以來端居靜攝，朝講希御，勵精軫恤之念不無少遜於前，而首輔趙志皋又抱病經年，給假未出，臣以衰庸之才，一身獨任，智慮不逮於前人，精神每眩於多事，倉皇救過然且不暇，其於聖政闕失，安能從容調護，以時裨補？致使盛美漸②，瑕疵累見。皇上試檢比來所行，復有曩時一二乎？曩親禱郊壇，親享太廟，今對越久虛，庭燎無光矣。曩詰責沈人种猶加器使，今遷謫不還，即考選科道之命亦不下矣。曩慮刑獄寃濫，今守令無辜被逮，縉紳滿囹圄矣。曩停止燒造，今開採之使布滿天下矣。曩蠲及帶徵錢糧，今皇店稅課朘民骨髓矣。曩戒剝害小民，今無籍棍徒，假官横噬，莫可誰何矣。曩傳免婚禮錢糧三分之一，今冠婚册立等錢糧多至鉅萬，需求日急矣。曩四輔並列，召對煖閣，今閣臣寥寥，晉接無其矣。皇上試舉今昔之政，虛心並觀，豈不天淵懸隔，若兩人之所爲者？前海宇寧謐，今安得不騷動？前百姓謳歌，今安得不怨咨？不見其形，願察其影。即今楊應龍，以小醜敢爲跳梁，臨清負販窮民，敢與中使作仇湖口、儀真、上新河等處，所在爲梗，人情騷動可知也。中外諸臣懷忠極言，不知其幾，詞意迫切，有非人臣所忍聞，賈生痛哭流涕長太息之談不至於此。即諸臣之惋惻，而天下怨咨可知

① 片　明抄本作"風"，是。通行本作"片"，誤。

② 漸　"漸"下疑有脱字。

也。靡不有初，鮮克有終。開元、天寶，可爲炯鑒。皇上何忍以三五盛治，而任其日頹日廢乎？臣上累新政，下愧舊臣，災沴頻仍，救禳無術，躑躅徬徨，徒有涕泣。偶因禱雨省愆，愴然追感。謹將萬曆十三年四五月中聖政摘舉略節，以干睿覽。皇上既不遠師帝王，近法列祖，第以所常躬行者反覆思維，恍然省悟，如寐始覺，如醉斯醒，紹續前美，蕩滌後瑕，則勵聖德於廢闕之後，仁愈博，騷動復爲寧謐，怨咨轉爲謳歌，人心不搖，天災可挽，百祥並集，萬福攸同，皇上直與古帝王齊名，而臣亦藉以少逭戾愆，不至爲前諸臣罪人矣。"

萬①曆十三年四月五月聖政紀略

十②二日，發下御史鄧鍊條陳本，文書官劉成口傳聖旨："燒造磁器內有屏風、燈臺、棋盤、花瓶，已燒成的，好的進，不堪的變賣，未燒的停止。應該供用的，照舊燒進。"大學士申時行等題："接得江西撫按揭帖，備稱燒造繁難，如屏風等項，費過錢糧甚多，竟無堪進者。茲蒙皇上採納御史之言，特有停減之命，視民如傷，從諫如流，真可媲美二祖，超越百代。臣等又聞燒造數內，有新降式樣大樣③缸一項，亦屬難成，尤爲糜費。如并將此項停罷，則民間之苦，俱爲蠲除，而聖仁普被，和氣可回。"疏入，上欣然從之。

十七日，昧爽，上親御布素，自武英殿至④皇極門，御煖閣，三輔臣侍。太常寺請詣郊牆⑤致祭。上徒步出大明門，百官皆前導。上數目輔臣，使近前。至南郊次昭亨門，賜輔臣九卿茶。恭詣壇位，祈禱如儀。禱畢，出御幄次。召輔臣九卿諭曰："天時亢旱，雖由朕之不德，亦因天下有司官貪賊壞法，剝害小民，不肯愛養百姓，以致上干天和。今着該部慎加選用，都察院行文與他每知道，務令着實奉行，毋事虛文。"將還，近侍請進法駕，上遽麾卻，復步至皇極門御座。時行等叩頭。上復詣奉先殿，謁聖母，告至。是行也，往返殆二十里，羣下慮勞聖躬，而上親舉玉趾，而無難色，憂憫惻怛，形於辭色者備至。百官萬民無不手額歡頌焉。

十八日，文書官李恩傳旨："天下災傷地方，着蠲免錢糧一

① 萬 "萬"及以下十二个字通行本無，據日本本補。
② 十 "十"上當有"四月"二字。
③ 樣 "樣"爲"龍"之誤。參見本書萬曆十三年四月十二日記事。
④ 至 "至"字上脫"步"字。參見本書萬曆十三年四月十七日記事。
⑤ 墻 "墻"爲"壇"之誤。

萬曆二十七年

一六六七

年。"大學士申時行等題："見年災傷地方，幸沾恩澤，而先年災傷地方，尚貽困累，則帶徵錢糧是也。蓋往歲撫按官報災，該部以錢糧蠲之則額損，徵之則不堪，故權宜暫停，而帶徵於豐歲。然連年災傷，帶徵愈多，愈不能辦，難遇豐年，民窮如故。臣等以為帶徵錢糧一節，亦當議處，以蘇民困。"上從之，即諭戶部："天時亢旱，屢禱未應。朕思民為邦本，今小民困苦，各災傷地方錢糧出辦艱難，殊可矜憐，朕心惻然。便查各撫按官奏到災傷重大去處，覆勘明實，准蠲免本年分錢糧。其先年拖欠帶徵難完者，酌量具奏定奪，以付①朕軫恤民窮至意。"

①付 "付"當作"副"。

二十六日，發下尚寶司少卿羊可立乞罷黜以息爭端本，內有"姦黨"語，大學士申時行等欲將此本下六科，問可立姦黨是誰。二十七日奉聖諭："朕呼日覽卿等所奏，欲使羊可立明說姦黨是誰。但人急便胡扳亂指，使彼胡發一言，於國體何？朕發一札子，今後諫言之臣，要存國家大體，不可逞己之私意，致起紛爭，淆亂國事。諭卿等知之。"時行等題："茲奉聖諭，仰見皇上洞照羣情，既以杜妄指者之口，顧惜國體，又以安危疑者之心，聖見高出尋常萬萬，非臣等淺陋所及。所有聖諭一道，謹尊②藏閣中，以彰皇上至公至明之美政。"

②尊 明抄本誤作"遵"。通行本作"尊"，是。

五月九日，發下戶部、戶科請停買婚禮金兩等項各一本，文書官李浚傳旨："准減免二分，還買八分。"大學士申時行等言："皇上以婚禮之資，有所費用，乃因親廣愛之至情，復以部科之言，許為量減，尤納諫受言之盛德。臣等參詳部科兩疏，一則謂舊例本無，而頓增不訾之費，恐經用益虧，一則謂召買已多，又加以非時之需，恐買辦不給，一則謂買辦銀二十萬，每年已如數添近，不可復加，一則謂蠲免錢糧百餘萬，見今無處抵補，難以別措。惓惓勸皇上惜財愛民，詞極剴切。望皇上俯賜允行，或大為減免，以修應天之實。"上使中官傳諭云："先生每既這等③，准減三分之一。"

③等 "等"下脫"說"字，參見本書萬曆十三年五月九日記事。

十九日，上視朝畢，御煖閣，召輔臣時申④等至前，手授陝西巡按御史董子行本，商量政務。

④申 "申"當作"行"。

萬曆起居注

① 輔　"輔"似當作"賦"。

② 百　通行本作"百"字，誤。該字明抄本及日本本作"萬"，是。

③ 且　明抄本及日本本"且"下有"置"字，是。通行本脫"置"字，誤。

④ 安　日本本"安"下有"危"字，是。明抄本及通行本無此字，誤。

十八日丙申，大學士沈一貫謹題："昨該戶部送司揭到，為庫貯萬分匱竭懇乞聖恩寬假以輓時艱事。內稱恭奉嚴旨，召商督辦典禮急用錢糧，查得太倉銀庫僅存銀七萬七千餘兩，因商人繞訖儘作商價，猶未敷數，此外並無存積。臣讀至此，不勝駭愕。臣向開太倉匱乏，每懷憂慮，而不謂其罄盡一至此。萬一國家有不備不虞之事，動作須錢，何以應之？將無錯愕倉皇而束手待斃乎？此真寒心慄股、天下最大之事。蓋總計國家正賦，每年不及四百萬，而各邊年例常過於四百萬，該部戚戚拮据，不勝勞苦。乃今皇上所取大典金寶玉料珠香等物，計算買辦當二千四百餘，其數五倍於正賦，非有神輸鬼運，豈能給此？縱將每年正賦盡充此供，亦當總六年之輔①，方始能縠。正賦自有正用，固無可省之理，況以一禮之費至二千四百②，自古所無，譬猶挾山超海，徒苦人以難，而終不能付，徒而為天下所駭耳。蓋皇上方且慎重典禮，而偶未算及糧糧，不覺允所司之多派如此，諒非聖意，臣下安可不言？今邊餉解官，號呼以求而未能發，然萬不可稽，以召士卒脫巾之變。東征將士尚有送供與撤回之費，方煩處給。至於西播用兵、四方災傷，且③之度外而未暇遑及矣。尚書楊俊民日夜焦迫，憂悶致死，則計臣牽補之難實為可憐，而軍國關係之重尤宜軫念也。臣聞在廷之言，皆謂皇上大婚止用十七萬，豈有皇子典禮而可加於皇上乎？於禮為不順。以前惟東征之費最大，鋪宮之費又最大，今此傳辦尤為極大，決難措手，於時又不堪。若論戶部職掌，當急軍國之需以防亂釁，仍須稍加積蓄以備不虞。今帑藏既虛，而有此傳奉，該部自合披誠奏請，以祈減免。皇上至聖至明，豈不念典禮關係觀瞻，固不可缺？而軍需關係安④，尤不可缺，緩急先後，輕得多寡，聖心必有酌裁。何得隱忍不言，而直至罄盡如掃、然後言乎？此臣所以震悸不寧，懼無以為國也。伏望皇上俯加照察，惟懷永圖，詰責該部：何不早言以裕國計？仍督今後務須日夜講求，毋復怠緩。尤望皇上裁酌典禮之中，寧儉無奢，將前項傳辦大加減省，以立子孫萬世常行之法，使該部可以遵奉辦進，不致妨誤大典，違拂聖心。國計幸甚，臣等幸甚。"奉聖旨:"朕覽奏,具見忠愛懇切。已知道了。"

十九日丁酉①,大學士沈一貫謹奏:"爲票擬差錯乞行改正並祈賜罷補員以重政本事。臣接得吏科左給事中程紹等揭帖,大略言右軍都督府帶俸太子太保已故恭侯順侯吳繼爵妻夫人齊氏一本爲病故勳臣事,奉聖旨:'吏部知道。欽此。'勳臣襲爵屬之吏部,報喪屬之禮部,今下吏部,則票擬偶錯,所當改正等因。臣見之,不勝惶愧,委係臣心力疲耗,檢點不周,以致謬誤,伏乞皇上將臣罷遣,以爲不職之戒,前本改發禮部施行。再照臣獨身在閣,力小任重,若非程紹等直諒相成,臣終不覺,端恐所誤猶不止此。臣前疏曾言,臣耳目應接不暇,心思料理不遑,遂有因循苟切溺而不舉之職。是危不持,顛不扶,明付之於無可奈何者又不少也。所以日夜避賢求去,請補閣員,意正爲此。伏望皇上早賜簡用數員,以爲政本之重。臣不勝惓惓瞻注之至。"奉聖旨:"朕覽卿奏,具見敬慎檢飭。勳臣病故之本,出旨吏禮二部知道,題覆自有裁定,亦未差錯。卿既奏請,着改正行。方今國事多艱,元輔在告,正賴卿匡襄輔弼,豈宜屢言求去?即出佐理,以付朕眷倚至意。請補閣員,已知道了。該部知道。"

二十日戊戌,大學士沈一貫題:"臣惟天時亢旱,禾麥枯槁,米價日貴,民心惶惶,伏蒙皇上特敕禮部,徧②舉明禋,躬親齋布,夙宵虔禱,是以精誠上通,昨夜雷雨滂注,即未霑足,已解氛祲。臣不勝喜躍,焚香望天,且謝且祈,敬以爲皇上賀。尤望篤恭密祈,修德飭政,以盡格天之實,以副勤民之心。臣任③欣忭瞻仰之至。謹具題以聞。"

是日,大學士趙志皋題:"臣聞人臣事君,竭身報國,死而後已,此臣之本心也。奈天限臣以病,自去年十月至今,日望天恩速賜生還。今十四疏,未蒙俞允,迄令理勢有萬萬不容已者。苦情一字一血敢爲皇上陳之。夫大臣進退有禮。臣自近年以來,年年患病,每病即有半年,每疏十餘上而不得請。非不

①十九日丁酉 此日記事,明抄本及通行本失載,茲據日本本補。

②徧 明抄本作"徧",是。通行本作"編",誤。

③任 據日本本"任"上應有"無"字。

萬曆起居注

欲徇身以報知遇，即維被人言指責，臣但知皇恩隆重，何敢與較？不意令之病久，纏綿已逾八月，一足痿廢不能動移，瘦骨如柴，心血耗盡，遇事旋記旋忘，爲①能復起爲國家任事？此臣病勢真情如此。然尤有勢之不容不去者。內閣，政本之地，臣爲首臣，表率百官，四夷觀望，所係甚重。今病久不痊，久臥私寓，不能進閣辦事，不但失大臣之體，滿朝臣工誰其諒之？且謂臣爲貪位，爲無恥，真天下之罪人矣。如此苦情，日夜鬱憂，豈能望其病有起色？近戶部尚書楊俊民，少臣年七歲，一旦病亡於京邸，臣心病其去之不早。令臣前後不下數十餘疏，皇上猶不放臣，恐復蹈俊民之故轍也。伏乞皇上俯賜慈悲，准臣給假暫歸。得徼寵靈，病或稍愈，猶可依假前來供職。若終不能起，則臣亦瞑目九泉而無恨矣。伏望皇上哀憐俞允，即賜放歸。臣不勝感激懇祈之至。"

是日，太學士趙志皋奏："爲患病萬分危篤懇乞天恩速賜裁決以放生還事。臣日久病甚不能起，求免之疏已十餘上，未蒙俞允，萬不得已，援例乞恩賜假，暫歸田里。連日候旨未下。臣伏枕呻吟，不勝惶懼。非敢固違君父之命，忍忘浩蕩之恩，恝然必欲求去也。念臣有千苦萬苦之情，望皇上憐而垂聽焉。臣自任事以來，已將十年，時值國家②，而臣才識迂疏，奉職無狀，人言反責，以致困苦拂鬱，積憂損心，心血耗散已久，榮衛既竭，手足不仁，遂成痼疾。況臣以望八之年，遘茲極危之症，安能望有起色？此其情之最苦者一也。臣自去年十月患病，迄令已逾八月，萬幾之繁，皇上宵旰而憂，臣乃高枕而臥，中書政本，豈養病之地？不但滿朝人言籍籍，臣以牀褥廢人，猶冒大官之俸，是天下之罪人矣。欲退而就田里不得，欲出而理閣務不能，觸藩之勢，日惟愧心，此其情之最苦者二也。又臣自忤張居正，謫官嶺表，皇上起而用之，今且十有六年，南北奔馳，未遑一省其家，塚墓荒涼，展掃久曠，生非空桑，豈無風木之感？兼之家難頻仍，上年喪幼子，今年夭冢孫，近復報同胞之弟矣。老年危病，復罹骨肉之慘，今欲遣子歸，而二子以臣病危，依依不忍違棄，父子終日惟相向牀隅悲泣，此其

①爲　"爲"應爲"焉"之誤。

②家　"家"下當有脫文。

情之最苦者三也。有此苦情，萬不得已，籲天哀訴。伏乞皇上大開天地慈憫之心，鑒臣危篤迫切至情，特賜御批，將臣放歸。臣則歌聖德於田野，死則感聖恩於鼎壞矣。"

　　是日，大學士沈一貫題："臣昨因科臣程紹舉臣票擬差錯，臣隨具疏乞行改正，並祈賜罷、補員。奉聖旨：'朕覽卿奏，具見敬慎檢飭。勳臣病故之本，出旨吏禮二部知道，題覆自有裁定，亦未差錯。卿既奏請，着改正行。方今國事多艱，元輔在告，正賴卿匡襄輔弼，豈宜屢言求去？即出佐理，以副朕眷倚至意。請補閣員，已知道了。該部知道。欽此。'臣不勝感戴。伏念臣獨恃一心，擬酬萬幾，差錯之事，豈能保其必無？科臣來言，臣未①心服。但查恭順侯吳繼爵妻齊氏本內，止言夫係勳爵大臣，例應具報，更無他語，武進伯朱世雍妻徐氏本內，則言夫係勳臣大臣，例應奏報，伏望皇上俯憐，敕下禮部查照施行，不勝哀怒天恩等語。二本語意原自不同。臣意以爲：勳爵，吏部職掌；恩恤，禮部職掌。在朝廷以襲爵爲重，在私家以乞恩爲重。徐氏原有懇恩等語，宜下禮部。齊氏止言具報，未及懇恩，若非失格，即當另有乞恩本，故臣重朝廷而下之吏部，以爲查理襲爵之地，亦非錯也。但科臣既謂臣錯，而臣與之辨，似非休容之度，故直任不辭耳。仰蒙皇上慈照，既謬譽臣爲'敬慎檢飭'，如天地覆載，曲加生成，不勝感佩。又諭言'勳臣病故之本，出旨禮吏二部知道，題覆自有裁定，亦未差錯'，如日月照臨，洞燭齒②隱，臣不勝欽服。臣幾微之際，人所不知，而天獨知之，臣安能不感泣稱謝？但只身辦事，委實不前，後此差錯，真恐不免，伏望皇上早增閣員，實以重政本，非獨爲臣私也。今早欲奉命趨朝，適遇頭痛難强，稍愈即當進閣，謹此備陳感激之衷。又臣昨爲户部請減典禮錢糧，實因太倉罄掃，無以酬應眼下，況於預備非常？而該部畏威不言，溺職不舉，臣不得不冒罪③，皇上嚴督，尤不得不冒罪而請皇上寬減也。伏蒙恩鑒批答，此感尤深。儻將典禮所需，比照皇上大婚禮更加減定，一以正名分，一以昭儉德，且使諸部得應目前軍國之急，以備不時倉卒之需，裨益不小，此固該部不敢言、

① 臣未　通行本作"臣未"，誤。日本本作"寧不"，是。

② 齒　"齒"疑爲"幽"之誤。

③ 罪　明抄本"罪"下有"而"字，通行本無"而"字，應補。通行本於補"而"字後，似仍有脱文。

不忍言，而臣不得不爲言也。望皇上萬萬留意。又昨五府六部九卿詹翰國學科道各疏，言礦店害人之急，實係天下洶洶民情，羣臣耿耿忠計，拱候德音，有如時雨。皇上即不盡從，亦宜將店事早賜處定，免使小民抗上爲亂，以滋大憂。不然，今年海內必有不忍言之變，不止如臨清者，此時雖悔，端恐無及，尤臣日夜憂念，一刻不能寧者也。臣奉皇上心膂之託，又沐高厚之恩，非常知遇，當有非常報答，此而不諄諄言之，犬馬不若，故洒血陳懇如此。豈不欲將順，以歡皇上之心？顧以憂事爲歡娛，不忠莫大，臣所不敢。不勝懇懇惓惓之至。謹具題以聞。"

二十五日癸卯，大學士沈一貫謹題："臣此月之內所上奏疏揭帖，至萬有餘言，自知冒煩，莫此爲甚。祗緣心切憂惶，不覺諄諄復至此，不然，臣素拙訥，豈敢妄瀆至尊爲哉？仰蒙皇上曲賜鑒原，每見採納，如天覆涵，不勝慶幸。昨日發下山西撫按乞救異常旱荒二本，此皇上垂憐窮邊危民，而欲推至仁以弘濟之上惠也。除臣恭票上外，臣連日有閒，正欲入告。蓋臣近因戶部言典禮錢糧難措，太倉所積罄盡，爲此驚心，多方訪問，則有惴惴其慄，不獨爲皇上典禮未備憂，而且爲軍國大事憂，立不安，坐不寧，恐變起邊陲，事在眉睫，今雖亟處尚患不給者矣。夫戶部題各鎮年例銀兩，奉旨'准發，即時起行'，例也。訪得近日雖奉明旨，悉皆空文無實，解官守候一月，至今尚未得行，此類不止一處。邊方軍士，何所仰以度晨夕、活妻子哉？又訪得各鎮軍士缺糧，有自去年秋冬至今未給者，其爲引領又當何如？怨憤充盈不可言矣。又訪得薊鎮管糧郎中，於一月前被彼處軍兵圍討錢糧，該郎中窘迫，開庫與看，盡其所有而散與之，每軍止分得銀五厘，幸而各軍素能體諒，郎中亦善委曲，謂戶部早晚發來，僅免於亂，今尚未發。此輩非孝子順孫，必致鼓譟，終當作何究竟？作何收拾？已上事情，皆臣所訪聞甚的，而該管官乃上畏聖明之督責，緘口不言，下圖苟且以儻來，束手無策，第日夜望各處解到，而遠水不救近火。近開援例事例，一月之內又且掃迹無應者，帑藏竭甚，有如井①。目下給發，已該一百萬方濟燃眉，日過一日，益又增多。而山西又來求賑，當以何物應之？即有題覆，不過是紙上哀憐而已。户部尚書楊俊民向因此事苦切求去，求去不得，遂至憂死，甚可傷也。而侍郎陳蕖等方行接管，適值艱難，巧婦不能爲無米之炊，非天雨錢雨粟，必無幸矣。他部之事，尚堪以德音支持，惟養軍恤民必須實惠，錢糧豈倉卒可辦？錢②餒非虛言可飽，衆怒積多，一夫發難，寧夏覆轍近在目前。正如危隄欲決，蘊火欲燃，誠不當一息苟安者。查得太倉止有老庫銀二百萬，從來不許輕動，今豈可動乎？即欲動之，目下便當發一百萬，餘能支幾時乎？欲借之户工二部，二部自有急費，且無多儲。欲借之各省直，歲額尚稽，何言額外？事關安危，時又緊急，誠宜特煩聖心，非臣所能參預於萬一也。該部既不言，臣再不言，難發無日，故不敢不言。伏望皇上勿以此事作等閒，勿以臣言爲過慮，細加思繹，早賜籌處，以定國家呼吸之傾危。臣不勝瞻睎之至。謹僭擬諭旨一道上進，惟聖裁施行。伏候敕旨。"

① 井 日本本"井"上有"督"字，是。

② 錢 "錢"當爲誤字。

萬曆起居注

① 五　"五"字上當有"萬曆二十七年"六字。

② 伍　"伍"當爲"位"之誤。

五①月四日辛亥，大學士趙志皋、沈一貫題："爲纂修玉牒事。先該臣等題奉欽依，將萬曆十二年以後玉牒照例續修。除文册該宗人府陸續造到、及纂修書寫官照常題補外，臣等看得，紀載宗支，事體重大。先朝成化、弘治年間，玉牒止是二册，正德年間四册，嘉靖九年八册，二十四年增至三十餘册，萬曆四年至七十册，十二年增至正副本共二百三十册。查得彼時親郡王、鎮輔奉國將軍、中尉等爵宗支，共計十萬三千三百餘位，見令各王府襲封、新生又有五萬三千二百餘伍②，計約有一十五萬六千五百餘位矣。宗支愈益綿衍，册籍愈益繁多，比之弘、正間不啻百倍。必須設法定限，分委責成，庶不至玩延歲時，妨誤重典。臣等謹將合行事宜，逐一開款上請聖裁施行。臣等未敢擅便，謹題請旨。

　　計　開

一、舊例纂修官册二員，今照舊。仍該臣等提調。

一、舊時玉牒館原在東閣及南房北房空閒處所，分爲四館。今東閣被燬，止新構有浮披五間，爲翰林官會揖、各官會敕、及庶吉士考校一應公會之處，不殼供事。合無再行暫搭浮披五間，令纂修官棲身編輯？乞敕工部蓋造。其收掌校對官，並收貯册籍稿簿等項，查有閣內向北小房三間，暫可供事。書寫各官各於本房隨便書寫。

一、玉牒草稿紙劄，合用中夾紙，查有萬曆十二年事例，於刑部、都察院見收貯劄內陸續關用，筆墨於順天府照纂修例按月支給。

一、纂修例有當該吏役，閉門戶，收發稿册，吏部撥送應役。如有誤事，參送另撥。今查有吏部原撥訓錄館未滿當該，及起居館當該，堪以改補，合定額九名，今應前役，滿日照例送部。其訓錄館貼寫吏十五名，亦應改撥謄寫玉牒草稿。

一、提調、纂修、書寫等項各員役，日給酒飯、冬月木炭，合行各該衙門查照纂修事例支給。"奉旨："是。該衙門知道。"

九日丙辰，大學士沈一貫題："茲蒙發下戶部計處財賦本章，令臣擬票。除臣恭擬上進外，臣看得財賦一事，不惟戶部甚難設處，即臣亦甚難擬票，深恐所擬未合聖心，顧及覆思維，別無善策，伏願皇上俯賜允從。蓋天下之最難得者財，非一朝一夕可得而積，祖宗以來止積得者①庫二百萬而已，其難可知。每歲天下進京止四百萬，而出亦如之，本無贏餘也，而連年用兵及鋪宮等費，乃至加用六百八十餘萬，則揚②尚書盡力搜求於四万③所得，而本官亦因之以斃，其不可復繼又可知矣。今欲一旦責成代署之人，豈能神運鬼輸乎？擬旨責成，亦虛文耳。豈惟虛文？恐有實禍。何則？邊軍之餉之久④而濟之之策窮故也。夫典禮至大，給商誠急，但以軍情而論，則濟邊尤爲急。邊軍窮苦，止靠月糧，糧久不與，變在目前。一行鼓躁，中外動搖，此事關係宗社安危，安得不凜凜危懼？若給商一節，恃皇上至明，必易感悟，皇上至仁，必肯含容，披誠盡言，旋轉在即。就使觸雷霆，犯譴責，猶不至於壞軍國之大事、而被不赦之惡名也，況萬萬不至此乎？此固人臣之所能權亮⑤輕重緩急而自爲計者也。故疏中之辭，止有哀懇皇上，庶幾回天地之仁，垂日月之光而已。臣爲皇上謀，該部既不能奉行設處矣，則不苦需發德音，慨賜停止，亦可以收盛德之名，而使天下萬世傳誦無窮。不然，以必不可能之事而責之以必能，彼既難副，而此亦徒勞。且皇上能晏然不念邊計之安危乎？則臣令所擬，似亦當俯從矣。若夫各處可推可括之錢，已擬嚴旨，催其徵解，不敢少爲寬縱也。臣觀東事告成，皇上之福甚大，從此海內清平，休養生息，再更數年，該部儲節必多，以次進供，源源有日，下不勞，上不匱，且不至以空乏貧苦之形傳播夷夏，使其窺知國家虛實，此疇財之上策。若捨此而求奇，皆及求負薪之計，竭澤求魚之方，財聚民散之事不敢爲皇上導也。惟冀俯賜照票批發，以彰聖德之隆，臣愚幸甚，天下幸甚。"

是日，大學士沈一貫題："臣昨接得吏部揭帖，稱所推南北大僚卿等⑥曹省以至藩臬各官，未蒙點發者多，已經題催，欲臣揭請。臣惟皇上側席求賢，甚於饑渴，豈其銓事而有持留？良因人才難知，宜加簡別，萬幾叢集，偶未遑省故耳。該部屢

① 者 "者"爲當"老"之誤。

② 揚 "揚"當爲"楊"之誤。

③ 万 "万"當爲"方"之誤。

④ 久 "久"下當有脫字。

⑤ 亮 "亮"似當作"量"。

⑥ 等 "等"當作"寺"。

與臣言，臣亦屢屢慰之，令其耐心恭待，必有發時。又令其齋心恭請，必蒙採納。乃今恭待已久，恭請亦殷，一之不報，至於再，再之不報，至於三，近以月計，遠以歲計。雖聖意淵微，必有所在，然甚非所以重天工、而勤庶績也。我國家官制，乃太祖高皇帝深鑒前代濫員之弊，親加斟酌，至於晚年而始定。星布碁置，各有司存，或總其綱，或分其緒，每設一官必有一事，原無剩餘冗冒之可缺也。況今中外多故，而藉以竭厥彌縫者比往時為更急。如帑藏匱乏，户部尚書最急。大典在邇，禮部尚書最急。吏、兵二部，樞轄文武，豈可久缺侍郎？至如南京吏部尚書，乃百僚之長而虛矣，南京兵部，又參贊機務、彈壓根本者，而堂上無一人矣。南京總督倉場侍郎，錢穀重任也，而亦虛矣。巡撫，原一方總轄，而鄖陽之缺又虛矣。雖寺省之分猷，司府之宣化，何一官之可缺？亦何一日之可缺？缺則必有受其弊者矣。蓋事有定曹則精，人有專委則奮。衆人同謀一事，雖愚必明；一人獨謀衆事，雖智必愚。一人止作一事，則閒習而多得；一人兼作兩事，則倉劇而多失。本非職掌而暫時署管，已繼有代斲血指之虛，人亦有五日京兆之玩。其積弊已多者，必將諉罪於前人，而其釀釁方始者，又將留禍於後人。以故千瘡百孔，左支右吾，苟且目前，而無終歲之計，豈但官非其人，人非其官？亦為官不即工，工不信度，惰窳玩愒，積漸然也。皇上聰明天啟，威福自由，若正推不可，則倍推可用，若原推不可，則後推可用，若見推盡不可，則再命之推，必有可用。推舉在下，簡用惟上。凡此一代人才，孰不感知恩報、而願為皇上之左右手、供使令、致治平者？何為而久稽登庸，阻天下效忠之路也？臣備員糜餼，空度歲時，身既妨賢，鮮同升之儔，而又坐令吏治不振，官常不修，明作之氣衰，鹵莽之風熾，大臣委之，而小臣竊之，士人委之，而吏人竊之，生殺之柄皆歸奸頑，予奪之權至於豪猾，夷狄益賊輕朝廷之無人，政刑國虛，臣罪滋甚，不勝憂恻，不勝憤懣。伏望皇上攬綱振維，將吏部前後推補總疏速賜點發，庶百職皆得其序，而德意有所導揚也。臣無任鵠立待命之至。"

十一日戊午，大學士趙志皋、沈一貫題："照得經筵日講官禮部左侍郎兼翰林院侍讀學士余繼登，蒙陞禮部尚書，舊例翰林官係侍從之職，必兼學士名銜，令余繼登相應以本官兼翰林院學士，充經筵講官照舊。乞敕吏部，令其欽遵到任供事。其日講事務，舊例專管部務者難以再兼，容臣等另行推舉。臣等未敢擅便，謹題請旨。"奉旨："是。吏部知道。"

十四日辛酉，大學士趙志皋奏："爲篤疾愈危苦情迫十五懇天恩矜憐俯賜骸骨生還事。臣因病求去，已十一控章，未蒙俞允。近四具疏揭乞假，次輔亦爲臣代請。旬日以來，俱未奉明旨。既懼煩瀆以觸天威，又懼曠官以貪祿位，展轉彷徨，靡知所措。又有顛連疾苦，必呼天呼父，皇王，臣之天、臣之父也，不望皇上哀憐，何所控告？是以冒死再瀝苦情，以冀天聽。蓋鞠躬盡瘁，死而後已，此人臣事君之義。臣至不肖，亦嘗聞之久矣。然必有盡瘁之身，而後可靖匪躬之節，今臣則有不然者矣。自去年十月感疾，迄今已歷八月餘，手足痿瘅者日劇，形骸骨立者日甚。祇因飲食少進，神虛①盡虛，日臥牀簀之間，口不絕呻吟，目不交眉睫，人視之若以爲鬼籍之人矣，無一人不興哀痛惻憫之念。次輔目擊最真，可召問而知也。大抵半身不遂，夙稱不治之疾，即使年力精壯者嬰之，且難望痊可，臣犬馬之齒七十有六，論氣血則盡虛，論衰頹則已甚，雖慮扁復生，不能扶臣再起矣。匪特臣自審莫必旦夕之命，即舉朝俱危臣如朝露矣。人臣事君，要在勿欺。使臣本無疾而託稱有疾，是爲罔上，罔上，人臣之大罪也。如本篤疾而諱言無事，是爲戀位，戀位，臣節之大辱也。臣實不敢以此二者自居。近屢推閣臣，未蒙點用，外議咸謂皇上以臣未去之故。果如人言，則臣益冒妨賢病國之罪。無論外廷訾臣爲溺職、爲貪位，即臣亦可②以自解於天下後世也。戶部尚書楊俊民尚短臣年七歲，頃一旦病故，今臣既絕無報恩之日，又不得首丘之請，惟有飾巾待盡爲俊民之續耳。臣言及此，涕淚之零併發。豈謂其中有降謫官員可疑者在乎？夫降有不同，有因觸忤威嚴爲欽降者，有

①虛 "虛"當爲誤字。

②可 "可"字上似應有"不"字。

因科道糾察爲例降者。欽降者，聖心既未開釋，陞遷不可朦朧，而該部若擅爲混推，罪也。例降者，聖心本無意必，原題不過懲創，而該部若抑遏不推，亦罪也。此兩者當有分別，難以概視。概視，則偶掛彈章者永無湔洗之期，而科道之權上與至尊等，是天地有棄物，聖人有棄人，不惟非曲成弘覆之仁，抑亦非捨短取長之道。人才實難，安得盡無纖疵薄議者而用之乎？臣查得今次總推，元無欽降在內，即有一二人，亦係例降，而非欽降也。伏乞皇上俯垂亮察，早賜點允。又況庶職當充，天工難曠，因一眚之疑而格多官之用，其所妨誤尤爲不小。若以該部推舉未當，亦祈皇上能不爲老臣一動心乎？望皇上垂恩曲體，俾放臣回籍，或得援例給假，以全骸骨，以完晚節，不但臣生死頂戴洪恩，即閣臣之體，亦不因臣敗壞矣。臣伏枕無任悚慄待命之至。"奉旨："朕委任老成至意，卿雖請告日久，每切佇望弼成化理。況今國家多事，內外艱難，朕在深宮，日夕焦勞，正賴卿與次輔同寅協恭，贊襄不迨，豈可堅持求去？其如君臣大義何？卿宜從容慎加調攝，稍可即出輔政，慎勿固辭。閣輔久缺，便着會推在任、在籍堪任及前推員數，開具來用。吏部知道。"

十五日壬戌，大學士沈一貫題："近日皇上點發吏部催補京堂之疏，一時增四尚書、二侍郎、一巡撫，舉朝歡暢，謂聖心轉移，泰和在即矣。惟是庶僚多缺，則中外尚傾耳而聽，銓曹猶束手無措也。昨者亦曾總催，未蒙准點其堪者、而摘勾其不堪者，明示聖意，俾令另推，庶幾上下之情通，而銓除之路闢，官司無廢事之愆，而臣等亦免於蔽賢之咎矣。臣無任祈望之至，謹題請旨。"

十六日癸亥，大學士趙志皋、沈一貫題："爲講讀缺官事。照得皇長子講筵侍班官葉向高，已陞南京禮部右侍郎，臣等推得國子監祭酒方從哲堪以推補，合無量陞詹事府少詹事，兼翰林院侍讀學士，充侍班官？其講官劉日寧給假去後，曾推原任講官肖云舉，候旨未下，難以久缺。臣等推得右春坊右贊善兼翰林院檢討區大相，見任堪補，合無令其以原官供事？其原推右春坊右贊善兼翰林院檢討肖云舉、及左春坊左中允兼翰林院編修全天敘，俱假滿在籍，見今缺官差用，相應移文催取到京。統乞敕下吏部，查照施行。臣等未敢擅便，謹題請旨。"留中。

十九日丙寅，大學士沈一貫題："近該皇長子講筵缺侍班官一員、講讀官一員，臣隨首輔恭擬請補，候旨未下。竊惟皇長子勤修勵志，歲無暇期，諸臣奉命勸學，莫敢迢逸。該侍班、講讀等官，日起五更，恭趨內直，兩次講讀，旦晡始出，出則撰入考據，以爲明日之計者，復相仍矣。雨雪暑寒一無所免。疾病疴癢，人所時有，而況祿薄地寒，無他恩澤，既受殊常之勞，亦鮮超等之視，臣竊憫之。令講官有缺，而講務無缺，則又令其以一人兼兩人之勞也。精力有限，而使之不休，憊將至矣。雖鞠躬盡瘁，諸臣分所當然，而推心恤情，聖主諒有不忍。所補二缺，真難久懸而與閑曹散秩概視而姑緩者。臣苟不爲上聞，諸臣何能自達？謹因再題，兼爲固請。伏乞皇上俯加恩命，即賜准發，以實講直之勞，以資輔導之益。臣不勝跂望之至。"

二十一日戊辰，大學士趙志皋、沈一貫題："爲印信事。照得左春坊左庶子兼翰林院侍讀葉向高，近奉欽依陞南京禮部右侍郎去訖，所有本坊印信缺官掌管，例應照資遷轉。臣等查得右春坊右諭德兼翰林院侍讀范醇敬，堪量陞左春坊左庶子兼翰林院侍讀，右春坊右諭德兼翰林院侍讀唐文獻，堪量陞右春坊右庶子兼翰林院侍讀，令各掌管本坊印信。左春坊左中允兼翰林院編修掌司經局事袁宗道，堪量陞左春坊左諭德兼翰林院侍讀，仍掌司經局印信。各纂修、講讀事務，俱照舊。伏乞敕下吏部，查照施行。臣等未敢擅便，謹題請旨。"奉旨："是。吏部知道。"

二十五日壬申，太①學士沈一貫題："自首輔臣志皋給假以

① 太 "太"當作"大"。

來，臣以一身直閣九月於茲，綿力靡勝，罔知攸措。傾緣首輔十五疏乞歸，皇上溫旨勉留，諭以'國家多事，內外艱難'，正賴'同寅協恭，贊襄不逮'，仍諭吏部，'閣輔久缺，便着令①推在任、在籍堪任及前推員數，開具來用。'臣莊誦再三，不勝喜躍，以爲皇上留神輔弼，原欲備官，時因慎選而尚懷恭默，令歷時既久，此爲通時矣，疇咨既深，此必得賢雋矣。日夜望新命之下，而又復杳然。若歲大旱，雲方合而忽散，若濟臣川，舟徒橫而不來。不惟無以②首輔之心，而臣亦何以爲情也？首輔尚病，皇上以六曹幾務總之於閣，而寄之於臣，臣不盡心則臣之罪，但臣能盡心，而不能強其才之所不能，又不能保其身之必無病。令國家多事，內外艱難，誠如聖諭。夫曰多事，則千瘡百孔，繭絲牛毛，豈一耳目所能周？曰艱艱，則蘗蘗萌生，蝟起蜂踴，豈一手足所能支？語曰：一手獨拍，雖疾無聲；一心獨運，雖哲不明。故尊賢使能，俊傑在位，及國家閒暇之時而明其政刑，此治天下之常事也。雖有賢能，置之優閒而不用，雖有政刑，束之高閣而不舉，以此治閒暇之國家尚不可，而況以此治多事艱難之國家乎？又況臣以衰殘之年，獨入獨出，目不給視，手不給披，心不給慮，紕政日行而臣不能挽，亂徵日見而臣不能弭，痰火中攻，屢至眩瞶，筋力外竭，日欲顛仆。若不及今付託名賢，使之整理廢弛，日久雖有善者，亦莫能如何矣。皇上業知政本之重，而徒屬之一病臣，是皇上以臣爲孤注，而以天下爲戲也。臣業知己之不能，而徒妨賢路，是臣以身爲孤注，而以皇上之天下爲戲也。天下後世其謂之何？伏望皇上軫政幾之甚重，念俊傑之當登，將吏部會推總疏速賜點用數員，俾其協力贊襄，以紓皇上之焦勞，以成首輔之忠愛，使臣得退歸田里，以終餘年，臣愚幸甚，宗社幸甚。"

二十七日甲戌，大學士沈一貫題："該吏部、都察院及科道等官，屢催考選行取官員，投揭到閣。臣反覆看詳，大約謂臺省空虛，憲法廢墜，代庖者不便於彈壓，兼攝者多至於曠鰥，不啻詳矣，臣又何言？然臣又思之，臺省之官非他官比，其朝

① 令 "令"爲"會"之誤。

② 以 "以"下疑有脫文。

夕論到①，則皇上之耳目也，其中外巡察，則皇上之紀綱也。耳目廢則上孤臣②國危，紀綱廢則下玩而國亦危，此誠不可久缺者。故祖宗舊制，六科給事中多至五十餘員，十三道御史多至一百餘員，遇缺輒選，初無定期，而皇上往年嘗命一年一選，誠急之也。今南北差遣委實不敷，而行取到京者，乃轉採於四五百人之中，勤咨於四五六年之内，又上請者不知其數而後得取，可謂擇之又擇，難而又難矣，待選已久，奉旨無期，聖意淵深，衆所未解。臣愚伏思，往時一年一選，登進頗易，不無狂躁之士濫於其間，致令煩瀆聖心，溷淆正論，是誠傷於太數。乃至連年不選，登進過難，屢經黜陟之後，零落已盡，致令宣達無人，貞肅罔藉，是則傷於太疎。令此一時，所謂勢窮理極，不可復緩矣。中外見明旨不下，則無端揣摩，以爲皇上不無憾於舊臣，而因曲防乎新進，故是役也遲留沮抑，以預折其喜事之心。夫具曰予聖，詩人良規，予言莫違，孔子深戒。臣想聖意必不其然。何則？臺省之職，豈惟欲其叩墀排闥、光補袞闕？抑又待其發奸摘伏，糾正官邪。彼百司庶府，藏慝何止萬端，四海九州，隱憂豈但千計？而惟科道官布列中外，此不言則彼言，繼續後先，甲失則之③乙得，故能震聾奸回，支持宇宙，輔立良善，纏綿邦家。是故大小臣工，孰不妨其多口？如臣塵忝，亦難保其不言。然帷畏其有言，故猶幸而無罪，是固嚴憚切磋之資也，是故儆戒相成之地也。夫毒藥所以攻病，苦於口而益於身，忠言所言④觸邪，逆於情而利於政。故以天下官吏言，無不欲科道少，而以天下軍民言，無不欲科道多。正爲閭閻之奸弊，吏不能譏察者，惟科道能爲之譏察，田野之抑鬱，民不能上聞者，惟科道能爲之上聞。故吏有所憚而不敢爲，則其害除，民有所藉而得爲，則其利興，科道之有大裨益於國家而不可缺，明矣。況令次行取者，皆閱歷倍久，得人宜多，而一時部院諸臣又無不欲抑⑤體聖心，共成曠舉者。伏乞皇上俯賜俞旨，及時選用，第令其恪遵明命，精遴老成端練體國奉公之士，而無收喜事沽名結黨行私之徒。考選既定，仍一一開具履歷考語，以待聖明親自點用，則登陟出於九重，私交絕於羣

萬曆二十七年

一六八一

①到 "到"似爲"列"之誤。

②臣 "臣"疑爲"而"之誤。

③則之 "則之"疑爲"之則"之誤。

④言 "言"疑爲"以"之誤。

⑤抑 "抑"疑爲"仰"之誤。

下，虛浮者無所冒進，忠藎者必不見遺。皇上既待諸臣以腹心，諸臣必願爲皇上之耳目，庶幾紀綱有維，忠益得廣，而襄天工、成至治，端在茲矣。臣不勝待命激切之至。"

二十九日丁未①，大學士趙志臯奏："爲病廢曠職已久輔臣簡用奏賜裁定以重政本以便老臣生還事。臣因病乞休，昨已十六疏上，伏奉聖旨：'朕委任老成至意，卿雖請告日久，每切佇望弼成化理。況今國家多事，內外艱難，朕在深宮，日夕焦勞，正賴卿與次輔同寅協恭，贊襄不迨，豈可堅持求去？其如君臣大義何？卿宜從容慎加調攝，稍可即出輔政，慎勿固辭。閣輔久缺，便著會推在任、在籍堪任及前推員數，開具來用。吏部知道。欽此。'且奉御批。臣感深雪涕，義激銘心，即碎臣之軀，不足以仰答眷存之渥，擢臣之髮，不足以數煩瀆之罪，臣復何敢再有陳乞？顧思皇上所以留臣者，譬之駑馬，尚欲資其十駕之力，譬之鉛刀，尚欲收其一割之用也。乃臣病勢則十分窘迫，精神已十分耗散，非不日需藥餌，竟毫無補裨，非不勉加調攝，而絕無主意。萬幾之地，一日難虛，而臣浹歲之內，強半杜門，從來閣臣以病曠職，未有如臣之甚矣。今日所賴以分猷宣力、爲皇上任宵旰之憂、宏贊理之益者，惟在亟用閣臣，奈何奉旨廷推以來，又復旬日綸音未即渙發，宣麻猶未有期？舉朝喁喁，莫不引領亟望，而聖意若以事尚可緩，不厭慎重。顧今之時，何時也？中外洶洶，天災民怨，邊隙日深，國用日詘，至厪皇上焦勞。而臣以臥病待斃之身，既不能勉竭犬馬以報聖衷，臣罪滋甚，乃同官臣一貫，又止以一身在閣，苦心拮據。夫以萬幾之賾，靡不中書是關，而閣臣寥寥若此，非所以重政本也。皇上念國家多事，安得不亟用閣臣，以弘濟時艱？念一貫得勞，安得不亟用閣臣，以共資協贊？念臣久病不起，安得不亟用閣臣，以早代曠鰥？是今日簡用閣臣，真不容一日緩矣。況明旨命推，廷臣擬推業已數次，所養在籍、在任者，非品望之清高，即德器之宏遠，俱足以肩重任而愜輿論。伏望皇上亟賜裁決，將前後擬推諸臣，簡用數員，入閣辦事，以成

①丁未"二十九日"當爲"丙子"。本月無"丁未"日。

師師濟濟之風。若臣病軀，實爲狼狽，雖有報國之志，而力不能從，雖有戀主之心，而勢不能待，仰祈聖慈曲體臣萬不得已之情，即准臣休致，不重貽貪昧之辱，臣心幸甚，天下幸甚。臣無任激切瞻天待命之至。"

萬曆起居注

① 防 明抄本作"妨",誤。通行本改作"防",是。
② 藥 "藥"當爲"樂"之誤。
③ 遺 "遺"當作"遣"。
④ 亦 明抄本"亦"上有"官"字,是。通行本漏此字,應補。

　　萬曆二十七年六月五日壬午,大學士沈一貫題:"臣竊惟近日第一緊要政務,莫急於考選科道。今行取諸臣,鱗集待命者久矣,臣下屢以爲請,非敢爲瀆,誠有萬不得已者。蓋祖宗設立科道之意,初非取其備員,亦非不知聒擾之可厭。深惟天下之釁虞當防①,而國家之神氣宜振。凡朝政有得失,邊情有緩急,官吏有賢否,閭閻有苦藥②,上不能親以德意達之於下,下不能親以艱難聞之於上,必有寄夫封駁之責、巡察之權,使其自大僚至於小吏,一言一動皆得以摘舉,自闕下至於遐陬,一利一弊皆得以敷陳,然後吏無留慝,民無隱情,雖有鬼蜮之奸,不崇朝而發露,雖在要荒之外,可計時而馳聞,畏此簡書,職彼越志,官清吏肅,盜息民安,此設立科道之本意也。故許風聞言事,雖有激聒而亦加優容,蓋惟恐其畏縮不言故耳。即所言未必皆當,而要之勝於不言。言不當,則擇而行之者在上。不言,則上雖欲聞之而無由。祖宗所以多其員數、而及時選補者爲此。譬於人家,若無體察巡視之人,則工不即事,盜且生心,一帷之外,耳目盡塞,而奸慝叢至。又使以數畝之宮,而但責一二人巡視,則顧東失西,跋前躓後,不無朋謀而巧賺之者,而耳目依然蔽塞,奸慝依然叢至,如此而欲家之無壞,不可得矣。夫治家如此,而況於治國乎?今科道差遺③不敷,常以一人兼數人之事。此特自兼攝之名耳,考其實職必不舉,舉亦不能如一人一事之精。蓋朝廷以鹵莽苟且而寄官,亦④以鹵莽苟且而兼數事,其時其力不能委曲周詳,必將借耳目手足於官吏、書役之流,彼官吏、書役之流守法者少,賣法者多,合其衆人之奸智,以欺兼攝之一人,雖勤如孔明,嚴如包拯,力必不暇舉,智必不暇察矣。一日誤數事,百日誤數百事,舉天下而論,其兼愈多,其誤愈衆,於是庶頑羣盜與此輩合,無國與民俱受其害不少矣。然則久不考選,是明奪科道之權,而陰受之於此輩,使得以盜其權而行其私。不知天下軍民受貪官汙吏之害者何限,貪官汙吏之大幸,乃軍民之大不幸,故臣前疏云:以天下官吏言,無不欲科道少,而以天下軍民言,無不欲科道多。正謂此也。知此利害甚大,得失甚遠,則激聒之事特其不堪之小小者，亦可以優容而不計矣。伏望皇上取其大益，去其大害，而忌①其小不堪，將吏部、都察院疏早賜俞音，但令其慎選端良，勿以浮薄進，則皇上之耳目廣、神氣張，而官吏之儆戒有資，軍民之受福無量矣。臣不勝惶悚待命之至。"

十日丁亥，大學士沈一貫題："臣聞舉大物者必非一夫之力，襄至治者必資眾官之助，惟職守無虛於下，而後聖主安享於上，此急務也，亦要術也。昨吏②諸臣又相率見臣於朝房，言近今推陞員數甚多，再經催請，未蒙點發，欲臣代為懇祈。臣答言：皇上萬幾至繁，事事關諸軫慮，既有所急無所緩，伏想晨夕之間，次第當發。但念後來章疏積擁復至，前事易忘，恐成虛閣，輒敢不憚煩瀆，恭進一言。方今天下民生未靖，幹理鮮人，釁孽多萌，盜賊時發，設官分職，此政事之最不可緩者。如近旨嚴責苑馬寺卿查偉託病回籍，而重加降調，真足以警惕百吏也。今吏部堂官，悉稱懷忠抱正，而諸司之臣，亦知寅畏小心，職掌攸關，諒無私弊，所宜推誠委任，俾無廢官失職，求治之機，莫此為要。伏乞皇上將吏部催請補官一疏，亟賜點發，若其間尚有未當聖意者，亦乞明賜勾示，令其再推，則君臣情通，而天工無曠矣。臣不勝仰祈之至。"

二十一日戊戌，大學士沈一貫題："臣惟東征川兵，近報不服發回，四散東行，恐其流落作賊，心常憂念。昨見兵部參押兵遊擊王之翰揭帖，臣又不覺心動。因而思之，潛住京師窺控鑽刺者，恐不獨將官有之。近日有奏楊應龍過犯之人，必皆川兵，川兵之潛住都城者必多矣。又復思之，川兵內土官聞多姓楊，必應龍之族，其兵必應龍管下之兵，則潛住京師者又不獨應龍之仇，且多應龍之黨矣。夫應龍今方聽剿，而此輩精健矯捷，慣能登高踰險，騰躍如飛，流入畿輔，又無紀律，作歹何難？況海內民竊奸豪不少，向以東征會集，今以事畢無歸，指天畫地、夜聚曉散者又何限？今大工正興，軍匠喧雜，儻此輩中有乘機混入，或為細作，或律③狂圖，驚動宸嚴，大非穩便，

萬曆二十七年

①忌 "忌"當為"忘"之誤。

②吏 "吏"字當為誤字。

③律 "律"疑為"肆"之誤。

萬曆起居注

雖萬萬保無他虞，而損威亦自不小，臣心懷憂疑不能帖席也。伏乞皇上慎重起居，申嚴門禁，令巡視皇城工程等官，比常倍加嚴謹。仍申飭廠衛五城巡捕等衙門，將京城內外亦比常倍加嚴緝。一面催趕工程早完，以肅穆清，以安辰極，臣不勝惓惓。抑臣猶有言。臣見近日天下人心大不安静，流言煽惑，睥睨跋扈，竊發之事安能保其必無？所在可虞，不可一楊應龍之黨。而兵部堂上，見在止一本兵，京營之中，兵皆市徒，官皆債①帥，無一足恃。臣願皇上加意於此，多選謀略文臣入爲侍郎，以備督撫不時之用，多選忠勇武臣入補京營，以備將帥不時之用，而又明正賞罰，大肅紀綱，使人有所嚴畏遵守。其廠衛緝事，乃國家緊要衙門，官校人等別無恩澤，止靠三年類奏陞賞而已，乃今久吝不與，無以爲激勸之資。並乞率循舊規，恩威並用，使其鼓舞效力，此未嘗有費於朝廷而裨益者弘也。《書》曰：'惟事事乃其有備，有備無患。'儻不以臣之私憂過計爲謬，惟皇上採用，或特賜批答，密傳兵部舉行。臣不勝惓惓效忠之至。"奉旨："朕攬②卿奏，具見忠愛懇切，籌國嘉謨，誠可嘉尚。大工建造，謹慎門禁，都着該管內外官員用心趲造，嚴加巡視、關防。兵部侍郎、京營將官，便着該部遴選堪任的來簡用。京城內外地方，如有異言異服、無籍奸徒，指稱文武官吏、流住結聚、流傳煽惑的，廠衛城捕緝事衙門即便訪拏具奏。其廠衛三年類奏陞賞，乃激勸恩典，偶因提督管事陞遷未定，是以暫停，着查照舊例舉行。卿可還傳示各該衙門知道。特諭卿知。"

二十二日己亥，大學士趙志皋奏："爲病體時刻難支苦情披瀝已盡十八懇天恩俯宥煩瀆特垂憐憫賜臣早獲生還事。臣昨具十七疏乞休，並請簡用閣臣，旬日來未奉明旨。念臣嘔血瀝肝、詞窮心盡，然卒未孚聖鑒，不蒙俞旨，臣展轉牀蓐，增益憂懼。夫臣本衰庸，久甘擯棄，然屢請而眷留彌篤，屢瀆而天譴特寬，臣非木石，敢外聖恩？顧必爲此煩瀆以仰祈天聽者，則臣萬不得已之情，實有可憐矣。蓋大臣立朝，職不任即當去，才不勝

①債 "償"當爲"債"之誤。

②攬 "攬"當爲"覽"。

即當去，衰老不堪即當去，篤疾不能事事即當去，是猶恨去之晚矣。然未有兼備數端如臣今日者。近復精神耗盡，時作昏迷，展轉呻吟，痛苦之極，如此形境，與死爲憐，尚能執公家之欲①，贊機務之繁？此必無之理矣。內閣非養痾之地，輔臣非竊祿之官，急君後身之義，固所當靖，而廉恥進退之節，又所當明。臣年已垂盡，病復膏肓，感恩何已？瞻天無日。在朝一日，則重臣一日妨賢病國之罪，在朝一時，則增臣一時貪昧曠職之譏。臣以病自揣，固萬分不可留，皇上以情憐臣，又萬分不當留。是以不避煩瀆之誅，仰首哀鳴。伏祈皇上憐察，特渙綸音，准臣回籍。則臣生順死安，恩同罔極矣。至於簡用閣臣一事，廷臣言之不啻再三，臣請之不啻至再，更乞皇上念國家爲重，慮次輔獨勞，不可一日少緩，即賜裁定，國家幸甚，臣愚幸甚。臣伏枕不勝激切祈懇待命之至。"

　　二十五日壬寅，大學士沈一貫題："臣前日私憂過計，因川兵四散，疑其流入京師，大工未完，門禁難肅，具揭仰祈慎重起居，厚防意外，奉聖旨：'朕覽卿奏，具見忠愛懇切，籌國嘉謨，誠可嘉尚。大工建造，謹慎門禁，都着該管內外官員用心趲造，嚴加巡視、關防。兵部侍郎、京營將官，便着該部遴選堪任的來簡用。京城內外地方，如有異言異服、無籍奸徒，指稱文武官吏、流住結聚、流傳煽惑②，年類奏陞賞，乃激勸恩典，偶因提督管事陞遷未定，是以暫停，着查照舊例舉行。卿可還傳示各該衙門知道。特諭卿知。欽此。'仰見皇上聽納之弘度，保泰之永懷，臣不勝感服，不勝忻幸。臣惟楊應龍乃豪奸劇賊，足智多謀，財富善能使人，力強敢行稱亂。今既罪彰見剿，益將大肆狂圖，神出鬼沒，何所不至？前者禁中累失門釘，焉知非其黨竊去也？古稱勇士一人，雄入九軍，如荊軻、曹沫、要離、豫讓之流，史冊章章，示人炯戒。是以天子出警入蹕，清道而行，所居之宮，比於上帝之清都，薇垣之辰極，人莫敢忘而至焉，安可窮年累歲工作不休，使丐兒乞戍遊行無禁，宸居御寢歷歷可以指知，寶閣珍臺昭昭在其目睹？守衛捍圍之士

萬曆二十七年

一六八七

①欲　"欲"字疑誤。

②惑　"惑"下脫"的，廠衛城捕緝事衙門即便訪拏具奏。其廠衛三"共十九字，應補。

在於其外，而流離瑣尾之輩乃入其内，譏察防禦之人不過數輩，而操挺持鎚之徒乃至千百，啟釁召侮，莫此爲甚。臣實爲此惴懼也。雖有部伍，然人衆而稽考難周，雖有闇守，然日久而關防易懈，如往有倒死在内、而經宿始行發覺者，以此權之，能保無潛藏隱匿爲叵測者乎？與其過於弛，寧過於防。誠宜上緊趲造工程，嚴加巡視、關防，遴選文武將吏，激勵廠衛城捕。明旨既下，臣當欽遵傳示各衙門舉行。但臣此揭，原爲楊酋起意，事關軍機，宜加嚴秘，故揭未有密傳之語。今若顯傳，嫌示此酋以弱，殊不穩便。儻蒙皇上特發一諭，俾兵部遵行，尤見聖明孜孜夙霄圖治至意。謹償擬諭帖一道上進，恭候裁定施行。具①御批遵②藏閣中，以傳永久。謹具回奏以聞。"

是日，大學士沈一貫題："臣惟礦稅二事，天下皆以爲不便，而皇上獨以爲便，亂端數見，天下皆以爲危，而皇上獨以爲安，豈皇上之心獨與天心通、而能保天下必無事乎？臣愚殆不能曉也。聖意堅定，轉移未聞，臣民日夜禱求，庶幾少減，而乃日甚一日，使人何所歸命？至於廣西，乃窮苦百粵之弛③，諸蠻巢穴，控禦爲難，民無他業，惟田是資，猺獞出沒，往往病耕，地從賦逋，一切官俸軍需皆仰給於廣東。先朝設置部督，兼制兩廣，意正爲此。此地自給且不足，而況可加一稅使乎？四萬萬之征，從何而出？尤不可之大者也。昨日奉旨，又有貴州之差，則滿朝臣子盍驚佈而欸④息矣。蓋貴州乃古羅施鬼國，地皆蠻夷，山多箐穴，水不湎渟，土無貨殖，通計民屯，僅十四萬石，天下第一貧瘠之處，官戎歲給全仰於湖廣、四川二省。蓋本非都會之地，從古不入版圖，我朝但因雲南而從此借一綫之路以通往來，一綫之外，悉皆夷峒，鴟張豕突，易動難安。今云產水銀、鉛銅、硃砂、雄黃、白蠟各貨，每年可微⑤稅銀三萬五千兩、名馬四十匹，理所必無，臣不敢信。縱使有之，亦出蠻夷地方，今蠻夷侵田奪貨，逞欲無厭，撫之尚難，豈可復擾？稅使能從蠻夷徵乎？況楊應龍正肆猖獗，殺戮無簀⑥，朝廷方議征討，一新督撫鎮守等官，而施爲次第，尚無可言。昨巡撫郭子章交代，以書問臣，内設四策：一日⑦戰，二曰撫，三曰先撫後戰，四曰先戰後撫。臣心皆以爲難，不能對答。蓋撫則損威辱國，而此酋又非撫之所能定，前事覆輒①已可鑒矣，臣故難之。戰則須兵一二十萬，餉一二百萬，假以便宜，寬之歲月，而彼主我客，彼守我攻，難易懸殊，勝負莫料，臣又難之。臣思督撫鎭按等官，正是無米而炊，徒手而搏，千難萬難，不堪展布之日，皇上宜爲之夙宵軫念，發餉處兵，以鋤此酋梟獍之心，聯屬諸夷，招倈②異類，以削此酋羽翼之助，庶可近安楚蜀，遠通滇南，還太平之舊觀。何爲顧惜小利，妨害大事，又遣此一稅監耶？臣恐彼處久困水火望救之民，將避益深益熱之害，奔進林藪，助賊爲虐，有司益難拊循，將校益難攻討，一綫之路，坐致淪没，而雲南亦將永斷矣，關繋國家安危豈小小而已哉？且用兵制敵之法，弱當示之以强，饑當示之以飽，貧當示之以富，不足當示之以有餘。今天帑所儲，原無不足，司農出入，尚可拮据，而必以窮乏二字遠播夷方，兵戈之場亦皆括取，楊酋若信朝廷窮乏，則猖獗益其③，若不信朝廷窮乏，必謂方吝兵費，不能用兵，而其猖獗亦甚，非所以昭廣大富實、而讋服蠻夷反側之心也，妨於安攘大計又非小小矣。夫各處礦稅，臣每苦諫，未即賜允，猶日④庶幾，至於貴州，則臣謂萬萬不可，所宜亟收成命。蓋皇上誠欲奮殊⑤楊酋，當示兵力之雄、財力之富，決不可虛示貧弱，爲彼所輕笑侮慢。既不惜兵餉，大發將士，則宜先免此三萬五千，以慰彼軍民之心。權衡於輕重緩急之間，所蠲者甚少，而所獲者甚多。願毋以反汗爲難，安危之幾在呼吸間也。臣不勝懇竭祈求之至。"奉聖旨⑥。

二十九日丙午，兵部接出聖諭，諭兵部："大工見造未完，門禁須當謹愼。着該管內外官員，用心趲造，嚴加巡視、關防。你部裏侍郎久缺，着吏部加意遴選曉練機宜堪任的來用。京營將官，你部也選才堪將帥的來用。京城內外地方，如有異言異服、無籍棍徒，指稱文武官吏，潛住結黨，流言煽惑，造作非爲的，廠衛城捕緝事衙門即便訪拏具奏，不得縱容。其廠衛三年類奏陞賞，乃激勸恩典，偶因提督管事陞遷未定，是以暫停。

萬曆二十七年

一六八九

①輒 "輒"當作"轍"。

②倈 "倈"當作"倈"。

③其 明抄本作"甚"，是。通行本作"其"，誤。

④日 "日"當作"曰"。

⑤殊 "殊"疑當作"誅"。

⑥旨 "旨"下疑有脱文。

着查照舊例舉行。傳示各該衙門知道。"

三十日丁未，諭次輔："朕昨覽卿奏揭，忠君愛國，遠慮深謀，嘉尚不已。且貴州稅課差官，非專爲貨財，欲訪彼中軍民之利病，起釁之由耳。既卿着①等說，朕亦思念正在用兵征討之時，敕諭留中未發，已停寢矣。況大臣義同休戚，尤當仰休②，調停鎮静，何乃各衙門今又紛紛瀆擾？其如國休③何？在前遺④内官張慶，已不着去了。特諭⑤。"

①着 "着"似當作"這"。
②休 "休"當作"体"。
③休 "休"當作"体"。
④遺 "遺"當作"遣"。
⑤諭 明抄本"諭"下有"知道"二字。

七①月戊申，朔，大學士沈一貫題："昨日文書官吏②賓捧出諭次輔：'朕昨覽卿奏揭，忠君愛國，遠慮深謀，嘉尚不已。且貴州稅課差官，非專爲貨財，欲訪彼中軍民之利病，起釁之由耳。既卿這等說，朕亦思念正在用兵征討之時，敕諭留中未發，已停寢矣。況大臣義同休戚，尤當仰體，調停鎮靜，何乃各衙門今又紛紛瀆擾？其如國體何？在前遺③内官張慶，已不着去了。特諭卿知。欽此。'臣盥手祗誦，加額歡呼。皇上從善，實不難於轉圜，而臣等匡時，未有工於納牖。若言而當夫事理，聖心無不允俞。臣偶此遭逢，何勝慶幸？蓋貴州合省八府，不能及中原一大郡。洪武初原未開設三司，後因雲南隔在天末，非此無所借途，不得已而從百夷鬼國之中，開一線置郵之地。其所需官軍俸糧，皆資川湖協濟，而本處莫能供給。士宦之人，皆不樂往，諺云：'天無三日晴，地無三里平，人無三宿情。'此其涼瘠不堪、反覆難定之狀可知矣。況今楊酋跋扈，憑五司，巡撫江東之輕率寡謀，深兵浪戰，以致喪沒官民土軍至七八千人，酋益猖狂四出，而地方無兵與糧，戶兵二部正難計處。若加以權使，一往民心必將動搖，恐三萬五千之稅未必得，而雲貴二省之地可先失矣。蓋地既不可，時又不可，取利甚微，而貽害甚大，又不可，誠燃眉之急事，反掌之禍機。故臣未暇爲各處危，而亟爲貴州危，即在廷諸臣不謀同辭，於各處尚有言有不言，而於貴州無不言，是皆出於忠君愛國之至誠，不可與往時之瀆擾並論也。伏蒙皇上洞悉政幾，深惟兵計，念天討必加之地，尤廟謨宜謹之時，特轉天心，停差不遺④。且示遺⑤官之故，非爲貨財之由，慮釁防萌，深意有在。茹納衆論，不加譙讓，此大聖慎德之良圖，包荒之弘略。臣昨奉諭札，即傳部科，莫不欣欣喜色，若獲天球，爲國家稱大慶者。衆心成城，鼓舞若此，楊酋小醜，知不滅矣⑥。謹將御札尊藏閣中，以彰聖政之美外，謹具揭回奏以聞。"

七日甲寅，大學士沈一貫題："臣惟考選科道一事，近該吏部、都察院屢疏上請，即臣亦兩次具揭，未蒙俞允。今取到官

①七 "七"前當有"萬曆二十七年"六字。
②吏 "吏"疑當作"史"。
③遺 "遺"當作"遣"。
④遺 "遺"當作"遣"。
⑤遺 "遺"當作"遣"。
⑥知不滅矣 此句應有誤字。

員守候半年而不得選，科道官員差用日缺而不得補，兩下皆難，莫此爲甚。夫在廷臣工，孰不畏言官之口者？而顧同辭以爲懇，豈非愛君體國之公心，有所激於中而不能已乎？臣敢不忌煩爲皇上再陳之。臣惟朝廷之大，日有萬幾，海宇之廣，動多釁隙，祖宗設置科道用廣耳目，雖其言未必皆當，而必不可無此言，雖其人未必皆佳，而必不可無此人。擇言而行，擇人而使，則聞見開通，而政事修舉，若厭其言而空其人，是自塞其耳目也，不可必矣。政苟無關，何恤乎人言？如其有關，何可無人言？惟有言之者，而後上之德意得以宣於下，下之利弊得以聞於上，其言之所及，既裨益於國事，而其言之所不及，亦有警於人心。皇上試思，昔之結黨欺君者固言官也，而發奸摘伏者非言官乎？激聒煩擾者固言官也，而決疑成務者非言官乎？特以發奸摘伏、決疑成務者，順於心而易忘，結黨欺君、激聒煩擾者，逆於意而難釋耳。言及乘輿，則見以爲多言，若言及臣民，何厭其爲多言？朝廷畏之，政事自然補緝，臣工畏之，奸邪自然退攝，天下畏之，盜賊自然消滅，此皆科道之力，不可泯沒。昔在祖宗列聖，豈不亦惡欺黨、亦厭聒擾？而終不因此廢考選，誠爲其益故也。伏乞皇上早允部院前疏，或特降一札，以示聖明慎選賢才、孜孜圖治之盛心，令其必公必明、毋私無濫，則俊乂在官，國國①之福。海宇幸甚，臣等幸甚。"

二十日丁卯，大學士趙志皋奏："爲恭謝天恩事。頃臣第拾玖疏乞休，伏奉聖旨：'朕倚任老成，日望卿疾可即出輔政，何得頻以致仕爲請？卿第澄心定慮，親近醫藥，善加調攝，必有痊期。所請不允。還着鴻臚寺堂上官宣諭朕意。吏部知道。欽此。'該鴻臚寺官張棟等恭捧到臣私寓，臣病不能興，恭設香案，令臣長男尚寶司丞趙鳳梧叩接，至臣榻前宣讀聖諭。臣伏枕叩頭，悲涕欲絕。切念臣臥病甚久，病勢日劇，自分今次懇疏，情詞已竭，必蒙皇上矜憐允放。孰意復蒙溫旨慰留，遣臚卿而趣召，臨私第以傳先。眷出非常，恩隆望外，臣身雖病於牀蓐之間，臣心已飛越於殿陛②之側矣。臣敢不仰體聖意，勉

① 國　明抄本"國"作"家"，是。通行本作"國"，誤。

② 陛　"陛"應作"陛"。

萬曆二十七年

加靜攝？蓋皇上代天造命，使臣之命由聖恩而再造，則臣竭犬馬之餘生以報皇上，或可冀也。如臣病已深，有非醫藥所能療理，臣命已薄，即聖恩不能仰庇，尤望皇上俯賜矜原，終垂雨露。誓没齒以銘心，永篆骨而啣結。臣不勝感戴天恩之至。爲此，謹具奏恭謝以聞。"奉旨："覽卿奏謝，朕知道了，禮部知道。"

是日，大學士沈一貫題："昨暮臣接四川督撫李化龍、巡按趙標各揭，言楊應龍已反。臣面審各承差，皆言應龍遺①不朝棟領兵二萬出貴州，而自以兵四萬圍綦江，綦江縣去重慶府只二日程，萬分危急，承差行時聞綦江已破，將官房嘉寵等已無下落，必不有再報等情。總督書中言，新到川中，軍門原無一兵，惟松潘防虜有總兵之兵，若防播止有房嘉寵等新兵二千。土司之兵急難調至。此酋久雄三巴，漢兵心膽俱碎，士兵孤兒有情，必須調募陝兵二枝、浙兵二枝、馬步萬餘，以爲主兵，則蜀人氣振，而土司可用。乞賜早允。又言軍機重務，兵糧未充，今旨似宜且言防禦，庶彼無必死之心，而事可緩圖，若或急之，恐難輳手等情。臣惟此酋可憂久矣，不謂遽大發也。工部侍郎趙可懷係重慶人，昨與本兵同來會臣，言酋實勍敵，蓄志不小。爲今之計，一曰兵，二曰餉，川中皆乏甚，戶兵二部宜破格處，三曰官，有事地方不可但用文墨之士，宜將各司道府縣官，就近選調諳練機宜者充之，庶羣才畢集，地方可保。統望皇上加意，密諭遵行。楊酋耳目甚多，機事易洩，臣親書潦草，更祈聖明鑒宥。伏候敕旨。"諭以②輔："朕覽卿密奏，忠君愛國，誠慮良謀，嘉尚不已，心甚惕然。朕居深宮，倚任文武將吏平治天下，何乃倭方退遁，虜即侵犯？今楊酋又大肆跳梁，官民受其慘害，中國兵餉何以連年堪此？其彼處督撫鎮巡文武等官，職任安在？卿可益竭心思，籌畫緩急。即便擬一傳旨來行。特諭卿知。"

二十二日己③巳④，大學士沈一貫題："昨日臣因楊酋作反，具揭上奏，該文書房官盧受恭捧聖諭到閣，諭次輔：'朕覽卿密

一六九三

① 遺 "遺"當作"遣"。

② 以 明抄本"以"作"次"，是。通行本作"以"，誤。

③ 己 明抄本無"己"字，誤。通行本有"己"字，是。

④ 已 "已"當作"巳"。

奏，忠君愛國，誠慮良謀，嘉尚不已，心甚惕然。朕居深宮，倚任文武將吏平治天下，何乃倭方退遁，虜即侵犯？今楊酋又大肆跳梁，官民受其慘害，中國兵餉何以連年堪此？其彼處督撫鎮巡文武等官，職任安在？卿可益竭心思，籌畫緩急。即便擬一傳旨來行。特諭卿知。欽此。'仰見皇上憂勞邊事，無時暇逭，臣不勝歎服。聖心若此，賊不足平矣。臣本疎庸，不足負荷，既叨任使，敢不拮据？雖'忠君愛國'，夙誓非虛，而'誠慮良謀'，自揆實歉。俯蒙過舉，彌甚深慚。今倭患雖平，而太平未復，北虜之驕尚可係覊，播酋之微乃敢跋扈。連年用兵，公私交竭，復有此亂，其何以堪？聖念及此，天地父母之心也。顧事不容已，則宜處兵處餉，選將選官，而加之信賞必罰，一如征倭故事。處兵處餉，惟在聖心不恡而已，選將選官與賞罰等事，臣茲略陳。臣恭繹聖諭，謂'倚任文武將吏平治天下'，'彼處文武等官，職任安在'？嚴督所及，洞悉弊原矣。云貴川廣，原係遠方，宦於是者，謂之劣處。今日之事，大宜更調才賢，特加激勵。天下礦稅擾民，即未能俱罷，亦宜先罷四川，蓋採木之苦已深，用兵之累益甚，縱不撤還，亦無所得，反滋其亂，亦不可知，不如早撤以收民心也。皇上命臣'益竭心思，籌盡緩急'，今各部院良策亦儘有可採者，惟皇上一一允行，幸矣。除各本到日，臣當竭忠票擬外，茲奉命謹擬一傳旨上，恭俟聖明裁定施行。臣不勝大願，伏候敕旨。"

二十九日丙子，大學士沈一貫題："惟礦稅之事，在廷臣工言者日繼，皇上必厭棄不覽，故寂無答者。臣備員輔弼，宜裨助皇上，不宜猥隨廷臣，但今事勢至於極窮，而明主可以理奪，皇上亦宜俯回天聽，捨己從人，臣不得不復言。皇上但察諸臣之心，何為而苦勸苦瀆？豈皆沽名？豈皆邀譽？若事不至於召亂啟釁，不可一朝居，必不忍恊志同辭、強拂君父而不止也。合文武勳舊六卿九列大小臣工、盡天下讀詩書知古今歷世故者，無一人敢助皇上，即民間愚夫愚婦，亦不敢有助皇上，而皇上獨不回心，蓋未思此事關於國家存亡治亂之幾若是亟耳。且皇上之積財也，不知出於何意。以爲患貧乎？焉有太平天子而至於貧乏者？非所患也。以待不時供用之需乎？皇上天性甚節儉，未嘗妄費分毫，無待此也。抑爲萬世子孫長久計儲蓄乎？則九州四海之供，歲歲不乏，源源而來，他日之供自足，他日之用何必今日而頓作萬年計？殆非策也。豈爲深宮燕閒，無物可娛，而以此充耳目之玩好乎？窮人窶子，生不見金寶者，偶爾一見，則詫之爲美，天子之視金寶，習見習知，亦與等閒物無異，而豈以是嬰心，遑遑求益不已哉？又非也。若是則甚非所急，何爲而汲汲乎求也？昔我世宗肅皇帝甚惜福，一衣一履，終年不換，手不弄金玉，口不談財貨，故德流四海，家富人給，延福增壽，而衍慶至今。皇上曷不仰法聖祖，而思所以惜無疆之福哉？夫富有四海，皇上之祿也，節用愛人，皇上之福也。祿不患其不足，而福宜積於餘。滿招損，謙受益，時乃天道。故曰金玉滿堂，莫之能守，富貴而驕，自貽其咎。蓋財聚則民散，民窮則盜起，此理必然所不易者。燎原之勢，已在目前，安可不改圖也？前者貴州礦稅，蒙皇上渙發天心，即賜停止，今四川尤急，安可不停？伏想聖心必已感動，惟早命一日，則早受一日之賜。楊酉介在湖廣川貴之間，腹心之患，若猖獗不休，則無川貴，無川貴，即無雲南，此一事者關係三省存亡，殆非小可。三省若失，則內地若陝西、河南、湖廣，皆當作邊境防禦，危矣，危矣。故川省內使所宜早罷。顧臣猶有憂者，又已形之雲南矣。雲南孤懸天末，自唐宋不入版圖，而我朝乃比於內藩，第以處置得宜故也。今皇上遣中使往彼，夷夏交被其殃。臣初猶恃彼撫按，或能善加調停，庶幾苟延時日，以作轉旋之計。不意中使與撫按大相牴牾，彼遠地之民既無撫按足恃，而夷獠之性又苦中使誅求。若一旦變告，尤難措手。播方煩兵，又安能以餘力餘財、越貴州一線路、而爲萬里雲南計乎？必不暇矣。臣中夜遠牀①而走，謂四川似猶可爲，雲南必將無救，不敢不爲皇上早言也。皇上勿以臣爲無端過計而藐忽，勿以臣爲黨助撫按而生疑。臣受恩最深、頂踵莫報者，惟皇上也。撫按於臣何有？苟可以承歡皇上，則願窮天極地，效琛貢珍，臣

① 牀　明抄本作"末"，誤。通行本改作"牀"，是。

之志也。何苦而屢進煩言？皇上至聖極明，曩所宸斷，有臣下萬萬莫及者，天下莫不敬畏如神明，倚藉如天地，誰敢異同？而惟此求利一事，斷之太過，大拂人心，患害逼前，有如水火，臣未暇爲天下謀，而且爲四川、雲南謀，以救眉睫之急。伏望皇上特發德音，將此二處内臣，比貴州事例，即賜取回，以保全地方。餘即不能盡數取回，仍痛戒内臣，嚴責撫按，使其恊力共圖，勿擾百姓，遵旨盡法，驅處棍徒，庶幾小康，以待天定。臣才譾力微，雖忠義滿腔，而紙筆有限，惟皇上俯採。非採臣一人之言，乃採天下之公言也。祖宗金甌幸甚，天下生靈幸甚。伏候敕旨。"

萬曆二十七年

一六九七

八①月十二日戊子，大學士趙志皋、沈一貫題："爲纂修玉牒事。先該臣等題爲前事，照得原題書寫官大理寺評事包文炯、中書舍人張萱，近奉欽依告病去記②，見在官員不敷供事。查有服滿起復到部制敕房辦事中書舍人李尚珍、史館辦事試中書舍人譚學閔，俱堪補書寫玉牒官。及查李尚珍歷③俸四年有餘，萬歷二十二年二月內該臣等題爲查敘玉牒效勞員役事，內開李尚珍服滿之日，開敘上請，二十六年八月內爲訓錄書完該臣等具題查敘效勞人員以彰激勸事，內開李尚珍候服闋之日，另行題敘。以上二次未經陞敘，況年資已深，效勞最久，合無敕下吏部，將李尚珍量陞大理寺寺副，照舊辦事？臣等未敢擅便，謹題請旨。"奉旨："是。吏部知道。"

十六日壬辰，大學士趙志皋題："恭遇萬壽聖節，禮當慶賀，該鴻臚寺奉旨傳免。竊念臣職叨首輔，受恩最深，與在諸臣不同，理宜同次輔一貫恭詣仁德門行禮。緣臣在告，摳趨尤艱，犬馬私哀曷任依戀？臣謹於本日恭設香案於私寓，令臣男尚寶司司丞趙鳳梧扶掖，望闕行五拜三叩頭禮。恭惟皇上仁覃九有，道合兩間，當此風清露湛之秋，復值電遶虹流之旦，南極呈祥④，蒼生共祝，北辰居所，紫氣常浮。臣懷龍光之在望，合四海以高呼，卜鶴算於無疆⑤，叩九霄而虎拜。伏願日之升，月之恒，萬世誦穆穆明明之烈，天同長，地同久，八方享樂樂利利之休。臣不勝欣躍祈禱之至。謹具題恭賀以聞。"

二十七日癸卯，大學士沈一貫題："臣惟天下之治，當與天下賢才共圖之，百司庶府不宜使一日瘝曠也。又況瘝曠滋久，而治理有不病者乎？閣臣久缺，未蒙簡命，臣以一身拮据已十二月於茲矣，夙宵惴慄，恐負之，一⑥最大事也。中外各官推補，未蒙批發者多，妨誤不多⑦，而科道缺人已二三年，近來零落殆盡，兼攝太繁，耳目益⑧爲壅塞，手足益爲癱痪，尚誰能宣上德、達下情、肅羣僚、貞百度者乎？此又瘝曠之一大事也。夫閣無備員，而使臣獨受其敝，諸衙門不能爲臣念，不能

①八 "八"上當有"萬曆二十七年"六字。
②記 "記"當作"訖"。
③歷 明抄本作"力"。通行本作"歷"，皆誤。當作"曆"。

④祥 明抄本作"詳"，誤。通行本改作"祥"，是。
⑤疆 明抄本作"疆"，是。通行本作"彊"，誤。

⑥一 "一"上疑有脫文。
⑦多 明抄本作"少"，是。通行本作"多"，誤。
⑧益 明抄本作"蓋"，誤。通行本作"益"，是。

爲臣請，臣既數請，又不見察。空實身於叢棘之中、湯火之內，而無補國事，空忝爲皇上最近臣，而不能自達其最苦之情。皇上不一憐臣，臣又何所憑恃以畢抉主之忠乎？科道久缺，大小各衙門屢請之而未蒙賜允，皇上慎重之意，諸臣已能仰體，若非政事有大妨礙，安敢合詞瀆請而不休如此也？伏望皇上渙發天心，俯納衆論，將吏部前次屢推閣臣本簡命數員，以舉綱政①，將吏部近日覆吏科本亟允考選，以肅政紀，庶幾得人以任職，而治平有賴矣。無任激切祈求之至。伏候敕旨。"

　　二十八日甲辰，大學士沈一貫題："今日蒙發科臣桂有根參論首輔一本，令臣擬票，臣不勝驚駭。伏念本中事情，虛實難辦，閣臣體統，素蒙優加，知臣莫如君，況首輔供事左右最久，而皇上洞察表裏甚真，茲事宜仰煩乾斷處分，原非臣下所能參預也。臣不敢擬票，謹以原本封進，伏祈聖明俯②加鑒宥。臣不勝戰慄，謹具奏知。"

① 綱政　明抄本作"政綱"，是。通行本作"綱政"，誤。

② 俯　明抄本作"府"，誤。通行本改作"俯"，是。

萬曆二十七年

一六九九

九①月九日②丁未，朔，大學士趙志皋、沈一貫題："先該都察院題監察御史應朝卿，接管兩淮巡督鹽課、兼理河道、並兼充③漕糧、催徵未完錢糧等差，俱應請敕以便行事。臣等八月十四日循照舊規擬撰敕稿二道，進呈御覽，未蒙批發。二十五日照前復進，亦未蒙批發。臣等切照，兩淮鹽課，居九邊餉資之半，而東南漕輓，供京師宮府之需，至於漕河有沮洳之虞，逋負無徵催之計。以此四項極艱鉅之事，而兼責於一御史之身，朝廷即日夜程督，猶恐其奉行不力，而不免於因循玩愒之弊，況可先爲皋緩、若不急之務乎？若今年料理不先，則明年諸事必誤，京儲莫繼，邊餉莫供，運道或妨，吏斃無儆，追求誤始，彼將有辭。伏望皇上軫念國儲重事，已④將前進敕稿揭帖二道俯賜批發，寫敕速催本官星夜前去整理，庶於轉輸不乏，憲典墜⑤。臣等未敢擅便，謹題請旨。"

十一日丁己⑥，大學士沈一貫題："臣忝備輔員，義同休戚，至今日患已剝膚，輒悃款進言，冀回天聽。今天下可憂者，莫如楊應龍，陷沒綦江，毒鋒甚銳。顧此猶川貴一隅事也，又莫如雲南。播與緬通，而稅使與撫臣不協，若一動搖，必無出兵收復之理。顧此由⑦雲南一隅事也，乃如西虜不靖，嘯聚於榆林寧夏之間以十萬計，此憂尤大。幸彼將士力禦，虜西北行，則臣因目前之稍寬、而且置於度外者也。今遼東警報日至，虜二十萬環視四境，本鎮主客堪戰兵馬僅僅萬餘，貼防不足，何況於戰？而將士以朝廷賞罰不明，莫肯用心，百姓以礦稅騷擾太甚，又生外心，一有疏虞，陵京震動，此其關係不細，臣之所甚懼也。而又有大於此者，則中原民心盡離，荒旱又廣，流移載道，號籲莫憐，人皆謂今年天下必有變告，此豈特一方隅、一邊境之虞而已乎？據各撫按奏，陝西則西、鳳二府救死不遑，三郵七郡一望皆赤矣。山西自二三月前已稱斗米價銀伍分，今當更甚矣。河南則兩河皆災，不下十六七年景象矣。山東無處不災，斗米價銀二錢矣。至於畿輔之內，蟲潦並集，河間、廣平尤不堪命矣。然則江淮以北、半壁天下、無地不災矣。而況

①九 "九"上當有"萬曆二十七年"六字。

②九日 "九日"爲衍文。

③充 明抄本作"兌"，是。通行本作"充"，誤。

④已 "已"疑爲誤字。

⑤墜 "墜"字前疑脫"不"字。

⑥己 "己"當作"巳"。

⑦由 "由"似當作"猶"。

迤南則湖廣又災。夫湖廣，天下魚米地，諺稱'湖廣熟，天下足'，自大江東西皆仰給焉。而荆、岳諸郡委爲巨壑，國儲民蓄極目蕩然，湖廣不足，則天下盡不足，而所處盜賊必將蠭起矣。臣爲此懼，如痴如憒而不能朝夕，若不亟圖救拯，斯民安所倚仗乎？及今救之，猶難爲計，遲至冬春，即當無及。何也？粟非天雨，財非鬼輸，既乏食矣，非二麥無以接濟，而麥熟須明年四月，安能相待？當此之時，而朝廷若無哀憐之意、賑濟之方，則謂上且棄我矣，不去而爲盜賊乎？臣又不遐論九邊三輔之急而已也，即京城米價，殊可駭異矣。往時京城米價，大米每石不過銀五錢，小米每石不過銀三錢，即有騰貴，不過增量一二錢耳，今大米一石至銀一兩六錢，小米一石至銀一兩四錢。夫京師生靈，何啻百萬而已也，而米價三倍，何以度日？米價如此，他物可知。秋成如此，冬春可知。貧人滿前，亡賴皆是，寧可餓而斃乎？必將奮挺持擾①而爲亂矣。夫一處有亂，尚可撲救，自京師以至四方無不被災，無不思亂，誰能撲之？輦轂之下，四方之極，而皇上宅中圖大之地也，是安可不孜孜焉思患而禦防乎？今閭閻之人，往往作不祥之言，珠沉玉碎了不顧惜，此等民心，尚安與之共保金甌而長享太平也？夫天運不能常稔而無災，所貴聖人能補天運之所不及，以爲萬民立命，故必有仁心，必有仁政。仁者無他，與民同欲之謂。咈百姓以從己之欲，非仁也。萬曆十六七年天下嘗告災矣，是時皇上至誠哀憐，極力拯救，屢發御前之藏鍰，而分遣使者四出賑恤，故百姓雖饑而不亂，有死亡而無異心，然猶有劉汝國之變。今天下之爲劉汝國者，比比皆是，而動靜機括分於毫芒。伏乞皇上大發慈悲之心，以救天下之急難，大渙玉居之積，以收天下之離心，亟下所司，共商長策，不惟出生民於水火，實以安社稷於泰山也。即不以時發帑賑濟，亦宜及早收回礦稅内臣。即不以時收回礦稅内臣，亦宜及早按問奏官奏民及匪人棍徒，置之於法。即不欲盡停天下礦稅，亦宜先停四川、雲南、遼東用兵處所礦稅。即不欲盡停諸礦，亦先停諸稅。即不欲盡停諸稅，即不②先將各處米糧一切免稅，以救溝壑之輾轉，以息雚蒲之

①擾 "擾"當作"櫌"。

②即不 "即不"二字當作"亦"。

嘯聚。蓋祖宗定制，稅課司各色有稅，惟米糧無稅，不但米糧無稅，雖農具亦無稅，所以厚民生、奠國本者如此。今不遵祖制，一概抽分，四方之米販不來，而農人之生業蕩廢，此絕民生而戕國本也。惟捐除米糧稅課，使商賈通行，脉路流貫，以有餘救不足，而朝廷雖不能一一賑濟、盡起尪羸，而猶可緩其無聊賴之心，以行其自相養之術，有司從此招羅勸分，發倉煮粥，尚有措手。不然而豺虎據市，舟車絕踪，竈矣①無煙，揭竿四起，嚴旨雖日督有司，而有司何策之能展哉？臣欲皇上爲堯爲舜，宜以崇論匡時，而每論愈卑，至於設此無策之策，懷心甚苦。若皇上普回好生之心，益光初御之政，則堯舜在瞬息間，而尤出臣願望之外矣。惟祈斷自宸裏②，亟覃聖惠，仍敕户部議所以佐元元之急。臣不勝極瞻遙盼叩閽籲天之至。"

十五日辛酉，大學士沈一貫奏："爲備瀝危悃乞停誤恩以重功賞以明分誼事。比因東征奏績，錄敍功次，伏蒙聖慈加恩，臣一貫陞少保、吏部尚書，蔭子給誥，及賞賚。除銀幣已領外，其陞蔭等，臣隨首輔趙志皋具本祈免，奉聖旨：'倭奴狂暴，侵掠朝鮮，勞師動衆，經費七年，朕在深宫，焦勞弗息。仰賴天地宗社洪庥，元兇殛滅，文武將士用命，水陸鹹俘，屬國保全，東疆③安靖。卿等朝夕匡輔，殫忠運籌，功當居首。況敍加恩，原係彝典。已有成命，卿等宜欽承之，慎勿固辭。吏部知道。欽④此。'天眷深渥，未許控辭，涕泗交零，淵水莫處。夫明主御時，嚬笑必惜，衣裳在笥，敝袴需功。雖銀與幣宜慎所予，然猶可曰至尊之賜，無敢固辭也，乃若三孤副台鼎之尊，冢宰樹簪紳之表，延賞以裕後，逮封以先前，此超倫邁等累世一見之恩，自非德冠中外，功書旂常，加⑤謀俾⑥入告之猷，貞軌快巖瞻之意，何以壓服輿論，克當隆典？如臣者，寒素微生，么麼廕學，濫陪帷幄，蔑著事功，方當褫斥以投閑，胡乃靦顏而恭⑦竊？夫官各有曹，曹各有事。內閣之職，典在筆札，其餘⑧政事，典在看辭而當，讒⑨免戶⑩曠之愆，筆札至微，曷稱便蕃之錫？譬之獵焉，逐者不酹，而坐者飲之，其誰饜服之有？斯

①矣 "矣"當作"突"。
②裏 明抄本作"衷"，是。通行本作"裏"，誤。
③疆 明抄本改作"壃"，誤。通行本作"疆"，是。
④欽 明抄本"欽"下多一"欽"字，誤。
⑤加 "加"疑當作"嘉"。
⑥俾 "俾"疑當作"裨"。
⑦恭 "恭"當爲"忝"之誤。
⑧餘 "餘"似爲"於"之誤。
⑨讒 "讒"似爲"纔"之誤。
⑩户 "户"似爲"尸"之誤。

昔人所謂舉浮謠之蠹而加諸功實之上，政之大疣也。矧此一東事者，臣昔言之矣，臣未嘗預封，未嘗預戰，亦不任責，亦不任功。曾蒙疑謗，幾陷不測矣，賴聖主神明，出之於鼎鑊之中，而濯之以清泠之波，不惟無誰譴之加，抑且假忠誠之譽。臣生存一日，感唧一日，竭股肱之力，未酬已往之恩，糜犬馬之軀，難舉見居之職，而更堪非分，何以立身？昔弦高犒晉，魯連卻秦，實有其功，尚不受賞，臣實無功，而敢掩將士之績、受極踰之賜乎？今東倭雖靖，而西播不庭，一隅雖安，而四海未測，為憂方大，為罪方多，所加恩數，實不敢承。臣非謂一辭便可塞責，謂必辭少可自容也。伏望皇上特回淵慮，俯昭微衷，追寢新綸，俾循舊次，國賞無濫，臣分亦安，尚容陳力以酬大造。臣無任懇切祈望之至。"奉旨："東征功成，雖朕諭一意進勤斷定，實文武將士七年暴露、苦勞。且會勘昭明，悉寬優敘錄，普天同慶，共樂太平。卿忠貞輔佐，朝夕畫謀，加恩示酬，原不為過。卿宜勉遵成命，用表中外威揚，慎勿復辭。吏部知道。"

十九日乙丑，大學士沈一貫題："臣看詳覆奏本內，有曹學程雖在情真之列，而眾心猶甚矜憐。臣思學程，身為憲臣，心高氣傲，不知報效，而觸突天地，冒犯雷霆，理屈詞窮，不能為之解。然而滿朝臣工救之者，豈學程能為徧懇、而滿朝臣工私一罪人哉？蓋學程不足惜，而御史官可惜。為御史官惜者，為①朝廷之風紀惜也。御史立丹陛間，持綱肅紀，素為皇上所體貌、天下所畏憚，而一旦棄市，不免過摧士風，大駭物聽，天下人心將有所不安，故忠君體國之臣，殊甚憂之，雖恃皇上至仁、至慈、至中、至正，必不忍此，而眾情慮之過深，則危亦甚，故不能已於請也。臣觀九卿疏中，亦不敢言其無罪，但謂其母老身孤，而懇求恩貸，於情於法未嘗不明晰而兩盡，皇上即不遽貸，亦乞姑賜存留，以無拂九卿之情，而傷君臣一體之義。蓋諸臣之為學程者，正為國體，而皇上之從諸臣，亦為國體，非為學程也。今兩宮美成，吉典具備，東功又奏，八表

① 為　明抄本"為"下有"皇上之國體惜，為"七字，通行本脫此七字，應補。

蒙恩，儻皇上詔停天下行刑一年，以昭大慶，以迎嘉祥，回殺氣於軍旅之餘，消災沴於饑饉之日，尤臣願望之意，普天率土咸誦萬萬歲無疆之壽。臣不勝懇切之至。伏候敕旨。"

二十三日①，大學士沈一貫題："蒙發刑科三覆奏本，臣謹照常擬票上進。臣惟各犯雖係會審情真，但歷查節年，皆不多決，例該閣臣揀其情罪尤重者，開坐揭帖，請自聖裁。臣今仰體皇上好生大德，謹於應決數內，看詳得鄭國錦等十二名，情罪尤重，相應正法，以肅人心。其餘皆可暫免行刑，仍令法司牢固監候。臣謹開坐應決姓名揭帖一本，以備御筆勾用處決。再擬開刀本旨意一道，伏候聖斷施行。再照今年天下人心，皆望皇上停刑，意實惓惓，臣敢復爲之諸②。謹具題以聞。"

是日，大學士沈一貫題："臣看詳三覆奏本內各犯情真，但有甚與不甚之分耳。其甚者，臣以擬決，不甚者，悉祈賜留，仰體皇上好生之德也。內惟曹學程之獄，衆心憐之，所以憐者，非獨非③學程一囚，實念冠裳縉紳之類，而懷狐死兔悲之情。儻聖明之朝而戮及言官，上損國體，下喪士氣，所係匪小，故衆皆惓惓爲請，非敢爲一囚屢瀆於至尊也。願皇上俯察衆心出於公忠，而非有私比，爲國體霽威嚴，爲羣心敷恩澤，寬姑學程一日之死。臣無任祈願之至。謹具奏聞。"奉聖旨："覽卿奏，情詞懇切，知道了。"

是日，大學士沈一貫題："伏蒙發下處決重囚門④刀本，御筆勾決咸當其辜，臣不勝欽服，已即刻發行。其曹學程，該舉朝文武官員咸爲乞恩緩死，臣因具揭懇⑤，切⑥，知道了。欽此。'臣恭承獎遇，感激忘身，仰誦恩綸，連呼萬歲。隨即傳示滿朝文武官員，俱各在⑦文華門前歡聲如電⑧，連呼萬歲，叩頭恭謝而出。臣惟今年萬慶駢臻，聖心歡豫，但當東征西討之後，宇宙之內殺氣太多，災沴盛行，宜更有迎和導⑨之政，而近⑩祥導和之⑪必自得人心始。曹學程雖犯重辟，而舊係言官，凡在縉紳咸悲同類，爲祈一旦之命，以增聖政之美。伏蒙皇上俯循衆志，大普好生，君臣之間，應答如響，不惟恩威迭施，使政

① 日 "日"下當有"己巳"二字。
② 諸 "諸"當爲"請"之誤。
③ 非 "非"當爲"爲"之誤。
④ 門 明抄本"門"作"開"，是。通行本作"門"，誤。
⑤ 懇 "懇"下疑當有"請"字。
⑥ 切 "切"上當有"奉聖旨：'覽卿奏，情詞懇"等九字。
⑦ 在 明抄本"在"下有一"在"字，誤。通行本無此字，是。
⑧ 電 明抄本"電"作"雷"，是。通行本誤作"電"。
⑨ 導 "導"下應有"祥"字。
⑩ 近 "近"當作"迎"。
⑪ 之 "之"下應有"政"字。

刑無枉濫，抑亦天地交泰，睹殿陛有都俞，傳播四方，忻忭可想。人心若此，加①祥鼎來矣。謹奉御批尊藏閣中。臣不勝踴躍之至。謹具回奏以聞。"

二十五日辛未，大學士趙志皋題："臣雖臥病昏憒，中不敢一刻忘聖明眷顧之隆，謹因慶典方新，奉宣聖德，故具一疏，欲我皇上大廓仁慈。今歲各省直盡免行刑，併宥言官曹學程，使天下人民歡呼踴躍，共祝聖壽於無疆②，培和氣於久遠者，原自無量也。臣竊意必蒙聖慈俯允，朝上疏而夕拜命矣。仍候旨三日，未蒙允發。夫病臣當垂危求去之時，非不知緘默以取容，故敢屢冒忌諱，仰瀆威嚴，然臣受恩深重，誠欲一吐肝膈，以報寵遇，原非矯情，亦非干譽。蓋我皇上仁慈，獨邁今古，其受③護天下百姓，有加無已，遇旱則步禱於郊，遇荒而賑濟以粟，清宮啟醮，逢節禮神，總之奠社稷於靈長，保萬民以樂業，是以一遇喜慶，遇各省直每每停刑，故深山窮谷之民，無不歡呼稱頌。何者？仁澤之浹洽於民心者甚深，而民心之感起者自不容已耳。矧今歲乾清、坤寧興作，孰有大於兩宮之鼎建？關雎麟趾吉禮，孰有大於元嗣之加配？存仁正義征討，孰有大於東事之告成？有此三大喜，而我聖心嘉悅，至渙溫綸謂普天同慶，共樂太平，則何不令延頸伏鑕之人，略緩須臾之死？使普天之下殺氣潛藏、和氣充塞，其所聯民心以光太平之盛者，又何如也？至於曹學程原係言官，言事乃其本等職分，況所言者東事，實不為私，雖辭語愚戇致觸威嚴，然無可死之罪。況其母老無依，其幼子又伏闕上疏請代，請④勢悲苦，誠不忍聞。今舉朝文武諸臣，無不皇皇具疏以懇聖慈寬宥，臣獨知我皇上禁錮學程者，不過欲其悔悟以自新耳。然外廷人心，未測聖威，皆懷疑貳，若皇上一日不赦學程，則外廷人心一日不安。況今播患未寧，民情洶動，天下事尚有大費處分者。如使學程久禁獄中，則中外駭然，以言為諱，誰復肯以直言陳告？是皇上自塞其耳目矣，所關係國家安危，誠匪細故。伏望皇上俯廓仁慈，得從未⑤減。臣仍願聖明罷臣今官，以贖學程之罪。是無論學

---

① 加 "加"疑當作"嘉"。

② 疆 明抄本作"彊"，誤。通行本作"疆"，是。

③ 受 明抄本作"愛"，是。通行本作"受"，誤。

④ 請 "請"似為"情"之誤。

⑤ 未 "未"當作"末"。

程蒙再造之恩，而大小臣工皆感興奮起，即臣亦得少逭輔弼無狀之愆。因是萬不得已，再冒斧鉞，懇乞皇上俯從臣請，將臣疏特賜批發，則病臣雖即歿於九原，其感荷聖澤益永永矣。臣不勝皇悚叩懇待命之至。"

二十七日癸酉，大學士沈一貫題："頃得遼東督撫塘報，言大虜自錦、義地方入犯，自二十日二鼓入口，至次日辰時始盡，約五萬騎，越大路南掠大陵河右屯地方。首尾夾河而陣，計二十里，皆精兵有盔甲者。我兵雖久有備，然衆寡不敵，已嚴行堅壁清野，固守爲主，無誤大事等情。臣據此謹奏，容再探以慰聖懷。謹具題知。"

萬曆起居注

二①十七年十月朔日丁丑②,大學士沈一貫題:"昨日遼東報虜五萬入義州,今日又報有虜五萬入錦州,亦係二十一日進口者。錦、義相近,而錦州報遲,以義州虜阻路故也。諸將隨處堵遏,但衆寡不敵,未敢輕犯其鋒耳。臣謹具題知。"

二日戊寅,大學士沈一貫奏:"爲極寵難酬單詞未達懇望聖明俯亮愚誠亟俞辭免事。頃臣具疏爲瀝悃辭恩未蒙悉聽更叨特賜彌切慚惶固祈收回以安分誼事,奉聖旨:'朕屢旨卿運籌安東,加恩國典,原不爲過,卿宜勉遵成命,勿復勞謙固辭。所請閣臣,便着吏部通將推舉員數開具簡用。該部知道。欽此。'恩眷轉篤,於臣甚榮,退揣微躬,終難冒靦。伏惟聖慈天厚,諒不以辭瀆見訶,輒復披丹,必求矜允。臣嘗讀《詩·曹風·候人》篇曰:'彼候人兮③,荷戈與祋,役④其之子,三百赤芾。維鵜在梁,不濡其翼,彼其之子,不稱其服。'夫候人荷戈,而之子赤芾,勞者不酬,而酬者非勞,誰其與之者?鵜鶘不能濡翼求魚,而竊在梁之魚以爲食,若子不能以德受服,而竊他人之芾以爲榮,是以詩人譏不稱也。臣亦有職,職在論思,舉職爲功,溺職爲罪。今日溺職甚矣,不自爲罪,而竊他功以爲功,神明其許之乎?臣聞之,君不虛授,臣不虛受,妄受不爲忠,妄施不爲惠。臣之不稱,蓋非一端,略見前疏,語猶未盡。蓋不以安民定國爲榮,而以寵祿光大爲榮,罪也。趨庭之時,嘗服知足知止之訓,而懷⑤之於天子廷,非孝也。以辭始,以受終,虛言以誑主上,不忠也。首輔之辭,臣擬以允,而身則受之,不誠於其友,非信也,又不獨攘人之功爲不義而已也。夫曩者閣恩之所以難辭者,有由焉,難於妨衆耳。今首輔在告,執辭甚堅,而閣中獨臣,正可以自行一意之時,此而不辭,辭無日矣。臣宜束身引退,不惟不能退,而冒進不已,又託之乎明主之不聽辭以解其嘲,百爲其身圖,而不一爲公家圖,何以倡師師之幾⑥,成開濟之計哉?以臣區區之私,而屢煩宸章諭勉,抱歉殊甚,增兢殊甚。惟君臣相與以心,而相濡以道,無所待以儀章之縟,與夫往復之頻也。伏祈皇上亟賜乾斷,免臣

①二 "二"前當有"萬曆"二字。
②朔日丁丑 "朔日丁丑"當作"丁丑朔"。
③兮 "兮"爲"兮"之誤。
④役 明抄本作"彼",是。通行本作"役",誤。
⑤懷 "懷"字疑誤。
⑥幾 明抄本作"風",是。通行本作"幾",誤。

新銜，而容臣以原官供職，臣不勝榮幸，不勝感激。其懇添閣臣，實臣日夜禱求，虔虔愚款，臣不敢不爲皇上之社稷計，而皇上亦宜爲祖宗之社稷計，勿謂有臣在閣臣不爲無人，亦勿謂聖主在上閣中可以無人，遴簡英賢，早賜登用，俾臣有所奉以周旋，而共圖抉稱，以期寅亮之績，以酬天地之恩。臣無任馳衷懸睇之至。"奉旨："朕以國典酬功，原非爲過，卿乃陳奏不已，且言忠孝信義，爲實情詞懇切，出於至誠，前項恩命勉從辭免，成卿勞謙光美，後勿爲例。所請早簡閣臣，具見忠愛①，已知道了，候旨行。該衙門知道。"

　　六日壬午，大學士趙志皋奏："爲病臣五懇天聽俯容辭免特恩以明止足事。頃臣爲隆恩過分，四具疏懇辭，未蒙明旨，臣展轉待命，殊不自聊。臣久病曠職，已二十三疏陳詣，乃避位之章未蒙俞允，而酬庸之典更極優隆，此愈省愈愧，而不得②懇祈於君父之前也。竊惟明主分事而責功，故有不可侵之職，論功而行賞，故有不可侵③，論功而行賞，故有不可濫之恩。臣待罪輔弼，使內修外攘，遠至邇安，臣之職也。至於閫外之功，師中之吉，臣何與焉？且自東事以來，議論紛杳④，臣挈缾之守未厭人情，借箸⑤之籌罔裨國是，臣方引過之不暇，而又何功之可居也？矧官師居四輔之先，殿學以中極爲崇，皆元勳貴戚之所不能兼，名公碩輔之所不敢當者，而重畀之臣，臣之不職何以堪此？又臥病經年，乞骸日久，贊襄之益未聞，曠職之辜臣積，方欲解其所固有，而顧益之以所本無，方欲辭久不能稱之官，又加之以必不可承之寵，則臣之貪戀名位，覬望恩私，何以自解於天下？夫造物忌滿，鬼神惡盈。臣從前忝竊殊恩異數，每懼無福消受，今可再靦顏叨冒非分，以自速其隕越也？蒙皇上以倭夷蕩平，普天同慶，念臣叨居首臣，覃恩宜及，則銀幣之珍重，蟒衣之輝煌，示酬亦已過矣。其加銜轉殿，萬萬不敢仰承。伏祈聖慈察臣福量既逾，控辭非矯，容臣辭非矯⑥，容臣辭免，收回新命，庶以昭名器之重，而益明激勸之公。至臣病體狼狽，實再起無日，並乞聖恩憐察，早賜生還，

① 愛　明抄本作"受"，誤。通行本改作"愛"，是。

② 得　"得"字下疑脫"不"字。

③ 論功而行賞，故有不可侵　"論功而行賞，故有不可侵"十字明抄本無，是；通行本衍此十字。

④ 杳　"杳"當作"沓"。

⑤ 籌　明抄本作"箸"，是。通行本作"籌"，誤。

⑥ 容臣辭非矯　"容臣辭非矯"五字，明抄本無，是。通行本衍此五字。

則至今未死之年，皆皇上之所重延而再造者矣。"奉旨："朕以卿乃元揆，運籌安東，雖經在告，勞績居多，國典酬功，原非爲過。卿乃陳奏不已，情詞懇切，出於至誠，前項恩命，勉從辭免，成卿勞謙光美，後勿爲例。卿宜慎加調攝，稍可即出輔理。該衙門知道。"

是日，大學士趙志皋、沈一貫題："近因皇長子講筵缺侍班講讀官，臣等推得見在講官左春坊左庶子兼翰林院侍讀范醇敬堪充侍班官，翰林院編修莊天合楊繼禮、檢討沈㴶劉生中堪充講讀官，未奉俞旨。竊惟皇長子講學，歲無虛日，原設侍班官二員、講讀官六員，今見缺四員，止存四員，日起五鼓，夙夜在公，以一人兼二人之事，委實辦理不前。伏乞皇上垂憫諸臣勞苦，俯允補缺供事。臣等未敢擅便，謹題旨①。"

七日癸未，大學士趙志皋、沈一貫題："近者湖廣荆州府推官華鈺、經歷車任重，被内臣陳奉訐②奏，蒙差錦衣衛官校拏扭來京，計期將到。中外官員軍民，人人表憐，而該部院及科道等衙門，咸爲具本申救，又各來會臣等，具言無辜之狀，欲臣等轉請於君父之前。臣等竊惟礦税内臣，係出創設，一時人心在在驚駭，陳奉特借鈺等以警衆耳，未必鈺等真有罪也。夫撫安人心之道，惟在處置得宜，愈激則愈不安。皇上明旨屢禁，不許騷擾地方，諄諄戒内臣安静行事，意正爲此。陳奉之疏，陳奉置處既已有失，皇上於此必宜有所轉旋，使明旨信於天下，而人心免於驚惶，實臣等惓惓願忠之意也。查得四月間，南康知府吳寳秀等逮繫到京，蒙皇上至仁大德，意③從寬宥，臣子無不欣幸，天下無不傳誦。今日等④不揆愚陋，敢乞將華鈺等二臣再敷天恩，一例曲貸。豈惟寬容囚繫？實以慰安衆心。即萬一不欲遽宥，亦乞竟付法司擬罪發落，而免⑤其鎮撫司打問，則不測之威與不測之恩並施，而中外之欣感畏服並切矣。蓋孟子有言：'善政得民財，善教得民心。'欲得民財，必當有善政，欲尤⑥民心，尤當有善教。伏願皇上以善養人聯屬天下，毋令咨嗟驚擾，傷積累之大德。臣等無任屏營懇切祈之至。"奉旨：

① 旨 明抄本"旨"上有"請"字，是。通行本脱此字。
② 訐 "訐"當作"訏"。
③ 意 明抄本作"竟"，是。通行本作"意"，誤。
④ 等 "等"字上疑脱"臣"字。
⑤ 免 明抄本"免"字下有一"免"字，誤。通行本無此字，是。
⑥ 尤 "尤"當作"得"。

"覽奏已知道了。且華鈺、車任重借意抗旨，受託激亂，姦生可惡，卿等如何也學辟①小浮躁瀆激，其於國體何？已有旨了。"

二十七日癸卯，大學士沈一貫題："臣惟自礦稅使出，而天下學②疑皇上爲好貨，臣竊意爲不然。皇上聖明天縱，久道化成，間出獨斷，逈越人表，豈爲區區貨利動乎？淵微之中，必有淺見所能③窺者。或謂三殿大工急需在邇，亦非也。殿工雖大，羣臣能辦之，何勞聖心經營爲哉？或爲④頃歲以來，國家多難，倭虜交訌之餘，楊酋又見告矣，脫復有變，安可無妨？皇上蓋爲萬年無窮計耳。願⑤臣思之，亦有疑焉。乘多暇之時而爲不虞之備，信乎愚⑥患預防矣。然設聚斂之策，而傷樂生之民，則亂未必弭而反以生亂，憂不能除而反以啟憂，此未可爲遠猷完策也。皇上亦過思過慮而妨太平之業矣。蓋圖治則亂必除，就安則危必去，定遠則近必靖，宅下則上必寧。天子以天下爲家，天下安則天子始安，未有天下不安而天子之家能獨安者。故聖人在上，必使政刑修明，德意翔合，中外相保，大小相維，盜賊自除，夷狄自服，即有不靖，學⑦吾大順之民而誅之，若是則盡四海九州無不爲一人衛，而無勞一人之自衛者。故聖人之身之家，與聖人之天下，並安而傳世於無窮也。此道也，乃帝王相傳之常道也。祖宗以來，世世守之，即皇上二十載以前，無非此道。是以四夷來王，萬方頌德。在朝豈無諭訛之臣？特唐虞之所謂讒說殄行耳，一滌除之而清矣。域中豈無蠢動之黨？特唐虞所謂寇賊奸宄耳，一但⑧往征之而平矣。臣以爲太平無⑨，但常守此政，即爲太平。至治無奇，但常存此心況⑩，即爲至治。金甌常固，宸極常尊，可萬萬年無他虞，不必更爲一法以防亂，而自無亂之可防矣。區區斂財以爲備，何爲乎？今不遵循已行之善政，不保持已致之太平，而徒斂財以爲備，是天下本無事，而自爲多事以開亂也，爲計左矣。使天下嚻然喪其樂生之心，而懷反側之思，人無老稺，靡不感頌⑪，家無大小，靡不撫心，日與中使爲仇，時與奏官爲冤，皆幸災樂禍而思爲盜賊，誰爲皇上畫此計者？盡改初服之善政

① 辟 明抄本作"群"，是。通行本作"辟"，誤。
② 學 "學"當作"舉"。
③ 能 "能"上疑應有"未"字。
④ 爲 "爲"疑爲"謂"之誤。
⑤ 願 明抄本作"顧"，是。通行本作"願"，誤。
⑥ 愚 "愚"字疑誤。
⑦ 學 "學"當爲"舉"之誤。
⑧ 但 "但"字疑爲衍字。
⑨ 無 明抄本"無"下有"免"字，通行本無此字。疑皆有誤。
⑩ 況 "況"字疑爲衍字。
⑪ 感頌 "感頌"當爲"憂顣"之誤。

而爲粃政，盡捐初服之仁①而爲厲心。今日之所爲是，則前日之所爲非矣，曷爲百姓歌舞於昔日、而悲號於今哉？臣聞鹽鐵均輸不足以富漢，而漢由此耗，瓊林大盈不足以富唐，而唐由此危，隋之末年，洛口之倉如山，而適爲羣盜之資，唐太宗時御史權萬紀言銀治②之利，太宗曰：'昔堯舜抵璧於山，投珠於谷，漢之桓靈乃聚錢爲私籍。卿欲以桓靈待我耶？'即黜萬紀不敍。此貞觀之所以爲隆也。苟有善政，雖無積蓄而國安，如無善政，雖有積蓄而國危。若四海鼎沸，即無一方獨稱寧土。若衆心皆離，即無一隅獨可托身。流人四起，羣賊交作，金錢愈多，愈爲身累，雖有穀粟不能獨食，雖有臺池不能獨樂。此時此際，安知人主之爲尊、九重之爲高？持此將安歸乎？故不若使衆心成城，共爲朝廷守也。不若使百姓皆足，共爲朝廷供也。不若使盜賊不興，無俟征伐之爲大利也。不若使華夷率俾，胥然歡如一家之爲大安也。故曰未有上好仁而下不好義者也，未有好義而其事不成、府庫之財非其財者也。昔人喻好利而不顧其民者，如割四肢之肉以充其腹，腹雖暫飽，然肉盡而身已斃矣，又如竭澤而漁，今年取魚豈不或多？不知魚種絕盡，而明年無魚。皆善喻也。伏望皇上憬然深恩③，渙然省悟，修明自昔講行之正道，誅絕今日曲寶之邪人，如日方食而復明，如天垂陰而復光，即未能越堯舜、超禹湯、而增光於祖宗，第如萬曆二十年前之所爲，亦還太平之舊觀，而爲守成之令主。《詩》曰：'靡不有初，鮮克有終。'臣竊爲皇上誦之，惜之。社稷之安危，生民之存亡，獨懸於皇上一念耳。一念悟，則社稷安，生民存。一念迷，則社稷危，生民斃。聖心一回，關係不小。臣忝備輔員，義同休戚，主榮臣榮，主安臣安。天下怨咨，危亂將逼，臣不啻漸④憤，何敢隱默不盡言？臣不勝翹首跳足灑泣祈天之至。"

二十九日乙己⑤，大學士趙志皋奏："爲時事災異可虞老臣篤病難起懇乞聖明登庸賢良放免臣骨歸田以應天變以濟時艱以全臣晚節事。臣自臥病以來，乞休已二十四疏。嗣緣東事覃恩

① 仁 明抄本"仁"下有"心"字，是。通行本脫此字，誤。

② 治 "治"爲"冶"之誤。

③ 恩 明抄本作"思"，是。通行本作"恩"，誤。

④ 漸 "漸"當爲"慚"之誤。

⑤ 己 "己"當作"巳"

濫及，屢次披衷控辭，荷蒙聖慈俞允。頃又以荊州府推官華鈺等逮至，臣等具揭申救，乃樸忠未孚聖鑒，蒙罪臣等以激瀆，臣方惶悚踢蹐，是以陳乞之章已具，而復因循至此。第今勢窮理極，情迫詞哀，有萬分不可一日復尸高位、縻厚祿、以妨賢路、以重天譴者。惟皇上少垂察焉。臣竊聞九月中，太白、太陰同時晝①見。又聞狄道山崩成坑，地湧成山，燕齊周趙之境，旱潦相望，都門畿輔之地，盜賊公行，加以採權之使吮髓剝膚，流離之衆傷心極目。凡此天變民怨，皆臣失職所致也。況臣自去年傾跌以來，痰迷心竅，旋吾②旋忘，手足癱瘓，轉側須人。城市草澤之醫，請延殆徧③，金石草木之藥，嘗試無遺，寸效罔聞，痛苦轉劇。蓋臣犬馬齒已七十六，血氣兩衰，形容如鬼，必無再起之理。漢臣每以災異策免三公，皇上何惜一病朽老臣、不亟賜罷斥、以應天變哉？昨見司農黃汝良疏中，指臣爲尸位，爲苟容。雖未盡亮臣不得已之心，而其藥石之言，臣其④德之。且國家所恃以分猷共念、紓皇上焦勞者，在閣臣及臺諫爾。今日尸居餘氣知不復燃，而次輔一身拮据萬狀，奉旨會推一時高賢大良，吏部行取來京，諸臣悉皆廉明有政績之士，惟皇上早渙綸音，簡用數員入閣辦事，並亟考選銓補臺諫諸職，則中朝之耳目一新，四方之幾⑤紀並肅，肩重任而銷隱憂者端有賴矣。不然，皇上徒留臣之身而不省臣之言，臣徒縻皇上之祿而無裨皇上之事，不機兩無所據哉？天下後世不但譏臣爲貪位溺職，且將爲皇上仁明之累矣。臣今犬馬病軀，萬難再起，一念垂疆⑥展草之心雖依依於闕下，其如力不能從心何？伏祈聖慈垂生成之恩，擴惟⑦蓋之義，放臣骸骨生還田里，不致重貽貪昧之誚，臣自今未死餘年，尚可以效擊壤太平乎？"

① 晝 "晝"當爲"畫"之誤。

② 吾 "吾"疑爲"悟"之誤。

③ 徧 明抄本作"徧"，是。通行本作"編"，誤。

④ 其 明抄本作"甚"，是。通行本作"其"，誤。

⑤ 幾 明抄本作"風"，是。通行本作"幾"，誤。

⑥ 疆 明抄本作"疆"，通行本作"疆"，皆誤。應作"韁"。

⑦ 惟 "惟"當作"帷"。

①十 "十"上應有"萬曆二十七年"六字。

②諕 "諕"疑爲"諺"之誤。

③逮 明抄本作"建",是。通行本作"逮",誤。

④吏 明抄本作"更",是。通行本作"吏",誤。

十①一月二日丁未，大學士沈一貫題："冬深寒甚，調攝爲難，仰惟聖躬至重，幸萬珍愛。臣狗馬賤疾，因感冒風邪，隨加嘔吐，頭疼背強，五內如翻，比來又患牙疼，苦楚叫號，未即寧帖。欲強出，則身猶薾薾，慮病轉加，欲且止，則閣中久虛，心旌難定。伏蒙天恩寬假，頂戴矣勝，爲國忘身，微臣分誼。數日之內得一稍可，即當匍匐趨直，不敢偸安也。臣因有感，敬以一言進。諕②云：人命無常，在呼吸間。臣甚病之時，一語不能復出，一思不能復措，乃知古人作事，常加預備，王者逮③官，必有副式。閣務繁重，豈可專倚一臣？念至於此，心猶慄慄也。伏願皇上早將吏部所推諸臣，欽簡數員，俾與臣等一同辦事，講習政體，考究典常，分管制誥敕書文字及撰閱日進講章等件，庶幾輔理不乏，聖治有光。臣非敢避勞辭難，爲推諉之計，亦非但憂讒畏譏，逃專擅之罰，揆之事理，合該如此，極知煩瀆，亦當力請。臣又惟之，行取諸臣待選都門者已一年於茲矣。記得舊年此時，皇上恩許行取，乃由天心之自啟，而非因臣下之請所至慈念也。需遲到今，尚未許選。不審皇上之允取者何心，而不允選者又何心？諸臣僦居賃馬，糴米買柴，貲用匱竭，假貸無所，值茲寒冬，爲費吏④倍。臣實不忍士夫流落於聖世如此之亟，而悉爲縉紳之領袖，得不入告於至尊、祈一憐念乎？今科道衙門萬分缺人，入選之後，在科者猶可敍差，在臺者尚當試職，而大小接差需代甚多，中外蠱弊日叢一日，後來整理，用力更難。皇上軫念政體，猶不宜輕視此事而姑緩之也。併乞早賜俞旨，令部院考選以充差用，實目下萬分不得已之務。臣不勝悾悾之極忠，謹具題。"奉旨："朕覽卿奏懇切，具見忠愛至意。卿疾未愈，宜愼攝，稍可即出輔政。欽簡閣員，乃政本重臣，豈有久缺之理？已知道了。行取還候旨行。"

十四日己未，大學士沈一貫奏："爲聖慈深念政本明旨極快輿情懇乞早成大信以圖共理以極孤危事。臣以孤迹，適當危機，狗馬之病日沉，幸不即填溝壑，秋毫皆皇上力也。一陽噓植，無物不生，枯槁回春，敢忘大造？謹於十一月初七日叩首闕廷，入閣辦事訖。顧臣病造①疏申乞欽簡閣臣及考選行取諸臣，奉聖旨：'朕覽卿奏懇切，具見忠愛至意。卿疾未愈，宜慎攝，稍可即出輔政。欽簡閣員，乃政本重臣，豈有久缺之理？已知道了。行取還候旨行。欽此。'除考選一事各該衙門祈肝合請，情苦語哀，且晚之間必有明旨，惟是閣臣未簡，中外生疑，幸渙綸音，羣疑稍釋，而傾耳逾時，新麻尚密，此獨臣之所急、各衙門無能爲臣急者，安能不諄諄請乎？夫政機繁重，匪一臣可辦，即一日不易支，而臣竭蹶趨事獨往獨來者一年有奇，此自古所未有也。臣②未病時，顧左失右，顧前失後，刺謬舛諸，臣自知之，獨賴鴻慈猶寬譴責耳。而今大病新起，亡陽更多，形神恍惚，若攝若離，視瞻徬徨，若忘若億，雖黽勉自誓，無敢苟且，而心血耗甚，則未了一二而輒眩瞀隨之矣，定而復甦，甦而復事，時時抱頭摩眼抑心敢氣而爲之，日月遞來，知非久理，臣不足惜，如國事何？此臣不得不哀鳴於上前者。夫爲君難，爲臣不易。皇上焦勞宵旰，千難萬難，臣亦人類，豈不知勉修不易，以少分皇上之難？當予告時，宜百千申請，以祈聖俞，而近於要，要則人臣之大罪也。自竭蹶來，宜百千隱忍，以俟聖裁，而近於罔，罔又人臣之大罪也。矧狗馬之病安知不復作？則安能不復請？時③請，勢自不勉於煩瀆，而閣中之虛又恐不止如前之二旬有奇者。斯時也，即免於要，亦入於罔，即免於罔，亦歸於誤，均之爲臣罪也。誤而勤皇上之斧鉞，何及於事？不若慮其誤而早力請之爲猶忠。且廷推堪用諸臣，皆講讀侍從舊人，與臣共事皇上，久者二十餘年，近者十餘年，堯舜知人不待終日，而信者人君大寶，皇上謂無久缺之理，豈以日復一日，至於歲餘，而尚謂之未久乎？此臣之所以勞倦呼天，疾痛呼父母，情動乎中，欲已而不能也。伏乞皇上少輟燕閒，亟檢部疏，簡定數員，俾同辦事。天下幸甚，愚臣幸甚。臣情辭兩極，不勝翹企特④命之至。"奉旨："朕覽卿奏，具悉忠愛、詳慎，嘉尚不已。政本重地，豈可久缺？原爲慎忠⑤其任。便着該部會同九卿科道掌印官，通將前後所推閣員，還再

①造 "造"疑爲"告"之誤。

②臣 明抄本"臣"上有"頃卧私邸，閣中虛無人者二旬有奇，尤自古所未有也"共二十一字，是。通行本脱此二十一字。

③時 明抄本"時"上有"時作"二字，是。通行本脱此二字。

④特 "特"疑爲"待"之誤。

⑤忠 "忠"疑爲"重"之誤。

公舉在任及在籍素有才望者，勿拘員數來用，以彰朝廷博采求賢之意。其行取科道候旨逾時，已知道了。卿可善加調攝，弼成化理，以副眷荷之意。"

是日，大學士沈一貫題："爲禁地失賊事。臣今早進閣辦事，看得閣門封鎖不動，墻傍格扇爲梯，盜迹出入。隨查閣內，失去先師孔子神位前銅瓶爵香盒，併中堂兩房衣被銅錫器物等件。竊惟內閣，機密重地，又且逼近庫藏于係輕匪①。左右掖門、會極歸極二門，各有典守，閣門外近設披廈，每日五更攢點後，有守衛官軍輪班看守。比年節被偷盜，皆因以前緝訪不護②，致令縱肆，殊非法紀。伏乞敕下各該緝事衙門，嚴行訪拏，以重禁地，以杜奸萌。"奉旨："禁地嚴密，這賊人如何敢屢歸③竊盜？着各該緝事衙門嚴行訪拿，務在得獲。供神器皿，該監補給。"

二十七日甲子④，大學士趙志皋題："恭慰聖懷事。臣臥病在牀，忽於五鼓時分，聞內府火起，延燒尚寶司、印綬監、工部廊，至銀作局山墻而止。臣聞之不勝驚駭，不勝惶悚，顛倒衣裳，亟擬力疾匍匐趨達於朝。緣足疾未痊，益加躓促，瞻天徒切，負罪殊甚。蓋因近日火星逆行，致有此變。幸賴神明保祐，聖德格天，隨即撲滅，天心仁愛甚明，聖衷驚惕必切。伏祈少寬聖懷，益懋聖體，仍敕內外大小衙門，吏⑤加謹惕，永保治安。臣下情不勝惓惓之至。謹具題以聞。"

二十九日甲戌，大學士趙志皋、沈一貫題："臣等竊見典禮大事，久稽未舉，日切於心，不能暫釋。去冬十一月二十八日，禮部接出聖諭：'朕惟冊立分封東宮及諸親王，此乃祖宗訓章大典，嫡庶長幼一定，自有次序。緣因皇長子稟質清弱，氣體未充，況皇后年在妙冲，又屢遭不諱大難，故不得已遲緩少俟耳，非有別意，亂危家國。昨者大行皇妣之服已滿，雖無三殿，其二宮不日落成，皇長子齡已過期，體已充足，爾該部便具選婚舊儀來看。其冊立並加冠禮，少俟二宮落成之日行。朕又思三

---

① 于係輕匪　"于係輕匪"四字疑爲"干係匪輕"之誤。

② 護　"護"疑爲"獲"之誤。

③ 歸　明抄本作"肆"，是。通行本作"歸"，誤。

④ 二十七日甲子　"二十七日"爲"壬申"。"甲子"爲"十九日"。此處"二十七日甲子"有誤。

⑤ 吏　"吏"當爲"更"之誤。

萬曆起居注

一七一四

皇子、五皇子、六皇子、七皇子俱已長成，若再少待，恐又費一番事，不若亦於二宮完日，一併加冠分封，庶免煩擾。內皇三子、皇三子①、皇五子，年歲稍長，待分封之日可着出閣讀書，親近儒臣，朝夕訓誨，以開蒙塞。禮部知道。欽此。'臣等於時捧讀綸音，手足舞蹈，謂聖謨一斷，則由冠婚而冊立，而分封，而出閣，決於今歲行之，父子兄弟極天倫之樂事，朝野臣民騰快睹之歡心矣。是以一歲之間，跂拱聽命，不敢妄有瀆陳也。不謂選婚雖行，而大工未就，六禮易備，而珍寶難完，致令聖意之所欲行者尚無定日。臣等不勝悚念。竊惟皇長子明年十九，皇三子齡亦十五，皇五子、皇六子、皇七子皆以次漸長，時難久虛，禮當悉舉，必俟兩宮之告成、典②禮物之悉備而後行，日居月諸，需緩過甚。臣等編③採在廷之議，皆言禮貴及時，道難執一，宜稽累朝之舊典，的④今日之新儀，速下禮官，早定時日，所有儀物權從簡省，一可以昭皇上貽謀立教之端，一可以啟皇長子敦樸還淳之漸。惜福則福倍臻，養德則德滋厚，其所饒益算數無窮。況今戶部錢糧實難措處，而同⑤寺告之⑥，邊餉日迫，即皇上親神籌此二千四百萬之數，必不可辦，而三日一小催，五日一大催，終亦徒煩也。伏睹皇上新政，罷三輔之加稅，禁其疊徵，睹四陵之龍脉，不許開礦，軫念災黎，亟加賑救，種種德音，中外歡傳，以爲堯舜復見於今矣。蓋聞聖人不疑滯於物，而能與世推移，又聞聖人法天地之易簡，而成位乎中，此往古之謨訓，聖哲之芳規也。伏願聖心轉旋，道從易簡，敕下禮部，將舊歲聖諭中冠婚、冊立、分封、出閣等事，次第擇日具儀舉行，觀會通以行典禮，使萬世有所法程，羣心慰所瞻願。臣等區區一腔血誠，不勝跂祝之至。"

大學士沈一貫題："臣伏睹皇上，篤念天性至親，真仁極愛，顧復勤懇，規慮周詳，超卓於常情萬萬，立教自家，大普肅雝之化，盡綸惟聖，宏敷佑啟之慈，臣不勝欽服。皇長子明年十九，體氣既充實，應舉大典，諭旨久頒，固無庸臣下之請。但臣忝備輔員，又獨在閣，不能少釋於懷，謹會同首輔志皋具揭上瀆外，輒再進一言。臣惟今戶部錢糧甚艱於措處，而聖心

萬曆二十七年

一七一五

① 皇三子 此"皇三子"三字，明抄本無，是。通行本有，衍。

② 典 "典"當作"與"。

③ 編 明抄本作"徧"，是。通行本作"編"，誤。

④ 的 "的"疑爲"酌"之誤。

⑤ 同 明抄本作"冏"，是。通行本作"同"，誤。

⑥ 之 "之"當爲"乏"之誤。

斟酌極妙於時宜。且皇三子明年十五，並可冠婚，皇五子、皇六子、皇七子肩次年齡，咸當序及，必導前而引後，庶奉後以從前，天秩既無紊施，青春亦免虛度，邦家胥願，臣子同心。但九邊餉銀，乃士卒之軀命所關，而社稷之安危所寄，缺時甚久，缺數又多，如積火薪中，勢誠危急。比聞薊鎮軍士已有下臺者矣。不守臺，則不爲朝廷用，不爲朝廷用，必將生他事。此輩禦賊不足，爲賊有餘，安可以無恤也？兩淮鹽課已借過二十八年銀兩，明年無可借矣。河東鹽法爲小人壞盡，此項又極難處矣。而太倉出入，歲止四百萬。今年東餉只輒兵費過四十餘萬，西餉踰一百一十萬，大典金珠共費踰百萬，此皆經制外事，共費過二百五十餘萬，則九邊正供安得不缺同此數？儻致士卒脫巾，虜盜交發，九重之上能宴然而已乎？古之念將士者，解衣衣之，推食哺之，衣食尚可以減，則邊餉之視典禮，其緩急輕重可辨矣。若皇上必欲冠婚、册立、分封、出閣同時悉舉，則禮以財詘，而財以時詘，俯從易簡，乃愜時中，天下方將欽誦聖德，而不以爲儉。如欲備物，將大典分別無①後，次第舉行，庶幾序有漸而期不愆，財可供而國無詘也。伏想宸裏②必有善處，惟乞早賜裁定，或敕下户部、工部，會集府部九卿詳議長便，恭俟處分。臣不勝跂仰之至。"

① 無　"無"似爲"先"之誤。
② 裏　"裏"當爲"衷"之誤。

萬曆二十七年

十①二月三日戊寅，大學士趙志皋奏："爲老臣病苦日亟閣員久缺非宜二十七懇天恩放歸田里簡用賢輔以慰衆望以遂生還事。頃臣二十六疏辭免，復奉聖旨：'卿首輔重臣，屢疏乞休。眷留本出朕意，比者矣②達可之奏留中不下，正恐妨卿静攝之故。今覽卿奏，具見休容雅量。天氣凝寒，宜加謹調衛，勿生去念。尚期痊可輔理，不允所辭。吏部知道。欽此。'臣不勝感激，不勝苦切。夫臣自去年卧病以來，至今已十四閱月，先後延請名醫不下數人，使臣病勢有一分可起之機，敢不安心調攝，以仰成皇上之寵眷？然而臣病終無可生之理，又有萬萬不得已苦情，伏惟聖慈垂憫焉。蓋臣所感，始由風滛，手足麻痺，不能動履。值今凝寒，血結膚慄，遂不復爲臣有矣。緣臣攻治太過，克削已甚，以致奄奄氣息，非復人形。無論命在須臾，朝不保夕，即使能起復，豈能再入内直辦事、備顧問、贊機密哉？且臣職守未離，憂懼益甚。今之時何時也？飢荒流離，災異疊見，北虜西酉③，大費征討。即今智者肩臣密勿之任，亦將神驚魂悸，尚可望於半死垂盡之人哉？臣今擁衾伏枕，日憂讒畏譏，病祇見其日深，即雖慎加調攝，終何益也？伏望皇上察臣苦衷，憫臣老病，放臣骸骨，早賜生還。至於閣臣久缺未補，舉朝皆以臣未去之故，若然則益重臣妨賢病國之罪耳。今會推諸臣，皆一時人望，懇乞欽點數員，弘濟時艱，使臣一息遊氣，猶得歸正首丘，足皇上惟④蓋之恩，過於槽櫪之豢萬萬矣。臣無任激切待命之至。"

十日乙酉，大學士沈一貫題："臣惟人主於天，相去甚近，天心仁愛則時出災異以儆之，慎不可不敬承也。邇歲之災甚多且大，而今年雷擊太廟樹木，遼東器被火，浙江邑漂，福建石飛，以至陝西山崩地湧之變，尤爲罕絶。荒歉半天下，人民流離不忍見聞，守邊軍士嗷嗷待哺，播酋肆螫，勤兵四方，臨清民變、建寧士叛，皆非細故。近日火星一逆，焚⑤內隨火，感應之速如此，可畏殊甚。臣聞占家之説，火性急疾，故其應速，金木水之性次之，土性尤遲，應各有遲速不同，大抵速者禍小，

①十 "十"上當有"萬曆二十七年"六字。
②矣 明抄本作"吴"，是。通行本作"矣"，誤。

③酉 "酉"當爲"酋"之誤。

④惟 "惟"疑爲"帷"之誤。

⑤焚 "焚"疑爲"禁"之誤。

① 近 "近"下應
有脱字。

② 用 明抄本
"用"下有"也"
字,通行本無此
字。

③ 葢 "葢"當爲
"益"之誤。

遲者禍大,要在明主修德,則天意默回,反災爲祥,亦易易也。臣記萬曆十三年火星入南斗,占爲'天子下堂走',此非吉語。而皇上是時特發睿心,躬親步禱,應天若此,遂爲千古傳誦之聖德,豈但弭災致祥而已哉?今災異甚多,憂危不小,皇上但寬仁廣義,受諫親賢,恤軍民之怨咨,勤邊腹之隱慮,整理初御遠大之志,罷改頃歲近①之圖,則乾坤道泰,民物阜安,而社稷之慶畢臻,福履之綏日集矣。頃者火災修省之命未下,諸臣不無少望,乃年終類奏災異在邇,望皇上特發一禮,以昭敬天之誠。顧此尚是彌文,尤祈明敕羣臣,大新時政,以安邦家,庶有俾於實用②。葢天聽至近,天心至神,決非禱祠可祈,虛彌可塞。昔晏嬰有言:禳'無葢③也,祇取誣焉。天道不謟,不貳其命,若之何禳之?'言禱祠之無益於事也。孔光有言:'天見災異以譴告王者,欲其更改。若不畏懼,而輕忽簡誣,則凶罰加焉。《詩》曰:敬之敬之,天維顯思,命不易哉?又曰:畏天之威,於時保之。皆言不懼則凶,懼之則吉也。'王嘉曰:'動民以行,不以言,應天以實,不以文。下民細微,猶不可詐,況於上天神明而可欺哉?推誠行善,民心況而天意解矣。'言應天之道在修德以及民,不可虛也。此皆往哲之格言,明主之寶鑑,惟皇上省納。臣謹擬聖諭一道,伏乞聖裁施行。臣不勝願祝之至。"

十五日庚寅,大學士沈一貫題:"昨晚接得户部揭帖,上請聖明速罷礦税,以延民命,以裕國計。臣看詳此奏,耿耿在懷,人臣言不切直不能悟主,所望聖明茹納,則政事始有調停,君臣同德而中外安寧也。今財用實詘,邊供日匱,户部計窮,爲此苦口。然所以匱者有故焉。因以前比④伐東討、近日西征及大典,諸費皆出經制之外,難供固宜。夫聖主以儉德先天下,以仁恩育萬民,厚下恤窮,固帝王之美意,然亦須有良法以佐之,而國用可充。不然,而人臣但以虛言求君,人主但以嚴旨督臣,何益之有?臣愚以爲户部此疏切直有矣,而處置尚疏也。似宜出旨,督其集文武大小官員共求長策,以暫濟經費之窮,

④ 比 "比"當爲
"北"之誤。

事畢則止，必有善處，豈得坐視以階亂虞？然皇上聖德如天，仁恩似海，亦宜俯加採納，少賜變通，如礦稅等事，有屢旨不許困商擾民，務令着實奉行，不許利棍肆毒，可更者更，可止者止。則君臣交修互儆，而和氣自回，財用自足矣。臣不勝惓惓之至。"

"二①十九日會同首輔具揭上請，臣又特揭恭請，臣又特揭恭請②，俱未奉旨。計已徹於聖覽矣。皇上受③子之心，出於天性，昭然爲天下所共知，長幼之序，屢奉明綸，的然爲天下所共信，何爲久稽此一舉乎？歲序泰交，宜諸臣惓惓拭目快瞻盛事也。伏乞皇上體祖宗眷佑之殷，念聖母顧懷之切，而俯徇羣臣跂盼之意，渙發德音，敕禮部擇日具儀舉行。蓋年長十九，時逼三陽，儀節繁多，所當預辦。惟聖慈明示允俞，庶臣下有所遵守。臣職叨佐輔，宜同休戚，典司迫切，竭愚進言。無任懇誠祈禱之至。候敕旨。"

① 二 "二"上當有脫文。
② 臣又特揭恭請 "臣又特揭恭請"六字，明抄本無，是。通行本有此六字，誤。
③ 受 "受"字當作"愛"。

萬曆
二十八年

二①十八年正月丙午，朔，以正旦令節，頒賜二輔臣上尊珍饌。

是日，大學士沈一貫題："歲間吏科左給事中程紹一本爲中官不宜輕信外政不宜輕假伏望聖明稽祖訓之嚴杜專擅之漸以正國體事，奉聖旨：'韓薰已有旨從輕處了，程紹這廝又②來黨救瀆激？本當拏解究問，姑且着革了職爲民，不行朦朧推用。吏部知道。欽此。'是時逼歲將除，方當恭賀元節，臣不敢輕有塵請。連日輾轉，心猶未忘。夫紹以不諒瀆言，上激聖怒，小臣承譴，復何所辭？顧言官之職，專在諫諍，而人才進退，事關吏科，揆之事體，似亦不得不言者，心實效忠，非有他也。仰惟皇上聖仁天育，廣度海涵。往時言官有被黜者，輔臣救之，多蒙俯宥，天下至今以爲傳誦史册，萬古以爲光輝。今臣雖孑然一身，亦忝輔臣之數，而六科寥寥，止存七人，紹復見黜，則辦事者益少矣。輒敢比例上請，伏望皇上少霽天威，俯容程紹照舊供職。如謂罪難盡宥，則重加罰俸，以示懲創，以彰恩慈。今當三陽交泰之時，萬物發生之時③，羣心欣顧德澤，臣亦瞻望光輝，憑恃龍④私，萬申祈請。不任兢凌懇切之至。"

六日辛亥，大學士趙志皋奏："爲獻歲發新普天同慶懇乞聖明上體天心下慰羣望畚行慶典以隆萬年國本事。臣恭遇青陽啟令，紫極騰春，自宮闈以及府中，由幾甸以及荒服，無不仰戴維新，共沐禧祉，獨臣叨居輔弼，奄奄在邸，既不能以二十八懇歸故鄉，同野老鼓腹擊壤以樂太平，又不能同九卿百執事拜彤庭，歡呼踴躍以祝聖壽，是臣此心，蓋有如沃之以沸，束之以棘，而不自安矣。然臣受恩深重，身固難於趨蹌，而言尚可於獻納，則又不得不冒昧具陳，欲以定百世之宗祧、萬年之鴻業者，以仰祈聖聽焉。臣竊惟漢儒有云，天下之本，係於太子，豫建太子，所以重宗社、安人心也。今皇長子茂齡已十九矣，聰明天啟，睿質性成，雖龍德尚韜，而麟姿益粹。其冊立婚冠，以我皇上父子之天性，以諸王長幼之倫序，以九廟神靈之鑒臨，以萬邦黎庶之快睹，以部科職掌之具題，節奉綸音，奚容臣贊？

萬曆二十八年

一七二三

①二 "二"上應有"萬曆"二字。

②又 據下文"又"字上有"如何"二字。

③時 明抄本作"候"，是。通行本作"時"，誤。

④龍 "龍"當爲"寵"之誤。

惟是泰德方亨，庭闈衍慶，吉典大禮，有萬不可以再緩者。皇上試取寶訓而覽，列聖相傳，或以二歲立，或以六歲立，或未及週歲立，並未有至十九年而尚濡滯者。今夫庶民之家，男耕女織，早作夜勤，纔得衣食，充盈即爲其子娶婦，加以衣冠，訓以師傅，大則望其擢賢科，登仕籍，以承一命之榮，次則令其遵國例，輸金粟，以沾升斗之祿。何者？父母責子之心，誠欲衍家慶於久遠也。今我皇上貴爲天子，而使皇長子年踰弱冠，尚未得就青宫之位，皇上富有四海，而使皇長子時已過期，尚未得遂室家之樂，皇上臨御海宇，受萬方衣冠玉帛之朝會，而使皇長子天挺英資，尚囊垂辯，猶未得被章服之榮，此則臣之所未喻也。我皇上敬天法祖，每事必遵成憲，若念及於此，必有怵然弗寧於衷矣。況今中外成憲，若念及於此，必有怵然弗寧於衷矣。況今中外雖稱昇平，干戈未遂寧息，加以驛使頻騷，兼以上天譴告，皇上不就此時舉大禮，收人心，以奠萬年之宗社，而又何待也？語曰：'智者不失時。'轉盼之間殆將春仲，此老臣所以踧踖而不能已於言也。伏望皇上深憐帝業，俯順羣情，覽萬物作睹之時，昭育震重暉之盛，亟敕禮部選擇吉期，先舉冠婚，隨行冊立，則天意格，人心悦，國本立，宗社安，萬萬年有道之長，端在於此。使老臣一日未填溝壑，亦得躬逢慶典，其愉快又非臣伏枕所能陳悉也。臣不勝惶悚懇切叩祈待命之至。"

八日癸丑，大學士沈一貫題："年間科臣程紹一本奉聖旨：'韓薰已有旨從輕處了，程紹這廝如何又來黨救瀆激？本當拏解究問，姑①着革了職爲民，不許朦朧推用。吏部知道。欽此。'臣於時不勝駭愕，亦不假致詳，倉皇具揭爲紹申救，於今年正月初三日上進。後接各該科道官公疏揭帖到臣，臣再披閱，始悟聖意似非責紹，而所發爲民之旨，或爲韓薰也。蓋臣以孤身在直，更無交資，思塞神蒙，筆輕語失，但知急救言官，不知錯會聖意，自愧不已，追咎不已，伏乞恩慈俯加鑒宥。今科道二疏未發，則紹方以待命爲恭，未敢遽出，而該科事冗，擔閣

① 姑　據上文"姑"下有"且"字。

日多。伏乞皇上早賜批發慰留，令紹得安心供職，庶於政體無礙，聖德有光，臣亦得以少逭不詳不審之戾矣。不勝懇切祈望之①，伏候敕旨。"

十一日丙辰，大學士沈一貫題："臣惟昔之愛君者進諫，必於無人之所，蓋諫於有人之所者，不無邀名之意，諫於無人之所者，乃出愛君之誠故也。臣備員輔弼，託在腹心，凡遇大事，必以揭請，正傲此意。今國家第一典禮，關係最大，歲月已愆，佳期甚迫，有萬難再緩者，無過册立、冠婚。羣臣合詞，豈其出於邀名？臣之屢揭，實乃由於忠愛，必祈回天俯採，非可姑置不行者也。臣謹披心再陳之。蓋皇長子長髮以來，屢奉綸音，念睿齡之過期，喜體氣之充足，篤愛真慈，肫懇深至，不由請乞，霈發宸衷，朝野傾心，比往更切。舊年冬，禮部尚書余繼登等以爲請，吏部等衙門尚書李戴等以爲請，定國公徐文璧等以爲請，侍郎張養蒙以爲請，科道官以爲請，臣偕首輔志皋屢以爲請，連章累牘無非仰述皇上之慈訓，非能於慈訓之外更增一詞也。顧候旨踰時，未蒙宣示，意者以建儲之典宜於春，成婚之候宜於春，時至而事起耶？乃今皇長子年已十九，歲當三陽，時序更新，倏已旬日，日月易邁，瞻望彌勤，首輔及宗人府等衙間②、皇親等官，又後先以爲請矣，前此猶可少俟，於今寧復可俟乎？古人有云：男子生而願爲之有室，女子生而願爲之有家。父母之心，人皆有之，皇上天性之愛，萬倍恒情。燕喜之春，萬臻景福，而皇長子年登弱冠尚爾垂髫，不得當成人之稱，遂室家之願，於體不雅，於禮不安，試揆父母之心，能無惻然深動乎？《易》傳有之：'父父、子子、兄兄、弟弟、夫夫、婦婦，而家道正，正家而天下定矣。'夫定天下由於正家，正家由於一家之人各得其正。然則此禮之不容稽也。就一家言，父子之所以親，兄弟之所以序，夫婦之所以別者，係於斯。就天下言，禮得而天下定，禮失而天下違者，係於斯。關於治體，甚非細也。臣遭際聖明，本欲希都俞吁咈之盛，而相忘於無言，靜聽明綸，用彰睿斷。私心過計，恐聖意復遲，則

① 之 "之"下似當有脫字。

② 間 明抄本作"門"，是。通行本作"間"，誤。

萬曆起居注

① 体 明抄本作"休",是。通行本作"体",誤。

② 金 "金"字似爲"全"之誤。

羣心愈惑,而多口復滋。又恐傳示不預,則臨期驟行,而所司罔措。況股肱之義,体①戚惟同,典禮一日之稽,即臣愚一日之罪,安得不挾丹密言?伏望特下玉音,令禮官諏吉具儀,早成册立冠婚諸禮,則國本不搖,人心慶祝,萬年有道之長,端在於此。臣不勝懇迫祈籲之至。"

十三日戊午,大學士沈一貫題:"今日發下兵部覆川貴總督李化龍本,臣看詳本內言'川貴督撫道將俱已近播彈壓,惟湖廣兵將不齊,餉又不備,儻致失期,咎將誰諉?欲責成湖廣巡撫,義在同舟,一切軍興,悉心料理,俟川貴兵齊之日,協同行事,不得自分彼此'一節。臣惟兵部所言固是常理,湖廣巡撫委宜責成。但臣連日與在廷講求,湖廣偏橋總兵既因播亂特設,陳璘擁有重兵三四萬,而止令司道一二人共事,權輕不足以制。且金②楚遼遠難周,其民輕心易動,陵寢重地,四達要區,若令巡撫止備西偏,移彼駐劄,恐其顧彼失此,憂虞不無,若兼制彼此,爲力不專。儻酋流突中原,爲患更大。不如特差一大臣,裨監視陳璘之師,既制大兵,兼處糧餉,事寧與總兵一併裁革,而令巡撫仍駐省城,居中調度,接濟兵食,鎮安地方,似爲長便。臣輒擬旨上請,不敢擅便,伏候聖明裁定,下部院議處施行。謹具題知。"

十四日己未,大學士沈一貫題:"近者皇上批發科臣程紹本,處分韓薰,斥之爲民。臣一時昏愚,錯加理會,謂皇上斥紹爲民,上揭申救。既而省悟前失,再揭陳情,敕請明示聖意,以便遵守。乃今數日矣,不惟臣章未下,即科道官及吏部所上章亦未下,使紹進退惟谷,不敢入科,科務叢積,無人辦理。則是紹本無罪,皇上亦未嘗罪紹,而由臣之言,使紹自引爲罪不敢出也。即臣初意,本以救紹,而不審不詳,一時妄發,不幸反涉妬媚之疑,何以自解於天下?大臣之義,以人事君,臣未能招揀薦達以重朝廷,而又蒙此疑,萬一上下不信,雖欲少效尺寸,其道無由已。命一刻未下,則臣一刻不安,搗心深咎,咋舌痛懲，實有遑遑不能已者。伏乞皇上俯垂照鑒，罪臣黜臣惟命，或諒臣無他而俯寬之，亦惟命。若紹則必祈明示淵衷，早發明旨，裨令照舊供職，庶九重好善之誠洞然四達，而百工熙事之報奮迅咸起，臣亦得明其區區留賢之心，過與天下共更，而有所濯①波以圖後效矣。臣不勝懇切上干之至。伏候敕旨。"奉聖旨："程紹屢次煩擾，黨護瀆激，有旨降斥爲民，卿乃再三請救，具見敬慎体②容。姑念係該科，程紹着降一級，調外任用，韓薰着降雜職，邊方用，不許朦朧推陞。卿宜安心佐理，以副朕惓惓眷倚至意。吏部知道。"

  十八日癸亥，大學士趙志皋題："頃臣恭遇歲序更新，履端肇始，懇請我皇上舉行大禮，以安宗社，以慰羣黎。乃旬日來尚未奉有俞旨，臣心不勝燔灼。顧時難再待，勢難再停，臣不得不伏枕叩頭，再吐肝膈以進。臣惟我皇上爲上帝之元子，繫列聖之宗祧，故清宫祈禱，九廟蒸嘗，無非欲上帝錫以休徵，聖垂以默相，奠國祚於靈長，迎聖壽於萬載。今皇長子爲我皇上之元嗣，其所望於皇上，即皇上所望於上帝、望於列聖者也。茂齡已十九矣，淑媛已選擇矣，轉盼之間，時且春仲矣，中外九卿百執事，以及間閻小民，無不延頸仰切矣。乃我皇上，尚有何待而復濡滯耶？臣願我皇上體上帝心，體列聖心，體羣臣百姓心，亟敕該部開列儀注，將册立冠婚三禮一時並舉，庶庭闈衍慶，國本益安，海自歡呼，鴻基永造矣。臣復有所懇焉。言官程紹，建言以救韓薰，乃其職掌，其一念忠君報國之心，天日照臨，實難泯滅。使我皇上聽其言，即當宥薰之罪，即不然，未有罪薰並罪及於紹者。特以莊誦綸音，未暇詳審，故紹逡巡註籍。臣初聞時，亦不勝疑惑錯諤，即欲具疏陳救，因病廢昏憒，措辭甚艱，隨見同官一貫已疏，臣是以中止。然皇上初意原於罪薰，並未罪及於紹，但今一貫陳情三懇，未蒙批發，以致此心無以自解，即臣雖病廢，然同官一體，何以自安？或者以上元令節，我皇上同聖母、聖后、皇長子歡宴宫闈，諸章奏未暇覽閱，是以暫留？若然，則願我聖明亟發明旨，俾令程

①濯 明抄本作"濯"，是。通行本作"濯"，誤。
②体 明抄本作"休"，是。通行本作"体"，誤。

萬曆起居注

紹照舊供職，以解在廷諸臣之疑，並亟舉册立冠婚大禮，以安萬年之宗社，則天下後世仰戴聖主作爲出於尋常萬萬矣。臣不勝伏枕擁衾、叩首哀祈、待命之至。"

是日，大學士沈一貫題："臣昨仰恃恩私，累救程紹，伏蒙聖慈垂亮，寬紹之罪，止於降調，知皇上萬分爲臣轉移，臣不勝感佩。六科止有七人，而紹復降出，入①益寥寥，有廢事之憂。伏望皇上早允行取之選，以備任使，幸甚。臣舊冬感冒風寒，乘春而發，痰涎上攻，足軟體乏，兼以近得家報，有親兄病故，哀泣過傷，心神慌惚，連日未能入直，緣在燈節假内，未即瀆聞。今尚須調理數日，輒以私假爲請，伏乞俯賜恩俞。臣不勝感戴之至。伏候敕旨。"奉聖旨："覽卿奏謝，朕知道了。卿兄家逝，哀泣過傷，未能入直，卿宜爲國慎攝，稍可即出佐理。行取之選，自有該部院題請，何乃諸臣要譽姑②名，紛紛瀆擾煩激，是以延遲，非有他故也。卿言科務寥寥，恐有廢事之憂，具見忠愛詳悉。便着該部院查有候補起復的，分別奏用。該衙門知道。"

二十二日丁卯，大學士③趙志皋奏："爲衰病年復一年危斃日甚一日萬不可留二十九懇天恩早賜骸骨以正首丘事。臣已於客歲二十八懇，情詞枯竭，俞旨未蒙，即欲連章泣請，乃值履端更始，萬象聿新，臣不敢以一身之私致觸忘諱，是以少停。但臣之齒復增一歲矣，膏肓之病時增一時，衰危之苦日甚一日。臣之篤症屢疏已陳，茲不敢復贅。惟是臣命在旦夕間，譬如將盡之燭，已朽之株，萬無有回光再活之理，臣辭愈懇，我皇上留臣愈篤。夫天高地厚之恩下及於臣，臣非不欲仰體，顧臣既無再起之身，以奔走殿廷，又無格心之言，以感悟聖主，空竊職名，久妨賢路，是臣生何以自解，而殁何以自安也？臣之萬苦，有口莫宣，有心莫剖，惟伏枕悲號。今且兩目昏眊，萬不得已，叩懇聖慈憐憫微臣，特賜骸骨，俾臣得乘此解凍之時放舟南下，歸正首丘，臣願已畢。臣生不能以報皇上知遇之恩，惟含戴感激於九原之下矣。臣不勝惶悚叩泣祈恩待命之至。"

① 入 明抄本作"人出入"，通行本作"入"。兩本似皆誤，似應作"人"。

② 姑 "姑"應作"沽"。

③ 士 明抄本"學"下無"士"字，誤。通行本補此字，是。

萬曆二十八年

二十五日庚午，大學士沈一貫奏："爲極陳曠瘝不職虛負眷知仰祈聖慈特賜罷免亟簡賢輔以重政幾事。臣迂魯書生，素無遠略，皇上念臣嘗侍講讀，不遂遐遺，召自田間，延之政府，七年於茲矣。犬馬猶能戀主，葵藿亦自傾陽，臣獨何心，忍言去國？況今天下多事，大異曩時，悉臣預政以來之所陵替，身自壞之而身自逃之，縱免一時之靈誅，安逭萬世之史罰？是去之一言，非特不忍，抑不敢也。顧臣食多鯁饐，往往廢箸而歎①，夢亦駭愕，時時撫牀而起，心欲外嘔，淚從中流，有不得不哀鳴於皇上者。皇上躬堯舜之資，而治日逮於漢唐之季，有君無臣，臣之愚不肖亦大可見矣。廷推諸臣，無非倍蓰什伯於臣者，而又未簡用，天下必且指而詈臣曰：賢不肖無兩立，賢臣之未登，以不肖臣一貫在也。知引退而空自妨途，無愧而不知恥莫甚於是。此臣之所爲大辱也。祖宗設官，自府部至郡邑，孰無副貳？而內閣重寄，尤備其人，非徒藉其寅恭，亦以防夫專擅。臣何人斯而獨久？此即專擅。大戒凜凜，自誓不敢犯，而負乘有日，積愆必多，雖無其心，已有其迹。實臣不德，安敢冀人之諒臣？皇上即寬臣，又安能歲月寬臣？疑端所生，危機所伏，此又臣之所爲大恐也。夫千金之裘，非一狐之腋，大廈之②棟，非一木之枝。臣③與二三同官交相麗譯，尚不免於謬訛，乃今左顧右盼，莫咨莫詢，即欲問諸所司，而展④入酉出，日異不足，職掌異任，接見無由。以孤臣之矇瞽，應萬幾之紛沓，一目而南北視，一足而東西騖，其何能給？諺云：'獨樹不林'則臣之謂矣。蕭曹丙魏房杜姚宋之賢，猶相輔相，伏⑤以有成也。今濟濟諸賢，至多也，悉置不用，而獨畀一不肖之臣，於彼則棄之於有餘，於臣則竭之於不足。臣不知皇上何謂而忍此？且美錦之裁不付於學製⑥，美玉之琢必待於良工。臣初入閣時，島氛雖未淨，而海內猶謐如也。今奏牘紛紛，無非愁嘆。焉用彼相？誰生厲階？德薄位尊，公餗將覆。語云：'小犢債車。'則又臣之謂矣，昔司馬相而中國重，李綱入而朝廷成。閣臣失職，豈獨臣之憂？抑乃社稷之憂、皇上之憂也。臣之肉固不足食，而皇上之天下寧堪一再壞乎？皇上又何爲而

① 歎　明抄本作"歡"，誤。通行本作"歎"，是。

② 之　明抄本無"之"字，誤。通行本有此字，是。

③ 臣　明抄本"臣"下有"昔"字，是。通行本脫此字，誤。

④ 展　"展"似爲"晨"之誤。

⑤ 伏　"伏"似爲"仗"之誤。

⑥ 製　明抄本作"掣"，誤。通行本作"製"，是。

久不念此？夫臣之事君，猶子之[①]事父，義無求去之理，且去亦將何歸乎？第臣留一日，增一日之罪，留一月[②]之罪，非徒無益於皇上之天下，而又不免於害。留之無庸，則去恨其晚矣。伏乞皇上，於廷推諸賢簡在聖心者，急點數員，入閣辦事，庶幾失之於前者，尚收之於後，光輔聖治，輯寧邦家，而放臣歸田，苟全性命，俾賢不肖各得其分，而進者爲太平賢輔，退亦不失爲太平閒民，皇上天地父母之賜也。臣情迫辭懇，干冒宸嚴，無任戰慄隕越激切祈懇之至。"奉旨："朕前覽卿奏，已諭卿爲國慎攝，暫假數日，今何又有此奏？朕心甚爲惻然。方今國步艱難，眷倚方殷，豈可堅辭求去？宜遵前旨，加意調理，稍可即入輔政。所請閣員，情詞懇切，便着該部通將前推數員開具來用。吏部知道。"

二十六日辛未，大學士趙志皋奏："爲病臣困斃日深憂危日甚懇乞聖明俯察剖心之言以安宗社並乞亟賜骸骨以得生入里門事。頃自新春以來二十餘日矣，臣謹伏枕具疏，首望皇上舉行大禮，隨復具揭催請，併乞俯宥言官，繼復二十九懇，願乞骸骨，俱未蒙批發，臣不勝悲慟。誠知言繁辭瀆，屢冒威嚴。既不能感格君心，何敢再有陳說？但臣之苦情，惟天日有以照臨，九廟神靈有以鑒察。使今日國政時艱，尚可以少延，臣之病廢危困，未至於幾死，則猶不敢瑣瑣以于[③]天聽。然今之時何時也？臣之病何病也？尚可隱默而不言乎？是以萬不得已，昧死再陳，懇乞聖慈特賜俞允焉。夫皇長子之册立冠婚，實衍宗社於靈長，奠皇圖於久遠，上光祖業，下裕後昆，國政之大，無踰於此。在廷諸臣，連章題請，至詳且悉，臣何敢復拾唾餘以贅？獨以祖訓森嚴，倫序班列，天性之至親，中外之仰戴，有何疑不決而猶稽遲如此？豈以青宮之位可久虛乎？皇長子茂齡猶尚少乎？已選之淑媛猶可待乎？春陽之時令猶可緩乎？民心之惓切猶可怫乎？夫以諸不可遲、事不可待，又何靳於一睿斷、而不可[④]速行耶？且我皇上英明天啟，每遇他章奏聖心所欲行者，則剖若雷霆，速若風雨，曾不留停，乃獨於父子骨肉之間

---

①之 明抄本無"之"字。通行本有"之"字。
②月 "月"下似脫"增一月"三字。
③于 明抄本作"干"，是。通行本作"于"，誤。
④可 明抄本無"可"字，是。通行本有此字，誤。

逡巡濡滯，此豈盛世所宜聞？臣下所樂見者？臣願我皇上亟敕該部舉行大禮，以安宗社，以慰人心，此病臣擁衾叩頭哀懇而不能已於言也。國家以密勿寄之閣臣，以言責寄之臺省，其職任爲最重，故雖堯舜爲君，亦必咨於岳牧，緣天下至大，一日二日萬幾至繁，兼我皇上時加靜攝，則擬票須在閣臣，久不臨朝，耳目必藉臺省。今臣已病廢，無論已，獨同官一貫以一身拮据擔當，賢勞最苦，近又以兄喪註籍，以至閣門空鎖，闃若無人，此非時①病臣瘝曠經年，憂懼欲死，即一貫之心，亦甚弗寧矣。臣願我皇上查將屢次會推閣臣，欽定數員，以備顧問，庶彼此相資，必於輔弼有賴。及查科道諸臣被斥且盡，我皇上近因一貫之請，欲於候補起復者除補。夫候補起復見在不多，恐不足敷用，目今內外行取官員專候考選，如我皇上疑其有要譽沽名者在內，則事極易處，何不敕令部院慎加博訪，必擇端凝持重、言不妄發者以充科道之任？其餘暫補部屬，俟其歷練老成，查照先年事例，不妨改補臺省員缺，庶人心益知奮勵，獻納必至當，可必無有要譽沽名者矣。如使其久滯都門，尚稽考選，則諸臣方以賢良卓茂奉召而來，乃今進退無據，有官者似若無官，有職者似若無職，曾不如浮沉苟祿者之爲幸，是又非皇上進賢退不肖之初意矣。方今天變頻仍，人心騷動，北虜西酋見動干戈，流離困苦，到處災荒，此時難之最切者。我皇上運股肱、闢耳目，以安社稷，以收人心，正在今日。此又病臣擁衾叩頭哀懇而不能已於言也。若臣衰病危篤，已入鬼關，斷無生路，儻朝夕間奄然長逝，輿櫬以歸，是生無補於聖朝，死有虧於臣節，徒使遊魂飄蕩，故里宣招，亦何益之有？此又病臣萬不得已之苦情，籲天而泣者。伏望皇上俯察鳥死鳴哀人死言善之理，將臣前奏敕下吏禮二部，亟賜舉行，以弘國政，以濟時艱。仍望聖慈憐憫，放臣回籍，使臣得生入里門，臣感激天高地厚之恩，不能仰報，惟焚香誦祝聖壽於億萬萬載矣。臣不勝危迫哀祈惶悚待命之至。"

① 時　明抄本作"特"，是。通行本作"時"，誤。

二①月乙亥，朔。

二日丙子，大學士趙志皋、沈一貫題："爲日講事。先該臣等題每年開講日期，於二月上旬擇日恭進講章，以後接續每日進呈，奉聖旨：'是。欽此。'今臣等譯②本月初九日吉，恭撰講章，照常進覽，謹具題。"

是日，大學士沈一貫題："臣近日慘罹家難，哀泣過深，傷損心肺二經，因感痰嗽怔忡等疾，舊恙併作，終宵不眠，飲食日減，醫藥罔效，久稽入閣之日，滋多曠官之憂，幸賴聖恩賜假從寬，尚有容身之地。又蒙允臣請添閣臣之疏，宣取廷推職名，臣尤喜極蹈舞，如獲再生，不知病之在體也。恭俟簡用，以刻爲年，而吏部開上數目，尚未聞命，則臣積誠之懇又似成虛，而螻蟻至微，終不能回昊天之顧矣。薄命至此，能無自傷？皇上一舉筆之間，即可登進羣賢，增閎治理，免臣專擅之罪，寬臣拮据之勞，而何爲深靳於斯又從中止乎？臣爲此故，病心益急，口不能言，身罔攸措，時時唅囈獨語，與喪魂失志之人無異。萬不得已，冒死再請。伏乞皇上少垂頃刻燕閒，將吏部疏內諸臣賜簡數員，入閣辦事，以重政本，以寬臣責。若眷注舊臣，不忘起用，亦乞傳示聖意，差官驛召。庶賢才聚會，政幾無曠，而臣免於妨賢之愆、誤國之罪矣。恩涸情迷，涕泣不知所云。不勝跂企引瞻之至。"

三日丁丑，大學士趙志皋、沈一貫題："先因皇長子講筵缺侍班講讀官，臣等推得見在講官左春坊左庶子兼翰林院侍讀范醇敬，堪充侍班官，翰林院編修莊天合、楊繼禮，檢討沈淮、劉生中，堪充講讀③，未蒙允發。今奉明旨，着擇二月吉日開講，所有前項各官似應急補，聽候供事。伏乞俯允，令各欽遵。臣等不勝跂望之至。謹題請旨。"

是日，大學士趙志皋奏："爲臣病益篤臣心益危萬不得已干冒天威三十一懇聖慈俯賜帷蓋之仁亟放臣歸以全犬馬骸骨事。竊念臣臥病一載有餘，乞歸之疏凡三十上，自分今次皇上必賜

①二 "二"上應有"萬曆二十八年"六字。
②譯 "譯"當爲"擇"之誤。
③讀 明抄本"讀"下有"官"字，通行本無此"官"字。

矜允，乃臣候日①數日，復未蒙批發。臣不勝戰慄，誠知病苦陳情，辭繁語瀆，何敢汲汲再冒天威？惟是臣危篤困斃，蓋有訴之於人而人不能知，訴之於天而天不能應，不得不復哀泣於君父之前焉。緣臣年近八十，已當就木之期，病徧一身，再無起牀之日。耳不能聽，目不能視，手足不能轉移，脾胃不能藏納，痰火與泄瀉並攻，怔忡與寒熱共作。去冬火伏在內，尚可少進湯藥一匙，自入新春，衰病大舉，即湯藥經日不進，此呼此吸，此命此生，懸如一絲，絕在頃刻。夫臣危篤如是甚②，我皇上何忍不俯賜矜憐發慈悲一念耶？況近日聖政維新，闢言路，簡閣臣，朝野改觀，中外欣戴，正傾否復泰之會，若臣既不生進，又不死歸，徒使妨賢誤國之罪益加於臣，臣雖瞑目長逝，又何以自解也？如皇上疑臣無病而稱有病，病未篤而稱篤，則望我皇上命一中使至臣私寓，親驗臣身果可再起否，而後知臣萬苦之情有非言辭所能盡矣。萬不得已，叩首哀鳴，伏乞聖慈憐臣察臣亟放臣歸，俾臣得如前疏所云，生入里門以正首丘，則臣犬馬之願已遂，惟在九泉之下戴天恩於罔極矣。臣不勝感激危迫祈懇待命之至。"奉旨："朕以國家多事，眷倚元老輔臣，豈忍恝然求去？卿宜安心，加意調攝，稍俟痊可即出匡輔，弼成化理。不允所請。吏部知道。"

　　四日戊寅，大學士趙志皋、沈一貫題："先該臣等遵旨擇皇長子開講日期，以正月二十六日上請，奉聖旨：'着擇二月吉日開講。欽此。'臣等欽遵，復擇本月十二日吉，恭候命下開講，以後照常接續講學。臣等未敢擅便，謹題請旨。"

　　是日，大學士沈一貫題："伏蒙發下魏允貞告終養本，傳旨'准去'，今臣擬票。臣宜恭遵，但思巡撫係一方重臣，留則可留，去則必於吏部覆本之內票去，有難竟放。臣謹照舊擬下吏部，待部覆至日，伏候聖裁，傳示施行。謹具題知。"魏疏因留中。

　　七日辛巳③，大學士沈一貫題："臣前次揭帖言，人臣愛君

① 日　"日"當為"旨"之誤。

② 甚　明抄本"甚"下有一"甚"字，通行本無此字。

③ 巳　"巳"當作"巳"。

之甚者，諫之必於無人之所。蓋心膂之言，密勿之議，無沽名干譽之心，皆愛君體國之實，則其納誨必如此矣。是以明聖之主，每每感而思，思而採也。臣今再以一言進，祈皇上不以爲瀆而俯採之。臣惟天下有必不可已之事，有必不可緩之時。時至則事起，當乘時以舉事，不當因人之有激而更生厭棄之心。事至則言多，當據理以酌言，不當因己之厭聞而併置當行之事。古之聖賢，豈無事與心違，紛紜膠膴①而不如願者乎？又豈無言與心違，抵諱觸忌而不堪聞者乎？雖在聖賢，諒其必有躁煩悁忿之情，與人同矣。獨計天下之事，必當與天下之人公之，宜行宜止，自有定衡，而非一己能行止，宜遲宜速，自有定期，而非一己能遲速。於是平其躁心，靜其煩慮，破先入之見，祛旁出之情，意雖不得，徐而度之以理，己雖不快，勉而抑之以人，長懷卻顧，熟思審處，必要於妥當而後已。此則聖賢所以善成天下之事也。何則？必有忍乃能有濟，小不忍則亂大謀，幾微之心不制，而天下國家之患將叢，故聖賢慎之也。今皇長子典禮一事，大小臣工奏牘日上，臣誠慮之，言多則聽必厭，厭則心必煩，聖衷雖天海包涵，必有不快者矣。然使其事稍可已，即姑已何傷？而此則萬萬不可已之事也。使其時尚可遲，即姑遲何害？而此又萬萬不可遲之時也。諸臣言之，豈不自知其激聒？然披亦萬萬不得已而有言也。然則皇上於此，亦萬萬不可因言而厭，因厭而置也，明矣。臣虔虔致禱，願皇上葆和養中，澄虛觀理，盡融成心，兼除意氣，固不必徇物，亦不必拒物，以天自處，以道自御，上揆祖宗之彝典，下念父子之至情，近察朝野之輿心，遠維宗社之永計，聰明睿智之聖，通天徹地之明，一裁度間，諒有洞然而無疑，惻然而心動者矣。向也諸臣未言，而皇上特諭所司舉行，今也臣下之所特述，皇上之言耳，而非有所增加也。皇長子年十九矣，去冬喜事臨近之旨，衆所歡承，言猶在耳，此而不册立，終當何時舉行？此而不冠婚，終當作何究竟？總之，必不可遲之事，似不可付之罔聞而已也。臣仰勸皇上，無厭聒擾，迎和遵祥，發明旨令禮部擇日舉行，以定國本，以安人心。惟皇上幸見原而俯允之。臣

① 膴　"膴"應爲"膴"之誤。

不勝力疾哀籲祈望之至。"

諭次輔："朕覽卿奏揭，悉見忠愛至意。朕怒其煩擾離間，不體上心，頻數聒激。且事體隆重，屢旨明白。所奏已知道了。"

九日癸未，大學士沈一貫題："臣舊年秋冬間，見年穀不登，物價翔貴，民心嗟怨，流言數興，心恒懷憂，謂必有盜賊竊發之虞，屢次上揭，乞皇上敷仁政以收民心，減征求以養民財。既蒙省納，而臣又每與所司商求賑借恤濟之方，詰捕防閑之具，不敢少懈。今輦轂①之下僅獲安全，而幾輔之間掠刼不少，至於赤地千里，草木都盡，死殍載道，商旅不行，殊可憐也，殊可憂也。近聞除②州上下有大盜糾眾倡亂，不勝驚駭，日夜靡遑，訪求消息。今日傳聞徐州兵備郭光復，設法擒拏首惡孟化鯨等二十餘人，明示脅從黨與，准其出首免罪，一時人心稍已寧帖。有元兇趙吉③元先已出遊，不知向往，深為可慮。此宜亟行各處，多方懸購，以絕禍源者也。臣惟天下之亂，常起於盜賊，盜賊不除，而至於蔓延，則救之不勝其救矣。山東、河南乃天下腹心之地，豪傑迭興之所，近來白蓮羅道之教盛行，妖言邪謀所在布滿，談兵說劍，瞋目滿前，因見朝政之有非，借為煽惑之口實，又乘民心之思亂，遂興不執之邪謀。幸賴祖宗在天之靈，皇上無疆之福，及其未發，一舉撲擒。而巨魁猶在，禍本未除，安知死灰無復燃之勢？此又各省直之臣所當同心密訪者。除臣與諸臣竭力申飭鼓舞外，謹先奏聞，以慰聖心。更祈皇上推廣至仁，以保愛黎元，敷求大道，以計安國本，修初御蕩平之王道，停比年權宜之近圖。臣舊年又曾請④皇上，多收練時務識兵機者，置之京師及近畿地方，以備不虞。今日思之，此誠急務。乃遼東又缺巡撫矣，最難得人，豈無可用之才？正以在遠難待耳。如臣閣中，尤宜早簡以備顧⑤，以立政本，臣非為身謀，實為國謀。大抵朝廷處置萬幾，以得人圖治為要，統乞皇上留神。凡吏部推舉本章，早賜允發，庶幾羣賢畢集，眾績可熙也。臣不勝惓切之至。謹具奏知。"

①轂 明抄本作"穀"，誤。通行本作"轂"，是。
②除 "除"當為"徐"之誤。
③吉 "吉"當為"古"之誤。
④請 明抄本無"請"字，誤。通行本補此字，是。
⑤顧 "顧"下似脫"問"字。

① 旦 明抄本作"但",誤。通行本改"旦",是。

　　是日,大學士沈一貫奏:"爲候簡閣臣日久未奉明綸力盡意危竭哀復懇並乞俯容休致以免曠愆事。臣惟誠有欝於中而不得達則鳴,力有乏於用而不得休則求,誠大鬱而至於結,力大乏而至於憊,則其鳴與求不得不哀。然惟當其時、肩其任、旦①夕迫於水火而不能逃者,其哀鳴哀求爲最切,從旁而視雖或憐之,必不能與之同也。皇上以閣事獨付於臣,如臣之力足贍,則方當詫遭逢之甚奇,而喜左右之無掣,惟恐人之或分也,又何大聲疾呼於九閽之前,請益而不已,不懼罪乎?顧獨任所以榮臣也,而臣之所最苦,此獨也。獨思則不周,獨決則不衷,獨聽則不徹,獨察則不明,獨處既久而莫聞規導之言,日淪於面墻之愚,善有所不及收,過有所不及更,或以心力不繼而略,或以日力不繼而弛,明知其宜然而鹵莽者不少,至於所不知者又何可勝道也?皇上幸寬臣,謂可備員耳。天下方憐臣,亦偶未彈糾耳。而臣以隻影汙玉堂之署者,歲有六月矣,前此已誤,豈庸再誤?日愈多,罪愈積,而懼愈甚,可能晷刻安乎?皇上安可謂閣中有人而不廣求贊襄之益?此何地也,而令單弱空虛至此極也?有大物於此,使數人共舉,則不勞而行,其力分,其智閒,其於事周以詳故也。缺一人焉,餘人必告勞矣。若盡去其餘人,而並責於一人,豈惟不能舉,且告壞矣。抑此猶事也,臣請更言食。有食於此,本以饌數人也,而獨使一人兼之,其人有醉飽以斃。且夫食尚不可兼也,而況於事?又況天下之大事乎?然則臣之所苦亦可喻矣。臣嘗聞之,人主之道與人之異,人主之權不可以不專,而人臣不可以有專,故天下之所歸者一君,而君之所任者非一臣。若使君之所任者惟一臣,則天下之羣賢不得起矣。得亦此一臣,失亦此一臣,所得必不能如所失之多。百官必且無表,兆民必且無望,四夷盜賊必且無忌憚矣。今以臣之不才,孰如衆臣之才多?以臣之不肖,孰如衆臣之肖多?以臣爲才爲肖而獨任之,是謂天下鮮任臣也,四夷盜賊寧不輕朝廷之無人、而薄國爲易與乎?何則?國有輔臣,猶家之有質幹也,彼其家無質幹矣,而盜有不決其藩、窺其戶者乎?傳曰:'不信仁賢則國空虛。'此猶謂無仁賢也,而非無人也。今並人而無之，三尺童子知其空虛甚而思盜之。且臣愚不識皇上之所以屢推而未簡者何也。事有妨於譽①，而言有妨聽，姑且置之，猶有說也。若簡閣臣，惟聖心之所嚮者誰耳，何所妨於國、不便於時、而固持若此也？如臣之不肖，則於國誠不便，而又衰老疾病，顛連困乏，至於今之極，皇上且因循而不俞其去，何也？臣之此請，蓋兩歲之間無月不有，而比日遂以乞讓位又託之空言矣，又以揭請隨之，復束之高閣矣，令臣遑遑益無所依，豈臣之所以懇懇者猶有遺義乎？雖欲逭煩瀆之愆，烏可得已。且臣之不敢獨擅，亦區區之赤忠也，不敢久妨，亦惓惓之少效也，非獨投老求閒、爲自便之計而已也。伏望皇上大溥恩慈，少垂憐憫，早賜點用新推，俾令入閣辦事，而放臣歸山，以彰惟②之義，臣生當啣環，死當結草。臣不勝力疾望天叩首禱祈之至。"奉旨："朕覽卿奏屢簡閣員，情詞懇切，引喻更深，具見忠愛敬慎，誠可嘉③尚。已知道了。卿告請日久，政本空虛，朕心朝夕懸望，卿宜亟入贊襄，以副眷倚至意。所辭不允。吏部知道。"

十日甲申，大學士沈一貫題："初七日臣因皇長子典禮具揭上請，今日該文書官張文元恭捧聖諭到臣寓所：'諭次輔：朕覽卿奏揭，悉見忠愛至意。朕怒其煩擾離間，不體心④，頻數聒激。且事體隆重，屢旨明白。所奏已知道了。欽此。'臣力疾叩首，恭接莊誦，不勝慶幸，不勝⑤。皇上天性至親，仁同天地，屢旨明白，昭如日星，佇當⑥發恩綸，嘉成典禮。臣先承優答，洞悉淵微，其爲踴躍，比恒萬倍。若諸臣者，其煩擾誠爲有之，而離間決所不敢。更祈聖明容納，特示言期，庶使衆心皆安而羣口盡息也。所奉聖諭謹尊藏閣中，以傳永久。臣謹具回奏以聞。"

十四日戊子，大學士趙志皋奏："爲衰殘篤病愈調攝愈困斃叩乞聖明矜憐三十二懇苦情特賜放歸以便瞑目長逝事。頃臣伏枕三十一懇天恩，自分聖慈必加憐憫，臣已移簀私寓廊廡間，

萬曆起居注

① 舁 明抄本作"舁",是。通行本作"舁",誤。

專候綸音,即欲舁①出外,具疏叩辭。乃伏奉聖旨:'朕以國家多事,眷倚元老輔臣,豈忍恝然求去?卿宜安心,加意調攝,稍俟痊可即出匡輔,弼成化理。不允所辭。吏部知道。欽此。'臣聞命不勝感激悲號,又不勝迷罔昏絕。夫皇上天高地厚之恩,猶不以臣爲篤病,且欲望臣以安心匡輔。即臣豈不知多事之時,欲安心匡輔,以仰答知遇之隆,顧必於一去,以圖自便哉?如果有此,則天地所不容,神人所共殛者。緣臣病已危篤,屢疏具陳,不敢復贅,惟奄奄此息,有如遊絲,朝不能保暮,夕不能保旦,衆症齊作,百事俱灰,心祇見其日焦,病祇見其日益。誤國妨賢,辜恩曠職,臣實有之,臣又何能再起將死之魄,以佐我皇上平明之治也?方今天變頻仍,人心搖惑,中州淮上盜賊縱横,河北山東尸骸徧野,此正聖明有云'國家多事'之日也。轉亂爲治,易危爲安,正在今日一調劑之力。如臣濫叨輔弼,卧病經年,既不能進以贊襄,又不能歸以跧伏,棲遲京邸,掛職内庭,天下之人無不切責於臣,臣雖危篤,又日洶洶然憂讒畏譏,上慮國,下慮身,心如刀刺,胸如火焚,即欲調攝,亦不得矣。哀哀萬苦,控訴無門,惟仰望我皇上大施雨露,弘擴慈悲,特准臣骸骨回籍,使臣得望里門以長逝,在九泉下亦瞑目矣。臣不勝苦切哀祈急迫待命之至。"奉旨:"朕倚任老成,日望卿病可視事,以濟時艱,何爲淹延未愈,乞歸之說益懇,使朕惻然?還用心調理,痊可輔政。所辭不允。吏部知道。"

十五日己丑,大學士沈一貫題:"臣正月間因長兄有訃,不勝手足痛楚,於本月二十一日具揭乞假,少申家庭繽奠之禮,伏蒙聖慈俯賜俞允。隨因感傷致疾,幸獲小愈,謹於今十五日廷見謝恩,入閣辦事訖。臣無任感戴天恩之至。謹具奏知。"

② 日 "日"下當脱"庚寅"二字。
③ 嚴 "嚴"字爲衍文。

十六日②,大學士沈一貫題:"伏蒙皇上發湖廣税監陳奉一本,内因楚中地方屢行鼓譟,奏稱守臣朋謀逆旨等事,下臣擬票。臣惟陳奉係御前差官,臣子敬事至尊,即宜推及至尊所差之人,禮也。各官私多公少,臣不能保其無之,嚴③嚴旨切責亦不爲過。但臣及覆看詳，上年十二月武昌既有一變，以後漢口又是一事，黃州又是一事，襄陽府光化縣又是一事，青山鎮、陽邏鎮又是一事，武昌縣仙桃鎮又是一事，寶慶府又是一事，德安府又是一事，湘潭縣又是一事，巴河鎮又是一事。民變連起如此之多，則楚中幾無完土，虔虔①人皆不靖矣。夫元元萬姓孰不願樂生於聖世者？何爲敢與至尊之命使抗哉？蓋其情急事危，雖至尊之命使不暇顧矣。至尊之命使尚不暇顧，彼於一二有司，又何能顧而能聽其禁戢乎？竊詳陳奉之意，亦無可奈何而姑卸罪於有司耳。蓋礦税二事，實非民之所欲，奉在地方，實非民之所喜，奉即欲與民相安而不可得，其身實孤，其迹實危，淋漓苦楚，非虛言也。何也？奉命徵收，其職也，急徵，則歛怨於兆民，森森瓦石之間無所置身矣。缺徵，則得罪於皇上，赫赫嚴旨若下，身亦虀粉矣。即使今日苟安，豈保他日無事？地方儻一搖動，激變之罪何逃？故不得②預鳴以爲倖免計耳。臣愚以爲，民情一變亦當致儆，而況於屢變？既已屢變，而又窮治亂黨，深督有司，則民益無所恃，而變益愈急，不惟無裨於税事，抑且速害於地方。今楚中方征楊酋，家家增賦，處處添兵，而以此迫之，適駈之使從賊耳，誠非善計。臣愚懇勸皇上，發仁言仁政以收楚民之心，上策也。不然，將此木③留中，而另發密旨，令奉從寬行事，中策也。必嚴督之，則楚民素稱悍暴，而楚地又甚遼遠，深山大澤易藏亡命盜賊，一行嘯聚，楊酋更難收拾，而中原之事多矣。昔高皇帝時，陳友諒以楚中兵與我大戰數十，鄱陽之役御舟爲大礙擊碎，聖躬幾危，而後勝之。皇上宜思聖祖之創業如此艱難，而今日守成誠非容易，毋謂楚民可忽也。臣久懷憂慮，輒此而聞。所有聖旨，未敢輕票，惟俟聖裁施行。臣之所恃者，皇上也，皇上若不諒臣赤心，臣何所恃？臣若不以赤心報皇上，臣又何爲？臣不勝爲國大事懇懇瀝忠之至。伏候敕旨。"

十八日壬辰，大學士趙志皋奏："爲聖眷愈隆天恩難報病臣謹獻苦切之忱懇乞俯賜採擇以永保萬年宗社事。頃臣乞骸之疏

①虔虔 明抄本作"處處"，是。通行本作"虔虔"，誤。

②得 "得"下似脱"不"字。

③木 明抄本作"本"，是。通行本作"木"，誤。

已三十二上矣，情極詞窮，不知所措。乃我皇上特施雨露，非惟不斥，且欲勉留，至以國事多艱勵臣，以倚任老成用臣，以安心調攝慰臣。臣受此弘慈，頂踵難報。顧篤病實不能再生，斃身實不能再起，容臣另疏再懇外，唯是天高地厚之恩有加無已，而臣一絲遊氣尚未斷絕，則願將未死之言，敬效古人尸諫，以仰答皇上知遇之隆於萬一焉。夫保國家於磐石之安者，在於固根本，惟本固則天心悅，宗社安，兆民服，萬萬年有道之長實基於此。試觀參天之木，其巨根盤固於大地之中，然後幹枝茂，歷累世而不衰。今皇長子實皇上之元嗣，克承宗祧，敬奉孝養，國家大本孰有踰於此者？乃妙齡已躋十九矣，乃冊立冠婚考之《祖訓》猶爲後時，而我聖明淵邃，尚欲稽遲，且怒諸臣之請，致使中外臣工、閭閻百姓無不茫然，莫知所爲。加以近日星逆地震，遠近災荒，饑民流離，盜賊峰起，驛使頻騷，權採雜出，播酋大費干戈，北虜時懷報復，此誠岌岌時也。皇上尚不念及於此，以回天變，以安宗社，以收拾人心，臣雖歿於九泉，亦不能測聖意之有在矣。且臣乞歸之疏固三十三上，而聖恩固三十三留，無論祖宗朝從來未見，即亙古迄今，君之眷臣、臣之受眷於君，亦未有皇上之念及於病臣者。使聖明少加慈察，用臣一言，行臣一事，舉行大禮，則天下人心上戴皇上優容大臣之仁，下恕病臣去國延遲之罪，是君留臣，臣被留，誠足以風後人，昭激勸。有如臣言終不足以當聖心，則臣身既不能趨蹌，臣心又無以表白，天下之人復不能諒臣之不能去國，更不能察臣之不能得君，必責臣爲貪祿，責臣爲無恥，責臣爲妨賢，責臣爲病國，百口交攻，衆手齊指，是臣且爲怨府，爲財①的，而何以自解也？臣深思恐懼，晷刻不寧，意欲不避忌諱，令家人扶掖病身，叩伏殿庭哀泣，以冀天聽。乃屢扶屢仆，力不從心，因是伏枕具疏，再干斧鉞。伏乞聖明洞察帝業艱難，國本宜豫，亟敕該部，乘此三春舉行冊立冠婚大禮，以敬天心，以遵《祖訓》，以答蒼生，以奠宗社萬萬年無疆之業。即病臣亦得少逭經年註籍曠官尸位之罪於百一矣。臣②。"

① 財 "財"當爲"射"之誤。

② 臣 "臣"下當有脫文。

萬曆二十八年

二十二日丙申，大學士趙志皋奏："爲病篤萬難延緩謹一字一淚三十四懇天慈俯賜骸骨歸歿故里事。竊念臣乞歸之疏已三十三上矣，臣不自知其詞繁言瀆，干冒威嚴？乃我聖明不加譴責，曲賜矜憐，終於留臣。夫臣固將死之人，然此氣未絕，此心猶存，即犬馬尚知戀主，顧臣必欲求去以孤天地覆載之仁哉？實以臣之苦情，前疏已盡。今臣病祇日見其增，未見其退，臣精神血脉祇日見斷絕，未見其生長，愈調攝愈委頓，愈靜養愈昏憒，命如一縷之絲，時挨一時，刻挨一刻。世焉有年衰病篤如臣，欲望其能再生再起也？必無是理矣。且臣亦知古人鞠躬盡瘁死而後已者爲之忠，臣受皇上眷注隆恩，非常寵遇，即粉身亦難報稱，豈更慮裹①尸旅邸、輿襯以歸？第臣所居之位，係密勿政本，非閒局散官，即使太平盛治，猶難瘝曠。今何時也？天人交儆，國事日艱，臣既不能獻一謀謨，以告於君父之前，又不能行一事切②，以布於朝端之上，臥病奄奄久妨賢路。如臣一旦長逝，則非特上累皇上知人之明，天下後世必責臣以怙寵誤國之罪，臣雖死亦不能瞑目矣。興言及此，不覺哀慟。因是萬不得已，懇乞聖明俯賜慈察，特放臣回籍，使臣得望里門以歿，臣披荷天高地厚之弘恩，實不勝大幸矣。臣謹伏枕感激叩頭祈禱之至。"

① 裹 "裹"當作"裏"。

② 切 "切"當爲"功"之誤。

萬曆起居注

① 三 "三"上當有"萬曆二十八年"六字。

② 日 "日"下當有"戊申"二字。

③ 慈 "慈"上當有"聖"字。

④ 則 "則"似當作"而"。

⑤ 遵 明抄本作"尊"，誤。通行本作"遵"，是。

三①月甲辰，朔。

五日②，大學士趙志皋奏："爲衰病危篤已甚萬難存活謹泣血叩頭三十五懇慈③俯賜矜憫放臣骸骨歸歿事。臣具疏哀懇已三十四次，危篤病苦，控訴實繁，自分我皇上鑒臣此情，大發慈悲，放臣歸籍矣，乃候旨數日，猶未蒙俯俞，固知天恩浩蕩，不忍遽於棄臣。然臣實有一日不能生於天地之間，一日不能安於閣臣之位者。時迫勢窮，萬難延緩，不得不伏枕泣血，再冒威嚴。蓋臣之一身，蒙皇上豢養之身也，生臣死臣，總由聖斷。今寵遇特加，溫綸時發，是生臣之心也。但臣之病不能仰體聖心，臣之命不能仰副聖造，是皇上固欲生臣，而臣實不能以自生矣。夫臣既不能自生，分應棄之，又徒使其竊高位之名，以妨賢者之路，上負君恩，下誤國事，則亦何益之有？且臣病固不能起，有如我聖慈今日放臣，則臣今日得免覆餗之懼則④減憂，減憂則心靜，儻可少如調攝以延旦夕之命，或未可必者。是皇上天覆地載，雖不用臣，其實生之。有如我聖慈終於留臣，則臣一日不去，必增一日之憂，增憂則增懼，增懼則增病，病增心劇，命實隨之。是皇上雨滋露潤，雖欲用臣，其實死之。臣一生一死，懸於我聖慈一放一留之間。然與其死臣於邸，以累我皇上知遇之明，毋寧放臣回籍，以彰我國家優老之禮。此臣萬不得已披瀝具陳，再祈天聽。伏乞我聖慈憐臣察臣憫臣三十五疏前後情苦真切，放臣回籍，使臣一縷之氣得絕於家，一束之骨得仆於里，則臣披戴天地罔極之恩，即死猶生矣。臣不勝泣血哽咽籲呼哀懇待命之至。"

十日癸丑，大學士趙志皋、沈一貫題："先因皇長子講筵缺侍班，侍讀等官，已經臣等推得見在講官左春坊左庶子兼翰林院侍讀范醇敬，堪充侍班官，翰林院編修莊天合、楊繼禮，檢討沈淮、劉生中，堪充講官，未蒙允發。臣等看得，講讀缺官，兼攝不便，前推各員委宜亟補。伏候命下，行令欽遵⑤供事。謹題請旨。"

十五日戊午，大學士沈一貫題："昨日刑部侍郎謝杰、董裕咸來會臣，言本部尚書蕭大亨一品二年考滿，吏部查理已明，引奏復職本未蒙發，大亨不敢入部，而侍郎又不敢代庖，一應出入公文停閣十餘日矣。臣聞此言，輒自警省。豈皇上謂臣票擬有未當而留中乎？臣請明之。本月初四日蒙發票時，臣查舊規：部院正官考滿加恩，如太子少保戶部尚書楊俊民陞太子太保，都御史衷貞吉陞太子少保，皆就於引奏本內票陞，例也。今臣獨領閣務，恐不周詳，又嫌專擅，故不敢即擬，而下部查例，以明臣敬慎不專以義。應與應否，該部必不差錯，儻謂臣越例市交，則萬萬不敢。伏祈聖明鑒察，早將吏部引奏本乾斷批發，准令大亨復職，庶使刑篆有歸而政務無廢。其恩典出自朝廷，恭候聖明欽定，以昭優禮大臣之意。臣不勝瞻望惓惓之至。謹具題以聞。"

十九日①，大學士沈一貫題："向因皇長子講筵侍班侍讀等官，自去年推陞給假，已缺四員，見在兼攝不便，屢疏上請，未蒙允發。臣惟講官原設六員，每日供侍講讀及選述講章，各有所事，缺一不可。今一人常兼二人之事，不惟勞不能堪，抑且講不成禮，殊非始初設官之意。伏候即賜俞旨。臣不勝祈懇之至。"

二十一日甲子，大學士趙志皋奏："爲病臣情極辭窮危篤謹一淚一血三十六②懇矣，死生病苦，陳說已窮，憐憫哀矜，盼望已極。臣尚有何言，復敢仰瀆聖聽，以冀求一歸也？顧我皇上浩蕩弘恩，愛臣深篤，是以留臣至此。臣身非木石，性非豚魚，豈不欲仰體聖心，以死報國？況臣歸亦死，臣留亦死，又何惜旦夕之死，不欲死於國，而必欲死於家？則臣之心實有大不得已者矣。臣再泣血以陳，終祈聖慈俯鑒。夫國家所重者綱紀，我皇上維綱振紀，在於進賢退不肖，故卑職下僚稍有不稱，必黜之無遺，何者？恐其誤職，則③誤事，誤事則誤國也。今臣位竊密勿，職廁樞機，欲以備顧問，贊謀猷者，乃危篤病苦，

①日 "日"下當有"壬戌"二字。

②六 明抄本"六"下有"懇天恩俯憐骸骨特賜還鄉以免道傍暴露事。頃臣三十五"等二十三字，通行本脫此二十三字。

③則 明抄本"則"字上有"誤職"二字，是。通行本脫此二字，誤。

註籍經年，屢博溫綸，毫無補益，致使閣員久虛，職業盡廢。以綱紀論，即使今日黜臣，大恨其晚矣。然幸得借此未死之身，以脫離重大之任，則雖不能免瘝曠之罪，或尤可逃妨病之愆，天下後世尚有以亮臣之心者。若臣一死於官，則非特中外之人譏臣爲貪祿、無恥、臨死猶然不知，必將疑我皇上不欲簡用新推閣臣，故留一舊不肖以至死而後已，是聖明衡鑒且由臣而累，而臣一生名節又固死不能以自明。馳綱廢紀，臣實任之，臣雖長逝，魂必遭上帝之誅，魄必爲螻螘所食矣。興言及此，眼枯心痛，淚血迸流。萬不得已，望昊天而哀慟以祈聖聽也。伏願我皇上大廓仁慈，憐臣三十六懇，病危情苦，特賜哀憫，放臣回籍，俾臣骸骨不致暴露道傍，臣感荷天恩，雖在九泉之下亦含戴於萬萬載矣。臣不勝伏枕慟泣祈懇激切待命之至。"

二十五日戊辰，刑部浙江清吏司主事謝廷讚具疏，言人心宜安，國本宜固，敬伏闕上陳《乾》、《坤》、《損》、《益》之誼，《家人》、《中孚》之爻等事，奏催閣臣、考進科道、冊立冠婚，並停礦稅四事，跪伏文華門外，俟命喻①時，遣司禮監田義傳諭云："上本自有舊規，如何沽名要挾君上？好生狂躁，着出去。還照例候旨。"

二十六日己巳，大學士趙志皋、沈一貫題："伏奉聖諭：'諭內閣：朕仰承天眷祖德，賜生元子暨諸皇子。前屢旨明白，去歲以來卿等數揭上請，以②其元子冊立冠婚之禮重典，具③原所居之宮狹小，已着該監將慈慶宮葺飾以備移居。昨該監奏已工完。茲大典可挨次舉行，其分封諸王悉照前旨行。卿等宜體朕意，擇④日具儀來聞。還示諸官，不得又來煩阻。欽此。'臣等不勝慶忭，謹欽遵擬上聖諭一道恭進，伏望皇上親賜裁定施行。謹具奏聞。"擬上敕諭一道："皇帝敕諭禮部：朕仰承皇上⑤眷恩，祖宗慶祐，賜生元子暨諸皇子，體奉聖母慈訓，屢有諭旨申明，朕以元子冊立冠婚典⑥重大，且原居之宮狹小。今將慈慶宮葺完，以備移居。冊立冠婚次第舉行，其皇三子，

---

① 喻 "喻"當作"諭"。
② 以 據下文，"以"上當有"朕"字。
③ 具 "具"當爲"且"之誤。
④ 擇 據下文，"擇"上應有"撰敕諭禮部"五字。
⑤ 上 "上"當作"天"。
⑥ 典 明抄本"典"下有"禮"字，是。通行本無此字，誤。

皇五子，皇六子，皇七子一併加冠分封。爾部便擇日具儀來。欽哉，故諭。"

是日，大學士沈一貫題："今日文書官趙金恭捧聖諭到閣：'諭內閣：朕仰承天眷祖德，賜生元子暨諸皇子。前屢旨明白，去歲以來卿等數揭上請，以其元子冊立冠婚之禮重此①，且原所居之宮狹小，已着該監將慈慶宮葺飾以備移居。昨該監奏已工完。茲大典可挨次舉行，其分封諸王悉照前旨行。卿等宜體朕意，撰敕諭體部擇日具儀來聞，還示諸官，不得又來煩阻。欽此。'臣不勝踴躍欣忭，當即舞蹈叩頭，欽遵附奏外，臣惟皇長子冊立冠婚、諸皇子分封諸王，天地祖宗屬意已久，皇上斷自聖心，親灑宸翰，諭臣等撰敕舉行，仰見皇上至聖至神有典有則，慰廟社慈宮之望，延子孫萬億之休，答華夷臣民之心，錫宇宙綿長之福。此普天同慶，率土齊歡，無不敬祝皇上萬萬歲壽者也。容臣即會首輔志皋，同撰敕諭上進。其慈慶宮既改爲元子之宮，舊懸扁額悉定②更定，容臣等擬名上請。諸王分封，遵奉前旨亦宜即行冠禮，容臣等傳示該部。臣再惟皇上此舉，承天意以弘祖德，至敬也，建元良以定國本，至仁也，明長幼以廣藩衛，至公也，順羣情以寧海宇，至恩也。凡在臣民，無不思服③，豈復敢有煩阻者乎？昨小臣無知，妄行聒瀆，誠所謂螻蟻微物，不知天地之高深者也。伏惟皇上廣度弘包，頤神養性，臣不勝惓惓，已即欽遵傳示該部，令諸官恭體聖心，不得又來煩阻外，其敕旨尊藏閣中，以傳罔極。謹具回奏以聞。"奉旨："朕覽卿奏，具見忠愛敬慎。但昨日畜物之疏，朕知出位效顰，沽名要挾，以致之不覽。姑從寬處了。今卿奏勸，朕以④知之。況此大典，前有屢旨明白，實乃斷自朕心，豈可聽其無知小人乘機聒瀆哉？卿宜仰體朕意，傳示大小羣臣知悉。"

① 此 明抄本作"典"，是。通行本作"此"，誤。

② 定 明抄本作"當"，是。通行本作"定"，誤。

③ "服"似當作"報"。

④ 以 "以"疑爲"已"之誤。

萬曆起居注

四①月甲戌②，朔。

三日戊申③，賜輔臣趙志皋銀綵扇六把、釘④鉸扇十把、砷磲扇二十把，沈一貫銀綵扇五把、銀釘鉸扇十把、砷磲扇二十把，及講官劉元震等二員有差。

五日戊寅，大學士趙志皋、沈一貫⑤："前二十六日恭奉聖諭：'朕仰天眷祖德，賜生元子暨諸皇子。前屢旨明白，去歲以來卿等數揭上請，朕以其元子冊立冠婚之禮重典，且原所居之宮狹小，已着該監將慈⑥慶宮葺飾以備移居。昨該監奏已工完。兹大典可挨次舉行，其分封諸王悉照前旨⑦。卿等宜體朕意，撰敕諭禮部擇日具儀來聞。還示諸官，不得又來煩阻。欽此。'臣等不勝欣忭。隨查舊典，擬敕進呈。今句⑧日未蒙允發，在朝臣工接踵來問，或責臣等撰述稽遲，政成擔閣，或疑臣等擬議未當，有煩聖裁。臣等告以即日擬進，並未稽留，但學識淺疎，容有未當，然累朝典章具在，已曾參考，聖諭又極詳明，不必潤色，若夫儀注條目自應部題，竊揆聖明旦晚定發。又謂首夏清和，成禮甚便，竭誠敦請，責在輔臣。臣等又謂天性至親，聖心尤切，震⑨衷獨斷，金石不移。且皇上方令各官無復煩阻，而臣一貫已曾再三面與滿朝言之矣，宜當靜聽，德音不遠。或又謂冊立大典舊規，原該文武百官頻章奉勸，今聖意獨斷，四海皆知，累朝舊規似亦難緩。此言則臣等頗以為然，而亦未敢許也。因此密揭上請，望皇上早將敕書欽定傳發，以昭始終獨斷之意，以免羣臣敦請之煩。且皇三子今齡十五，諸皇子皆漸長成，冠婚諸典接續當舉，前者有阻，則後來必妨，前既通行，則後亦無礙，庶幾庭幃長幼之和氣充溢，而社稷宗廟之禔福無窮也。臣等忝備股肱，義關休戚，撰發敕書，又係職掌，謹齋沐同心具兹披瀝。緣係事幾，不欲外洩，臣一貫謹勉強手書，潦草殊甚，更祈聖慈矜宥。臣等不勝戰慄之至。伏候敕旨。"奉御札："諭內閣：祖宗制度，國家典禮，朕審時察理，裁奪奉行。昨以慈慶宮修葺完備，皇長子暨諸皇子冊立、分封、

---

① 四 "四"上當有"萬曆二十八年"六字。
② 戌 明抄本作"戊"，通行本作"戍"，皆誤。當為"戌"。
③ 戊申 "戊申"當為"丙子"之誤。
④ 釘 "釘"上似當有"銀"字。
⑤ 貫 明抄本"貫"下有"奏"字，是。通行本脫此字。
⑥ 慈 明抄本"慈"上有一"慈"字，誤。通行本無此字，是。
⑦ 旨 明抄本"旨"下有"行"字，是。通行本無此字，誤。
⑧ 句 明抄本作"旬"，是。通行本作"句"，誤。
⑨ 震 明抄本作"宸"，是。通行本作"震"，誤。

冠婚大典，已諭卿等撰敕挨次舉行。偶有畜物謝廷讚，乘機出位要功，朕固惡其狂妄，以致少待，使天下臣民曉然出自朕心斷定，不惑於奸小之聒瀆也。今覽卿等奏揭，具見忠慎詳悉。已知道了。卿等可傳示諸司，靜俟移居畢，即發敕行矣，不得逞臆又來聒阻。特知①諭知。"

七日庚辰，大學士沈一貫題："今日文書官冉登捧到御札：'諭內閣：祖宗制度，國家典禮，朕審時察理，裁奪奉行。昨以慈慶宮修葺完備，皇長子暨諸皇子冊立、分封、冠婚大典，已諭卿等撰敕挨次舉行。偶有②畜物謝廷讚，乘機出位要功，朕因惡其狂妄，以致少待，使天下臣民曉然出自朕心斷定，不惑於奸小之聒瀆也。今覽卿等奏揭，具見忠慎詳悉。已知道了。卿等可傳示諸司，靜俟移居畢，即發敕行矣，不得逞臆又來聒阻。特此諭知。欽此。'臣恭繹聖謨，不勝喜躍。仰惟大典定自宸衷，乃皇上奉天法祖之至誠，建極明倫之盛舉，操柄未嘗移於下，議論未嘗採於人，屢旨甚明，臣民久喻。昨奉諭旨，謂修葺慈慶宮以備皇長子移居，已見聖慈真切，聖慮周詳，今又奉諭，謂移居畢即發敕行，尤見時日不遠，益宜靜聽，大小臣工寧復敢有逛③逞胸臆，以滋聒瀆者乎？臣一貫在閣辦事，職當奉行，已即傳示首輔及該部科，令百官恪加遵奉外，其慈慶移居當擇吉日，伏想聖明留意。所奉御札，謹尊藏閣中，以昭謨訓於萬世。謹具回奉④以聞。"

九日壬午，補賜二十七年節輔臣志皋銀五十兩，綵段四表裏，一貫銀四十兩、綵段四表裏，及講官劉元震、朱國祚二員有差。一貫及元震等報名廷謝。志皋具題："為恭謝天恩事。本月初九日，伏蒙皇上以年節頒賜臣銀五十兩、綵段四表裏。臣臥病私寓，不能隨次輔一貫匍匐廷謝⑤，謹力疾伏枕望闕叩頭祗領訖。伏念臣賦才最庸，受恩最重，溺職更深，素湌已久，展轉牀蓐，度日如年，瞻依闕廷，自夜達旦，恨調攝之無術，致步趨之莫勝。頭顱如許，曾日月之幾何？皮骨空存，偈陽春

①知 明抄本作"此"，是。通行本作"知"，誤。

②有 明抄本作"省"，誤。通行本作"有"，是。

③逛 明抄本作"狂"，是。通行本作"逛"，誤。

④奉 "奉"當作"奏"。

⑤謝 明抄本作"諭"，誤。通行本作"謝"，是。

之屆序。仰荷天眷，曲賜矜憐，裊蹄雲錦，出自上方，服寵銘心，感生分外。皇上乾坤大造，實有意於生成，雨露深恩，更容心於沾沐。臣一息尚存，效犬馬之依戀，孤忠未泯，同草木以敷榮。伏願皇上，德與日新，道隨陽長，起萬年交泰之隆，鼓四海同春之化。臣不勝感戴欣躍之至。謹具題恭謝以聞。"

十六日己丑，大學士趙志[1]皋、沈一貫題："爲纂修玉牒事。先該臣等題前事，推得詹事府少詹事兼翰林院侍讀學士敖文禎、右春坊右[2]庶子兼翰林院侍讀[3]范醇敬堪充玉牒纂修官，合將范醇敬量陞詹事府少詹事兼翰林院侍讀學士，令其不妨原管講讀事務，兼管前事。伏乞敕下吏部，查照施行。臣等未敢擅便，謹題請旨。"奉旨："是。吏部[4]知道。"

二十日癸巳[5]，大學士沈一貫題："昨日吏部堂上官來會臣，言本部推陞本已數日，未蒙允發，欲臣具揭催請。蓋舊規推陞過後，方因此缺可以大選。今未允發，則於大選實有妨礙。事非得已，輒敢爲之代奏，伏乞皇上早賜發票，以通銓法。無任懇祈[6]之至。伏候敕旨。"

二十九日壬寅，大學士趙志皋奏："爲衰病已亟詞涕並零三十起懇天恩俯廓仁慈放臣回籍以遂生還事。念臣卧病經年，陳情已[7]三十六懇，尚未蒙慈允，蓋自古未有老臣叩閽如此之瀆，亦未有聖君眷臣如此之隆。顧臣危篤困苦，誠不能一日留於輦轂之間，曠職廢官，更不能一日廁於館閣之上，是以寧至煩瑣，不敢苟延。方欲再懇間，乃恭遇我聖明念宗社大計，舉行冊立、冠婚大禮，命臣等撰敕。於是臣雖在牀蓐聞[8]，尚以職業未離，臣同官一貫猶列臣名上請。臣何敢圖一己之私，致冒忌諱？故逡巡旬日，未敢具疏。但臣命如飛絲，氣如絕縷，自首至身，自身至足，上下皮毛，內外骨肉，無處無病，則無處無苦，紙筆難以形容，口舌難以宣悉，再無主[9]路，所望者惟一死耳。夫臣危篤如此，泣訴如此，流淚繼之以血又如此，譬之折翼退

①趙志　明抄本無"趙志"二字，誤。通行本有"趙志"二字，是。
②右　明抄本作"在"誤。通行本作"右"，是。
③讀　明抄本"讀"下有"唐文獻專管纂修玉牒，迄今在籍，尚未到京。照得纂修重事，難以久虛，臣等推得見任左春坊左庶子兼翰林院侍讀"等四十五字，是。通行本脫此四十五字。
④部　明抄本無"部"字，誤。通行本有此字，是。
⑤"巳"當作"巳"。
⑥祈　明抄本作"疑"，誤。通行本作"祈"，是。
⑦已　明抄本"已"下有一"已"字，誤。通行本無此字，是。
⑧聞　"聞"當作"間"。
⑨主　"主"當作"生"。

羽，水穀不食之禽，即棄投溝壑尚恨展汙，乃復欲留之於樊籠內，亦何益耶？萬萬不得已，擁衾伏簀，叩首呼天，仰祈我聖慈憐臣萬苦攢心，百病攻體，憐臣一命，放臣早歸，俾臣得望里門以歿，臣在九泉感恩萬代矣。臣不勝辭窮情竭、搵淚拭血、激切哀祈、待命之至。"

萬曆起居注

五①月癸卯，朔。

四日丙午，大學士沈一貫恭視乾清、坤寧二宮工程，賜茶。

六日戊申，大學士沈一貫題："蒙發山西礦課太監張忠一本爲鹽議已定鹽課未定仰遵明旨酌議鹽價懇祈聖裁永著成令事，令臣擬票。臣惟各處上本，例有揭帖，則閣臣得預爲講完，尚多下部，使堂司各盡所長，查例題覆，然後臣從而據理擬票，此舊規也。惟欽差內臣並無一揭到臣，無由知其源委，張忠所奏又爲鹽事，國儲邊計關係非輕，數千餘言倉卒難解，臣實愚昧，不敢妄擬。況欲酌議鹽價，永著成全，豈臣一時片言所可輕預？仰惟聖明必有乾斷，伏乞親賜裁決，或允臣所擬，下部看詳，必②有以仰副聖心者。臣謹惶恐上復，伏乞聖慈俯亮。臣不勝感祝之至。"

二十日壬戌，大學士沈一貫奏："爲恭謝天恩事。臣以一品三年考滿，伏蒙聖恩遺③御前牌子李虎，賜臣原封鈔二千貫，羊一隻，酒十瓶，齎捧到臣私寓，臣謹焚香叩頭祗領訖。伏念臣性資薄劣，才術疏庸，猥蒙特達之知，謬辱贊襄之寄，優游一品，荏苒三年。民有仳離，蓋鮮阜安之策，國多氛祲，曾無燮理之方，未遑逃祿之歸耕，長愧尸居而素飽。會茲考④績，顧俟黜幽，乃荷聖慈，更隆晉錫，逭靈誅而存舊，駢⑤貺以轉新，寶鍰累千，分重珍於御府，牲醪維旅，流溫玉于天庖，恩自中來，益從外至。臣念支離之已久，憂責方深，承拂拭之過勤，感唧彌甚。何以仰酬天地，誓惟俯竭股肱。以飲水食蘗自將，少圖尺寸，惟補袞調羹無術，終負高深。臣不勝頂戴感切之至。除報名廷謝外，謹具奏謝以聞。"

二十一日癸亥，大學士沈一貫題："今日蒙發兵部覆兵科本爲黔師報捷滅賊有期諸路未齊糧餉不繼懇乞嚴旨急集兵糧議殊賞以收全勝事，除督兵催餉等情臣已票擬外，其欽賞隴澄一節，

---

① 五 "五"上當有"萬曆二十八年"六字。

② 心 明抄本作"必"，是。通行本作"心"，誤。

③ 遺 "遺"當作"遣"。

④ 考 自此"考"字始，下至"但土司恥敗不盡"之"盡"字，凡八百一十三字，通行本誤置於萬曆二十八年四月紀事之末尾，茲據明抄本改正。

⑤ 駢 明抄本"駢"上有"拜"字，是。通行本脫此字。

臣查得隴澄係鎮雄府土知府，原名安堯臣，即貴州宣慰安疆臣親弟，同母鳳氏所出也。年方十七歲，見領兵征播。蓋楊應龍與安疆①臣接界，聲勢相倚，往來相通，必②爲疆③臣必當助己。又料前巡④江東之參諭疆臣，疆臣必不爲朝廷用。故敢乘機跳梁，而不知皇上已正江東之⑤罪，收安疆臣之心。近又有旨，備言朝廷推誠布公，賞罰明信，微功必錄，豈負忠義之臣？令疆臣奮忠討逆，奉公滅私，進兵報效，毋生疑阻。該督撫宣諭與知，鳳氏踴躍受命，而傾心於國家矣。初安兵直入大水田，去逆巢止十里，此時安氏頭目尚有暗與播通者。三月二十九日，楊酋襲安營，隴澄持鎗督陣大戰，殺其頭目仕⑥十餘人，軒⑦級近萬，殘其第四子楊惟棟，而安兵多損傷。隴澄即將中間隱情言於其母兄之前，疆臣遂傳令殺其目把羅鎮，而鳳氏掃土起兵，把盞送二子，徧傳酒於各目，復於四月十一日進兵。近今又報，隴澄計哄楊酋，招其頭目尚義、黃繼枝來營，議撫賊，果具降文，備禮物，遺⑧尚義等二十四人來，已皆擒送貴州矣。尚義等係賊親信腹心，軍門懸賞以指揮募之者也。今既被擒，則賊勢益窮，而安氏之實心益見。故該科引朝鮮蔚山例，請先賞隴兵若干金，該部議覆，止賞隴澄一人金幣，蓋將結安氏忠義之心，而絕楊酋交通之望，且鼓漢土諸將觀望之意，所裨不細也。臣謹票擬，並詳始末以聞。伏惟聖明裁允施行。不勝瞻望之至。"

二十四日丙寅，大學士沈一貫題："臣今日在閣接得川湖貴州總督李化龍征播揭帖書札，言王師入⑨路進剿，賊勢難應援，亦難防守，故只集兵關內以火⑩戰。三月二十九日，戰水西安氏兵，四月初三日戰我綦⑪江兵。此二枝兵在八路中稱最勁者，然皆先敗而後能勝之，可見賊本勍敵，未易與也。安氏損兵千餘，大頭目柯阿個之二子俱傷，但土司恥敗，不盡⑫報耳。初四日以後，戰我合江兵，連戰二日，不分勝負。至初七日，投文詐降，總兵吳廣亦詐應之，而嚴備以待。初八日捲土來戰，廣力戰，敗之。初十日，賊集其衆苗而誓之曰：'爾等不爲我盡

萬曆二十八年

一七五一

①疆 明抄本作"疆"，是。通行本作"彊"，誤。
②必 "必"當爲"以"之誤。
③疆 明抄本作"疆"，是。通行本作"彊"，誤。
④巡 明抄本"巡"下有"撫"字，是。通行本脫此字。
⑤之 明抄本"之"下有"之"字，是。通行本脫此字。
⑥仕 明抄本作"伍"，是。通行本作"仕"，誤。
⑦軒 明抄本作"斬"，是。通行本作"軒"，誤。
⑧遺 "遺"當作"遣"。
⑨入 "入"當作"八"。
⑩火 "火"似當作"大"。
⑪綦 "綦"當作"綦"。
⑫盡 自此"盡"字始，上至"會茲考績"之"考"字，凡八百一十三字，通行本誤置於萬曆二十八年四月紀事之末尾，茲據明抄本改正。

力，我今上囤，任官兵殺爾矣。'衆苗曰：'合江手硬，綦江銃狠，委實難敵。明日當敵南川①。'至十一日，詐降我南川。十二日，刼營。先已審知，而伏兵以待之。復敗而去。於是父子相哭，而上海龍囤矣。十六②，川兵四路始會而約期。十七日，南川兵先至囤下，各有殺傷。日暮，據其關。十八日，綦江、合江兵俱至，盡掃其囤下周圍之小囤，苗兵有殺者，有散者，有去而投安氏者。今囤下已無苗賊，惟有保囤苗而已。其黨田一鵬等五十一人謀爲内變，已領高推官執照矣，内一人漏泄，賊盡殺其妻子，事遂不成。然自此腹心盡潰，父子相疑。四面攻之，不自焚即當爲人所執，不能逃矣。左李化龍之言如此，臣不勝欣忭。此賊早晚可殲，以寬皇上西南之憂。但地方殘破已甚，所宜極力撫摩，官兵會集甚多，所宜破格酹賞。況聚兵非難，散兵爲難，善始非難，善終爲難。官帑既空，民財又罄，上下告急，凡事掣肘。所以汲汲爲之計者，臣與部院，憂責尚殷，敢不竭力？尤祈皇上加意惠綏，勵精振飭，賞罰並舉，恩威互行，如天地秋殺之後繼以春生，使臣下有所奉行，億兆有所倚命也。臣撮其略節，以便聖覽，不勝欣喜悚望之至。謹具題知。"

　　是日，大學士沈一貫奏："爲考課無功隆恩難冒懇乞聖明特允懇免以安愚分事。臣以一品三年考滿，該吏部題奉聖旨：'沈一貫簡任密勿，匡贊忠勤。兹一品滿考，勞績茂著，着加少保，改吏部尚書，餘官照舊，蔭一子與做中書舍人，給與應得誥命，還賞麒麟胸背服一襲。欽此。'臣捧讀恩綸，不勝惶悚。除麒麟胸③背服臣不敢固辭，容拜賜廷謝外，竊惟考課之法，總三年功過之實，以行一時黜陟之權，勸懲攸存，風勵斯遠，載在令甲，爲法甚嚴。況閣臣乃九重之倚毗，庶府之瞻矚，稱職則天下蒙其利，曠職則天下被其害，功過視諸臣爲尤大，而黜陟比諸臣宜更嚴也。臣自忝竊以來，優游送日，燮理無絲毫之益，經綸罔一線之長，愆尤叢生，罪垢山積，下慚所學，上負聖朝，正當及此省成，明示幽黜，固臣之分所宜，而心所甚甘者。乃皇上寬其厚釁，録其微勞，特詔所司，復其故處，斯則如天之

萬曆起居注

一七五二

① 川　明抄本"川"下有"耳"字，通行本無此字。

② 六　明抄本"六"下有"日"字，是。通行本脱此字。

③ 胸　明抄本"胸"下有"比"字，誤。通行本無此字，是。

聖德甚弘，而溝澮之臣涯已溢矣。何復詢之於不可循之故典，而假之以非所望之誤恩，晉崇秩於三孤，超先諸老，轉羖銜於首部，統率百僚，而獨私於一臣也？朝署焜煌，縉紳聳歎，宜黜而陟，文過爲功，甚非所以貽愚臣以安，而昭至公之典矣。臣聞明主之敷恩也，匪日是計，惟功是計。今臣計日雖有三年之滿，而程功實無一字之裨。老智多昏，自知猶審。既已隳職而壞身矣，雖欲名之爲積資養望亦不可，既已殃民而蠹國矣，雖欲名之爲伴食充位亦不可。從此褫歸，尚及寬政，更加登進，豈其德賞？蓋《易大傳》云：'德薄而位尊，知小而謀大，力小而任重，鮮不仆矣。'臣嘗誦而自憐，私以爲德薄不能強而厚也，知微不能強而多也，力小不能強而大也，顧不能自強而猶能自量，知屠羊說之辭爲三旌，庶幾亦可，復不自量，則蝜蝂之斃於多取，而螳螂之糜於敢當也，必無幸矣。臣不敢以身爲蝜蝂、螳螂，而願附於屠羊說之後，以無累聖明綜覈之政。伏望皇上察臣捆誠，毫無矯飾，收臣新命，俾緩顛隮。如欲策勵其將來，姑令率循夫舊貫。仍乞博採賢碩，共圖政幾。臣敢不竭盡狗馬，啣結環草？臣不勝激切祈仰之至。"奉旨①："卿碩德重臣，勳勞茂著。考績加恩，原係彝典。宜體朕眷壞，恪遵成命。不允辭。吏部知道。"

二十六日戊辰，大學士趙志皋、沈一貫題："先該禮部題准，江西等府起送到，萬曆二十八年及二十四等年各處選貢生員，共二百五名開②送翰林院考試。臣等會同禮部右侍郎兼翰林院侍讀學士掌院事曾朝節，出題彌封，嚴加考試，取中文理通上卷四卷，文理亦通中卷二百一卷，俱應准貢。謹將各試卷進呈御覽，伏乞聖裁發下臣等欽遵施行。"奉旨："是。該部知道。"

二十九日辛未，大學士沈一貫奏："爲再瀝悃誠懇辭渥③以少釋慚負事。臣頃以一品三年考滿，濫被隆恩，具疏辭免，奉聖旨：'卿碩德重④，勳勞茂著。考績加恩，原係彝典。宜體朕

萬曆二十八年

一七五三

① 旨 明抄本無"旨"字，誤。通行本加"旨"字，是。

② 開 明抄本作"閣"，誤。通行本作"開"，是。

③ 渥 明抄本"渥"上有"誤"字，通行本無此字。

④ 重 明抄本"重"下有"臣"字，是。通行本無此字，誤。

眷懷，恪遵成命。不允辭。吏部知道。欽此。'仰惟聖眷優崇，恩綸稠疊，感激涕泗，誼當勉承。但臣反覆思維，實增慚懼，若芒刺之集於背，而叢棘之實於身也。心之神明已不自許，敢不再三披陳，伏祈憐察？臣嘗聞伊尹有曰：'一夫不獲，時予之辜。'又嘗聞程顥有曰：'一命之士苟存心於愛物，於人必有所濟。'臣幼佩斯言，壯欲行之，老而無所成，有不能頃刻寧矣。蓋緣克己未盡，忘身不真，雖懷捧日之忱，竟抱書空之悔。經年姑待，於時何所短長？逐節支持，於世焉①輕重？見義無必為之勇，懷情有不盡之嫌，以祖宗二百年泰寧天下，而脊脊多事自臣當事始，又自臣獨事始，然則人之不獲豈止一夫？撻市之羞，又將誰諉？求去不得，祈死不能，不得已而託之於程顥之言，以為苟有濟於分亮，亦庶酬夫萬一。然而燎原焚之，勺水救之，曾所餘之幾何？福輕於羽，禍重於地，雖至愚亦知辨，況臣有天下之任者也？非一命之士也，安得妄援而自解乎？以故視日如年，睹寵若辱，首尾狼狽，魂魄分張，不敢覬祖帳之榮，不敢希蓋帷之厚，但得賜歸田里，苟免譏嘲，臣之願也，亦臣之幸也。比當考課，意極逡巡。聞閣中有前輔臣王錫爵不報滿故事，竊欲倣之，而或以非制見繩，又復靦顏過部矣。夫爵賞，廟廷礪世之具也，臣豈敢逃之？遭逢，聖賢用世之資也，臣豈不願之？顧用以襃德而德涼，用以報功而功蔑。前人際亨履泰，彰賜所以著恭，今臣叢釁積愆，冒恩所為滋罪。且閣臣缺員久矣，皇上甚靳簡用，而專意於臣，皇上所以望臣者蓋倍，而臣之所以負皇上者亦倍，見恩難艱②，見職難供，晚節難知，後功莫料，日復一日，危而又危，加之官高，其危彌甚。臣非謂一辭便可免於殆辱，以為獲辭度③幾高有面顏耳。伏望皇上察臣固避，悉由悃誠，心相體亮，而義相成就，特難④辭免新命，俾仍舊官，策勵辦事。臣言而見從，榮光千萬，都俞之朝，寧需進秩？蓋與親見堯舜不殊矣。臣不勝激切懇誠敦請之至。"奉旨："覽卿再辭恩命，具見忠懇。考績舊典，原非過分，豈宜固遜？還遵命以慰眷懷。所辭不允。吏部知道。"

① 焉 明抄本"焉"下有"能"字，是。通行無此字，誤。

② 艱 "艱"疑為誤字。

③ 度 明抄本作"庶"，是。通行本作"度"，誤。

④ 難 "難"當為"准"之誤。

萬曆二十八年

六①月壬申，朔，大學士趙志皋題："伏念病臣乞歸，自三十二懇以至三十七，疏又六上矣，生死病苦，陳說已盡，尚未奉有俞旨，臣誠知皇上憐愛深篤，是以勉留至此，又何敢繁詞絮語，屢聒聖聰？是以年月有餘，惟伏簀待斃而已。但臣瞑目淨思，所不懼者此死，所大慮者此宮②。歷考累朝憲無③，並未有問④臣卧病經年曠職如臣者，並未⑤閣中寥寥一臣辦事一臣卧病如臣今日者，亦並未有閣臣上疏乞歸至三十七懇未蒙得請如臣者。誤國妨賢，鮮廉寡恥，臣實任爲書之史册，傳之后人，未有不掩口笑罵於臣者。夫人之生死，固自有數，可足悲切？獨念臣因病廢官，因官致死，生前之心無以自明，死後之名無以自白，此則臣之哀慟不能已於言也。況臣衰病至危至篤，即使盧扁醫治，亦萬萬無可起之理，留臣在邸，徒以孤皇上浩蕩之恩，增病臣莫大之罪耳。爲此泣血叩頭，不自知其瑣屑，再此⑥哀懇天恩，俯廓仁慈，憫憐臣苦，或檢蚤⑦臣前疏，或即批發今揭，特放臣骸骨歸歿故鄉。臣雖在九泉之下，感戴天地覆載之恩，實永永矣。"

是日，大學士沈一貫題："臣行能無取，奉職多愆，昨以考滿，蒙恩超踰過甚，不勝惝悚，再瀝辭免。聖眷特厚，温綸洊頒，臣拜受誠愳，挫達似瀆，謹已祗領，於今日報名廷廷⑧謝外，但念臣壯不如人，老尤無用，繆當揆路，復晋孤卿，輕塵何增岱華之高，涓滴何益深渤之大？況夙病纏糾，前疴轉增，不惟力倦筋衰，抑且智昏神困，誠恐辜負恩造，罪戾滋多，么麽隻身，萬死奚益？輒恃寵眷，因披禱求，伏乞皇上垂念政本不可久虛，屢愚不可獨任，親發藻鑑，簡用忠賢，庶幾贊襄多而政事理，朝廷重而海宇安也。臣不勝感激天恩之至。謹具題恭謝，并申懇請以聞。"

是日，大學士沈一貫題："今日蒙發刑部尚書蕭大亨告病一本，令臣票擬。臣查得蕭大亨前經告病，擬留未發，本官近以一品三年考滿，蒙恩復職，繼因科臣李應策論趙壽祖而波及本官。大臣之義，引咎求去，彼自爲名節計也。顧本官典刑署兵，心力俱瘁，姑無論功，而勞亦可錄，通考非過，已蒙聖明洞鑒，

① 六 "六"上當有"萬曆二十八年"六字。
② 宮 "宮"當作"官"。
③ 無 "無"當作"典"。
④ 問 "問"當作"閣"。
⑤ 未 "未"下當有"有"字。

⑥ 此 "此"當作"次"。
⑦ 蚤 "蚤"疑爲"發"之誤。

⑧ 廷 明抄本無此"廷"字，是。通行本有此字，誤。

則今告病之疏宜蒙聖慈慰留。刑獄事繁，杜門非體，伏乞皇上批發，以隆大臣之體，以慰在廷之心。臣不勝惓惓。再照李應策舉發趙壽祖私書，公正可嘉，已蒙聖恩紀錄。聞應策曾經吏部推陞京堂，近今又催未下。則紀錄之文似成虛典，非所以昭恃①勸也。伏乞檢發吏部推陞李應策前本，准其陞轉，又臣所惓惓。"

十六日丁亥，大學士沈一貫題："今日該文書官冉登捧出聖諭：'諭內閣：朕聞知琉璃河橋，南北要路，原是皇祖時修蓋過，經今年久，坍塌損壞。朕憫念往來官民跋涉艱難，朕昨朝謁聖母奏知，聖心嘉悅。欽降銀一萬兩，並朕內帑積餘及各處進助銀兩，今命內官監太監何江前去修造。卿等可傳示該部，選委勤慎司官一員，與同一體，以董其事。務要工堅省費，作速完成。此乃朕意，一應工費不得科擾小民。還寫敕與他，諭卿等知。欽此。'到臣私寓，臣謹焚香叩頭開讀訖。仰惟皇上大孝承親，至仁拯物，通居儲之泉寶，造利濟之津梁，以世聞②珍，錫世間福，廓鴻恩於終古，流顯號於萬年。願推此心，加諸四海，出民生於已溺，奠皇祚以如磐。臣不勝欣祝頌禱之至。除即欽遵傳示該部遵奉外，所有御扎③尊藏閣中，以垂永久。謹回奏以聞。"

十九日庚寅，大學士沈一貫題："臣昨接得禮部揭帖為議復科場事宜等事，因浙江、江西鄉試循例推舉考官，上請聖明點用，已經五次具題，日期迫近，跂望懸切，欲臣代為陳請。臣至庸愚，未測聖意。但思天下秋場，皆以八月初七日鎖院行事，而浙江去京師四千四百里，江西去京師四千六百餘里，原定出差齎捧等，限浙江八十八日，江西九十四日。今考官事體更嚴，即令日夜奔馳，亦須五六十日。該部若不催請，必致有誤賓興，咎責奚辭？故爾屢瀆。伏伏④乞皇上俯垂鑒原，即賜點發，臣等幸甚。再照以後尚有湖廣、山東、山西、河南、陝西及應天、順天諸處，並乞聖心一視同仁，隨題點發，庶昭右文之意，而

① 恃 "恃"當為"特"之誤。

② 聞 "聞"當作"間"。

③ 扎 "扎"當作"札"。

④ 伏 明抄本無此"伏"字，是。通行本有此"伏"字，誤。

並盛典有光矣。臣無任惓惓祈望之至。"

二十日辛卯，大學士沈一貫題："今夏酷熱異常，天久不雨，諸穀焦枯，物櫃①盡踊，即蔬蔌之類入市亦少，加以疫病流行，虐痢時作，羣心遑遑，仰籲無所。恭惟皇上敬天勤民，仁慈隱惻，伏望特諭禮部行順天府官，竭誠祈禱，並令張真人醮龍行雨，庶幾天心默回，聖澤溥被，而萬民受更生之賜。臣不勝惓惓懇祈之至。謹擬聖諭一道恭進，伏冀裁定施行。伏候敕旨。"

二十一日壬辰，大學士沈一貫題："臣接得遼東總督巡按屢次書揭，及巡撫李植自致書揭，皆言巡撫與總兵該道意見不合，事事參差，蓄疑蓄憤，日甚一日，彼此之間已成不易釋之疑、互不可解之讎，今總兵揭誓詞於通衢以告神明矣。此等光景，豈可下與士民見、而外與夷虜知乎？不但不能同心報國，僇力防邊，必且虜至而戰守乖方，盜發而緝捕推諉，釀成大變，有不忍言，全遼之危有如纍卵。此鎮兩年之間，兩撫院三易該道，五更大將，文武將吏更換一番，則地方人心搖亂一番，再不得人，旦晚難保。巡撫李植先經奉旨回籍聽勘，吏部廷推久未點發，使植候代而不得去，上下離貳，展布實難。總兵該道又當議處，皆宜妙選，相應刻期代任。今夷虜零竊，無日不有，轉眼秋到，益無措手。若復泄泄，恐內變外患一時併作，雖有智者不能為之計矣。臣敢不避各官嫌怨，竭忠為國上聞。伏乞聖明亟加留意處置，幸甚。"

二十五日丙申，大學士趙志皋題："臣自三十七疏後，復具揭懇天待命，又經旬餘，未奉俞旨。夫臣之病，臣之苦，臣之危篤，臣之痛楚，蓋嗚咽不能言，亦激聒不勝瀆矣。但狐死首丘，代馬依風，今臣停棺待死之時，正宜以止足自處，終不忍因臣一身，仰累我皇上用賢之明。又不忍一旦客死，以竟作他鄉之鬼。是以寧冒威嚴，泣血哀訴。儻我皇上萬②幾之暇，清

①櫃 "櫃"當作"價"。

②萬 明抄本作"方"，誤。通行本作"萬"，是。

譴之時，閱臣連疏屢牘，必惻然有以動於聖衷者，特發慈悲，憐臣病苦，或批前疏，或批今揭，即放臣骸骨回籍，俾臣得幸而歿於家，此身已安，即不幸而死於路，此心亦遂。雖在九泉，實深感激。如我皇上終欲臣死於都下，則今盛暑炎熱，欝濕薰蒸，臣病更覺沉重，容臣舁出城外，暫寄偏僻僧房，納其清涼，以延旦夕。儻一朝長逝，俾遊魂得託於空門，殘魂可棲於閑地。總之，皆天地生成、雨露霑需也。臣不勝伏枕叩頭哀慟懇呼待命之至。"

是日，大學士趙志皋、沈一貫題："該文書官張文元傳出聖諭：'內①閣：近因久旱不雨，天時炎熱。朕昨偶爾中暑，心胸煩懣，夜寢不着，目今頭眩身軟，廟享親行，恐暈踣不能成禮。卿等傳示各官，務要虔潔恭誠供事、行禮。特諭卿等知之。欽此。'謹即傳示各該衙門欽遵外，臣等伏惟，廟享當親而未舉，聖心抱歉而不寧，即孔子所云'吾不與祭如不祭'之意，仁孝之至誠也。偶因違和，恐不成禮，特諭諸卿百執務加虔潔恭誠，仰見敬祖尊宗之忱，每切於內，因知法祖紹宗之道，必殷於懷。不既其文，當既其實。伏願事事以宗廟爲重，時時以續繼爲先，則在天神靈，鑒皇上不得已之意，而錫聖子神孫萬世無疆之休矣。所奉聖諭尊藏內閣。臣等謹回奏以聞。"

二十八日己亥，大學士沈一貫題："臣即刻接偏橋巡撫江鐸塘報，逆賊楊應龍已就天誅。不勝欣喜，謹以原報奏上，釋皇上西顧之憂。謹具奏知。"御札："諭內閣：朕覽卿揭奏偏橋巡撫江鐸塘報，逆賊楊應龍於六月初六日已就天誅。此寔仰賴天地洪庥，祖宗祐助。大小文武將士，溽暑之時成此大功，朕心嘉悅不已。其赦宥無辜、撫安地方合②事宜，卿可傳示該部議擬具奏。特諭卿知。"

是日，大學士沈一貫題："今日該文書官張文元捧出御札：諭內閣云云，欽此。臣恭捧開讀，不勝欣誦。竊惟此賊，憑兇恃險，敢肆跳梁，辜恩犯威，難容覆載，王師遠征，誠非得已。但既進兵交戰，理當刈草除根，騎虎背上，豈能輒下？故於盛

① 內 "內"上當有"諭"字。

② 合 "合"下似應用"行"字。

夏毒暑之候，赫曦滛霪之中，揮汗稱干，冒死致敵，亦文武將士分義宜然。至於克收成功，則天地垂庥，祖宗錫祐，皇上又獨持威斷，密運機籌，故歷世跋扈之雄，數月削平而盡，不獨師武臣力能致此也。皇上一聞戎捷，即念人勞，高居九重，恩周萬里，謂溽暑成功，事非容易，並加憐惻，形於詔詞，即此一言，雖解慍薰①風不異矣。又令臣等議擬赦宥撫安合行事宜，真所謂天地長育，父母生成。固結流離之心，昭蘇溝壑之望，遠近聞之，誰不感泣？臣即遵旨傳示該部，欽奉施行。謹藏聖諭於閣中，以示永久。謹回奏以聞。"

　　三十日辛丑，大學士趙志皋、沈一貫題："恭惟皇長子典禮，前奉聖諭冊立冠婚挨次舉行，臣等欽遵撰敕上進，而未蒙賜發。累經大小臣工時來詢問，臣等告以聖意天定，聖愛愈深，拱候玉音，且晚可待，九夏炎熱，行禮爲艱，不須煩言，止當靜聽。顧今伏暑已盡，爽氣方臨，臣等欲復因循不請不能矣。時享期屆，祖宗必且鑒歆。萬壽節臨，聖心又極歡豫。矧大捷正報，武功告成，人心太和，天意允洽。伏乞皇上時渙綸音，以成慶典。臣等曷勝欣忭瞻祝之至？伏候敕旨。"

① 薰　明抄本作"董"，誤。通行本作"薰"，是。

萬曆起居注

二①十八年七月壬寅，朔。

二日癸卯，大學士沈一貫題："該文書官冉登傳出聖諭：'諭內閣：朕覽卿等揭奏，具見忠愛懇切。典禮隆重，皇長子素秉清弱，盛夏溽暑，慮恐煩勞，誠重之，故少俟耳。朕心已定，卿等可傳示文武百官，靜候傳行，毋得要譽沽名，又來煩聒擾阻。諭卿等知。欽此。'臣捧讀再三，仰見皇上愛念皇長子至情，溫厚藹切，不勝欣忭。臣謹會同首輔趙志皋，回奏上言。竊惟冊立冠婚典禮，乃祖宗家法昭垂，皇上天性繫屬，在家法爲世守不可已之事，在天性爲真誠不可遏之機。輾轉宸衷，必且旦夕不能去懷，而萬倍於人臣之所請者，臣子似無庸言也。然而不容不言，則以時至而事起，萬古觀瞻恒於斯，君令而臣恭，有司職掌恒於斯。即如王府封婚之本，日見允俞，而皇上元子之禮，顧闕未舉，相提而論，羣情之不能頃刻寧②可知矣。兹奉聖諭，以溽暑爲慮，以少俟爲期，而令臣等傳示百官靜聽聒③。臣等敢不備宣聖意，切告諸司？但事有行期，則不言而喻，若更無定日，將雖令不從。臣等之愚，竊謂百官實宜靜聽不擾，以明承順之恭，皇上尤當早斷弗疑，以光佑啟之大也。除即傳該部科轉傳欽遵外，尊藏聖諭於閣中，昭示永久。顒俟明定吉期，以慰羣望。臣等無任惓惓懇切之至。謹具回奏以聞。"

是日，大學士沈一貫題："頃者仰藉天地祖宗鴻祐，皇上聖武神威，楊應龍既授首，趙古元又就擒，人心肅寧，斯誠大慶。然尚有最可憂者，遼東是也。遼東兵疲民竭，廣④肆盜多，而撫鎮道三臣彼此嫌怨，舌戟心刀，攻擊無忌，勢有不能一日容者。失遼⑤之一隅，所恃惟此三臣耳，而乖戾如此，方自相傾害之不暇，而暇防禦乎？絕塞軍民，日夜憂地方破裂，將有寧夏之變。故數日內，吏部、兵部、都察院及兵科、及薊遼總督、遼東巡按，相繼具奏，臣亦上揭以請，望皇上亟黜⑥遼東巡撫，往代李植行事。諸臣之心，豈有一毫己私於其間？不約而同，惟爲國家保全重鎮也。望眼將穿，而皇上無發，蓋未諗遼之危

①二 "二"上應有"萬曆"二字。

②寧 "寧"上當有"安"字。

③聒 "聒"上疑有"休"字。

④廣 "廣"疑當作"虜"。

⑤失遼 明抄本作"失"，通行本作"失遼"，似皆誤，當作"夫遼"。

⑥黜 "黜"當爲"點"之誤。

急如此岌岌耳。若不再請，臣罪何辭？夫巡撫李植奉旨着回籍聽勘久矣，特以無人交代不得脫手，而皇上靳於易之，豈謂植尚可用乎？欲保全植，莫如待勘問後用之內地，以盡其長，再留於遼，不惟遼之災，亦植之災矣。又豈謂吏部所推有未當乎？若謂未當，則亟令再推可也。更加遲回，所損於遼大矣。今天下巡撫有四缺，皆當急補，而遼東第一，次則延綏，次則蘇松，次則福建。皆勢窮理極，不可更遲，但遼尤其甚者。以一點之難，而貽四方不測之患，後之噬臍當何所及？伏望皇上少假燕閒，檢出吏部會推本，均賜早點，實今日燃眉急計。臣無任惓惓之至。"

六日丁未，大學士沈一貫題："臣惟遼東之危，危如累卵，今年決難保無失事，但猶望其少失事耳。該巡撫李植已經奉旨回籍聽勘，候代之人安可責成？而總兵馬林、該道張中鴻與之牴悟為仇，三人三心，虜若一來，誰與防禦？皇上不點新巡撫是棄遼也。遼危則京師危矣。已兩次進揭，詞拙語劣，不能感動聖心。伏乞即檢吏部會推遼東巡撫本點發，以保重鎮。臣不勝瞻懇之至。"

九日庚戌，大學士趙志皋、沈一貫題："先於四月二十日奉聖旨：'皇長子講學因天暑熱，自四月二十一日起暫免講學。欽此。'照得輟講已過三伏，立秋復踰一旬，暑氣日消，涼飈漸爽，正宜及時講學。恭候欽示日期，以便照常供事。謹題請旨。"奉旨："卿等說的是。但久旱，天時尚在炎熱，且皇長子氣秉清弱，恐致煩勞。着於九月初旬題請講學。諭卿等知。"

十四日乙卯，大學士沈一貫奏："為極陳君臣事使大義萬無獨用一臣之理懇乞聖明深惟遠計率循舊章博簡賢良以重政本事。比者亢陽不兩①，皇上躬禱深宮，穆然齊居，凝神靜覽。臣惟恭點②思道，正感發肖象時③，而憂早④勤懷，尤敷求霖雨⑤之日，乃堂陛之亢無逾於今。臣孤身直閣二年於茲矣，即不敢自

① 兩 "兩"當作"雨"。
② 點 "點"當作"默"。
③ 時 "時"之上當有"之"字。
④ 早 "早"當作"旱"。
⑤ 雨 明抄本作"兩"，誤。通行本作"雨"，是。

萬曆起居注

① 臣 明抄本"臣"上有"無"字，是。通行本無此字，誤。

② 倫 "倫"當作"偏"。

③ "馬"當作"焉"。

④ 是 "是"當作"足"。

⑤ 自偏偏之氣，獨至 據《敬事草》卷八，"自偏偏之氣，獨至"當作"皆偏勝之氣，畸至"。

⑥ 狀 明抄本作"伏"，誤。通行本作"狀"，是。

陳所苦，以干矜憐，敢不以君臣事使大義一颺言於明主之前？臣惟自有天地，即有君臣，有君必不可以無臣。君則一君，而臣必不可以一臣。徒恃一臣，與同臣①，無臣則上孤主勢，而下亦將有不細之憂。《易》曰：'雲從龍，風從虎。'夫龍至神矣，然非有雲爲之乘，則龍勢亦單而不能以自神，虎至威矣，然非有風爲之驅，則虎勢亦孤而不能以自威。人臣者，亦人主之風雲，而所恃以乘藉驅使者也。君而無臣，則勢亦單孤，而何以成神威之尊？故孔子曰：'賢人在下位而無輔，是以動而有悔。'此一悔者，豈其臣之悔？乃其君之悔也。遠稽上古，自堯舜未嘗獨命一官，近遡累朝，自高皇帝未嘗獨用一臣。今閣中寥然幾於無輔，無輔而能免於悔乎？臣嘗以寒劣請增矣，而不見信，嘗以病患請增矣，而不見信，又嘗以覆餗僨轅請增矣，而不見信。夫天下惟常理可以久行，而出於常理之外者不可久行。無論臣之不肖不可獨任，雖有天下全德具才之臣，亦萬無獨任之理。何也？天下之幾務甚大，何可獨任？天下之人才甚多，何必獨任？故古有六相九官四輔之倫，後世盡然，使其相仗、相資、相監、相濟，以舉大物。而有一倫②用獨任者，禍不旋踵。故曰：'偏用成奸，獨任成亂。'此其初起於人主一念之因循，人臣一念之貪戀，以至此也。宇宙間無一物不可用，而無一物可獨用。穀之養人也而種有五馬③，是穀亦不可獨用，獨用是④以致疾也。自餘自偏偏之氣，獨至⑤之味，可以一嘗，不可以久進。故藥有配合制伏之法，食有調和節宣之宜，設官則有副同恭佐之疇，官人又有協恭和衷之訓，皆所以預防人臣之專擅，以奉人主之威神，而使無下移旁落之漸也。臣奉職無狀⑥，皇上幸退臣以授能者，臣之大願。儻未厭臣，則兼用臣猶可，而獨用臣不可。此理亂之大防，古今之通忌，臣之所必不敢承也。伏望皇上細繹臣言，本於至誠，而關於大計，遠循帝王千古不易之定制，近遵祖宗一代世守之彝章，無謂因循嘗試可以久行，無謂苟且支吾可無大患，鑒前慮後，圖治防危，即將吏部屢推閣員，少假燕閒，欽定簡命，以佐萬幾，以寧萬世。此非但微臣之慶，乃天下臣民之慶，社稷國家之慶也。臣不勝悚息願望之至。"奉旨："朕覽卿奏，具見忠慎詳悉。內閣政本重地，豈有獨任之理？朕常繹思。所以遲緩者，慎重其職任耳。卿可傳示，便着吏部遄將前後所推閣員，開具奏來，朕自裁定簡用。方今國步艱難，卿宜安心調爕，弼成化理，以副朕眷倚至意。"

十九日庚申，大學士趙志皐奏："爲病臣至危至苦至篤謹泣血哀呼懇乞聖慈憐放朽骨還鄉以遂永訣事。臣自三十七懇天恩之後，又復數揭祈請，道①前已四十餘疏矣。臣誠情迫危苦，不自知其煩瀆冒昧，屢聒聖聰，顧臣從病發迄今，求歸不能，給假不能，辭祿不能，解職不能，欲暫出城外養攝僧舍中又不能，臣已心竭詞窮，止欠一死。顧臣病不必言矣，但古有因災異策免三公者。今何時也？天道亢陽，秋成無望，萬民失業，四海繹騷，而臣蒙皇上寄以首輔之任。將稱臣爲閣臣耶？而臣實經年臥病。將稱臣爲罷閑耶？而臣猶虛冒職銜。是臣進不得生，退不得死，不知爲何物。而皇上尚欲留臣在邸，是祇足爲國蠹耳。近蒙皇上允臣同官一貫之請，簡用閣臣，臣在衾褥中間②之，又不勝歡躍。然閣臣固由夢卜，亦有定員，儻臣得早歸避位，則皇上可以多補一員，師師濟濟，相與共贊皇猷，共襄化理，上回天變，下安人心，奠萬年弘業，實基於此。此臣所以寧冒忌諱，不能不泣血再懇也。伏乞皇上俯憐臣病臣苦，萬分危急，特放臣朽骨歸籍。即使臣一出國門以歿，猶勝歿於今之私宅也。臣不勝叩首搵拭祈禱待命之至。"

二十三日甲子，大學士沈一貫題："本月十七日蒙發吏部尚書李戴告病一本，內言文選郎中朱敬修③俸深選滿，倒不復入，並乞依擬陞授太常少卿，臣即票上，未蒙俞發。臣中夜自省，心實無私，擬亦非謬，敢洞陳於明主之前。照得自來文選郎中，止管六選即出衙門，其曾爲考功郎中管過考察大事者，五選即出。蓋此官恩怨之府，不可久居，若多管一日，便有貪權戀勢之罪。臣④臣誼官箴部規國制，皆當如此。至於選郎陞太常少

①道 "道"當作"到"。

②間 "間"當作"聞"。

③修 "修"爲"循"之誤。

④臣 此"臣"字爲衍字。

萬曆起居注

卿，亦歷年舊例，毫非有所優假也。今朱敬循俸深選滿例不復入，一一皆符，真非虛語，未蒙批發，則戴必心懷懼惶，益增其病，而部務日積，選事亦無管理，擔誤不小。伏望皇上俯察，將前疏早賜允發，以慰戴心，以通部事。臣不勝惓惓之至。"

二十五日丙寅，大學士沈一貫題："臣惟朝廷之事，非萬分緊要者，大臣必不合詞共請。昨日六部九卿公疏爲中使釀亂等事一本，臣願皇上留神省覽。蓋此一事，皇上原旨明言權宜暫行，乃今久而不收，加而益甚，害滿天下，禍迫目前。臣子於君，均同休戚，一字一淚，剖心敷肝，所利於皇上者，其大不止數千萬銀兩之利已也。皇上至聖至明，何煩臣下多説？特欲從容詔罷耳。然早罷一日，則國家蒙一日之利，而皇上增一日之福。至如程守訓，一無賴光棍耳。前南北科道各攻之，今六部九卿合攻之，再不拏問，何成朝廷？意者皇上未見南北科道之疏耳。疏中被害人名至有數百。稍有資本，輒行詐害，贓穢鉅萬，家怨人怒，無不欲食其肉者。皇上若檢出南科祝世祿、南道陳燵等本一試清覽，自動霆威，有不待於諸臣之言矣。自皇上臨御以來，德澤深洽，祇因一念未回，以致紛紜騷擾，逮官拏士，戕民困商，真非聖明之意。特起於秦①民之恣爲奸黨，而成於中官之聽信撥置，故至此極。憂國者不得已而設二策焉。其一力請皇上召還中官而罷礦稅，以信權宜明旨，上策也。其一即未遽罷，乞以見在定額責成撫按有司，照數包徵②，轉送中官解進，而盡逐奏民奸黨，不許停留地方，以除百姓餓豺飢虎之害，中策也。上策即未行，中策甚易行，乞皇上斷然行之，以收人心，以安社稷。今原奏奸黨無不起家發富、立致萬金者，轉相歆羨，徒類益繁，而流害愈亟。民窮則變，變即難救。法窮則變，變即可通。惟皇上俯察而善圖之。至於中官典兵，古今大忌，唐之中葉殷鑒不遠，此萬萬不可之事，臣知皇上必不許光③，兹未極言。臣無任披瀝懇苦之至。"

二十六日丁卯，大學士趙志皋、沈一貫題："爲作養人才

①秦　明抄本作"奏"是。通行本作"秦"，誤。
②微　"微"當作"徵"。
③光　"光"當作"允"。

事。萬曆二十六年六月內，該臣等題奉欽依，考選得進士黃國鼎等二十一名改翰林院庶吉士，並一甲三名及前科復館庶吉士高承祚等三名，俱在院教習讀書，及每月二次考試外，今經三年，臣等驗其所學，頗有成效。照得舊例，庶吉士教習有成，各授翰林院等官。隨查萬曆二十五年七月內，該臣等照例題准，將庶吉士朱延禧等考試授官訖。今次合無俯容臣等查照前例，於八月初一日將見在庶吉士十九名，從公考試，評品文字高下，擬開等第名次，封卷上進，恭候聖明裁定施行?"奉旨："是。"

萬曆起居注

① 八 "八"上當有"萬曆二十八年"六字。
② 己 "己"當作"巳"。
③ 年 "年"上當有脫字。
④ 得 明抄本"得"上有"難"字，是。通行本無此字，誤。
⑤ 足 "足"下當有脫字。
⑥ 業 "業"下似應有"職"字。

⑦ 遵 明抄本作"尊"，誤。通行本作"遵"，是。

⑧ 綸 "綸"當作"論"。

八①月辛未，朔。

十一日辛己②，大學士沈一貫題："伏蒙發吏部尚書李戴等一本爲大選益迫懇乞天恩允陞選滿司官以便銓補事，令臣擬票。照得年③文選郎中最得④人，多以被言敗官，不足⑤也。今朱敬循管過考功、文選，歷歷多年，恪供業⑥，絕無浮議，此邇來之所僅見者。循例擬陞，足以示勸。儻一概稽閣，則淑慝無分，銓曹混濁，而仕路終無可清之日矣。伏乞皇上准其陞授，幸甚。臣謹票擬上。謹具題知。"

十五日乙酉，以中秋令節，頒賜二輔臣上尊珍饌。

十六日丙戌，大學士趙志皋、沈一貫題："該文書官盧受捧出聖諭：'諭內閣：明日朕壽節，天下藩王、諸司及文武百官慶賀來朝，朕欲御文華殿受賀，以成君臣尊敬之禮。但其殿宇丹墀窄小，賀儀排班侍從不便。卿等可傳示禮部鴻臚官，暫免行禮。特諭卿等知之。欽此。'臣惟皇上久道化成，壽安萬國，天地神祇悉呈符瑞，王侯夷夏盡同車書，正下土快瞻之期，遠人利見之日，臣等濯心引首，思效呼嵩，而俄奉綸音，令傳暫免。皇上固輾轉宸慮，未嘗頃刻忘下濟之恩。惟因便殿規模，雖展備禮，雖未奉光儀，而藹然君臣交孚之情，已見乎詞矣。謹即刻傳示該衙門欽遵⑦外，臣等因思之，今紫極久虛，青蒲莫對，朝廷之儀不肅，上下之泰未交。近日工部請先建朝門，隨營正殿，此聖帝明王之所秉籙奉天，握樞臨極，上以集寶命而紹正統，下以開萬世而寧兆民，至急務也。若文華殿乃經筵日講之常御，九卿百執皆有定班，今聖體悅康，皇情豫暢，時一命駕，引見羣臣，商議政經，考綸⑧道德，此尤臣民萬心所共祈仰。臣等因事獻忠，輒附塵瀆，伏惟聖明留意。所奉聖諭，謹尊藏閣中，傳示罔極。臣等謹具回奏以聞。"

二十四日甲午，大學士趙志皋、沈一貫題："恭惟皇上萬壽

萬曆二十八年

聖節以來，連日天氣清和，聖心豫悅，朝野臣民歡欣鼓躍。臣等碌落無能，浮游度日，既叨祿位，尤濫恩賜，不勝慶幸，不勝慚愧。茲因職掌攸關，輒有上請。竊惟皇長子大禮，久蒙聖心乾斷，諭旨詳明，長幼走①分無淆，次第之舉將繼。乃今金秋薦爽，行禮正宜，伏想吉期掄選素定，惟望示中外，俾諸司恪奉肅將，庶於臨期無所愆失，臣等不勝惓惓。其慈宮已經修完謝土，宮名所宜更改，恭候聖明欽定。其餘殿門等名，乞敕該監查數到閣，容臣等擬請②上請。伏候敕旨。"

二十七日丁酉，大學士趙志皋、沈一貫題："七月初九日該臣等疏請皇長子講學，本月十二日奉聖旨：'卿等說的是。但久旱，天時尚在炎熱，且皇長子氣秉清弱，恐致勞煩。着於九月初旬題請講學。諭卿等知。欽此。'臣等欽遵恭擇九月初二日吉，伏候俞音，照常講學。臣等未敢擅便，謹題請旨。"

① 走 "走"為"之"之誤。

② 請 明抄本"請"作"議"，是。通行本作"請"，誤。

萬曆起居注

九①月辛丑，朔，大學士趙志皋、沈一貫題："昨蒙發下佑聖夫人諡號，命臣等撰擬，臣等欽遵恭擬'勤敬'、'榮安'二諡進呈，請旨點用一諡，伏蒙皇上②二諡俱點。臣等備查歷年夫人俱無賜諡，間有賜諡者，止於二字。今蒙二諡俱點，未知四字全用，或止用前二字、後二字？恭候明示發下遵行。臣等竊爲③夫人賜諡，已蒙超特之恩，即用二字，其爲泉壤之光榮已多，若加累字，不惟於國典有礙，而皇恩似亦大褻，非所以立訓也。臣等心竊未安，不敢不再奏。伏乞聖明鑒定。臣等未敢擅便，謹題請旨。"奉旨："朕恤佑聖夫人徐氏奉侍三朝，恭勤懋著，昨點諡號四④俱賜與他，以示眷酬。此係特恩，後不爲例。諭卿等知。"

二日壬寅，大學士沈一貫題："蒙發刑部爲恭報緝獲娛⑤犯事一本，令臣擬票。聖意謂益⑥化鯨等彼處撫按既已問結，今又何爲解京？欲出旨查明其故。仰見皇上明察詳慎至意，臣不勝竦服。臣惟孟化鯨等從逆謀亂，罪在不疑，原不必解京，但倡逆首惡乃趙一平，而邇爲近畿擒獲，尚欲輾轉恣辨，故江北撫按解送孟化鯨等來，面相質證，以彰天誅之至公。原其解來之意，乃欲正趙一平之罪，而非爲疑孟化鯨之獄也。臣看詳刑部此本，是請旨命三法司公同會期⑦，謹照常擬票上進，伏乞聖裁批發施行。謹具題知。"

四日甲辰，大學士沈一貫題："播州之亂，仰仗皇上神明威武悉行剪除，惟是善後事宜尤貴詳慎。總督李化龍蒙允回籍守制，頃廷臣會推堪任者尚未奉點，此事之不可緩者也。昨本兵會臣於朝房，續有一議，敢用奏⑧。廷臣會推之⑨，皆舉京營尚書王世揚，衆口一詞，無有同異。因不可無陪，而舉貴州巡撫郭子章爲陪，以其在彼有功也。適李化龍書來，言宣慰安疆臣恃有前功，妄冀厚賞，不可無以裁之。臣等因而共籌，皇上若用王世揚，甚善，若用郭子章，恐子章於此有難處焉。蓋安氏與楊氏接壤世姻，聲勢依倚，楊氏發難之時，天下疑安氏爲助，

① 九 "九"上當有"萬曆二十八年"六字。
② 上 明抄本作"止"，誤。通行本作"上"，是。
③ 爲 明抄本作"惟"，是。通行本作"爲"，誤。
④ 四 明抄本"四"下有"字"字，是。通行本無，誤。
⑤ 娛 "娛"當作"妖"。
⑥ 益 "益"爲"孟"之誤。
⑦ 期 "期"當作"勘"。
⑧ 奏 據《敬事草》卷八"奏"下有"聞。初"二字。
⑨ 之 據《敬事草》卷八，"之"下有"時"字。

而安氏又與貴州甚近，安若助楊，無論楊不可誅，而貴州省城亦不可保。故當時定議，務收安氏之心，使之爲朝廷用而不爲楊氏用，又不欲使安氏獨成其功，致令挾功邀賞，氣力益張，或觖望生心，爲患叵測也。故一面使郭子章於貴州竭力鼓舞，推心結納，令其建功以報朝廷，而一面李化龍徵兵四方，恭行天討，以示朝廷用兵不必藉土司之力。蓋總督裁之以法，而巡撫收之以恩，兩相濟而後安氏始入掌握中也。夫天下之理，威之入於恩也易，恩之入於威也難。子章之於安氏，方以恩收之耳，豈可遽以法裁之乎？不裁，必恃恩而多求，裁之，則生怨而啓事。故子章之爲總督，勢不便矣。惟特遣一重望大臣往，則可以據理而折衷，奉法而定制，即子章亦可因而操縱，以行其控馭之術，此定西南之長策也。臣等愚意，仰祈皇上俯採僉謀，點用王世揚，俾往總督，而令郭子章照舊巡撫，與總督同心行事，於計爲便。蓋楊氏未滅，則憂楊氏，楊氏既滅，則憂安氏。天下之事，善始不若善終，皇上宵旰憂勤以成大功，而臣等處置一有未詳，恐後虞猶在，不敢不盡言，伏冀聖明省察。謹具題知。"奉旨："朕覽卿奏，具見爲國籌畫詳慎。王世揚可用。但協理京營亦係重任，郭子章着照舊巡撫北①方，卿可傳示該部，另行會推忠實才望的二員來用。特諭卿知。"

是日，大學士沈一貫恭視乾清、坤寧二宮工程，賜茶。

六日丙午，大學士趙志皋、沈一貫題："臣等於八月二十七日奉旨，擇九月初二日恭請皇長子照常講學，未蒙允發。臣等竊惟方今入秋已深，距冬不遠，講學之日無幾，輟講之期復臨，似兹一暴十寒，何望月新日益？不避頻數，謹擇本月初十日、十二日皆吉，伏望即賜俞旨，欽命一日，以便遵奉供事。臣等未敢擅便，謹題請旨。"奉旨："是。皇長子着於十二日講學。該衙門知道。"

七日丁未，大學士沈一貫題："臣於初五日趨朝，出門偶爲風寒所襲，感有腰疼之疾，不便屈伸，步履痛楚呻吟。求醫服

① 北　據《敬事草》卷八，"北"當作"地"。

藥，滿望即愈，未敢瀆聞。今尚難期，仰祈天恩暫假數日調理。不勝瞻望之至。謹題請旨。"奉旨："卿偶疾，准暫假調理。稍可即出輔政，以慰眷倚至意。"

十三日癸丑，大學士沈一貫題："照得朝審係國家明刑大典，欽定於十六日行，惟主筆大臣尚未命下。今日已是十三，期限甚迫，蒙命下①今日已是十三，期限甚迫，蒙發刑部本擬票，乞皇上即賜定發。臣前次擬遣②兵部尚書田樂，爲其已加太子太傅也。因未蒙允，恐未當聖心，故用衙門爲序，將户部尚書陳蕖及樂雨③擬上請，或蕖或樂，皆可主筆，惟聖明裁定。臣無任顒望之至。再照今歲兩宮將成，聖心歡豫，西播平定，四海瞻恩，該部以停刑上請。是乃恭體皇上好生至情，而茂宣天地之和氣也。臣敢不仰承聖意，對楊聖德？並擬停刑一旨以進。儻蒙賜允發行，臣尤不勝喜躍忻忭之至。"

十四日甲寅，大學士趙志皋奏："爲病臣危苦至極懇乞聖慈俯憫哀情特放骸骨回籍事。臣自邁疾以來，請乞之疏幾五十上④，辭竭意窮，唇焦舌敝。豈不思仰體聖情，力酬聖眷，而必排雲以叫，補牘以陳，自取激聒之罪哉？顧臣年齒最衰，病苦已極，手足偏枯，耳目蒙閉，萬分無能再起，所未絕者一縷之氣，所未死者一寸之心，萬事俱灰，百念已迸，晝思夜夢及昏憒中喃喃而語者，惟望此朽骨或得生入里門，如狐之首丘而死，則生平之願已矣。我皇上仁覆海宇，即草木昆蟲無不仰沾，忍於臣身獨靳慈憫？惟願天恩哀臣泣血至情，憐臣就木駕症，鑒臣滴淚草疏數十上之至苦，特賜臣骸骨回籍，俾臣得乘此河水未結，放舟南下，或得望見里門以歿，臣之魂魄當永永感激於九泉之下矣。臣不勝哀號籲天、叩首祈恩、待命之至。"

十九日己未，大學士沈一貫奏："爲哀頹日甚任重難勝懇乞聖慈准容退休以明臣誼事。伏念臣稟氣不完，受才最薄，今年六十有四，羸病侵尋，加以家難頻仍，悲傷哭泣，無歲無之，

①"今日已是十三，期限甚迫，蒙命下"等十三字爲衍文。
②遣　明抄本作"遺"，誤。通行本作"遣"，是。
③雨　明抄本作"兩"，是。通行本作"雨"，誤。
④上　明抄本"上"後有"矣"字。通行本無此字。

遂感心悸之疾，百體之中，無處不病，每一病發，顛連移時。累疏自陳，乞求休致，未蒙聖慈俯憐賜允。臣感佩眷倚極隆，恩知極洽，拳拳愚衷，亦欲自盡。但惟內閣政樞，職親地密，祖宗舊制，必詢一時碩舉①重望之臣，專職其事，而又選三四人協同辦理，不授非才，亦無獨任。臣以庸虛，靦顏處此，獨謀獨慮，莫稟莫詢，每至敝筆腐毫，常恐失墜。今心思竭多，血氣衰甚，涉秋以來，怦怦動搖，如坐顛車壞舟之中。本月初五日，感冒風氣，腰疾乘之，許告恩深，調理未効。若復栖栖貪祿，不自揣量，致誤政幾，罪戾焉逭？伏望皇上廓日月之照，垂天地之仁，察臣苦危，特加哀憫，容臣退休，以延殘息，以釋重負，以避賢路。早簡名碩，以副股肱之託，光佐聖治，輯寧邦家。臣不勝隕越待命之至。"奉旨："卿忠誠謹慎，朕眷倚方殷。偶疾調理，稍可正望入閣替襄，豈宜求退？所奏情辭懇切，殊爲惻然。便著太醫院堂上官，率領御醫前去診視調攝。簡用閣臣，朕知道了。不允所辭。吏部知道。"

二十日庚申，大學士趙志皐、沈一貫題："爲缺官事。該吏部題稱，南京翰林院印信缺官掌管，照例行翰林院，推選相應官一員，前去掌管等因，奉聖旨：'是。欽此。'備行到院。臣等推得原任右春坊右庶子兼翰林院侍讀周應賓，今已服闋，資序相應，堪補前缺，伏乞下吏部，將本官量陞詹事府少詹事，掌管南京翰林院印信。臣等未敢擅便，謹題請②。"

"恩③訖。竊念臣賦氣最薄，受知甚深，待罪多年，衰頹已劇。玆當子④佐理之日，兼值庶事叢脞之時，憂懼銷其精神，驅馳疲其筋力，而臣調攝無術，疾疢遽嬰。給假經旬，已沐眷慈之渥，乞身垂老，大非得已之心。猥蒙天語之傳宣，更遣⑤國醫而臨視，發藥籠之劑，將造命於刀圭，分秘殿之春，遂回生於蔀屋。有何徽倖，值此遭逢？儻蒲柳之質未凋，敢辭蠱粉？奈犬馬之力已竭，尚覬蓋帷。臣不勝感戴天恩之至。"奉旨："覽卿奏謝，朕知道了。政本員缺，少俟簡用。機密重地，豈久

①舉 明抄本作"學"，是。通行本作"舉"，誤。
②請 "請"下當有"旨"字。
③恩 據《敬事草》卷八，"恩"上當有"二十一日辛酉，大學士沈一貫奏：爲感激遣醫特恩恭陳謝悃事。本月初五日，臣因患病乞假，並求退休，伏蒙聖慈矜憐，遣太醫院院使徐文元等六員，到臣私寓診視。臣不勝感激，恭設香案，就牀望闕叩頭謝"等八十字。

④子 據《敬事草》卷八，"子"下當有"身"字。
⑤遭遣 "遭"當作"遣"。

入虛？卿宜慎攝，稍愈即出佐理。禮部知道。"

二十九日己巳①，大學士沈一貫題："臣頃者抱病經旬，給假調理，幾務久曠，慚愧維深。伏蒙聖慈寬其嚴誅，被以眷渥，既沐遣醫之惠，叨推食之榮，高厚至恩，捐糜難報。茲者荷乾坤之大造，起螻蟻於沉疴，自今以後之年，無非皇上之賜，冀圖寸效，敢愛微軀？謹以今日報名廷謝、入閣辦事外，謹具題以聞。"奉旨："覽卿奏謝，入閣辦事，朕心慰忱②。知道了。"

是日，傳聖旨："天氣乍冷，皇長子明日起免講學。"

三十日庚午，大學士趙志皋、沈一貫題："該文書官盧受傳出諭③：'諭內閣：朕連日動火，昨又偶爾感冒風寒，頭目眩暈，見服藥餌調攝。身體軟弱，廟享親行恐不成禮。卿等傳示遣官及陪祀執事官員，各秉虔潔供事行禮。諭卿等知。欽此。'臣等叩首恭誦，隨行傳示各該衙門欽遵外，臣等仰惟皇上誠敬孝思，欽崇廟享。偶因感冒，懼難成禮，身雖不得親事，心實無敢怠違。故特沛明綸，用昭悃款。竊惟祖宗在天之靈，固望皇上享祀之躬，亦望皇上紹述之永。皇上之體，即祖宗之體，祖宗之所以念聖子神孫者，其情無弗至也。故孝子之事親也，當善繼其志，善述其事。其精虔可求祖宗於羹牆悽愴之表，其齊潔可對祖宗於居處笑語之間。事事可質於神明，言言可傳於來裔。則盥薦之至誠斯存，而禮制之本意斯得，九廟之所以居歆而不吐者此矣。伏願皇上留神宗社，幸甚。所傳諭札，謹尊藏閣中，以昭永久。謹具回奏以聞。"

①己巳 "巳巳"當作"己巳"。

②忱 明抄本作"悅"，是。通行本作"忱"，誤。

③諭 "諭"上應有"聖"字。

萬曆二十八年

十①月辛未，朔。

五日乙亥，大學士沈一貫題："頃者臣因患病，不能入閣，每日御前章奏發臣私寓票擬，臣心如刺，頃刻難安。乃於前月二十九日強出供職。豈期力不從心，旋復困仆。臣伏枕而思，閣臣乃密勿之臣，閣務皆幾宜之務。密之爲言秘也，不可洩而使疎，幾之爲言微也，不宜宣而使著。蓋軍國大計，決於一言，若上未發而下得窺其端，事未行而人先傳其響，啟奸召釁，關係匪輕。故內閣切近禁地，與外朝相懸，奉有特旨，不許閑雜人等擅入，防宣洩也。往時以三四臣同直，一人偶病，餘人尚多，入直者代天之言，不致曠官廢事，在告者徼天之惠，亦得安意靜養。故二百年來，閣門無對閉不啟之時，閣務無私居辦理之日。今臣孑然一身而獨任此職者三年矣。一嬰霧露，則閣門長閉，遂成空署，發本擬票，經行長安街、歷外朝、而後至御前。夫私寓非內閣比，左右耳目豈能盡防？長安街非禁地比，往②經行豈能盡密？《易》曰：'君不密則失臣，臣不密則失身，幾事不密則害成。'萬一漏洩機宜，釁彰隙兆，是國家受害成之憂，之③而臣不免失身之禍也。臣之未病，憂力弗勝，臣之既病，憂幾不密。力之弗勝，既難勉竭，幾之不密，尤難曲防。勉而弗勝，尚資睿斷之周，之④不密，將誤國事之大。臣心怔營而若碎，夢錯愕而常驚，日夜不安，職此之故。欲強起入直，則羸體難扶，欲請假調理，則防害日甚。故不敢憂瀆擾之愆，而已於再三之請也。伏望皇上亟簡閣臣數員，入閣辦事。在任在籍，聖明夙有定裁，非臣所敢僭擬。儻蒙如臣前請，就近簡用，俾幾務有歸，不至屑越道路，則於今日似爲尤便，臣亦得安意調理，少寬憂惶，生則圖報有期，死亦幽魂不愧，政本幸甚，臣愚幸甚。臣不勝涕泣懇禱待命之至。"

十一日辛已⑤，大學士趙志皋奏："爲病篤之臣淚血懇天憐放骸骨回籍並乞亟簡閣臣以匡聖政事。臣危病深篤，待死須臾，幾及五十疏懇天憐放，未蒙慈允。臣一念狗馬之誠，終不能仰

① 十 "十"上應有"萬曆二十八年"六字。

② 往 "往"下當有"來"字。

③ 之 明抄本無"之"字，是。通行本有此字，衍。

④ 之 明抄本"之"上有"防"字，是。通行本無此字，誤。

⑤ 已 "已"當作"巳"。

格聖心，臣之悲、臣之苦、臣之淚、臣之血，蓋有言辭所不能形悉者。然臣終不敢因聖心未回，遂爾瞑目緘口，以至於死。況臣老且耄矣，死係臣本等，復有何懼？亦非必欲此朽骨歸殁鄉里，作兒女態也。獨思臥病經年，久妨賢路，官不得休，職不得解，身不得起，事不得任，使國政由臣而弛，國體由臣而壞，臣受千百世之唾名，而爲太平盛世之①蠹，此則臣之所大懼，而能②瞬息寧也。興言及此，號慟難勝。臣又聞同官一貫，亦因積勞成病，給假調養，致令閣門空鎖，閴③若無人。夫密勿重地，政本實繁，因非一人可能兼攝者。臣願我皇上俯念宗社生靈安危至計，亟簡閣臣，與一貫協贊匡襄，共弘化理。並乞天慈憐臣哀臣，特賜臣骸骨回籍。臣但得舁出國門之外，即奄然長逝，實受天地仁恩於無量矣。臣不勝伏籲叩首剖心、淚血籲呼、待命之至。"

十五日已④酉，大學士趙志皋、沈一貫題："文書官金忠捧出聖諭：'諭內閣：祖宗制度，父子天倫，朕豈不知？册立冠婚分封典禮，屢有明諭靜俟舉行。何昨者諸司不體上心，不尊屢旨，又數來激奏？必有羣小之輩，掜⑤扯無根之言，故來要譽諫阻，好生可惡。卿等輔弼股肱，宜體朕意，可傳示大小諸司，靜俟旨行。若有不遵瀆擾的，必待來春舉行。諭卿等知。欽此。'臣等謹即欽遵傳示該部科，遵行恪奉外，竊惟大典一事，屢奉明綸，長幼次第既昭若日星，三禮並行復堅如金石，臣等恭體聖意，傳約諸臣靜聽毋譁，亦既無遺力矣，乃復嘖有煩言，恩于⑥清燕，此臣等之罪也。然天下之大事，與天下顯然共行之，則人自無言。乃者年復一年，日復一日，皇上又⑦斷之意，繼之以需，故天下久信之心，轉之爲疑。臣等備員股肱，義同心膂，猶能以肝膽孚信，至於諸臣則影響相驚，口語茲沸矣。諸臣猶可以理論，至於天下，又影中見影，聲外傳聲矣。是以意想測度，掜⑧扯滋繁，職此之故也。語曰：'揚湯止沸，不如絕薪去火。'今未見於事，誰信臣等之心？未踐於行，誰信臣等之言？臣等捧誦綸言，進退維谷。在皇上必謂臣等不能委曲調

① 之 明抄本"之"下有"一"字，是。通行本無此字，誤。
② 能 明抄本"能"上有"不"字，是。通行本無此字，誤。
③ 閴 "閗"當作"閴"。
④ 已 "已"當作"乙"。
⑤ 掜 據《敬事草》卷八，"掜"當作"捏"。
⑥ 恩于 據《敬事草》卷八，"恩于"當作"恩干"。
⑦ 又 據《敬事草》卷八，"又"當作"久"。
⑧ 掜 據《敬事草》卷八，"掜"當作"捏"。

護，致生煩言，在諸臣又謂臣等不能仰贊睿謨，克光盛典。此臣等之難也。夫聖意久定，本無可疑，何必啟天下之疑？盛典將行，本無可言，何必招天下之言？鎮靜人心之機，懸於皇上。伏望旦晚傳諭禮部，示以嘉期，使天下曉然見皇上之心，將人人歌誦不暇，復何煩瀆之有？臣等不勝瞻①注之至。謹奉御札尊藏閣中外，具揭回奏以聞。"

① 瞻 "瞻"當作"瞻"。

十七日丁亥，大學士沈一貫題："臣抱病多時，幾務久曠，屢欲勉强入閣，奈苦於羸弱，兼畏風寒，日夜憂煎，頻起頻仆。臣伏而思之，既受皇上深知，摩頂放踵，復何顧惜？但頂踵徒捐而無補於國，不惟無補，然且有損，誤國之罪將焉所逃？此臣所大懼也。臣力竭矣，前以偏用獨任，有覆餗之患，屢請增閣臣而不允，何②近以私居票擬，有漏洩之憂，再請增閣臣而不見報。臣竊惑之。古今命官之法無如唐虞，曰疇咨，曰枚卜，人人而咨訪之，人人而卜度之，豈不詳慎？然得其人則曰往哉汝諧，即未得其人亦曰我其試哉，未有遲延二三年而尚不決者。今在任在籍諸臣瞭然於聖心，何難簡用？推擇之旨不知凡幾下，吏部之疏不知凡幾上，似行而復止，屢跂而成空，雖云慎重其人，豈宜遲延至此？夫大車之載，非一馬之任，必多其馬力而後可。若羣駮③在前，棄而弗御，而第責之於一尫隤老馬，欲進不能，求逸不得，此馬折膝破蹄亦何足惜？而債輨摧輹寧非主人之憂乎？重可惜也。事關密勿，其利其害惟皇上與臣共之，臣之利害止於一身，皇上利害關於宗社。臣業已委致微軀爲蠆爲粉，所惜者皇上之宗社耳。伏望聖明留神，亟賜簡用，無使政本爲虛位，而明旨爲空言。若臣真乃曠官廢人，孤恩負託，久留已誤，豈容再誤？伏乞早賜罷斥，以重樞機。臣不勝懇切願望之至。"

② 何 "何"爲衍字。

③ 駮 據《敬事草》卷八，"駮"當作"駿"。

二十日庚寅，大學士沈一貫題："臣惟播州之役，自二三年來百方拮据，始奏此捷，善後諸務正在目前。不意總督李化龍丁憂，廷推王世揚、郭子章二人代之。乃世揚以京營重任蒙留，

萬曆起居注

①間 明抄本作"聞"，誤。通行本作"間"，是。
②又 明抄本作"丈"，是。通行本作"又"，誤。

③絕 "絕"當作"總"。

子章因制禦安酋難動，故復推賈待問、王象乾二人。既一月矣，尚未欽定。昨得四川巡按書揭云：播中素稱沃野，人人垂涎。今當鼎革之時，原有地土者思欲多占，原無地土者亦思妄認，四方流民充斥其間①，皆來占籍。而各土司指以楊應龍侵奪爲名，紛紛告爭邊界。必今冬清又②明白，不誤來春耕種，方可圖安。若不耕，則千里無食，難保不亂。若妄認，則彼此戕賊，亦難保不亂。故新推總督不可容其緩來也。在貴州撫按亦云：破賊四月，地尚無屬，民尚無主，地大姦多，復生後憂。且五司愚其民曰仍立五司，有司號其民曰當爲郡縣，漫無統紀，至相爭殺。黔既不敢問，蜀又不復言，日久月深，患在眉睫。其言若此，則彼處日夜望新絕③督之早至，情甚急矣。乃今尚未簡用，至任益無日期。撫按聽督而不敢區畫，總督聽朝廷而莫爲主張。以百戰所得之地方，而置之若棄，以二三年憂勤之功緒，而終於無成。五司團結，夷心日歸，是去一酋而生五酋，本靖亂而反兆亂，機會輕擲，再圖費手，此臣之所大懼也。伏乞皇上亟將吏部會推川貴總督本即賜點用，令兵部馬上傳發，刻期到任管事，以圖善後長策，以紓西顧聖憂。臣無任懇禱之至。"

④遣 明抄本作"遺"，誤。通行本作"遣"，是。
⑤骨 明抄本"骨"上有"肉"字，是。通行本無此字，誤。
⑥筯 明抄本作"筯"，是。通行本作"筋"，誤。
⑦塞 "塞"當作"寒"。

二十五日乙未，大學士沈一貫奏："爲病臣曠職久誤政幾仰祈聖明亟賜罷歸以逭罪戾事。臣以虛庸，獨承眷倚，叨逾已極，報稱未能，頂踵可捐，髮膚何愛？常思殫夙夜在公之節，酬乾坤高厚之恩。抱病以來，已經兩月，前蒙遣④醫診視，重以授餐，仰荷生成，庶幾骨⑤。不意福過災生，欲起更仆，疾攻其外，憂煎其內，肌膚瘦而如削，精神散而若浮，聞人聲則承響而驚，操匕筯⑥則不塞⑦而顫。日奉御前發下章奏，勉强票擬，每閱一疏目昏花而屢拭，每擬一票意瞀亂而常更。兼值天冬沍寒，粟肌刺骨，下牀褥如離襁褓之難，越階除如涉山川之阻。蓋臣賦氣既薄，爲年復衰，受事多時，馳驅已竭，至於近日，則擧手投足，無非艱虞，觸目傷心，盡皆愁嘆，日銷月鑠，彌不可支。臣蒙皇上殊恩，不啻赤子之於父母，何忍去國？而狗馬力窮，不堪於驅策，桑榆暮景，無望於栽培，亮此身不復久在人間，終無當皇上之付託矣。閣臣何官？幾務何事？踰六望七，臣年何年？兩月支離，臣病何病？皇上雖垂情簪履，不宜以萬幾之重付衰病之臣。臣雖心戀恩私，豈可以垂斃之身玷聖明之哲？夫病不任事，而猶依違在事，是臣輕皇上之事也。病不能任事，而猶付之以事，亦皇上自輕其事也。小則曠官廢政，大則釀釁兆危，害於國家，有大可言者。伏望聖慈寬臣尸素之罪，蚤賜骸骨還山，使臣數載拮据，不至盡隳於末路，而皇上萬年基緒，亦不大壞於病臣。非惟臣之幸，實政本之幸也。臣不勝拊牀流涕、懇惻哀籲之至。"奉旨："朕覽卿奏，前疾未愈，心甚惻然。方今國家多事，正賴卿老成忠慎，調燮賛襄，安忍言去？卿宜慎加調攝，稍可即出輔政。便着鴻臚寺堂上官前去宣諭。不允所辭。吏部知道。"

二十七日丁酉，大學士沈一貫奏："爲恭謝天恩事。頃臣以抱病纏綿，具疏乞恩罷免，奉聖旨：'朕覽卿奏，前疾未愈，心甚惻然。方今國家多事，正賴卿老成忠慎，調燮賛襄，安忍言去？慎①宜慎加調攝，稍可即出輔政。便着鴻臚寺堂上官前去宣諭。不允所辭。吏部知道。欽此。'欽遵，該鴻臚寺卿張棟等到臣私寓恭捧宣讀。臣病不能②，謹伏枕望闕叩頭謝恩訖。伏念臣樗材既朽，駑力復窮，尸位七年，祇負恩於天地，抱痾兩月，乃獲譴③於神明。憂幾務之寖隳，徼寵靈而乞④去。万⑤祈憐允，更荷眷留，輝煌天語之丁寧，鄭重臚卿之臨況，支離病骨虗繫屬於聖心，茲冉餘年忍棄捐⑥乎國事？顧臣身承獨寄，愈重則愈覺其難，效鮮一籌，彌久而彌增其罪，空有懷而莫吐，夢寐皆驚，處非位而猶淹，股肱盡廢。昔也居山林而思魏闕，今則遊廊廟而憂江湖。罪⑦未誅，祈死不得，是以五衷結轖，氣忿瘖⑧而生災，萬慮侵尋，心猖狂而若醉，大忝臣子之誼，反貽君父之憂。賜之老成忠慎之褒，過情太甚，貴⑨以調燮賛襄之效，稱塞何由？感極涕零，憂深汗浹。儻未填乎溝壑，尚祈答乎生成。臣無任激切感荷之至。"奉旨："覽卿奏謝，朕知

萬曆二十八年

一七七七

①慎 明抄本作"卿"，是。通行本作"慎"，誤。
②能 據《敬事草》卷八，"能"下有"興"字。
③譴 明抄本作"譴"誤。通行本作"譴"，是。
④乞 明抄本作"丐"，通行本作"乞"。
⑤万 明抄本作"方"，是。通行本作"万"，誤。
⑥捐 明抄本作"損"，誤。通行本作"捐"，是。
⑦罪 明抄本"罪"上有"竢"字，是。通行本無此字，誤。
⑧瘖 "瘖"當作"瘖"。
⑨貴 明抄本作"責"，是。通行本作"貴"，誤。

道了。禮部知道。"

二十九日己亥，大學士沈一貫題："臣聞善作不如善成，善取不如善收。播州之事，今總督李化龍丁憂，無人作主，雖得其土，置之若棄，內則五司爭界，外則安氏垂涎。若不急遺①人代之，是廟堂之計失，而西南之亂未有涯也。臣日前已具揭上催，未蒙省納，臣心若焚，何能安枕？今吏兵二部，上則謂聖意之難知，下則忌人言之叵測，惟有候旨而已。伏乞皇上早將吏部會推點用一人，催去以圖善後，幸甚。儻前疏難以尋檢，乞特發一諭，於②吏部寫來，或令再推，即賜點用，庶軍國大事無誤，而臣責亦可少塞矣。臣伏枕憂思，謹以上請，不勝跼蹐之至。"

是日，大學士沈一貫題："臣適接科臣王德完揭帖，言中宮事，臣兢③惶殊甚。切思此等流言，在一月前滿京四布，日至於臣之耳。臣仰信皇上彝倫建極，萬無可疑。近聞皇上宴遊，中宮必從，尤可以釋疑深信，每爲人言之。而臣一口不能勝人之多。今德完果有此奉④，正爲謗傳滿衢，而欲明皇上之心，增光聖德於萬古也。臣伏枕思慮，竊恐皇上偶未下察，致動宸威，使人益增其疑，輒敢強疾草奏。聖明舉動，關係匪輕，惟冀萬分慎重，或因此而明示皇上惇倫厚紀之意，使天下流言盡息，尤在廷之願望也。臣不勝披析肝膽之至。謹具題知。"

三十日庚子，大學士趙志皋、沈一貫題："今日文書官冉登傳出聖諭：'朕覽文書，見工科都給事中王德完不諳規矩，妄言宮禁是非。且中宮乃聖母選擇，朕之元配，見今侍朕，同居一宮，就少有過失，豈不體悉優容？前准后弟王棟之襲伯爵，實朕厚禮之意。邇年以來，稍稍悍戾不慈，朕每隨事教訓，務全婦道，中官⑤亦知改悟。何嘗有疾？這畜物狂肆妄言，惑亂覩⑥聽。卿等爲朕輔弼股肱，有君臣一體大義，特諭知之。欽此。'臣等欽捧恭誦，不勝戰悚。臣等昨接王德完揭帖，見其言及宮闈，草野賤臣徒抱愛君之心，不識告君之體，則恐其上干霆怒

①遺　"遺"當作"遺"。

②於　據《敬事草》卷八，"於"當作"令"。

③兢　"兢"當作"兢"。

④奉　明抄本作"奏"，是。通行本作"奉"，誤。

⑤官　"官"爲"宫"之誤。

⑥覩　明抄本作"觀"，是。通行本作"覩"，誤。

矣。但此等風聞，非止於一人，亦非始於一日，自兩月以來道路喧傳，徧滿都市，臣等屢聞其説，駭震不已。惟仰見皇上敦敍彝倫，懋建皇極，一言一動無不以帝王爲師，豈於宮闈之間而生得失？又見皇上厚禮王棟，有加無已，寵以伯爵，隆以時賜，則於中官①之禮占知無間始終。每聞人言，輒百口爲皇上解釋。今奉聖諭，悉知皇上加厚中宮之心，真可示之天日矣。然彝倫之重，乃四海臣民所共瞻仰，萬世史册所共記注，得則頌爲鴻名，失則指爲瑕纇②，關係甚大，視一政一事之得失不同。中宮伉儷皇上二十四年於兹，朝夕侍奉，日月久長，中外欽仰，人無間言。皇上蓋之如天，容之如地，禮遇教誨固甚優厚，萬一自今而後厚道稍減於昔，則天下見影生疑，日滋多口，臣等雖家置一喙，安能闡揚聖心之光明？而天下萬世遂成謗毀之聲，則臣等輔弼之無狀益不可逭矣。皇上視臣等爲股肱，切於一體，臣等仰事君父，乃皇上之子也。皇上爲父，中宮爲母。惟願父母安樂，福祚無窮，人子之心如③能即安，涕泣之導何能遽已？伏望皇上養性情，平喜怒，必毋使舉動少有過當，以保堯舜之鴻名，以釋道路之妄語，以綏④静諸臣過計之煩言。萬代觀瞻，在此一舉，伏祈聖明特留神。臣等無任惶悚懇祈之至。謹具回奏以聞。"

①官 "官"當作"宮"。

②纇 "纇"當作"纇"。

③如 據《敬事草》卷八，"如"當作"始"。

④綏 據《敬事草》卷八，應無"綏"字。

萬曆起居注

十①一月辛丑，朔。

二日壬寅，大學士沈一貫題："臣抱病多時，不能入直，政幾久廢，日夜靡寧。前具疏瀆陳，懇祈罷免，正惟曠官之是懼，豈敢退託而求安？荷蒙聖茲眷留，遣官宣諭，君憂臣辱，恩重命輕，苟喘息之尚存，何捐糜之敢避？謹於本月初二日報名廷謝、入閣辦事訖。但久病衰殘之質，不足以任天下之重，憂懼交攻之心，不足以圖天下之謀，則臣所以如醉如癡、跼天蹐地者也。謹具題以聞。"

五日乙巳②，大學士沈一貫題："昨日文書官冉登口傳皇上起居，備知聖體入月朔日以來，動火害聖目，連日進上③用湯藥，未覽文書等意。臣惟皇上一身，乃九廟神靈之所憑藉，四海臣庶之所瞻依，少有違和，倍當靜攝。既動火害聖目，一切文書自宜暫停。臣惟火因氣而生，氣平則火自息，目乃心之竅，心靜則目自清。怒發而不火④制，事久而不能忘，則陽氣上升，鬱而成火，火多病目，理之固然。伏望皇上養性情以中和，懲忿慾以清靜，廓然太公，物來順應，如皎日之消寸雲，如洪爐之融點雪，則心君泰然，有⑤禮從令，主靜以制天下之至動，執簡以御天下之至繁，古先帝王之所以無為而治者，其道由此。臣無任惓切祈仰之至。法官嚴遂⑥，未緣躬承，謹具題祇候萬安以聞。"

六日丙午，大學士沈一貫題："臣惟古之愛君者，必於無人之所款曲進言。臣千載奇逢，皇上腹心之臣，敢密以腹心之言進。前月三十日接得聖諭，具揭回奏。比時臣病初起，不能盡言，然恐洩漏聖諭，除首輔外，嚴密至今，不敢使一人見也。外廷言正紛紜，若見此諭，必又生出一番新奇疑議，臣之調停愈苦愈難矣。蓋此流言之興，非但今日，在昔十年之前，民間即已鼎沸。萬曆三⑦十一年二月內，輔臣王錫爵指誓天日，為皇上辯白，其揭帖中已有'外人疑不利於中宮，以為奪長之地

① 十 "十"上當有"萬曆二十八年"六字。

② 巳 "巳"當作"巳"。
③ 上 "上"當為衍字。

④ 火 據《敬事草》卷八，"火"當為"及"之誤。
⑤ 有 據《敬事草》卷八，"有"當作"百"。
⑥ 法官嚴遂 據《敬事草》卷八，"法官嚴遂"當作"法官嚴邃"。

⑦ 三 據《敬事草》卷八，"三"當作"二"。

者，臣力辯之'等語。皇上試取先年原揭一觀，則從來人情險仄，可知矣。況遲至今日而典禮未定，何怔夫紛紛也？獨臣以股肱大臣，心信皇上，恨不分百身百口爲皇上辯白，而臣以辯白之故，吞荼茹苦、忍謗忍譏者，亦不下於錫爵。顧臣分也，亦復何言？若以諭札傳外，外人必不謂皇上一時因小臣生怒，而必謂果符前情，不利於中宮矣。然則民間數年之謗，本虛而反以爲實，皇上數年之旨，本實而反以爲虛，臣所以爲皇上辯白者，不以爲愚，即以爲佞，雖欲再開口，何可得乎？民間設疑以待皇上，皇上不知而誤墮其中，此時紛紛，臣尚可以辯白。千年萬載史書之中，誰能爲皇上辯白者？況今天下處處愁苦，人人造言，到處粘帖，日新月盛。各邊糧餉匱乏，各處豺虎縱橫，不逞無賴之徒，常思乘間而起。若大綱常大倫理處稍有未妥，則奸雄必且借詞，安危關係不小，雖辯白何益也？皇上以上聖之資，建彝訓之極，必不肯有一毫差誤。但臣讀聖諭，內有'悍戾不慈'之語，不覺惶怖欲絕，及至'亦知改悟，何嘗有疾'，驚魂乃稍定耳。中宮爲皇上元配，選自聖母，體統甚隆。既二十四年矣，歲時甚久。見今朝夕常侍，同居一宮，恩好甚篤，被皇上肅雝之化，以成柔嘉之美。天下各王府，以至萬國四夷，無不歲進表箋，瞻依戴仰。儻聞此諭而妄加驚疑，尤爲未便。試觀臣庶之賤，夫婦之間，即有違言，不告鄰里，矧尊儷於宸極，言隱於掖廷，一字絲綸，震動天地。臣揆度聖衷，原無纖毫芥蒂，特以臣等腹心大臣，不覺深言至此。所奉諭札，臣今既不敢發示於廷，以傳臣下，又不敢尊藏於閣，以傳史官，擬欲繳進御前。未敢擅便，謹此密請，惟幸裁許。臣聞聖主刑家之化，以和洽爲至美，大臣格心之業，以調護爲精忠。皇上之尊，天也。尊者意向，衆目所窺，萬一左右頑愚，未知大體，不悟皇上之言出於辯白美意，而或致妄猜妄搆，浪傳浪語，幾微之際，尤當防備。則此諭非惟不宜布之於外廷，此意亦不宜微露於宮禁也。情之至迫者，臣不忍不言。語之至深者，臣尚不敢言。哀病餘息，驚戰不已。累思數日，始成此揭。惟望皇上諒之，察之。臣草芥糞土，且尚自愛惜，而不忍汙萬古之史書，爲子孫之永累。矧父事皇上，母事中宮，宗廟社稷之依，天地神人之主，臣爲輔弼，恩委隆重，安忍坐視不言，致令少傷令名，爲古史書所譏訕？天地不壞，則史書不滅，一字得失，臣甚畏之。欲保令名，必自慎發絲綸、謹戒樞機始，故竭其區區之愚。臣無任惶怖懇篤之至。"

九日己酉，大學士趙志皋、沈一貫題："前日蒙傳諭：皇上動火病目，數日以來，一切文書多未覽發。仰知聖躬尚在珍調。臣等備員股肱，心傾葵藿，不勝瞻依，以日爲歲。竊惟近年龍體偶有違和，多在頭目之間，總之皆屬火症。火之爲症，外由六氣之侵，內由七情之感，心神弗舒則鬱而生火，肝氣受害則病移於心。況今節交冬至，乃陰陽相薄之時，儻寢膳少有不時，腠理少有不密，則風寒之凝襲，火①之薰爍，皆能爲害。故《月令》於仲冬，必齋戒掩身，去聲色，禁嗜欲，安形性，此古先聖王順時保嗇之術，養身却疾之方也。伏望皇上慎攝起居，平衡喜怒，使天君常泰，元氣常充，耳目清明，肢體強固，宗社臣民不勝幸甚，下情不勝懇切祈禱之至。謹具題恭候萬安以聞。"

十二日壬子，大學士沈一貫題："自初四日文書官傳聖目動火，未覽文書，臣隨首輔及下僚恭候起居，至今文書尚未傳發。臣心惶惶，憂思皇上天和或未盡回也。宮禁邃密，莫從請問，百僚問臣，無可置對。中外人心同臣惶惶，臣亦因之加憂增病，再感風寒。外不敢上聞者，則臣子不能爲君父解憂，安可致君父爲臣子動念？故不敢也。諒惟天地錫祥，祖宗禔福，聖體康強寧固，增萬安之慶矣。伏乞宣示在廷，以副億兆惓惓引領之誠，臣不勝顒候之至。臣再惟一日萬幾，堯舜所儆，今此違和，乃皇上憂勤惕勵、旰宵不寧所致。但恐文書未發者日多，則聖心之焦勞者日甚，而妨於調攝不小。臣思今之最急者，冬至大祀在十六日。皇上既當萬分保重，則遣官恭代，原有舊規，所宜命②，俾令竭虔行禮。其餘事關壇③及祭告諸陵遣命之本，俱

① 火　明抄本"火"上有"爐"字，是。通行本無此字，誤。

② 命　據《敬事草》卷八，"命"上當有"早"字。

③ 壇　據《敬事草》卷八，"壇"上有"郊"字。

宜早下。此事之不可復緩者也。至於四方水旱蠲恤本，題留朝覲官員本，題補川貴總督本，皆係緊要。而九邊軍餉本，尤爲至緊至要。蓋邊軍缺餉，有半年以上者矣，當此窮冬儉歲，何以聊生？脫巾鼓噪，理勢必有。寧夏之變，殷鑒不遠。臣昨與都御史溫純商量，純言：必不得已，且再借大①倉老庫銀，以救燃眉，猶勝於亂。若亂起而後救，事益多矣。臣心是之，敢預奏聞。伏望皇上寧耐聖心，靜養聖目，且將前項緊要文書先發票擬，若或並發於臣，臣亦不敢不竭蹶恭擬，上禀聖裁。臣自恨才短，不能代天，誠微，不能感聖，致令君父獨勞於上，可勝惶愧，可勝踧踖？然區區愚忠，誓不敢懷欺罔專擅之私，存卤莽苟且之心，以負天地生成之恩，以干神明斧鉞之誅。若夫草芥微生，有何足惜？狗馬賤疾，亦不須憐。稍可見風，即當就日，鞠躬盡瘁，臣子當然，不敢絮絮上聒於宸聰也，惟幸聖恩至仁少寬之耳。臣不勝戰慄之至。謹恭候萬安，並陳悃款微忠以聞。"

①大 "大" 當作 "太"。

十四日甲寅，以聖母慈聖宣文明肅皇太后萬壽聖節，頒賜二輔臣每金萬壽字二副、銀萬壽字二副、金篆字八個、金書黃符一道、金書紅符一道、銀書紅符一道，及講官劉元震等二員有差。

是日，大學士趙志臯、沈一貫題："爲寫制敕等事，該用印邊龍箋等紙及筆墨。除用過外，見存數少。今將合用大小印邊龍箋等紙、筆墨數日②開坐。合無照例於內府司禮監陸續關用，庶不有誤？謹題請旨。

②日 "日" 當作 "目"。

　　計　開
中樣印邊龍箋五百張
小樣印邊龍箋一千五百張
薄黃開化紙二千張
薄黃中夾紙二千張
紅中夾紙一千張
結實連四紙二千張

結實連三紙二千張

合百紙二百塊

兔毫筆五百枝

羊毫筆五百枝

硃墨五十笏

油煙墨二十斤。"奉旨："是。該衙門知道。"

是日，大學士沈一貫題："今日文書官盧受口傳聖旨：'王德完因爲大小九卿諸司官員救護瀆激，着打一百棍，發原籍爲民。册立冠婚本欲舉行，因大小臣工沽名市恩，屢屢瀆激，所以延遲。'又該司禮監太監成敬口傳聖意：'大小臣工爲皇長子重，爲王德完重？如爲皇長子重，不必又來瀆激。如爲王德完重，上本來故致延遲。欽此。'二臣傳意甚詳，臣恭聽竦繹，謹即欽遵傳示大小臣工，恪加遵守。仰惟皇上天性至恩，國本遠慮，上遵祖宗家法，申言長幼有倫，屢諭極明，昭垂四表，原不須小臣聒瀆。致干霆怒，乃其自取。諸臣瀆救，亦屬常事，既蒙切責，諒皆震懼不寧，拱聽德音，以光大典。聖意久定不移，豈以人言而早？亦豈以人言而遲？伏乞皇上以聖躬爲重，培養性情，迓迎和氣，爲宗廟社稷萬萬保重，不必以小臣觸忤介懷。"

是日，大學士趙志皋題："十九日恭遇聖母慈聖宣文明肅皇太后萬壽聖誕。臣備員輔弼，仰戴隆恩，比之恒情倍切忻忭。禮當照例於是日同次輔恭詣宮門行禮。奈臣在告，不能動履，謹設香案於私寓，令人扶掖，行五拜三叩頭禮，以少伸臣子慶祝之誠。竊惟玉管陽回，化日初長於線景，金甌道泰，元精常燭於帨辰，宮闈樂事，朝野懽忭。況臣叨列堦陛之間，敢在忭舞之後？合萬國以嵩呼，五福錫庶，首千官而虎拜，三壽作朋。伏願母儀永怙，贊一人有道之長，聖德難名，衍萬世無疆之慶。爲此謹具題恭賀以聞。"

二十七日丁卯，大學士沈一貫題："伏蒙發下大真人張國祥二本，一爲乞恩優免差徭並乞免本山上清宮差徭事，一爲豪惡乘機侵葬祖塚强占山場事。臣擬下部院，此係舊制，不敢違越。而三次蒙發改票，臣未測聖意所在。但思天下田土，除皇莊外，無不出辦差徭者。今國祥恃恩祈免，上比皇莊，已非國制。且其糧數，二百八十石加三百五十石，計田將有二萬餘畝，恐當盡一縣境土矣。安可悉蠲其徭耶？如此則縣官無寸土之餘，而軍國費用費用①靡所出矣。臣查得品官蠲免，皆有定數，即皇親、勳臣之家，亦無全免之理。皇上既欲特廣聖恩，亦宜下部斟酌，不惟通融民力辦理公儲，且所以防奸沮釁，遏不道之源，而弭專亂之漸也。其侵葬一事，已悉依其原奏行彼撫按勘問。皇上明見萬里，伏乞俯垂睿照，庶政無偏黨，而人咸悅服。臣謹再改擬票上進，仰候宸斷施行。"

① 費用　明抄本無此二字，是。通行本有此二字，誤。

萬曆起居注

十①二月庚午，朔。

六日乙亥，大學士沈一貫題："前日吏部揭帖到臣，內開掌詹事府事侍郎劉元震九年考滿，已經具題，未奉俞旨，今再推請等因。臣祗候發票，尚未蒙發。聖意淵深，固非臣下所能仰測，但臣照得本官，真操篤行，瞻②學長才，直講多年，日勤啟沃。九載一官，有難久滯。該部擬陞尚書，實係常格。觀其遠引加③靖中年張邦奇例，則知自隆慶以來，侍郎未有待九年而陞者矣。無論本官之才可用，即講幄近臣，其勤其久如此，諒蒙聖心之所加④獎矜憐者也。但照禮部尚書今雖見缺，而已經吏部會推，尚在御前未點，本官雖亦預推，宜俟聖明親擢。今考滿本內，且就其見掌詹事府，加與尚書職銜，似為妥當。而本官既係日講，仍宜帶學士銜，照舊掌詹、日講，給與應得誥命。伏望皇上即將吏部題劉元震給由一本，欽定發行，庶昭皇上典學崇儒德意，而詞林預有光榮，咸思靖獻於明時矣。"

七日丙子，大學士沈一貫題："今日寶鈔局失火，臣不勝驚駭。隨聞救熄，下情始安。仰惟皇上福履廣大，萬神護持，精祲僭消，興居集慶。顧茲冬寒風高之日，倍當申儆內外，慎加豫防，庶幾有備無患也。臣無任瞻依，謹題恭候萬安以聞。"

十七日丙戌，大學士沈一貫題："前日蒙發吏部推陞官員一本，傳諭：何喬遠、逯中立係欽降官員，如何亦在陞內？命臣出旨。臣於此時，心亦甚駭：吏部何為敢若此也？今接回話揭帖，始知欽降官員，原有不許朦朧推陞旨意者，吏部欽奉不曾朦朧推陞，今何喬遠原因失僉職名而降者，逯中立原因救顧憲成而降者，既非觸⑤尊犯上者比，亦與奉有不許朦朧推陞旨意者不同，照常推陞，亦似可原也。既已兢惶認罪，伏望皇上俯鑒寬容。臣謹擬票上進，恭俟聖明裁定。謹具奏聞。"

二十日己丑，大學士趙志皋、沈一貫題："恭惟皇上懋勤聖

---

① 十 "十"上當有"萬曆二十八年"六字。

② 瞻 "瞻"當作"贍"。

③ 加 "加"當作"嘉"。

④ 加 "加"當作"嘉"。

⑤ 觸 "觸"當作"觸"。

萬曆二十八年

學，命講官逐日撰進講章，體貌錫賚，素蒙優渥，凡在詞林，靡不感佩。講官原用六員，見在止二員，殫心敷陳，亦不假①給。而侍郎劉元震近以三品九年考滿，該吏部照例擬陞禮部尚書，來②奉俞旨。臣等竊惟，舊例考滿官員，非奉旨復職者，不敢管事。今元震已離舊官，未拜新命，兢惶跼蹐，進退兩無所據，所有詹事府印信及日講事務，皆不敢當，臣等亦不敢擅便處分。但查舊例，九年考滿官陞授二級本官，與例相合，吏部所擬及臣等所票，第循典故，非敢濫私也。伏望皇上俯垂清照，渙發隆恩，將吏部題本檢發，或即於臣等今揭內，准陞劉元震禮部尚書兼學士職銜，俾令仍掌詹事府印信，照舊日講。或念其微勞，給與應得誥命，稍示眷酬，庶掌詹、講讀不至缺人，而本官亦有職可供，申其靖獻之忠矣。今詞臣寥落，差用不敷，臣等不得不爲之惓惓禱祈。伏候敕旨。"

二十三日壬辰，大學士趙志皋、沈一貫題："先該臣等題稱，每年終將講過經書講章類寫進呈，以備皇上朝夕觀覽，仍另書發司禮監，接續刊板，已奉欽依，節次進呈訖。今查萬曆二十七年至今所撰講章，謹將《大學衍義》'樂記君子曰'起、至'嗚呼夙夜罔或不勤'止一本，'周公作無逸'起、至'岷刺時也'止一本，'晉獻公卜伐驪戎'起、至'當此之時'止一本，'武帝時'起、至'唐玄宗開元二年'止一本，《通鑑纂要》'孝順皇帝永建元年'起、至'地震'止一本，'考桓皇帝元嘉③元年'起、至'諝亦爲表請'止一本，'孝靈皇帝建寧二年'起、至'大將軍進'止一本，'孝獻皇帝初平元年'起、至'在上者必有武備以戒不虞'止一本，以上共八本，類寫裝潢進呈。伏望皇上萬幾之暇，時加觀覽，以求溫故知新之益。臣等不勝惓惓效忠之誠。謹具題以聞。"

二十四日癸巳④，大學士沈一貫題："臣以非才待罪密勿，自甲午到京恭遇皇上御門獲申一謝，其後相繼免朝，未睹天顏之喜色者七年於茲矣。念臣昔以編修侍講筵，無一日不承清燕，

①假 "假"當作"暇"。
②來 "來"當作"未"。

③嘉 明抄本作"加"，誤。通行本作"嘉"，是。

④巳 "巳"當作"巳"。

而今叨近輔，顧不如昔之遭逢之爲奇也。饑渴之懷，難以言喻。茲遇皇上以征播功成，御樓受俘，正天下快睹之期，微臣媚茲之日，查得萬曆①三年獻俘，輔臣有扈從登樓之例。竊不自揆，仰徼聖慈容臣是日扈從登樓，一申起居，以表瞻天就日之誠，以明泰交晉接之盛。起居既畢，臣仍退趨大班，同羣臣拜舞慶祝於闕下，用成大禮。是不惟微臣竊籍寵榮，而聖主推心降接之隆，有光疇昔，盛世君臣同遊之烈，不減祖宗矣。臣不勝罣罣之極思。伏候敕旨。"奉旨："朕正欲召卿面見，以昭君臣泰交之義。但朕近日偶感風寒，服藥調攝，不奈勞煩。且征播功成，獻捷大慶又不可曠，行勉力御樓，以成典禮。覽卿奏，具悉忠愛懇至。免其扈從，照常隨班行禮。特諭卿知。"

二十五日甲午，以正旦令節，欽賞二輔臣弔屏、門神、判子等物，及講官劉元震等二員有差。

二十六日乙未，上御午門樓，受總督川貴湖廣都御史李化龍所獻播俘，付所司行刑。

是日，大學士沈一貫題："今日獻俘，伏蒙聖恩念臣侍班風寒，特賜臣甜食二盒、伏薑一盒。臣謹叩頭祗領訖。恭惟皇上赫誅播賊，武績告成，凌寒御樓，受俘明法，正當萬國來朝之日，四夷造廷之時。臣在班行，悉聽輿意，或頌聖靈之遐暢，國有明威，或言反側之必誅，天無遺討。莫不震心悚目，抃手歡顏，衆堅忠順之心，人戢二三之志。皇上六飛一御，萬目改觀，真如太陽出而氛祲消，玄冥開而象緯合。不惟欣逢盛烈，抑亦快睹宸暉，占祉籙之無疆，信壽圖之罔極。此臣之所以手舞足蹈，有萬千②恒情者也。矧茲涼賤，更荷匪頒，衝寒臣分當然，錫畫君恩特異。擔③當結草，寧直啣環？臣無④。"

是日，大學士趙志皋題："自楊酋搆逆，播土流殃。皇上俯憐愚謬，屢沛鴻慈，撫戢重申乎邊吏，征誅尚緩於後夫。豈酋愈肆鴟張，陰圖虎負，甘爲不道，犯乃無將。始赫怒以徂征，隨捷伐而底定，威靈遠暢，氛祲全消。殲厥渠魁，直擒海龍之

①萬曆　明抄本作"萬力"，誤。通行本作"萬歷"，皆誤。應爲"萬曆"。

②千　明抄本作"于"，通行本作"千"。

③擔　據《敬事草》卷八，"擔"當作"誓"。

④無　"無"下當有脫文。

萬曆二十八年

一七八九

囤，俘其族屬，削平養馬之城。收大修①於京觀，斷櫝槍②於南天。草綠蠻煙，散千家之野哭，波平瘴海，還萬井之笙歌。千里以之蕩平，百蠻爲之震動。恭遇宣捷獻俘，臣民胥慶。臣備員閣中，分宜隨班稱賀。顧緣委頓淋蓐，不能匍匐堦墀，望天顏之有喜，揚主德於無瑕，臣下情曷任跋躇？惟是神武有截，聖德無方，舞干而格於七旬，援鉞而役不再籍，重勒銅標，還千秋之疆土，坐銷金甲，攝四海之窺覦，皇圖萬紀，與天無極。"

是日，大學士趙志皋、沈一貫題："照得戊戌科庶吉士，蒙皇上加意作養，三年有成，命臣等考試散館。內黃國鼎等十二名，已蒙准授翰林院編修等官，無不感戴天恩者。其梁有年等七人，例應授科道等官，吏部二次題請，未蒙准發。臣等竊思，各官已經散館，所③歸着。一時同學悉被恩暉，而獨遺七人，於心未忍。今給事、御史寥寥缺差，數月以來零落尤衆，以此七人填補，亦未爲多。伏望皇上一視同仁，俯從臣等所請，敕下吏部，准其補授供職，庶臣等得終教習之事，而各官可效奔走之勞矣。臣等不任惓惓，伏候敕旨。"

二十八日丁酉，大學士沈一貫題："前日獻俘侍班，蒙皇上念臣風寒，特賜臣伏薑甜食三盒，臣隨具揭奏謝，至今感刻難忘。皇上體悉微臣，真同心膂，有如不能展布四體、竭忠殫猷、以圖報於萬一，豈人也？臣前請扈從，頗欲陳見所懷，既已無緣，敢申筆札，冀皇上採擇。臣惟方今王靈丕振，屢奏武功，悖④賊授首，倭奴遯蹤，北虜尋盟，西戎歸土，今播酋又復禽刈，舉族爲俘，稱盛際矣。然兵非佳物，武非善經，費財損人，塗原膏草，內地之所傷者亦不可以數計。故曰：兵者不祥之器，聖王不得已而用之。上帝好生不好殺，堯舜帥仁不帥暴。兵豈可以嘗試乎？譬之水火，豈可屢蹈哉？漢光武，以兵定天下者也，嘗曰：'每一發兵，頭須爲白。'其畏言兵如此。臣願皇上之念此而重此也。惟是諸將之賞不可不酬。前此陝西松山之功，再敍未下，臣竊疑之。皇上未嘗吝武功之賞，而何爲留此？豈

①修 明抄本作"僇"，是。通行本作"修"，誤。
②櫝槍 明抄本作"攙槍"，誤。通行本作"櫝槍"，是。

③所 據《敬事草》卷八，"所"上當有"無"字。

④悖 "悖"當作"哱"。

視松山之功同於閱視歲修之易乎？夫松山拓地千里，驅虜於絕漢①之外，至今諸酋未嘗不望險②山而哭，誠國家不易建之勳，而近百年未有之事，與閱視歲修相去不啻天淵，不可以例論，臣固願皇上之察此，而無惜此一賞，以收邊臣之心也。今播功又當敘矣，望于③松山之疏早賜並發。不然將士必缺望，而異日何能驅使？誰爲④命乎？臣固知皇上加意於此，必無所怪。然不得不先事而言也。抑又有大者焉。今天下朝覲官員，並無⑤集闕下，既睹獻俘之盛典，咸昂首軒眉，誦聖天子功德之巍巍矣。而其聚頭竊語，又願觀皇太子冊立冠婚、諸皇子分封典禮之成，爲千載一時之榮遇，日跂俟焉。此事聖心久定，發一明旨舉行，至易也。目下歲已逼除，數日即爲春首，禮官之疏，諸臣之牘，又不容已，與待請而後行，孰若不請而自行、以明皇上天性獨厚之至仁、以明皇上乾綱獨斷之至健？曠然改萬方之觀，歡然慰萬方之願，而蕩然釋萬方之疑，豈不甚盛德哉？臣又願皇上之乘是時而亟成是典也。臣既蒙皇上超常之視，不可自視爲尋常之臣。日慮人衆口多，喧嘩煩聒，恐春來而煩聒者又起，以攪皇上之心，是以先事而請，及時而陳。惟皇上斷而行之，即此歲內發諭禮部，俾令擇日具儀，則萬世典禮，萬心注瞻，出人意表而一旦裁定，天下之頌聖德者，又當出於武成之上萬萬倍也。臣不勝惓惓。"

①漢 "漢"當爲"漠"之誤。
②險 "險"當作"陰"。
③于 "于"當作"與"。
④爲 "爲"當作"用"。
⑤無 "無"當爲衍字。

萬曆
二十九年

萬曆二十九年正月朔日庚子①，大學士沈一貫題："恭遇元旦令節，禮當慶賀，奉旨傳免。竊念臣備員輔弼，受恩深厚，與在廷諸臣不同，犬馬私衷不能自已。臣謹於本日恭詣仁德門，行五拜三叩頭禮，稱祝聖壽，以少伸臣子慶忭之誠訖。謹具題以聞。"

是日，大學士趙志皋題："恭遇元旦令節，禮當慶賀，奉旨傳免。竊念臣備員輔弼，受恩深厚，與在廷諸臣不同，理宜同次輔恭詣仁德門行禮。緣臣在告，謹於是日恭設香案於私寓，令人扶掖，行五拜三叩頭禮，稱祝聖壽，以少伸臣子慶忭之誠訖。謹具題以聞。"

以正旦令節，頒賜二輔臣上尊珍饌。又特賜次輔燒割一分、酒飯一桌。

三日壬寅，以立春令節，頒賜二輔臣上尊珍饌。

五日甲辰，大學士沈一貫題："新春序入，典禮將行，又當會試、殿試之年，有考試讀卷等事，一一繁重，皆宜備官。而首輔在告，既難强起，臣愚一身不給任使。伏乞皇上將屢推閣臣，特賜簡命幾員，以供承弼典試之用。其禮部堂上止有右侍郎朱國祚一員，亦難展轉，併乞檢吏部所推禮部尚書、侍郎各本，咸點一員，以充厥任，庶幾衆職有供，而典禮無廢。緣時日近迫，職掌攸關，不敢不摘其緊要者冒顏以請，惟皇上重②念而亮允，臣不勝幸甚。伏候敕旨。"

九日戊申，大學士趙志皋、沈一貫題："恭遇平播功成，布告天下，臣等撰擬詔書於本月初六日進呈，伏請聖明裁定，未蒙批發。照得詔書頒布，例該二十七道，非一時倉卒所能繕寫。十一日當用寶，隨即封奏，十二日下，十三日百官拱候開讀、頒給。逐日挨次，更無寬餘。若不催請，誠恐臨期有誤。伏乞速賜批發。臣等不勝跂望之至。"

萬曆二十九年
一七九三

① 朔日庚子 "朔日庚子"當作"庚子，朔"。

② 重 明抄本作"垂"，是。通行本作"重"，誤。

萬曆起居注

①向 《國榷》卷七九作"望。"
②挐 明抄本作"拏",是。通行本作"挈",誤。
③立 明抄本作"丘",是。通行本作"立",誤。
④奚 明抄本作"矣",通行本作"奚",皆誤。《國榷》卷七九作"矣",是。
⑤兵 明抄本"兵"上有"用"字,通行本無此字。

十三日壬子,上御午門樓,以平播功詔天下。詔曰:"朕嗣承歷服,式奉先猷。欲人並生,庶幾不擾。八年以來,俄煩甲兵,賴天地廟社之靈,將相臣民之力。內攘外鋤,無損國威。然彼皆文告不來,自投釁鑊,朕甚憫之,非爲快也。惟此播州,故有楊氏爲夷長率,受我冠裳,子孫之仍藉有年,朝廷之覆露良厚。夫何其末胄應龍者,安忍無親,大逆不道。當其嬖寵戕嫡,淫刑禍民,毒痛一方,兇殘七姓,國人皆曰可殺。朕心不忍加誅,因其漢官,疆以戎索,曲從贖死,爲德甚弘。而乃下愚不移,肆行無忌,敢爲嫚辱,妄意薦窺。既迺重慶之囚,遂決跳梁之志,收藏亡命,搆煽苗夷,震駭兩川,恫疑四海。朕猶時罩在宥,未即移師,而賊顧因撫成驕,因驕成亂。內則僭越王章,無復人臣之禮,外則矜詡物力,有輕中國之心。掩不備於綦江,梗道塗於湖貴。爲臣若此,孰其堪之?夫帝王之道,推亡固存。邇來東西之故,胡不聞焉?是用一勞師徒,四徵饋餉,天休人力,涌霧屯雲,發蜀楚黔滇土著之兵,下秦晉吳楚如林之甲,婁山崖門之隘,平地九衢,湄潭河渡之深,崇朝一葦。狡徒鼠竄,偽社飆焚,穴擣塗窮,登高塞向①,猶自謂重關百仞,可敵萬夫,困獸千羣,堪資一戰。豈知天心既吐,地險何憑?死鬭不能,詐降不可,百道圍而鳥飛絕,九攻合而塞兔啼,突士盡而鼓聲哀,雛歌悲而豔妻訣。夫應龍以極惡就經,一死安贖?是命剉屍傳首,襲天嚴誅。其妻挐②黨與七十餘人,檻來闕下,重者分裂,輕者鉗奴。自餘在播者,下傳近獄,有司報治。千年守土,一旦立③墟,伊誰實然?豈朕之意?於戲!漢封遠奚④,代有棄置,蠻夷君長,人安與安。惟虔劉無度,予一人實不忍於赤子,亦明天地雖廣,日月無私。穢無遠而不疏,惡無微而可蘊,苟有昏暴淫虐,蔑常亂紀,朕雖欲赦,如天弗容?其明告中外,有土有身,視爲前車,各戒爾後。氛翳初消,瘡痍未起,師之所處,荊棘生焉,邑里蕭條,哀此煢獨。凡蜀楚滇黔,有因兵⑤加派錢糧,及一切可緩積逋,若註誤輕條,並令所司酌量蠲宥。救乏振滯,蕩滌煩苛,咸與維新,安生樂業。布告中外,俾共聞知。"

十六日乙卯，大學士沈一貫題："照得今年二月當會試之期，舊例命閣臣一員主考。今首輔病已危篤，止臣一員直閣，無可承遣。又禮部舊例，該知貢舉官二員，一員入場供事，一員在部掌印。今止有右侍郎朱國祚一員，不免顧此失彼。其殿試事務，尤係內閣專職。往時閣臣四五員分理，尚恐不給，今臣一身，豈能獨辦？亦恐禮部之難拮据也。且今冠婚冊立大典將成，備禮備官需人尤急。臣於本月初五日上揭恭請，久候未下，輒敢不避煩瀆，乞皇上親簡閣臣數員，以資贊襄，並於吏部會推本內點禮部尚書、侍郎各一員，以充任使。不勝惓惓。臣素嬰多病，近益衰殘，年間屢告，實非得已。今月初十日詣午門前謝假，俄觸風寒，即發痰暈，又汗、又吐、又下，一時並集。移時方省，扶掖還家調理。緣係令節，不敢奏聞。至十三日因頒詔慶典，強供出事，今猶目眩耳鳴，不耐辛苦。君恩山重，聖眷天隆，委身鞠躬，自臣分誼，但恐力窮智竭，債輾覆餗，憂不細也。既無所推避，又無所控祈，且係迫切緊要之際，安得不哀請於君父之前？惟冀聖慈俯留片晌之神，不惜隻字之重，命官分治，以亮天工，庶幾臣亦得藉手以報鴻恩之萬一也。臣無任瞻望之至。"

十八日已己①，大學士沈一貫題："該刑部等衙門一本為糾劾事，因天下大小官員來朝，擬於二十三日舉大班糾劾之典。臣惟朝覲考察，國家大事，既以黜陟寄之部院，慎評隲而明至公，又以糾劾揚之大廷，飭訓辭而昭聖意，不過一臨泣、一戒諭，而激勵人心之大機實在於此。自頃以來，皇上葆真清籞，希傳躍音，而法禁浸疏，人心浸玩，則所以易疏而密，起玩而惕者，正在今日。蓋此典乃三載一行，非常行之典，各官又萬里遠至，非常朝之官，考察既畢，雖薄有所懲，而糾劾未行，豈翻然知改？非引之於至近，臨之以至尊，肅之以彈章，霈之以玉音，則德意無由而宣達，精神不見其流通，此一大計亦故事耳，而人心終無警，吏治終難興也。比者征播獻俘，御樓受賀，各官快睹，猶謂奇逢。若親以其職事而儼然睹天威於咫尺，

① 已己 "已己"當作"己巳"

鞠然聆天語之責成，其爲濯摩，更當萬倍。伏願皇上暫移天仗，一御文華殿，面賜糾劾處分，不惟使來朝諸臣有所稟承，而在廷在外將爭自奮矜，忠宣德意於天下，其裨吏治非淺矣。臣不勝跂望之至。"

十九日戊午，大學士趙志皋、沈一貫題："去年九月二十九日，該司禮監傳奉聖旨：'天氣寒①乍冷，皇長子明日起免講學。欽此。'臣等照得，禮部題准，每年年節上元假至正月二十日止，自二十一日起以後照常講學。今歲天氣和邕，即吉典將行，餘日不妨講讀。臣等擬得本月二十五日及二月初二日皆吉，伏望欽定一日開講，以後照常講學。未敢擅便，謹題請旨。"

是日，大學士趙志皋、沈一貫題："皇長子講筵，原設侍班官二員、講讀官六員，近因各官陞任、給假、事故等項，見在止有曾朝節、范醇敬、黃輝三員，尚缺五員當補。臣等推得少詹事范醇敬，堪與侍郎曾朝節一同侍班，左庶子唐文獻、右庶子楊道賓、左諭德黃汝良、左中允區大相各以原官，右諭德管司業事蕭雲舉仍以原官回坊，俱堪與右諭德黃輝一同講讀。伏乞欽賜批發行令欽遵供事。未敢擅便，謹題請旨。"

二十二日辛酉，大學士趙志皋、沈一貫題："爲印信事。照得右春坊掌坊事右庶子袁宗道病故，遺下印信，臣等推得左春坊左諭德兼翰林院侍讀黃汝良堪以掌管。其右春坊右諭德管國子監司業事蕭雲舉，應以原官兼翰林院侍講回坊管事，遺下司業員缺，吏部另推，恭候命下，令其欽遵施行。未敢擅便，謹題請旨。"二月初六日奉旨："是。吏部知道。"

是日，大學士趙志皋奏："爲篤病危在頃刻懇乞聖慈矜憐早賜一刻放免以遂臣瞑目事。臣之疏揭已五十餘上，未蒙俞允，臣惟有伏簀待斃而已。但臣於去年十二月二十七日，昏憒奄奄，不覺痰涎塞喉，目瞪口閉，家人俱抱臣尸慟哭，猶以湯藥灌臣，而臣又復甦轉。比時臣同官一貫親來視臣，所目擊者，即欲具奏，因逢新歲，是以暫停。迄今二十餘日，人事不省，水漿不

① 寒 "寒"字似爲衍字。

進，痰一塞則死，痰少退又生，旋死旋生，危在頃刻。而臣之目則有不能瞑者，臣非以故鄉為念也，非以兒孫為念也，非衰年至此猶貪一日之生為念也，獨以臥病經年，不得辭官，不得辭祿，身掛閣臣之名，直至臨死不得解脫，上負君恩，下慚臣節，舉生平數十年硜然自守之心不得表白，是則臣之所不能瞑目也。臣今亦不敢望首丘以歿，但得趁此將死未死之時，舁出都門之外，一任隨死隨殮，則臣之願少遂，臣目當瞑，臣心當定矣。臣萬不得已，泣血陳情，伏乞我皇上大發慈悲，矜憐危篤，放臣骸骨早就道途，臣受天覆地載之恩，惟感激於九泉之下矣。臣不勝哀慟籲呼懇祈待命之至。"

二十七日丙寅，皇帝敕諭天下朝覲官員："朕臨御天下，二十九年於茲矣。深惟德之不明。虛負皇天烈①祖付託至意，夙夜惶惕，無時怠荒②。顧朕一人制其綱，豈能竟其目？所與分猷共念、究宣德澤於閭閻者，惟爾藩臬郡縣諸臣是賴。《書》曰：'天工人其代之。'言有君必有臣，貴交修也。間者年穀不登，災沴洊至，奸宄竊發，師徒煩興，輶車驛騷，權宜率斂，煢嫠之愬告者在處而有。國之不靖亦孔棘矣，豈獨朕一人之憂？計吏章來，率言為國之臣希，營私之士眾，催科溢於額外，聽斷枉於法中，健吏擊搏而樹威，巧宦彌縫而干進，為民豺虎，為國蠹蟊。哀我勞人，汔可小息？不於爾諸吏責而誰責乎？是用明敕所司，痛加澄汰。尚念世鮮完土③，法無盡條，雖少密於異時，亦纔去其泰甚。繼自今以還，朕既側身思咎，庶補將來，爾等蒙被簡留，復歸治所，尚亦各省前愆，共圖後效。務捌④循之實事，敷愒⑤怛之弘慈，相勸以廉，相維以憲。毋營苟且而裂繩檢，毋飭簿書而炫耳目，毋謂下民卑而易⑥，毋謂朝廷遠而可欺。果能奉公體國，約己裕民，使愁歎之聲絕而治理之績聞，朕則汝庸，豈有所恡？若猶堅蹈常敝，弗若訓辭，則毋徒謂科防細而督察嚴也。三尺具存，夫有所受，誰能縱弛以適爾私？爾等其往，欽哉。故諭。"

① 烈 "烈"當作"列"。
② 荒 明抄本作"荒"，是。通行本作"荒"，誤。
③ 土 明抄本作"士"，是。通行本作"土"，誤。
④ 捌 "捌"當作"拊"。
⑤ 愒 "愒"當作"憪"。
⑥ 易 明抄本"易"下有"虐"字，是。

① 二 "二"上當有"萬曆二十九年"六字。

二①月庚午，朔。

二日辛未，大學士趙志皋、沈一貫題："爲日講事。先該臣等題每年開講日期，於二月上旬擇日恭進講章，以後接續每日進呈。奉聖旨：'是。欽此。'今臣等謹擇本月初十日吉，恭撰講章，照常進覽。謹具題知。"奉旨："是。"

三日壬申，大學士趙志皋、沈一貫題："皇長子講筵缺侍班等官，先該臣等推得少詹事范醇敬侍班，左庶子唐文獻、右庶子楊道賓、左諭德黃汝良、左中允區大相、右諭德管司業事蕭雲舉講讀。伏望允發，令范醇敬等各以原官、蕭雲舉仍以原官兼翰林院侍講供事。臣等未敢擅便，謹題請旨。"

是日，大學士趙志皋，沈一貫題："先以皇長子開講吉期恭擬二日上請，未蒙俞發，臣等茲又改擇本月初六日、十四日皆吉，伏乞皇上欽定一日，照常講讀。臣等無任跂望之至，謹題請旨。"十一日奉旨："是。皇長子着於十四日講學，該衙門知道。"

是日，大學士趙志皋奏："爲危篤奄歿祇在呼吸懇乞聖慈俯賜一線之仁以遂永訣事。臣從立春以來，病勢至危至篤，所存者惟一息餘氣未曾長斷，故復哀詞奏懇。竊謂我皇上今次必然垂憐，萬無有不放臣骸骨者，乃候旨旬日，又未蒙批發，臣不勝悲慟。夫我皇上數十年來眷臣實深，豈真欲死臣於邸哉？臣勢已至於此，死於邸固死，死於路亦死，即死於鄉亦祇是一死，何必苦苦哀求必欲生出國門？則臣實有大不得已之情，已屢疏具陳，何敢復贅？且臣之病至危至苦，亦不敢復瀆，況氣促詞短，語言不倫，亦不敢煩聒。今萬懇千祈，惟望我聖明大發慈悲，賜一線弘仁，憐臣絕氣祇在頃刻，放臣骸骨，俾臣得於未死之前已遂解官之願，庶得瞑目於九泉之下，感激昊天之恩於永永矣。儻我皇上終不信臣危篤，望即俯問臣同官一貫，則臣之情苦，一貫所目擊者，必然爲臣奏復。臣不勝號泣呼天懇祈待命之至。"

萬曆二十九年

一七九九

四日癸酉，大學士趙志皋、沈一貫題："爲科舉事。准禮部手本，該本部題萬曆二十九年會試天下舉人，合用考試官二員，欲照例行翰林院擬請簡命，奉聖旨：'是。欽此。'欽遵備行到院。臣等推得吏部右侍郎兼翰林院侍讀學士馮琦、禮部右侍郎兼翰林院侍讀學士掌院事曾朝節，堪充考試官，合候命下，令其入場供事。臣等未敢擅便，謹題請旨。"初六日奉旨："是。"

是日，大學士沈一貫題："伏蒙發首輔病告本，令臣擬票。臣一向望首輔再出，且復避嫌，不敢輕票其去。此①冬入春，臣實親見其病勢沉重，而其二孫及諸家人皆向臣灑泣乞回，若擬再留，則臣以不誠事皇上，且以不信待僚長矣。爲此輒擬恩放，且仰體皇上優禮輔臣之意，查例從優。臣不敢有私，惟聖明裁亮。臣不任兢惶之至。謹具題知。"

① 此 《敬事草》卷九作"比"，是。

五日甲戌，以祭三皇於景惠殿收回祭設，頒賜二輔臣三卓。

六日乙亥，大學士趙志皋、沈一貫題："會試各供事官，例以初七日陛辭入簾。今已初六日②矣，臣等推舉考官正副二員未奉俞旨，時日甚迫。伏乞皇上垂念，即賜批發，庶不誤明早入簾大事。臣等不勝懸望之至。謹具題知，伏候敕旨。"

② 日 明抄本無"日"字。

九日戊寅，大學士趙志皋、沈一貫題："照得日講例該進《大學衍義》講章一本、《通鑑》講章一本，先該臣等題奉欽依，於本月初十日爲始照常進覽。今講官劉元震該撰《大學衍義》講章，因具疏辭免講官，未奉明旨，不敢擅撰，止有講官朱國祚撰《通鑑》講章一本恭進聖覽。謹具題知。"

十二日辛巳③，大學士趙志皋、沈一貫題："昨日奉聖旨：'是。皇長子着於十四日講學，該衙門知道。欽此。'臣等看得，見在侍班官曾朝節充會試考官入場，講讀官止有范醇敬、黃輝二員，缺官五員。推得少詹事范醇敬堪以侍班，左庶子唐文獻、右庶子楊道賓、左諭德黃汝良、右諭德蕭雲舉、左中允區大相

③ 巳 "巳"當作"巳"。

堪以講讀。伏望速賜批發，令各供事。臣等不勝政懇之至。謹題請旨。"

十三日壬午，大學士沈一貫題："昨吏部尚書李戴到朝房會臣，言大察之後，外任缺官甚多，而最緊要者天下兩司缺七十餘員。頃者推補未俞，不勝懸政。臣惟布按二司官，乃一方衆官之綱紀，綱紀弛，則條目廢，簿書期會無所禀承，貪酷縱肆無所稽察，錢糧無所督催，盜賊無所詰捕，訟獄無所清理，軍民無所安輯，地方關係誠非渺小。大察畢時，明旨令各官領敕之後，嚴限刻期到任，不許留京過家，違者聽撫按官嚴參重處。蓋宸衷之周於四海如此。今吏部推本未下，又上總催及職名脚色一本，簡要明白，尤便覽裁。伏乞皇上留神點發，幸甚。儻吏部所推有未當者，望皇上即以御筆勾起，明示某人不許推陞，則銓曹有所遵承，羣工亦知惕勵，而又不至以一人之謬舉，累衆人之彙徵，此獨斷之大權也。臣猶記數年前，皇上因推陞饒伸不當，親筆勾除，於時天下服皇上洞察之神，而感皇上登延之惠。若常用此法，而臣下有不竦然象旨承德者，未之有也。臣愚不勝悁悁，謹具題聞。"

十四日癸未，大學士趙志皋、沈一貫題："照得日講官舊例六員，後止存二員，一撰《大學衍義》講章，一撰《通鑑》講章。今春講官劉元震考滿，未經復職，則僅存朱國祚一員管撰《通鑑》講章，而《衍義》講章闕人撰述。因循日久，曠廢滋深，無以展攄獻納之忠，贊神緝熙之學，罪在臣等，不勝憂惶。在元震則堅以未奉復職之命，不敢朦朧直講，此因其翼翼之小心也。伏乞皇上命元震照舊日講，惟復別有處分，庶臣等有所遵奉，不誤講讀大事。臣等不勝引領候命之至。"

十五日甲申，大學士沈一貫題："二月十五日，臣恭視乾清宮、坤寧宮興工，伏蒙皇上俯念賜茶。臣仰霑聖恩，不勝感戴之至，謹具題恩①。"

①恩 "恩"字上當有"謝"字。

十六日乙酉，大學士趙志皋、沈一貫題："伏蒙聖恩，以播酋蕩平恭視寫詔，頒賜臣等每員銀二十兩，綵段一表裏，臣等頓首祗領，及中書馬繼文等二十七員每員銀三兩，俱各照數分給訖。臣等不勝感戴天恩之至，謹具題謝恩。"

是日，大學士趙志皋、沈一貫題："伏蒙皇上以年節頒賜臣志皋銀五十兩，綵段四表裏，臣一貫銀四十兩，綵段二表裏，臣等頓首祗領，及講官劉元震等二員，俱各照數分給訖。臣①不勝感戴天恩之至，除赴鴻臚寺報名廷謝外，謹具題謝恩。"

二十一日庚寅，大學士趙志皋奏："為至危至篤病臣淚血呼天懇乞聖慈矜憐早放一刻以遂永訣事。頃臣哀慟具疏，猶未蒙我皇上憐放。臣誠昏潰濱死，不知聖哀所在。但臣已無須臾之生，止存一喘之息，魂已到於鬼門，身已停於棺側，家人環繞，時察臣之呼吸，以動哀聲，臣惟瞪目視椽，渺茫迷惘，以待餘氣之絕，此臣同官一貫親見而為臣歔欷墮淚者。且頻年以來，臣見我皇上清宮建醮，梵宇施經，總之保國安民，慈悲聖善，四海九州之內，匹夫匹婦無不沾恩被澤，臣雖不肖不才，然數十年來叨為侍從，極荷寵隆，顧於永訣之時，獨靳一線之恩慈也？必不然矣。臣今亦不敢言病、言死、言解職、言歸鄉，但祗泣血哀呼，願我聖慈曲賜矜憐哀憫，放臣一出都門，臣縱即倒殞道途，上為鳶戕，為下②蟻食，瞑然長逝，臣實甘心。臣不勝辭窮情迫，淚血懇天、呼吸待命之至。"

二十三日壬辰，大學士趙志皋、沈一貫題："為經筵事。臣等查得，經筵講官例用十六員，今缺十四員，展書官例用八員，全今③缺，寫講章官例用八員，今缺四員，合當推補。臣等推得吏部右侍郎兼翰林院侍讀學士馮琦，禮部右侍郎兼翰林院侍讀學士掌院事曾朝節，禮部右侍郎兼翰林院侍讀學士管國子監祭酒事敖文楨，詹事府少詹事兼翰林院侍讀學士范醇敬，詹事府少詹事周應賓，左春坊左庶子兼翰林院侍讀唐文獻，掌司經局事右春坊右庶子兼翰林院侍讀楊道賓，掌右春坊事左春坊左

① 臣 "臣"下似應有"等"字。

② 為下 明抄本作"下為"，是。通行本作"為下"，誤。

③ 全今 明抄本作"今全"，是。通行本作"全今"，誤。

諭德兼翰林院侍講黃汝良，右春坊右諭德兼翰林院侍講蕭雲舉、黃輝，左春坊左中允兼翰林院編修區大相，右春坊右中允兼翰林院編修莊天合，左春坊左贊善兼翰林院檢討周如砥，俱堪補經筵講官，翰林院修撰顧天埈、朱之蕃，編修史繼偕①、楊繼禮、陳懿典，檢討沈㴶、劉生中，俱堪補展書官，制敕房辦事戶部山東清吏司員外郎汪民敬，禮部精膳清吏司員外郎兼翰林院典籍王國棟，大理寺右寺右評事劉世隆，中書舍人徐可行，俱堪補寫講章官，合候命下，令各欽遵供事。其周應賓見掌南京翰林院印信，合敕吏部移文行取回京，仍兼翰林院侍講學士供事。臣等未敢擅便，謹題請旨。"

　　二十七日丙申，大學士沈一貫題："臣自去年春夏之交，入侍皇長子講筵，至於杪秋病告不出，昨者循例入侍，曠違一年矣，仰見睿體益充，睿學日懋，聰明仁孝，簡默端凝，甚肖我皇上，真吾君之子也，臣不勝慶荷。臣惟册立冠婚之典，屢奉諭旨，昭如日月，中外遵守亦既有年，臣每抑按諸臣，令其靜俟，今春已過半，而未聞囂譁，一則信聖衷之無他，一則諒時勢之難緩，頃皇上渙發天心，特命移宮，又傳講學，此中外所爲安定也。但衆口不齊，人心難保，桃夭之期甚迫，而迨吉之命未聞，其爲激聒，端恐不免。伏望趁此諸臣無言之時，接續發諭，令禮部擇日具儀，以成慶典，以彰英斷，幸甚。臣惟我國家聖聖相承，家法極正，我皇上至孝寧親，至友睦弟，至慈鞠子，一動一作，必於禮制，皆可爲萬世準繩，緝熙光明，正在今日，以昭令名於海宇，以軼顯號於帝王，令索瑕指纇②之徒不得輕弄筆舌，豈不美歟？臣又惟華封老人之祝帝堯也，一曰富，二曰壽，三曰多男子，豈不以富而且壽始見福徵，多子多孫方稱全福？此盛德聖人之所克享，而忠愛臣子之所共祈也。臣嘗恭考我國家史牒，大③祖開天立極，壽考發祥，時則二十五子、一百二十一孫。累朝以來，本支日茂，如成祖四子、二十一孫，仁廟十子、十四孫，英廟九子、三十孫，憲廟十四子、二十一孫。皇祖世廟篤生穆考，光啟皇上，所誕八子、五女、

①偕　明抄本作"偕"，是。通行本作"僭"，誤。

②纇　明抄本作"纇"，是。通行本作"類"，誤。

③大　"大"當作"太"。

十一子女孫。當其時龍種滿前，捧觴上壽，衍皇派於不億，奠磐石於萬方，有親見曾孫、而含飴嬉弄、剖圭分封者，父子祖孫白首與朱顏相映，宮闈熙熙稱至樂已。故《記》稱'父母和順'，而本之於'宜爾室家'，《詩》永'克昌厥後'，而繼之以'綏我眉壽'。然則室家之樂，正以醞釀太和，而開聖心之愷懌，子孫之昌，正以培養元氣，而增聖壽於萬年也。今皇長子既踰冠室之期，諸皇子亦當長成之日，繩繩繼繼，宜子宜孫，皇上方以盛齡疑①命，厚德歛福，可以齊休二祖而度越諸宗，令螽斯麟趾圍繞膝前，而共舉萬年之觴，此人間之至樂，聖皇之能事。豈惟家慶？實乃國禎。而何不及時遂舉此禮也？臣又聞之，信鄙俚之談者，闕理義之論，徇曲小之忌者，妨遠大之福。故無稽之言勿聽，弗詢之謀勿庸，惟德動天，惟天眷德。自古談陰陽天人，而窮理盡性以至於命者，莫詳於《易》，《易》曰：'天之所助者，順也。人之所助者，信也。''是以天②祐之，吉無不利也。'夫以天下③之助而歸之順信，則一德修而與吉會，可以斷天下之疑矣，今豈有妨忌曲說進而致聖心不能釋然乎？明主舉事，惟問典憲何如，理義何如，聖賢之謨訓、先王之成法何如，若浮游紛淆、依託疑似、非經非法之言，皆絕勿進，故禮樂明備，道德崇厚，而祿壽亦無窮也。臣雖至愚，所靠者皇上，所重者君父，所守者忠敬，所願者吉祥，日以福壽康寧爲皇上祈祝於皇天、后土、社稷、祖宗之前，即滿朝臣子賢愚不同，而此心盡同。儻有小小妨忌，豈忍冒昧隱默、不思一爲委曲通融成全之計者乎？皇上聰明齊天，諒無此等縈係，有如不釋，請思祖宗時循用何道而康寧福壽既如此，子孫衆多又如此，則知妄忌不足信，而良時不可失矣。臣獨力承天，無可推託，不覺率爾深言，不知忌諱，顧揆理度事，稽古考今，聖賢世立教之④，祖宗光前裕後之迹，昭然不爽，更無纖疑，實非強辭借言爲開導計。皇上信臣甚專，託臣甚重，而又正在少歡樂多憂虞之際，啟心沃心，釋虞成歡，真輔弼事。臣復何人，而敢懷情不盡？是用畢其區區，惟聖明留神省察。臣無任疎踊瞻望之至。"

① 疑　明抄本作"凝"，是。通行本作"疑"，誤。

② 天　"天"上應有"自"字。

③ 下　"下"當作"人"。

④ 之　據《敬事草》卷九，"之"字下應有"論"字。

二十八日丁酉，大學士趙志皋題："自今春兩月以來，篤病無以復加，長逝祗在頃刻，除歲裹節經五十餘懇外，又曾三次泣血呼號，望天懇祈憐放。聞我聖慈俯弘惻隱，臣之兩疏已發下閣中擬票，臣同官一貫目擊臣之危篤哀苦，已遵旨擬票放臣回籍。臣不勝伏竁舉首睆睆，懸望聖明俯俞，庶得蚤出國門，以遂永訣。今又數日矣，尚未蒙渙發，使臣絕望。但臣七十年死生歧路在此一時，數十年官箴得失在此一決，不得不再行滴血終乞我聖慈哀憐放臣，將臣前疏即賜批發，俾臣一息之願已畢，臣萬萬代在幽冥中感激天恩於無量矣。臣不勝急切泣呼懇天待命之至。"

二十九日戊戌，大學士趙志皋、沈一貫題："先為皇長子講筵缺侍班講讀等官，推得少詹事范醇敬堪充侍班官，左庶子唐文獻、右庶子楊道賓、左諭德黃汝良、右諭德蕭雲舉、左中允區大相堪充講讀官，未蒙允發。臣等看得，見在侍班止有一員，講讀止有二員，不惟講筵人少不成禮儀，而二人又讀又講，旦旦不休，兼之日撰講章，勞苦數倍，人之疾病難保必無，萬一有之，妨誤講讀。前項補官，勢不容緩。為此不憚煩瀆，再為申請。伏乞俯賜准發，臣等不勝佇望之至。謹題請旨。"

三①月己亥，朔，以聖母慈聖宣明文肅皇太后萬壽聖節，頒賜輔臣志臯銀五十兩、紵絲三表裏，一貫銀四十兩，紵絲三表裏，及講官劉元震等二員有差。

二日庚子，大學士趙志臯、沈一貫題："爲公務事。照得誥敕房官，管謄寫文官誥敕，一向缺員數多，今又殿試在邇，書寫金榜等項文書，視昔更倍，前項事務缺官辦理。查得史館辦事中書舍人秦焜，試中書舍人譚學閔，起居注館辦事工部虞衡清吏司員外郎張大續，四夷館辦事通政使司經歷司知事郭安民、單禮、林如梓，俱各寫字端楷，堪補誥敕房辦事。再照制敕房近亦缺員，合將誥制房辦事通政使司經歷司經歷周林，知事丘登、鄭崇光，俱改制敕房辦事。其見在制敕房辦事試中書舍人孫能傳及譚學閔，俱合與實授，譚學閔仍陞一級。合無敕下吏部，查照施行？臣等未敢擅便，謹題請旨。"奉聖旨："是。吏部知道。"

三日辛丑，大學士趙志臯、沈一貫題："照得本月十五日當殿試禮部中式舉人，所有策題先年或出御製，或命閣臣擬撰。今殿試期近，伏望皇上親賜策問，或命臣等擬撰進呈，恭請聖裁。臣等未敢擅便，謹題請旨。"奉聖旨："卿等撰擬來。"

四日壬寅②。

大③學士沈一貫題："臣惟當今急務，莫有甚於邊防者。遼帥馬林既見黜矣，聖諭令兵部早補，是誠至計。昨接塘報，言虜歹青等於三月初一日犯錦州，方春虜馬正弱，而敢於入寇，其巇視中國甚矣。幸我兵偵探備禦無所失，即出境耳。遼之仕宦及舉監生員吏役人等，連名投揭朝房，謂昔李成梁鎮守遼東二十年，屢奏捷功，虜人畏服。自成梁離鎮，十年之內八易大將，戎務盡弛，戰守無資，遼事之壞已到七八分處，還將成梁前去，方可整理，不然則日壞一日，必無遼矣。彼家在鐵嶺，

① 三 "三"前當有"萬曆二十九年"六字。

② 寅 明抄本"寅"下有"大學士沈一貫恭視乾清宮、坤寧宮工程，賜茶"共十八字，是。通行本脫此十八字，應補。

③ 大 明抄本"大"上有"九日丁未"四字，是。通行本脫此四字，應補。

爲國爲家必宜盡力，況其威名夙著，命若一下，虜必知懼，非他將所能及也。衆人再三懇臣奏聞，其言如此。昨本兵與臣商量，故俯順輿情，推舉前去，伏望皇上軫念遼東國家肩臂，陵京藩籬，准命李成梁出鎮，仍乞稍加禮數，作彼忠勤，勉以大義，勿許以老爲辭，國事幸甚。臣又惟宣大與大虜祇隔一墻，虜王雖安靜，而別部小達子時時作歹，未可便置度外。又況虜性無常，安知不乘我懈弛，俄作參差乎？今宣府巡撫王象乾已陞川貴總督，而宣大總督梅國禎又適丁憂，二缺皆經會推，未蒙點用，臣以爲此又一大急務也。巡撫之篆可令總督暫管，而總督又缺，復令何人代庖？一切撫賞諸夷、統率將士、分布兵馬、督理糧餉、緝捕盜賊、安輯軍民，皆非小務，久無主管，則内而廢事，外而損威，諸虜聞之，不益輕中國乎？此二員官比之天下各衙門官，尤萬分緊急。伏乞早賜簡用點發，幸甚，幸甚。臣考嘉靖間，皇祖甚重邊計，然尚有庚戌之事，虜騎直薄京城，烽火照徹禁内，皇祖至廢寢食。逮皇考時，俺答因愛子來降，感朝廷不殺之恩，始受封爵，然虜王之所不能制、與陽順陰逆狼子野心者，又何限也？比來居安忘危，玩時忽戒，頗輕邊任，頗薄邊功，如閱視之賞稽格不下，饋餉之需乏絶不繼，豈所以慎疆圉而衛社稷哉？有如虜一旦狺焉逆我顔行，縱有善救者起有①撲滅，其所傷豈一二乎？孰若明賞罰，善廢置，謹守成法，不費心力而永絶患虞之爲愈也？臣寄任匪輕，憂責實大，敢不縷縷盡言？幸而無他，臣言猶爲遠慮，不幸有警，睫下便生近憂，禍福之機，寧可料度？有備無患，古之格言。伏惟聖明採納芻言，見之施行，幸甚。臣不勝悚息之至。"

十三日辛亥，大學士沈一貫題："昨該臣等以殿試策題上請御製，伏奉聖旨：'卿等撰擬來。欽此。'兹臣等欽遵恭擬，臣一貫仍親書上進，伏乞聖明裁定，仍乞密封發下臣等，令中書官謄寫進呈。謹具題以聞。"

是日，大學士沈一貫題："臣惟國家大事，莫甚於邊防，而我朝建都與虜爲隣，朝發夕至，尤爲喫緊。祖宗列聖經略備具，

① 有　據《敬事草》卷九，"有"當作"而"。

至於世廟，親罹庚戌之變，尤極加意焉。遼東近罹倭虜之擾者十餘年，殘破疲累，危到七八分處，今日再不整理，必有不忍言者。總兵馬林既蒙革任，內外僉論謂非李成梁不可。皇上往年特用李如松，因嘉成梁威名尚在，而謂其子必能制虜也。今若即使成梁，老手展布，視子更精，必當不負任使矣。麻貴亦一老將，威名不減，但係西人，必用西兵爲家丁。馬林因用西丁，攪擾遼人，家家爲之厭若①。麻貴若不帶家丁則無手足，若帶家丁又蹈前轍，不若成梁即用遼丁爲簡便也。二人之外，豈無他人？皆止因人成事，僥倖成功者耳。成梁雖老，久無宦情，而其精力矍鑠，尚稱謀勇。廷臣推舉不敢孟浪，惟冀皇上允可。至於宣大總督、宣府巡撫，臣前揭已盡，實宜早點。又有薊遼總督、廷綏巡撫二推，亦宜早點。邊寄之重，萬倍常員，因循既久，不惟我軍懈怠，抑使夷虜生心，剝膚之憂，所宜惴慄，望皇上勿以等閑例視也。臣又惟帝王圖謀大事，必講求長便，講求長便，必博採羣言，博採羣言，必舍己從人。若一人斷制，必有未盡，小事有錯，猶可改圖，大事有錯，悔之無及。九邊之計，豈但軍民生死所關，抑亦社稷安危所係，要使衆人各吐所懷，百司共效其力。頃見皇上嚴旨罷斥多官，臣不能無疑焉。臣今進言，皇上必謂臣爲救多官耳。夫多官固亦宜救，而得失尚小，若邊計軍情，得失甚大，願皇上於此虛心觀理，霽威反汗，實宗社無疆之福，即皇上不能盡釋於胸，亦宜稍加分別。兵科，其職掌也事有不可得而辭者，即言不當，尚宜審之、容之，況其言或有時當者也？職方郎中，舉用大帥，匪可草草倉卒爲也。其員外郎二員，管督捕編軍，主事六員，除管山海關外，其五員分管清軍驗軍九門存恤。若推補將官，係郎中專職，同僚素不參預，一概降調，此亦睿思之所偶遺也。夫恩施於不當施之處則褻，威施於不當施之處則濫，褻恩濫威而欲求治，猶反冬於夏而易秋於春，臣民無所託命矣。昔賢有云：'天下事非一家私議，願平氣以聽之。'臣今亦願皇上平氣虛心，講求長便，採臣芻言。臣此心不欺，可對天地，惟皇上照臨。臣不勝披瀝之至。"

① 若 據《敬事草》卷九，"若"當作"苦"。

十四日壬子，大學士沈一貫題："伏蒙發下殿試策題，臣等謹看中書官羅萬英寫黃畢，謹用封進，伏乞聖覽，發司禮監刊刻刷印，十五日早頒給諸貢士恭對。謹具題以聞。"

十五日癸丑，策試禮部貢士許獬等於廷，皇帝制曰：'朕聞隆古帝王，罔不念祈天永命者，而惟久道成化得之。《易》稱：'視履考祥，其旋元吉。'《詩》稱：'永言配命，自求多福。'傳稱：'人受天地之中以生，所謂命也。是以有動作威儀禮義之則以定命也，能者養之以福。'斯篤論矣。洪惟我皇祖世宗肅皇帝，嘗臨軒策士，親賜制問，有曰：'朕思首自三代以來，迄於宋終，間中雖歷世有久近，而其君之歷年亦有長短，要之皆自其爲君者何如。'又曰：'皆基之於先王德澤洽於民心，亦繼之以嗣王能盡持盈滿之道者也。'煌煌聖訓，朕時恭繹焉。我國家太祖開基，功德與天地並，成祖再造，貽我後人，列聖纘承，暨於朕躬，天命自度，夙宵惴悚，常思遠追所聞，不宜近忽所見。朕生之初，猶及皇祖。皇祖以敬天法祖、親賢恤民爲要務，以經術爲本，以法律爲輔，以明作修內治，以安靜飭邊圉。宮府之間，肅然奉法，華夷遠近，穆如和風。至於稽古考文，尤爲謹備。而皆發之於孝思，本之於敬一。殿亭榜字，皆取《洪範》《無逸》名之，淵衷所存，廩廩三五之盛，四十五年有如一日。賢親樂利，至今思慕不忘。爾多士雖晚，尚有能揚勵之者歟？我國家景運，繇皇祖益綿，而皇祖享國亦自長永。莊誦此制，乃在嘉靖十四年，仰窺聖心以持盈滿爲兢兢，自昔然矣。朕不揆寡昧，景行惟勤，誠不知何所修爲而可幾此，故不復更端，即舉皇祖之所清問者清問。爾多士其悉心陳對，朕將擇善而從，用祗承天休。欽哉，毋略。"

十七日乙卯，大學士沈一貫題："爲讀卷事。照得本月十五日，策試貢士三百一名，例該臣等看擬上卷。十七日早，恭詣文華殿讀卷，奉旨傳免。臣等謹將所擬上卷十二卷封進御覽，伏乞欽定御批一甲三名，發下照例填榜傳臚。謹具題以聞。"

萬曆二十九年

二十二日庚申，大學士趙志皋奏："爲泣血懇天憐憫特賜慈斷放臣骸骨事。臣危篤無以復加，奄歿祇在頃刻。萬不得已，旬日之間，三具疏揭聞。我皇上憐臣懇切，復發閣中擬票放臣矣，乃數日來臣伏簀候旨，又未蒙聖慈即斷。夫臣病固篤，然此心猶不死，非不知我皇上高厚之恩，一旦不能捨此①。顧臣萬萬分不能復生，萬萬分無有可留之理。臣六十餘疏陳情已盡，不敢復贅。惟望我皇上發大慈悲，將閣中擬票放臣之旨，特賜俞允，俾臣得昇出國門以歿，臣實瞑目於九泉矣。臣不勝危苦泣血激切祈恩待命之至。"奉聖旨："卿輔弼首臣，朕所眷倚，久在病告，益深注思，何頃旬日之間三疏懇去？疾雖淹滯，豈無療方？着太醫院堂上官率領御醫二員，用心胗治。卿可專精加攝，以還天和，副朕惓切之懷。該衙門知道。"

① 此 明抄本作"臣"，是。通行本作"此"，誤。

二十三日辛酉，大學士沈一貫題："皇長子講筵，見在侍班官止有曾朝節一員，講讀止有范醇敬、黃輝二員。皆以一人兼兩人之事，每日不得休息，各稱抱病在身，委可憐憫。所有臣等前推堪同侍班范醇敬、堪同講讀唐文獻、揚道賓、黃汝良、蕭雲舉、區大相，懇乞即賜准發，欽遵供事。臣不勝跂望之至。謹題請旨。"

二十六日甲子，大學士沈一貫題："臣於前晚出閣到寓，爲涼風所襲，吐瀉兼作，因而滿身如焚，百節盡痛，呻吟若②楚。本期調理稍痊入直，今雖三日，未見有效，臣心萬分不安。伏乞皇上垂憫，准容給假調理。臣不勝感戴天恩之至。謹具題請旨。"奉聖旨："卿偶疾，准暫調理。閣務繁重，稍可即出輔政。吏部知道。"

② 若 "若"當作"苦"。

是日，大學士趙志皋奏："伏念臣素受我皇上莫大之洪恩，今當病篤垂危之時，猶蒙聖慈軫念，遣醫賜藥，臣雖在昏憒中，即粉身碎骨奚能報稱？但臣身雖朽，臣心尚存。近聞外庭洶洶，咸今③歲皇長子冊立冠婚期日已逼，皆欲叩闕具疏，齊聲懇瀆。臣病中獲聞此語，不得④先期以告於君父之前。緣皇長子茂齡

③ 今 明抄本"今"上有"以"字，是。通行本無此字，誤。

④ 得 "得"下應有"不"字。

萬曆起居注

已踰二十,即民間之子,無論富豪,縱貧窶亦無有至二十歲而不婚冠者。況元儲爲國家主器,承萬世之宗祧,而可久稽大典?則無感①乎羣臣之疑懼也。況正月間已蒙聖諭允行,是以內外恭聽,今轉盼②四月,萬雖再遲。臣願我皇上趁此羣臣未曾煩瀆之前,特頒聖諭,明示册立冠婚大禮擇吉舉行,俾國家盛典出自聖衷英斷,有非臣下能窺測,使四海九州無不仰頌皇上天地之大、日月之明,其作爲出於尋常萬萬矣。況外庭之臣,以臣首臣,病篤既不能去身,又不能報國,目臣爲無恥之極,儻蒙皇上允臣今日之請,特舉册立冠婚大典,則臣雖歿於九泉之下,亦又餘榮,縱他人疑臣,臣心實無愧矣。臣無任激切懇祈之至。"

二十七日乙丑,大學士趙志皋奏:"爲危篤至急終懇天慈矜憐允放事。頃蒙我皇上特渙溫綸,遣醫胗視,並賜御藥,臣受此非常洪恩,異數寵眷,臣即以肝腦塗地,奚能報稱?況一束朽骨,縱棄之道傍,委之溝壑,復何顧惜?豈忍然敢忘君父之慈仁?而必欲遂首丘之願者,則臣實有大不得已之心矣。何者?君恩愈重,則臣心愈苦,君留彌切,則臣罪彌深。夫以望八衰慇之年,而復搆至篤之疾,以兩身③卧病之身,而猶挂最重之銜,進既不能報國,退又不能養身,生已多慚,死更含愧,一念憂焚昏憒,即九轉之丹、三年之艾,亦不能以療臣頃刻之命,矧臣止有一絲游氣耳,呼吸奄然,便成永訣。臣得以未歿之前辭此職銜,出此都門,猶曰解官而死。若再依戀聖恩,徘徊邸舍,則臣一死之後,上累皇上知遇之明,而下負生平操持之節,臣在九泉之下,亦無可容之隙矣。萬不得已,泣血終懇聖慈哀矜憐放,臣但得一出國門,瞑目長逝,臣心實安。臣不勝伏簀泣叩籲天待命之至。"

二十八日丙寅,大學士沈一貫奏:"爲驚聞殊命分難靦承懇乞聖慈俯容辭免事。頃臣偶疾,請告調理,該吏部接出敕諭:'敕吏部:府江叛猺蕩平,大獲全捷,内閣輔臣運機調鼎,勞績

①感 明抄本作"惑",是。通行本作"感",誤。
②盼 明抄本作"盻",是。通行本作"盼",誤。
③身 明抄本作"年",是。通行本作"身",誤。

可嘉，兹特加恩示酬。元輔志皋加兼太子太師，還賞銀八十兩、綵段三表裏，次輔一貫加兼太子太傅，還賞銀七十兩、綵段二表裏，各蔭一子入監讀書，餘官如故。都照新銜給與應得誥命。如敕奉行。欽此。'移咨到臣。臣不勝愧汗，不勝感泣。顧揆愚分，深切兢惶。隨該文書官金忠恭捧銀幣到臣私寓，臣不敢固辭，謹扶掖望闕叩頭恭領，容臣另行報名廷謝外，惟是陞蔭萬分難居，輒敢畢其區區之愚。臣惟朝廷之所以御世者惟賞罰，賞罰當，則人效其官而莫敢逃其責，人盡其力而莫敢愛其身，故賞罰非可以意輕重，惟功罪是視也。府江之捷，介胄士之勞也。臣居内閣，獨持文墨議論耳，即有題奏之經承，大都皆職掌中常事，非能運籌授畫，如古發蹤指示者比也。武夫力而獲諸原，文臣坐而分其賞，人當謂何？雖恩命出於聖心，意常從厚，而閣臣不預邊賞，臣等屢言，不可復濫也明甚。臣聞施惠於人者，當令其可受，古者愛弊袴以待有功，雖在金幣，未可輕與。顧皇上體貌輔臣，時加橫賜，而臣既忝其官，敢辭其賜？抑情而受，猶有可言。若加官蔭子，非常恩數，疆臣之蹀血履腸者，上賞不能過此，而臣何人也，敢冒領乎？皇上聽臣之言，行臣之意，所以榮臣厚臣者甚多，臣之所得侈矣。臣願皇上推優厚輔臣之心，徧及勞臣，毋使人有缺望之嗟、不均之歎。又願皇上推賞人從厚之心，罰人從薄，使皆游於光天化日之内，以無傷其樂生之心。則臣立下風，竊得分光借輝、逃咎塞責，臣之幸也，皇上之賜也。伏望皇上俯鑒臣言非虛，收回成命，將陞官蔭子誥命等恩准臣辭免。臣無任懇切感激之至。"奉聖旨："府江大獲全捷，朕心嘉悦。卿爲輔臣，朝夕協贊，殫忠運籌，加恩酬勞，寔爲舊典。宜遵成命，不允所辭。該部知道。"

是日，大學士趙志皋奏："爲恭謝天恩事。臣久危病，於旬日内四疏懇辭，重蒙聖眷，欽遣御醫看治，臣已具疏恭謝外，忽於本月二十七日接到吏部咨奉敕諭：'敕吏部：府江叛猺蕩平，大獲全捷，内閣輔臣運機調鼎，勞績可嘉，兹特加恩示酬。元輔志皋加兼太子太師，還賞銀八十兩、綵段三表裏，次輔一貫加兼太子太傅，還賞銀七十兩、綵段二表裏，各蔭一子入監讀書，餘官如故。都照新銜給與應得誥命。如敕奉行。欽此。'又蒙聖恩遣文書官金忠頒賜臣銀八十兩、綵段三表裏，齎捧到臣私寓。臣恭設香案，令長子尚寶司司丞趙鳳梧、次子刑部陝西司郎中趙鳳翀代迎，望闕叩頭祗領訖。切念臣臥病已及三年，哀懇至踰六十，游息如絲，命在旦夕。乃以府江之微勞，重叨寵隆之濫及，久凋朽木，虛承雨露之零，垂滅寒灰，難勝吹噓之力。況當蕩平箐峒之日，正臣偃臥牀蓐之時，毫無籌畫，豈有涓涘？顧因大齎以冒功，徒揣病心而湧汗，踧踖無已，感泣彌深。除加官蔭子別疏懇辭外，伏乞聖慈垂鑒。臣無任感激慚悚之至。爲此謹具本恭謝以聞。"

二十九日丁卯，大學士沈一貫奏："爲恭謝天恩事。臣因患病給假調理，伏蒙聖恩遣御前答應牌子張瓚，齎賜臣鮮猪一口、鮮羊一羫、白米二石、酒十瓶、甜醬瓜茄一鐔，到臣私寓，臣謹就臥榻叩頭祗領訖。伏念臣拙於養生，每處危而僥倖，果與病會，至伏枕而呻吟，厪君父惟疾之憂，拜御廚大烹之賜，如枯荄逢春風以披拂，似涸鮒獲江海而浸濡。應知帝曜之所照臨，定見凶魑必爲退匿，肉骨有望，鏤心無涯。臣不勝感激荷戴之至。謹具恭謝以聞。"奉聖旨："覽卿奏謝，朕知道了。禮部知道。"

是日，大學士趙志皋奏："爲病臣殘喘欲絶恩命隆重難承懇乞聖明收回成命并賜放歸以全政體事。臣頃久病求罷，蒙皇上親遣御醫診視，方冀聖明鑒臣疾真危篤，放臣生出國門，忽於二十七日奉敕諭：'敕部吏①：府江叛猺蕩平，大獲全捷，内閣輔臣運機調鼎，勞績可嘉，兹特加恩示酧。元輔志皋加兼太子太師，還賞銀八十兩、綵段三表裏，次輔一貫加兼太子太傅，還賞銀七十兩、綵段二表裏，各蔭一子入監讀書，餘官如故。都照新銜給與應得誥命。如敕奉行。欽此。'除欽賞銀幣叩領恭謝外，伏念臣患病已踰三年之久，陳乞已積六十餘疏，一息游氣，與死爲鄰，乃尚徼皇上之寵靈，加官蔭子，誥贈先世。臣已昏憒，無所知識，不敢爲游辭以瀆聖德②。然臣一日未死，

① 部吏 "部吏"當作"吏部"。

② 德 "德"似應作"聽"。

一日而知有皇上之政體在，敢不哀鳴於君父之前？往年府江之役，臣方偃卧牀蓐，尸曠已久，有何籌畫而乃與在事諸臣同敍耶？皇上祇以臣位叨首臣，覃恩濫及。然敍功，鉅典也，加官蔭子，特恩也。以鉅典而及無功之臣，以特恩而加垂死之夫，如政體何？且邊功之敍，不及閣臣，況卧疾杜門久不進閣者乎？臣自忝竊以來，屢叨恩命，捫心有愧，又可冒之於待斃之時乎？伏望皇上，上惜國體，下察臣情，收回非常恩命，即賜罷免，則臣一日未死之身，猶可靦顏視息於世矣。臣無任迫切籲天待命之至。"

萬曆起居注

四①月戊辰，朔。

三日庚午，大學士沈一貫奏："爲殊賜難承小量已溢再懇天恩准容辭免以明分義以倖生全事。頃蒙皇上敍錄府江功次，推恩及臣，晋兼宮傅，蔭子給誥，内揣非分，具疏控辭。奉聖旨：'府江大獲全捷，朕心嘉悦。卿爲輔臣，朝夕協贊，殫忠運籌，加恩酬勞，寔爲舊典。宜遵成命，不允所辭。該部知道。欽此。'臣竊思人臣所畢世而祈遇者，人主之隆恩，所鞠躬而恪遵者，人主之成命。臣獨何心，而敢固爲煩瀆之辭哉？自量審矣。維此府江之捷，蓋緣惡猺作梗，郡邑受殃，鎮臣運籌，武夫効力，蒐獵芟刈，以靖黎民。其功固偉，而比之禦虜禦倭、征誅不軌者，亦爲有間。故總督之酬，止於量陞一階及銀幣之賞耳，將帥以下，尤其斤斤，至於該部科道一無擬及矣。夫行賞止於如此，而臣則居中受成者，未嘗費一札之書，借一籌之箸也，乃至反膺異數，超彼督臣，勞未嘗居衆人中，而賞乃出於其上，豈不妨公是、失心②？内何以質方寸？外何以對百僚？寧非寡廉鮮恥、而犯在得之戒哉？恭繹制詞，過稱臣朝夕協贊者，豈以臣有奔走微勞，假此以示慈惠乎？則臣滋不敢當。臣在閣八年，三蒙陞蔭，一以考績，兩以邊功，既③是濫叨，考績亦爲溢賞，撫躬省分，常懷撲滿之憂，循名責功，更深覆餗之懼。自舊年秋冬積苦勞瘵，屏居三月，始獲生全，而入直以來，連綿猶故，曾無一日稍獲安舒。自忖④福分有限，天命難知，獨惟茹苦絶甘，寶慈與儉，或可將此償彼，稍延視息。且以多病之軀，當多事之日，効無一二，罪有萬千，長思退躬⑤，舉賢自代，而可躐進無已、不知止足哉？此所謂害生於恩寵翻爲辱者，疾顛速戾愈不能少待矣。謹用百叩懇辭，伏願皇上俯亮臣言，悉出衷素，收回成命，以遂祈禱，則寵臣厚臣者大，而感激鴻私益比於天海矣。臣不勝屏營待命之至。"奉聖旨："朕以府江叛猺蕩平，文武將士俱已敍功陞賞，卿爲輔臣，朝夕贊襄，勳勞茂著，加恩示酬，寔遵彝典。宜遵成命，不必固辭。該部知道。"

①四 "四"前應有"萬曆二十九年"六字。

②心 據《敬事草》卷九，"心"上當有"人"字。

③既 據《敬事草》卷九，"既"字上有"邊功"二字。

④忖 明抄本作"忖"，是。通行本作"恂"，誤。

⑤躬 據《敬事草》卷九，"躬"當作"閒"。

是日，大學士趙志皋奏："爲篤疾蒙恩益深驚悸再懇聖明收回成命並乞特賜骸骨以畢分義事。臣危病求去間，蒙皇上以府江戰功，加臣官蔭，臣隨於三月二十九日具疏懇辭，復奉聖旨：'府江大獲全捷，朕心嘉悅。卿爲元輔，運籌勞績，宜當首敍，加恩示酬，原係彝典。宜遵成命，不允所辭。該部知道。欽此。'臣不勝感咽悲愴，疾益沉重昏眩，臣二子時抱臣環，無已痛念。臣徼皇上高厚之恩，臨歿尚沾雨露，何敢故爲辭讓以違欽命？但臣聞古人易簀之時曰：'吾得正而斃焉。'是由生至死，欲以正自處者。臣叨輔雖歷十年，而半多註籍，連年以來，衰病益篤，無論毫無建白，即政本機宜，俱不聞涉。今府江戰功，乃皇上聖武布昭，諸臣智勇畢集，故能成此克捷，若臣以擁衾伏簀之身，冒濫敍典，則非特於分不可，即奄然九泉之下，臣心寧不慚愧滋甚耶？臣一息游魂，祇在旦夕，惟願我皇上俯廓仁慈，特賜憐憫，與其愛臣以身外之功名，孰若放臣未死之骸骨？與其念臣身後之子孫，孰若全臣未死之名節？臣以六十餘懇，每至具疏，血淚湧出，今又控辭恩命，感激長號，昏憒彌劇，萬不得已，叩首再懇於君父之前。伏乞皇上鑒臣篤病危迫，察臣哀心痛苦，收回官蔭成命，即賜放歸，庶臣一生分義不致盡喪於將死之時，臣得如古人以正而斃，臣心實他無望矣。臣不勝惶悚泣懇待命之至，伏候敕旨。"奉旨："朕以府江叛猺蕩平，文武將士俱已敍功陞賞，卿爲元輔，雖經在告，勞績居多，加恩示酬，實遵彝典。宜遵成命，不必固辭。該部知道。"

五日壬申，大學士沈一貫奏："爲積病轉增負恩深重懇乞聖慈放歸田里以延殘喘事。臣前以吐瀉兼作，具奏乞假，奉聖旨：'卿偶疾，准暫調理。閣務繁重，稍可即出輔政。吏部知道。欽此。'隨蒙府江論功，賜臣銀幣，臣已冒領，錫臣陞蔭，臣已懇辭。皇上優眷近臣，垂鑒微悃，甚深極厚，臣私惟終始相成之誼，死生戀闕之誠，溝壑未填，捐糜斯稱。而不意命與厄會，疾又大作。蓋臣稟賦原弱，憂勞又過，舊年秋冬，淹纏三月而始入直，入直之後旋病旋強，至於新春謝假，僵暈闕下，移時方甦，此萬目之所共憐也。無何以殿試大事，係臣職掌，竭一生之力，而手口拮据，僅以訖事。然以積疴積劇，疢疾轉加，醫家診視皆云：病在骨髓，感觸而見，實非旦夕可愈。臣展轉牀簀，若癡若狂，一聞斯言，淚交頤頷。臣本草芥豎儒，受知聖主，薦陟穹階，至膺獨任。皇上之遇臣太深矣，然天下之責臣亦重矣。皇上所欲爲者，臣不能片言將順，天下所欲皇上爲者，臣又不能積誠感通。是臣么麼微身，上虛皇上之知，而下叢天下之罪也。皇上如天如地，猶能容臣，而天下多心多口，孰能恕臣？臣豈能犯天下之所不容，而獨容於皇上之側乎？醫進死徵之言，卜有游魂之兆，臣猶遲回瞻戀，謂螻蟻或將動天，膏肓庶幾起日，而不虞一旦委頓至此，臣如不起，負皇上矣，負天下矣。惟此一息尚在，就皇上乞身而歸，無論臣萬苦中首丘之念可憐，皇上明與天下矜臣之餘生，而天下亦及今明釋臣之責重①，臣即死，固萬勝於生也。夫昔之忠臣，有浮以鴟革，諫以掩屍，終不忍生前言去者，臣非不知此義，緣臣股肱之分，既不當以口舌爲盡職，而昏憒之中尤不能以心思期再計，抑而行之，必發狂疾。惟皇上憫臣，特放回籍。儻藉藥餌幸獲生全，是皇上之再造，天地不足喻仁，臣矢有②有啣結而已。臣不勝俯僂待命之至。"

七日甲戌，大學士沈一貫奏："爲懇祈乾斷必容辭免誤恩以安微分以示隆知事。頃者聖慈因府江之捷，加臣以陰蔭誥命等恩，臣具疏再辭，奉聖旨：'朕以府江叛猺蕩平，文武將士俱已敍功陞賞，卿爲輔臣，朝夕贊襄，勳勞茂著，加恩示酬，寔遵彝典。宜遵成命，不必固辭。該部知道。欽此。'臣惟昔人辭恩，有禮當辭讓而爲此恭者，若臣今日非此之謂也。是恩也，在聖主可以施，在臣不可以受，臣之前疏既已詳矣。大約事在一隅，後非再舉，疆臣畢力，臣微寸勞，臣又仰體皇上愛惜名器之心，一循該部具題，斤斤擬賞，故總督戴燿止陞一階，總兵童元鎮尚需吏議，自餘更微，略無優多也。臣於諸臣尚爾，而乃身受異恩，豈非藏身不恕，而何以示公道乎？臣夙禀庭訓，

① 責重　明抄本作"重責"，是。通行本作"責重"，誤。
② 有　此"有"字爲衍字。

頗知止足，常憂薄福，消受爲艱。今官已極矣，恩太深矣，手不執殳，肩不荷戈，而徒以筆札小技，博金紫殊榮，於臣涯素千踰萬侈。夫捧盤水而加盈之，必有傾溢之患，乘駿馬而馳驟之，必有顛蹶之虞，臣得無是念乎？昔晏嬰不受邶殿，謂之幅利，其既也又納邑與政而免於難，始乎不受，終乎不處，乃始成一晏嬰，臣竊慕之，而又竊愧之。晏嬰在齊能以君顯，納約進規，爲後人法，至今讀《徵招》、《角招》之言，而想見齊庭盛事，然猶自處恒儉若此也。臣行能淺劣，無一足稱，而位過前賢，未知稅駕，積憂成疾，既濱危殆，尚可以冒誤恩乎？皇上厚臣以恩，不若信臣以心，寵臣以多，不若貽臣以安。臣氣息不屬，艱於舉筆，如復未允，又當搜索枯腸，瀆聒天聽。伏望皇上俯加原亮，聽臣辭免，庶聖朝無虛濫之典，而臣亦安分誼之常矣。臣無任馳情懸睇之至。"奉聖旨："朕以府江大獲全捷，敍功陞賞，卿爲輔臣，朝夕調燮，茂著勳勞，加恩示酬。宜遵成命，慎勿遜辭。該部知部①。"

是日，大學士趙志皋奏："爲病臣垂死謹披瀝血誠三懇收回恩命並祈聖慈即賜骸骨以遂永訣事。病臣竊惟府江錫蔭，萬無可承之理，已再疏具辭，復奉聖旨：'朕以府江叛猺蕩平，文武將士俱已敍功陞賞，卿爲元輔，雖經在告，勞績居多，加恩示酬，寔遵彝典。宜遵成命，不必固辭。該部知道。欽此。'臣不勝感激，伏枕嗚咽。痛念臣病彌甚，聖眷彌隆，遭此殊遇，豈不欲仰體宸衷、勉強祗承？但臣實至危至篤，一息絲絕在頃刻，正與皇上永訣之時，乃猶冒此非常盛典，則非特褻名器、辱綸誥，而飄飄游魂，奄奄殘魄，且慚愧於伏簀之時矣。夫待斃之人，仰報聖明已無他日，方懼素餐爲官守玷，而反加臣之官，方懼盛滿爲子孫憂，而反蔭臣之子，臣即昏憒瞑目，臣心何安？況今世之人，凡遇篤疾，猶思禳災惜福以延生，乃臣更叨身外之功名，以干上天惡盈之怒，是自促其晷刻之命也。萬不得已，再三哀懇，仰瀆天聽，然病篤辭窮，不能達臣苦楚。惟望我皇上憐臣將死之人，收回成命，仍乞皇上哀臣懇瀆之煩，放臣骸骨生出國門，臣之感激當永永於九泉之下矣。臣不勝迫切哀祈

① 部　明抄本作"道"，是。通行本作"部"，誤。

待命之至。"奉聖旨："朕以府江大獲全捷，敘功陞賞，卿爲元輔，雖經在告，勞績居多，加恩示酬，實遵彝典。宜遵成命，不必固辭。該部知道。"

十二日己卯，大學士沈一貫題："臣惟舊年秋冬至今久旱不雨，連日又有怪風昏霾，民間二麥無望，草木不芽，衆口嗷嗷，流移滿路，兼之疫氣時行，極可危慮。仰惟皇上側身修德，密禱明祈，無所不至，而上天猶未昭格。臣在琳簪，不能頃刻怠遑，思所以少裨聖籌而無由也。臣惟天子者，天地山川百神之主也，今之天地山川百神，亦待皇上之仁而始發其仁耳。成湯以六事自責而大雨立應，皇上亦嘗以步禱郊壇而時和歲豐，此古今之所交誦者也。臣願皇上垂惻民隱，發政施仁，使實心著見，德意下流。宸衷所注，羣臣自然奉行，而霑被不患不徧，真今日萬姓①虔仰之意也。臣又聞孝婦含冤，三年不雨，刑獄之濫能干天和。今熱審雖近，只循行故事，發放一二輕囚以塞責耳，未爲曠然一至仁也。臣願皇上特發大慈悲心，於熱審前命三法司，將見監刑部及鎮撫司犯人，統加會審，從寬奏請釋放，如有情法俱重、難以寬假者，亦乞量罪遣發，免其久繫，以散鬱蒸之氣，以暢愁怨之心，則萬口歡呼，遠近傳頌，實感和召祥之大事也。《易》曰：'雷雨作解，君子以赦過宥罪。'欲祈天地雷雨之解，先爲政刑赦宥之解，著之聖經，恪可尊信。臣偶有一得，輒力疾草奏以聞，惟皇上省覽採擇，幸甚。"

是日，大學士趙志皋奏："爲篤病垂斃之臣終難療治萬懇天慈俯容舁出國門以畢餘息事。臣之身如久朽之株，臣病之篤如東逝之水，臣之假息游魂如以一絲而繫千石，論之理勢萬萬分無有再生機會者。故不得已，除六十餘懇外，旬日之間四疏泣請。乃我皇上高厚弘恩，猶望臣起，勉以溫綸，命醫賜藥，病臣受此寵隆，敢不仰遵敬體？是以連朝以來，止於三辭府江加恩疏內併行陳瀆，一面倍服藥餌，急冀少蘇，以承聖眷。孰知臣之危篤不減毫釐，臣之瞑目祇在頃刻。何者？臣去八十歲止爭二年，人生到此正是死期，更益之以不可救療之症，即我聖

① 性　據《敬事草》卷九，"性"當作"姓"。

慈曲賜仁愛，欲以生臣，而造化必然之理，恐難恩挽。即臣心亦欲少延旦夕餘生，以依依於君父之前，而陰陽一定之命，豈從人願？臣昏憒思維，縱扁鵲再世，俞跗更生，亦不能修良劑以起臣危篤者，臣惟待死而已。夫以待死之身，必欲死於京邸，以累皇上知遇之明，以失病臣易簀之節，毋寧死於道路，暴露溝瀆中，爲鳶殘，爲蟻食，爲未招之魂，爲未掩之魄，臣猶得以辭朝解職而歿，臣心亦少遂矣。臣因是萬不得已，伏枕叩頭，慟心淚血，再懇聖明，大發慈悲，矜臣憐臣，哀臣察臣，特放臣骸骨早一刻昇出國門之外，臣即奄然長逝，在九泉之下感激天恩於萬萬代矣。臣不勝急切陳情泣懇祈待命之至。"

十三日庚辰，大學士沈一貫題："臣頃以百病攪心，萬愁攻體，內外傷感，一時併作，於本月初五日具疏乞恩，准放回籍。拱聽旬日，至今未蒙批發，徬徨躑躅，時刻難居。伏望①皇上萬幾至繁，不暇省察，愚誠耿耿，終當自言。竊欲再疏具陳，而心緒憒亂，無分毫接續之氣，不擇妄發，又恐觸冒威嚴，今祇得仍寫前疏，補進御前。伏乞皇上少留睿思，特加哀憫，准臣回籍調理。儻未遽填溝壑，猶當勉竭狗馬，歌咏太平。若遂棄捐，誓將結草，以報高厚之萬一。臣不勝涕泣祈求之至，謹具題知。"

十五日壬午，大學士沈一貫題："臣伏病在家，連日更得訪問外情，知楚事更多，不敢不奏。武昌之亂，因陳奉既參馮應京去任，即大出告示，數其過惡，誇張得意，小民家家痛哭，雖老稚亦追送馮應京，如其父母，因而互相殺傷，以激此變。陳奉見勢來危急，躲入楚府，若非楚府，則奉爲齏粉久矣。巡按在常德地方未回，巡撫在省城，小民恨巡撫曲護陳奉，隨車痛罵，放火燒其衙門，昨巡撫疏中但言失火，諱之也，觀其引罪深切，可見矣。今小民羣聚圍繞，實未嘗散，就使暫散，安知後之不復聚而相擊殺乎？不獨省城，即通省大小軍民無不怨彼，故道途皆梗，消息不通，衆怒如水火不可嚮邇矣。蓋武昌

① 望 "望"當作"惟"。

之民前年已作一亂，冀奉猶有改圖，今彼日甚一日，決然不與俱生。臣固慮奉必遭毒手，奉不足惜，如國體何？爲今之計，皇上必宜早發一諭，數奉過惡而罪之，另選一老成忠慎者往，以安楚民，以尊國體，不宜待百姓之殺奉而後圖之也。楚民素悍勇好亂，陳友諒子孫極多，今改姓柯，在承天與國州地方滿山谿皆是，從來不服王化，有司不敢制，憂其叵測者。兼以蠻夷雜居之處，易動難安，若亂而後收拾，爲力萬倍，皇上宜萬萬加意。且今稅使滿天下，而爲天下所共指罵者，獨三四人而已，陳奉不能悅皇上之心，而反令皇上惹氣惹惱，生憂生慮，此可謂能臣乎？皇上亦何愛一陳奉，而不以安楚中數千里地、活楚中百萬生靈、以定反側之謀乎？出一旨意，易一稅使，而亂安民定、國體以尊，且亦未嘗少皇上之稅，其利甚大也。臣在牀蓐，千迴萬轉，頃刻難處，輒草此揭以請。若但責奉改圖，其禍本未撥，釀亂未已耳。伏祈皇上萬萬留意，幸甚幸甚。"

十八日乙酉，大學士沈一貫奏："爲誤恩非典萬不敢當四懇俯亮微誠收回成命以免屢瀆至尊事。頃以府江之捷，伏蒙加恩及臣，臣已三辭，備輸誠款，奉聖旨：'朕以府江大獲全捷，敍功陞賞，卿爲輔臣，朝夕調燮，茂者勳勞，加恩示酬。宜遵成命，慎勿遜辭。該部知道。欽此。'控辭愈力，天語愈溫，徒令臣感激隆知，伏枕號泣。藉使可受，則既叨顯榮，又免陳瀆，於臣豈不甚利甚便？而顧有不可靦顏者，非爲例當有辭讓故事也，亦非但爲閣臣不與邊賞一節也。蓋是後也，一方之事，數月之勞，督臣奉將天威，指顧而定，故臣之擬是賞也，雖本之部議，無所異同，亦謂計功議酬略亦相當，是以謹守格無①常格，無踰越於其間也。夫既以常格律人，即當以常格自律，既以無踰越處人，即當以無踰越自處，安有施之人者一格，而受之己者又一格？是將託之於何典乎？又非徒如此也。凡當事者宜受上賞，助旁者宜受中賞。今以臣之在旁，而賞乃出於當事之上，本末不相稱，倒置莫甚，又豈可令人見乎？若曰督臣之賞不薄，則臣宜薄於督臣，若曰督臣之賞尚薄，則臣宜無賞以

①格無 "格無"二字應是衍文。

謝督臣。又不獨如此也。凡功大者，敘及本兵，敘及主計，而臣今未擬及也。敘及議科，敘及勘道，而臣今未擬及也。所以不及者，亦非忘之，爲功小而可略也。即曰功小而可略，何特於臣而異等？豈於彼可略，而於此不可略乎？然則臣不但無以謝督臣，亦無以謝廷臣。猥濫名器，紊淆典常，立朝泚官，何以施顏？題書答問，何以置辭？上以非倫之制詞誣逝者，何以告先？下以非分之蔭敘誤後人，何以貽穀？執法得而褫奪，行道得而吐唾，有臣如此，安所用之？夫王者以榮祿砥礪人，而未嘗不鄙饕餮之士。人情誰不厭貧賤豔富貴？而烏可希壟斷賤夫之所爲？臣三疏中已悉此意。小醜備物，危亡之符。力不回天，有此控擾。若不獲命，其能無再瀆哉？伏願皇上鑒臣之情纖毫無假，亟准辭免，俾安分義。若隆恩厚德，則銘之心膂，有啣結不足語報者矣。臣不勝徬徨迫切叩首叩首之至。"奉聖旨："朕以府江獲捷，卿居政本贊襄，加恩示酬，寔遵彝典。卿乃屢辭，情詞懇切，具見忠慎謙美，誠可嘉尚。陞官特准辭免，蔭子宜勉祗承。方今國家多事，卿宜慎攝，稍可即出輔政，以副眷倚至意。該部知道。"

　　二十日丁亥，大學士沈一貫題："臣嘗揭請舉行大典，而因考我朝聖祖神宗皆因時起事，以至於後昆蕃衍，福祚靈長。言皆有徵，意期啟沃，不覺亹亹滿篇。不知曾賜覽觀否？無論在廷之煩瀆可厭，即臣亦自厭其煩瀆，而終不能無言焉。蓋此舉自國家盛典，至今日又爲曠典。然爲理勢之所必然，古今之所同然，如日用飲食不可缺之事，乃常典耳，何得視之太重、持之太堅、而至於行之太緩乎？生子而願其長，長而願爲之冠、爲之婚，又願及早成立，育男舉女，啟後光前，自遠古以至來今，自天子以至庶人，無不同此心、同此事者，臣故曰此常事常典，不足以煩聖心之遲回也。祖宗累朝世守此制，振振繩繩以及我皇上。皇上二十齡而誕育皇長子，以及諸皇子。今皇長子已屆皇上誕育之年，而典禮尚遲，則延育亦且遂遲。皇長子遲，則諸皇子亦且以次而遲。然則皇上齊天之福固不減於太祖，而太祖有一百二十一孫，皇上尚未有一孫，更待何年而遂此多孫之願乎？青宮正位，玉樹盈前，環幄遶階，遞起爲壽，一派分支共扶國祚於萬世，皇衷有不悅豫、而聖體有不安康乎？士庶之賤，有三十歲而見孫者，至尊今日尚缺此事，臣固以爲晚也。臣比纂修玉牒，恭計天潢之多，至有一十五六萬①矣，此皆從太祖一身之所衍生者。皇上體厚氣完，福隆慶備，亦可期子孫有如此多，當從今日早爲之計。皇上寧無意乎？臣又思太祖既有一百二十一孫，而又享極高之壽，此可見冊立冠婚無所妨於聖躬，而適足以致永年多福之驗也。太祖以無疆景祚開創於前，皇上亦以無疆景祚紹述於後，仁覆天下，萬福自集，聖德益大，聖壽益高。太祖未嘗疑子孫之多以爲妨礙，比類而推，理亦彰彰著明矣。蓋唐虞之朝稱：'無稽之言勿聽，弗詢之謀勿庸。'凡假借禍福之言，牽合徵應之語，非存之典籍，載之《詩》、《書》者，皆無足聽納於耳，芥蒂於心。孔子曰：大德者'必得其位，必得其祿，必得其名，必得其壽。'《詩》曰：'嘉樂君子，顯顯令德。宜民宜人，受祿於天。保佑命之，自天申之。'《易》曰：'積善之家，必有餘慶。'《書》曰：'惠迪吉，從逆凶，惟影響。'夫曰：'令德'，曰'積善'，曰'惠迪'，修此道者諸福必從，此理自然，萬無一爽。捨此之外，皆所謂無稽、勿詢，而帝王之所迸棄者也，何足以縈牽心胸、而擔誤天下之大事也？皇上幸乘此諸臣拱聽之時，獨奮英斷，成大信於天下，諭禮部將三大典禮擇日併行，天下幸甚，社稷幸甚。臣不勝懇禱籲祈之至。"奉聖旨："朕覽卿奏，懇切詳明，具見忠愛敬慎。已知道了。但大典所用器具，成造未備，且昨覽文書，見禮部與多官又共上本章瀆阻，故爾疑遲。所奏知道了。"

　　二十二日己丑，大學士沈一貫奏："爲輔理無功有罪世賞冒濫非宜乞恩准容辭免仍乞罷放歸田以重政本事。頃臣因病兩疏求歸，未蒙批發，因府江敘功，加臣以晉官蔭子給誥等恩，臣四疏懇辭，奉聖旨：'朕以府江獲捷，卿居政本贊襄，加恩示酬，寔遵彝典。卿乃屢辭，情②懇切，具見忠慎謙美，誠可嘉

① 萬　據《敬事草》卷九，"萬"下有"位"字。

② 情　明抄本"情"下有"詞"字，是。通行本脫此字，應補。

尚。陞官准①辭免，蔭子宜勉祗承。方今國家多事，卿宜慎攝，稍可即出輔政，以副眷倚至意。該部知道。欽此。'夫臣之事主，豈敢飾虛？必忠必正，有難回易。以皇上之大恩，而臣固辭之至五者，豈敢故違？亦以誠難自欺，而正不可改故也。臣在閣七年，獨任者三年矣。去冬一病，幾不復生。今春以來，顛踣者屢，而不諒者尚曰未然。人固有勞瘁愁苦、不得志如臣、而不病者乎？金石將銷，而況血肉之軀耶？何②以喻矣。今臣未敢論病，但論不職，則臣之當黜不當賞明甚。前疏所陳，亦姑與督臣、廷臣較而言其不可耳，非原本之論也。請復陳之。人之責臣者皆曰：天下無不可爲之事，明主具可爲堯舜之資，而不爲堯舜，則輔弼大臣之辜也，既不能矣，亟宜奉身而退以付能者，天下寧無人乎？臣深以其言爲然。生平伎倆竭於此矣，虛擲歲月於今極矣，尚復遷延，更何所待？今日已誤，可再誤乎？此臣之所以悚息悲啼而不覺病之危殆也。引罪求去，萬不得已。皇上不孜孜政事，而獨拳拳以府江之恩私臣，人以爲上之所以厚輔臣者如此，寧不聽其一言乎？輔臣能多取於上如此，謂不能得請於上乎？典禮之未舉也，閣臣之未補也，多官之虛席也，考選之久稽也，礦稅之橫索也，刑獄之滋濫也，宣索之過侈也，放逐之莫還也，有一於此，足以罪臣，而況兼此以責臣，臣何所持以謝天下也？含垢忍辱而無恥，今古惟臣一人耳。不能爲國家畫一奇，無分毫功德報朝廷、酬天下，而身都大位不去，既已罪矣，又復竊人之功，冒人之賞，且倍蓰焉，此尚有人心乎？昔齊桓公出行，見老人而賜之衣，辭曰：'願賜一國之寒者。'賜之食，辭曰：'願賜一國之饑者。'今天下之爲饑寒者多矣，而臣不能以老人之說桓公者說皇上，以皇上賜臣者賜天下，臣之罪可擢髮乎？雖應賞亦當辭，又況不應賞乎？臣既不能以正輔導，而今日之賞，安敢不以正辭？皇上第中心無爲以守至正，復萬曆初年治平之觀，則君臣偕榮，河潤無限，必不令臣之子孫不立門戶。敘蔭誠非臣願，不敢以污明命玷國章也。懇乞聖明，察臣危衷，味臣苦言，容臣辭免蔭恩，仍放回籍，以爲奉職無狀之戒，別選賢才，以資弘贊之功。天下未

①准 據上文，"准"字上應有"特"字。

②何 據《敬事草》卷九，"何"當作"可"。

① 賞　明抄本作"嘗",是。通行本作"賞",誤。

賞①無賢才也,惟皇上選擇而任用之,必有旋乾轉坤之策。若臣伎倆已盡,空留無爲也。臣不勝哀懇之至。"奉聖旨:"府江大獲全捷,卿運謀贊襄,加恩示酬,寔爲舊典。乃屢疏陳乞,情詞懇切,蔭恩特允辭免,成卿勞謙之美。方今國事多艱,卿宜慎加調攝,稍可即出輔政,以副慰朕至望。所辭不允。吏部知道。"

是日,賜志皋銀綵扇六把、銀釘鉸扇十把、砷磩扇二十把,一貫銀綵扇五把、銀釘鉸扇十把、砷磩扇二十把,及講官劉元震等二員有差。

二十三日庚寅,大學士沈一貫題:"該文書官盧受傳出聖諭:'諭内閣:朕以開礦稅課,原爲裕國愛民,權宜之計,何乃内外官員不能仰體,協恭任事?殊負委任德意。近湖廣激變,軍民鼓譟異常,該撫按官奏來。昨東廠具奏,傳聞奉差校番,有被變民綑縛投江而死者,又有羈留不能回報者。覽其各奏,連日焦思。雖係内官陳奉濫用匪人,徵多解少,致啟釁端,其該地方諸文武官,受朝廷爵祿,誦孔子教言,既不能遵旨調停和衷於平日,又不行忠君執義撫戢於臨時,職守何在?法紀奚存?各處若皆羣起效尤,縱惡長奸,辱國損威,莫此爲甚。陳奉已有旨回京治罪,而鼓譟之相戕,其中喧聚倡亂,必有指使首惡之徒。卿等爲朕輔弼股肱,義同休戚,作何安撫禁戢?並查處該地方經管官員,及正法首惡,脅從姑免追治,詳擬奏來。特此諭知。欽此。'臣捧誦欣喜,仰見聖心加意楚事,講求安撫禁戢仁義並施之術。臣聽聞滿耳,前揭略具。日訪夜思,頗得機要。臣思李道本蒙皇上處分發去,彼處亂釁可解五六分矣,楚中喜見天日,必歡然呼萬歲矣。但此衹是前一著耳,楚中還看朝廷後著如何。百姓不堪陳奉之虐,及參隨人等剝民奪民淫民妻女,不勝憤恨,羣然併起,勢不俱生,忿之所激,不顧生死。今聞明旨取回陳奉治罪,則百姓憤心漸平。但恐自知有干憲典,懼心未釋,或尚屯聚,未即解散耳。臣之愚慮,以爲當先安人心,而後以解散繼之,先散黨與,而後以正法繼之。總當先遣才望大臣，往代巡撫之任，密受方略，按先後着數而行。蓋楚人怨撫臣支可大極矣，變之初起，有坐其門呼名而罵者。撫院之火，亦百姓所爲。因按臣出巡在外，撫臣一味詭隨，全不禁約參隨之橫，故百姓恨陳奉而因及撫臣。撫臣被百姓輕侮至此，則臨事不足仗倚可知，百姓於撫臣尚且罵詈焚燒，則於各地官①不復顧畏可知。臣記得萬曆初年，浙江兵民兩變，歐打巡撫吳善言，皇上旨意但歸罪於啓釁之人，而以德意撫戢其軍民。遣侍郎張佳胤爲巡撫，密受以意。佳胤於是宣布德意，撫安地方，從容訪其渠魁，一舉擒之，奏報朝廷，榜示天下，不激不徐，甚爲得法。今日楚事，當略倣此意而圖之。蓋楚中治亂安危，在此一舉，得法則收拾甚易，可止如浙江之變，不得法則收拾甚難，恐遂爲寧夏之續矣。聖諭所謂惡首②正法，脅從姑免追治，甚得定亂之法。但倉卒之際，尚未知誰爲首惡，誰爲脅從，不但事有枉縱，而恐百姓一聞拏治之意，誰不自驚自疑？彼首惡者反得挾衆人驚疑之意以自固。又或至於逃江匿湖，煽動蠻夷，爲患不小。故臣請且慰安解散，而以安撫禁戢二事並授意於新巡撫行之。陳奉罪惡深重，宜明示重處，以泄衆憤。巡撫支可大先事不能規正，遇變不能彈壓，當勒令回籍閒住，而遣一大臣星馳代之，許以便宜從事。到彼宣布恩威，分散黨與，然後從容密訪致變之人、與鼓譟之人，務在的實。設法擒拏爲首者，即以正法，其餘姑免深究。冒濫匪人、剝民奪民、淫人妻女、激變百姓者，亦各以其罪罪之。本省官員不職者，聽科道糾劾，吏部分別處治。大小缺官亟與除補。仍徧諭③天下撫按司道，各以楚事爲戒，國事民生務要調停區處停當，礦稅中官以陳奉爲戒，虛心公平，與外臣共加調停，毋得偏執己見。大小一心，中外共濟，則不但三楚之事可定，而天下之民擧安矣。臣卧病私寓，心神憒亂，伏奉聖諭，倉皇上陳。其餘未盡事宜，容臣細思審處。謹具上聞。"

又題："伏奉聖諭，臣宜遵照舊規請教首輔，附名回奏。但首輔久已昏瞶，不省人事，非惟無裨商量，抑恐漏泄機密。臣茲獨陳一得之愚，亦不敢虛列首輔之名，以爲欺罔也。惟聖明

① 官 據《敬事草》卷九，"官"上應有"方"字。

② 惡首 "惡首"當作"首惡"。

③ 諭 "諭"當作"諭"。

涵亮，臣謹奏知。"

又題："竊見古人遇有難處之事，必先擇一了事之人，假以便宜，則事功不勞而成。湖廣軍民鼓譟一事，臣引先年遣張佳胤之例，以對聖問，因思羣臣可以堪此任者亦少。若外面遷轉，則恐到任稽遲，且朝廷密意無由授①受。在廷之臣、未經事變者，又未知其能辦此否。若官階已崇及曾經用兵者，又恐百姓驟聞，或生驚疑而成他變。臣反覆思維，又與部院商確，惟用工部左侍郎趙可懷最爲妥當。本官曾任陝西、應天兩處巡撫，遇事善處，迎刃立解，不激不緩，動中機宜。若令本官照張佳胤故事，往代支可大巡撫湖廣地方，朝廷授以方略，令彼便宜從事，限五日以裏起身前去，臣知其到彼必能宣布恩威，解散亂民，訪察不職文武官員，殱除惡首②，放釋脅從，不致枉縱，不須皇上焦勞而事可盡辦也。往時張佳胤原是特旨欽遣，不由部推，故臣與部院議定，始敢密以上聞，早遣一日，則有一日之效，惟復仍命廷臣會推，候旨點用，伏乞聖裁。其湖廣司道府縣等官有缺而未補者，臣已密語部臣速推相應人員，星馳赴任，並乞聖明蚤賜點用。臣謹再題。僭擬諭帖一道，惟皇上裁擇施行。不任惓惓之至。謹具題知。"

諭吏部："朕思湖廣激變，固因陳奉而起，其該地方官如何不行撫戢？職守安在？巡撫支可大着革職閒住。趙可懷改兵部左侍郎，兼都察院右副都御史，巡撫湖廣等處地方，兼提督軍務。限五日內起程赴任。行事務在宣布德意，撫戢軍民，俾各安生樂業，毋得再行喧聚，以取重罪。文武官員不職的，及地方應處事宜，着不時擬議奏來。"

二十六日癸己③，大學士沈一貫題："湖廣巡撫趙可懷敕書，臣謹撰進，伏乞聖明即賜裁定。原旨限五日內去，本官亦急於奏④公，惟賜早發，幸甚。謹具題知。"

是日，大學士趙志皋奏："爲病臣控疏煩瀆泣血哀懇聖慈垂憐即賜裁決放歸事。臣久病將死，旬日之間陳情求去，疏皆未下，以府江之役加臣恩典，四疏懇辭，而疏復留中，臣不勝悚

① 授 明抄本作"指"，是。通行本作"授"，誤。

② 惡首 "惡首"當作"首惡"。

③ 己 "己"當作"巳"。

④ 奏 明抄本作"奉"，是。通行本作"奏"，誤。

懼困迫待命。但臣神形不相管攝，肢體不復運動，塊然且視，猶如木石，病勢至此，萬無生理，百口終日環泣。而我皇上仁慈天縱，睹臣今日如此病狀，能不一憐念耶？且臣臥病三年之久，乞疏凡七十餘上，臣情甚苦，臣心最悲，臣之隕歿又祇在旦晚間，惟望我皇上大發慈悲，哀臣憐臣，特賜放歸。至於病臣控辭府江加恩之疏，尤望聖明俯允批發，以全病臣易簀之志。臣伏枕泣血呼天祈禱待命之至。"

　　二十八日乙未，大學士沈一貫題："頃接新簡湖①廣侍郎趙可懷揭帖，內言請補地方司道官員等情。臣惟布按二司官員，下以統領郡縣之事，俾之可達於上，上以宣布撫按官之意，俾之必行於下，比之綱紀樞轄，不可一日缺者也。今趙可懷奉命出撫，首以此官為請，可見撫臣恃此如左右手之急矣。以此推之，天下之望司道者，其情豈異哉？臣思二十六日吏部題補司道官一本，蒙皇上已點三十三員，發臣票上，而尚未允發。臣惶惶恭俟，以日為年。伏乞皇上即賜檢下，庶令海內皆知宵旰憂勤德意，而所以消囂孽、保治功者不小矣。臣不任懇求之至。"

　　二十九日丙申，大學士趙志皋奏："為病臣至危至苦終懇天慈矜憐允放臣出國門以遂生前一念事。臣七十餘疏，哀辭陳懇，盈盈血淚，滿漬簀前，臣之苦心，夫復何說？但臣之病，縱遇靈丹妙藥不能回臣之生，臣之身，必再度輪迴而後方可用世。悠悠鬼門，茫茫冥疏，是臣今日生涯，而我皇上尚不放臣一出國門，是清明之世，太平之朝，密勿樞機重任，留一鬼臣，寧不為千載史冊之大蠹耶？夫家不蓄不捕鼠之貓、不防盜之犬，貓犬無功，家且不蓄，豈有朝廷大位，容篤病垂危之臣掛佔久竊？臣曾貓犬之不如，即死九泉之下，又何能瞑目也？臣已辭盡氣絕，不能敷陳，惟拭血剖心，懇乞我聖明大發慈悲，矜憐哀察，放臣一出國門，臣感激頂戴天地高恩於罔極矣。臣不勝泣血懇切禱祈待命之至。"

① 湖　據《敬事草》卷九，"湖"上當有"巡撫"二字。

萬曆起居注

① 五　"五"上當有"萬曆二十九年"六字。

五①月戊戌，朔。

五日壬寅，以端陽令節，賜二輔臣上尊珍饌。

六日癸卯，以祈雨告祭南郊、北郊、社稷、山川、風雲雷雨等壇祭設，賜輔臣等二卓。

七日甲辰，大學士沈一貫題："臣於三月二十五日抱病牀褥，乞假調理，伏蒙聖慈俯垂亮允，因得詢醫治藥，幸全屢軀。已於今日報名廷謝，入閣辦事訖。皇上天地包容，父母愛養，臣舉家不勝感激之至。謹具題知。"奉聖旨："朕覽卿奏入閣辦事，心甚慰悅。已知道了。該部知道。"

是日，大學士沈一貫題："今日文書官盧受傳出聖諭：'諭內閣：朕今日覽文書，見都指揮鄭國泰一本，甚是狂肆可惡。且大典之旨不啻再三，何乃違旨又來奏擾？且春初內外及諸司靜俟，朕即擇日命其移居矣，而隨着各該衙門，上緊查例題造所用之物，有何疑議？況器物皆金銀珠玉，即士庶富族尚且常用，何乃帝王之家而不用乎？諭卿等知。'恭捧到臣，臣再三叩頭欽誦。適又發鄭國泰本，令臣擬票。臣看詳此本，具見國泰小心敬畏之意，戚畹如此，可謂賢矣。正宜嘉獎以成其美，似不當與尋常奏擾者一概而視也。蓋國泰之意，一則欲闡揚皇貴妃之賢名，使無訛言，一則欲保全己家之福祚，使無後患，一則欲解其母夫人之憂，使之康寧壽考，故違旨奏擾，有所不顧，器具未備，有所不知，而不覺其言之剴切，實與諸司之無故而狂肆者不同也。臣惟此禮，天下望之甚久，疏中所言伏闕跪請，廷臣實有此意，但顒俟德音，未敢輕舉耳。至云太子不立，天下震動，及萬古綱常所係，宗社安危所關等語，尤為剖肝瀝膽忠愛之言，皇上宜俯加採擇。臣謹再擬傳諭一通上進，伏乞聖斷施行，天下幸甚。謹具題知。"擬進聖諭："諭禮部：皇長子冊立冠婚，及皇三子、皇五子、皇六子、皇七子分封典禮，爾禮部便擇日具儀來行。"留中。

八日乙己①，大學士趙志皋、沈一貫題："爲作養人才事。照得儲才待用，乃國家首務，而庶吉士之選，尤儲才之最重者。查得萬曆十四年，該吏部議覆科臣王三餘條議，凡遇開科年分，考選庶吉士，儲養成材，留授翰林院②，其餘酌量才品，分授科道部屬，着爲定例，永遠遵守等因，奉聖旨：'是。欽此。'又查得萬曆二十年，吏部議覆科臣李周策題稱，遴才貴精，額數不必拘。隨該臣等考選得正卷二十一卷，題改庶吉士作養，遵例散館授官訖。今科進士，相應考選作養，以備皇上他日任使。合無准照節年舊規，限年四十以下，各部院等衙門從公諮訪器識端雅、文學優長者，開送吏部，吏部查照題准事理，按名閱審，果無違礙，疏名奏聞，恭候命下，臣等題請欽定考試日期，遵照先年題奉欽依條件施行？臣等未敢擅便，謹題請旨。"奉旨："是。吏部知道。"

十日丁未，大學士沈一貫題："臣惟首輔久病沉綿，不省人事，萬無再起之理。滿朝不咎首輔之不去，而咎臣之不上聞。今日其子鳳翀又來朝房見臣，涕涕祈請臣謹爲代揭，望皇上早許致仕，以全優禮輔弼終始之意。臣再惟内閣四人，獨臣猶在，而支離百病，負荷無堪，但以聖恩深厚，不得不勉強支持。迷忘既多，錯亂不少，朝夕戰懼，罔知攸措。惟皇上俯垂哀憐，早下爰立之命，或起舊臣，或賜新簡。吏部推舉已多，聖衷籌度已久，得人必真，有不待臣之贊一辭者。惟在早斷，庶幾國享多賢之利，而臣亦免覆餗之誅。臣不任哀懇之至。"

是日，大學士沈一貫題："臣訪得畿輔八府及山東、山西、遼東、河南，荒旱極矣，斗米銀二錢，小米斗銀一錢，菜蔬之類倍價無買，四鄉樹木剥皮至頂，野無青草，載道流離，盜賊羣行，正晝搶劫，雲漢轉高，炎蒸轉劇。皇上日事祈禱，而百神莫應，意者實政未布，而天意未回歟？臣惟災沴之行在於時，而救禳之術存乎政。如有善政，則天時不能使之害，盜賊不能爲之災，雖有九年之水、七年之旱，而民無離心，治平之效不損也。今南方猶熟③，尚有楚憂，北土甚饑，豈無意外？安危

萬曆二十九年

一八二九

① 己 "己"當作"巳"。

② 院 明抄本"院"下有"官"字，是。通行本脱此字，誤。

③ 熟 據《敬事草》卷九，"熟"當作"熱"。

之計，懸於君父一心。皇上但發明旨數行，便可拯民命於既死，銷禍變於燃眉。伏冀仁慈，俯垂採納。臣儹擬諭旨一道，乞賜裁定發行，生靈幸甚，社稷幸甚。"擬進聖諭："諭戶兵二部：朕聞畿輔八府及山東、山西、遼東、河南地方，天道亢陽，二麥未播，草根木皮盡行剝掘，百姓顛連踣斃，所不忍聞，盜賊白挺流劫，尤可憂慮。卿等二部可速行文與撫按等官，着他督率有司，用心拯救，毋得拘泥故常，當有變通活法，以救多者為功。國家但恤窮民，不恤亂民，如有聚眾結黨，挾求搶奪的，即時訪實擒拏，不得姑息。兵備衙門，仍修飭武備，以防不虞。其礦稅內官，亦宜禁戢撥置，汰黜匪人，通商便農，共加拯救。務在官①府一體，協同行事，以稱朕惠養元元至意。如有執迷自用，釀亂啟釁，一體治罪，決不偏私寬貸，俾知朕意，如諭奉行。"留中。

十一日戊申，大學士趙志皋、沈一貫題："該禮部開送願就教職舉人三百名，欽准廷試，除臨期不到一名外，臣等謹欽遵從公出題彌封，嚴加考試，取中文理平通上卷六卷，文理亦通中卷二百九十三卷，俱堪授教職。臣等謹將試卷封進，伏乞聖裁發下，開送該部，查照先次題准事理施行。謹題請旨。"奉聖旨："是。該部知道。"

十五日壬子，大學士沈一貫題："臣惟行取諸臣到京已歷三年，選後又經一年，引領補官，未蒙俞發。庶吉士題授科道官者七員，亦經十月矣，未蒙俞發。諸臣皆歷試中外，以賢良著聞者，委任責成，必有可觀。而既離舊官，未拜新命，即同閒住，又以②羈縻，甚為明時惜之。今科臣止有六員，南科止有一員，御史處處缺差，需人交代者不可勝數。既經考選，理當除授，諸臣無可棄之罪，而棄之則失人。臺省非可虛之員，而虛之則失官。稱職與否，試用自見，用之稱不稱而進退之，惟皇上命耳。伏望皇上檢發部院考選行取原疏，及吏部題覆臣等散館原疏，俯賜允用。臣不勝跂竢之至。"

①官 "官"疑當作"官"。

②以 據《敬事草》卷九，"以"當作"似"。

二十日丁己①，大學士趙志皋奏："爲老臣病篤未放曠國事損國體苦懇天恩即賜罷斥以重政本事。臣於十六日具疏瀆懇，今又數日矣，皇上仍留中未發。臣待命間，憂懼戰慄，昏沉狂叫，痰益轉甚，醫者謂六脉垂絕，食且不進。臣旦夕死矣，復何所云？顧一靈未滅，猶知臣之身爲皇上之首臣也。臣聞端揆首臣，輔天子而理天下，古之人君一日不得其人則廢置，誠重之也，所以重體統而尊朝廷。是故有以高年賜牛酒罷者矣，有以災異策免者矣，有以病不任事罷者矣，有以過失賜璽書切責罷者矣。是豈待大臣之少恩哉？夫亦以其位不可虛，爲朝廷尊體統耳。今臣犬馬之齒八十，呻吟牀褥者三年，頻年災異迭見，罪戾叢積，有一於此，宜罷宜斥，況兼而有之耶？偃卧一榻，不能一拜闕廷，皇上之倚任者謂何？不能一見廷臣，百僚之表率者謂何？不能一省覽四方奏揭，天下之責望者謂何？皇上謂臣爲不足輕重而豢養之耶？是犬馬畜臣而體統失。皇上念臣十年在位、憐而留之耶？是以爵祿公器私一人而體統失。皇上以內閣所係不甚重、姑以病廢者充之耶？是有君可以無臣，元首明而股肱可以無良矣。臣懼政本久虛，妨賢誤事，異日者羣起而攻臣，謂臣爲有所係戀固結，臣之闔門不知死所矣。是皇上之留臣，適所以錮臣。臣之一身一家不足惜，將如朝廷之體統政本何哉？臣言至此，血淚盡矣，無復可言者矣，力疾忍死仰首乞憐，惟望皇上哀而釋放之。臣無任祈懇待命之至。"

二十一日戊午，大學士趙志皋、沈一貫題："先該禮部題准，浙江等布政使司起送到萬曆二十六等年各處選貢生員共一十九名，開送翰林院考試。臣等會同禮部右侍郎兼翰林院侍讀學士掌院事曾朝節，出題彌封，嚴加考試，取中文理平通上卷四卷，文理亦通中卷一十五卷，俱應准貢。謹將各試卷進呈御覽，伏乞聖裁發下臣等欽遵施行。謹題請旨。"奉旨："是。該部知道。"

二臣又題："先該禮部題准，萬曆二十九年及二十六等年各處歲貢生員共三百六十五名，開送翰林院考試。臣等會同禮部右侍郎兼翰林院侍讀學士掌院事曾朝節，出題彌封，嚴加考試，

① 己 "巳"當作"巳"。

取中文理平通上卷二卷，文理亦通中卷三百六十三卷，俱應准貢。謹將各試卷進呈御覽，伏乞聖裁發下臣等欽遵施行。謹題請旨。"奉旨："是。該部知道。"

二十五日壬戌，大學士沈一貫題："昨吏部會臣於朝房，言薊遼總督蒙皇上親擢萬世德，才地甚宜，不勝欽服。各官廷推原曾擬及，但爲總督節制巡撫，而順天巡撫李頤已爲右都御史，二品官，今萬世德以三品侍郎節制之，有妨行事，所以中止。李頤歷二品俸已深，屢推別用，若得允陞，則二官之心彼此皆安。臣以其言爲然。今本部催請南京右都御史之命，如蒙皇上點用李頤，遺下員缺以年淺僉都往，李頤離任，而萬世德可展布矣。又講官劉元震滿考待命，進退維谷。臣前揭中請以南京禮部尚書處之，俾其善去，以明皇上重學崇儒之意。今吏部具本催題，望皇上俯加允從賜點，則豈惟元震之幸，臣可以別擬講官以輸啓沃之忠也。臣不任惓惓佇望之至。"

二十八日乙丑，大學士趙志皋奏："爲老臣病篤疏瀆情苦萬不得已懇恩給假以望暫歸田里事。臣病至三年之久，疏至八十之多，而溫綸睠顧有加，尤不釋臣，此則皇上高厚之恩也。旬日之間連章累牘，仰干天聽，激聒煩瀆，以致聖怒厭棄，疏皆留中，此則微臣萬死之罪也。感恩則不忍以言去，懼罪則不敢以言去。然臣之病至危至篤，前疏甚悉，則又不可以不去。欲去不能，欲留不可，欲呼天而天聽甚高，迫切困苦，萬不得已。伏而思之，聞祖宗朝大學士楊士奇、楊榮，俱以展墓給假而歸，皇祖朝張孚敬亦以請假去，近年輔臣申時行、王錫爵亦以省親給假歸。是閣臣給假，先朝著有往例。臣不敢乞骸歸里，恝然長往不返，願援士奇諸臣之例，以懇皇上格外之恩，許臣給假暫歸，退就閑適，便其醫藥。儻微皇上寵靈，犬馬之齒不即遽填溝壑，一半年載之後疾有起色，又當速①裝就道，趨造於朝，以慰皇上不忍捨臣之懷，以畢微臣犬馬報主之念，未爲晚也。伏乞聖慈鑒臣不得已之情，暫割隆恩，俯從舊例，特賜憐准。則臣病雖危且死，未必無更生之日矣。臣不勝祈禱待命之至。"

① 速　明抄本作"束"。通行本作"速"。

六①月丁卯，朔。

三日己巳②，大學士沈一貫題："楚民激變，勢同滔天，蒙皇上渙發天心，收陳奉回京治罪，而彼處亂民漸以寧帖。聖心之至仁甫動，而天下之轉旋甚神，其機如此。計算趙可懷此時入境，必有次第矣。臣日夜懸望，尚無的音，即楚人之來者亦少。今襄陽百姓來保救推官何棟如，棟如已將拏到矣。夫襄陽之民，不敢效尤抗違，而來哀控闕下，恭順之心良可嘉獎。正當乘此善機縻係固結，使武昌之民有所感發，則輯寧之事不勞而可奏矣。今何棟如拏到，臣竊窺聖德深厚，必加在宥之恩，輒敢以一言將順焉。蓋楚民雖有寧帖之機，尚在將寧未寧之際，趙可懷雖有安民之策，非奉皇上德意，亦束手而無策。故何棟如之拏，楚民方以此探皇上之心也。如蒙皇上輕處，則所奉撫輯軍民、俾令安生樂業之旨，真皇上之心也，楚民可以無懼矣。若皇上猶不忘怒，則猶信陳奉之言，而無③輯之旨悉虛也，其懼心何時而釋，其禍亂何時而解乎？如此而欲責趙可懷弭之，萬不能矣。皇上不難以數字處陳奉而遏其滔天之勢，何難以數字宥何棟如而堅其望治之心？楚地安危，機在於此。無論何棟如有罪與否，縱使有罪，亦祈權從未④減，姑慰衆心。況棟如係陳奉所參，奉既有罪，則棟如宜無罪矣。伏乞皇上俯採臣言，將何棟如特賜恩赦，以昭聖心不爲讒譖之所欺，以昭聖心實憐楚民之塗炭，使其欣然誦日月光天之德，所謂宥一人而千萬人悅者，庶幾楚事可全美也。臣憂念纍虞，寢食俱廢，不敢不竭忠披誠，懇祈於君父之前。謹具奏聞，伏候敕旨。"

四日庚午，大學士沈一貫恭視乾清宮、坤寧宮工程，賜茶。

五日辛未，大學士趙志皋奏："爲病臣比例給假候旨未下懇乞天慈終始垂憐特賜批發事。臣臥病三年，不勝其苦，八十餘懇，不勝其煩，乃天聽甚高，未蒙慈允，是我皇上尚念臣病或有可起之日也。臣是以援引先朝閣臣楊士奇等、與近日閣臣申時行等給假事情，比例陳請，乃候旨又復數日，亦未批發。伏念臣臥病三年以來，至今勢愈危篤。瞪目而視者，一室之形影，傾耳而聽者，一家之涕泣，神情恍惚，意念昏憒，求生不得，就死未能。儻荷我聖慈准臣數月之假，使臣得放舟南下，薄福之人暫解輔弼重任，漸有生意、漸有起色、未可知也。是皇上曲施大造之仁，而病臣猶有望闕之日，何忍恝然求訣皇上哉？萬不得已，再懇聖明矜臣憐臣，檢臣給假前疏，特賜俞允批發，臣實於待死之時，得徼更生之望矣。臣不勝籲天哀禱急切待命之至。"

六日壬申，大學士沈一貫題："臣惟楚民倡亂，是天下觀望之機也。今何棟如拏解到京，又楚民觀望之機也。機之所在而處置無差，則萬事可不勞而定矣。臣前日特爲何棟如之事具揭請命，未蒙允答，臣不勝憂悶，恐錯此一機，則楚地難安，而天下不無效尤也。皇上縱怒此一小臣，亦當爲天下大計而曲加容赦，況原無督過之意，但因陳奉妄奏而致此，無傷於日月之明乎？在前諸臣被逮者多矣，臣未嘗有此固請。今何棟如一推官耳，而臣爲之諄諄禱祈，蓋爲國家安危大機，間不容髮，實有不容已於心者。皇上赦一小臣，其事甚易，而可以安定天下，其效甚大。萬望俯加垂採，赦過錫福，臣不勝大願。謹具奏候旨。"

十五日辛已①，大學士沈一貫題："臣惟平播功賞未行，將士日夜跂望，皆緣勘功御史無人之故。四川巡按崔景榮，丁憂離任已經半年，昨都察院題差一本，望皇上早賜檢發。臣又惟播功關係三省，彼此掣肘，若必會同勘奏，益致玩延無期，不若使三省御史各勘本省，兵部總覆爲便。如蒙發票，容臣擬議上請聖裁。不勝顒俟之至。"

十六日壬午，大學士趙志皋、沈一貫題："准吏部手本，進士許獬等一百八十一名俱堪考選庶吉士，備行到閣。臣等查得

① 已 "已"當作"巳"。

節年考選事例，恭請皇上欽定日期，閣臣會同吏禮二部堂上官，於東閣前公同考選，分別等第，上請聖明裁定。又查得前科閣臣缺員，命掌詹掌翰二官一同校閱，等因在卷。今當考選之期，伏乞皇上於本月十八日前後，欽定批示一日，容臣等會同吏禮二部堂上官，並掌院侍郎曾朝節，欽遵施行。臣等於十二日已經題請，未蒙批示。本宜靜聽，但新科進士例於六月二十五日大選，其期已近，伏乞早賜批發，庶考試、大選兩不相妨矣。謹題請旨。"奉旨："是。着於七月初七日考選。卿等先擬試題來看。"

十八日甲申，以雨澤大需告謝郊壇，頒賜收回祭設，於二輔臣各一卓。

二十日丙[①]戌，大學士趙志皋奏："爲篤疾未蘇乞骸未允深愧素餐懇容辭俸以釋憂懼事。臣於初五日懇疏給假，今又旬日餘矣，皇上仍未批發。臣病愈篤，臣心愈苦，旦夕祈望生出國門，未能也。然死生去留，皇上制之，臣不得而專也。廉讓愧恥，雖死猶存，臣不敢以時刻昧也。臣之病踰三年所矣，身不離牀蓐，月支一品之俸，口不絕呻吟，日食大官之給，職業已廢，俸入如故，尸素日久，無恥甚焉，豈不有靦面目有惡形影哉？即皇上私臣，不以臣爲糜費，然以閣臣而就豢養若犬馬然，且至三年之久，自我祖宗朝從所未有者也。皇上既不釋臣，亦望住臣之俸，使得方寸少安，以免愧恥，庶幾乎病以安心而少間，是未可知也，是又皇上眷臣之一端矣。夫求去不得而給假，給假不得而辭俸，臣非展轉其辭，欺且瀆也，夫亦以位高素餐，爲必[②]天心所厭，臣心甚憂。盛滿饕貪，必爲清議不容，臣心甚懼。既憂且懼，是自致其災，是自速其死矣。萬不得已，哀鳴於皇上之前，伏望聖慈鑒允，准臣辭俸，使得安心調理，臣實幸甚。不勝隕越待命之至。

二十一日乙[③]亥，大學士沈一貫題："比日楚事之興，臣甚

① 丙　明抄本作"甲"，誤。通行本改"丙"，是。

② 爲必　"爲必"當作"必爲"。

③ 乙　"乙"當作"丁"。

萬曆起居注

服皇上之①再斷逐支可大，用趙可懷，剋期催赴，使楚民有所恃而不忍爲亂，有所畏而不敢爲亂，真睿謨也。今可懷往四十餘日矣，再以疏來，而無一批答，竊恐可懷之心疑，而楚民亦從此疑。臣以爲今後可懷疏來，願皇上不吝數字慰之，至望也。臣於初三、初六日曾上二揭，爲拏到襄陽府推官何棟如乞恩赦宥，亦未蒙答。臣竊窺聖心，似已有採納之意，顧臣能自信，而民愚安能如臣之信？且臣未奉明旨，無詞以答可懷而釋愚民疑畏之心，此所爲日夜踧踖而不寧者也。今僉事馮應京又拏到矣，未審聖明何以待之？馮應京在楚中甚得百姓之心，去任之時，老稚填街泣送，至今家家設一牌②，焚香供養，遠近誦之，如出一口。此則楚地安危命脉所關係也，處分稍失，後悔難追。皇上本無拏應京之心，乃陳奉所爲耳，奉既有罪，則應京無罪，而皇上未嘗督過之本心甚著，此正安定楚人一大機會矣。皇上凡遇國軍③大事，如征倭、征播，南北邊情，一一至當，無少差失。今楚亂不小，聖籌素定，必無待於臣言。但臣憂迫在心，有不能已。竊謂應京既得楚民之心，則皇上當即用應京，以安楚民之心，其事甚便。不然，亦當從寬善處，赦其罪而別用之。又不然，亦宜無麗於刑獄，而早爲之昭雪。必不宜更露譴詞，而引陳奉之過爲己過，累明明之聖德也。昔漢武帝時，倪寬爲三輔守，以負租當罷，民聞其當罷，皆恐失之，大家牛車，小家擔負，輸租繈屬不絕，課功更最，武帝以此愈任用寬，使安三輔之民。由此觀之，循吏得民心，信可以得民財，小民之心，信可以德感。皇上若釋應京而還用於楚，楚人有④感激皇上、而令應京之課爲天下先者乎？儻措置少失中和，而使楚人不能釋其疑，則彼所供養之牌位、香火，何年何月從何委棄？將恐嘯聚不已，而區區一趙可懷，必無能以虛言解釋矣。縱忘楚地，豈可志顯陵而輕置之於度外也？伏乞皇上將馮應京併何棟如等一干拏來楚犯，大開法⑤網，弘發堯仁，免其罪而優容之，則此一斷也，更出常情之外，而理亂定傾、奠國脉於永永矣。臣託在腹心，實同休戚，不敢不極言備陳。無任懇切瞻望之至。"

① 之 明抄本"之"下有"一斷即易陳奉，而下回京治罪之旨，又甚服皇上之"二十字，是。通行本脱此二十字，應補。

② 牌 據《敬事草》卷九，"牌"下當有一"位"字。

③ 國軍 "國軍"當作"軍國"。

④ 有 明抄本"有"下有"不"字，是。通行本脱此字，誤。

⑤ 法 明抄本作"湯"，是。通行本作"法"，誤。

二十三日丁①丑，大學士沈一貫題："該文書官盧受口傳聖旨：'腿上生了幾個熱疙瘩，走不得。廟享遣官，出旨來。欽此。'臣恭擬上進，伏候聖裁。方茲夏序亢陽，溽暑蒸濕，聖躬至重，調攝宜周。臣驚聞傳言，不勝踧踖。謹附悃款，上申起居。惟願節宣性情之和，導迎禎祥之應，膺天景貺，錫民蕃禧。臣不勝瞻依之至。謹具題知。"

二十八日甲午，頒賜二輔臣鮮筍各二十根。

二十九日乙未，大學士沈一貫題："臣惟古帝王無不致謹於刑獄者，蓋上帝之心好生不好殺，帝王敬奉上帝，必仰體好生之心，而務思全活民命，雖一草一木、一禽一蟻之微，猶不忍也，況於人乎？我祖宗仁厚立國，甚重恤刑，而皇上天性至仁，尤勤矜恤，故常下停刑之旨，用培仁壽之基，盛德之浹於人心，非一日矣。舊制每年一熱審，五年一大審。今年正當大審之期，已屢奉明旨，而至今尚未遣官。臣查萬曆二十四年於五月間舉行，而今已七月矣，兩京瞻望，有同時雨。在皇上一日萬幾，偶致遺忘，而在臣民則翹首企足，一日三秋也。伏望皇上即賜遣官之命，使囹圄之人幸見天日，則協氣四流，而豐穰可望，人心歡慶，而嵩祝無疆矣。臣無任禱祈惓惓之至。"

是日，大學士趙志皋、沈一貫題："照得日講官吏部左侍郎兼翰林院侍讀學士掌詹事府事劉元震，近奉欽依給假省親去訖，前項講務，臣等推得吏部右侍郎兼翰林院侍讀學士馮琦堪補。伏候命下，令其不妨部事充日講官，恭撰講章，欽遵供事。臣等未敢擅便，謹請旨。"奉旨："是。"

頒賜二輔臣鰣魚各二尾。

萬曆二十九年

一八三七

①丁 "丁"當作"己"。

七①月丙申，朔。

五日庚子，大學士沈一貫題："舊例官員新選，必從吏科畫憑。近因本科缺掌印官，四月大選等官尚未得憑赴任，盤費罄盡，臣每出入朝門，擁簇號哭，情實可憐。茲給事中姚文蔚等具本再請，伏乞皇上早賜允發。臣不勝跂望之至。"

六日辛丑，大學士趙志皋、沈一貫題："爲作養人才事。先該臣等具題考試庶吉士，請乞欽定日期等因，奉聖旨：'是。着於七月初七日考選。卿等先擬試題來看。欽此，欽遵。'明日係欽定考試之期，臣一貫謹於今日先擬考試合用文題詩題各二，臣謹手書印封上進，伏乞聖明各點其一，明日清晨封發臣等遵行。謹具題以聞。"

八日癸卯，大學士趙志皋、沈一貫題："爲作養人才事。臣等於本月初七日，遵奉欽定日期，臣一貫會同太子太保吏部尚書李戴、右侍郎兼翰林院侍讀學士馮琦、禮部署部事右侍郎兼翰林院侍讀學士②曾朝節，將吏部開送進士許獬等一百五十名，遵奉聖旨考選，得文理平通堪充正卷二十二卷，文理亦通堪充副卷八卷，各擬名次封進御覽。伏乞聖明裁定發下，臣等仍會同該部，拆卷填名具奏旨③。"奉旨："是。正卷准改庶吉士作養。"

十日乙己④，大學士趙志皋奏："爲恭謝天恩事。臣久病危篤，於本月初七日接到吏部咨，該本部奉：'敕吏部：雲南逆酋猛奉等逞兇肆亂，撫勦全捷，內閣輔臣殫忠運籌，勞績茂著，茲特加恩示酬。元輔志皋加兼太子太師，還賞銀六十兩、綵段四表裏。次輔一貫加兼太子太傅，還賞銀五十兩、綵段四表裏。各蔭一子入監讀書，餘官如故，都照新銜給與應得誥命。如敕奉行。欽此。'隨於初十日，蒙皇上遣文書官盧受，齎欽賞銀六十兩、綵段四表裏到臣寓所。臣病在牀，伏枕叩首感激，涕淚交零，令臣次子刑部陝西清吏司郎中趙鳳翀恭設香案，望闕叩

①七 "七"上當有"萬曆二十九年"六字。

②士 明抄本"士"下有"朱國祚、翰林院署院事禮部右侍郎兼翰林院侍讀學士"二十二字，是。通行本脫此二十二字。

③旨 明抄本"旨"前有"請"字，是。通行本脫此字。

④己 "己"當作"巳"。

頭祇領銀幣訖。伏念臣一病三年，屢叨恩命，乞骸辭俸，方懼盛滿之難堪，加賚蔭官，反蒙寵渥之洊被，逾深踧踖，彌愧素飡，捧幣物之輝煌，識聖恩之浩蕩。顧茲摧朽之木，空荷雨露之施，念報稱以何時，徒頂戴之無已。除加官蔭子，容臣另疏懇辭外，謹具本恭謝以聞。"奉聖旨："覽卿奏謝，朕知道了。禮部知道。"

是日，大學士沈一貫奏："為誤恩洊被薄分難勝懇乞聖明俯容辭免以逭憂戾事。該吏部接出聖諭：'雲南逆酋猛奉等逞兇肆亂，撫勦全捷，內閣輔臣殫忠運籌，勞績茂著，茲特加恩示酬。元輔志皋加兼太子太師，還賞銀六十兩、綵段四表裏，次輔一貫加兼太子太傅，還賞銀五十兩、綵段四表裏。各蔭一子入監讀書，餘官如故，都照新銜給與應得誥命。如敕奉行。欽此。'移咨到臣，臣不勝感涕，不勝驚汗。隨該文書官盧受，恭捧銀幣到臣私寓，謹焚香叩頭恭領，容報名廷謝外，伏惟臣待罪輔弼八年於茲，歲月空流，罪愆山積，獨以遭逢天幸，屢覩戡伐之成，忝竊恩私，數拜頻繁之錫。自撫多疢，亦知控辭，間蒙俯察微忱，許安臣分，然多申重嘉命，弗克固違。器滿當傾，福過必累，每於廷謝，若罔容身。今年三月內，拜府江平猺之賚，至是纔四閱月也，臣之赧顏未及收，悸膽未及定，而滇南之捷恩復下，則雖甚貪鄙，豈宜數數然攘血戰之勞而頑不知恥、掩天功之誤而憨不畏罪乎？臣，輔臣也，每遇軍書到閣，不過以文墨議論，奉將廟謨耳，而皇上所以任臣與臣所以報皇上者，宜不止此也。假令臣黽勉夙宵，積有歲月，袞無闕事，朝無曠官，人無怨聲，野無流殍，典章無廢墜，釁孽無萌生，則雖微黼黻皇猷之隆業，乏潤色太平之美功，而皇上或略其厚責，錄其小勤，臣亦可藉手覥承矣。今皆無之，而徒竊飲至之餘津，滋負時之朽骨，則士人之大懼深羞，若為可以自解也？伏望皇上俯亮懇誠，收回成命，俾臣寬紓內愧，苟免外譏，則不賞而榮，不爵而重，即臣父祖子孫亦世戴天恩於無斁矣。臣不勝力懇心祈之至。"奉聖旨："雲南逆酋撫勦全捷，朕心嘉悅，卿為輔臣，朝夕贊襄，勞績居多，加恩示酬，寔為彝典。宜遵成命，不允所辭。吏部知道。"

是日，大學士趙志皋、沈一貫題："爲作養人才事。本月初七日，該臣等會同太子太保吏部尚書李戴、右侍郎兼翰林院侍讀學士馮琦、禮部署部事右侍郎兼翰林院侍讀學士朱國祚、翰林院掌院事禮部右侍郎兼翰林院侍讀學士曾朝節，將吏部開送進士許獬等一百五十名，遵奉聖旨考選，得文理平通堪充正卷二十二卷、文理亦通堪充副卷八卷，各擬名次封進御覽，伏乞聖明裁定發下，臣等仍會同各官拆卷填名具奏等因，初九日欽蒙發下正副卷到閣，臣等謹欽遵會同吏禮二部堂上官、並翰林院掌印官，將正卷二十二卷，照依名次開拆，填寫名籍，上進聖覽。伏乞敕下吏部，遵照欽依內事理，將項鼎鉉等改授庶吉士，與同一甲進士王衡、曾可前俱送翰林院讀書進學。臣等仍照例行工部，將本院房屋量行修理，並各該衙門將合用卓凳、筆硯、紙墨、酒飯、皂隸等項，各照例辦送應用。其教書官，容臣等另行推舉上請。緣係作養人才事理，臣等未敢擅便，謹題請旨。

   計　開

項鼎鉉　浙江秀水縣人

王　陛　順天府文安縣人

李胤昌　直隸崑山縣人

錢象坤　浙江會稽縣人

許　獬　福建同安縣人

王元翰　雲南寧州人

王基洪　山西襄垣縣人

袁懋謙　江西豐城縣人

龔三益　直隸武進縣人

曾六德　福建浦城縣人

雷思霈　湖廣夷陵州人

公　鼐　山東蒙陰縣人

眭　石　直隸丹陽縣人

呂邦燿　順天府宛平縣人

鄭以偉　江西上饒縣人

薛三省　浙江定海縣人
陳宗契　湖廣衡陽縣人
蔡毅中　河南光縣人
戴章甫　四川潼川州人
宋　燾　山東泰安州人
文在茲　陝西三水縣人
馮奕垣　廣東南海縣人。"奉聖旨："王陞等准作養讀書。項鼎鉉不准改授。吏部知道。"

又題："臣奉命會同吏禮二部堂上官、翰林院掌印官考選庶吉士，秉公絕私，彼參此酌，亦已各盡心力。今日拆卷，列名上進，臣等因公同將廷試卷取出對閱筆迹，皆無異同，惟項鼎鉉前後兩卷筆迹不同，事屬可疑，有難作養。伏望皇上將王陞等二十一名照例讀書，項鼎鉉不許作養，以昭至公之舉。臣謹具題以聞。"

十一日丙午，大學士趙志皋奏："爲病臣叨冒非宜恩命曲加過厚懇望聖慈俯容辭免以安分義事。臣篤疾未瘳，伏枕待斃間，於本月初七日接到吏部咨，奉'敕吏部：雲南逆酋猛奉等逞兇肆亂，撫勦全捷，內閣輔臣殫忠運籌，勞績茂著，兹特加恩示酬。元輔志皋加兼太子太師，還賞銀六十兩、綵段四表裏①。各蔭一子入監讀書，餘官如故，都照新銜給與應得誥命。如敕奉行。欽此。'除銀幣已蒙皇上遣官齎賜，臣不敢辭，伏枕叩領訖，已具疏恭謝外，伏念臣自通籍以入政府，叨恩忝竊已非一日，至於今病篤將死之時，乞骸三年而皇上未之允，不得已而辭俸、給假，皇上猶然未允也。前此府江之敘，三疏懇辭，皇上留中未下，是皇上眷戀病臣，恩德隆重，如天之高，如地之厚，微臣上徼靈寵，可謂踰溢涯分矣。乃忽復因雲南捷功，加臣官蔭，於退休辭官之際，大宏進階錄後之典，以昏憒旦暮之人，冒敍疆圉血戰之功，揆之事體、國體，兩屬未安矣。且臣病危，一身不保，食祿有愧，方欲舉其所已得者而辭之，乃更貪饕不已，於其所不當得者而受之，何無恥之甚也？故在皇上，

① 裏　明抄本"裏"下有"次輔一貫加兼太子太傅，還賞銀五十兩、綵段四表裏"二十一字，是。通行本脫此二十一字，應補。

施恩於臣厚矣，至矣，謂宜特加裁損，以惜朝廷之名器，在病臣，小器已盈，盛滿當懼，豈得靦顏衹承、復蹈不知止足之戒哉？伏望皇上慈鑒，原其犬馬微誠，收回成命，少安臣心，以明分義，病臣幸甚。臣不勝恐懼待命之至。謹具奏聞。"奉聖旨："滇南奏捷，西陲底寧，朕心嘉悅。卿爲首輔，運籌密勿，加恩示酬，寔循彝典。宜遵成命，不必固辭，該部知道。"

十三日戊申，大學士趙志皋、沈一貫題："臣等竊惟大典一事，靜聽已久，而嘉命未敷，則疑端滋起。伏想茲禮，曷嘗頃刻不展轉於聖懷？而未即舉行，誠若時有未至，雖聖心亦不覺其所以然者，顧於羣臣之請，未嘗不心知其爲是也。良由父子天性，本切宸衷，祖宗家法，尤宜世守。聖主建萬古彝倫之極，人情天理於是爲至。況皇長子聰明孝敬，最肖聖躬，睿齡二旬，年期已過，而皇三子齡亦十六，並當議婚，長幼有倫，前後相待，皇長子之婚一遲，則諸皇子皆以次而遲，總非便也。今夏序已度，秋涼正臨，時既至矣，至且極矣，天孫鵲橋，尚昭懸象，而況人道陰陽之大義，祖宗繼承之丕典，順天時行，詎宜再後？羣臣遵皇上之前旨，未敢有譁，頗聞此時皆聚首而交議矣。伏乞皇上及其未譁，而渙霈嘉命，諭禮部擇日具儀來行，以信前旨，以慰衆心，美成大禮，以光聖德。臣等不勝跂立瞻望之至。"

是日，大學士趙志皋奏："爲恭謝天恩事。本月十二日接得吏部咨，奉'敕吏部：朝鮮善後事竣，內閣輔臣密勿運籌，忠勳茂著，茲特加恩示酬。元輔志皋加少師，還賞銀六十兩、綵段四表裏，次輔一貫加少傅，還賞銀五十兩、綵段四表裏，各蔭一子入監讀書，兼官如故，都照新銜給與應得誥命。如敕奉行。欽此。'隨於十三日，又蒙皇上遣文書官冉登，齎欽賞銀六十兩、綵段四表裏到臣寓所。臣病在牀蓐，令次子刑部陝西司郎中趙鳳翀恭設香案，望闕叩頭衹領銀幣訖。臣不勝驚異，不勝感泣。伏念臣向於初七日，已蒙皇上錄雲南之功，敍及於臣，方在懇辭間，茲因朝鮮善後事竣，復有恩賚，加臣官蔭。非常異數，屢及於尸曠之臣，久廢廢①病夫，再膺夫殊尤之典。中使絡繹，幣物交馳，曾時日之幾何，而恩綸之三錫？循牆知懼，趨命益懃。雲錦爛班，臣節乏素絲之操，南金璀錯，主恩寬躒治之言。顧報塞以何？時念祇承之不易。除加官、蔭子容臣另疏固辭外，緣臣病不能與，爲此謹具本恭謝以聞。"奉聖旨："覽卿奏謝，朕知道了。禮部知道。"

十四日己酉，大學士沈一貫奏："爲隆恩駢集内省益慚備瀝悃丹悉容辭免以安薄軀以明臣誼事。頃者皇上嘉滇南大捷，推恩及臣，臣具疏辭免，伏奉聖旨：'雲南逆首撫勦全捷，朕心嘉悅，卿爲輔臣，朝夕贊襄，勞績居多，加恩示酬，實爲彝典。宜遵成命，不允所辭。該部知道。欽此。'臣不勝感荷眷知，而未敢拜承嘉命也，即日復接吏部咨，奉勅諭：'朝鮮善後事竣，内閣輔臣密勿運籌，忠勳茂著，兹特加恩示酬。元輔志皋加少師，還賞銀六十兩、綵段四表裏，次輔一貫加少傅，還賞銀五十兩、綵段四表裏，各蔭一子入監讀書，兼官如故，都照新銜給與應得誥命。如勅奉行。欽此。'該文書官冉登恭捧銀幣到臣，臣欲辭不敢，謹叩頭恭領、報名廷謝外，乃若忝竊異恩，旬日再至，如靈雨之注柔枝、滋液之爲澤庸，無欣欣過當，之②爲霖，顛蹐斯及，一之不可，何再之堪？謹用控辭，萬祈垂亮。伏念臣少讀父書，先臣舉古訓以教臣曰：'知足不辱，知止不殆。所謂止、足，非有期限分數之可言也，無時無處而不可足可止，然後謂之知足知止，然後可以免辱免殆。若待其既足而後知足，何時始足？待其可止而後知止，何處方止？其殆與辱踵至而不可悔矣。'臣服膺斯語，罔敢失墜，多取爲忌，履盛爲憂。矧今甚足而猶不知足，可止而猶不知止，殆辱之來庸可免乎？臣觀自昔人臣，當其憑藉寵靈之時，何所不得？卒之滿以基覆，高以召顛，或得而不能享，或享而不克終，亦何所不有？臣遭際聖明，叨隮一品，光於祖父，施及子孫，此窮巷布衣之極也。府江之命甫下，而滇南之恩繼之，滇南之恩正新，而朝鮮之恩繼之。皇上加恩於臣，爲榮臣也，榮不可以無德而

① 廢 明抄本無此"廢"字，是。通行本衍此字，誤。

② 之 據《敬事草》卷十，"之"上當有"尚"字。

① 階 明抄本"階"下有"也"字，是。通行本無此字，誤。

② 及 明抄本作"仄"，是。通行本作"及"，誤。

③ 疏 明抄本"疏"下有"懇"字，通行本無此字。

享，則榮乃羞之媒也。爲寵臣也，寵不可以無功而居，則寵乃懼之階①。覆盛滿之極，立殆辱之衝，雖德懋功高猶當抑損，況涼薄如臣，而可無自量乎？徼倖誤恩而洩沓不辭，則欺罔耳，爲虛讓以博溫旨而終將受之，亦欺罔耳，非臣所以事君之節也。家世清約，祖父有訓，而躐等過恒，更不知止，九原有知，將不以爲歆而以爲駭，人非所以爲人子之誼也。伏望皇上察臣懇衷，停免新命，庶畢臣小心事君之願，且以免不慎辱先之愆。臣下情無任迫及②禱祈之至。"奉聖旨："雲南撫勦全捷，朝鮮善後事竣，卿爲輔臣，殫忠運謀，朝夕匡贊，加恩求酬，寔遵舊典。宜遵成命，不必遜辭。該部知道。"

是日，大學士趙志皋奏："爲懇辭非常恩命以慎慶賞以平政體事。臣篤疾纏綿，於七月初七蒙皇上以雲南之功加臣官蔭，臣具疏③辭，皇上未即批發，臣方恐懼待命間，忽於本月十二日接得吏部咨，奉'敕吏部：朝鮮善後事竣，內閣輔臣密勿運籌，忠勤茂著，茲特加恩示酬。元輔志皋加少師，還賞銀六十兩、綵段四表裏，次輔一貫加少傅，還賞銀五十兩、綵段四表裏，各蔭一子入監讀書，兼官如故，都照新銜給與應得誥命。如敕奉行。欽此。'臣病雖危篤，不勝驚惶，且感且泣。伏念慶賞者人主鼓舞豪傑之大機，賜予有節則慶賞平，賞一人而天下人勸矣。今臣一病三年，廢事曠官，即以原官在告，皇上宜有褫奪之誅，乃因炎徼之勞加臣官蔭，僅數日耳，詔墨未乾，又有朝鮮善後之敘，又有進官錄後之命。少師，何官也？蔭子，何典也？師席崇嚴，任子異數，苟非殊勳，何可輕授？今也徒以邊功而敘內閣，濫及病廢之人，一之已甚，其可再乎？不出旬日，銀幣交輝，中使絡繹，既躋青宮之極品，又躋三公之崇階，臣有何功何德可以堪此哉？適以駭遐邇之觀聽，滋朝紳之指摘耳。夫敝袴尚愛，繁纓當惜，茲以鉅加病臣，而又寵錫駢臻，綸音迭降，舉積功累資所不可望者施之於數日之內，名器之瀆甚矣。以此爲恩，則恩失之褻，以此爲政，則政失其平。臣願皇上收回成命，并前雲南恩敘一併容臣辭免，臣實幸甚。臣非惡榮寵而好爲此不情之讓，亦以朝廷慶賞之典，不可自病臣作俑紊之。伏惟皇上鑒察，臣不勝悚息待命之至。"奉聖旨："雲南撫勦全捷，朝鮮善後事竣，卿為首輔，雖經在告，勞績居多，加恩示酬，寔遵舊典。宜遵成命，不必遜辭。該部知道。"

十五日庚戌，大學士沈一貫題："本年四月初二日該司禮監傳奉聖旨：'天氣乍冷乍熱，皇長子講學四月初三日起免。欽此，欽遵。'隨因接連暑熱，輟講至今。茲者已過三伏，時屬早秋，不熱不寒，正宜講學。臣等擇得本月二十一日、二十六日皆吉，伏乞皇上欽定一日，照常講讀。臣等未敢擅便，謹題請旨。"奉聖旨："溽暑未處，天尚炎熱，皇長子嘉禮在邇，講讀且候旨行。"

十七日①題："今日文書官冉登恭捧聖諭在②閣：'諭內閣：皇長子冊立冠婚及分封諸皇子，前已有諭候旨舉行，且內外諸司遵旨靜俟，未敢瀆阻，即欲傳行。但朕壽節屆邇，事體繁多，況各衙門所造應用器物俱未完備，昨又有旨上緊成造，旦夕傳旨。若有瀆阻的，嘉禮於明春舉行，諭卿等知。欽此。'臣謹叩領，即時傳示禮部，令在廷欽遵外，謹具回奏以聞。臣聞之，昔成祖時，仁廟在東宮偶失成祖之歡，羣臣悚息，莫敢進言。適成祖發一軸畫到閣，命解縉題詩。縉展觀之，乃一大虎顧小虎圖也，遂恭題以進，其詩云：'虎為百獸尊，誰敢攖其怒？惟有父子情，一步一回顧。'成祖覽詩而大感悟，大歡賞，父子恩愛更加於平日焉。今皇上深愛元子，欲成大典，而恐羣臣以觝擾取遲，發諭致戒，羣臣奉諭惟謹，誰敢有觸冒至尊者？第願皇上深繹此詩，而體成祖之心，篤顧子之情，以延我大明萬萬無疆之祚，是在今日。臣不勝惓惓，謹具奏聞。"

十八日癸丑，大學士沈一貫奏："為政體宜慎濫恩當收懇祈聖明並容辭免以逭辱國重愆事。頃因雲南、朝鮮兩告成事而加恩於臣，臣再疏並懇，奉聖旨：'雲南撫勦全捷，朝鮮善後事竣，卿為輔臣，殫忠運謀，朝夕匡贊，加恩示酬，寔遵舊典。宜遵成命，不必遜辭。該部知道。欽此。'部咨到臣，愈增兢

①日 "日"下應有"壬子"二字。
②在 據《敬事草》卷十，"在"應作"到"。

惕。蓋臣之前疏，第言自揣非才，恐速顛蹶耳，而語未盡意，亦不中窾，宜天聽之莫回也。臣惟朝廷所操以勵世磨鈍者，惟是爵賞。爵賞宜加，則輕之若塊鑠而不爲濫，不宜加，則寶之如珍玉而不爲稀。故見予者知勉，而不見予者知勸也。今少傅，崇階也，誥蔭，懋賞也，自昔勳賢之得此者，指未易多屈也。臣忝帷幄之寄，絲髮罔裨，而旬日之間，焜煌鼎至，此豈獨一顰笑之寵榮而已哉？布聞行間，適起人不平之憾，播告朝野，又滋人觀聽之駭矣。方今曹署半空，待次久滯，奏牒每格，典憲多湮，而未聞有一振飭之令，一整理之方，獨是臣等加一官，又加一官，蔭一子，復蔭一子，渥恩洋溢，溫諭頻仍。人必曹起而議曰：'上甚靳諸臣恩，何爲於閣臣甚侈？此爲豢乎？抑干之也？厥故安在？'又必曰：'彼持衡者不務平施，而厚於自封也。'如是厥咎安逃？然則此一寵榮，固臣隕越之所爲彌極①也。且府江之賞，在今年三月間耳，臣以爲不宜受，故辭。今雲南獨何以異於是而可受也？東功昔當大敍時，臣固辭賞不敢當，今何爲者而食其餘？前日之辭是，則今日之受非矣。人臣事主，惟是一心，何宜屢遷而無定執也？伏望皇上平衡政體，愛惜名器，將雲南、朝鮮二恩並容辭免，無令人謂國家賞功鉅典壞自微臣，斯臣之厚幸，而皇上如天之大恩也。臣不勝悚息待命之至。"奉聖旨："朕以雲南、朝鮮兩告厥功，卿爲輔臣，朝夕調燮，茂著勳勞，加恩示酬，原係舊典。卿宜勉遵成命，慎勿固辭。該部知道。"

是日，大學士趙志皋奏："爲垂危病臣異數稠疊萬不敢承三疏併辭懇望聖慈俯允以重彝典以安殘喘事。臣病篤間方被雲南恩命，正在固辭，未數日又有朝鮮善後之敍，臣再疏辭免，情出悃誠，原非矯飾，復奉聖旨："雲南撫勦全捷，朝鮮善後事竣，卿爲首輔，雖經在告，勞績居多，加恩示酬，寔遵舊典。宜遵成命，不必遜辭。該部知道。欽此。'臣感泣幾絕。恭繹明旨，恩澤之所以洊被不已者，謂爲敍功舊典宜邇②也。然臣聞國家舊典，功在朝廷則敍之，功在天下則敍之。若臣病廢以來，紀綱陵夷，變亂滋起，尸曠廢事，已貽社稷之憂，惟是斥逐之

① 極 《敬事草》卷一〇"極"作"亟"。

② 邇 明抄本作"爾"，是。通行本作"邇"，誤。

晚，乃復殊恩疊至乎？向者雲南之役，猶在三年之前，臣雖奉筆札從閣臣之後，然不過文墨宣上成算，顧有何功？加恩亦萬無敢受之理。至於朝鮮功次，則臣偃臥牀褥，併所謂筆札文墨者而無之，善後則有督撫諸臣，汗馬則有血戰將士，病臣何與哉？羽檄單書不一省目，恩賚焜燿施及後人，從來彝典亦無此例。即病臣有功，尚宜抑損，況病臣無功，而可洸沕勉承耶？雖臣病篤昏憒，此心未死，寧不悚懼？伏望皇上鑒臣誠悃，毫無假飾，收回恩命，臣之殘喘庶得少安矣。臣不勝力疾激切祈禱之至。爲此謹具本奏聞，伏候敕旨。"奉聖旨："朕以雲南、朝鮮兩告厥功，卿爲首輔，運籌匡襄，加恩示酬，原係舊典。卿宜勉遵成命，慎勿固辭。該部知道。"

二十一日丙辰，大學士沈一貫奏："爲四辭恩命一不敢承懇乞聖慈必賜矜允以成分誼以逭顛隮事。項臣奏《爲政體宜慎濫恩當收懇祈聖明並容辭免以逭辱國重愆事》，奉聖旨：'朕以雲南、朝鮮兩告厥功，卿爲輔臣，朝夕調燮，茂著勳勞，加恩示酬，原係舊典。卿宜勉遵成命，慎勿固辭。該部知道。欽此。'臣辭不獲命，危悚木集。臣惟人臣之罪，莫大乎欺，所謂欺者，非必懷譸挾詐，不可比於人數之謂也。誠蓄於心，而不著於行，誠發於始，而不竟於終，見義而爲之，見利而遷之，掩耳目之所不至，託口語之所不及，而苟私其身，終懷愧闕，皆所謂欺也。心欲受而口言辭，託名讓而寔爲矯，亦所謂欺也。雲南、朝鮮之賞，臣既三辭矣，臣即爲讓，讓不過三，自三而往豈宜更瀆？所以嘵嘵而不止者，良以心不可欺、而誠不可掩，故也。湛恩汪濊，豔骨驚心，然臣期期知其不可。此而可受，則府江當先受矣。府江不受而受於此也，是遵何說哉？借令可受，則人臣之受於主上也何患無詞？在禮則長者賜少者，賤者不敢辭，而況於至尊乎？雲南越在天末，捷書自遠飛來，是役也盡撫臣力也，閣臣何力焉？朝鮮之賞，臣曩者已懇辭矣，臣不敢任功，亦不敢任罪，言猶在耳，而今竟受之。夫不嘗巨鼎而嘗一臠，謂之未有嘗焉可乎？是又臣之所必不敢也。今天下沉淪者多，而皇上甚重名器，臣在羣臣中未有所見，而獨享厚施，滋臣罪矣。願留未盡之餘官以還朝廷，願留未盡之餘福以還造化，是用羅縷明臣區區，毫不敢欺，絕無矯飾。伏冀聖明哀憐，收回成命，免臣再瀆，渴望俞旨。臣不勝披瀝禱祈之至。"奉聖旨："雲南全捷，朝鮮善後，兩告成功，卿爲輔臣，朝夕贊襄，勳勞懋著，加恩示酬，寔遵彝典。卿宜祗承成命，慎勿遜辭。該部知道。"

是日，大學士趙志皋奏："爲殊恩洊被不已病臣報塞無期自揣慚懼四疏辭免懇望俯賜俞允以免再瀆宸聽事。頃因雲南、朝鮮兩告成功，皇上兩加臣以恩澤，臣三疏並辭，伏奉聖旨：'朕以雲南、朝鮮兩告厥功，卿爲首輔，運籌匡襄，加恩示酬，原係舊典。卿宜勉遵成命，慎勿固辭。該部知道。欽此。'臣感極涕零。伏念臣病廢若此，敘典頻繁，恩賚稠疊，徒以臣爲首臣，故濫及之。然臣，病臣也，與閣臣異。一病三年，尸曠積愆，又與尋常請告者異。聰明閉錮，神識昏亂，已非一日，閣務久不省目，三年之間軍國重事何所籌畫？何所裨益？乃因異域之寧、邊徼之勞，今日而進階加銜，又明日而蔭子讀書，綸誥疊降，光於祖禰，施及後人，此非病臣所克堪也。使臣病不至此，猶曰蒙恩今日，責報異時，萬一可以靦顏祗承。今也奄奄牀蓐，木石無異，以木石無知之人，被此赫奕非常之典，辱綸命於殘朽，其可乎？舞抃都廢，報稱何望？即皇上憐之，施恩於不報，奈何涊澀無恥，死不知休，竊異數於泉壤耶？臣滋不能瞑目長逝矣。徒使天下邊圉起而非議，謂皇上於臣私之而已，豢養之而已。爵賞之平，名器之惜，謂之何哉？益戰士力①獲諸原，大夫謀而受之朝，本不可以訓，況臣以久病而叨誤恩，斷斷乎無可受之理也。伏望皇上念閣臣與在事之臣不同，又念病臣與進閣之臣不同，特賜憐准，收回屢次成命，以釋臣之慚懼，臣實幸甚。臣不勝伏枕祈懇待命之至。"奉旨："雲南全捷，朝鮮善後，兩告成功，卿爲元輔，雖經在告，勞績居多，加恩示酬，寔遵彝典。宜祗承成命，不必遜辭。該部知道。"

① 而　明抄本"而"上有"力"字，是。通行本無此字，誤。

萬曆二十九年

二十五日庚申，大學士趙志皋、沈一貫題："爲作養人才事。先該本月初十日，臣等會同吏禮二部堂上官，將原發考選進士二十二卷，照依名次開填上進，奉聖旨：'王陛等准作養讀書，項鼎鉉不准改授。吏部知道。欽此。'查得節年事例，庶吉士教書官合用二員，臣等推得禮部右侍郎兼翰林院侍讀學士掌院事曾朝節、吏部右侍郎兼翰林院侍讀學士馮琦，俱堪教習。又查得掌詹事府事吏部左侍郎兼翰林院侍讀學士劉元震，近經給假回籍，遺下印信缺官掌管。擬將曾朝節、馮琦俱量改吏部左侍郎，兼官並各日講侍班俱照舊，朝節掌理府事，琦協理府事，俸薪等項如例查給，員缺另行推補，專管教習。庶吉士與同一甲進士王衡等，於翰林院讀書進學，每月終將批改各文課原本，類送內閣看驗，臣等仍照例每月二次出題考試，以觀進益。其有怠肆不率教者，聽教書官呈送臣等參奏處治。伏乞敕下該部覆奉施行。緣係作養人才事理，臣等未敢擅便，謹題請旨。"奉聖旨："是。該部知道。"

三十日乙丑，大學士趙志皋奉①："爲病臣待旨日久病勢轉危殆在旦夕終懇聖慈矜憐允放事。臣一病三年，至危至篤。自四月迄今，蒙皇上三加恩命，屢疏懇辭，兼以乞骸，諸疏悉皆留中未發。臣緣是不勝恐懼，席藁待罪。且萬壽聖節將臨，天顏有喜，萬國嵩呼，病臣非不知迴避忌諱、專俟聖節之後再有陳乞也。不意久病之人，值此秋令，脾上受傷，乘以金氣，於二十八日更患痢疾，隨飲隨泄隨暈，胃脉已絕，氣息如絲，一日而至數十便遺，單盡蒙不潔，病勢如此，必不能以旬日待也。夫以八十之年，風癱日久，復染泄痢，所謂百病交作，萬苦攢集，雖欲少緩斯史之命，其可得哉？臣知此疏即臣永訣之疏也，萬不得已，冒昧請乞。惟望聖慈矜憫，放臣生出國門，臣即隕於道路，實所甘心。臣言至此，一字一淚，皆出真誠。君父在上，天日照臨，敢有一毫欺妄，天地鬼神共殛之。萬祈聖明垂察，即賜裁決，聽臣一去，並發臣前辭恩二疏，則慈悲聖善，臣舉家祝萬壽無疆於世世矣。臣不勝哀懇戰慄待命之至。"

① 奉　明抄本作"奏"，是。通行本作"奉"，誤。

二①十九年八月丙寅，朔，大學士趙志皋、沈一貫題："先該吏部題准，願告教職歲貢生員，行移翰林院考試。臣等欽遵，會同掌院事、今候代吏部左侍郎兼翰林院侍讀學士曾朝節，出題彌封，嚴加考試，取中文理平通上卷二卷、文理頗通中卷三百四十九卷，俱堪授教職。臣等謹將試卷封進，伏乞聖裁發下，開送該部，查照臣等先後題准事理施行。謹題請旨。"奉旨："是。吏部知道。"

三日戊辰，大學士沈一貫奏："爲瀆辭已竭渥命復臨竦息難居昧心酌領懇乞聖慈俯容受廕辭官少安分義事。臣頃爲恩命駢加，四疏辭免，奉聖旨：'雲南全捷，朝鮮善後，兩告成功，卿爲輔臣，朝夕贊襄，勳勞懋著，加恩示酬，寔遵彝典。卿宜祗承成命，慎勿遜辭。該部知道。欽此。'隨該吏部接出聖諭：'敕吏部：甘鎮大捷二功，內閣輔臣密勿運籌，勳勞茂著，茲特加恩示酬。元輔志皋兼支大學士俸，還賞銀五十兩、綵段二表裏，次輔一貫加兼太子太師，還賞銀四十兩、綵段二表裏，餘官如故，給與應得誥命。如敕奉行。欽此。'該部移咨到臣，臣伏地掩面，有不能自容者。蓋臣之四辭，乃悃曲極陳，而四蒙溫答，不安殊甚，尚未蒙見俞，不安尤滋甚，又況前命未收，後恩疊至。臣聞之，哽食不生，哽舟不行。又聞之，兩三日以往謂之霖，草木之所不能受也。臣一月之間而三承晉錫，雖古功德並懋之臣，未易居此，臣何人斯，而得無患哉？夫君有命而臣恭承之，君有賜而臣祗受之，禮也。然必心安之而後可託於禮。若今之屢恩者，溢典踰常，於制爲侈，賞於功浮，於理爲僭，上行之固優借之弘慈，而下受之則貪昧之顯忒，是爲可託於禮而曲文其鄙心也？臣屢貢函章，無一字不情實，非惟未俞，而更叨溢濫，天下耳目將震動矣。臣何能愛惜肝膽而不剖瀝哉？心口徘徊，必不得已，則臣請受廕而辭官。其受也，所以明臣萬分淩兢順命承尊之義，其辭也，又以表臣萬分謹恪守憲遵制之誠。既不能堅持縷縷之前言，又何敢盡捐硜硜之小節？且依且違，滋慚滋悚。蓋大權固制於朝廷，而公議亦操於天下。

① 二 "二"上應有"萬曆"二字。

皇上賞之，臣受之，而天下宜之諒之，靡所誰何，則於臣爲榮，不然而有一誰何，於臣爲辱。臣忝輔弼之位，而不免於辱，匪臣之辱，國之辱也。酬功之典，莫大於蔭，臣今受其大而辭其餘，則甚溢於分而汰於德，泚筆甚矣。諸所餘者，俟皇上葉神符於泰階，霈大賚於天下，而臣然後恭率百僚，祗奉曠典，用以侈示同朝，增光先世，視今無端受賞榮光當相萬也。伏望皇上鑒臣微悃，准臣受雲南一蔭，其加官、給誥，及朝鮮、甘肅陞蔭、給誥等恩，俱容辭免，則一允有餘榮，而九遷非所喻矣。臣不勝蘊結祈禱戰慄之至。"奉聖旨："朕以雲南、朝鮮、甘肅三奏成功，卿爲輔臣，朝夕在公，勳勞懋著，加恩示酬，原不爲過。卿乃五懇，情詞愈切。雲南恩蔭准卿祗承，其餘特允辭免，成卿勞謙之美。該部知道。"

四日己巳①，大學士沈一貫恭視乾清宮、坤寧宮工程，賜茶。以萬壽聖節頒賜二輔臣，各金萬壽字二副、銀萬壽字二副、金篆字八個、金書紅符一道、銀書紅符一道，及講官馮琦等二員有差。

是日，大學士趙志皋奏："爲恩綸諄切難虛病臣煩瀆懼罪勉承一蔭餘懇俯容悉辭以承聖眷以明臣節事。臣以篤疾患痢其疏乞骸並發前疏，蒙皇上撿發臣辭雲南、朝鮮恩蔭之疏，奉聖旨：'雲南全捷，朝鮮善後，兩告成功，卿爲元輔，雖經在告，勞績居多，加恩示酬，寔遵彝典。卿宜祗承成命，慎勿遜辭。該部知道。欽此。'隨該吏部接出敕諭吏部：'甘鎮大捷二功，內閣輔臣密勿運籌，勳勞懋著，茲特加恩示酬。元輔志皋兼支大學士俸，還賞銀五十兩、綵段二表裏，次輔一貫加兼太子太師，還賞銀四十兩、綵段二表裏，餘官如故，給與應得誥命。如敕奉行。欽此。'移咨到臣，不勝感激。伏念臣病篤至此，乃與皇上永訣之時，啣恩入地，欲報無時，凡可以將順聖意者無所不至，何敢復爲煩聒？何忍復逆宸聰？顧此雲南、朝鮮之役，甘鎮二捷之功，臣實病廢，毫無籌畫，安能昧心竊取、負慚長逝也？必不得已，聖諭有赫，不容反汗，聖恩洊被，不可盡虛，

①己巳 "己巳"當作"己巳"。

則臣思雲南之役，臣尚進閣辦事，臣或靦顏可承，願受雲南一蔭，其他朝鮮恩蔭、甘鎮敘典，與夫少師崇階、青宮兼秩，皆人臣極品之榮，聖朝殊特之恩，何宜濫及於臣至再三至耶？況臣不在其位，受之何名？臣雖沒齒，不敢仰遵。必求俯允，爲朝廷惜名器，留此恩禮以待將來之閣臣。臣非始讓終受，辭多受少，惟是久廢之臣，垂斃之時，依依闕廷，不忍終拂皇上三錫之意，亦萬不敢盡喪三十餘年廉恥之節，故有所受，有所不受，亦甚不得已也。伏望皇上憐察俞允。臣不勝恐思懇祈待命之至。爲此謹具本奏聞，伏候敕旨。"奉聖旨："朕以雲南、朝鮮、甘肅三奏成功，卿爲首輔，佐理夙勤，勳勞懋著，加恩示酬，原不爲過。卿乃五懇，情詞愈切。雲南恩蔭，准卿祗承，其餘特允辭免，成卿勞謙之美。該部知道。"

七日壬申，大學士趙志皋奏："爲恭謝天恩事。臣頃五疏懇辭三錫殊恩，祗受雲南一蔭，於本月初六日奉聖旨：'朕以雲南、朝鮮、甘肅三奏成功，卿爲首輔，佐理夙勤，勳勞懋著，加恩示酬，原不爲過。卿乃五懇，情詞愈切。雲南恩蔭，准卿祗承，其餘特允辭免，成卿勞謙之美。該部知道。欽此。'臣不勝感激。伏念臣杜門三載，受恩萬千，不意將去之時，更沐非常之典。階俸允免，生前既遂初心，蔭子仍加，身後又叨殊寵。顧此草茅之孺嬰，何堪成均之冑子？慶流後裔，榮施將來，伏枕興懃，銘心有感。惟永永益戴乎高厚，將世世務竭其涓埃。緣臣在告，不能詣闕謝恩，爲此謹具本稱謝以聞。"奉聖旨："覽卿奏謝，朕知道了。該部知道。"

九日甲戌，大學士沈一貫奏："爲華祝歡騰班行虛左懇乞聖明簡命輔臣以重國體事。恭惟皇上萬壽齊天，祥光流繞，貢琛獻賮①，充盈閶庭，萬國雲從，四夷麇至。臣比蒙三錫之恩，叨承廷世之賞，與中外臣工恭伸蹈舞，豈任欣忭？惟是押班體重，虛左多時，無以增光儀鳳之朝，首率呼嵩之敬，代庖之次，乃及於臣，寔滋參竊之憂，敢冒瀆陳之。罪臣惟邃閣深嚴，孤

① 書　明抄本作"賮"，是。通行本作"書"，誤。

踪寥寂，不揣拮据已四閱年於茲矣。輔臣員缺，屢懇皇上之登庸，皇上亦屢以簡用許臣，特因慎重其事，需徐未果。伏想咨詢必已加博，掄擇必已加精，日月之明，容光畢照，選衆而舉皋陶，旁求而得傅說，正今日事也。凡海內之捧表而來者，祝聖人之壽，觀上國之光，堂堂天朝，濟濟羣彥，而爕理寄之虛位，巖瞻移之薄躬，何以慰夢卜之人情，孚華夷之物望乎？臣每逢佳節，倍切瞻依，際此壽辰，尤深慶藉。仰承殊賚，有難縷數，時蒙下採，亦無吐棄。儻僥鑒允，亟簡二三名碩，列在樞機，俾臣得奉身周旋，規隨從事，庶幾大政大謀，少所債壞，有俾九鼎之重，長奉萬年之觴。此臣所以藉手以報皇上，而亦皇上所以睠臣之最深者也。祗候明綸，不遑朝夕，惟皇上憐念。臣無任悚息待命之至。"

十二日丁丑，大學士沈一貫題："伏蒙發下戶部查參蘇松二府拖欠金花銀兩自十四等年該任撫按等官職名，令臣票處，臣已擬上，又命改票。臣看詳得，蘇松二府逋欠固多，然自十四年到今其時不爲不久，日復一日，歲復一歲，積漸至此，愈久則愈難完，勢固然也。朝廷錢糧取給於蘇松二府者，居天下十之五六，殊稱疲累，今但見其所欠者多，未察其所供者不少耳。江南於萬曆十五、六、七、八年間，連歲大荒，救死不暇，錢糧安得無欠？自後元氣彫傷，不能一旦而復，帶徵安得不多？今戶部缺乏，有此查參，然其疏中亦止擬同知以下等官住俸催徵，蓋雖欲盡法，而亦不能盡民故也。今疏所開官員，幾及半百，若盡行加罰，則十餘年中蘇松官員，不論賢愚大小，俱被處置，驚駭天下觀聽，似爲太甚。無論其他，即如趙可懷，乃親奉皇上眷知，特遣輯綏楚地者也。江鐸，正征播有功、又平皮林惡猺、屢上捷音者也。未有優異，而概以舊任追罰，豈不灰任事之心，而傷待臣之體乎？即部疏亦言十五、六、七等年疊罹水旱災傷，以致不能如數，其意亦非過求，臣從寬擬亦似非縱矣。臣既奉命改票，今擬二十年以後管糧官員各追罰俸半年，使見任者知所儆戒，其見任者仍各住俸催徵，已爲從重。

① 惟　據《敬事草》卷一〇，"惟"下有"或"字。

若其撫按司道，均望皇上推念，姑免追罰，幸甚。惟①聖明至仁，愛育體悉臣民，止從臣前票施行，臣尤幸甚。"

是日，頒賜二輔臣楊梅各一簍。

十四日己卯，大學士沈一貫題："恭遇皇上萬壽聖節，四海朝宗，羣生踴躍，臣等咸望肇舉曠儀，駕幸文華殿受賀，敬效華封之祝，少展忠愛之忱。不勝祈禱，不勝懇切。臣與諸臣又竊計議，連年恭遇聖誕，俱傳免朝，大小臣工止於私宅各伸一叩頭之敬，萬里遠來者僅僅習儀而去，是日朝端無拜祝舞蹈之容，雖云舊制相沿，竟是明時缺典。夫禮可以義起，而心所當自盡者也，其在今日，似宜講求。諸臣意謂，皇上御殿，百官拜蹈如禮，幸甚。儻遇免朝，願於五鳳樓前，一如外朝儀節，各具朝服，恭行五拜三叩頭禮，庶展臣子萬一分不能自安之心，共抒歡忭之懷，以伸祝願之意。臣敢上請，伏祈聖裁賜允，惟復敕下禮部議覆施行。臣不勝惓惓瞻望之至。"奉聖旨："朕覽卿奏，具見忠愛敬慎。但文華殿窄狹，行禮侍衛不便，御殿暫免，文武慶賀官員，都着在五鳳樓前，如儀行禮。卿可傳示遵行。"

十七日壬午，大學士沈一貫題："恭遇萬壽聖節，禮當慶賀，奉旨傳免，臣謹率在廷文武，暨天下華夷齎捧朝貢官員人等，於五鳳樓前大班行禮，恭伸祝頌訖。伏念臣備員輔弼，受恩深厚，與在廷諸臣不同，就日私衷有懷未罄，謹循往例，復詣仁德門行五拜三叩頭禮，少伸微臣忠愛無已之心，竊比華封三祝聖堯之意。謹具題知。"

是日，大學士趙志皋題："本月十七日恭遇皇上萬壽聖節，竊念臣職叨首輔，宜同百官恭詣午門前行禮，緣臣在告，摳趨尤艱，犬馬私衷曷任依戀？臣謹於本日恭設香案於私寓，令家人扶掖，望闕行五拜三叩頭禮。恭惟皇上仁罩九有，道合兩間，當此風清露湛之秋，復值電繞虹流之旦，南極呈祥，蒼生共祝，北辰居所，紫氣常浮。臣懷龍光之在望，合四海以嵩呼，卜鶴算於無疆，叩九霄而虎拜。伏願皇上乾剛中正，寶祚靈長，恢壽域於八荒，建皇極於千載。日之升，月之恒，萬世誦穆穆明明之烈，天同長，地同久，八方享樂樂利利之休。臣下情不勝欣躍祈禱之至。謹具題恭賀以聞。"

二十二日丁亥，大學士趙志皋奏："爲病日危篤命在須臾懇乞皇上特賜矜憐放臣生出國①事。臣因久病風癱，再加痢疾，沉重垂絶，不得已於前月三十日具疏瀆懇，危篤困苦之狀具前疏中。荷蒙皇上鑒知，將疏發閣擬票，同官臣一貫亦來臣寓，目擊臣苦，痛臣狼狼，故仰體宸衷，票擬放臣。臣之所以奄奄一息未斷者，寔望皇上俞旨且下，忍死牀蓐以待耳。乃今又浹一月，皇上仍未批允。臣之病勢又日甚一日，不覺伏枕而泣，仰天而呼。病臣氣短詞促，執筆之時，上帝鬼神寔鑒臨之，豈敢有欺？若病稍緩，決不敢屢瀆宸聰以干聖怒，惟是病危至此，萬萬不得已，乃哀鳴於君父之前。伏乞聖慈憐惻允放，將臣前疏即賜批發，病臣萬幸。臣不勝祈禱翹切待命之至。"

二十三日戊子，大學士趙志皋、沈一貫題："臣等於七月十五日恭請皇長子講學，十七日奉聖旨：'潦暑未處，天尚炎熱，皇長子嘉禮在邇，讀講且候旨行。欽此。'臣等欽遵靜俟至今，未蒙明旨。臣等竊惟，典禮時不可緩，講讀日不容廢，今秋色已分，冬寒倏至，且嘉禮、講讀原不相妨，祇宜及時進修，豈得爲禮廢學？臣等復擇得本月二十八日、九月初三日皆吉，伏候俞旨，照常講學。臣等未敢擅便，謹題請旨。"奉聖旨："是。皇長子着於二十八日講學。該衙門知道。"

二十五日庚寅，大學士沈一貫奏："爲獨攝政幾忽滿三載比感奇疾益增顛危懇乞聖慈俯容避位進賢以重揆路事。今月初八日，臣奏《爲華祝騰歡班行虛左懇乞聖明簡命輔臣以重國體事》，蓋臣恭逢萬壽聖節，而因念古者三壽作朋之義，思得耆英碩彥，疏附後先，共康壽域於無疆也。祇候恩綸，未蒙垂示，

① 國 明抄本"國"字下有"門"字，是。通行本脱此字，誤。

萬曆起居注

曷任瞻仰？曷任悚息？臣自萬曆二十六年十月首輔告病，奉命典攝，至今獨在於閣者已三十六個月矣。臣子分誼，詎敢言勞？第以黜齒[①]鉅典而例論之，亦既盈一考之數矣。此何地也？臣何人也？而日復一日？歲復一歲，以至於此。由今追昔，不自知其罪狀幾何，憨負幾何，毛骨淩兢，魂夢錯愕，七尺微骸不足以堪鈇鉞矣。然又非惟罪狀當黜而已也。臣自本月來忽感奇病，初左目頓生烟火，光如飛星，乃今黑青滿前，大者如車蓋，小者如棋子，盤繞蔽虧而不去，甚妨於視。兩足常無故忽自轉筋，痛楚難忍，每一舉發，非經時不解，當其苦時，雖欲撫摩而無可着手，此又甚妨於行也。如此景象，尚堪久視人世乎？夫聖主舉事，無不爲長久計者。爲長久計，必事事先有其備，有備無患，古今格言。開[②]務殷繁，臣身單弱，安可無二三僚寀以爲之備？此非所以爲臣，乃所以爲國家也。而況時之久遠如此，臣之衰病又如此，臣不自言，誰爲臣言者？用是萬不得已，而哀鳴於君父之前。伏乞皇上憫臣衰病瀕危，再難尸位，賜之特恩，准容致仕，及早簡用名碩，以重輔弼之寄，以光天地之交。臣獲釋負，即死瞑目。臣不敢煩辭，冒昧直陳，無任懇切之至。"

二十九日甲午，大學士沈一貫題："臣聞之，《詩》有《既醉》之篇者，太平之雅也，其詞曰：'君子萬年，介爾景福。'此忠臣所以祝願其君者也。下文繼之曰：'君子萬年，永錫祚胤。'則願其子孫之多，謂夫上天錫善，莫有大於此也。又曰：'釐爾女士，從以孫子。'復願得淑媛以爲之配，而胤生賢子孫以相從也。有《斯干》之篇者，頌築室既成之什也。其詞曰：'築室百堵，西南其戶，爰居爰處，爰笑爰語。'美新成天子之宮，規模廣大，戶牖或西或南，居處甚安，笑語甚適也。下文繼之曰：'吉夢維何？維熊維羆'，'維熊維羆，男子之祥'。言吉祥善事，當生聖子神孫於是室也。又曰：'朱芾斯皇，室家君王。'言此聖子神孫者，皆宜服朱芾之煌煌，而有室有家，爲君爲王，享福祿於無窮也。由是觀之，自古忠愛之臣，無不願其

[①] 齒　"齒"當作"幽"。

[②] 開　明抄本作"閣"，是。通行本作"開"，誤。

君之萬壽無疆者,則無不願其君之子孫萬億者,必如此而後快於人心,故詩人舉以爲祝。今當萬壽稱觴之時,兩宮美成之日,在廷臣子祝禱同詞,誰不願以此言進哉?然迎禧導瑞,啟天之祥,寔自聖心一念始。臣請以人之至情,而推言頌禱之義焉。《孟子》云:'父子主恩。'又云:'男子生而願爲之有室。'蓋父子之間,非但人所難言,即人子於父母之前亦往:有心欲之而口不能言者,惟父母曲體其心,而早爲之所,此所謂至情也。皇長子以聰睿之性,近強壯之年,血氣既充,天機自啟,非皇上至慈,誰其體悉?親父親子,喘息相通,皇長子不望之皇上而誰望乎?皇上大婚及時,故得皇子甚早。然彼時聖母遣官祈禱,已若慮其遲者。父母篤於愛子,則必愛其孫而愛曾孫也滋甚。人之情皆喜玩弄稚子,而春秋高者彌甚,世人易①孫易,見曾孫難,其②得之難也。既欲其見之早,又欲其見之多,此皆所謂至情也。皇上爲皇長子大禮計慮過周,必欲備其儀文、羅諸珍異以厚之,推念真情,不如早諧伉儷之爲適。皇上孝奉聖母,朝夕起居,而集九御之朝,竭四海之奉,推念真情,不如早遂含飴以弄曾孫之爲歡。然則此一禮也,上體聖母之情,下體皇長子之情,宜不崇朝而舉矣。臣嘗考之,自邃古以至於今,帝王之壽考昌後者雖多,而求其壽最高、子孫最多者,惟軒轅黃帝、周文王及我太祖高皇帝三聖人而已。黃帝二十五子,唐虞三代皆黃帝子孫。文王之子受大國封者十七人,當時諸侯同姓半天下,皆文王子孫。我太祖高皇帝有二十五子,今天下宗藩載在玉牒者,已十六萬位,皆高皇帝子孫。帝王富貴已極,無復餘望,所望者惟在子孫之多。聖人之生,皆精明強固,而此三聖人者,心思更加精明,神氣更加強固,故子孫更加衆多,此皆因時舉禮,率孝行慈,《詩》所謂'釐爾士女③,從以孫子',有室有家,'宜君宜王'者,三聖人寔享有之不爲虛詞矣。皇上骸④氣原自充盛,起居又善節宣,爰際壯齡,毓祥開胤,若婚姻以時,和氣周浹,今年先完皇長子大禮,明春以後挨次舉諸皇子各禮,以篤父子之恩,以示長幼之序,以慰中外之望,以啟胤祚之源,子復生子,孫復生孫,坐見本支之盛,享令名

萬曆二十九年

一八五七

①易 "易"當作"見"。

②其 明刊本"其"上有"以"字,是。通行本脫此字。

③士女 "士女"當作"女士"。

④骸 《敬事草》卷一〇"骸"作"體",疑是。

而集完福，遠比黃帝、文王，近紹我皇①帝，自是皇上能事，何爲久窒其源而不開，屢讓其福而不受？此臣之所未解也。兹當萬壽稱觴之時，兩宮美成之日，即天下之善頌善禱者，孰能加於此言之外？惟皇上細思而亟斷焉。夫情至於必不容已，則不如②早行之③爲安。此一大典者，無論遲速，畢竟當舉，早一日則聖心早欣忭一日，遲一日則聖心多焦勞一日，臣不識皇上何所猶豫於中而長此縈廻展轉也？特不定耳，一定即無復事矣。臣爲皇上心腹之臣，不敢不爲皇上委曲想到。惟皇上細思而亟斷焉。臣無任懇切祈禱之至。"奉聖諭："諭次輔：朕覽卿奏，悉見忠愛誠懇至意，深合朕心，嘉悅不已。前月諭卿，本欲舉行，但朕壽日禮儀叢多，少俟即目降諭擇日舉行。所奏已知道了。"

① 皇 明抄本"皇"上有"高"字，是。通行本脱此字。
② 如 明抄本"如"下有"明示之之爲快，禮至於必不可已，則不如"十六字。是。通行本脱此十六字，應補。
③ 之 明抄本"之"下有一"之"字，是。通行本脱此字。

萬曆二十九年

一八五九

九①月乙未，朔，大學士沈一貫題："八月二十七日臣具揭，引詩人《既醉》、《斯干》之義，仰致頌禱祝願之誠，望皇上早舉大典，益隆聖壽，弘濬天潢，比於黃帝、文王暨我太祖高皇帝之盛，造次陳辭，蔓延無次，方深悚惕，靡敢寧居，昨二十九日該文書官冉登捧出聖諭：'諭次輔：朕覽卿奏，悉知忠愛誠懇至意，深合朕心，嘉悅不已。前月諭卿，本欲舉行，但朕壽日禮儀叢多，少俟即日②降諭擇日舉行。所奏已知道了。欽此。'宸翰輝煌，出自親灑，聖衷悅懌，藹然滿篇，臣叩首捧讀，不勝感仰，不勝慶荷。臣惟帝王之興，富貴其所固有，聲名亦自灼然，惟壽命之悠長與子孫之蕃博，若③出於天之所制，雖窮富極貴盛德大業如帝王，有不能強致者。然聖人修身繕性，未嘗無延壽之方，厚典敦倫，未嘗無衍宗之術。若不以葆攝為事而求年齡之自長，不以鞠育為心而求本支之自盛，猶不耕而求獲，理所無也。臣歷考邃古以迄於今，享遐壽而衆子孫者不可多得，五帝之中惟黃帝，三王之中惟文王，漢唐宋以來惟我太祖高皇帝。宇宙昭垂獨④此三大聖者，不獨鍾天靈秀，握至道之真銓，抑亦建人紀綱，裕貽謀之善計，故也。黃帝之事，遐哉，邈矣，然古今稱養生者歸焉，而禮儀文明寔從帝始。文王雝雝肅肅，亦保亦臨，與夫刑家御邦，啟昆裕後者，《詩》、《書》所言甚多。至我太祖高皇帝，身範之嚴，動遵禮制，家法之正，宮庭秩如，《祖訓》所垂，《實錄》所載，歷萬年如一日也，所謂至道真詮、貽謀善計，一顧諟而可見於前矣。以皇上天稟之厚，龍德方中，天性之真，燕翼咸正，早成大典，茂衍隆宗，正在今日，愚臣不勝惓惓，顧⑤我皇上光纘三大聖之後，而超軼於百王之前者以此。伏承響答，慶幸可言？目今聖節已過，宮闈多暇，寒温甚適，嘉會惟時，跂立下風，翹俟吉旦，伏冀早發，以慰羣瞻。臣無任踴躍忭舞凝佇之至。所奏御批，謹遵⑥藏閣中，垂示罔極，以昭聖德之盛。臣謹具回奏以聞。"

①九 "九"上當有"萬曆二十九年"六字。

②日 明抄本作"目"，是。通行本作"日"，誤。

③若 《敬事草》卷十作"爲"，似是。

④獨 據《敬事草》卷十，"獨"下有"三大聖"三字，是也。

⑤顧 明抄本作"願"，是。通行本作"顧"，誤。

⑥遵 "遵"當作"尊"。

二日丙申，大學士趙志皋、沈一貫題："皇長子講筵缺侍班等官，先該臣等於本年二月內，推得少詹事范醇敬侍班，左庶子唐文獻、右庶子楊道賓、左諭德黃汝良、右諭德蕭雲舉、左中允區大相講讀，未蒙批發。今照區大相冊封去訖，復推得右中允莊天合堪與唐文獻等一體講讀，伏望賜允，令各以原官供事。臣等未敢擅便，謹題請旨。"奉旨："是。"

四日戊戌，大學士沈一貫恭視乾清宮、坤寧宮工程，賜茶。

九日癸卯，以重陽節令，頒賜二輔臣上尊珍饌。

十日甲辰，大學士趙志皋、沈一貫題："准兵部手本開稱：該本部題，萬曆二十九年九月十五日考試天下武舉官生，例用考試官二員，合行翰林院題請簡用，奉聖旨：'是。欽此。'備行到院。臣等推得正考官二員，副考官二員，列名上請。伏乞於內各欽點一員，令於十三日早入場供事。臣等未敢擅便，謹題請旨。

　　計　開
　　堪任正考官二員
　　　　右春坊右諭德兼翰林院侍講　蕭雲舉
　　　　左春坊左諭德兼翰林院侍講　黃汝良
　　堪任副考官二員
　　　　右春坊右諭德兼翰林院侍讀　黃輝
　　　　右春坊右中允兼翰林院編修　莊天合"正點。

十二日丙午，大學士趙志皋、沈一貫題："爲纂修玉牒事。先該臣等題爲前事，照得原纂修官詹事府少詹事兼翰林院侍讀學士范醇敬、左春坊左庶子兼翰林院侍讀唐文獻，近奉欽依，各充補皇長子講筵侍班講讀去訖，纂修事繁，難以兼理，例當推補。臣等推得南京國子監祭酒郭正域、掌南京翰林院詹事府少詹事周應賓，俱堪充玉牒纂修官。照得原管纂修范醇敬效勞年久，今推郭正域、周應賓資俸俱深，擬合各量陞詹事府詹事，兼翰林院侍讀學士，各到前任管事。其玉牒書寫官原題二十八員，內趙應宿等八員，各以奉旨給假、告病、丁憂等項事故去訖，見在官員不敷供事，查有誥敕房辦事中書舍人秦焜，通政使司經歷司知事郭安民、單禮、林如梓，起居注館辦事大理寺右寺右評事李有芳，翰林院孔目許成器，俱堪補書寫玉牒。再照制敕房辦事試中書舍人嚴自省，歷俸已深，例應實授。及查玉牒館書辦官今服滿孫一華、當該吏毛志學，萬曆二十六年八月內該臣等具題《為訓錄書完查敘效勞人員以彰激勸事》內開，孫一華等候服闋之日另行題敘。今孫一華、毛志學俱已服滿。合無俯允並敕吏部將范醇敬、郭正域、周應賓照前陞授，嚴自省照例實授辦事，孫一華查照原題宋鸑例陞授，毛志學照本等資格題授職銜，仍送館供後？臣等未敢擅便，謹題請旨。"奉旨："是。吏部知道。"

十三日丁未，大學士沈一貫題："為病故輔臣事。據少傅兼太子太傅吏部尚書建極殿大學士趙志皋男尚寶司司丞趙鳳梧等報稱，本官於本月十三日丑時病故。看得首輔志皋，自萬曆十九年蒙簡入閣，至今歷有十年，敦厚性成，忠勤匪懈，愛君憂國，終始不渝。中因獨任閣事者四月，勞瘁傾跌，致成偏枯之疾，累乞致仕有八十餘疏，渥承聖眷，曲賜勉留，德意綢繆，恩數蕃疊，前古所未有也。竟茲殉國，深可悲哀。所有應得卹典，乞敕禮部查例上請，以昭優禮首輔之意。臣謹具題請旨。"奉聖旨："首輔志皋屢以疾求致仕，朕冀其復起，未即允從，竟爾長逝，深可哀惻。應得卹典，卿便傳與禮部，從優查例來看。"

十五日己酉，大學士沈一貫奏："為首輔永謝閣務無統懇乞聖明亟簡元僚廣延眾正罷黜庸駑以重政機事。切照首輔志皋，以今月十三日病故，除臣已題知、奉旨傳禮部議卹外，臣惟自萬曆二十六年十月以來，首輔長告，獨臣奉命直閣。事①之大者，臣猶得諮請首輔而行，一應題奏臣綴名首輔之末，語必稱'臣等'，日夜望其再起而覩同寅協恭之舊也。今不幸亦淪謝矣，

① 事 據《敬事草》卷一〇，"事"上有"屢懇增員，未蒙聖簡，乃其時閣"十二字，應補。

臣真成孤立無餘冀矣。疏附後先，僅存形影，規隨謀斷，取辦胸臆，即章奏文移之中，更無'臣等'字樣，實增股慄，又可傷心。若不及時簡命，則流傳夷夏，必謂朝廷之上，賢才衰落，無一可用之人，如此政本空虛，狎加淩侮，豈惟百官無所表率，萬民無所瞻依，而夷狄盜賊必且生無忌憚之心矣。臣自揣庸疲，奉職無狀，代庖尚多闕失，當路尤非所堪。老成既已凋殘，小醜行將顛隕，徬徨四顧，痾瘵轉加。伏乞皇上俯賜矜憐，允臣致仕歸田，退安愚分，亟簡耆英，以重端揆，廣延諸彥、弘資贊襄，在籍在朝，惟聖主命，庶全愚臣終始，而國家羅有用之才，起非常之績矣。臣不勝瞻跂之至，伏候敕旨。"

十八日壬子，大學士沈一貫題："九月十八日二鼓時，伏蒙傳出聖諭，封發輔臣[①]寓所：'諭內閣：朕以皇長子及諸皇子冊立冠婚典禮，前已有諭候旨舉行。即今皇長子容貌充實，書做進益，其諸皇子年齡漸長。前項典禮，朕昨朝聖母，面奏舉行諸禮，聖心嘉悅。卿便傳示禮部，查遵舊制，擇日具儀來行。欽此。'到臣，臣即焚香北望，叩頭恭領，不勝欣忭，不勝鼓舞。仰惟皇上天性真純，至誠高厚，念元良之濬瑞，昭佑啟之宏圖，發自淵衷，斷於頃刻。皇彝帝範，增祖宗世守之光，子繼孫承，衍廟社萬年之慶。除臣即刻傳示禮部欽遵外，謹奉聖諭尊藏閣中，以垂示罔極。謹具回奏以聞。"

---

① 臣 《敬事草》卷一〇"臣"下有"一貫"二字。

萬曆二十九年

一八六三

　　十①月朔日乙丑②，大學士沈一貫題："臣聞聖人有言：王者必世而後仁。宋儒解之曰：三十年謂之一世，王者以仁義禮樂教化天下，日濡月染，必至三十年而後習熟於人之耳目，淪浹於人之肌膚，舉天下而游於熙皞之天，可以稱仁。此帝王道化之盛軌也。皇上神明御宇，三十年於茲，海隅蒼生無人不適其願，昆蟲草木無物不遂其生，鼓宇宙之太和，躋斯世於仁壽，雖成周郅隆之治何以過之？今日廷頒萬曆三十年大統曆日，臣見大小臣工鱗集闕下，莫不歡呼鼓舞。以爲皇上當鼎盛之年，成久道之化，所御之曆，乃古帝王未有之盛際，所成之化，乃古帝王未有之極功。況時至事起，天人合符，禮備樂和，官府交孚。自今年以往，皇上萬萬歲受③，則無疆之寶曆，益昭布於華夷，無外之治功，益磅礴於遐邇，當又不特如今日所成矣。臣謬玷班行，側聽輿論，私心慶幸，萬倍恒情。自愧累塵不能增泰山之高，累滴不能增河海之潤。惟願皇上法天行之健，勵不息之貞，自今以前三十年如一日，自今以後億萬年如三十年，則道化愈隆，洪基永固，而大業冠百王，鴻名照千古矣。臣觀堯舜之朝，治定功成，而君臣未嘗不交相儆戒，乃歌曰：'元首明哉，股肱良哉，庶事康哉。'又歌曰：'元首叢脞哉，股肱惰哉，萬事墮哉。'蓋兢兢業業、不敢荒寧如此。臣敢爲皇上誦之，願皇上爲堯舜之君，而臣亦竊附爲堯舜之臣，是以頌不忘規，惟聖明留意，幸甚。臣無任欣躍之至。謹具題慶賀以聞。"

　　四日戊辰，大學士沈一貫題："臣惟大典之行，恭承聖斷，諭下之日，民臣無不歡呼萬歲者。今封號定於宸筆，悉皆美名，儀注又蒙允俞，人人講習，惟告期尚未發耳。本宜靜聽，但各衙門備辦所須之事，即臨期倉卒，猶可取齊，惟臣所掌冊文、詔書等件，必先撰稿進呈，恭候聖明裁定，冊立則發臣督視中書官寫金冊、進內府製造覆奉④行，詔書則發臣督視中書官寫黃箋、進到御前覽發、至期行，輾轉經多，非一日一手可辦。若不預備，臨時誤事不小。茲因文字繁多，未便聖覽，謹先將冊文五道，擬草上進。臣學疎才淺，語不成章，皇上博覽古今

①十　"十"上當有"萬曆二十九年"六字。

②朔日乙丑　"朔日乙丑"當作"乙丑朔"。

③受　《敬事草》卷一〇"受"作"壽"。

④奉　《敬事草》卷一〇"奉"作"奏"。

萬曆起居注

① 災　明抄本作"焚"，是。通行本作"災"，誤。

② 己巳　"己巳"當作"己巳"。

天文經緯，伏乞大加筆削，以光典謨。仍祈早發，庶得次第奉行，不致稽誤。臣不勝翹俟之至。"

是日，又題："伏承皇上垂問黃河事情。臣聞黃河謂之神河，衝徙不常，最難測度。商時因河決，遷王都以避之者五世，盤庚作書三篇以告諭臣民。漢時言河決乃天數，武帝至自臨塞河。又言治河之法，不可與水爭地。故治河譬之禦虜，最難為力。先年所決之處，又非今時所決之處，意不能料，力不能防，似難一一責問，但當隨時補塞。臣有所知，不敢隱默，謹具奏聞。今見任河漕大臣劉東星，因此憂瘁隕身，若前事有失，科道官及劉東星豈不能奏劾？又若易於補輯，諸臣豈不能各獻良策？而河臣亦何至於束手待斃如此也？為今之計，第宜及早命官，仍不惜財力，以收後功。伏乞皇上即將會推亟點，刻期到任，所謂拯溺救災①，此之謂也。今日廷臣即推河南、鳳陽二巡撫，正因二臣見在地方易於到任，故耳。惟望聖明加意簡擇，幸甚。原票臣難輕改，仍舊奏上。謹具題知。"

是日，以中宮千秋，賜上尊珍饌。

五日己巳②，命禮部右侍郎兼翰林院侍讀學士掌院事敖文禎，充日講官，兼教習庶吉士。

八日壬申，大學士沈一貫題："臣查得萬曆十年皇子誕生彌月，尊上聖母徽號。茲逢大典告成，伏惟皇上孝奉慈闈，以天下養，百順承歡，超逾今古，合宜仍前諭禮部具儀行禮。容臣閣中備辦冊文、詔書等件。又查得皇上請聖母宴會，有奏書致語，今次合無容臣撰進，以備欽用？俱候聖明裁示。"初十日，奉聖旨："朕之尊上聖母徽號，出自孝誠。覽卿所奏，正合朕心，具見君臣一體，忠愛至意。已有特諭了。其宴會奏書致語，卿可照例恭撰具來。"

是日，又題："昨蒙皇上發下冊立冊封選定本月十五日大吉之期，臣民頂戴，不勝歡祝。除冊文五道臣先已進呈外，今擬合行詔書以進。臣惟今日至十五日，止有七日，冊文尚須內府製造金册，詔書尚須中書官書寫黃箋，俱再進御覽始發，日期已迫。望皇上早賜裁定。"

又題："臣所擬詔條，與部院公同商確，悉係常行事宜，比舊無甚增損。至於赦罪一節，臣今增擬原奉欽依及詔獄罪犯，開具奏請定奪，及充軍爲民一節，臣亦增擬有奉特旨者，具奏定奪。此皆臣不敢朦朧之意，謹奏上聞。外有三事，必須發自聖心，臣不敢擅入詔內，茲另開以請，如蒙聖慈許允，伏冀並賜改定，發臣入詔書內，幸甚。此三事者，羣心禱祈甚切，萬代瞻仰在茲，苟可少延歲時，臣亦不敢輕瀆，但今事勢窮極，千載一時，大賚之恩，首宜及此，跂望之誠，同於時雨。蓋降黜諸臣，壯者老，老者死，含悲泯没，深可哀矜，而四方百姓，窮愁到骨，若再無以慰其所望，或生他變，亦不可知。臣今尚未敢盡求起用，盡求蠲除，但調停酌量於分數多寡之間，亦似易於俯從者也。皇上至仁如天，至明如日，儻復曠然施恩，廓然普惠，盡撤內臣，悉召起用，尤出臣意想祈望之外，真大聖人之作爲，堯舜不能加，而非臣所敢徑擬，然愚心未嘗不切禱焉。臣不勝睠睠，謹具題候旨。

一、大典既行，先年有因禮議①降黜者，懲創已久，吏部開名具奏敍用。其餘因事欽降罷斥官員，吏部訪擇可用者，分別等第，查開職名，議擬上請。若奉旨充軍者，兵、刑二部查其所犯情由，議奏定奪。

一、礦稅原旨權宜暫行，今已日久，本該停止，但國用尚未充足，姑從酌處。各差內官會同撫按官查看，礦脉已竭者，牢寔閉塞，不得虛工包賠。稅額太多者，查寔奏聞，量情減徵，行撫按催解。若有匪人投充生事，虐民侵官者，拏問究罪勿貸。

一、各處織造，除額供毫不減外，其加派數內有節年拖欠未完者，該部查請量免補解，以寬民力。"

九日癸酉，大學士沈一貫題："竊惟行取一事，自萬曆二十六年十月皇上發自聖心，命吏部行取考選，今已滿三年矣，諸

① 禮議 《敬事草》卷一〇作"議禮"，似是。

① 點　明抄本"點"下有"除，伏望皇上俯從其請，親賜御筆酌量點"十六字，是。通行本脱此十六字，誤。

② 示禮　明抄本無此"示禮"二字，是。通行本衍此二字。

臣離任待命，盤費罄竭，而科道員缺太多，差遣不敷，政務廢馳，奸弊莫清。在彼則積於不用，在此則苦於缺用，故部院不憚煩瀆，屢疏請旨。臣觀近日温純題内，但望酌量點①用，而散其餘爲部寺各官，亦明曠蕩之恩，而慰諸臣之意也。臣不勝惓惓，謹具題知。"

是日，又題："今日文書官金忠恭捧聖諭到閣：'諭内閣：朕以册立册封禮成，天下頒行國家大慶，聖母在上，鞠育朕躬，恩同天地，寔自本源，理宜尊稱徽號，顯揚朕之孝誠。卿可傳示禮示禮②部，查遵舊制，擇日具儀來行。欽此。'臣不勝欣慶。仰見皇上大孝因心，尊親至情，惓惓罔極，即刻傳示禮部欽遵外，謹奉聖諭尊藏内閣，以垂永久。謹回奏以聞。"

初十日甲戌，大學士沈一貫題："近奉聖諭，以册立册封禮成，加上聖母慈聖宣文明肅皇太后徽號，臣謹欽遵傳發禮部訖，所有徽稱字號，臣恭照先朝舊典，原加徽號之上，宜再加二字，以表尊崇，謹擬二號，上請聖裁。伏乞於内點用一號，發下遵行。擬加上聖母慈聖宣文明肅皇太后徽號：

慈聖宣文明肅貞壽

　　大慮克就曰貞。按韻書：壽之爲言久也，老年之尊稱。

慈聖宣文明肅端獻

　　守禮執義曰端。聰明睿哲曰獻。

請旨點一號。"奉聖旨："朕恭覽卿擬尊上聖母徽號，四字俱全用，以顯誠孝尊崇之意。"

十一日乙亥，大學士沈一貫題："今日文書官冉登傳出司禮監太監田義等一本，内開册立册封等擇到十月十五日卯時吉，合用册寶冠服等項錢糧未完，催各衙門無分晝夜，上緊儹造等因。臣已擬票上進，再蒙發下改票：'傳諭錢糧未完，着另改日期。'臣聞命之頃，不勝震慄。竊惟册立册封，皇上最喜慶之事，國家極重大之典，成命既下，天地祖宗百神咸舞蹈欣躍，環拱而待，矧伊萬方華夷、黄童白叟，豈不日夜引領而瞻俟乎？

忽聞改日之命，天下將謂非該衙門遲誤之罪，必有他端更張之故。此其疑議，更多於前命未下之時，紛然滋起，中外橫溢。自今以後，殆不能一刻無無①瀆擾者矣。臣伏思之，聖主以儉德光②天下、教子孫，即錢糧未備，服御稍次，不失爲帝王盛德。惟是命令大信，彝章大典，豈得有所二三？皇上素重詔旨，未嘗有一毫爽改，安可以遷易之辭從今日大禮始乎？臣於他事無不祗畏順從，獨此事爲天地鬼神所鑒臨，關天下萬世之公論，帝王一言，傳之萬古，若輕加擬改，必陷明主於有過之地，臣萬死不敢，伏鑕待罪。惟皇上俯賜諒察，仍依前定吉期，從儉從簡亦不爲失，適足以光揚聖德也。必不得已，則請暫借該衙門錢糧備用，禮成之後，容臣與在朝諸臣竭力處置，嚴督戶工二部刻期補還，如不從時，當與天下共處以法，亦足以重國體，成大典，有辭于郊廟百神，而副海內蒼生之望矣。臣不勝戰競昧死上陳，伏冀聖明覽納。原本原票及臣改擬一票，統封上進，謹具奏聞。"

十二日丙子，大學士沈一貫題："臣昨日冒昧進言，不勝悚惕。今日百官集於文華殿演禮，羣心鼓舞，皆呼萬歲，皇上命司禮監官監視，仰見聖心③吉期無改，臣不勝慶幸。伏想天地、社稷、宗廟之靈，咸俟④皇上祭告之禮，而徽號早上一日，則聖母之心早歡悅一日，又昭皇上大孝尊親之盛也。臣今拱候而甚急者，冊立⑤五道、詔書一道俱在御前未發，冊文尚須發該監鑴字，詔書宜發中書官寫黃，俱非倉卒能辦。伏乞即賜發下，幸甚，幸甚。臣又惟金冊、金寶，宜敕該監一面將別項錢糧通融借造，一面催該部急進補還。惟天語丁寧，着該衙門日夜通融造辦，即從淳樸，亦昭聖德貽謀之盛。其寫黃事不可再遲，詔條之中儻有未合聖意者，望且以御筆留之，待徽號禮成尚須詔條，是時臣恭擬候裁，亦未爲晚也。臣不勝顒俟之至。"即日奉聖旨："朕覽卿奏，已知道了。其冊寶未有金兩，該監尚未鑄造。且典禮隆重，至期權宜或用冊文寶文行禮，造完補賜可否？卿還詳查奏來。

萬曆二十九年

一八六七

①無　明抄本無"無"字，是。通行本有"無"字，誤。

②光　明抄本作"先"，是。通行本作"光"，誤。

③心　《敬事草》卷一〇"心"下有"歡豫"二字，是。

④俟　明抄本作"僾"，通行本作"俟"。

⑤立　"立"應作"文"。

是日，又題："今日臣具揭上奏，伏蒙聖旨：'朕覽卿奏，已知道了。其册寶未有金兩，該監尚未鑄造。且典禮隆重，至期權宜或用册文寶文行禮，造完補賜可否？卿還詳查奏來。欽此。'臣惟皇上册立皇太子，册封諸王，天性至情，真仁篤愛，立彝倫之極，厚本支之慶，甚盛德也。夫禮有實有文，册寶雖重，尚是儀文，造完補賜，有何不可？在舊典雖無可查，在聖賢爲行仁之術，臣敢不將順奉行？伏望皇上即發册文，容臣一面以黃箋寫就册文、寶文，權宜宣讀，以成大禮，其詔書亦乞併發寫黃，及期頒行，使四海之內咸誦聖明，同呼萬歲，幸甚。又聞昨日戶部議進金兩，不知足用否？儻可併工，或先鑄各寶，亦完一事。今上徽號在邇，當鑄聖母册寶，乞催該監將前項册寶上緊一齊造完，至上徽號之日，悉行補賜，亦所以歡聖母之心、慰諸皇子之望也。臣不勝惓惓之至。"十五日奉聖旨："朕覽卿奏，具悉敬①詳慎。册寶辦造遲誤，內外經管官員都着該部查參了來。其未造完者，權用册文、寶文行禮。還着上緊造完，恭候聖②母徽號之日，御前補賜。該衙門知道。"

十五日己卯，册立皇太子，册封福王、瑞王、惠王、桂王，詔告天下。

皇太子册曰："維萬曆二十九年，歲次辛丑，十月乙丑朔。十五日己卯，皇帝制曰：朕惟帝王，承先纘緒，啟後凝圖，緬懷有道之長，必重升儲之典。是以主器莫如長子，貞邦乃在元良，備載聖謨，昭垂《祖訓》。咨爾元子常洛，英姿俊偉，粹質溫文，問寢龍樓，孝友出於至性，譚經虎觀，器業就於日新，上天之默庸在茲，朕心之真愛尤篤，是用欽承慈訓，上告於郊廟百神，授爾册寶，立爲皇太子。於戲，正言正事，道在人弘，善繼善繩，命良不易。其惟勉學，可以敬承。爾宜益務懋修，無忘時敏。聖人之道必可法，日顧③諟於羹墻，祖宗之憲儼在前，尚美成夫堂構。丕宜令譽，光我訓詞。欽哉。"

福王册曰："朕仰荷前麻，克昌後胤，既青宮之首建，宜朱邸之同開，爰霈龍章，式循雁序。咨爾第三子常洵，姿神朗俊，

① 敬 據《敬事草》卷一〇，"敬"前有"忠"字。
② 聖 據《敬事草》卷一〇，"聖"前有"上"字。
③ 顧 明抄本作"顧"，是。通行本作"願"，誤。

器度端凝，玉彩揚輝，兆吉祥於再索，金英挺秀，比德美於雙南。年既充時，寵宜受社，茲用封爾爲福王，錫之册寶。於戲，慶餘惟積，善樂爲安。賜以圭桐，俾爾有家有國，觀於玉梓，宜知爲孝爲忠。永垂藩輔之光，久服訓詞之厚。欽哉。"

　　瑞王册曰："朕惟周室多男，聿啟支本之盛，漢家衆建，爰培磐石之安，丹書之信實公，朱芾之煌允秩。咨爾第五子常浩，賦資睿敏，具體頎昂，雍容動止之妍，克恭克敬，和順威儀之令，宜國宜家，茲用封爾爲瑞王，錫之册寶。於戲，親賢開曲阜之基，樂善起束平之譽。必常守夫忠孝，斯永享於安康，祗服義方，庶無隕越。欽哉。"

　　惠王册曰："朕聞帝庶爲王，指河山而胙土，禮時爲大，或襁褓而受封，既能趨拜如儀，亦可稱藩作輔。咨爾第六子常潤，稟正含文，揚芳吐秀，設禮容於弱弄，儼雅度於成人。茲當震出之期，宜廣渙頒之命，是用封爾爲惠王，錫之册寶。於戲，華萼相輝，褒闡親親之序，芝函並曜，光流葉葉之祥，希葛藟之芘本根，倣蓼蕭之宜兄弟。欽哉。"

　　桂王册曰："朕均愛一儀，不爽鳲鳩之德，畢王諸子，俾同麟定之祥，非徒爲茅土之榮，實以周本支之慮。咨爾第七子常瀛，徵蘭毓秀，指李鍾靈，讓棗居謙，幼志已踰於成德，剪桐渙命，開封可後於諸兄，茲用封爾爲桂王，錫之册寶。於戲，惟孝惟忠，允爲要道。克勤克儉，實乃訏謨。樹德務滋，爲善最樂。是堪永世，勿替訓詞。欽哉。"

　　詔曰："蓋聞帝王久安長治之道，莫重於崇建元良。我祖宗家法相承，惟長是立，所以厚國本、定人心也。朕長子常洛，孝敬寬仁，天鍾粹美，奉朕諭教，時敏厥修，今德器日益端凝，學業日益精進，允堪弘受，愜朕至懷。敬入奏於聖母，諏詢今十五日吉，授册寶爲皇太子，仰承廟社之靈，俯順臣民之望。爰封第三子常洵爲福王、第五子常浩爲瑞王、第六子常潤爲惠王、第七子常瀛爲桂王，俾各守藩，共惟大統。典禮既成，普天同慶，丕覃渥恩，備列於後。

　　一、親郡王及將軍、中尉等，如有謹身修行、足勵世俗者，該撫按奏聞獎勵。

一、宗室子女名封選婚，禮部查果無礙，即與題覆，如有不明，方行查勘。先前行查者，詔書到日，巡按作速勘報。長史、教授等官有刁蹬故違稽錯者，查參治罪。

一、王府應得祿米有缺少者，該巡撫查催完納。

一、累朝及見在公主所出子孫，有志向學者，蔭一子入監讀書。

一、祝典祇神，有司宜肅恭祭祀、整潔壇宇。其帝王陵寢及名賢墳墓，皆宜修理禁約，毋許樵採牧放。

一、兩京文官一品至九品，各給與應得誥敕。先給領者，進本品勳階一等。品同而職銜不同者，照見任改給。署職者與實授。試御史、試中書、庶吉士及守制、給假等官，候實授、授官、復除之日補給。願移封、願贈者，聽。先已移封移贈，今給與本身及妻誥敕。在外方面官二品至五品，有司官正四品，未曾考滿有正薦者，亦與應得誥命。先給領者，進本品勳階一等。

一、兩京三品以上文官未考滿者，蔭一子入監讀書。

一、文武官員五品以上致仕，年六十以上者，各進本品勳階一等。二品以上致仕，年八十以上者，有司具奏，存問。爲民者，與冠帶閒住。閑住者，與致仕。

一、王府官願致仕者，進散官一級。長史歷任三年無過者，給與誥命。

一、大漢將軍侍衛二年以上者，給與冠帶。已冠帶又歷四年以上者，授試百户。年及五十，侍衛二十年以上者，不拘在後退間，俱與冠帶榮身。

一、武官十年以上人文不到部者，例不准襲，但有路遠家貧，不無可憫，量寬二十年以內者，仍准替襲。

一、武官誥敕年久未續者，許本衛所保勘明白，准與續黃。以後襲替，必親齎誥敕與黃選查對相同，方准選授。

一、自萬曆二十九年十月十五日昧爽以前，官吏軍民人等有犯，除謀反、逆叛、子孫謀殺祖父母父母、妻妾殺夫、奴婢殺主、蠱毒、魘魅、毒藥殺人、強盜、人命、侵盜服御邊腹倉庫漕運錢糧，並欽依罪犯及永遠充軍不赦外，其餘已發覺未發覺，已結正未結正，咸赦除之。連年會審矜疑者，分別奏讞。敢有以赦前事相告言者，以其罪罪之。

一、內外各衙門見監應決重犯，暫免行刑一年。

一、免死充軍，本因矜疑寬典，而致累子孫，為輕反重，及補解清勾祖軍，重為里甲苦累。今後止照萬曆二十五年新例，免死充軍者，發煙瘴極邊充軍終身，若復逃歸，仍坐以死。勾除解①嘉靖以後犯罪發遣照舊外，其遠年丁盡者准銷，有丁者許告清軍衙門類題，改附近衛所。若有丁詐稱盡絕者，坐罪。其佃戶女戶不係的派戶丁，不得混行勾解。

一、問發充軍及編發為民安置家口，除逆黨、強竊盜、搶奪人命、寫訪指稱詐騙貪淫失機者不宥外，若曾有功而罪可原者，准行放免。其素著謀勇，年力猶堪驅策者，撫按核實量用。有奉特旨發遣者，具奏定奪。

一、文武官吏軍民人等，有因事罰住祿俸糧米者，除奉欽罰不准開外，其餘詔書到日，照舊關支。有見發立功、運甎、運炭、運灰、納米、拘役、枷號、罰馬、做工、擺站、煎鹽、炒鐵、瞭哨，及充軍伴儀從膳夫等項，悉皆放免，各還職役。軍職例該帶俸差操者，仍不許管軍管事。文職官吏人等，有犯贓罪，情輕悉放原籍為民。見被提問，該發立功等項者，仍候歸結，一體免罪發落。

一、武職官員，有原無贓私，為一應干累註誤，及因事忿爭虧枉革職降級者，許具奏辦復。因班軍運糧違限參奏降級者，不拘已未問結，各該撫按官查開軍數糧數多少、及所違限期久近，分別奏請。

一、各處運糧官軍，原非侵欺，偶值風火等項，損失官糧，非力所及者，許陳告所在官司，勘明具奏，儘其家產變賣賠補完足，與免本罪。

① 除解 "除解"疑為"解除"之誤。

一、武職萬曆二十九年十月以前，爲事降調兩廣等處煙瘴衛所病故，不分已未到衛子孫，爲因路遠，不能赴所調衛分起文承襲者，許令原衛查明起送承襲，帶俸差操。其充終身軍，已經開伍回衛，年六十以上者，比照爲民事例，子孫准其承襲。其爲事降級，年六十以上，子孫赴部替職者，准復祖職，未及六十者，止許暫替所降職事。爲事立功者，許令復職差操，與支半俸，扣至限滿，全支。有限未滿病故者，子孫襲職，免其減俸。

一、凡應襲武職，比試違限，應該住俸者，免其住俸。比試不中，應給半俸者，准支全俸。二年之後，起送再比。總小旗因誤併鎗革役者，許令起送補併還役。

一、各邊軍民人等，或因犯罪逃入虜中，或因搶去遂爲虜用，有投歸者咸赦往罪，所在官司務加存恤安插。如有率歸衆多，及番夷歸附者，厚加撫恤，仍具奏，酌賞錄用。

一、正犯在逃，監禁家屬日久不獲者，除叛逆劇賊外，其餘悉令保候挨拏。有律例不合、事難決斷，與人命無屍可檢，強盜贓仗不明，及年久無贓、人犯無證、原未成獄，及已成獄而累訴冤枉、事可矜疑者，即與辯理，當奏請者請讞。

一、各處逃軍逃匠逃囚人等，在京限一個月以裏赴通政司，在外限三個月以裏赴所在官司具首。准免逃軍罪，還原伍。匠仍當匠。民故寧家。其有解軍之人，因違限期問發充軍者，放回寧家。後不爲例。

一、在京在外緝獲強竊盜、妖言、奸細等項，問刑衙門務要從公審確，果有冤抑，即與辯理，毋致虧枉。

一、旌表義夫、節婦、孝子、順孫，所以扶植綱常，勸勵風俗，政之大本。如果事實，有司即申呈巡按御史勘結奏聞，以憑旌表，敢有稽遲者罪。

一、儒學生員有親老願告侍親者，聽，親終復學。其累舉不第，年五十以上，願告退間者，與衣巾終身，仍免雜泛差役。

一、各省直軍民逋負，如金花漕折、王府祿糧，除本年督催全完外，其帶徵，自萬曆二十年以前量免十分之三。其餘夏稅、秋糧、馬草、農桑人丁絲、絹布疋、絲綿花絨、屯田莊田子粒、門攤商稅、户口食鹽米鈔諸色課程、監課、魚課、富户等項供用，甲丁等庫蠟茶銀硃銅錫等料，並各該牧馬草場子粒租銀，自萬曆二十年以前，已徵在官、已經解户人等收受者，截數起解，已經起解者，嚴併批關，不許聞風中止。未徵在官，係小民拖欠者，分別蠲免。已經徵收而有司侵漁者，事發坐贓論。

一、各省直賦役創爲條鞭，里甲放令歸農，此定例也。近聞不才有司，條鞭外巧立名色，科索煩重，揹留里甲城中，致妨農務。及近日征倭討播，量有科派加增丁畝丁糧銀，今事寧已久，增派如舊，各該撫按官嚴行查完禁革。

一、各鎮商人攢典侵欺泡壞，追贓正犯已故，或親生子孫與同居共爨兄弟監造五年之外、家產盡絕者，銀二百兩、米豆五百石、草八千束以下者，徑自豁免，銀三百兩、米豆六百石、草一萬束以上者，奏請定奪。其餘親族與無干被累者，俱准豁免。

一、內外監追贓犯，已及三年，別無家產，不論入官給主，二百兩以下者竟自開豁，以上酌量奏免。

一、各省直等處額解四司料銀，段價、班匠、磚料、粢麻、柴夫、木柴、黄麻、熟鐵等項折色銀，及軍器、胖襖、弓箭、絃條、麂狐皮、活鹿、天鵝、翎毛、地租等項本折，併額辦白麻、生鐵、紅生熟銅、生漆、魚膠、桐油、銀硃、貓竹、水竹、班竹、棕毛、蒲草、席草等項本色物料，自萬曆十六年起至二十年止，已徵在官者截數起解，未徵在官，果係小民拖欠者，分別蠲免。

一、錦衣衛宣官馬匹，原係自己長生，不係俵解之數，走差疲苦，每遇倒死，比營操事例責限買補，年終又驗印

萬曆起居注

比較，累苦愈深。除倒死者照常買補外，年終止照舊例類造青冊，連馬赴寺點驗，免給勘合比較。

一、順天等府州縣寄養馬匹，內有發養十年以上，衰老疲弱，節次充軍選退不堪，負累小民餧養者。太僕寺督令各府州縣正官，酌量變價解寺收貯，湊補買馬支用。

一、京營巡捕倒死馬匹，應追買補及椿朋等銀，除已徵在官，照常起解，未免①者悉與蠲免，將如②已完者作蠲免侵欺，加等治罪。

一、律載：投隱匿姓名文書告言人罪者絞，見者即便燒燬，若將送入官司及官司受而為理者，皆有罪，被告言者不坐。近來風俗，專以私揭匿名，或虛捏他人姓名，陰謀巧計，無所不至。久不申飭，致令四方無藉棍徒、罷間官吏、山人游客，潛住京師，出入衙門，撥置指使，及左道邪術，異言異服，扇惑挾詐，是非顛倒，紀綱陵夷，甚為蠹。今後緝事衙門，不時驅逐訪拏。若贓證的確者，照奇功事例陞賞。

於戲，長男主器，益綿有道之長，衆子分封，茂衍無疆之慶。敷予德意，咸使聞知。"

是日，大學士沈一貫題："今日皇上冊立皇太子，冊封福王、瑞王、惠王、桂王，嘉禮備成，頒詔天下，天日熙和，雲物昭朗，百官萬姓及四夷之在闕下者，罔不歡忭踴躍，共呼萬歲，此真皇上萬億永齡之符，亦萬億多孫之兆也。臣不勝慶幸，不勝祝頌。早間太監田義捧發臣所奏揭帖，奉聖旨：'朕覽卿奏，具悉忠敬詳慎。冊寶辦造遲誤，內外經管官員都着該部查參了來。其未造完者，權用冊文、寶文行禮。還着上緊造完，恭候聖③母徽號之日，御前補賜。該衙門知道。欽此。'臣方以孤陋疏略自愧自咎，安敢當皇上'忠敬詳慎'之稱，誠惶誠悚。竊惟典禮以九月十八日命下，內外經管官員咸宜夙宵恭事，何至再旬之久而冊寶未成，致皇上殷念，議以冊文寶文權用行禮？典守謂何？臣允宜欽遵明旨，傳該部查參遲誤之罪。但臣愚意，旨中有數字似不宜傳外者，輒此覆請。蓋臣此揭係十三日早上，

---

① 免 "免"字疑當作"徵"。
② 將如 "將如"疑當作"如將"。
③ 聖 "聖"前當有"上"字。

是時册寶委未造完，故皇上有'權用''補賜'之旨。至於昨日，臣會同司禮監寫篆，五册五寶俱全。今日蒙賜行禮矣，而尚云'權用''補賜'，恐外人不知，便謂今日典禮雖行而册寶未備將皇上殷勤催督、美善兼盡之意，遏而不明，傳之天下萬世，益致訛舛，似爲不便。臣愚請皇上另發一旨，未知是否？謹題候旨。臣又惟典禮既成，神人胥慶，詔書頒行，有罪者尚在寬赦，今册寶已備，但少精純而已，儻蒙皇上俯賜含容，將此嚴旨免發，則天下萬世惟稱聖斷美成，而無纖瑕妄言，豈不爲盛德大業之至？臣受眷倚厚恩，欲睹唐虞至治，不避擾瀆，竭盡愚忠，惟皇上涵亮，幸甚。"十九日奉聖旨："朕覽卿奏，已知道了。前旨免發，收存閣中。特諭卿知。"

　　十六日庚辰，文武百官恭賀册立册封禮成上表："伏以萬壽齊天，乾紀握正中之曆，一陽出地，震維開始泲之祥。貞邦首屬於元良，輔室交資於屏翰。麗子孫於不億，嗣歷服以無疆。國本斯安，人心大暢。恭惟皇帝陛下，典則貽謀，綱常建極。受天顯命，丕覲久道之成，躋世太和，恒切裕昆之慮。當達膝承歡之日，先正名燕翼之圖。公天地之心，結儀如一，明長幼之序，辨等有倫。夙恭寶訓於宗祧，旦稟玉音於慈陛。碧鏤銀牓，東闈正主器之宮，赤社瓊符，列土奠維城之位。納九垓於日表，繼照黃離，緯八柱於天隅，聯環紫座。在昔軒朝錫姓，三王盡其子孫，周室疏封，同姓半於天下。我皇祖奮興濠上，今天潢遍列寰中，皆以壽考啟後人，彝倫立大統，有光振古，惟我當今。臣等叨職諸司，躬逢盛典，欣退情之霧廓，頌聖斷之天開。帝德無私，一家四海。父慈甚厚，諸子畢王。呼萬歲者三，方千里者九，馨天舞蹈，浹地謳歌。伏願麟趾彌振，螽斯益茂，蕩平正直，諸禎備斂於箕疇，博厚高明，永祚遠超於周歷。"

　　賀聖母表："伏以坤元錫羨，弘開佑啟之圖，震長承華。共濟貽謀之自。偉矣，安邦之大策昭哉，冀子之徽音。慶洽重闈，歡騰四國。恭惟慈聖宣文明肅皇太后①陛下，倪天立德，感月

① 后　明抄本脱"后"字，誤。通行本有"后"字，是。

呈神，蚤膺降烏之祥，誕啟飛龍之運。儷皇毓聖，既隆五百之昌辰，愛子及孫，復衍八千之令緒。宗祊遠慮，家國深慈，巽申一需於崇朝，離照重明於下土。前星麗漢，遙分南極之光，陽月稱春，先應東皇之候。上慰百靈之睠顧，下酬九有之翹企。而況並建藩封，寶祚益綿於磐石，旋行嘉禮，仙源更濬於螽斯。一時慶典偕新，永世禎祥畢集，垂裕之功斯大，贊參之德無前。臣等幸邁熙明，恭承盛美，盼彤庭而虎拜，瞻玉輅以嵩呼。有道曾孫，奕葉受天之祐，思齊文母，遐齡與日俱升。"

賀皇太子箋："具官恭遇皇太子殿下隆膺冊寶，正位東宮，誠國家宗社太平之慶，謹奉箋稱賀者臣某等，誠懽誠忭，稽首頓首上言。伏以前星朗耀，祥增帝座之輝，蒼震颺和，德布乾元之大，歡騰華夏，慶溢臣工。敬惟皇太子殿下，睿知性成，溫文夙就。爰自勝衣視膳，至於齠齔譚經，有翼有嚴，在貴不志敬德，惟孝惟友，彌久益著賢聲。睿修獨契於宸衷，真愛愈鍾於聖眷肆膺顯冊，光啟鴻儀。澄少海而接丹霄，重①離而依紫極，青碧鏤銀題之牓，和鸞楊象輅只旂。主鬯承祧，慰九廟神靈之望，安邦固本，垂萬年歷服之休。臣等竊祿中朝，逢時盛事，洊雷初震，起眾蟄以颺言，麗日重光，快羣瞻而忭舞。伏願朝乾夕惕，日就月將，動不忘君父之恩，立愛立敬，舉必以祖宗為法，善繼善承。永底蒸黎之生，茂衍本支之慶。"

命婦賀中宮箋："妾某氏等，誠懽誠忭，稽首頓首上言。伏以承乾贊化，婦儀將母教俱彰，出震呈祥，嘉禮並鴻名肇舉。一朝而備三善，百順耳逮多男。既明主器之有歸，復衍維城之不億。迓休徵於暢月，增盛事於長秋，瑞日再中，慶雲四麗。敬惟皇后殿下，配天廣大，應地安貞。不動而萬物化光，無言而四時氣備。本仁則有關雎之德，均愛則有鳲鳩之儀。肆集嘏於元良，爰疏恩於藩輔。五倫既祗厥敘，六禮允孚於休。慶洽重闈，榮施累葉。妾等闖觀鉅典，興誦徽音。日重光，月重輪，仰日月之明兩大，乾稱父，坤稱母，占乾坤之泰六符。願瞻金鏡之千齡，永錫璇宮之五福。"

冊立東宮，冊封諸王，詔告天下，各王府、及總督撫按衙

① 重 "重"上應脫一字。

門、並天下文武五品以上諸司，差官進賀皇上表："伏以神聖秉乾，絢發前星之彩，元良出震，安貞磐安之基。迓帝眷於申重，恢皇紘於歷服，天倫普慶，海宇同歡。恭惟皇帝陛下，綱紀綏猷，彝倫立極，文修武偃，流必世之深仁，禮備樂和，鞏方亨之大業。肆考祥於顯烈，爰衍慶於嘉貽。穆穆龍光，特隆主器，振振麟趾，咸固維城。發睿想於崇朝，定訏謨於永世。雲開銀牓，署東方長子之宮，嶽峻瑤山，表旋象經星之次。上介重闈之燕喜，春藹椒蘭，下開奕葉之鴻禧，光聯華萼。茲聖人之篤祐，寔盛世之休禎。凡在照臨，咸知鼓舞。臣等心懸懸就日，地阻瞻天，聆震曜之開矇，蟄藏皆奮，拜渙頒之普渥，雀躍難名。伏願業永創垂，道光作述，御萬年之玉歷，如日方升，撫億代之瑤圖，與天無極。"

各王府及天下大小諸司賀皇太后表："伏①承祧胙土，本天敘以正名，迪子貽孫，遡靈源而效祝，重闈介福，薄海騰懽。恭維聖母慈聖宣文明肅貞壽端獻皇太后陛下，道隆嬀汭，德邁周京，作配先皇，丕著肅雝之化，誕生大聖，弘開悠遠之圖。乃贊宸猷，肇成鉅典，元良貞國，發柜鬯以彌馨，宗子維城，鞏藩屏而益固。少海澄而四瀆彙，前星朗而象曜聯。昭哉曠世之宏庥，允矣熙朝之盛事。臣等恭承渙號，樂詠徽音，瞻寶册之輝煌，譽高千古，願彤庭之悅豫，慶衍萬年。"

十八日壬午，大學士沈一貫題："臣頃得河南及鳳陽各巡撫報，言黃河決於歸德地方，盡趨東南，潛入淮泗，而黃堌斷流，徐邳淺阻，回空糧船不得回南，明年新運已見稽誤，漕渠不可收拾矣。且不獨妨運，而泗州祖陵又有衝擊浸沒之憂，此燃眉最急務也。總督漕河大臣既缺，已經再推，望皇上早賜遴用，責令刻期到任，趁今整理，以遏汎濫之虞，且防春水之發。祖陵幸，甚運道幸甚。臣不任瞻望之至。"

十九日癸丑②，大學士沈一貫題："臣十五日所上揭帖，今日文書官冉登捧聖旨：'朕覽卿奏，已知道了。前旨免發，收存

①伏 明抄本"伏"下有"以"字，是。通行本無此字，誤。

②丑 "丑"當作"未"。

閣中。特諭卿知。欽此。'又奉聖諭：'諭內閣：册立、分封典禮，朕遵祖宗制度家法，自然次第舉行，祇緣皇太子氣質清弱，屢旨少俟。何乃憸邪畜物，故逞私臆，沽名邀功，意欲離間瀆阻？今春朕見皇太子氣體充實，書做進益，朕心嘉悅，且又內外仰體，靜聽朕命，即於二月吉期移居，屢傳各該衙門查照舊例，上緊造辦應用錢糧。何以至期册寶雖備，中有尚未精純？其餘器物等項遲誤，概可知矣。科道官未見一語催參，公私顯然，職守安在？其造辦册寶冠服內外經管官員，卿可傳示，便着該部查參，明白具奏。欽此。'臣叩頭恭誦，備領皇上舉行典禮之由，一見恪遵祖宗家法之誠，一見體念皇太子天性之厚，一見旁鑒大小臣工靜聽之哲，一見始遲終速各有所宜。乾健之斷，詳明周至，具昭乎詞。又以內外衙門造辦遲誤，特令查參，無非爲深愛皇太子而發。臣即遵奉傳示該部施行。惟望聖度天容，聖慈海浹，以成大慶之美，以迎滋至之禧。所奉諭札，尊藏閣中，傳示永久。謹具回奏以聞。"

二十二日丙戌，大學士沈一貫題："皇上欲加上聖母徽號，該欽天監已擇吉恭請，未蒙發下，臣所擬尊號並册文、奏書亦未蒙發下。尊親大典既宜速於舉行，所司衙門各爲豫爲辦理，誠恐臨時倉卒，有不周不備之虞。伏乞俱賜早發，以便遵行。臣又查先朝舊典，前期一日，皇上先詣聖母宮中，恭進奏書。除儀注已經進上外，其奏書合用金箋寫完，請寶封進，乞命司禮監查發金箋正副二張，銷金黃綾小包袱一個應用。謹具題以聞。"奉聖旨："是。覽卿所奏，朕知道了。該衙門知道。"

二十六日庚寅，大學士沈一貫題："臣所擬加上聖母徽號有二，請旨點一，奉聖旨：'朕恭覽卿擬尊上聖母徽號，四字俱全用，以顯誠孝尊崇之意。欽此。'臣候命日久，竊疑聖孝真切。旦夕爲遙，而何需遲若是？乃奉今旨，始知皇上誠孝尊崇至德也。但臣惟自昔徽號皆以二字遞加，不爲不尊矣，祖宗相傳，著爲成憲，其在今日所宜恪遵。臣職司典籍，不敢屑越，據禮

萬曆二十九年

執奏，臣之分也。儻皇上俯從轉移，乃盛德事。伏想連日遲回，正由於此。蓋欲加則祖制有定而不可逾，欲不加則聖心已發而不可遏。是皇上亦明知其不安矣。爲孝而過於禮，似不若無過爲更佳耳。臣如不言，必有議臣後者，欺隱之罪何辭？顧今時日甚迫，不得更遲，惟皇上即賜乾斷，以便遵守。謹題請旨。"奉聖旨："朕覽卿奏，具悉忠慎。尊上聖母徽號，恭用四字，本自朕之孝誠，還着遵旨行。該部知道。"

二十七日辛卯，上具奏書奏聖母："子皇帝臣御名謹奏，仰惟聖母慈聖宣文明肅皇太后陛下，道涵大始，德合重坤。出震而育眇躬，三紀被含弘之澤，居恒而章內教，六宮覃靜一之風。爰裕後昆，式成大典。睠此孫枝之衍慶，光昭慈極之貽嘉。思效涓埃，少酬高厚，將以十月二十八日之吉，恭率文武羣臣敬奉冊寶，加上尊號，曰慈聖宣文明肅貞壽端獻皇太后。伏翼①俯俞微悃，誕受，隆稱，俾熾俾昌，綿洪圖於鳳紀，得名得壽，介繁趾於龜疇。臣不勝祈望之至。謹具奏聞。"

① 翼　明抄本作"冀"，是。通行本作"翼"，誤。

二十八日壬辰，上奉冊寶，加聖母徽號。冊文："維萬曆二十九年，歲次辛丑，十月乙丑朔。二十八日壬辰，子皇帝臣御名謹稽首再拜上言，伏以璇源積慶，垂燕翼於無疆，寶婺凝禧，揭鴻名於有赫。集普天之頌祝，極測海之形容。恭維聖母慈聖宣文明肅皇太后陛下，惠和淵懿，淑哲溫恭。早贊先皇，亘重玄而立極，繼開眇質，拓九地以承基。子惠萬方，母儀三紀。著肅雍之化，宮府咸熙，昌佑啟之原，本支並茂。頃者元儲陞建，衆子疏封，計重宗祊，共戴貽謀之自，恩隆聖善，敢忘歸美之思？爰採前彝，光揚至德，謹率文武羣臣，敬奉冊寶，加上尊號，曰慈聖宣文明肅貞壽端獻皇太后。伏願備延蕃祉，茂享康祺，德徧神民，戩穀永綏於天保，算齊箕翼，含飴遥逮乎雲仍。臣御名誠懽誠忭，稽首頓首，謹言。"

是日，大學士沈一貫題："該文書官冉登捧出聖諭：'諭元輔：朕今日恭進聖母冊寶，意欲召見先王②。但朕連日動火，

② 王　"王"應作"生"。

萬曆起居注

聲音啞岔，又且未便天寒，賜先王①伏薑一盒、甜食二盒、燒割一分。特此諭知。欽此。'臣恭誦溫綸，肅拜腆賜，叩首叩首，何勝感激？伏惟皇上至孝尊親，崇修彝典，重闈歡豫，合宮喜慶，斑爛五采，拜起千行，真世間希逢之樂事，而人子極快之至情也。臣竊在班末，仰窺聖顏和豫如春，喜見眉宇。正所謂孝子之心有深愛者，必有愉色，有愉色者，必有婉容。昔嘗誦之，今乃親見矣。臣久隔起居，幸此瞻睹，於愚心欣忭已極。而伏承皇上意欲召見之旨，拳拳垂接，尤出臣想望之外。感極欲舞，何幸如之？況辱天寒之念，而叨多品之惠，又辱先王②之稱，假以非分之寵，宛然家人父子至情也。臣身蒙殊眷，捐糜何酬？仰惟皇上天儀玉表，龍德正中，真乃元氣攸鍾，陰陽所會。願③保身大孝之本，調攝自不可廢，水火既濟，則火不獨炎，心清肺寧，則聲音洪暢，固不獨服食之④，尤貴有靜養之功也。伏乞謹護風寒，慎調寢膳，以副皇天之屬望，以慰聖母之眷懷。區區愚忠，惟此一芹以謝如天之大賜。臣不勝欣躍感戴之至。謹具題恭謝以聞。"

是日，大學士沈一貫題："今日皇上恭上聖母徽號，親獻冊寶，百官萬民舉欣欣然快睹聖顏，龍鳳之姿，天日之表，穆穆煌煌，尊嚴和暢，副所跂仰，如慰渴饑。是以見羽旄之美者，若游碧落而捧玉皇，聆管籥之音者，若張洞庭而御軒帝。真希世之曠遭，明時之盛舉也。衆心之愛戴如此，而萬方之謳歌可知矣。蓋皇上三十年厚澤深仁，淪肌浹髓，而今者垂裕之令猷，尊養之隆典，孝慈悉全，情文兼至，雖一周旋曲折之間，罔不中禮，故聞者誦德，見者醉心，而手足舞蹈之間，言語揄揚之際，自不知其所以然，於此見人心之易感矣。臣附日月之光，從輦轂之後，不勝依依戀附之忱，而竊聞風聲，喜躍百倍。永願皇家和氣，天壤周流，聖壽萬年，日奉慈闈瑤池之樂，子孫千億，長培國家磐石之安。舉親睦以協萬邦，致中和而成位育，則聖主之能事，微臣之上願也。更望時臨宸座，延見吏民，使天聲玉表聳發瞻聽，湛恩明威震曜下土，暢太平文物之觀，復喜起都俞之舊，竊津津然希冀之焉。臣備員輔弼，休戚相依，

① 王 "王"應作"生"。

② 王 "王"當作"生"。

③ 願 明抄本作"顧"，是。通行本作"願"，誤。

④ 之 據《敬事草》卷一〇，"之"下應有"力"字。

得一頌聲，喜如拱璧。古者謂內外興治，四夷賓服之類，爲人瑞，品物咸亨，四靈畢至之類，爲天符。今典禮備成，禧事交洽，天人協應，家國同禎，能不拜乎稽首入告於上？謹具題稱賀以聞。"

三十日甲午，上徽號禮成，詔告天下，百官表賀。詔曰："朕以涼德，嗣承丕基，永惟大寶難持，無時逸豫。賴我聖母在上，所以擁翼沖人者，三十年於茲。罔極深恩，未知所報。茲者定儲分藩，實稟慈訓，既成典禮，宜備鴻稱。是用祗告郊、廟、社稷，率文武羣臣，奉冊寶，加上聖母慈聖宣文明肅皇太后尊號，曰'慈聖宣文明肅貞壽端獻皇太后。'夫天地難酬，日月難繪，豈能紓予一人之深願？庶幾昌爾萬國之歡心。爰考彝章，誕宣闓澤，所有條款，開列於後。

- 一、親郡王年七十以上者，賜羊酒幣帛，地方官存問。親王八十以上者，具奏，遣使存問。一應禮儀，有衰病不能自行者，許子代行。將軍以下年七十以上者，各賜米十石、絹十疋。庶人量給三分之一。

- 一、親郡王嫡母與生母並存者，其嫡母許奏請加稱爲太妃，生母准受封爲次妃，特給誥命。親王庶子受封後，生母例封夫人，將軍、中尉受封後，生母例封夫淑恭宜安人者，果年踰七十，奏勘無礙，亦准給與誥敕。後皆不爲例。

- 一、勳臣公侯伯襲封見爵者，俱給典應得誥命，未領者准補給。

- 一、文官致仕，二品以上大臣已有前詔存問，其輔臣家居宜加優禮，差官請敕存問。

- 一、兩京文官封廕恩例，前詔斷自十月十五日以前，今既遇恩，斷自今日以前，准依前詔例行。其在任候代典見任同。行取候命及應選待缺者，補授之日一體給與。父母見存，先已受封，其子官職遷轉者，服色許與子同。前母繼嫡母准照三母例封贈。繼妻受封已故者，見在繼妻准封。

一、內外文武職官，有淹抑下僚及養病致仕、年力未衰，才識可用、曾經科道及撫按官薦舉者，該部量才查奏起用。

一、兩京衙門歷事監生及承差，各免歷事二個月，辦事官一個月，吏二個月，當該吏四個月。禮部鑄印局儒士食糧及納銀冠帶見在歷事者，各三個月。

一、天下儒學生員，准於額貢外，順天、應天二府學各貢二名，在外各學各一名，俱於年深廩膳挨次考選，止行一年。有挨貢不前，並停廩年久、不願進取者，許遙授儒官。其正貢不願仕者，開送吏部，與七品散官。俱免本身雜泛差役。

一、軍民之家五世以上同居共爨者，有司勘實奏聞旌表，詔書到日，先給羊酒獎勸。其義夫、節婦、孝子、順孫已經旌表，年六十以上者，男子冠帶榮身，婦人給賜絹帛米肉。

一、節婦旌表，例限年三十以內，若有苦節異常者，三十五以內①五十歲外，有司給扁獎勵，仍給羊酒，以示激勸。

一、軍民有年七十以上者，許一丁侍養，免其雜泛差役。九十以上者，倍之。其人若德行著聞，為鄉里所敬服，給與冠帶榮身。百歲者，表宅優異。

一、犯罪存留養親，備載名例律，近來通不遵行，殊失朝廷優老至意。以後凡軍民罪囚，有祖父母、父母年八十以上、老疾應侍、家無以次成丁者，犯該死罪，除極惡事情、常赦所不原及奉欽依外，若誤殺、戲殺、誣告人、累死隨行親屬等項，及充軍並口外為民，開具所犯罪名，奏請上裁。其徒流人犯，照萬曆叄年例，發本處擺站做工、煎鹽瞭哨，俱聽存留養親。務勘結明的，如納賄扶同，朦朧奏請，及任情施行，以故出論。

一、赦宥恩例，以今詔下日昧爽以前有犯者，悉依前詔例

① 內　明抄本"內"下有"至"字，是。通行本脫此字，誤。

行。其內外見監重犯，年七十以上及篤疾者，如係監禁六年以上，情罪矜疑，奏請疎放。問完罪犯，遇恩應宥者，即行查照發落。行勘未報者，速催歸結，毋致淹滯。果有冤抑，應與辯理者，酌量情罪，奏請定奪。已經發配，有可矜疑，亦許量從寬宥。但不許將欽依及情真罪當者概行開釋，以惠奸惡。

一、國家設兵以備不虞，乙鎮之兵自足一鎮之用。近來軍餉不減，而每遇調發輒稱無兵，俱歸何處？詔書到日，各督鎮撫按將食糧冊研加揀選，精壯者操練，老弱者退換，虛名冒占者姑饒往罪，務令改正請補。其有虛文塞責、有名無人、有人無用者，憲臣嚴行繩治，責有所歸。

一、各邊衛所，去府遠處，一切茶鹽糧草詞訟，倚辦於管糧府佐，責任匪輕。不得其人，或責武職賂遺，或索軍民常例，攪壞邊事。以後務擇州縣舉人、進士正官著有賢聲者陞補，不許將始進及歲貢監生汎濫除授。

一、今後撫按官有劾到官員犯贓人命，吏部擇其尤甚者覆行提問，追贓償命。不許概擬為民閒住，亦不許將有贓仍擬不謹，不謹仍擬改調。贓銀照嘉請四十五年例，年終另解戶部，以資邊餉。

一、撫按訪察，往往連及無辜，止可間行，不宜常行。該部院仍申明禁約，其衙門積年亦止懲治本犯，毋許牽累多人。各官有能拏發本衙門弊役者，宜作功論紀錄，毋得反事苛求，指為瑕疵，致其扶同護短，縱奸叢孽。

一、各衙門舉劾，務照職掌，不得仍前泛採虛名，無益懲勸。其舊不舉劾衙門與所舉員數，不許任意濫增。

一、各衙門有署印、候代等官，不分大小內外，俱要着實任事，與真授、見任同、有功一例敍賞，有罪一例降罰。不許以權管、護印為辭，推諉支吾，致誤公事。違者該部院、科道、撫按等官從實參處。

一、萬曆二十年以前修倉軍夫月米，納價雇工，致①浥爛虧折，遺累衛官，扣俸追比，年久未完者，准行豁免。

① 致　明抄本"致"下有"火"字，是。通行本無此字，誤。

一、萬曆二十年以前允各省直外解錢糧，係攬頭解戶侵欺，及鋪商領過預支花費難完，已經變產盡絕，參問明白，正犯或已監故，或已發遣，家屬代爲監追者，准與豁免。

一、近京涿州、房山、良鄉、天津、玉田、豐潤，及山東、山西等處，漸開水田，往往既墾成熟，被勢豪及經管地主混占告奪，以致人心不固，地利不開。今後勢豪再有混占，許被害奏告重處。地主如未受價，止許改正糧站量斷荒地價直，永令開墾之人就產立藉管業。所在有司能加意勞來，開墾數多，果有成績，別無虛捏情弊者，撫按官具奏優敘。

一、各省直有洿下地土，或山水衝塌不常，原經開除錢糧，又復首報納糧，查果賠累者，如已徵在官，作正存留支用，未徵及拖欠者，悉與開豁。

一、南北直隸、浙江、陝西、河南、山東、山西輪班人匠，年六十五歲以上，別無以次人丁替役者，免其辦納匠價，丁盡者所司勘明，類奏除豁。

一、鰥寡孤獨及廢疾無依者，有司照例存恤，勿令失所。見在養濟院者，各給米三斗、布一疋、肉二斤。京城粥廠弊竇多端，窮人不沾實惠，巡城御史訪有尅落買賣等棍，着實拏治。

於戲，慶源遠濬，昭百代之徽音，渥惠旁流，副八方之徯志。布告遐邇，咸使聞知。"

百官賀皇上表："伏以永祚天申，誕啟萬年之燕翼，隆恩地察，載新一代之鴻章。荷慶澤以方滋，仰孝思之維則。恩覃錫類，喜溢含生。恭惟皇帝陛下，受命溥將，凝精粹穆。躬參騫之卓行，率祖率親，體堯舜之餘師，盡倫盡制。萃九州而就養，合萬國以承懽。爰稟慈儀，式成鉅典，元良貞國，凝鼎命於青宮，屏翰疏封，建豫侯於赤縣。念昊天之罔極，熙顯號於無前。金簡玉書，暎軒龍而動色，高文大册，耀褕翟以增華。至哉博厚之坤元，煒矣光明之聖孝。臣等欣逢景運，快睹貞符，欲祝頌以難言，但懽呼而竊抃。道隆文母，總名壽以無疆，慶衍湯孫，撫雲仍而未艾。"

命婦賀皇太后表："伏以國貞茂建，重闈宏啟胤之圖，聖號光揚，大孝極尊親之至。戴天同忭，望闕彌懽。恭惟聖母慈聖宣文明肅貞壽端獻皇太后陛下，德配重坤，心周萬禩，熊祥叶蚤，肇弘王化之端，麟趾方振，又裕孫謀之永。定宗祊之大計，毗神聖之訏謨。爰受上儀，式膺顯冊。玄堸介福，遙增寶斝之輝，華袞承懽，上襲瑤池之勝。萬國之休禎畢萃，六宮之菲祿常新，鴻名遠播於方今，駿美瓊超於邃古。妾等沐二南之餘教，瞻一代之彝章，莫罄揄揚，惟深頌祝。星暉海潤，拱北極以長尊，日升月恒，對南山而永固。"

天下大小衙門賀皇上表："伏以嘉猷裕後，介景福於重闈，至德光前，薦休稱於顯冊。日月增長於壽城，乾坤厚發其貞符。孝治彌馨，人心具暢。恭惟皇帝陛下，丕釐駿命，祇奉彝經，問寢難鳴，既備尊親之養，貽謀燕翼，尤勤作述之圖。乃首建夫元良，復大封乎屏翰，祥源弘濬，流慶澤於神孫，皇極逾尊，歸令名於壽母，儼千官而祝聖，森四字以摸天，寶典攡文允矣，女中堯舜，瓊筵奏雅鏘然，風始《關雎》。載敷錫類之仁，沛廣盡倫之德，光天盛事，動地歡聲。臣等職繫堯封，心懸魏闕鳳唧至止，鰲抃何言？惟願撫運萬年，受天百祿，百升川至，長承漢殿之歡，苞茂瓜緜，永篤周京之祐。"

天下大小衙門賀聖母表："伏以寶祐凝禧，仰嘉貽之有自，瑤宮介福，隆顯號以無前。總名壽以齊天，率尊親而罄地。庭幃樂事，寓①縣歡心。恭惟聖母慈聖宣文明肅貞壽端獻皇太后陛下，至德膺符，神功集命，定文渭涘。毗穆考之昇平，履武邰郊，啟今皇之久道。爰舉升儲之鉅典，慶衍湯孫，是惟啟後之深恩，尊歸堯母。於昭盛爍，曷罄揄揚？四字焜煌，彷彿乾坤大造，十行渐瀝，蒸薰雨露罩施。徽音獨擅於當今，今②協氣旁流於自遠。臣等服官外壤，結戀中垣。頌聖皇之大孝因心，勳華建極，讚大母之鴻名盈耳，任姒垂光。天保六章，松柏與岡陵並永，雲孫萬葉，日星將月海交重。"

皇上請聖母宴會奏書："子皇帝臣御名謹奏，伏以彤闈介

① 寓 明抄本作"寓"，是。通行本作"寓"，誤。

② 今 此"今"字疑衍。

祉，昭百代之鴻名，紫殿承歡，萃一人之燕喜。用藉需雲之樂，爰申愛日之誠。恭惟聖母慈聖宣文明肅貞壽端獻皇太后陛下，德配泰元，功深化育。於昭嗣服，弘開水木之原，永裕孫謀，式衍本支之慶。震邕已安於置器，鼎飪宜洽於稱觴。卜以十月日之吉，肅薦金莖，祇迎玉輅。聽重輪之奏近，知有喜天顏，誦如月之章遠，祝無疆聖壽。臣不勝惓切祈仰之至。謹具奏聞。"

聖母宴會致語："伏以齊天至德，弘周邦佑啟之圖，受日深誠，備文母尊隆之養。三十年太平天子，戲綵承懽，億萬載無極元君，餐霞御炁。六宮慶洽，八表忻騰。恭惟聖母慈聖宣文明肅貞壽端獻皇太后陛下，穆宣嫣德，廣運任慈。電繞虹流，濬發一人之聖瑞，雨零露湛，奠安十葉之皇輿。既佑成必世之仁，復軫及長年之慮。爰推子翼，裕乃孫謀，蘭祉桂華，甲觀拱丹霄而啟幄，桐規梓訓，介藩分赤社以苴茅。睹茲三善嘉儀，允屬千秋盛事。我皇上薦彤庭之顯號，開紫殿之芳筵。雲端青鳥飛來，天上金僊會集。一年好景，風人記橘綠橙黃，振古昌期，天保頌竹苞松茂。青玉案旁羅綺饌，紫霞觴滿注瓊漿。鳳管鸞笙音律，與珮環競響，碧幢絳節光華，將黼袞交輝。地近蓬壺，快睹天顏有喜，籌添桑海，遙知聖壽無疆。是真萬國之同懽，豈直九重之極樂？臣等叨居法部，幸覯嘉休，誦思齊思媚之章，孝治永光天壤，奏重潤重輪之曲，徽音遠被雲仍。不揣蕪才，恭陳口號：帝孝光天告禮成，重輪還奏泰階平。起居殿上羅三世，舞蹈山前聳萬聲。鸞鳳輝輝環紫幄，魚龍隊隊擁瑤京。宸慈豫色應無限，流荇詩篇次第呈。"

萬曆二十九年

十①一月癸②未，朔，大學士沈一貫題："前月二十四日，蒙發禮部題請福王婚禮一本，臣謹票擬上進，伏候數日，未見允行。臣惟福王茂齡十七，正及婚時，今皇太子婚禮將行，正宜妙選福王賢淑，次第成禮。臣前恭祝皇上聖壽無疆，弘開胤祚，上同太祖高皇帝百二十一孫，茂衍天潢，建封萬國，今正其時，似不可緩。伏乞早賜批發，使各該衙門欽遵施行。臣不勝仰望之至。"

二日丙申，大學士沈一貫奏："為聖謨獨運大禮告成非分蒙恩覥難承拜乞賜收回以光慶典事。吏部接出敕諭：'敕吏部：尊上徽號禮成，冊立、冊封告完，內閣輔臣贊襄密勿，勤勞懋著。一貫加兼太子太傅，進建極殿大學士，蔭一子與尚寶司司丞，還賞銀五十兩、綵段二表裏，餘官如故，照新銜給與應得誥命。如敕奉行。欽此。'移咨到臣。聞命自天，措躬無地，惶悚惶悚。臣惟皇上篤愛元子，正位東儲，一體諸王，並分赤社，加上聖母徽號，以表純忠③誠敬，此實上聖之完德，垂永之顯摹也。臣歷思往事，締④終始，無幾微不本於定籌，無毫髮不經乎神運。小臣屢喧而不搖，大臣亟請而咈⑤咈。天明日曠，本絕他端，岳崎川恒，更無中異。遂令疑心橫口，旋起即消，天性真機，闡為彞典。穆然永念，劃然丕建，雄斷行於一朝，德業峻於千古。並命之中，而先後較若，同冊之日，而輕重有倫。皇極建而宗⑥社稷咸安，天敍昭而父子兄弟足法。上慰聖母之懸屬，下騰萬國之同歡。罔極之報於焉而酬，不匱之施於焉而錫。此實非臣一口所能揄頌，然亦非臣一詞所嘗贊襄者也。夫臣不能贊襄一詞，而聖諭以贊襄行賞，則皇上素重輔弼，延及微臣耳。臣雖不敏，自審亦明，胡敢冒顏妄承、貪榮取誚乎？儻皇上以恩詔再頒，德施四洽，謂臣旦晚趨蹌，亦萬分一之勤勞也，則臣請澳泹受銀兩、表裏之賜，於德甚弘，於臣甚侈矣。乃若加兼、進殿，玷崇峻之階，任子、誥親，辱光裕之命，揣分為累，堅遜斯宜。伏望皇上察臣悃誠，無少矯飾，憐臣素志，有萬凌兢，俯容辭免，俾守舊官，庶杯盂之量不盈，而傾覆之

①十　"十"上應有"萬曆二十九年"六字。
②癸　"癸"當作"乙"。

③忠　據《敬事草》卷一〇，"忠"當作"孝"。
④締　明抄本、通行本皆作"締"，《敬事草》卷一〇作"締詳"，疑皆誤，當作"諦詳"。
⑤咈　據《敬事草》卷一〇，當作"弗"。
⑥宗　據《敬事草》卷一〇，"宗"下當有"廟"字。

虞少逭也。臣無任瀝懇仰祈之至。"奉聖旨："大禮告成，朕心嘉悅。卿居政本，朝夕贊襄，勳勞懋著，加恩示酧，實遵彝典。卿宜祗遵成命，不必遜辭。該部知道。"

五日己亥，大學士沈一貫奏："爲隆恩誤及內揣增慙再瀝懇辭伏冀俯俞以安愚分事。茲以大典告成，皇上推恩及臣，進殿、加兼、蔭子、錫誥，及賜銀兩、表裏，除銀兩、表裏臣不敢固辭，容恭領廷謝外，其餘異數，具疏辭免。奉聖旨：'大禮告成，朕心嘉悅。卿居政本，朝夕贊襄，勳勞懋著，加恩示酧，實遵彝典。卿宜祗遵成命，不必遜辭。該部知道。欽此。'臣素拙修詞，不能自達，威顏咫尺，益用囁嚅，誠不回天，敢志再瀆？仰惟皇上大禮之行，出自宸斷，臣第有將順，毫無贊襄，前疏備陳，茲不復縷。惟是臣之愚情，有日夜兢惶、迫切五內者，敢一吐露於君父之前，仰祈憐察。始臣遭遇聖明，起家赴闕，時則有三輔臣在前，臣濫竽其間，優游伴食，尚未見短也。不謂數年以來，三輔皆盡，遽以次授，俾臣代斵，夕而計過，殆不勝書。然猶謂暫時權攝非久息①耳，不意皇上遂倚以爲真，頃奉諭旨，有先生之稱、元輔之目。人爲臣喜，臣爲身危。詎爲身危？抑爲國家危。晉陸玩有言：'以我爲三公，是天下無人也。'臣之憂懷，如同蚊負。每於恍惚之中、惝惘之際，自謂必當解釋，理無久居。又自謂求多實難，求寡良易。而又不意有今日之殊錫也。兼宮傅，轉極殿，蔭符丞，皆真首列之恩，不惟不可解釋，而復益以縈縻，夙懷愈左，行將若何？臣反覆思念，俠士殉節，匹夫許身，臣以孔子爲師，以皇上爲父，義重恩深，敢懷返顧？惟是骨寒福輕，才譾德薄，而據高增殆，取多速顛，下愧所學，上羞朝廷，耿耿徊徨，良非過蕙。伏望皇上深憫曲全，收寢前命。姑待臣績用稍彰，粗逃譴責，然後次第量賜。始爲稱情，於賞格非踰，於國恩非濫。不然臣近在密勿，而獨取過豐，非所以示臣民、光聖世也。臣無任懇悃祈望之至。"奉聖旨："朕覽卿奏，具悉忠慎。大禮贊襄，加恩彝典。卿宜勉遵成命，益展謨猷，弼成化理，以副眷倚至意。慎勿固

① 息　明抄本"息"下有"肩"字，是。通行本無此字，誤。

辭。該部知道。"

九日癸卯，皇太子、諸王冠，以祭告奉先殿收回脯醢果酒，賜輔臣。

十日甲辰，以祭三皇祭設賜輔臣，又賜輔臣鮮藕三枝。

十一日乙己①，大學士沈一貫題："恭惟皇上大德敦倫，訏謨啟後，册禮、冠禮相續舉行。一月之中臣屢奉事於班末，伏睹瑞藹與羣情交暢，祥輝與喜氣齊騰，人文物采燦然有倫，品式章程郁乎備具。皇太子睿姿宣朗，雅度莊凝，端冕垂旒，允恭克讓。諸皇子龍光鳳②，金相玉節，詵詵③振振，既衆且嘉。仰見皇上種德甚厚，積慶甚宏，源深流長，光啟來胤。又見皇上教家有素，訓迪多方，聞禮聞詩，咸正罔缺。況兹一時，畢臻衆美，少長咸在，不煩再舉。此滿朝簪紳所以爲皇上嵩呼萬壽，而臣參密勿尤其舞蹈不自喻者也。然臣區區忠愛尚有一焉。臣聞之，良玉不琢，莫昭其采，良金不煉，莫耀其光。雖琢之而不磨，猶之乎未爲珪璜也，雖鍊之而不鑄，猶之乎未爲彝鼎也。然則學不可已，尤不可懈矣。故語曰：'愛之能勿勞乎？'《說命》曰：'惟學遜志，務時敏，厥修乃來。'臣願繼自今以往，皇上特命皇太子，嘉禮既成，日懋講讀，無忘厥初，諸皇子春日載陽，次第出閣，以就外傅。臣雖至愚，敢不夙夜率屬，敬進古聖賢之明訓，以仰成皇上垂裕貽嘉至意？臣不勝踴躍慶忭祈望之至。謹奉賀並請以聞。"

十三日丁未，大學士沈一貫題："本月初一日，准吏部咨，傳奉聖諭：'徽號禮成，册立、册封告完，內閣輔臣贊襄密勿，勤勞懋著。一貫加兼太子太傅，進建極殿大學士，蔭一子與做尚寶司司丞，還賞銀五十兩、綵段二表裏，餘官如故，照新銜給與應得誥命。如敕奉行。欽此。'臣辭不獲命，謹於十二日赴鴻臚寺報名，今早謝恩訖。伏念臣天壤孤生，山林獨物，逢時

① 己 "己"當作"巳"。
② 鳳 據《敬事草》卷一〇，"鳳"下當有"儀"字。
③ 詑 "詑"當作"詵"。

適合，遇主太奇。初無紹介之先容，默契淵哀之特簡。歷颺華貫，徑箞孤卿。首戴足騰，莫非異數。而又誥蔭稠疊，上及祖考，下及妻子。凡夢想不到之事，臣皆於身得之。如此恩知，若爲報稱？臣每自揆度，恨非其人。而遜避雖勤，拜承終佟，徒存微抱，竟昧本心。是以今命下日，再具疏辭，非臣好煩，誠有慚歉故也。皇上誤愛方殷，答溫愈渥，則臣欲復辭而不敢辭，欲輒受而不能受。連日徘徊，罔知所措。乃今則竟包負乘之差①，靡顧在梁之誚矣。感極涕零，恭②陳一謝，而令甲廷謝之臣，無本謝例，則臣又不敢創起，以開虛矯之端。鬱此至情，無由自達，敢進此揭，以表臣九頓之忱。不勝佩結，不勝依戴。臣賦才不長，值今多事③，恐無益於事幾，稍涉權宜，終有妨於禮法。知事君者以安社稷爲忠，以陳仁義爲敬，不可告於天者，不可言於君，無愧於先皇，斯無愧於萬世。臣雖至愚，心切慕此，即微少效，可自靖於國家，誓此寸心，必無欺於君父。所患狗馬病多，或令狗馬心左。懷兹眷眷，不勝惓惓，頂踵可捐，無言膚髮。謹具題恭謝以聞。"

十七日辛亥，命翰林院修撰朱之蕃，編修湯賓尹、陳之龍，檢討南師仲，編纂六曹章奏。

是日，以聖母慈聖宣文明肅貞壽端獻皇太后萬壽聖節，頒賜輔臣金萬壽字二副、銀萬壽字二副、金篆字八個、金書黃符一道、金書紅符一道、銀書紅符一道，及講官朱國祚等二員有差。

十九日癸丑，聖母慈聖宣文明肅貞壽端獻皇太后萬壽聖旦，大學士沈一貫恭詣隆宗門行叩頭禮，上賜酒飯一卓、燒割一分，又賜上尊珍饌。

二十日甲寅，大學士沈一貫題："臣接御史高舉揭帖《爲直言天下第一要務等事》，內言河漕利害，竊謂其言可采。蓋京師受天下轉輸，歲以巨萬計，上奉至尊宮府，下瞻④億兆軍民，

---

① 差 《敬事草》卷一〇作"羞"，是。
② 恭 《敬事草》卷一〇"恭"上有"欲"字，是。
③ 事 《敬事草》卷一〇"事"下有"因循故習"四字，是。
④ 瞻 明抄本作"瞻"，是。通行本作"贍"，誤。

天下重務，孰大於此？而所經由之路，第恃一線漕河耳。漕河既徙，則咽喉就塞，而有絕粒之憂。今年春夏間，徐州一阻，而二十萬糧遂不入倉。若不急圖，妨害明年之運不小。三輔內地，所在告荒，太倉之米不支一年，至於銀庫罄竭如掃，儻有揭竿而起、脫巾而呼者，何以弭之？總河大臣已經屢推①，伏望皇上早賜點用，督其刻期到任，廣詢竭圖，以救燃眉之急。舉所言治河數策，二三十年中屢嘗聞之，而竟無人能為之者。非因財力有限，即因任事鮮人，苟取一切治辦，了事目前止矣。今日而悔之，何益哉？誠欲修舉此事，是在得人。得人則功無不就，而利無不興。必特簡重臣，隆之眷顧，重以丁寧，許以便宜，始可期百年無事。若朝廷視為餘緩，在下無復擔當矣。觀疏中言'在朝會推，則有推諉，在外會題，則有推諉'，可見當事者之情狀，而深為國家寒心也。臣不避嫌忌，特用陳奏，望皇上少賜燕間，將高舉本特加省覽，早點吏部會推，仍嚴限催任，處置漕事之急。臣不勝顒望之至。"

① 推 《敬事草》卷十作"催"。

二十五日己未，大學士沈一貫題："臣於本月十二日，遵奉聖母徽號詔書，存問原任輔臣申時行、王錫爵、王家屏，擬敕進呈，未蒙批發。臣茲另擬上請。臣猥以庸劣，遭際昌期，獨受隆恩，正深慚悚，敢不敬奉詔書、弘宣聖澤、而使前輔臣均受上賜、以少逭臣饕竊之譏？齋心丐求，萬祈原照。所有恩賜禮物，似宜令該地方辦備，以免齎送之煩。統候聖明裁定。謹題請旨。"

皇帝敕諭少師兼太子太師吏部尚書中極殿大學士申時行："卿等贊襄密勿，輔朕有年。前屢有疏揭，勸朕冊立，朕志已定，待期舉行。但因賣直沽名之輩屢來激阻，故從延緩。知卿等忠言至計，尚於鬱懷。今元子氣體充盈，學業精進，已冊立為皇太子，冠婚並舉。暨諸子封為福王、瑞王、惠王、桂王，率文武百官奉冊寶，加上聖母尊號曰'慈聖宣文明肅貞壽端獻皇太后'。國本已定，慶溢宮庭。念卿等家居，係心良切，茲遣官齎敕存問。仍令該布政司，官辦備羊酒、花銀五十兩、綵段四表裏，一同持送，以示優眷。卿其加餐自愛。特諭知之。"皇帝敕諭太子太保吏部尚書建極殿大學士王錫爵，皇帝敕諭禮部尚書兼東閣大學士王家屏，文俱同。

二十七日辛酉，以冬至令節，賜輔臣上尊珍饌。

二十八日壬戌，大學士沈一貫題："恭遇長至令節，禮當慶賀，奉旨傳免。臣謹率在廷文武暨天下華夷齎捧朝貢官員人等，於五鳳樓前大班行禮，恭祝頌訖。伏念臣備員輔弼，受恩深厚，典在廷諸臣不同，謹循往例，復詣仁德門行五拜三叩頭禮，稱祝聖壽，以少伸臣子慶忭之誠訖。謹具題知。"

又題："恭遇冬至令節，臣詣宮門外叩頭慶賀，伏蒙皇上特恩管待賜茶，復賜伏薑、甜食各一盒，燒割一分。寵私過厚，晉錫有加。曾微尺寸之能，堪此殊常之遇？惟思糜骨仰報推心。臣頓首祇領，不勝感戴天恩之至。謹具題謝恩。"

萬曆二十九年

十①二月甲子，朔。

三日丙寅，大學士沈一貫奏："爲面恩事。十一月初一日，該吏部接出聖諭，陞授臣今職，再疏懇辭，復蒙溫旨不允。隨赴鴻臚寺報名，十三日早於午門前行五拜三叩頭禮、謝恩訖。又赴鴻臚寺報名，伺候面恩。節次恭遇免朝。查得萬曆十七年三月初九日，該司禮監太監張誠等，傳奉聖旨：'説與鴻臚寺，朕近因動火，免朝起數積多。今後在京陞授等項官員應面恩的，如候過三次，着具本奏知，不必再補。欽此。'臣恭候面恩已經三次，謹遵奉明旨，具本奏謝以聞，伏候敕旨。"奉聖旨："覽卿奏謝，朕知道了。禮部知道。"

又題："照得誥敕房原有翰林院坊局官五員，管理文官誥敕，今左中允區大相等公差等項去訖，止有修撰顧天埈、編修陳懿典二員。兹者恭遇覃恩大典，誥敕數多，舊額五員辦理不前，相應量行添補。臣推得侍讀史繼偕，起復編修楊繼禮，檢討劉生中、李騰芳、沈㴶，俱堪管理前事，及查起復編修陶望齡，與見任修撰顧天埈，資俸已深，合將陶望齡量陞左春坊左中允，兼翰林院編修，顧天埈量陞翰林院侍講，恭候命下吏部，行令欽遵供事。臣未敢擅便，謹題請旨。"奉聖旨："是。吏部知道。"又題："今日早蒙發薊州永平山海總兵官尤繼先啟本四本到臣，臣看詳前本係啟皇太子本，原稱啟知，與奏題啟上御前本章不同，不必有煩批發。本官乃遵禮部題奉欽依而行，蓋祖宗設立此制，但欲皇太子明習庶政，以廣聰明，使預聞之耳。若聽斷，則君父事，非所預也。以後此類皇上覽過，似宜竟賜東宮存照。臣謹封回奏以聞。"

九日壬申，以宣捷祭告郊、廟收回脯醢果酒，頒賜輔臣三卓。

十一日甲戌，大學士沈一貫題："爲清黃事。照得清理軍職貼黃，例用翰林院官一員，原管清理貼黃官右春坊庶②子兼翰

①十 "十"前當有 "萬曆二十九年" 六字。

②庶 "庶"上當有 "右"字。

林院侍讀掌司經局事楊道賓,已奉欽依陞任國子監祭酒去訖,所有前項事務缺官管理。臣推得左春坊左庶子兼翰林院侍讀唐文獻,堪管前項清黃事務,伏乞敕下吏部,將本官量陞詹事府少詹事兼翰林院侍讀學士,前去會同兵部、都察院各官①上官清理貼黃。臣未敢擅便,謹題請旨。"奉聖旨:"是。吏部知道。"

十四日丁丑,大學士沈一貫題:"爲公務事。照得制敕房官辦理一應機密文書、每日進呈御覽講章等項,事務浩繁,比於在京各衙門勞苦尤甚。臣查得先年事例,遇有朝廷大典禮,效勞官員例蒙加恩陞用。見今制敕房辦事太常寺少卿兼司經局正字從二品俸馬繼文、禮部郎中兼司經局正字從四品俸包漸林、工部郎中湯應龍、禮部員外郎兼翰林院典籍王國棟、禮部主事兼翰林院侍書從五品俸茅聞詩、大理寺寺副兼翰林院典籍王益、中書舍人孫能傳、通政司知事吳子敬、鴻臚寺署丞兼翰林院侍書從八品俸羅萬英,茲者恭遇皇上加上聖母皇太后徽號、冊立皇太子、冊封福王瑞王惠王桂王諸大典禮,各官預寫詔書、金冊,恭篆金寶,並辦理各項緊要文書,頗效微勞,歷俸有年,相應甄錄。臣查得嘉靖十九年、隆慶三年冊立、冊封,制敕房中書官周令等、周維藩等,各以前項典禮效勞,奉世宗皇帝、穆宗皇帝聖旨陞用。今馬繼文等比與周令等、周維藩等事體相同,伏望聖明俯賜俞允,比照先年事例,將各官量加陞敍,以彰聖恩。臣未敢擅便,謹題請旨。"奉聖旨:"是。吏部知道。"

十五日戊寅,大學士沈一貫題:"臣惟總河之缺,屢推至十一人矣,尚未蒙點,中外惶惶。此一官者,非人所易爲,非人所爲樂②。推而不點,諸臣之幸,非國家之福。何也?河道雖一職,而關係國家最大者有三。其一則黃水浸淮水,而泗州祖陵被其患,再緩不治,雖鳳陽祖陵亦當被其患。夫祖陵,國家王氣所鍾也。祖陵被患,豈惟列聖龍帨③之藏不安於地下,而千萬年聖子神孫託根寄命於何所?無厚培瀎發之祥,而有波蕩

① 官 明抄本作"堂",是。通行本作"官",誤。

② 爲樂 "爲樂"當爲"樂爲"之誤。

③ 帨 《敬事草》卷一〇作"蛻",是。

震驚之虞，靈秀因之日傷，福祚因之日衰矣。彼庶民衣食之流尚恐傷其先塋，而愛及一草一木，況帝王之家，所係如何重者？可不日夜寶護而泄泄然乎？甚關宗社，亦切聖躬，最不可緩圖者也。其一則黃水侵漕河，而道運①阻塞，南來千萬艘停閣不進，京師之米糧日貴，百貨日少。三輔沙礫，所出幾何？何以供六宮、廩百官、餉九軍九邊、而育養邦畿千裏之民？亂生輦轂，其憂不細，非社稷之福也。其一則河南、山東、徐沛之間，乃中原都會之區。譬之人身，為腹心之位，譬之人家，為堂除之所。而②昏墊，為巢為窟，耕耨莫施，商賈不出，則腹心潰而四肢皆壞爛不可收，堂除榛而四隅皆阻格不可通。故中原之民，尤當愛護，中原之地，尤當墾闢，不可令其陸沉如海而無完土，非社稷之福也。夫一河決有三大患，奈何不蹶起而救哉？今歲已盡成蹉跎矣，再復蹉跎、春水暴發，患當若何？且一患已甚，況其三乎？諸臣仰揆聖心，似不釋然於先任河臣，故需遲也。夫功罪炳於輿論，咸福制於至尊，或究或容，或遲或早，惟皇上命，此一新命與舊臣何妨？亟用其新，而催往治事，徐議其舊，而斟酌處之，固未晚耳。何為而緩其當務之急，以滋燃眉之患哉？從來比河道關係之大於九邊，比河工責任之難於禦虜，人臣既莫之任，皇上又不令任，臣實憂迫，如坐針氈。若託之非其人，或因之以為利，不顧利害之切身，而第取錙銖之快意，割肉而飲口，剖腹而藏珠，此尤視國事若兒戲，而計之至愚，萬萬不可用者也。臣為此懼，竭忠盡言，亟點廷推之外更無要術，專委河臣之外更無奇策，早責成一日，則早拯救一日，使之講究利害之歸，處盡疏塞之法，事難遙度，惟在得人，此十人者，已極一時之選，惟皇上選擇而使之耳。臣無任跂望之至。"

十七日庚辰，大學士沈一貫題："恭遇冊立皇太子暨冊封福王、瑞王、惠王、桂王，遣使齎詔前往朝鮮國開讀，合用描金雲龍邊襴湧祥雲背大黃箋紙一張，欲照例於司禮監關用。未敢擅便，謹題請旨。"奉聖旨："是。該衙門知道。"

① 道運 《敬事草》卷一〇作"運道"，是。

② 而 據《敬事草》卷一〇，"而"上當有"此"字。

①己 "己"當作
"巳"。

十八日辛巳①，大學士沈一貫題："本月十五日原任太子少保、今行取沈鯉一本《爲再懇天恩俯容辭免重任事》，該通政司封進，未蒙發票。臣惟沈鯉蒙皇上特簡入閣，同臣辦事，聖恩隆重，不敢遽承，再疏懇辭，原係閣體。今未覽發，在皇上則萬幾未暇，偶致稽留，而在本官將聞命惕驚，進退維谷。則來期逾遠，閣務莫辦，而臣益懷孤犢僨轅之憂矣。伏望皇上即賜檢下，容臣票上覽發，促其即來，以彰優禮輔弼之意。臣不勝瞻望惓惓之至。"

二十一日甲申，大學士沈一貫題："伏見慶典告成，內外臣民莫不快瞻皇上光天之顯謨者，亦莫不欣瞻被皇上如天之福澤者，頌德既殷，感恩復切，皆自幸其爲不世遭逢也。獨此行取各官，尚有向隅之泣。臣竊謂爲大造中之遺物，敢請皇上亦賜一恩焉。蓋行取之臣，其視尋常職任及循資遷轉者，又加一等，論年資，有歷十餘年者，視他官爲更久，論才品，皆屢經薦達與累書上考者，視他官爲更優。乃自戊戌冬被命而來，至今又三年，尚不得一官，則視他官爲更後，落拓都門，不儒不俗，薪水僕貸時亦不繼，誠可憐也。始猶慮其散僚外吏未識朝廷體，而不無妄發之虞，今聚觀闕下，歲月積而諸練精矣。始猶慮其驟登平進取膴仕不難，而不無輕易之失，今靜居待除，人老成而事持重矣。譬之藥材，數經製煉之後，郁烈之性都盡，而精華之美獨存，效可奏矣。況考選之時有四十九員，今見存止三十六員，其人日少，而兩京科道近益寥落，其缺日多，都御史溫純每當換差，那東補西，疾首蹙額，殊非官盛任使之典。計今聖政一新，萬方歌頌，無復聒擾濆阻之患，當資疏附後先之力。伏望皇上乘此慶成，普施德惠，特准部院所擬，分補各官前缺，則體悉周而唧感切，鬱積通而愛戴深，必有體國奉公、黜虛崇實之臣爲皇上用者。此真今日聖政第一之當務也。臣愚不勝惓惓懇祈之至。"

二十三日丙戌，大學士沈一貫題："先該題奉欽依，每年終將講過經書講章，類寫進呈，以備皇上朝夕觀覽，仍另書發司禮監接續刊板，已經節次進呈訖。乞①查萬曆二十八年至今所撰講章，謹將《大學衍義》'《易》大傳子曰君子居其室'起、至'諸侯正月朝覲天子'止一本，'《關雎》后妃之德也'起、至'後月餘立俓仔爲皇后'止一本，'周宣姜后賢而有德'起、至'帝念后'止一本，'記古者天子后立六宮'起、至'御史傳游藝'止一本，《通鑑纂要》'孝獻皇帝建安十一年以仲長統爲尚書郎'起、至'亮治頗尚嚴峻'止一本，'建安二十年劉備孫權分荊州'起、至'及孝和以降'止一本，'昭烈帝章武元年漢中王即皇帝位'起、至'太子與西陵都督步騭書'止一本，'後皇帝建興九年丞相亮伐魏'起、至'會欲從維言誅諸將'止一本，以上共八本，類寫裝潢進呈。伏望皇上萬幾之暇，時加觀覽，以求溫故知新之益。臣不勝惓惓效忠之誠。謹具題以聞。"

又題："照得本年十二月二十四日起，該放除力②假，連年節、上元假，至新年正月二十日方滿。先奉欽依，於正月上旬先擇吉開講一次，仍暫輟講，至二十日以後照常日講。臣查得上旬吉日，於致齋之期有礙，節假以後即係下旬。容臣於二月上旬另擇日恭進講章，以後接續恭進。謹具題知。"奉旨："是。"

二十五日戊子，以正旦令節，欽賞臣③吊屏、門神、判子等物，及講官朱國祚等二員有差。

是日，大學士沈一貫題："臣惟國家典制，署職官止支半俸，不准授封，署職而加實授者，謂之陞豐級實授，則支全俸，許授封。但文官惟郎中以下有署職，其人不多，而其陞遷之時，亦不論署與不署，只論年資深淺，無大關係。故恩詔中可得而許也。若武職，自都督一品以下，悉係署職，非軍功不准實授，實授者不過百中之一二耳。其官既尊，其人又多，又當給全俸，則費益不貲，故屢次詔書多靳而不許。臣之擬詔，遵守舊規，非抑之也。今馬棟等陳乞之疏，蒙皇上准照弘治五年例行，此至仁至慈，一視文武，德意甚盛。但出自特恩則可，而臣則難

①乞 "乞"當爲衍文。

②力 "力"當爲"夕"之誤。

③臣 "臣"上當有脫文。

萬曆起居注

① 以 據《敬事草》卷一〇，"以"當作"已"。

② 請 據《敬事草》卷一〇，"請"下當有"旨"字。

③ 士 明抄本"士"下有"沈一貫"三字，是。通行本脱此三字。

④ 廟 明抄本"廟"上有"暮"字，是。通行本脱此字，誤。

以擅許。故前票中有此委曲，惟皇上亮察。夫各官一疏而既得封典，又得陞官，明旨以①下，夫復何言？但既實授，即當改半俸爲全俸，其人又多，其官又尊，其俸發自內帑，費當不止鉅萬。豈得因一施恩而浪費無限？不可不聽各官辭免也。且兩京武職，不計其數，恐其紛紛援例而請，許之則浪費益多，不許則擾嚷不已，雖皇恩浩蕩，內帑充溢，不能填無窮之壑，而應無限之求矣。兹兵部一本《爲武職乞恩謹遵明旨参酌輿情等事》，正爲此請，不惟防冒濫之端，抑亦遏紛擾之釁，乞即批准，以明典制，以絶釁虞。臣無任瞻望之至。謹題請②。"

二十九日壬辰。先是十月三十日，大學士③題："本月二十四日，蒙發禮部題請福王婚禮一本，臣謹票擬，上進，伏候數日，未見允行。臣惟福王茂齡十七，正及婚時，今皇太子婚禮將行，正宜妙選福王賢淑，次第成禮。臣前恭祝皇上聖壽無疆，弘開胤祚，上同太祖高皇帝百二十一孫，茂衍天潢，建封萬國，今正其時，似不可緩。伏乞早賜批發，使各該衙門欽遵施行。臣不勝仰望之至。謹具奏聞。"奉聖旨："朕覽卿奏，具見忠愛。婚禮候旨行。福王且着出閣講學，擇日具儀來行。禮部知道。"此揭係十月三十日上，是日始奉旨。

又題："今日該文書官劉宣傳出聖諭：'諭内閣：歲廟④享行禮，朕偶爾感寒，見今頭暈身軟，靜攝調理，卿可傳示遣官及各執事，務秉精誠，竭虔行禮供事，毋得怠忽。特諭卿知。欽此。'臣惟皇上一身，乃九廟之所憑依，非陰陽能爲之患。第今嚴冬之候，天氣轉温，稍失調護，寒邪易入。至於頭暈身軟，又似屬火。或久於靜處，鬱而不舒，鬱能生火。或過爲外營，擾而不清，擾亦生火。惟願皇上飲食起居之間，倍加節慎，喜怒哀樂之發，暢於中和，則邪自消，氣脉和暢。歲暮廟享未遑親奉，皇上孝思匪懈，誠見於詞。臣即當傳示遣官及各執事，俾其務秉精誠，竭虔供事，以慰聖心。又臣昨爲福王婚禮具揭以請，伏蒙皇上出閣講學之命，臣不勝感服，並傳示禮部，擇日具儀以請。除御札尊藏閣中外，謹具回奏以聞。"